冶金专业教材和工具书经典传承国际传播工程
Project of the Inheritance and International Dissemination of Classical Metallurgical Textbooks & Reference Books

普通高等教育"十四五"规划教材

冶金工业出版社

工业生态原理与案例分析

李素芹　张建良　焦树强　苍大强　编著

扫码看本书数字资源

北　京
冶金工业出版社
2024

内 容 提 要

本书主要包括工业生态学理论和方法、物质减量化与能源脱碳途径、物流与能流分析方法（工业代谢分析及生命周期影响评价）、清洁生产技术、循环经济内涵和生态工业发展模式、工业生态系统（或工业共生网络）构建以及工业生态化转向等内容，重点结合冶金行业实际生产案例阐述工业系统与环境之间的相互作用、相互关系。

本书可作为工业生态相关课程的教材或参考书，对前期学生专业无特殊要求，也可供工业生态相关领域的管理人员、工程技术人员等阅读参考。

图书在版编目(CIP)数据

工业生态原理与案例分析/李素芹等编著. —北京：冶金工业出版社，2022. 12（2024. 1 重印）

冶金专业教材和工具书经典传承国际传播工程　普通高等教育“十四五”规划教材

ISBN 978-7-5024-9345-5

Ⅰ. ①工…　Ⅱ. ①李…　Ⅲ. ①工业生态学—高等学校—教材　Ⅳ. ①F062. 2

中国版本图书馆 CIP 数据核字(2022)第 242055 号

工业生态原理与案例分析

出版发行	冶金工业出版社	**电　　话**	(010)64027926
地　　址	北京市东城区嵩祝院北巷 39 号	**邮　　编**	100009
网　　址	www. mip1953. com	**电子信箱**	service@ mip1953. com

责任编辑　刘小峰　赵缘园　美术编辑　彭子赫　版式设计　郑小利

责任校对　王永欣　责任印制　窦　唯

三河市双峰印刷装订有限公司印刷

2022 年 12 月第 1 版，2024 年 1 月第 2 次印刷

787mm×1092mm　1/16；26 印张；628 千字；396 页

定价 68. 00 元

投稿电话　(010)64027932　投稿信箱　tougao@ cnmip. com. cn

营销中心电话　(010)64044283

冶金工业出版社天猫旗舰店　yjgycbs. tmall. com

（本书如有印装质量问题，本社营销中心负责退换）

编写人员

李素芹	张建良	焦树强	苍大强	宗燕兵	张新房
刘晓明	白　皓	杨丽韫	张　昊	张　娟	雷海萍
张增起	李　远	王丽华	李永奎	李　聪	李孝贤
刘永源	张　鹏	张晓英	张　澳	陈培涵	周雅倩
赵　鑫	赵泽坤	郭鹏辉	高雪峰	夏晴晴	谢永平
潘晓东	蔡银石				

冶金专业教材和工具书
经典传承国际传播工程
总　　序

钢铁工业是国民经济的重要基础产业，为我国经济的持续快速增长和国防现代化建设提供了重要支撑，做出了卓越贡献。当前，新一轮科技革命和产业变革深入发展，中国经济已进入高质量发展新时代，中国钢铁工业也进入了高质量发展的新时代。

高质量发展关键在科技创新，科技创新离不开高素质人才。党的二十大报告指出："教育、科技、人才是全面建设社会主义现代化国家的基础性、战略性支撑。必须坚持科技是第一生产力、人才是第一资源、创新是第一动力，深入实施科教兴国战略、人才强国战略、创新驱动发展战略，开辟发展新领域新赛道，不断塑造发展新动能新优势。"加强人才队伍建设，培养和造就一大批高素质、高水平人才是钢铁行业未来发展的一项重要任务。

随着社会的发展和时代的进步，钢铁技术创新和产业变革的步伐也一直在加速，不断推出的新产品、新技术、新流程、新业态已经彻底改变了钢铁业的面貌。钢铁行业必须加强对科技进步、教育发展及人才成长的趋势研判、规律认识和需求把握，深化人才培养体制机制改革，进一步完善相应的条件支撑，持续增强"第一资源"的保障能力。中国钢铁工业协会《"十四五"钢铁行业人力资源规划指导意见》提出，要重视创新型、复合型人才培养，重视企业家培养，重视钢铁上下游复合型人才培养。同时要科学管理，丰富绩效体系，进一步优化人才成长环境，造就一支能够支撑未来钢铁行业高质量发展的人才队伍。

高素质人才来源于高水平的教育和培训，并在丰富多彩的创新实践中历练成长。以科技创新为第一动力的发展模式，需要科技人才保持知识的更新频率，站在钢铁发展新前沿去思考未来，系统性地将基础理论学习和应用实践学习体系相结合。要深入推进职普融通、产教融合、科教融汇，建立高等教育+职业教育+继续教育和培训一体化行业人才培养体制机制，及时把钢铁科技创新成果转化为钢铁从业人员的知识和技能。

一流的专业教材是高水平教育培训的基础，做好专业知识的传承传播是当代中国钢铁人的使命。20世纪80年代，冶金工业出版社在原冶金工业部的领导支持下，组织出版了一批优秀的专业教材和工具书，代表了当时冶金科技的水平，形成了比较完备的知识体系，成为一个时代的经典。但是由于多方面的原因，这些专业教材和工具书没能及时修订，导致内容陈旧，跟不上新时代的要求。反映钢铁科技最新进展和教育教学最新要求的新经典教材的缺失，已经成为当前钢铁专业人才培养最明显的短板和痛点。

为总结、提炼、传播最新冶金科技成果，完成行业知识传承传播的历史任务，推动钢铁强国、教育强国、人才强国建设，中国钢铁工业协会、中国金属学会、冶金工业出版社于2022年7月发起了“冶金专业教材和工具书经典传承国际传播工程”（简称“经典工程”），组织相关高校、钢铁企业、科研单位参加，计划用5年左右时间，分批次完成约300种教材和工具书的修订再版和新编，以及部分教材和工具书的对外翻译出版工作。2022年11月15日在东北大学召开了工程启动会，率先启动了高等教育和职业教育教材部分工作。

“经典工程”得到了东北大学、北京科技大学、河北工业职业技术大学、山东工业职业学院等高校，中国宝武钢铁集团有限公司、鞍钢集团有限公司、首钢集团有限公司、河钢集团有限公司、江苏沙钢集团有限公司、中信泰富特钢集团股份有限公司、湖南钢铁集团有限公司、包头钢铁（集团）有限责任公司、安阳钢铁集团有限责任公司、中国五矿集团公司、北京建龙重工集团有限公司、福建省三钢（集团）有限责任公司、陕西钢铁集团有限公司、酒泉钢铁（集团）有限责任公司、中冶赛迪集团有限公司、连平县昕隆实业有限公司等单位的大力支持和资助。在各冶金院校和相关钢铁企业积极参与支持下，工程相关工作正在稳步推进。

征程万里，重任千钧。做好专业科技图书的传承传播，正是钢铁行业落实习近平总书记给北京科技大学老教授回信的重要指示精神，培养更多钢筋铁骨高素质人才，铸就科技强国、制造强国钢铁脊梁的一项重要举措，既是我国钢铁产业国际化发展的内在要求，也有助于我国国际传播能力建设、打造文化软实力。

让我们以党的二十大精神为指引，以党的二十大精神为强大动力，善始善终，慎终如始，做好工程相关工作，完成行业知识传承传播的使命任务，支撑中国钢铁工业高质量发展，为世界钢铁工业发展做出应有的贡献。

中国钢铁工业协会党委书记、执行会长

2023 年 11 月

序

近年来，我国明确了建设生态文明是中华民族永续发展的千年大计，又提出碳达峰、碳中和战略目标，强调既要金山银山又要绿水青山，这就需要走适合中国国情的新型工业化道路，提高资源、能源利用效率，减少污染，推动产业体系转型升级发展，建立全面的绿色低碳循环发展经济体系，促进经济社会发展的绿色转型。工业系统是现代社会经济系统的核心，而且与自然系统相互作用最为强烈，因此解决庞大复杂的工业系统与环境之间的问题是实现可持续发展和循环经济的核心问题。对这一问题的研究逐步形成了一个系统、整体化的理论框架——工业生态学。工业生态学从局地、区域和全球等多层次系统研究产品、工艺、产品部门和经济部门中的物质与能量的使用和流动，降低工业产品生命周期的环境影响，构建各生产过程从原料、中间产物、废物到产品的物质循环体系，达到资源、能源、投资的最优利用，实现经济、环境、生态和社会的协调发展。

北京科技大学的李素芹教授及其团队是国内最早从事工业生态学研究的学者，多年来深耕这一领域，开展了大量的理论研究、工业实践和教学工作，具有很高的学术水平和丰富的教学经验。该书是该团队历年科研教学成果的结晶，主要内容包括工业生态学的产生与发展、工业生态学基本原理及案例、物质减量化与能源脱碳、“双碳”目标实施途径及相关低碳绿色发展技术、物质与能量流动分析、工业代谢分析及生命周期影响评价、现代工业的生态化转向、工业共生网络构建及案例分析、工业生态学发展趋势等共 7 章。该书凝聚了工业生态学理论层面、政策层面、实践层面的前沿性研究成果，具备学术的深度和实用的价值，书稿撰写规范、语言顺畅，具有科学性、专业性和系统性，是该领域一部重要的新作。

《工业生态原理与案例分析》已列入教育部研究生核心课程指南，并把素质教育、课程思政融入教学过程，该书可供大专院校、科研院所的本科生和研究生学习，专业科研人员使用，企业决策者和工程技术人员应用，尤其可为冶金工业科学发展培养高素质交叉融合型专业人才及其实践提供参考，为现代工业绿色低碳循环可持续发展提供重要基础理论支撑及可操作方法。

2022年10月10日

前　　言

“无工不富，无商不活”，农耕时代迈向工业文明，工业对人类的贡献不容置疑，不仅带来了辉煌的物质文明，使得人们生活水平大大提高，而且实现了财富的积累和人类探索领域的拓展，“可上九天揽月，可下五洋捉鳖”。中国改革开放取得的巨大成就很大程度上也是得益于工业的飞速发展。短短几十年，中国从落后的工业国发展为工业大国、制造业强国，如钢产量突破10亿吨（全世界占比53%），20多年增加了10倍！工业的快速发展是国家财富积累、国富民强的基石，在国民经济发展中扮演重要角色。但与此同时也付出了代价，让人们感受到了资源短缺、环境污染及生态破坏带来的威胁，制约了经济社会发展和人类生活质量的提高。

科学家提出“四倍因子”及“十倍因子”理论，旨在提醒人们在工业快速发展的同时关注其带来的负面影响，地球上的资源有限，环境污染后短期内难以修复。资源及能源的匮乏、环境污染的加剧及全球增温带来极端事件的频发，都逼迫我们必须改变现有的工业发展模式，提高资源、能源利用效率，把污染控制在生态阈限之内，纳入全球大循环，只有这样，才能实现人与自然的和谐共生。为了解决工业发展与资源、环境之间的矛盾，工业生态学应运而生。

工业生态学作为一门新兴的综合型交叉学科，由生态、环境、能源、经济、信息技术、系统工程等多学科交叉融合而成。它研究的是工业系统与自然环境之间的相互作用及相互联系，为工业系统与自然环境间的协调发展提供全新的理论框架及具体的、可供操作的方法。它追求的是人类社会与自然生态系统的和谐共生，寻求的是经济、生态和社会效益的统一，最终要实现的是人类社会的可持续发展。依据工业生态学“整体、协调、循环、再生”的核心原理及生态经济学长链利用原理、生态阈限及价值增值等原理，模拟自然生态系统的运行模式、结构与功能，构建人工复合工业生态系统。通过生态重组等手段，在主产业链基础上构筑工业共生网络，加速工业转型，逐步使基于人类活动的工业经济活动所引发的人与自然之间的物质代谢及其产物能够均衡、和谐、顺畅、平稳和持续地融入自然生态系统自身物质代谢的过程之中，获得经济、社会和生态多重效益，实现现代工业的生态化转向，现代经济的低碳绿色可持续发展。

虽然我国工业化开始时间晚，起点低，又面临赶超任务，但从未忽视工业发展带来的资源与环境问题。党的十八大提出科学发展观理念，十九大提出建设生态文明是中华民族永续发展的千年大计，并且把“既要金山银山，又要绿水青山”写进党章，将节约资源和保护环境定为基本国策，从战略和全局的高度，把建设节约型社会和发展循环经济摆在更加突出的位置，主张走适合中国国情的新型工业化道路。党的二十大提出“全面建成社会主义现代化强国、实现第二个百年奋斗目标，以中国式现代化全面推进中华民族伟大复兴”，而“中国式现代化”恰恰以“物质文明和精神文明相协调、人与自然和谐共生”为重要特征，是发展理论的重大创新。并且十四届全国人大常委会第三次会议于2023年6月28日表决确定8月15日为“全国生态日”。本教材宗旨与国家继续践行“绿水青山就是金山银山”理念，加速实现“双碳”目标，构建低碳绿色发展方式，创造良好生产、生活环境，为全球生态安全作贡献的政策导向高度契合。

2002年，苍大强教授从联合国环保署回国后将工业生态理念引入北京科技大学，2003年由李素芹教授主讲，率先为本科生开设工业生态学相关课程，2007年作为研究生选修课程正式授课。当前，《工业生态原理与案例分析》已列入教育部研究生核心课程指南，并将素质教育、课程思政融入教学过程，收效良好。本教材旨在通过作者和读者之间的沟通，把工业生态学概念、原理及方法传向全国各地，特别是向工业企业传播，为现代工业实现生态化转向，实现低碳绿色发展可持续发展发挥积极的促进作用。

本书涉及的主要内容：工业的双重属性及对生态环境的扰动；工业生态学的产生与发展；工业生态学基本原理及案例；物质减量化与能源脱碳，主要包括物质减量化及能源脱碳概念、“双碳”目标实施途径及相关低碳绿色技术；物质与能量流动分析，主要包括工业代谢分析及生命周期影响评价（LCA）；现代工业的生态化转向，主要包括清洁生产、循环经济、生态工业及其相互关系、工业共生网络构建及案例分析等。

本书不仅适于大专院校、科研院所的学生，教学与科研人员选用，而且也适于企事业单位决策者和工程技术人员使用。通过学习使其对工业生态学原理有更深入的了解，掌握工业生态学原理、相关方法与技术，学会遵循工业生态原理及循环经济理念行事。为现代工业，特别是冶金工业科学发展培养高素质交叉融合型专业人才，加速工业经济活动所产生的人与自然之间的物质代谢及其产物能够逐步比较均衡、和谐、顺畅、平稳与持续地融入自然生态系统自身物质代谢之中，助力“双碳”目标实现，加速现代工业低碳绿色可持续发展，进而实现人与自然的和谐与共生。

本教材在学校及学院统一安排下，由李素芹教授主笔并统稿，张建良、焦树强及苍大强教授等指导并参与了教材编写工作。北京科技大学于然波教授、魏丽华副教授参加审稿并给出了修改建议。张昊、张娟、雷海萍、王丽华及郭鹏辉、赵泽坤、周雅倩、潘晓东、李聪、李永奎、张晓英、高雪峰、蔡银石、夏晴晴、张澳、谢永平等参与了不同章节编写及修改工作。胡山鹰教授在百忙之中为本书作序，胡山鹰、石磊教授向领域内工作者推荐本书，在此特致谢意。

本书是包括北京科技大学冶金与生态工程学院师生在内的集体智慧的结晶，作者对大家的辛勤付出深表感谢。另外，作者通过互联网、图书及文献资料中查找资料、汲取精华，特别对所有资料提供者表示感谢，您无私的帮助给了我们莫大的支持，在此深表敬意。感谢北京科技大学研究生院教材建设项目支持。

由于时间、篇幅和认知水平所限，书中不妥和疏漏之处，敬请批评指正。

编著者

2022 年 10 月

目　　录

1　概述　1

1.1　工业文明的特点及作用　1

1.1.1　工业的双重属性　1

1.1.2　工业文明的产生与发展　5

1.1.3　工业文明的优势　12

1.1.4　工业文明的弊端　13

1.2　对工业文明的反思　17

1.2.1　发展循环经济的重要性　18

1.2.2　提倡和谐社会，主张可持续发展　19

1.2.3　“双碳”目标下的高质量发展模式　21

1.3　工业功能的转变　26

1.3.1　产品制造功能　26

1.3.2　能源转换功能　26

1.3.3　废物消纳功能　27

1.4　工业文明的变革　29

1.4.1　现代生态化工业的运行模式　29

1.4.2　构建生态化工业体系　30

1.4.3　现代工业发展趋势——低碳绿色可持续发展　32

1.4.4　中国式现代化——现代工业的高质量发展　34

1.4.5　我国可持续发展的改革之路　35

本章小结　36

思考复习题　37

参考文献　37

2　工业生态学与工业生态系统　41

2.1　工业生态学概念及研究进展　41

2.1.1　传统生态学的研究内容　41

2.1.2　工业生态学概念　42

2.1.3　工业生态学的特征　43

2.1.4　工业生态学的发展　45

2.2 工业生态系统 53
2.2.1 工业生态系统的概念 53
2.2.2 自然生态系统及其特征 54
2.2.3 工业生态系统及其特征 56
2.2.4 工业生态系统与自然生态系统的对比 57
2.2.5 工业生态系统受自然生态系统的启发而建立 61
2.3 工业生态系统的演替与构建 63
2.3.1 工业生态系统的进化 63
2.3.2 理想的工业生态系统 65
2.3.3 建立工业生态系统的措施 66
2.3.4 工业生态系统的综合评价 68
2.4 生态化工业 69
2.4.1 生态化工业的概念 69
2.4.2 生态化工业与传统工业的区别 69
本章小结 71
思考复习题 71
参考文献 71

3 工业生态学基本原理与案例分析 75

3.1 工业生态学核心原理 75
3.1.1 整体性原理 75
3.1.2 协调与平衡原理 79
3.1.3 自生原理 85
3.1.4 循环再生原理 89
3.2 工业生态学的生态学原理 94
3.2.1 生态位原理 94
3.2.2 互利共生机制原理 96
3.2.3 食物链原理 103
3.2.4 物种多样性原理 105
3.2.5 物种耐性原理 106
3.2.6 耗散结构原理 106
3.2.7 限制因子原理 109
3.2.8 环境因子综合性原理 110
3.3 生态经济学原理 110
3.4 其他重要原理 114
3.4.1 人工调控原理 114
3.4.2 系统工程原理 117
3.4.3 信息科学与技术 117

本章小结 118
思考复习题 118
参考文献 119

4　产品物质减量化与能源脱碳 122

4.1　物质减量化 122
4.1.1　物质减量化概念与内涵 122
4.1.2　中国的物质减量化 123
4.1.3　物质减量化重要性及驱动力 124
4.1.4　产品物质减量化的实施 126
4.1.5　物质减量化评价方法 129
4.1.6　产品物资减量化案例分析 131
4.2　能源脱碳 137
4.2.1　能源脱碳的概念及理论 137
4.2.2　“双碳”目标下的能源脱碳 137
4.2.3　能源脱碳的重要性及实施途径 137
4.2.4　二氧化碳捕集与利用技术 159
本章小结 170
思考复习题 170
参考文献 170

5　物质与能量流动分析 175

5.1　物质与能量流动分析方法 175
5.1.1　自然生态系统中物质循环 175
5.1.2　物质循环的层次及类型 176
5.1.3　几种重要的循环 178
5.1.4　自然生态系统中能量流动 184
5.1.5　工业生态系统中物质与能量的流动 188
5.1.6　工业生态系统中物质与能量的流动特征 188
5.1.7　原料与能量流动分析的基本方法 189
5.2　工业代谢分析 190
5.2.1　工业代谢 190
5.2.2　工业代谢分析 191
5.2.3　工业代谢研究形式 192
5.2.4　工业代谢分析的度量 192
5.2.5　工业代谢分析方法 193
5.2.6　工业代谢案例分析 197

5.3 生命周期评价（LCA） 211
5.3.1 生命周期评价起源与发展 211
5.3.2 生命周期评价概念 214
5.3.3 生命周期评价的意义 216
5.3.4 基本原则与总体框架 216
5.3.5 生命周期评价方法 222
5.3.6 生命周期评价软件 234
5.3.7 案例分析 235
5.3.8 生命周期评价的应用 260
本章小结 267
思考复习题 268
参考文献 268

6 现代工业的生态化转向 273

6.1 现代化工业化转向途径 273
6.2 循环经济 273
6.2.1 循环经济的起源与发展 273
6.2.2 循环经济的内涵与原则 276
6.2.3 循环经济模式与实施框架 281
6.2.4 循环经济的支撑技术及指标 287
6.3 清洁生产 295
6.3.1 清洁生产理念的形成、意义及理论基础 295
6.3.2 清洁生产的主要内容 297
6.3.3 清洁生产的发展 301
6.3.4 清洁生产技术实施 306
6.3.5 清洁生产审核 307
6.3.6 清洁生产评价 310
6.3.7 清洁生产的作用与案例 321
6.4 生态重组 328
6.4.1 生态重组及实施 328
6.4.2 产业结构的生态化重组转型 333
6.5 工业转型 337
6.6 生态工业与生态工业园区 339
6.6.1 生态工业与生态工业园区概念 339
6.6.2 生态工业与生态工业园区构建技术 339
6.6.3 工业生态园区规划设计的相关理论 340
6.6.4 生态工业园区建设规划的原则、步骤及方法 344
6.6.5 生态工业与生态工业园区指标 356

6.7 生态工业园区案例分析 370
本章小结 376
思考复习题 377
参考文献 377

7 工业生态学发展趋势 382

7.1 工业生态学理论发展趋势 382
7.1.1 国外工业生态学理论发展趋势 383
7.1.2 国内工业生态学理论发展趋势 383
7.2 工业生态学技术发展趋势 386
7.2.1 国外工业生态学技术发展趋势 388
7.2.2 国内工业生态学技术发展趋势 389
本章小结 392
思考复习题 392
参考文献 392

1 概　述

本章提要

（1）工业的“双重属性”；

（2）工业活动对自然生态环境的扰动；

（3）实现现代工业生态化转向及低碳绿色可持续发展的总体思路。

工业生态学是一门新兴的综合性交叉学科，是研究人类工业系统和自然环境之间的相互作用、相互关系的学科，是由生态、环境、能源、经济、信息技术、系统工程等多学科交叉融合而成的。作为生态工业的基础学科，它为工业系统与自然环境之间的协调发展提供全新的理论框架及具体的、可供操作的办法。工业生态学追求的是人类社会与自然生态系统的和谐发展，寻求的是经济效益、生态效益和社会效益的统一，最终要实现人类社会的可持续发展。

1.1 工业文明的特点及作用

1.1.1 工业的双重属性

工业主要是指原料采集与产品加工制造的产业或工程，被称为国民经济的主导产业，是最重要的物质生产部门之一。工业是唯一采用生产现代化劳动手段的部门，它决定着国民经济现代化的速度、规模和水平，其主要目的是通过向社会供给物质性产品或非物质性的服务来获取经济利益。工业水平是衡量一个国家或地区经济发展水平的重要标志。

工业活动从环境中获得能源和资源，转化为产品供人类消费，同时向生态环境中输出废物，整个过程是一个以工业生产活动为主体的复合系统。这个系统的能源、资源的消耗量大，物质的循环转换速度快，比自然生态系统循环大很多倍。工业活动是一个相当复杂的过程，它既包含着人为加工的自然过程，即技术过程，同时又是一个经济活动的过程。因此，工业活动是一个技术活动与经济活动的综合过程，技术的经济价值或功能是通过工业活动实现的。

工业技术是由多种技术构成的复合体，是一种体系化的技术，是工业活动中一系列技术的总和。工业技术与生产对象是相结合的，工业技术体系的优化程度决定了生产力水平的高低。但是，也正是由于工业技术由多种生产技术综合而成，生产规模大，涉及大量自然资源的消耗和废物的产生，对生态环境产生的负面影响也是最快速、最直接、最深刻的。

由此，可以简单将工业的特点归纳为以下内容：

（1）工业发展需具备基本条件。工业生产同农业生产的作物生长过程不同，工业生产主要是利用物理或化学变化，以及少量微生物的作用（例如食品发酵等）过程。工业生产不像农业那样受到作物生长季节和自然地理条件的严格限制，且受自然灾害的影响较小，生产较为稳定，只有少数以农作物加工为基础的工业生产具有一定的季节性。

工业企业如果想在社会上发挥功能，创造价值，就必须具备以下基本条件：一是有形条件，包括土地、厂房、机器、动力设施、原材料以及运输条件等，具有相对固定性和一定的地域性，是工业生产的必要条件；二是无形条件，如资金、管理、市场信息和专有的工艺技术等；三是劳动力，即专业化的员工，掌握一定工业生产技术的工作者。后两类不受空间的限制，具有流动性的特点。正是由于工业在各方面的专有特性，导致其与国民经济的其他部门相比具有明显的区别和界限，成为独立的物资资料生产部门。

（2）社会生产力是促进工业发展的巨大动力。自然条件为工业生产创造了必要的物质前提，而社会生产力才是促进工业蓬勃发展的动力。社会生产力的不断进步推动了人类开发、利用以及改造自然的能力，不断创造出更多的物质财富，促进了经济的发展，带动了整个社会的文明进步。但不可忽视的是，社会生产力的发展也产生了负面效应，如污染生态环境、破坏生态平衡等，甚至威胁人类自身的生存。工业革命以来，社会生产力发展带来的双刃剑效应越发显著。

社会生产力的进步、社会分工细化以及商品经济的发展，一方面使大机器工业代替了工厂手工业，使工业最终从农业中分离出来；另一方面又使大机器工业本身以越来越快的速度向现代化工业发展。现代工业的产生和发展经历了四次革命。从历史上来看，每一次生产力的重大革新，都会促使工业飞速发展，同时工业地区的分布也会随之发生变化。

（3）工业促进国民经济发展。

第一，工业为国民经济各部门提供先进的技术物资，是国民经济各部门的总装备部。工业提供的先进生产工具和技术装备是现代化建设的重要物质基础。因此，可以认为工业的发展直接决定着各个经济部门的技术改造和装备水平，决定着社会劳动生产率和经济效益，从而决定了国民经济现代化的发展速度和程度。

第二，工业为国民经济各部门提供能源和原材料。能源工业是经济社会发展的动力来源，具有至关重要的作用。现代化的建设都是建立在机械化、电气化、自动化基础上的高效生产，几乎所有的生产过程都与能源消费同时进行。原材料工业是国民经济的基础工业部门，对社会经济各部门的发展起着制约作用。随着现代科技的发展，工业制备的超导材料、纳米材料、新型陶瓷、工程塑料、光导纤维等新型材料对国民经济发展的促进作用越来越大，已成为当今世界技术进步的关键。

第三，工业提供各种人们所需的消费品。工业为人们提供与衣食住行和文化生活相关的现代化消费品，在丰富消费内容、引导消费方向、改变消费结构、提高物质文化水平等方面起着重要的作用。

第四，工业是国家积累资金的主要来源。工业生产的发展及其效益的高低对整体国民经济起着举足轻重的作用。工业是国民收入的主要承担者，近几年来，每年将近60%的国民收入是工业提供的；工业还是国家财政收入的主要支柱，工业上缴的税金约占国家财政收入的80%。

(4) 工业对国家政治地位的影响。从历史层面来分析，前有因工业革命而成为日不落帝国的英国，后有因强大的工业实力而具备挑战国际秩序的德国、美国以及苏联。在历史的长河中，无数的事实都告诉我们：强大的工业可以提高一个国家的综合国力，也可以提高一个国家的政治地位。

反观我国，在“二战”前夕我国的工业实力无比孱弱，有限的工厂大多数为纺织工业，而重工业几乎为零，小到铁钉，大到飞机、坦克、战舰基本依赖进口，没有自己的工业体系，尤其是国防工业，这既无法保障国家的安全，又无法支持国民经济的持续发展，在弱肉强食的国际关系法则下，自然饱受欺凌，即使是国家主权也可能被列强视为可以随意践踏的对象。所以可以看出，没有强大的工业，也不会有持续繁荣的经济。无工不富，无商不活，这是实践总结出来的真理。

再从现代的发展理念来看，工业是实体经济的主体，是推动经济高速增长的基石。工业稳则经济稳，工业兴则经济兴，加快工业发展，做大工业经济总量，带动农业产业化发展，加快推进城镇化进程，聚集人流、物流、资金流、信息流，才能为决战脱贫攻坚提供强大支撑。工业的强大可以带动国家经济的进步，所以，工业强大，才能更好地促进国家强盛。

(5) 工业对生态环境产生影响。工业作为主要的物质生产领域，社会关注的焦点往往是其积极的一面，如生产了多少产品，创造了多少利润，提供了社会多少就业岗位，使国民生活水平提高了多少。但是，必须看到工业生产还有其消极的一面。例如，工业在提供产品的同时，不仅消耗了大量宝贵的自然资源，还产生了大量的工业废物。这些废物在很大程度上污染了环境、损害了人们的健康，也造成了一定规模的物种灭绝。工业在创造利润的同时，也因为污染而造成了大量的经济损失。这些消极之处在工业发展的早期，往往得不到重视，工业污染造成的损失也可能并不完全由造成污染的当事企业来承担，而是转嫁给了社会，而社会遭受的损失往往有可能会大于企业获得的利润。这种损失也可能不由当代人来支付，而是由我们的后代加倍偿还，这种所谓的“外部不经济性”也可以看作是工业发展过程中向自然欠下的债务。工业生产的这个消极面，随着工业的飞速发展，正在日益暴露和尖锐。

工业生产对环境的负面影响主要表现在两方面。一方面，从环境中索取各种自然资源，导致资源、能源短缺。另一方面，在工业企业生产过程中，只有一部分原材料转换为产品，其余大部分都以废弃物的形式进入环境，造成环境污染。工业生产性污染包括大气污染、水污染、噪声污染等多种形式，都会对人体健康和生态系统造成不同程度的危害。

2001年3月28日，在南宁发生的蓝色烟雾事件，导致人们呼吸系统及眼睛发生疾病，起先怀疑是光化学烟雾，后经北京大学毛节泰教授等人核实，这种是由于大气污染导致的“霾”污染程度仅次于光化学现象。其产生原因，一是空气污染产生PM2.5颗粒污染物，二是二氧化硫等气体排放产生的微小的二次污染颗粒；三是臭氧含量高，有时附带铅、铬等有毒物质，对人类健康危害极大。美国1992年曾发生过这种现象，澳大利亚及欧洲一些国家也发生过，轻度或无污染物产生的地区也有可能发生。南宁这个地方地处盆地，发生污染的地方本没有工厂排放有害气体，但由于空气湿度大，空气不流通，前期工业等排放的污染空气排不出而导致该现象的发生。

近年来，我国工业固体废物和城市垃圾日益增加，综合利用率低下。1990 年，全国工业固体废物产生量（不包括乡镇工业）为 5.8 亿吨，比 1981 年增长了 54%，综合利用率仅为 29%左右，历年积存量为 64.8 亿吨，人均 5.7t，占地约 5.8 万公顷，处理能力赶不上排放量，不断增长的有毒有害废物，将成为潜在的危险。据统计，全国城市生活垃圾每年为 6000 万吨，在 380 个城市中，至少有三分之二的城市处在垃圾包围之中。据 2000 年统计，仅北京三环、四环路之间就有高 50m 以上的垃圾山 4500 多座，比 10 年前增加了 1 倍，但垃圾无害化处理平均不到 5%，大量未经处理的工业废渣和城市垃圾堆存于城郊等地，成为严重的二次污染源。2000 年，工业固体废物产生量增长到 6.7 亿吨，比 1985 年增长近 50%。迄今为止，工业固废堆存量已超过百亿吨，不仅占地，而且存在着二次污染等潜在威胁，不利于人类社会的可持续发展及人与自然和谐共生。

由工业的特点及以上案例不难看出，工业具有双重属性：一方面是作为国民经济的主导产业给社会提供物质产品、技术装备和能源与原材料，这是工业积极的一面。另一方面，工业从环境中索取各种自然资源，改变环境结构，影响其功能；废品进入环境，当排放量超过环境自净功能时，对生态系统和人类健康造成危害，构成了工业的消极面。由图 1-1 可以更加直观看出。

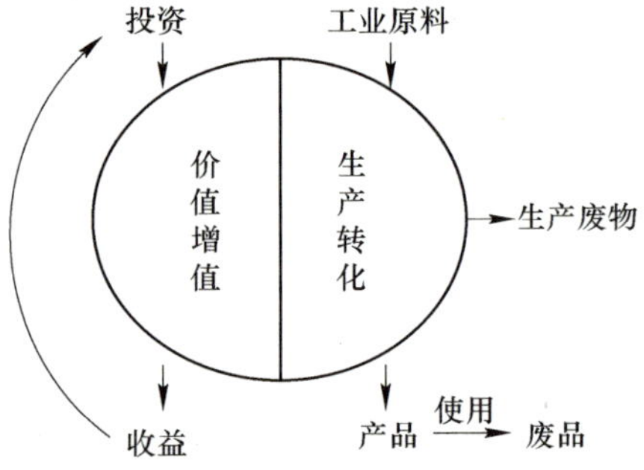

图 1-1 工业生产的双重属性

工业的目的是从自然界获取原燃材料，通过投资及工业过程，使原燃材料转化为产品，实现价值的增值，获得可观的经济收益。获得的经济收益又可用于加大投资扩大生产规模来获得更为丰厚的经济收益，这便形成了良性循环。反观之，生产所需的原料经过转化成为产品，同时产生了废料，废料会对环境造成危害，工业生产在持续进行，废料也在源源不断地产生，这会不断加大对环境的污染程度，这就是工业生产的恶性循环。如何正确地处理工业生产的双重属性，加强工业生产的良性循环，减少工业生产的恶性循环，这便成为了现在需要解决的一个问题。

全球环境问题频发，正演变为不容忽视的危害。从空气污染问题（PM2.5）到生态环境破坏（早期工业污染、森林砍伐和动物栖息地减少），工业文明在发挥其优势的同时给大自然造成了巨大的、甚至是不可逆转的伤害。在全球层面，由于人类在发展过程中燃烧化石燃料、农业扩张和森林砍伐等行为，大量的温室气体被释放到大气层中，直接改变了全球气候，引发了一系列极端事件的发生。人们会逐渐面临越来越多的极端天气，如更加频繁的降雨、降雪、风暴和干旱等。海平面也会因为冰川的加速消融而上升，使岛国及沿海城市面临严重的安全与发展问题。如果不改变这种不可持续的发展方式，环境问题将快速恶化，人类将面临更严峻的环境、经济及社会挑战。所幸，人们逐渐意识到，继续无节制的发展只会带来自然环境的毁灭，子孙后代将再也见不到曾经的蓝天绿水。因此，中国政府制定了“高质量发展”基本国策，把“既要金山银山，又要绿水青山”写进党章，提出绿水青山就是金山银山，倡导人与自然的和谐共生。工业界已经开始行动，越来越多的人呼吁关注降低工业发展对环境带来的影响，并自觉从自我做起，选择绿色的生活方式。

1.1.2 工业文明的产生与发展

工业并不是现代的产物，早在公元前 3000 年，在修建金字塔的过程中，人们曾使用滚木来搬运石头。古希腊时期的阿基米德也曾用螺旋将水提升至高处（图 1-2），这就是现代螺旋式输送机的始祖。通过使用工具来进行生产活动，这便是人类早期的工业萌芽。

图 1-2 阿基米德使用的螺旋示意图

我国在东汉时期，曾经使用“水排”通过“水能”带动鼓风机，向炼铁炉中吹入更多的空气，焦炭便会充分燃烧，提高冶铁炉的温度，完成冶炼工作。水排利用了齿轮和连杆结构。其功效比之前一直在用的人排、马排高得多。《三国志·魏志·韩暨传》写道：“旧时冶作马排，每一熟石，用马百匹。更作人排，又费功力。暨乃以长流为水排，计其利益，三倍于前。”这说明了使用工业其生产效率会远超人力。我国在春秋战国时期已经开始发展冶铁工业（图 1-3），而陶瓷工业在唐、宋两朝得到了飞速的发展，元朝时期纺织工业开始得到推广，且在明代大规模发展。这些便是人类早期使用工业来进行生产的例子。

图 1-3 东汉时期曾使用过的水排示意图

工业是社会分工发展的产物，其发展经过了手工业、机器大工业、现代工业几个发展阶段。一般来说，现代的工业文明产生于第一次工业革命，经历了第二、三、四次工业革命而逐渐发展。在工业产业每次发生重大变革时，都会产生与之对应的生产力与生产工具。工业的发展大致分为以下几个阶段。

1.1.2.1 第一次工业革命

第一次工业革命起源于18世纪60年代的英国，这是技术发展史上的一次巨大革命，从此，人们进入了一个由机器代替手工劳动的新时代。第一次工业革命不仅仅是一次技术方面的变革，更是一场意义深远的社会变革。一方面机器生产逐渐代替手工劳动，生产力大幅提高、劳动力得到解放，人们在解决自身温饱生存问题之外，部分人有了足够的时间与精力考虑如何生活得更好的问题。另一方面，工厂手工业也开始向机器大工业转变，采用机器进行生产最大的改变就是减少了单位产品所消耗的劳动，社会劳动生产率有了大幅提高，使以规模经济为基础的生产得以实现。工业革命之后，社会经济开始从自给自足的非商品经济逐渐向建立在大生产背景下的生产、交换、买卖为特点的商品效率经济转变，工业化发展的目的是以最小的资本或物质投入获取最大的收益或利润。

第一次工业革命的开端为英国的纺织行业发明的珍妮纺纱机，并且由此引发了一系列技术革新的连锁反应，它揭开了工业革命的序幕。在纺织业工业化之前，英国的纺织工人需要将飞梭从左手扔到右手，再从右手扔回左手，如此操作效率极低，这也使得英国纺织业的发展停滞不前。在1764年，英国的纺织工詹姆斯·哈格里夫斯将飞梭和纺织机结合了起来，创造出了以他的女儿名字命名的机器——珍妮纺纱机。珍妮纺纱机最初是一个纺轮带动8个竖直纱锭的机器，其工作效率提高为之前的8倍。由于机器的集成制作，使得对纺纱并不是很熟练的工人也可以操控机器来进行生产，并且工作时的安全性大大提高。之后，在棉纺织行业陆续诞生了螺机、水力织布机等先进机器。

提到第一次工业革命，就不得不提到蒸汽机。1698年托马斯·塞维利和1712年托马斯·纽科门制造了早期的工业蒸汽机。这时期的蒸汽机主要用于从井中抽水以及煤矿的开采，工作效率较低，并没有引起社会的广泛关注。1776年，英国机械修理工詹姆斯·瓦特在托马斯·纽科门制作的蒸汽机的基础上进行了改良，制作了圆周式蒸汽机，使得蒸汽机的工作效率成倍提高，煤耗大大降低。在此之后，蒸汽机不仅在采矿业得到广泛利用，在冶炼、纺织业也得到了迅速的推广，为人类提供了更加便捷的动力，大大推动了机器的普及和发展。从此，人类社会进入了“蒸汽时代”。第一次工业革命的部分发明如图1-4所示。

图 1-4 第一次工业革命的部分发明

工厂成为工业化生产的最主要组织形式，发挥着日益重要的作用。机器生产的发展，促进了交通运输事业的革新，为了快捷便利地运送货物、原料，人们开始想方设法地改造交通工具。在 1807 年，美国人富尔顿发明了以蒸汽为动力的汽船；1814 年英国人史蒂芬孙发明了蒸汽机车，并且在 1825 年，史蒂芬孙成功制成了拖有 34 节车厢的蒸汽火车。

第一次工业革命带给的社会变革是深远的，其使得机器取代了手工劳动，使工厂取代了手工工场。这不仅是一次技术的改革，更是一场深刻的社会变革，它大大加强了世界之间的密切联系，改变了世界面貌。它推动了经济领域、政治领域、思想领域、世界市场等多方面的变革，第一次工业革命向世界传播着先进的生产技术以及先进的生产经验，并同时猛烈地冲击着旧思想和旧制度，使全世界人民得到了思想解放。由于第一次工业革命对未来世界的深刻影响，人们一般把第一次工业革命当作现代工业文明的起源。

1.1.2.2 第二次工业革命

第二次工业革命起始于 19 世纪中期，由欧洲部分国家、美国及日本的资产阶级完成改革，极大地促进了社会的经济发展，自然科学的研究也取得了重大的成果。1870 年以后，新发明、新技术层出不穷，并且被广泛应用于各种工业的生产领域，这进一步促进了社会经济的发展，由此第二次工业革命开始蓬勃发展。

第二次工业革命以电器的广泛使用最为显著。在 1866 年，德国人西门子发明了发电机，自此，电器逐步取代了传统机器，广泛应用于各个领域，电能也作为一种新能源登上了历史的舞台。随后，电灯、电话、无线电报、电影放映机等相继问世，人类步入了“电气时代”。

第二次工业革命的部分发明如图 1-5 所示，其中一项重要发明便是内燃机的创新与使用。19 世纪中期，科学家们逐渐完善了煤气、汽油以及柴油的燃烧产生的热能转化为机械能的理论，这为内燃机的诞生提供了理论基础。19 世纪 60 年代发明了活塞式内燃机，这种内燃机因其热效率高、功率和转速范围宽、配套方便以及优良的机动性得到了广泛的应用。内燃机解决了很多交通工具的动力问题，80 年代德国人卡尔·弗里特立奇·本茨等人成功地制造出由内燃机驱动的汽车，内燃汽车、远洋轮船、飞机等也得到了迅速发展。同时，由于内燃机以汽油、柴油为燃料，故内燃机的广泛使用也推动了石油开采工业的发展以及石油化工工业的生产。

图 1-5 第二次工业革命的部分发明

相比于第一次工业革命，第二次工业革命时期的自然科学领域飞速发展，使科学在推动生产力发展中发挥了极为重要的作用，科学与技术的结合也使得第二次工业革命取得了巨大的成果。第一次工业革命的发源地在英国，蒸汽机、珍妮纺织机等重要的机器几乎都是在英国得到改进并广泛使用的，其他国家的工业化进程发展得相对较慢。而第二次工业革命几乎同时在几个发达的资本主义国家进行，其发展的速度较第一次工业革命更快，规模也更加广泛。最后，有些资本主义国家，如日本在第二次工业革命开始时，还没有完成第一次工业革命，其内部两次工业革命是交叉进行的，既可以吸收第一次工业革命的经验，又可以直接利用第二次工业革命的技术，这也使得这些国家的工业化发展更加迅速。

第二次工业革命促进生产力的飞速发展，对人类社会的经济、政治、文化、军事、科技以及生产力产生了深远的影响，使社会发生了翻天覆地的变化，进一步增强了人们的生产能力，更加便利的交通使得人们的活动范围被进一步扩大，人与人之间的交流得到了加强。同时，在第二次工业革命中还产生了如电力行业、石油行业、化学行业、汽车行业等诸多的新兴工业。但是工业文明发展的前中期是建立在经济规模远远小于自然资源和生态环境承载力这一假设前提之下。此时人们普遍认为自然资源是取之不尽、用之不竭的，是可以自由获取而不用支付任何费用的，人类生产生活中无节制地消耗着自然资源和肆意地排放着污染物及二氧化碳，追求利润的最大化是产业活动的根本目的。从投入（占用）产出的角度来看，主要表现为通过加大生产要素（原材料、资本、劳动力等）的投入数量以及自然资源的占用规模来增加产出，进而实现产业增长，这是一种典型的外延型、数量型、粗放型产业发展方式。

1.1.2.3 第三次工业革命

第三次工业革命起始于 20 世纪四五十年代，是人类工业文明史上继蒸汽技术文明和电气技术文明之后的另一次重大飞跃。第三次工业革命以原子能、电子计算机、航空航天技术以及生物科技作为标志，这场革命涉及新材料、新能源、信息技术、生物技术、空间技术等诸多领域。第三次工业革命的出现，一方面是由于科学理论出现重大突破，另一方面也是由于社会发展的需要，尤其是在第二次世界大战期间以及战后各国对高科技的迫切需求。第三次工业革命的部分发明如图 1-6 所示。

图 1-6 第三次工业革命的部分发明

空间技术的利用和发展是第三次工业革命的重大成果，1957 年苏联发射了世界上第一颗人造卫星，开创了空间技术发展的新纪元。1958 年美国也发射了人造卫星，1959 年苏联又发射了可以将物体送上月球的“月球”2 号卫星。1961 年，苏联宇航员加加林乘坐宇宙飞船率先进入太空。20 世纪 60 年代，美国制定了庞大的登月计划，在 1969 年成功完成登月，实现了人类登上月球的梦想。1970 年，我国发射了第一颗人造卫星“东方红一号”，开创了中国航天史上的新纪元，中国宇航空间技术迅速发展。70 年代以来，人类的空间活动由近地空间为主转向飞出太阳系。1981 年，美国第一个可以连续使用的哥伦比亚航天飞机试飞成功，它身兼火箭、飞船、飞机 3 种特性，是宇航事业的重大突破。

另一项重大发明便是原子能的利用和发展。1945 年，美国成功试爆原子弹，1949 年苏联也成功引爆原子弹，1952 年，美国成功研制出氢弹。1953 年到 1964 年这十余年间，英国、法国与中国相继研制出了核武器。原子能技术早期被应用于军事领域，直到 1954 年 6 月，苏联建成了第一座原子能电站，并于 1957 年成功研制出核动力破冰船。目前，核能被广泛应用，它以重元素的裂变和轻元素的聚变提供能量，是人类最具希望的未来能源之一。

电子计算机的利用和发展也是人类工业文明史上的一项重大突破，20 世纪 40 年代制成的电子管计算机为第一代计算机。1959 年，出现晶体管计算机，其运算速度大大超越了电子管计算机，可以达到三百万次。1960 年中期，出现了许多电子元件和电子线路集中在很小面积上的集成电路，其运算速度比晶体管计算机更快，可以达到千万次。集成电路计算机被应用于工业领域计算以及工业控制等方面，使工业进入了新纪元。20 世纪 70 年代逐渐发展为第四代大规模集成电路计算机，80 年代研制出了智能计算机，90 年代出现了光子计算机、生物计算机等。计算机的发展史大概为每隔 5 年其运算速度快 10 倍，体积缩小为$\frac{1}{10}$，成本降低为$\frac{1}{10}$。如今，计算机已经在很大程度上改变了我们的生活。

第三次工业革命的结晶还体现在合成材料的发展上。合成材料是人为地把不同的物质经过化学方法或聚合作用加工而成的材料，其性质与原材料相比发生了变化。在合成材料中，塑料、合成纤维和合成橡胶被称为“20 世纪三大有机合成技术”。其发展大大提高了国民生活水平。进入 21 世纪以来，我国的合成材料产业抓住新的发展形势，加大科研创新，加强自主研发能力，这使我国合成材料产业发展迅速，取得了令人惊叹的成绩。

相比于第二次工业革命，第三次工业革命更加依赖于科学的推动作用。科学在推动生产力的方面发挥着越来越重要的作用。随着科学实验手段的不断进步，科研的探索领域也在不断开阔。并且科学的各个领域之间的相互联系越来越强，学科越来越多，分工越来越细化，研究也越来越深入。同时学科之间的联系越来越强，相互渗透也越来越深，科学研究朝着综合性方向发展。

第三次工业革命极大地改变了人类的生活方式，这次革命之后，人们不再通过提高劳动强度来实现工作效率，而是寻求科学技术的不断突破和劳动手段的更新来大大提高劳动生产率。第三次工业革命促进了社会经济结构和社会生活结构的重大变化，它造成了第一产业、第二产业在国民经济中比重下降，使得第三产业的比重上升。为了适应科技的发展，资本主义国家普遍加强国家对科学领域研究的支持，大大加强了对科学技术的扶持和资金投入。第三次工业革命促进了社会经济结构和社会生活结构的改变，人类的衣、食、住、行等方面发生了重大变革。

1.1.2.4 第四次工业革命

第四次工业革命是 21 世纪之后人类继蒸汽技术革命、电气技术革命、信息技术革命之后发展的又一次技术革命。在人类工业发展史上曾经历了三次革命，使得人类文明空前繁荣，但是也造成了资源的巨大浪费以及环境的污染，这急剧地扩大了人与自然之间的矛盾。步入 21 世纪之后，随着经济的发展，社会生产开始面临自然资源稀缺、人口增长、环境污染等问题。罗马俱乐部《增长的极限》报告中指出，由于石油等自然资源供给的有限性，经济增长不可能无限持续下去。人们逐渐意识到社会的发展不应一味地追求经济总量的增加。人类只有一个地球，自然资源的有限性及生态环境破坏的日益严重性，都表明在社会发展过程中必须将生态环境保护纳入经济及产业发展中，更应该强调和追求“质量”的提升和“结构”的优化，注重生产要素的分配、投入、组合以及结构优化，从外延型、数量型、粗放型的增长方式向内涵型、质量型、集约型的发展方式转变，由此引发了第四次工业革命——绿色科技革命。

第四次工业革命以石墨烯、新材料、清洁可再生能源、人工智能、量子通信技术、生物技术为主要突破口，基于网络物理系统而出现。网络物理系统将通信的数字技术与软件、传感器和纳米技术相结合，并且生物、物理和数字技术的融合正在极大地改变世界。第四次工业革命的部分发明如图 1-7 所示。

图 1-7 第四次工业革命的部分发明

新材料的研发制备是实现清洁和高效生产的重中之重，近几年在世界研究领域里发展的新材料主要有新型复合材料、超导材料、智能材料、储能材料、磁性材料以及纳米材料等。按照功能可分为结构材料与功能材料。结构材料主要利用材料的力学和理化性质来实现高强度、耐高温、耐磨、耐腐蚀等特性。功能材料主要利用材料的某些效应，如电、磁、声、光、热等来实现某种功能。21 世纪科技发展的主要方向之一为新材料的研制与应用，新材料的研究使人类对物质性质认识和应用向更深层次的进军。

清洁的可再生能源是现在各国大力发展的项目，20 世纪人们使用的能源几乎都为不可再生能源，这造成了地球资源的枯竭，于是新型可再生能源便是未来能源发展的趋势。可再生能源包括太阳能、水能、风能、地热能、潮汐能、生物质能等，它们在自然界可以循环再生，是取之不尽、用之不竭的能源。并且可再生能源在使用时，不会产生对环境有害的废料，是一种清洁的能源。如今，新能源已经广泛应用于汽车、电池等领域，有效地缓解了能源危机与环境的压力。

第四次工业革命是一场全新的绿色工业革命，它的实质和特征就是能够大幅度提高资源的生产率、利用率，减少化石能源在经济生产和消费中所占的比例，促进可再生能源、绿色能源的广泛使用并使这些能源占据主导地位。第四次工业革命势必会加速经济增长方式的转变，促进绿色发展、低碳环保，开创出一条绿色革命的道路。

人类近代历史上经历的这四次工业革命，不仅极大地促进了经济的发展，改变了人类的生活方式，而且也极大地促进了自然学科的探索与发展，也在一定程度上引起了社会结构的变化。工业文明生产和消费的规模空前扩大，新材料、药品和化学制品的增多，人工制品空前繁多且日趋复杂，全球生产网络的崛起和工业发展的周期现象。工业文明因工业革命而极度繁华，但同时也产生了一系列问题，如贫富程度加大、城市人口膨胀、环境资源消耗问题等。四次工业革命的对比如表 1-1 所示。

表 1-1 四次工业革命的对比

项目	第一次工业革命	第二次工业革命	第三次工业革命	第四次工业革命
起止时间	18 世纪 60 年代 ~ 19 世纪上半叶	19 世纪 70 年代 ~ 20 世纪初	20 世纪 50 年代至今	21 世纪至今
主要标志	改良蒸汽机	电力的广泛使用	航天技术、原子能与电子计算机的使用	新材料、新能源、人工智能、虚拟技术的兴起
基础理论	牛顿力学	法拉第电磁学	爱因斯坦相对论	网络物理系统
相关国家	英国	德国、美国	美国	中国、美国、欧盟、日本
进入时代	蒸汽时代	电气时代	信息时代	绿色时代
能源	煤炭	电力、石油	核能	可再生能源
特点	1. 起始于英国； 2. 发明机器的主要是具有实践经验的工人	1. 几乎同时发展于几个先进的资本主义国家； 2. 科学与技术紧密结合； 3. 很多国家交叉进行两次工业革命	1. 科学与技术的结合更加紧密； 2. 自然科学划分细化，研究越来越深入； 3. 学科之间的相互渗透越来越深入	相比于前三次工业革命，第四次工业革命是缓解地球资源、环境压力的一场绿色革命
相同点	都极大地促进了社会经济的发展，改变了人类的生活方式			

1.1.3 工业文明的优势

迄今为止，工业文明是最富活力及创造力的文明，在工业革命之后，其得到了极大的发展，工业的制造作用也被广泛应用于国民经济的各个部门，工业文明对社会发展带来了许多优势。

工业化极大地推动了经济的增长和繁荣，通过引入机械化生产和大规模生产方法，工业文明提高了生产效率和产量。这带来了更多的就业机会、增加了国内生产总值（GDP），并促进了国家和个人财富的积累。同时，工业部门的发展带动了其他相关产业的兴起，形成了产业链和供应链，促进了经济的多元化和稳定性。

工业文明为科技和技术创新提供了强大的推动力，它推动了科技和技术的进步。为了满足工业化的需求，人们进行了大量的研究和创新，发明了许多重要的技术和工艺，如蒸汽机、电力、内燃机、电子技术等。这些技术的发展改变了人们的生活方式，提高了生活水平，并促进了其他领域的进步和发展。

工业文明催生了大规模的基础设施建设，工业化需要建设工厂、电力站、道路、铁路、港口等基础设施，这些设施为城市化和现代化提供了基础，并促进了交通、物流和贸易的发展，这极大加快了城市化和现代化的进程。

工业化大大提高了生产能力和供应能力，通过规模化生产和流程优化，工业化使得商品和服务的生产更加高效、可靠，并且数量更多，满足了不断增长的人口需求，提供了更多的选择和便利。

工业化带来了教育和医疗领域的重大改进，工业化社会注重教育和培训，提供更多的机会和资源，促进人们的学习和专业发展。同时，工业化也促进了医疗技术的进步，改善了医疗条件和卫生标准，延长了人们的寿命。

总的来说，工业文明对社会发展的优势包括经济增长、技术创新、基础设施建设、生产能力增加以及教育和医疗改进。这些优势推动了社会的进步，提高了人们的生活质量，并为未来的发展奠定了坚实的基础。

1.1.4 工业文明的弊端

生态环境是指影响人类生存与发展的水资源、土地资源、生物资源以及气候资源数量与质量的总和，是由生物群落及非生物自然因素组成的各种生态系统所构成的整体，主要或完全由自然因素形成，并间接地、潜在地、长远地对人类的生存和发展产生影响。工业化的初期，人类并没有认识到工业化对环境带来的改变，最为典型的是 18 世纪英国工业发展早期形成的持续不散的工业废气，使伦敦成为世界有名的“雾都”。这种环境污染到了 20 世纪，不但没有缓解，反而更加严重起来。20 世纪 60 年代，发达国家开始注意到工业生产对环境的影响，70 年代初，联合国委托环境问题专家在征求了 58 个国家的 152 位各专业领域的权威人士后，由美国哥伦比亚大学教授巴巴拉·沃德（Barbara Word）女士和洛克菲勒大学的著名微生物学家雷内·杜博斯（Rene Dubos）执笔，发表了著名的环境问题报告——《只有一个地球：对一个小小行星的关怀和维护》。这本书作为 1972 年联合国在瑞典斯德哥尔摩召开的“人类环境会议”的背景材料，尽管只是一份非正式的报告，但是很快在全球产生了重要的影响，催生了许多环境保护政策。

生态环境问题是指人类为其自身生存和发展，在利用和改造自然的过程中，对自然环境破坏和污染所产生的危害人类生存的各种负反馈效应。生态环境问题分为原生生态环境问题（第一生态环境问题）和次生生态环境问题（第二生态环境问题）。原生生态环境问题包括自然地质环境、自然气候和自然灾害；次生生态环境问题包括不合理资源的开发利用而引发的生态环境问题、对环境的直接污染和其他人为因素而导致的生态环境问题。目前，生态环境问题虽局部在改善，但总体状况仍在恶化，治理速度远远赶不上破坏速度，生态赤字逐渐增大，具体体现在：大气污染、水体污染、水资源短缺、水土流失、废渣堆存、垃圾包围城市、环境污染从城市向农村蔓延、沙漠化迅速、草场退化加剧、森林资源锐减、生物物种加速灭绝、生态指标恶化等方面。

我国目前生态环境问题形成的原因主要有以下几点：

（1）地域辽阔，自然条件复杂，地貌类型多样；

（2）长期缺乏保护生态环境的意识；

（3）部分生态建设项目忽视了西部地区的自然环境特点；

（4）过分强调工程措施，而忽视了生物措施。

人类的干扰已经大大减少了全世界自然运作的生态系统面积，人类的活动已经涉及了地球上大部分地方的自然环境，使很多地方性的生态系统消失了，并威胁着一些主要的生态系统类型，这就是人类对自然生态系统的扰动。人类对生态系统的扰动分为未被扰动、部分扰动和全被扰动三种类型。扰动对生态环境的影响可用生境指数来表示，如表 1-2 所示。

表 1-2 生境指数的计算结果

项目	总面积/km^2	未被扰动/%	部分扰动/%	全被扰动/%	生境指数
世界总计	162052691	51.9	24.2	23.9	58
去除岩石、冰和荒地后的值	13490471	27.0	6.7	36.3	36.2

注：生境指数 = $\frac{\text{未扰动面积}+0.25\times\text{部分扰动面积}}{\text{总面积}}\times 100\%$。

扰动导致人类生境指数降低。根据扰动的量化结果，严重扰动情况出现在欧洲、北美洲东部、亚洲的中国和东南亚等地区。我国的上海、江苏、山东、北京为强活动区，活动强度指数在 0.716 以上。显然，人类活动已成为全球生态环境的又一干扰元素，主要体现在以下几个方面：

（1）自然资源的大量消耗。工业革命以来，产生了不同的工业部门，它们生产各种产品来满足人类的各种需要。在产品生产过程中，大量消耗各种自然资源，如矿物燃料、矿物、木材、水、动植物等。而且，资源消耗呈现上升的趋势，按目前的水平来估算，全球石油可供给 25~40 年，煤炭资源 250 年，铝 270 年，镉 20 年，铜 60 年，铅 35 年，锌 40 年，铁矿石 240 年。世界上已经有 43 个国家或地区缺水（占全球总面积的 60%），约 20 亿人用水紧张，10 亿人饮用超标水。自然资源面临枯竭的危险（表 1-3）。

表 1-3 世界地壳能源储量耗量概况及寿命估计表

能源名称	可采储量/亿吨标准煤	消耗量占世界能源总量的百分数/%	储量寿命	潜在储量/年
石油	316	45	不超过 25~40 年	
天然气	495	19	2000 年消耗原油储量 73%	
煤	101260	25	不超过 30~190 年	150~250

以上所统计的仅仅是人类大量消耗自然资源的一部分，能源问题是每一个国家重点关注的问题，是国家安全的核心内容，随着工业化进程的加快，能源问题变得越来越尖锐。自从 20 世纪 70 年代以来，尽管人们环境保护的意识在不断增强，环保投入在不断增加，但人类活动对自然资源的消耗仍在不断增加，自然资源仍面临枯竭的风险。

（2）环境污染问题。人们对工业发展的负面影响认识不足，导致了全球面临环境污染问题。工业部门在原材料提取、产品制造、原材料与能源消耗、产品使用及最终处置等方面都对环境产生不同程度的污染。全球每年排放进入大气层的气体，SO_2 为 15 亿吨，CO_2 为 400 亿吨，甲烷约 2 亿吨；排放的有害金属中，铅 200 万吨，砷 7.8 万吨，汞 1.1 万吨，镉 5500t，超出了自然背景值的 20~300 倍。SO_2 的过度排放导致酸雨发生频率增加，面积在逐渐扩大；同时空气质量严重下降，全球有 8 亿人生活在空气污染的城市里；江河湖泊的污染日益严重，淡水的匮乏使全球约 12 亿人生活在缺水的城市里，14 亿人在没有废水处理设施下生活；由水质污染所引发的疾病已经成为越来越多人死亡的原因，人们的健康受到了严重的威胁；城市垃圾、污水、工业废物、船舶漏油以及放射性废料等大量排入海洋。据统计，每年约有200亿吨污染物流入海洋，约500亿吨垃圾被抛入海洋之中，导致海洋生物的生存受到威胁，海洋物种在逐年降低，在入海口处数万平方千米的臭氧层正在逐年扩大。表1-4为世界著名污染事件。

表1-4 世界著名污染事件

事件	地点	年份	原因	后果
伦敦烟雾事件	英国伦敦	1952	一个大型移动性高气压脊使伦敦出现无风状态，产生60～150m低空逆温层，燃煤烟尘被封盖滞留。几天过后，全城沉浸在浓雾中，大气中的烟尘含量超过卫生标准的10倍，SO_2的平均浓度超过20多倍	几千市民感到胸口窒闷，并有咳嗽、喉痛、呕吐等症状，12月5～8日4天中，伦敦死亡人数达4000人，患呼吸道疾病和心脏疾病的人也是平时的3～4倍。1956年、1957年又陆续发生两起类似中毒事件，约8000人陆续丧生
洛杉矶光化学烟雾事件	美国洛杉矶	1943～1955	洛杉矶350多万辆汽车每天排放超过1000t烃类、30t氮氧化合物和4200t CO进入大气，加之市区空气水平流动缓慢，在紫外线照射下，发生光化学反应，生成一种浅蓝色光化学烟雾	人体健康严重受损，当地近400名65岁以上老人死亡。橡胶制品老化，汽车和飞机不能正常运行。郊区的玉米、蜜柑、烟草、葡萄等作物与林木受到不同程度的危害
日本“水俣病”事件	日本熊本县	1956	该地区某化肥厂在氮肥生产中，采用氯化汞和硫酸汞做催化剂，含甲基汞的毒水排入水体，在食物链富集，最终致使人类中毒或死亡	日本熊本县水俣湾地区多人出现表情呆滞、全身麻木、口齿不清、步态不稳，进而耳聋失明，最后精神失常、全身弯曲、高叫而死，还出现“自杀猫”“自杀狗”等怪现象，截至1979年1月受害人数达1004人，死亡206人
日本富山“骨痛病”事件	日本富山	1955	日本富山平原地区的人们饮用了含镉的河水、食用了含镉的稻米，体内富集大量镉，引起“骨痛病”。该事件原因直到1961年才查明	当地居民陆续感染神秘疾病，一开始为关节疼，持续几年后，身体各部分神经痛和全身骨痛，行动不便，呼吸困难，最后骨骼软化萎缩，无法饮食，258名患者中死亡207人。解剖发现一具尸体中竟有73处骨折
日本四日事件	日本四日	1955	石油炼焦和工业燃油产生的废气每年将总量达13万吨的粉尘和SO_2排入大气中，使城市终年烟雾弥漫	该市市民呼吸道疾病骤增，尤其是哮喘病的发病率

（3）扰动物质的全球循环。生态系统的物质循环是指无机化合物和单质通过生态系统的循环运动。在全球系统中，物质通过物理、化学或生物的作用，从某一储库流向另一储库，处于不断的循环运动之中，这一过程称为物质的全球循环。在没有人为干预的自然生态系统中，物质在全球的循环流动是缓慢的，并且这一过程维持着动态平衡。人类自诞生

以来就开始认识自然改造自然，在工业革命之后，人类改造自然的力度变大，导致全球物质循环发生了显著的改变。这其中包括造成温室效应和全球气候变暖的碳循环；造成温室效应以及雾霾及水体富营养化的氮循环；造成空气污染以及酸雨及雾霾的硫循环。由于排放重金属，导致重金属元素向水体、土壤及空气中迁移，“水俣病”“骨痛病”等疾病都是由重金属污染水源或土壤造成的，重金属污染已成为威胁人类身体健康的一大元凶。

（4）“温室效应”与全球变暖。全球变暖是由于温室效应的不断积累，导致地气系统吸收与发射的能量不平衡。能量不断地在地气系统累积，从而导致温度的上升，造成全球的气候变暖。由于人类焚烧化石燃料，如石油、煤炭等，或破坏森林及其他的工业活动会产生大量的二氧化碳，使大气的成分发生明显的变化。连续 30 年的观测显示，大气中的二氧化碳含量以每年 0.4%的增速逐渐增加，这样的温度变化可以与最近一次冰期以来 18000 年间的温度变化相比拟。对湖泊中花粉和海底深游生物骨骼沉积物的考察表明，全球范围的温度变化，必然会导致全球陆地植被类型和海洋生物物种分布的显著变化，而这一变化又会反过来影响全球气候。

导致温室效应的气体，除了 CO_2 之外，还有少量的甲烷、氯氟烃、一氧化二氮等气体，这些气体大部分由工业活动排放。大气中的温室气体含量增加，必将导致温室效应的增强，从而有可能引起全球变暖，从而引发一系列的灾害。观测显示，自 1880 年以来，北半球地面平均温度升高了 0.3~0.6℃，按现有的绝大多数气候模型估计，在不远的未来可能会使全球平均气温上升 2℃。随着工业的发展，人类活动排放的温室气体逐年增加，使太阳短波辐射无阻挡地射向地球，并部分吸收地球向外发射的长波辐射，使整个地球成为庞大的“温室”，从而引发一系列严重的后果，如干旱、高温、暴雨、大风、雷暴、洪涝、沙尘暴等。不仅如此，工业对环境扰动产生的危害还有很多，例如臭氧层被破坏、噪声增加、光污染加重、电磁及放射性危害、森林面积锐减、生物多样性下降等方面。由全球气候变暖引起的危害如图 1-8 所示。

图 1-8　由全球气候变暖引起的危害

工业化是工业文明的物质产生方式，但传统的工业化走的是“先污染、后治理”的道路。面对威胁全人类生存与发展的生态环境问题，我们必须在前人反思和探索的基础上，客观理性地分析传统工业化作为一种实践活动对人类发展的正、负效应，寻求一条与生态化兼容并行的现代工业发展道路。

1.2 对工业文明的反思

随着经济与社会的发展，工业化和城市化进程加快，人类赖以生存和发展的环境正在发生急剧的变化，同时带来一系列的生态环境问题。进入 20 世纪，人们开始把获取物质财富的目光投向了自然界——环境与资源，认为物质财富增长所依赖的资源在数量上是不会枯竭的，即使由于短时期内资源的供给小于资源需求，也可以通过市场机制的调节作用再次得到恢复；并且，环境和资源被看作是公共物品，它们的价值没有体现在产品和服务价格之中，造成了对自然资源的盲目性开发和利用，特别是很多工业企业，在利润的驱动下设计制造出一次性商品，这更加速了自然资源的消耗和对生态环境的破坏。传统工业走的是一条“高投入、高消耗、高污染”的发展道路，人类无节制地使用资源和能源进行大量生产，不顾后果地大量消费以及无序的大量废弃，带来的一系列如环境污染、生态平衡破坏、资源匮乏、人口剧增等问题，人们开始对传统的发展理论进行了反思。

传统的发展理论把经济增长作为主要的发展目标，片面强调发展的速度和数量，忽视了对自然资源的合理开发和利用，忽视了对污染的预防和治理技术的开发。在推动人类文明进程的同时，也将人类引入了与自然界全面对抗和对立的时代，环境污染和生态危机的加剧，使人类逐渐认识到传统发展模式的局限性，认识到必须突破传统的发展观，工业生产不能再继续背负消耗资源和能源、污染环境和破坏生态平衡的“恶名”，工业及整个人类社会的发展都需要寻找一条崭新的发展道路。

人与自然共处于同一地球，两者息息相关，相互融合，共同构成地球生态系统。党的十八大要求大力推进生态文明建设，大会提出了“必须树立尊重自然、顺应自然、保护自然的生态文明理念，把生态文明建设放在突出地位，融入经济建设、政治建设、文化建设、社会建设各方面和全过程。”人类不能以破坏自然生态系统为代价来满足自己的需求，否则，将使人类的生存环境受到严重的破坏，使自己的生存和发展受到根本性的威胁。近年来，我国积极参与全球环境治理的战略举措，党的十九大提出建设生态文明是中华民族永续发展的千年大计。必须树立和践行绿水青山就是金山银山的理念，坚持节约资源和保护环境的基本国策，像对待生命一样对待生态环境，为人民创造良好生产生活环境，为全球生态安全作出贡献。习近平总书记指出，“决不以牺牲环境为代价去换取一时的经济增长”“保护生态环境就是保护生产力、改善生态环境就是发展生产力”。党的二十大报告更是提出“中国式现代化是人与自然和谐共生的现代化”。纵观世界现代化史，工业化、城市化过程中对生态环境的破坏是一个通病。我国之前也走过不少弯路，党的十八大以后我国坚决遏制住了生态环境破坏的势头，生态环境保护发生历史性、转折性、全局性的变化。习近平总书记“绿水青山就是金山银山”的理念已经深入人心，并融入了制度、政策和文化之中，我们今后还要坚定不移地走可持续发展的道路。这就说明，与自然生态系统协调共存，保护自然生态系统，保护我们唯一的地球才是人类生存和发展的可持续途径。

依据自然界的启示，应该使工业生产生态化，即按照生态系统的原则规划、组织、管理和运营工业生产活动，综合利用原料，使一个生产过程、企业或部门的废料成为另一个生产过程、企业或部门的原料，并尽可能实现物料的闭路循环，这在理论上是完全可以实现的。传统的经济模式是开采资源，生产产品，产品在使用后被废弃，这种直线型的经济模式会破坏环境并造成资源的严重浪费。不同于直线型经济模式，循环经济模式在产品生产过程中尽量节约资源并实现资源的重复利用和循环利用，在产品使用以后将废品变成再生资源，形成一个循环的流程。同样，人类要想生存和持续的发展，必须模拟自然生态系统，融入自然界的生态系统中，与自然生态系统协调共存和发展。在此基础上，随着工业活动、经济发展和社会进步的认识不断深入，人们提出循环经济（生态经济）的经济发展模式、循环社会（生态社会）的社会发展模式以及碳达峰、碳中和的理念。

1.2.1 发展循环经济的重要性

李克强在国家应对气候变化及节能减排工作领导小组会议上指出："要把绿色、低碳、循环经济发展作为生态文明建设的重要内容""通过结构调整和提质升级发展，拓宽经济增长、环境改善的双赢之路。"2021年，国务院发布关于加快建立健全绿色低碳循环发展经济体系指导意见，意见指出：要全面贯彻习近平生态文明思想，坚定不移贯彻新发展理念，使发展建立在高效利用资源、严格保护生态环境、有效控制温室气体排放的基础上，建立健全绿色低碳循环发展的经济体系，确保完成碳达峰、碳中和目标，推动我国绿色发展迈上新台阶。这表明，我们应深入贯彻习近平生态文明思想，立足新发展阶段、贯彻新发展理念、构建新发展格局，坚持系统观念，把循环经济与碳达峰、碳中和纳入经济社会发展全局，加快实现生产生活方式绿色变革，推动经济社会发展建立在资源高效利用和绿色低碳循环发展的基础之上。

循环经济就是绿色经济，也必然是低碳经济。以浪费资源和牺牲环境为代价，发展就不可能持续进行。自然资源并非取之不尽、用之不竭，而人类社会发展的需求却在不断增长，如果这两方面的关系处理不当，必然导致生态环境的恶化，严重威胁人类的生存和发展。只有走以最有效利用资源和保护环境为基础的循环经济之路，可持续发展才能得以实现。应该在经济发展的基础上促进社会主义物质文明、政治文明和精神文明的协调发展，实现社会全面进步和人的全面发展，实现经济和社会的可持续发展。要加快转变经济增长方式，将循环经济的发展理念贯穿到区域经济发展、城乡建设和产品生产中，使资源得到最有效的利用。最大限度地减少废弃物的排放，逐步使生态步入良性循环。在发展经济的同时，降低资源消耗，提高环境经济效益，是减少污染排放、减轻生态破坏、促进可持续发展的治本之策。要坚定不移地走新型工业化道路，积极发展循环经济和环保产业。要鼓励发展资源节约型和废物循环利用型产业，规范资源回收与再利用的市场运行机制，扶持并鼓励资源再生利用型产业的发展，建立健全各类废旧资源回收制度和生产者责任延伸制度，通过法律法规明确资源回收责任。加强政策引导，制定和完善废物循环利用的经济政策、自然资源合理定价相关政策。2017年国家发改委出台《循环发展引领行动》，行动提出建立再生产品和再生原料推广使用制度，强化循环经济标准和认证制度，推行生产者责任延伸制等；2021年国务院通过《关于加快建立健全绿色低碳循环发展经济体系的指导意见》，意见指出发展林业循环经济，实施森林生态标志产品建设工程，推动发展循环经济、严格污染治理、推动绿色产业发展、扩大绿色消费、实行环境信息公开、应对气候变化等方面法律法规制度；2021 年全国人大出台《中华人民共和国国民经济和社会发展第十四个五年规划和 2023 年远景目标纲要》，纲要提出全面推行循环理念，构建多层次资源高效循环利用体系；2022 年发展改革委以及商务部联合出台《关于加快废旧物资循环利用体系建设的指导意见》，意见提出到 2025 年废旧物资利用政策体系进一步完善，资源循环利用水平进一步提高。

《中华人民共和国国民经济和社会发展第十四个五年规划和 2035 年远景目标纲要》（简称“十四五”规划）提出，我们必须坚定不移推进改革，破除制约经济循环的障碍，推动生产要素循环流转和生产、分配、流通、消费各环节有机衔接。“十四五”规划基于我国“十三五”以来循环经济发展成效和“十四五”面临的国际国内新形势，坚持突出重点、问题导向、市场主导和创新驱动的基本原则，明确提出了“十四五”时期我国循环经济发展的总体思路和主要目标，着力围绕构建资源循环型产业体系、构建废旧物资循环利用体系和深化农业循环经济发展模式。“十四五”规划提出“全面提高资源利用效率”“构建资源循环利用体系”“构建绿色发展政策体系”总体要求，遵循“减量化、再利用、资源化”原则。一是在工业生产方面，着力建设资源循环型产业体系，通过推行重点产品绿色设计、强化重点行业清洁生产、推进园区循环化发展、加强资源综合利用和推进城市废弃物协同处置，提高资源利用效率。二是在农业生产方面，通过加强农林废物资源化利用和废旧农用物资回收利用、推行循环型农业发展模式，建立循环型农业生产方式。三是在社会生活方面，构建废旧物资循环利用体系，通过完善废旧物资回收网络、提升再生资源加工利用水平、规范发展二手商品市场，建设资源循环型社会。

1.2.2 提倡和谐社会，主张可持续发展

可持续发展是一个涉及经济、社会、文化、技术及自然环境的综合概念，它是一种立足于环境和自然资源角度提出的关于人类长期发展的战略和模式。这并不是一般意义上所指的时间和空间上的连续，而是特别强调环境承载能力和资源的永续利用发展进程的重要性和必要性。走可持续发展道路，促进人与自然的和谐，这是人类总结历史得出的深刻结论和正确选择。在人类生态环境日益恶化，资源日益短缺的今天，可持续发展问题得到各方日益重视。党的十六大把“实施可持续发展战略，实现经济发展和人口、资源、环境相协调”写入了党领导人民建设中国特色社会主义必须坚持的基本经验之中。十八届五中全会提出：为全面建成小康社会、美丽中国，必须坚持绿色发展，坚持节约资源和保护环境的基本国策，坚持可持续发展，坚定走生产发展、生活富裕、生态良好的文明发展道路。这是关系到国家前途和人民命运的基本国策，也是需要全民、各界共同努力才能完成的大业。生态文明建设已经上升到国家发展战略的高度，可以毫不夸张地说，这是中国走向光明的、可持续发展未来的保障，也将是人类走向光明未来的必由之路。

在全球气候变化与环境污染问题日益加剧的背景下，我国积极制定和实施可持续发展政策，以推动经济社会的转型和全面可持续发展。2015 年我国颁布《中华人民共和国生态文明建设纲要》，旨在加强生态文明建设，推动经济社会可持续发展。其中包括了清洁能源的推广、生态保护与恢复、绿色产业的发展等具体措施。同时在 2015 年我国推动《中国制造 2025》计划，旨在推动我国制造业的转型和升级，实现制造业的现代化与绿色

发展。其中包括了智能制造、绿色制造等具体目标和措施。2016 年，国务院印发关于《中国落实 2030 年可持续发展议程创新示范区建设方案》的通知，实施创新驱动发展战略为主线，以推动科技创新与社会发展深度融合为目标，以破解制约我国可持续发展的关键瓶颈问题为着力点，集成各类创新资源，加强科技成果转化，探索完善体制机制，提供系统解决方案，使科技创新对社会事业发展的支撑引领作用不断增强，经济与社会协调发展程度明显提升。与此同时，“十四五”规划正式提出“推动绿色发展，促进人与自然和谐共生”。规划指出：坚持绿水青山就是金山银山理念，坚持尊重自然、顺应自然、保护自然，坚持节约优先、保护优先、自然恢复为主，实施可持续发展战略，完善生态文明领域统筹协调机制，构建生态文明体系，推动经济社会发展全面绿色转型，建设美丽中国。可持续发展与循环经济作为目标和途径、目标与手段，相互联系、相互依赖、相互促进，共同构成了我们党在全面建成小康社会中正确处理人与自然、经济发展与环境保护、切实加强可持续发展工作的最高纲领。走可持续性发展道路，统筹人与自然的和谐发展，必须坚持保护环境、保护资源的基本国策；坚持经济社会发展与环境保护、生态建设相统一，既要讲求经济效益，也要重视社会效益和生态效益；坚持资源开发与节约并举，把节约放在首位，在保护中开发，在开发中保护；坚持统筹规划，加大投入，标本兼治，突出重点，有步骤地进行环境治理和建设；坚持深化改革，创新机制，实行政府调控与市场机制相结合，从体制和机制上促进可持续发展。要大力发展循环经济，在经济建设中充分利用资源，提高资源利用率，减少环境污染。在全社会进一步树立节约资源、保护环境的意识，形成有利于节约资源、减少污染的生产模式和消费方式，建设资源节约型和生态保护型社会。

可持续发展具有十分丰富的内涵，就其社会观而言主张公平分配，既满足当代人又满足后代人的基本需求；就其经济观而言，主张建立在保护地球自然系统基础上的持续经济发展就其自然观而言，主张人类与自然和谐相处。从中所体现的基本原则有三条。

（1）公平性原则。所谓公平是指机会选择的平等性。可持续发展的公平性原则包括两个方面。一是当代人的公平即代内之间的横向公平。可持续发展要满足所有人的基本需求，给他们机会以满足他们要求过美好生活的愿望。当今世界贫富悬殊、两极分化的状况完全不符合可持续发展的原则。因此，要给世界各国以公平的发展权、公平的资源使用权，要在可持续发展的进程中消除贫困。各国拥有按其本国的环境与发展政策开发本国自然资源的主权，并负有确保在其管辖范围内或在其控制下的活动.不致损害其他国家或在各国管理范围以外地区的环境责任。二是人际间的公平，即世代的纵向公平。人类赖以生存的自然资源是有限的，当代人不能因为自己的发展与需求而损害后代人满足其发展需求的条件——自然资源与环境，要给后代以公平利用自然资源的权利。

（2）持续性原则。可持续发展有着许多制约因素，其主要限制因素是资源与环境。资源与环境是人类生存与发展的基础和条件，离开了这一基础和条件，人类的生存和发展就无从谈起。因此，资源的永续利用和生态环境的可持续性是可持续发展的重要保证。人类发展必须以不损害支持地球生命的大气、水、土壤、生物等自然条件为前提，必须充分考虑资源的临界性，必须适应资源与环境的承载能力。换言之，人类在经济社会的发展进程中，需要根据持续性原则调整自己的生活方式.确定自身的消耗标准，而不是盲目地、过度地生产和消费。

（3）共同性原则。可持续发展关系到全球的发展。尽管不同国家的历史、经济、文化和发展水平不同，可持续发展的具体目标、政策和实施步骤也各有差异，但是，公平性和可持续性原则是一致的。并且要实现可持续发展的总目标，必须争取全球共同的配合行动。这是由地球整体性和相互依存性所决定的。因此，致力于达成既尊重各方的利益，又保护全球环境与发展体系的国际协定至关重要。

1.2.3 “双碳”目标下的高质量发展模式

温室气体的过量排放导致温室效应不断增强，对全球气候产生不良影响，CO_2 作为温室气体中最主要的部分，减少其排放量被视为解决气候问题最主要的途径。党的十八大以来，随着加快推进生态文明建设被提上国家治理议事日程，越来越多的行业开始积极践行绿色低碳发展之路。中国作为全球第二大经济体，积极承担解决气候变化问题中的大国责任、推动我国生态文明建设与高质量发展，于 2020 年 9 月 23 日，我国提出“二氧化碳排放力争于 2030 年前达到峰值，努力争取 2060 年前实现碳中和”，指明我国面对气候变化问题要实现的“双碳”目标。

党中央指出，“十四五”是实现“双碳”目标的关键期、窗口期。“十四五”规划作为“十四五”时期推进循环经济发展的重要指导性文件，将推动实现碳达峰、碳中和。作为“十四五”时期发展循环经济的重要目标之一，提出进一步降低单位 GDP 能源消耗和用水量目标。在重点任务部署上，提出在重点行业实施强制性清洁生产审核，推动石化、化工、焦化、水泥、有色等重点行业高质量发展；推行园区循环化发展，促进废物综合利用、能量梯级利用，推动废物资源化、能源低碳化，促进园区实现绿色低碳循环发展，切实降低工业领域碳排放强度等任务。

“十四五”规划《纲要》提出要大力发展绿色经济，推动基础设施绿色升级。2021 年的中央经济工作会议指出，要实施积极财政政策，提升效能，适度超前开展基础设施投资。推动基础设施绿色发展兼具稳增长和推进“双碳”双重意义，是当前经济形势下扩大有效投资的重要抓手。在此背景下，我国基建领域投资将呈现三个趋势：一是绿色化趋势。在基础设施绿色转型政策引导下，基础设施项目将更加注重绿色规划、绿色决策、全生命周期绿色低碳管理，将加大向环境基础设施领域的投入，提升污废资源化利用率，推动基础设施全产业链绿色低碳发展。二是整合趋势。按照提升财政政策效能的要求，基础设施投资将更加注重投资效率，在区域统筹发展、生态与经济协调发展、传统基建和新基建融合发展、数字化智能化发展等领域综合发力，更好发挥投资对稳增长的促进作用。三是市场化趋势。在政府债务风险的约束下，基础设施投资将更加注重市场化运作。

习近平总书记强调，实现碳达峰、碳中和，是贯彻新发展理念、构建新发展格局、推动高质量发展的内在要求，是党中央统筹国内国际两个大局作出的重大战略决策。实现碳达峰、碳中和对我国的社会主义现代化建设以及构建人类命运共同体具有重大意义，是建设人与自然生态系统和谐共生现代化的必然选择，是全面贯彻新发展理念、构建新发展格局、推动高质量发展的必然要求。实现“双碳”目标，将有力推动实现更高质量、更有效率、更加公平、更可持续、更为安全的发展，走出一条生产发展、生活富裕、生态良好的文明发展道路。也必将为全球生态文明建设、共同构建人与自然生态系统共同体注入强大动力。碳达峰与碳中和事关全球可持续发展和人类命运共同体建设。目前，全球已有 132

个国家承诺21世纪中叶实现碳中和的目标，部分发达国家目前已经实现碳达峰甚至碳中和。它们围绕碳达峰、碳中和目标在气候立法、能源结构、低碳技术、绿色金融等政策等方面积极探索。其中，欧盟是应对全球气候变化领域的引领者，早在2018年就提出到2050年实现碳中和的目标。2019年，欧盟发布《欧洲绿色协议》，制定了碳达峰、碳中和总体规划和路线图，并提出经济向可持续发展转型的七大路径。2020年5月，欧盟通过《欧洲气候法》提案，提出2030年温室气体较1990年减排55%的目标。2021年7月，欧盟又发布了“Fit for 55”计划，涉及立法提案12个，为推进绿色低碳转型提供了完善的政策依据。

德国在应对气候变化问题上走在全球前列，于1990年已经实现碳达峰。2019年，德国颁布《气候保护法》，提出2050年实现碳中和的目标，明确了能源、工业、建筑、交通、农林等不同经济部门在2020—2030年的刚性年度减排目标。2020年，德国出台《气候保护计划2030》，构建了包括减排目标、措施、效果评估在内的法律机制，并确立了六大重点领域的减排目标。2021年，德国修订了《德国联邦气候保护法》，提出了更加严苛的排放目标，将实现碳中和目标的时间点提前到2045年，同时将2030年温室气体减排目标提高到65%。

英国是西方国家中最早实现碳达峰的国家。2008年，英国颁布了全球首个确立净零排放目标的法律《气候变化法》，发布了全球首个碳中和规范。一方面，以清洁增长作为现代工业战略的核心，通过限制高碳排放行业发展来降低碳消费量；另一方面，出台一系列税收优惠政策，引导企业发展低碳生产技术，培养公民低碳意识。2019年，英国颁布了修订后的《气候变化法》，正式确立2050年实现温室气体“净零排放”的目标，明确了气候治理路线图，设立了基于公民的信用碳排放账户。2020年，英国发起涵盖新一代核能研发等10个技术领域的“绿色工业革命”计划，带动120亿英镑的政府投资和25万个新增就业岗位。英国正式脱欧后，还通过“气候变化外交”提升国际地位，并在全球领导人气候峰会上提出2035年碳排放水平较1990年降低78%的发达国家“最大幅度减排目标”。

美国社会对应对气候变化、推进碳中和仍然有着诸多共识。2021年美国提出在2050年实现碳中和的目标。气候问题也经常成为美国对外博弈的重要手段。美国在不同政府执政期间，不断推进技术革命、产业发展的方向始终没有改变。比如，备受瞩目的《零碳排放行动计划》（ZCAP），从推广零碳排放技术、建立清洁能源经济、优化产业政策和开展气候外交四个方面，助推美国2050年实现碳中和目标。

日本由于工业化进程较西方发达国家要晚，所以在推进气候立法、实施碳中和目标方面也晚于欧美。1997—2011年，日本先后出台《关于促进新能源利用措施法》《新能源利用的措施法实施令》《面向低碳社会的十二大行动》《绿色经济与社会变革》《全球气候变暖对策基本法》等一系列法律法规，为应对气候问题、发展绿色经济提供了法律依据。2020年，日本发布《绿色增长战略》，明确2050年实现碳中和与构建“零碳社会”的目标，通过绿色投资鼓励海上风电等14个行业创新发展，通过标准化改革、税收减免等多种手段为绿色转型提供支持。2021年，日本将《绿色增长战略》升级为《2050碳中和绿色增长战略》，将原有重点发展产业进行调整，形成了海上风电、太阳能、地热、新一代热能等全新的14个碳中和战略产业体系。

在全球新发展阶段，推进“双碳”工作是破解资源环境约束突出问题、实现可持续发展的迫切需要，也是顺应技术进步趋势、推动经济结构转型升级的迫切需要。如果能够充分把握“双碳”带来的转型发展机遇，结合行业实际特点，扎实推进绿色规划设计、绿色建造、低碳运营等工作，那么高质量发展之路就会越走越宽广、越走越通畅。

我国力争在2030年前实现碳达峰、2060年前实现碳中和，这意味着将进一步贯彻创新、协调、绿色、开放、共享的新发展理念，在积极应对气候变化的同时，加快推动产业转型升级，优化现有产业结构，进一步构建绿色产业体系，全面实现高质量发展。

工业高质量发展是在中国特色社会主义进入新时代后我国作出的重大战略调整，是工业发展在一定时间阶段内呈现高质量的状态，是更高水平、更可持续、更有效率的发展。习近平总书记在党的十九届五中全会上强调高质量发展是反映新发展观的发展。他指出，高质量发展，就是能够很好满足人民日益增长的美好生活需要的发展，是体现新发展理念的发展，是创新成为第一动力、协调成为内生特点、绿色成为普遍形态、开放成为必由之路、共享成为根本目的的发展。可以说，高质量发展是新发展理念的延续和目的。因此，工业高质量发展是以提高工业供给体系的质量进而更好地满足人民的美好生活需要为目标，以新发展理念为原则，以实现制造业高端化、智能化、绿色化、服务化发展为途径，促进工业实现质量变革、动力变革与效率变革。创新是推动工业高质量发展的核心动力，绿色发展是实现工业高质量发展的重要途径，开放是工业高质量发展的必由之路，品牌建设是工业高质量发展的重要战略。

“十三五”期间，全国深化重点行业去产能，严格执行产能置换政策，严禁钢铁、平板玻璃新增产能，严控部分产业的新增产能，推动制造业加工技术及设备性能持续提升。规模以上工业单位增加值能耗降低约16%，单位工业增加值用水量降低约40%。单位工业增加值二氧化碳排放量累计下降18%，为应对气候变化作出积极贡献。2020年全国碳排放强度相较于2015年下降18.3个百分点，较2005年下降约48.2个百分点。同时在“十三五”期间，我国研究制定了468项节能与绿色发展的行业标准，加快绿色制造体系建设，已在全国范围内建设171家绿色工业园区、2121家绿色工厂，打造形成了189家绿色供应链企业、制造并推广约20000种绿色产品，制造业绿色转型发展成效显著。

我国目前从发展低碳产业开始谋划，制定中长期产业发展规划，构建低碳高效的产业体系。将绿色制造体系建设作为工业绿色高质量发展的重要推动力来考虑。全面推行清洁生产，推广绿色设计、绿色制造，构建高效、清洁、低碳、循环的绿色制造体系。支持企业开发绿色产品，提升产品节能环保低碳水平，引导绿色生产和绿色消费，建设绿色工厂，实现厂房集约化、生产洁净化、废物资源化、能源低碳化；打造绿色供应链，综合考虑产品设计、生产、包装、物流、回收和再利用等环节的节能环保。以石化、冶金、建材等高耗能、高污染行业为重点，推广“源头减量、过程控制、末端再生”的循环型生产方式，促进产业上、下游原料与产品的有效衔接，引导产业链上下游企业对资源的协同利用及开发。严格资源节约和环境准入门槛，提高能源资源利用效率，减少污染物排放，防控环境风险。鼓励高耗水企业废水深度处理回用；打造再生资源回收利用平台，鼓励再生资源回收利用企业与平台合作，利用物联网技术，创新再生资源回收模式。积极推进资源再生利用行业规范化、规模化发展，建设大宗工业固体废弃物综合示范基地，全面提升大宗工业固体废弃物综合利用水平；支持企业开发绿色产品，提升产品节能环保水平。

《中共中央、国务院关于完整准确全面贯彻新发展理念做好碳达峰碳中和工作的意见》

提出，加强绿色低碳重大科技攻关和推广应用，强化基础研究和前沿技术布局，加快先进适用技术研发和推广。当前，我国工业和关联的能源行业科技攻关水平有待进一步提升。钢铁、水泥、石化、化工、有色金属等行业能源效率水平要达到国际领先水平，工业电气化程度要从当前的25%左右提高到70%以上，氢能利用要从当前的2%提高到20%以上，节能设备和产品普及率要从当前的10%提高到100%。因此，要加快推动科技创新驱动，建立自主创新体系，开发节能技术、资源回收与利用技术、新一代信息技术等，积极推广空气压缩储能技术、液态空气储能技术。

自2020年我国提出碳达峰、碳中和的目标以来，"双碳"已经成为工业领域高耗能、高污染、高排放企业重点攻关的领域和密切关注的焦点。如何正确理解"双碳"的真正内涵，如何实现"双碳"目标，需要各地相关职能部门尽快出台有关行动计划、实施方案并进行有效宣传。工业企业是碳排放大户，也是实现"双碳"目标的主体。相关职能部门要定期组织企业管理者参与"双碳"知识普及、培训，引导企业结合自身制造产品情况编制"双碳"发展规划，科学部署实际行动，避免空喊口号和空谈目标，主动承担低碳减排任务。引导企业进一步加强对节能减排的重视程度，加快企业用能转型，为远期发展留存更多的空间。企业要树立实施绿色转型、推动产业绿色发展可以更好推动高质量发展的理念，形成有效合力，实现碳文化落地生根，从源头助力工业高质量发展。工业高质量发展主要从以下方面进行：

（1）科技发展的模式。产业革命的兴起，无疑使工业发生了一场巨大的变革。但当人们尚未认识环境污染问题时，对生产中的大量排放物并未给予应有的重视，因而造成了严重的环境公害。回顾20世纪五六十年代的重大环境事件，大都发生在资本主义工业化的地区。而那里工业污染的发生与科学技术的发展直接相关，在战争中由于采用以先进科学技术武装起来的军事武器，给环境和人类造成的损失，更是尽人皆知的。这就难免使人产生这样的认识：科学技术既能为人类造福，也能造孽于人类。然而，如果认真做全面的分析，便不难发现：这其中都蕴含着人的因素。事实常常是，产生某些负面效应的真正原因，并不完全在于科学技术本身，恰恰是人类对于科技的不合理的运用。

人类已经认识到，要解决环境问题，从根本上说，还应当依靠科学技术的发展。人类必须发展生态科技，使科技生态化。

第一，科学技术有推动社会发展的积极作用，但它的每一个发现和运用并不都能带来积极结果，这已经被历史和现实充分证明了。今天人类享受的全部现代生活，以及人类今天所面临的全部危机，都是人类利用科技的结果。因而，对于充分表现人类理性、表现人的主观的科学技术成果，人类更应该审慎地运用与推广。有些研究结果要反复地在小范围内进行实验，并且要接受较长时间的检验，确证其对环境没有危害，才可以在其他范围内推广使用。

第二，科学技术的发展要为整个自然界的健康发展服务，而不能仅仅为了满足人的利益。人类有着无穷的创造力，随着科技的发展，人的这种能力得到了迅猛的发展。但是，人类发明的产品并不都是真正有利于人类的，当然就更谈不上是有利于环境和生态的了。特别是，由于技术发展的复杂性使人们难以具有通观全局的能力，难以认清它对生态网络的复杂的相互作用，尤其是难以预见到它可能生成的后果。这就向科技工作者提出了更高的要求，要求他们能够自觉地站在全人类立场上，特别是要有生态意识，从有助于地球的安全、维护全球生态平衡的高度来从事科学工作。

第三，充分发挥人类特有的理性能力，利用科学技术去创造一个更加有利于自然界、有利于地球、有利于人类的目标，实现科技发展的生态化。技术的发展对自然、对环境造成的后果与人类、与地球的未来息息相关。技术的负面效应随着量的积累而迸发出来，终于酿成了当前的危机。当前的经济发展再也不能追求无限的增长，而无视经济发展与生态系统整体的关联和地球有限性的事实，当然我们不必像某些悲观派所主张的那样，取消科技，回归大自然，而是要求科技工作者在发展科技的时候，必须考虑科技对生态环境的影响，必须把发展与生态环境相适应的要求作为人类自身研究的出发点和归宿。

环境问题的出现促使人类提出可持续发展战略。维护生态发展的技术才有生命力。人与自然的有机统一，在当代就表现在如何使科学技术成为自然的朋友，成为维护自然的有力武器。科技活动是人类作为自然组成的一部分所从事的活动，是人与自然的对话，不能像以往那样，人类高居在自然之外对自然加以描述。如果科技不能成为自然的朋友，如果人类不能解决科技发展的生态化，那么，人与自然的和谐，走可持续发展的道路都将是一句空话。要想实现可持续发展的战略目标，必须把目光放在科技上。因而发展生态化的科技是人类今后追求的目标。

在全球生态运动中，一些人提出“软技术”和“硬技术”的划分。他们的工业文明的机械技术称为“硬技术”，“硬技术”是破坏自然和危害人类的原因，就在于其机械的思维方式和统治自然的价值观。“软技术”是以人为中心的技术，关心真正满足人们的物质需要、精神需要和对劳动本身的需要。“软技术”的特征是：放弃核反应堆、采煤厂、天然气开采、石油钻探以及综合燃料项目的“硬技术”发展，大力提倡软能源如风力、水力、地热、太阳能暖房的发展，利用农业和林业废料制造液体燃料等一切可再生能源；在资源的利用上，主张采取封闭式的再循环技术，以便在循环过程中对资源进行多次利用和综合利用，使废品减少到最低限度，做到高度节约资源和充分利用资源，并减少各种废料、废气、废水和废热的排放，对各种材料进行回收处理。他们特别强调发展生态农业，认为新技术必须符合“软技术”的要求才可以实施。

从以上分析可以看出，符合生态要求及可持续发展要求的科技应该注重资源的合理使用、注重符合人性，防止污染，减少浪费；开发新的能源，减少对于自然环境的开发与利用，以维护自然的良好状态。环境、生态问题对于现代科学的重大影响使科技发展不再是处于世界之外，精确地揭示世界这部大机器的永恒规律，从而提供给人们改天换地的绝对可靠的手段与武器，科学也只是不断变化的世界中人类创造的智能信息流的一个有机的组成部分。为了更好地保护环境，发展经济，人类应该大力发展那些有利于促进环境保护，有利于合理利用资源以及减少使用不可再生资源的生产，通过发展知识经济，改变经济增长方式，促进经济的进一步繁荣。

(2) 工业生态系统是当前的发展要求。审视 20 世纪过程工业的发展历程，人们开始认识到现有的“消耗资源、能源—制造产品—排放废物”这一单向性生产模式已无法持续下去，而应当代之以仿效自然生态过程物质循环的模式，建立废物能在不同生产过程中循环、多产品共生的工业体系，即工业生态系统。其构成的经济模式称为循环经济。循环经济与知识经济并称为世界未来经济发展的两大模式。工业生态系统的发展模式将取代现有传统工业的模式而成为 21 世纪工业发展的新模式。正是在这样的背景下，清华大学成立了过程工业与生态工业研究中心，旨在倡导生态工业的理念，构建支持生态工业的关键技术平台，形成循环经济的新模式。

工业生态系统是模拟生态系统的功能，建立起相当于生态系统的“生产者、消费者、还原者”的工业生态链，以低消耗、低（或无）污染、工业发展与生态环境协调为目标的工业。工业结构生态化，就是通过法律、行政、经济等手段，把工业系统的结构规划成“资源生产”“加工生产”“还原生产”三大工业部分构成的工业生态链。其中，资源生产部门相当于生态系统的初级生产者，主要承担不可更新资源、可更新资源的生产和永续资源的开发利用，并以可更新的水资源逐渐取代不可更新资源为目标，为工业生产提供初级原料和能源；加工生产部门相当于生态系统的消费者，以生产过程无浪费、无污染为目标，将资源生产部门提供的初级资源加工转换成满足人类生产生活需要的工业品，还原生产部门，将各副产品再资源化，或进行无害化处理，或转化为新的工业品。

1.3 工业功能的转变

1.3.1 产品制造功能

工业自诞生以来就起着为国民经济各个部门提供原材料、燃料和动力以及为人民物质文化生活提供产品的制造功能，并在所构建的工业系统内实现原、燃材料向产品的转化。在工业革命之后，工业文明得到了极大的发展，工业的制造作用也被广泛应用于国民经济的各个部门。由于人们粗犷的生产模式，导致地球环境被严重破坏，自然资源也遭受极大的浪费。在追求可持续发展和资源节约型、环境友好型社会的今天，工业的作用一直在进行演替与变化，已在传统的制造功能基础上转变为兼具能源转换功能和废弃物消纳功能的现代化工业发展模式，使得资源能源利用率大大提高。

1.3.2 能源转换功能

对于传统的工业生产，在能源转换过程中能量的耗散量是非常大的，耗散浪费掉的能量往往超过50%，以钢铁工业为例，生产过程所排放的能量，有40%存在于各种介质的高温气体中，15%是低温蒸气和热水，还有10%为辐射损失。现代工业的能源转换功能就是将生产过程排放的余热、余能转换成可利用的能量（如电能等）加以回用，如，CDQ红焦显热利用、煤气潜热利用、TRT发电，烧结、炼铁、炼钢及轧钢余热利用等，实现能源的高效转换和及时循环利用。

在工业的发展历程中，能源是重中之重的问题。在工业文明萌芽阶段到工业文明极度繁华的今天，人们所使用的能源也发生了变化。历史上已经发生并完成的两次大型能源转换，分别是从薪柴主导的能源结构过渡到煤炭主导的能源结构和从煤炭主导的能源结构过渡到石油主导的能源结构。这两次大型能源转换伴随着西方资本主义国家持续两百多年的工业化进程的完成。

能源转换可以让我们重复多次使用能源或使能源的使用更加符合实际需求，所以，人们的生活离不开能源转换。从自然界中获取的能源为一级能源，例如原油、煤、天然气、天然铀矿以及生物质能等，一级能源很少能够直接供工业生产设备使用。大部分的一次能源必须转变为二次能源才能被使用，如汽油、柴油和电力等。现代工业的作用之一便是将能源转变为容易运输、分配并且在各种设备中使用、适合消费者需求的能源。例如现在的电力、燃气和区域供热网络和液体燃料的分配网，这些举措都便于能源的储存、携带和运输。

1.3.3 废物消纳功能

工业飞速发展造成的一个问题是产生大量的废物。所谓废物就是在一定时间和空间范围内基本或者完全丧失其使用价值，无法回收利用和排放物。一般来说废物可以按其物理形态分为废渣、废水和废气这三种，简称“三废”。现代工业的废弃物消纳功能是指找到合适的技术，把原来作为废物排放的物质当作宝贵的二次资源加以利用，消纳功能主要包括延伸产业链实现生产过程废弃物的回用和利用现有工艺消纳社会废物，以废治废，创造使用价值，并且将其危害性降到最低，实现“无害化”及“资源化”利用。

1.3.3.1 固体废物

固体废物是指人类在生产、消费、生活和其他活动中产生的固态、半固态废弃物质，通俗地说，就是固态“垃圾”，主要包括固体颗粒、垃圾、炉渣、污泥、废弃的制品、破损器皿、残次品、动物尸体、变质食品、人畜粪便等，工业固废主要是指物质与能量向产品转换的过程中产生的固体废物，主要包括残次品、炉渣、除尘灰及水处理过程产生的污泥等。固体废物的排放伴随着人们的社会活动不断产生，并且还在延续。人类社会的生产、装配、交换及消费等环节都会产生固体废物。人类产生固体废物的主要原因是：（1）人类的认知有限，导致自然环境的破坏；（2）参与规划、设计、制造、运输、消费、管理等活动的人员的技术水平限制，导致资源浪费，如机加工边角边料、不合格产品、不当使用致废产品等；（3）物质的变化规律导致产生废物，例如炉渣、尾矿等物质的生产过程中的副产品、报废产品等；（4）由于某些产品的过度包装所产生的废物。

固体废物的主要危害便是造成污染，其中包括将固体废物直接排放入江河、土壤而造成的一次污染，不仅对水体造成危害，威胁水生生物的生存，甚至某些重金属元素如铅、镉等会进入食物链从而被人体摄入，降低人机体的抵抗力，引发各种疾病甚至会威胁人的生命。固体废物可能某些物质会参与理化反应，从而造成二次污染。固体废物在储存、运输过程中，可能会滋生大量细菌、寄生虫等，带来传播疾病的风险；在焚烧固体废物时，会释放出硫氧化物、氮氧化物等有害气体。固体废物的污染和危害具有迟滞性、潜在性、长期性、间接性、隐蔽性、综合性和灾难性等特点，是与人类生产生活息息相关的环境问题，需要高度重视。

然而，不容忽视的是固废还是宝贵的二次资源，专家认为，所有固废都是有待找到合适技术的宝贵的二次资源。现代工业的废弃物消纳功能就是通过延伸产业链实现工业固废的“无害化”及“资源化”利用，通过社会废物的消纳与处理，实现资源化利用。通常是指采用物理、化学、物化及生化等方法把固体废物转化为适于运输、储存、利用或处置的过程，实现“无害化”“减量化”及“资源化”利用。对于实在处理不了的固废经无毒处理之后进行填埋或填海，或进行固化、焚烧及生物处理等方式实现“无害化”处置。

1.3.3.2 废水

废水一般指居民活动过程中排放的水以及雨水的总称，废水包括生活污水、工业污水等无用水。工业废水一般指经过一定技术处理后不能再循环利用或者一级污染后经处理达不到一定标准的水。

废水同样具有很大的危害：(1) 废水如果直接流入江河湖泊，便会使其受到污染，这可能导致大量的水生生物死亡甚至灭绝；(2) 废水可能会渗透进入地下水从而污染地下水，如果周边居民采用被污染的地下水作为饮用水，便会严重危害人的身体健康；(3) 工业废水如果直接排放进入土壤，其中含有的重金属元素便会污染土壤，影响农作物的生长，附近居民如果长期食用该土地种植出来的农作物，便会引起疾病；(4) 工业废水一般来说带有难闻的味道，不仅会对人的精神造成影响，还会污染空气。

现代工业的处理方式是采用全生命周期管控，源头减量，过程可用，末端经“无害化”处置后再生回用。

1.3.3.3 废气

废气是指人类在生产和生活过程中排出的有毒有害的气体。工业废气特别是化工厂、钢铁厂、制药厂、炼焦厂和炼油厂等，废气气味大，严重污染环境和影响人体健康。废气的种类很多，且其理化性质十分复杂，并且毒性也不尽相同。最常见的工业废气是化石燃烧产生的二氧化硫、氮氧化物等，是造成温室效应以及酸雨的主要“元凶”。废气污染大气环境已经成为了全球最普遍最严重的环境问题之一。

各种工厂企业排放的工业废气是大气污染物的主要来源，工业废气包括有机废气和无机废气。有机废气主要包括各种烃类、醇类、醛类、酸类、酮类和胺类等；无机废气主要包括硫氧化物、氮氧化物、碳氧化物、卤素及其化合物等。如果工业废气未经处理而大量排放到大气中，便会使大气质量迅速下降。工业废气中的有害物质可以通过呼吸道和皮肤进入人体，这些有害物质长期低浓度或短期高浓度地在人体聚集便可造成人体的呼吸、血液、肝脏等器官和系统的永久性病变，给人体健康带来严重的危害，同时给国民经济造成巨大的损失。著名的废气污染事件包括英国伦敦的烟雾事件以及美国洛杉矶光化学烟雾事件。

废气按照污染成分分类可以分为颗粒污染物和气态污染物两类。颗粒污染物又称为气溶胶，环境科学中把气溶胶定义为悬浮在大气中的固体或液体物质，或称微粒物质或颗粒物。气溶胶根据来源不同还可分为一次气溶胶和二次气溶胶。一次气溶胶指从排放源排放的颗粒物，如煤炭燃烧时产生的烟粒；二次气溶胶指从排放源排放时为气体，经过一些化学变化而形成微粒，常见的为二氧化硫和硫化氢气体经过氧化反应最后转化为硫酸盐微粒。而气态污染物种类则比较多，主要有以下 5 大类。(1) 以 SO_2 为主的硫化物。大气污染物中的硫化物主要有二氧化硫、三氧化硫、硫化氢、硫酸盐等。(2) 以 NO 和 NO_2 为主的氮氧化物。氮氧化物种类繁多，NO 和 NO_2 是危害性最大的两种氮氧化物。氮氧化物是温室效应、酸雨以及光化学烟雾的主要气体之一，对大气的危害性很大。(3) 碳的氧化物，如 CO 和 CO_2。CO 是低层大气的最主要污染物之一，主要来源是钢铁厂、化肥厂及窑炉等工厂生产过程。CO_2 是动植物生命循环的基本要素，通常不被看作是大气污染物，就整个大气而言，没有扰动的话，CO_2 浓度是保持平衡的。但是近几十年，化石燃料使用数量激增，加之森林的破坏，超出自然界能“消化”的限度，产生了“温室效应”，导致全球增温及极端事件的发生。(4) 碳氢化合物即烃类。烃类表面上对人体的危害很小，但是它是危害人体健康的光化学烟雾的主要成分。(5) 含有卤素的化合物。存在于大气中的含卤素化合物很多，在废气治理中接触较多的主要有氟化氢（HF）、氯化氢（HCl）等，能破坏大气的臭氧层，使紫外线更多地辐射身体，导致人更有可能患癌症、皮肤病等。

废气的处理技术主要有：(1) 催化氧化法，使用特种紫外线波段，在特种催化氧化剂的作用下，将废气分子中的有机分子键断裂，根据不同废气使用多种复合惰性催化剂，可提高处理速度，达到废气净化的目的；(2) 吸附反应法，通过吸附及化学反应将废气中的某些成分由气态变为固态从而去除；(3) 冷凝回收法，采用多级冷却的办法，使得废气中凝点较低的成分由气态转变为液态，适合处理含有机气体较高的废气；(4) 土壤脱臭法，主要通过物理吸附和生物分解等作用使水溶性气体被土壤中的水吸收而去除，不溶于水的气体则通过土壤表面物理吸附，从而被土壤中的微生物分解，达到废气处理的目的；(5) 燃烧法，对可燃成分含量较高的废气可通过直接燃烧的方法来去除有害成分，从而达到处理废气的作用；(6) 低温等离子法，在外加电场作用下发生激发、离解、电离等反应，使废气基团化学键断裂从而达到处理废气的目的。能源脱碳是 CO_2 减排的有效途径。

综上所述，工业作为一种新的社会发展秩序，全面、深刻和彻底地改变了人类赖以生存的生态环境，既带来了巨大的物质财富，提高了人类的生活水平，也留下了斑驳的生态烙印，形形色色的资源环境问题纷纷出现。实际上，人类在工业革命之始也同时开启了与环境问题的抗争，从无所作为的逃避到逐渐摸索的末端治理，从制造过程的清洁生产到产品的生态设计，从全生命周期管理到循环经济、低碳绿色经济，我们在为这些环境问题寻求着各自不同的现实解决方案。与此同时，我们也从不同的视角来对工业与环境的关系进行观察、界定并力图改善，希望探索出一门关于工业发展与生态环境关系的整合性学科。因此，工业生态学的出现就成为必然。

1.4 工业文明的变革

1.4.1 现代生态化工业的运行模式

现代生态化工业以生态理论为指导，从生态系统的承载能力出发，模拟自然生态系统各个组成部分（生产者、消费者、还原者）的功能，充分利用不同企业、产业、项目或工艺流程等之间资源、主副产品或废弃物的横向耦合、纵向闭合、上下衔接、协同共生的相互关系，依据加环增值、增效或减耗、生产链延长增值原理，运用现代化的工业技术、信息技术和经济措施优化配置组合，建立一个物质和能量多层利用、良性循环且转化效率高、经济效益与生态效益双赢的工业链网结构，从而实现可持续发展。由于自然资源相对有限，工业生产中首先要解决的问题是提高生产效率，降低资源的使用量，减少浪费。

第一，现代生态化工业倡导的是“功能经济”，即鼓励消费者购买产品的服务功能和强化企业对社会的服务功能。其优点包括：通过优化资源利用，减少废物和能源浪费，实现资源高效利用，从而提高了经济效益。并且通过采用清洁生产技术和高效的资源利用方式，生态化工业可以降低生产成本，包括原材料采购、废物处理和能源消耗等方面的成本。还可优化的生产流程，先进的技术和高效的资源管理有助于提高生产效率，从而加速生产周期，提高产量。同时在适当时机将产品回收进行再加工，从而减少自然资源的使用和废物的产生。

第二，现代生态化工业从经济效益和生态效益兼顾的目标出发，依据工业生态学的基本原理，指导资源的综合开发和利用，每一个生态工业园区内各种工矿企业相互依存，形成共生的网状生态工业链，实现资源的集约利用和循环使用。

第三，现代生态化工业强调系统的开放性，不仅系统要经常引进和吸收周围环境的先进技术、人才、新材料、新能源等，而且系统内的人流、物流、价值流、信息流和能量流应该在整个工业生态系统中按照多种工艺路线合理流动，以互联的方式进行物质能量转换。为此，一方面要遵循生态系统的耐受性原理合理开采可更新资源，以确保资源的自然恢复更新；另一方面应充分利用共生原理和生产链延长增值原理、生产链加环增值、增效或减耗原理、能量多级利用和物质循环原理，集聚多个不同种类的相关工业企业，通过不同生态化工艺之间、产品与资源之间、废弃物与资源的耦合关系，尽量延伸工业产业加工链，最大限度地开发和利用各种资源和主副产品，减少废弃物向环境的排放，既获得产品最大限度增值，又保护生态和环境，实现工业产品“摇篮—坟墓—摇篮”的良性循环，以及产业结构和产业布局多样化。

第四，工业生态学指导下的现代生态化工业倡导的是一种环境和谐的经济发展模式。生态工业系统与自然生态系统结构相似（资源开采者、加工制造者、废弃物还原者）、功能相近，企业和项目之间存在反馈式、网络状的共生关系，系统内不同企业和项目之间的物质流远远大于出入系统的物质流，据此建立一种以物质和能量闭环流动为特征的、能够自动进行反馈调节的、相对封闭的循环经济系统，从而实现可持续发展所要求的经济与生态双赢（即在生态环境不退化甚至得到改善的情况下促进经济增长）的战略目标。工业生态学的出现为从根本上化解长期以来环境与发展之间的尖锐冲突，实现传统经济转向可持续发展经济提供了战略性的理论模式。

1.4.2 构建生态化工业体系

从工业的生态化转型过程来看，中国工业仍处在生态化转型初期，这就意味着工业生态化会在未来较长一段时间持续发展。要实现工业生态化的转型就应分两部分同时进行：一是在存量上，依靠传统工业的生态化转型；二是在增量上，依靠战略性新兴产业促进工业生态化发展。

1.4.2.1 加快传统工业的生态化转型

目前钢铁、汽车、橡胶等传统工业依然占据主要地位，但由于现代科学技术的发展，已经成为经济比重逐渐下降的基础工业产业。这些工业目前仍是国家经济的重要部分，在短期内也不可能被新兴产业所取代。对这部分工业而言，如何通过技术更新改造，提高产业竞争力，适应工业生态现代化的要求是未来产业发展的重点。

改造传统工业应加强高新技术在传统产业中的应用。合理地增加工业投入和技术升级投资，积极加快推进具有先进性、实用性、现代化的高新技术在传统工业中的应用，推进产业链条向高附加值的两端延伸，推进传统产业优化升级改造。以提高产业链配套能力、增加产品附加值为重点，不断加大科技创新力度，强化工艺设计，提高技术装备水平，大力发展环保、节能、高附加值产品，推动优势传统产业向生态化的转变。在管理上将工业生态学思想贯穿工业生产全过程，以工业生态学方法来分析物质生产过程中的原材料、自然资源、能源的输入以及产品、污染物输出，从管理层面促进工业生态化发展。

改造传统工业应推进重点技术项目更新改造。推动汽车、钢铁、石化等节能改造，淘汰工业部门中产能过剩行业，严格控制高耗能工业发展，促进资源型低端产业逐步退出。如推动新能源在汽车行业的广泛发展，使汽车动力由油、向油气混合、再向可再生能的新能源方向推进。支持钢铁向产业链高端及深加工延伸，加快高性能产品研发，优化产品结构，聚焦精品钢材，着力提升高强度、耐腐蚀、长寿命、减量化等高性能钢铁产品，加快推进钢铁新材料产业化。推进城市生态化建设，将生态的观念融入经济社会的各个领域，为生态化产业体系构建及工业生态化发展奠定坚实基础。

改造传统工业应推进绿色化、柔性化和高科技化制造模式。综合考虑生态环境与资源效率，从产品设计、制造、包装、运输、使用及废弃处理的整个过程都以最小的资源消耗，尽可能地不对或极少对生态环境产生影响，保证企业经济与生态效应协同发展。“柔性化”与“刚性化”相对应，与统一产品大批量生产的流水线制造不同，柔性化制造利用先进制造集成技术，通过对制造单元的灵活控制，在产品的种类及数量上实现柔性化生产。其中最为常见的柔性制造方式就是定制，它以消费者随机变化的需求为导向，以更快的生产和反应速度，完成生产销售过程，满足个性化需求。传统工业在最大程度实现向这种具有新型特征的制造模式转变，会加快其生态化转型步伐，进而实现整个工业系统业的生态化转型。

1.4.2.2 培育战略性新兴产业

战略性新兴产业是世界主要国家抢占新一轮经济和科技发展制高点的重大战略，是推进产业结构优化升级、加快转变经济发展方式的重大举措，是构筑发展新优势的迫切需要，也是支撑生态经济跨越式发展、体现产业生态化转型的必然选择，对经济社会全局和长远发展具有重大引领带动作用。重点培育和发展新一代信息技术、生物、高端装备制造、节能环保、新能源、新材料和新能源汽车等战略性新兴产业规模化、集聚化和国际化发展。

大力发展新能源产业。这里的新能源是指区别于传统化石能源的、清洁的、可再生的能源，主要包括太阳能、风能、生物质能等。但是受开发利用技术的制约，目前风能、太阳能等开发利用的经济性及利用率还不够高，因此应加大对风电机组关键部件的设计，提高光伏和光热的转换效率等关键技术的研发投入，突破技术对能源发展的束缚。逐步推广太阳能发电的应用规模，实施光伏并网发电示范工程建设，推进重点建筑屋顶和地面大型光伏并网发电试点示范。生物质能的利用，主要应首先建立集中有序的生物质收集处理程序，包括林木及废弃物、农村生物秸秆、城市垃圾等，优先建设生物质热电联产项目，有序发展林业生物质直燃发电，推动城市垃圾焚烧和填埋气发电。积极开发生物质秸秆资源，利用农村秸秆资源布局，发展生物质秸秆发电项目。

大力发展高端装备制造业。围绕世界装备制造业智能化、信息化和集成化发展的趋势，实现生产过程自动化、精密化、绿色化，积极推进装备制造生产与服务融合并举，提升装备制造业高端价值链，重点发展整材制造装备、智能制造装备、智能电网装备、大型工程机械装备、通用航空装备、海洋工程装备、轨道交通装备及冶金装备等领域，建设全国重大机器装备后援制造服务中心。

加快发展生物产业。加快下一代信息技术与生物产业的融合发展，大力发展生物制药、化学合成药、现代中药、医疗器械及医药外包等领域，加快生物质能源发展，超前布局生物信息与生物制造，形成涵盖产品研发、技术转让、中介服务、高端制造、人才培养与综合服务等完整的产业链。

大力发展节能环保产业。适应绿色发展、循环发展、低碳发展新需求，以总承包和投资运营为引领，努力推进产品与技术高端化、企业总承包运营一体化、设备制造与环保节能服务融合化。包括理念的转变、低碳绿色技术、生命周期管控与 LCA 评价、生态设计及碳排放交易等。

大力发展新材料产业。与传统材料制造业不同，新材料匹配于新型高端装备，主要包括高端金属结构材料、新型轻合金材料、高性能复合材料等，重点是纳米材料、生物材料、智能材料、超导材料等前沿新材料的研发和产业化。

1.4.2.3 提升科技创新内驱力

技术创新是实现科技进步的根本途径，由技术创新引发的技术进步又成为促进经济增长的基本要素，也是推动工业生态化发展的重要力量。第一，技术创新通过改变需求结构拉动产业结构的调整；第二，技术创新引导资源在产业间的流动，直接导致产业结构变化；第三，技术创新促进产业升级，新技术的产生可能导致某些新兴产业的兴起，同时技术改进和新工艺的应用推动原有产业的进一步发展和转化。因此工业生态化与技术创新密不可分，没有适当的技术支撑和应用，传统工业难以实现生态化转型。

新的经济增长理论将技术进步视为经济增长的决定力量，极大地提高了生产力水平，在社会进步中发挥巨大作用。但随着可持续发展理论的兴起，人类对工业文明及现实生态环境问题的反思，发现技术创新的高效率会带来负的外部效应，会导致环境污染及生态恶化。因此，人们对技术创新提出了新的要求，即生态技术创新。生态技术创新区别于传统的技术创新，是指具有生态化导向的技术创新，是生态学向技术创新渗透的一种新型创新系统，是在技术创新的各个阶段中引入生态观念，从而引导技术创新向有利于经济与生态系统和谐共生的方向发展。这种技术创新能更好地通过对产业结构调整，推动产业经济向生态化方向发展，促进产业生态化顺利转型。

1.4.3 现代工业发展趋势——低碳绿色可持续发展

20 世纪 60 年代以来，人们通常把经济增长当成发展的全部，考虑的是如何扩大资源投入和消费来扩大经济的总量。然而大量事实已经证明，这种依靠掠夺自然资源来实现自身发展的传统模式已经走进了死胡同。人们开始逐渐意识到，人类是自然生态系统中的一员，不可能任意地改造自然环境和无限制地利用地球资源，其生存和活动必然会受到地球自然生态系统的发展及其规律的制约。同时人们还意识到，现代全球系统是一个复杂的大系统，面对的是自然生态系统和人类经济社会系统本身复杂的运行机制和它们之间的相互作用的复杂性综合问题。人类只有在不断深入认识地球系统的同时，采取有效的措施，使这一复杂大系统的各个组成部分相互协调发展，才能使人类社会的发展得以持续。

1.4.3.1 可持续发展观

可持续发展的概念是 1987 年以布伦特兰为主席的全球环境与发展会议（WCED）提出的，给出的定义为：可持续发展是既能满足现有的需要，又不与将来的人们满足他们的需要相抵触的一种发展模式。这个定义的特点是用代际公平阐明可持续发展的内涵。在满足当代人需求的同时，还需要考虑到后代的发展空间。这是一种负责任的态度，强调人类的经济和社会的发展不能超越资源和环境的承载能力。

可持续发展是人类在生态遭到破坏、环境资源每况愈下时总结经验教训、得到的发展途径，是人们对于过去发展方式的反思和领悟。虽然不能立刻实现，但不妨碍将其作为发展的目标。可持续发展只是一个理想，需要理论知识的支撑，工业生态学的理论框架就成为了支撑可持续发展的重要组成因素。

可持续发展的概念具有更深刻、更广泛的内涵。可持续发展的转变与深化，是生产力在意识形态反映上的不断提高。从时间上划分，可持续发展观的演变经历了以下三个阶段：

第一阶段，发展就是经济增长。

第二阶段，环境问题被提高到人类社会发展中的重大问题来考虑。

第三阶段，从环境与发展的结合上推动发展。

按循环经济的发展模式，走可持续发展的道路，实现工业生态化转向。走可持续发展道路是在人类在漫长的发展历程中，不断探索出的正确结论。可持续发展并不是局部的概念，是全球、全人类性质的综合概念，只有在各国、各地区之间形成有机整体来达到这个目标才是有意义的。以可持续发展为理论指导，建立全新的发展模式，不以保护环境为由限制经济增长，要求发展与有用的自然承载能力相协调，强调对生态及其可持续性的保护。可持续发展已经成为人类社会发展的必然选择，是人类社会文明的必由之路。

1.4.3.2 现代工业发展的新模式

现代工业发展的新模式通常涉及多个方面，包括技术创新、可持续性、数字化转型等，主要阐述体现在以下方面：

（1）技术创新：创新新模式下的现代工业强调技术创新的重要性。这包括新材料、新能源、先进制造技术、人工智能、物联网等领域的创新。通过引入先进技术，企业能够提高生产效率、降低成本，并推动产业的升级和转型。

（2）可持续性：现代工业越来越关注可持续性发展，包括环境可持续性、社会责任和经济可持续性。企业越来越认识到只有在尊重环境和社会的前提下，才能实现长期的经济繁荣。可持续性实践包括资源高效利用、废弃物减少、清洁能源采用等方面。

（3）数字化转型：现代工业正经历数字化转型，即通过采用数字技术来提高效率、创新和灵活性。这包括大数据分析、云计算、物联网、人工智能等技术的应用，以改变生产流程、提高产品质量，甚至创造新的商业模式。

（4）灵活制造：新模式下的现代工业趋向于更灵活、可定制化的生产方式。通过数字化技术，企业能够更快速地调整生产线，满足市场的变化需求，实现小批量、多样化生产。

（5）全球化和协同合作：现代工业的新模式强调全球化和协同合作。企业通过全球供应链、国际合作，实现资源共享、风险分担，提高竞争力。协同合作也可以促进知识共享和创新。

（6）人机协同：人机协同是现代工业的一个重要方面。随着人工智能和机器学习的发展，工人和智能机器之间的协同变得更加紧密。人类专注于创造性的任务，而机器负责重复性的工作，从而提高整体生产效率。

现代工业发展的新模式旨在推动工业向更加智能、可持续和灵活的方向发展，以适应不断变化的市场和社会需求。

1.4.4 中国式现代化——现代工业的高质量发展

实现工业化是我国的“历史性任务”，尽管世界已进入信息时代，但我们的工业化历史性任务尚未完成、不可稍有松懈，更不可以忘记，同时强调要走“新型工业化道路”，就是说，走一条与“传统的”工业化不同的道路。这里“传统的”工业化道路有两重含义：一是就国内工业化历史讲，所谓“传统的”工业化道路是指在过去计划经济条件下实行的工业化；二是就世界工业化历史讲，所谓的“传统的”工业化道路是指发达国家早已走过来的或实现了的工业化道路。走新型工业化道路是当今国内外经济条件所决定的。以信息化带动工业化，以工业化促进信息化，走出一条科技含量高、经济效益好、资源消耗低、环境污染少、人力资源优势得到充分发挥的新型工业化道路。

从世界经济历史上看，我国的新型工业化道路跟发达国家在历史上所经历的传统工业化道路相比较，有着新的历史条件所赋予的时代特点。

第一，中国的新型工业化是属于以发展中国家为主体的第二轮世界工业化进程中的一员，与发达国家过去经历的传统工业化相对而言，我国和其他发展中国家所进行的工业化，则是迟到的工业化；党的十六大提出的新型工业化，其目的便是在过去几十年努力的基础上把依然存在的城乡二元经济结构建设为现代化经济，全面建成小康社会。这是向全世界昭示的和平建设纲领。

第二，我国新型工业化是在信息化时代进行的工业化。当今世界已经进入信息化时代，一些主要发达国家早已进入后工业化社会，而以信息产业为代表的高新科技产业为其主导产业。一方面，就经济和科技发展水平讲，我国的工业化阶段跟发达国家的信息化阶段相比落后了一个历史性阶段，这一点我们必须认识清楚；另一方面，我们又必须看到，信息化时代给我国提供了巨大的历史机遇，关键在于我们能否认清，特别是能否善于把握住这个巨大的历史机遇。党的十六大明确提出“坚持以信息化带动工业化，以工业化促进信息化，走出一条科技含量高、经济效益好、资源消耗低、污染环境少、人力资源得到充分发挥的新型工业化路子。”这是我国在信息化时代推动工业化的基本战略，为我们牢牢把握这个历史机遇提供了可靠保证。

第三，我国应利用和充分发挥的另一个优势就是可大力引进发达国家提供的过剩资本和先进技术，跟我国所固有的比较优势——丰富的劳动资源结合起来，以加快我国的经济发展。我国劳动力资源比较丰富，劳动成本较低，甚至比某些东盟国家劳动力成本还低；而我国所短缺的资源则是资本和技术。因此，大力引进外资及先进技术与国内富裕的劳动力资源相结合，是我国既发挥后发优势，又充分发挥比较优势的一条重要途径。

第四，我们应该吸取发达国家在传统工业化过程中的破坏自然资源和环境的教训，绝不能走对自然资源进行破坏性开采，对环境实行“先污染，后治理”的老路，而要在经济发展中认真合理地开发资源，高效利用资源，保护和治理环境，以造福子孙，走出一条资源消耗低、环境污染少的可持续发展的新路子来。

以上是从世界工业化历史的角度，看我国新型工业化有别于传统工业化的特征。然而，从我国 1949 年以来工业化历史角度来看，我国新型工业化也有别于改革开放以前我国推行的传统工业化。一是我国传统工业化是在高度集中的计划经济体制下进行的，而我国新型工业化是在社会主义市场经济体制下进行的。在改革开放起初的 20 年里，我国初步建立了社会主义市场经济体制框架，随着框架的逐步完善，新型工业化道路的优越性将益发显现出来，按循环经济的发展模式，走可持续发展的道路，实现工业生态化转向。二是我国的新型工业化坚持完成把二元结构经济建设成现代化经济的历史性任务，依靠科学技术、发展高新技术，并使科技生态化。开拓国内市场，把广大的潜在国内市场建成现实的国内市场，为我国新型工业化开拓广阔的市场空间。

1.4.5 我国可持续发展的改革之路

作为负责任的大国，我国在一直积极推动全球可持续发展。2015 年 9 月，习近平总书记出席联合国发展峰会，同各国领导人一道通过了《2030 年可持续发展议程》，这是联合国继制定《21 世纪议程》《千年发展目标》之后在可持续发展领域确定的又一全球性重要行动。《2030 年可持续发展议程》设定了未来 15 年全球在减贫、健康、教育、环保等 17 个领域的发展目标。我国高度重视《2030 年可持续发展议程》的落实，将可持续发展目标融入《国民经济与社会发展“十三五”规划纲要》中。2016 年 9 月，我国发布《中国落实 2030 年可持续发展议程国别方案》，对落实工作进行了全面部署。2017 年国务院出台《中国落实 2030 年可持续发展议程创新示范区建设方案》，是中国扎实推进《2030 年可持续发展议程》的务实举措，体现中国作为负责任发展中大国的责任担当。2018 年，我国推行《环境保护税法》，旨在促进各地保护和改善环境。2019 年，我国发布《环境影响评价法（2018 修正版全文）》，继续坚持推进保护环境以及可持续发展。2020 年，环境部发布《生态环境档案管理规范 生态环境监测》，规范生态环境监测档案管理，更好地服务生态环境保护事业发展。2021 年，生态环境部印发《建设项目环境影响报告表》，优化和规范环境影响报告表编制，提高环境影响评价制度有效性。2022 年，第十三届全国人民代表大会强调生态文明建设应持续推进。

2023 年，习近平总书记在党的二十大报告中强调：“必须牢固树立和践行绿水青山就是金山银山的理念，站在人与自然和谐共生的高度谋划发展”“坚持山水林田湖草沙一体化保护和系统治理，生态文明制度体系更加健全，生态环境保护发生历史性、转折性、全局性变化，我们的祖国天更蓝、山更绿、水更清”。学习贯彻党的二十大精神，就要深刻把握生态文明建设这个关乎中华民族永续发展的根本大计，扎实推动绿色发展，促进人与自然和谐共生，共同建设美丽中国。同时，党的二十大报告指出，要实施全面节约战略，发展绿色低碳产业，倡导绿色消费，统筹产业结构调整、污染治理、生态保护、应对气候变化，加快发展方式绿色转型。建设生态文明，关系人民福祉，关乎民族未来。近年来，我国大力推动生态文明理论创新、实践创新、制度创新，创造性地提出一系列新理念新思想新战略，形成了习近平生态文明思想。在习近平生态文明思想指引下，中国全方位、全地域、全过程加强生态环境保护，使生态环境保护工作发生历史性、转折性、全局性变化。

工业革命时期以牺牲资源、环境为代价的发展，带来了 21 世纪更为严重的资源紧缺、能源枯竭、环境污染严重、气候变化加剧等全球性问题，使全人类的生存与可持续发展受到威胁。当前中国进入新发展阶段，也正处于可持续发展转型的关键期，“十四五”时期（2021—2025 年）中国可持续发展仍面临挑战。一是中国以煤炭为主的能源结构决定了碳排放规模较大。二是钢铁等高碳产业规模庞大意味着碳减排压力较大。三是现有节能减碳技术满足不了高质量发展要求。四是低碳消费理念和行动尚有待在全社会倡导推行。可持续发展是破解当下全球性问题的金钥匙，是中国“十四五”期间的政策重点，也是中国实现2035年碳排放达峰后稳中有降、生态环境根本好转等远景目标的必由之路。近年来我国出台的环保政策如表1-5所示。

表1-5 近年来我国出台的环保政策

年份	政策
2015	通过了《2030年可持续发展议程》，设定了未来15年全球在减贫、健康、教育、环保等17个领域的发展目标
2016	发布《中国落实2030年可持续发展议程国别方案》，对落实工作进行了全面部署
2017	出台《中国落实2030年可持续发展议程创新示范区建设方案》，体现中国作为负责任发展中大国的责任担当
2018	推行《环境保护税法》，旨在促进各地保护和改善环境
2019	发布《环境影响评价法（2018修正版全文）》
2020	环境部发布《生态环境档案管理规范 生态环境监测》，规范生态环境监测档案管理，更好地服务生态环境保护事业发展
2021	生态环境部印发《建设项目环境影响报告表》，优化和规范环境影响报告表编制，提高环境影响评价制度有效性
2022	第十三届全国人民代表大会强调生态文明建设应持续推进
2023	第二十次全国代表大会提出“推动绿色发展，促进人与自然和谐共生”的理念

本章小结

目前，长期不合理的资源开发利用、对环境的直接污染和其他人为因素导致了生态环境状况总体在严重地恶化，尽管局部有所改善，但治理能力远远赶不上破坏速度，环境状况不容乐观。大气污染严重，水体污染明显加重，水资源短缺形势严峻，废渣存放量过大，水土流失严重，沙漠化迅速发展，草原退化加剧……与所有的工业化国家一样，我国的环境污染问题是与工业化相伴而生的。工业活动不仅大量消耗自然资源、造成环境污染，还扰动物质的全球循环并导致温室效应与全球增暖。随着改革开放和经济的高速发展，我国的环境污染渐呈加剧之势，生态破坏的范围也在扩大。时至如今，环境问题与人口问题一样，成为我国经济和社会发展的两大难题。

针对当前出现的一系列环境问题，合理利用资源、保护环境是实现可持续发展的必然要求。以浪费资源和牺牲环境为代价，发展就不可能持续进行。自然资源并非取之不尽、用之不竭，而人类社会发展的需求却不断增长，如果这两方面的关系处理不当，必然导致生态环境的恶化，严重威胁人类的生存和发展。以最有效利用资源和保护环境为基础的循环经济才能保证实现可持续发展。应该在经济发展的基础上促进社会主义物质文明、政治文明和精神文明的协调发展，实现社会全面进步和人的全面发展。要加快转变经济增长方式，使资源得到最有效的利用。最大限度地减少废弃物排放，逐步使生态步入良性循环。

在发展经济的同时，降低资源消耗，提高环境经济效益，依据工业生态学，发展循环经济，实现工业的生态化转向，是可持续发展的治本之策。

思考复习题

1. 简述工业的双重属性，并说明工业文明的弊端在哪里？
2. 工业活动对生态环境的扰动及后果有哪些？
3. 简述“全球增温”产生的原因及带来的危害。
4. 思考在现有情况下应如何实现现代工业的生态化转向。

参考文献

[1] 陆钟武. 工业生态学基础 [M]. 北京：科学出版社，2010.

[2] 王寿兵，吴峰，刘晶茹. 产业生态学 [M]. 北京：化学工业出版社，2006.

[3] 吴晓东，翁端. 绿色工厂观点、方法与工具 [M]. 北京：清华大学出版社，2006.

[4] 李素芹，苍大强，李宏. 工业生态学 [M]. 北京：冶金工业出版社，2007.

[5] 李创. 生态化产业发展研究 [M]. 北京：中国纺织出版社，2018.

[6] 吴晗晗. 生态文明视角下产业生态化研究 [M]. 湖北：湖北人民出版社，2018.

[7] 石磊. 中国产业生态学发展的回顾与展望 [J]. 生态学报，2016，36 (22)：7158-7167.

[8] 项国鹏，宁鹏，黄玮，等. 工业生态学研究足迹迁移——基于 Citespace Ⅱ的分析 [J]. 生态学报，2016，36 (22)：7168-7178.

[9] 钱易. 生态文明的由来和实质 [J]. 秘书工作，2017 (1)：73-75.

[10] 钱易. 城镇化与生态文明建 [J]. 中国环境管理，2016 (1)：6-9.

[11] Gibbs D. Implementing industrial ecology? Planning for eco-industrial parks in the USA [J]. Geoforum, 2005, 36 (4): 452-464.

[12] Gibbs D. Reflections on implementing industrial ecology through eco-industrial park development [J]. Journal of Cleaner Production, 2007, 17 (15): 1683-1695.

[13] 佟勇. 基于工业生态学的建筑垃圾治理模式 [J]. 建筑技术，2015，46 (1)：86-88.

[14] 金涌，胡山鹰，朱兵. 能源视角下中国碳中和构想 [J]. 清华金融评论，2021 (12)：26-29.

[15] 金涌，胡山鹰，朱兵. 中国碳中和之路——把化石从燃料变成原材料利用 [J]. 化工管理，2021 (34)：78-79.

[16] 张宴，赵瑜，任洪强. 专业认证背景下环境工程专业持续改进机制研究 [J]. 广州化工，2021，49 (20)：116-118.

[17] 王一丹，耿金菊，任洪强，等. 水污染防治服务质量管理标准体系构建研究 [J]. 中国标准化，2020 (12)：215-219.

[18] 张红，刘瑞卿，魏海英，等. 以生为本的“环境学概论”课程教学创新设计 [J]. 教育理论与实践，2021，41 (30)：55-58.

[19] 薛占金，秦作栋，程芳琴. 晋西北地区土地沙漠化时空格局及其驱动因素 [J]. 中国环境科学，2020，41 (12)：5428-5435.

[20] 胡山鹰等. 2060 中国碳中和—化石能源转向化石资源时代 [J]. 现代化工，2021，41 (6)：1-5.

[21] 胡山鹰，金涌. 净碳足迹为零，如何实现 [J]. 科学大观园，2021 (10)：30-31.

[22] 孔彦姣，张美一，王东升，等. 污灌水重金属污染阻控材料与技术研究 [J]. 环境保护科学，2021，47 (1)：49-57.

[23] 王东升. 环境水化学过程光谱量子信息识别与定量表征技术 [J]. 环境工程学报, 2002, 14 (10): 2587-2588.
[24] 刘业业, 崔兆杰, 于斐. 园区生态文明建设水平评价指标体系 [J]. 环境科学与技术, 2015, 38 (12): 276-282.
[25] 崔涤尘, 刘业业, 王艳艳, 等. 工业园区生态文明案例分析及建设途径——以临沂经济技术开发区为例 [J]. 环境保护科学, 2015, 41 (4): 100-103.
[26] 李超娜, 于斐, 崔兆杰. 生态工业园污染减排绩效回顾性评价指标体系的构建与应用 [J]. 山东大学学报, 2014, 49 (5): 7-15.
[27] 王曙光, 李桂香, 崔兆杰, 等. 生态工业园区产业共生效率的量化评价 [J]. 工业技术经济, 2013, 32 (6): 33-38.
[28] 孙会航, 李俐频, 田禹, 等. 基于多目标优化与综合评价的海绵城市规划设计 [J]. 环境科学学报, 2020, 40 (10): 3605-3614.
[29] 魏利, 岳秀丽, 马放, 等. 环境伦理学在环境科学与工程学科的定位与实践 [J]. 教育教学论坛, 2011 (26): 14-16.
[30] 魏利, 岳秀丽, 马放, 等. 典型村镇有机废物有机肥产品的品质表征 [J]. 中国沼气, 2022, 40 (2): 54-59.
[31] 奚豪, 李娜, 韩竞一, 等. 基于数学模型的城市生活垃圾管理研究进展 [J]. 环境卫生工程, 2021, 29 (3): 85-93.
[32] 龙於洋, 胡立芳, 沈东升, 等. 城市生活垃圾中重金属污染研究进展 [J]. 科技通报, 2007 (3): 760-764.
[33] 贺永华, 胡立芳, 沈东升, 等. 污染环境生物修复技术研究进展 [J]. 科技通报, 2007 (23): 270-275.
[34] 袁增伟. 物质循环科学的研究对象、理论与方法 [J]. 资源科学, 2021, 43 (3): 435-445.
[35] 陈旭雯, 黄蕾, 袁增伟. 化工园企业环境风险分级评估与管理方法研究 [J]. 环境保护科学, 2015, 41 (3): 144-148.
[36] 董战峰, 袁增伟. 加快环境经济政策探索创新 [J]. 社会观察, 2014 (11): 17-20.
[37] 毕军, 袁增伟. 资源型城市产业转型国际经验及其对中国的启示 [J]. 中国发展, 2012, 12 (6): 1-5.
[38] 王越, 王园, 毕军, 等. 工业园能源代谢分析 [J]. 环境科学研究, 2009, 22 (8): 990-994.
[39] 卜全民, 毕军, 袁增伟, 等. 我国固体废物综合处理技术的现状与对策 [J]. 江苏农业科学, 2008 (6): 3-5.
[40] 费维扬. 二氧化碳减排的紧迫性及其分离技术的发展 [C]. 中国会议, 2008, 16-19.
[41] 费维扬. 循环经济及其科学技术基础 [C]. 中国会议, 2006, 15-16.
[42] 费维扬. 分阶段线性规划法快速设计含有多种污染物的用水网络 [J]. 科技导报, 2005 (2): 285-290.
[43] 费维扬. 温室气体 CO_2 的捕集和分离——分离技术面临的挑战与机遇 [J]. 科技导报, 2005 (1): 1-4.
[44] 金涌. 第六产业将助力中国迈向生态农业 4.0 时代 [J]. 科技导报, 2017, 35 (5): 1.
[45] 金涌. 中国碳中和之路——把化石从燃料变成原材料利用 [J]. 科技导报, 2021 (34): 78-79.
[46] 金涌. 中国不同类型工业园区的能耗、水耗及污染物排放量调查与分析 [J]. 科技导报, 2021, 43 (11): 1465-1467.
[47] 金涌. 大力发展循环经济推动经济高质量发展 [J]. 科技导报, 2021 (15): 24-25.
[48] 金涌. 煤化工展望 [C]. 中国会议, 2019, 1.
[49] 金涌. 未来循环经济的四大发展趋势 [J]. 科技导报, 2018 (8): 24-25.

[50] 金涌．城市固体废弃物气化的热力学分析［J］．科技导报，2017，3（3）：293-307.
[51] 任洪强．市政污水氧化沟处理工艺对人类致病菌群落组成的影响——以南京市某污水处理厂为例［J］．科技导报，2022，14（2）：9-14.
[52] 任洪强．焦化废水生化处理过程中溶解性有机物及毒性变化规律［J］．科技导报，2022，14（2）：15-24.
[53] 任洪强．专业认证背景下环境工程专业持续改进机制研究［J］．科技导报，2021，49（20）：116-118.
[54] 任洪强．联合活化过硫酸盐及其去除污水中污染物研究进展［J］．科技导报，2021，41（6）：66-76.
[55] 任洪强．水样生物毒性评估的样品前处理方法研究进展［J］．科技导报，2021，41（6）：25-34.
[56] 任洪强．工业水回用相关国际标准化研究进展［J］．科技导报，2021（9）：67-74.
[57] 任洪强．发酵制药废水二级出水中溶解性有机物特性分析［J］．科技导报，2021，41（5）：1901-1909.
[58] 潘志彦．光合细菌降解对硝基苯胺废水的试验研究［J］．水处理技术，2012，38（8）：106-109.
[59] 潘志彦．大学工程教育中培养卓越工程师的探索——以环境工程专业实验教学为例［J］．现代物业（中旬刊），2012，11（7）：100-103.
[60] 潘志彦．聚对苯二甲酸丁二醇在亚临界水中的催化解聚［J］．高校化学工程学报，2012，26（3）：524-530.
[61] 潘志彦．不同种植类型地下水污染与氮素时空变异特征分析［J］．水土保持学报，2011，25（1）：81-86.
[62] 楼紫阳．生活垃圾可持续化填埋［J］．环境工程学报，2007（1）：126-129.
[63] 楼紫阳．中国化工废渣污染现状及资源化途径［J］．化工进展，2006（9）：988-994.
[64] Pan M M. Implementing industrial ecology in regeneration activities: a possible pathway for transforming China's local-regional industrial systems towards sustainability?［J］. Journal of Cleaner Production, 2022, 338（1）: 130601.
[65] Vujanović A. Sustainable industrial ecology and environmental analysis: a case of melamine etherified resin fibres［J］. Journal of Cleaner Production, 2022, 369（1）: 133301.
[66] Hondroyiannis G. Energy market dynamics and institutional sustainability: how affect the Europe's circular economy［J］. Circular Economy, 2023, 2（3）: 100048.
[67] Walker A M. Sustainability assessment in circular inter-firm networks: an integrated framework of industrial ecology and circular supply chain management approaches［J］. Journal of Cleaner Production, 2021, 286（1）: 125457.
[68] Li J. End-of-life management of electric and electronic equipment: a literature review based on mapping knowledge domains［J］. Circular Economy, 2022, 1（2）: 100008.
[69] Schiller F. Analyzing networks in industrial ecology-a review of social-material network analyses［J］. Journal of Cleaner Production, 2014, 74（1）: 1-11.
[70] Saavedra Y M. B. Theoretical contribution of industrial ecology to circular economy［J］. Journal of Cleaner Production, 2018, 178（1）: 1514-1522.
[71] Giurco D. Industrial ecology and carbon property rights［J］. Journal of Cleaner Production, 2014, 80（1）: 211-223.
[72] Khajuria A. Accelerating circular economy solutions to achieve the 2030 agenda for sustainable development goals［J］. Circular Economy, 2022, 1（1）: 100001.
[73] Peng J H. Extended producer responsibility for low carbon transition in automobile industry［J］. Circular Economy, 2023, 2（2）: 100036.

[74] Cerceau J. Implementing industrial ecology in port cities: international overview of case studies and cross-case analysis [J]. Journal of Cleaner Production, 2014, 74 (1): 1-16.

[75] Leigh M. Industrial ecology, industrial symbiosis and supply chain environmental sustainability: a case study of a large UK distributor [J]. Journal of Cleaner Production, 2015, 106 (1): 632-643.

[76] Baldassarre B. Industrial Symbiosis: towards a design process for eco-industrial clusters by integrating Circular Economy and Industrial Ecology perspectives [J]. Journal of Cleaner Production, 2019, 216 (10): 446-460.

2 工业生态学与工业生态系统

本章提要

(1) 工业文明的症结及低碳绿色可持续发展的必要性;

(2) 工业生态学的基本概念与理论依据;

(3) 工业生态系统与自然生态系统的对比分析;

(4) 工业生态系统的进化过程及现代工业发展模式;

(5) 现代工业生态转向的方法及实施途径。

2.1 工业生态学概念及研究进展

2.1.1 传统生态学的研究内容

生态学(ecology)和经济学(economics)的英文词首是相同的,源于希腊文 oikos+logos,意为“住所、栖息地”和“论述、学科”。从字义上讲,生态学是关于居住环境的科学,与经济学、家庭和环境等从词源和词义上说是有密切的关系。生态学作为一个学科名词,是德国博物学家 E. Haeckel 于 1866 年在其所著的《普通生物形态学》一书中首先提出来的,他认为生态学是研究生物在其生活过程中与环境的关系,尤指动物有机体与其他动、植物之间的互惠或敌对关系。此后,由于研究背景和研究对象的不同,不同学者对生态学提出了不同的定义。

传统的生态学是指以动物、植物、微生物等生命体为核心,来研究生物与环境之间的相互关系。

生态学是研究有机体与其赖以生存的环境相互作用、相互联系的一门科学。其中,环境是有机体进行一切生命活动的载体,它包括物理环境(温度、水、阳光等)和生物环境(相对有机体的、来自其他有机体的任何影响)。本书所指的环境是指以人为中心的环境,即所谓的环人之境。

传统生态学是研究生物个体以上水平(个体、种群、群落、生态系统)的生物与生物、生物与环境之间关系的科学。它是生物学的基础学科(形态、生理、遗传等)之一,同时又是唯一将研究对象扩大到生物体以外的科学。其研究内容按生物的组织层次划分如下:

(1) 个体生态学。其研究重点是个体对生物和非生物环境的适应情况,探讨环境因子对生物个体的影响以及生物个体对环境所产生的反应。其基本内容与生理生态相当。

(2) 种群生态学。其研究种群和种群动态。种群是指一定时间、一定区域内同种个体的组合。在自然界中一般一个种总是以种群的形式存在，与环境之间的关系也必须从种群的特征及其增长的规律来探讨和分析。种群生态学研究的主要内容是种群密度、出生率、死亡率、存在率和种群的增长规律及其调节机制等。

(3) 群落生态学。其主要研究种群之间的关系，决定群落组成和结构的生态过程。群落是由居住在一定地区的两个以上不同物种的种群所组成，它是各个生物物种的总称。在群落内，各个种群之间围绕着共同、有限的资源——空间、食物等，形成各种关系（竞争、捕食与被捕食、互助或共生）。

(4) 生态系统生态学。在一个生态系统中，生物群落不停地与周围环境进行能量交换和物质交换，所以能流和物质循环问题是研究生态系统的主要内容，其中包括能流、食物网和营养循环。

后来逐渐发展，还增加了微观生态学（个体以下的各层次生态学）、景观生态学和全球生态学。

2.1.2 工业生态学概念

工业生态学是站在资源短缺和环境约束的角度来审视人类生产活动与其依存的资源、环境之间关系的一门新兴交叉学科。它不仅包含工程学、材料学、管理学等工业技术学科，更是涵盖了生物科学、地质学、物理化学等自然学科和经济学、社会学、法学等人文学科。与传统环境管理思想不同的是，工业生态学更加注重系统思想，从物质循环全过程研究工业系统与自然环境、社会经济的关系。工业生态学要求综合运用多学科的理论和方法，把资源高效利用和全过程污染预防的观念渗透到各个工业环节，尽可能降低工业对环境的影响，促进经济与社会的发展。

关于工业生态学的基本概念有很多表述，其中被广泛接受的是 Graedel 和 Allenby 在 “Industrial Ecology” 中对工业生态学的描述：

“Industrial Ecology is the means by which humanity can deliberately and rationally approach and maintain a desirable carrying capacity, given continued economic, cultural, and technological evolution. The concept requires that an industrial system be viewed not in isolation from its surrounding systems, but in concept with them. It is systems view in which one seeks to optimize the total materials cycle from virgin material, to finished material, to component, to product, to obsolete product, and to ultimate disposal. Factors to be optimized include resources, energy, and capital.”

其含义是：工业生态学是一种工具，人们利用这种工具，通过精心策划、合理安排，可以在经济文化和技术不断进步和发展的情况下，使环境负荷保持在所希望的水平上。为此要把工业系统同它周围的环境协调起来，而不是把它看作孤立于环境之外的独立系统。这是一个系统的观点，它要求人们尽可能优化物质的整个循环系统，从原料到制成的材料、零部件、产品直到最后的废物，各个环节都要尽可能优化，优化的因素包括资源、能源、资金。

关于工业生态学的定义，并没有统一的定论，目前存在的定义多从以下几个方面进行阐述：

(1) 模仿生态学的定义，从工业生态学的产生与发展的角度表明学科的综合性；

(2) 以系统思想为中心，运用生命周期理论将工业生态过程的各个环节连为一体，从工业生态的根源、系统性、有效策略等方面进行讨论；

(3) 从工业生态学的意义出发，联系可持续发展的观点，将可持续发展作为工业生态的最终目标；

(4) 针对工业生态学的研究内容和研究目标，提出了工业生态学实质为一门关于技术和方法的学科。

工业生态学不同于目前其他领域的学科，它研究的是工业系统与自然环境之间的关系，从而提供全新的理论框架及操作方法，达到人类社会与自然环境之间的和谐共处。

工业生态学涉及第一、第二、第三产业，它与人类的各个活动都是相互关联的，所以，工业生态学的外延十分广泛。工业生态学的视野是不能局限在某个企业或某个地区的，矿业、制造业、农业、建筑业、交通运输、服务业、商贸业、废物回收业等行业都与生态工业有联系。只有将工业活动和人类活动视为一个整体系统，使两者融为一体，才能体现系统论的核心思想。概而言之，工业生态学依据生态系统有机循环的机理，对特定区域内的自然系统、社会系统和产业系统之间进行耦合优化，以达到消除环境破坏、充分利用资源，以及协调社会、自然和经济的目的，从而实现人类的可持续发展。工业生态学经历孕育与萌芽阶段、诞生与蓬勃发展阶段和振荡与成熟发展阶段，逐渐发展为成熟的理论。

综上所述，工业生态学是一门新兴的综合性交叉学科，研究的是人类工业系统和自然环境之间的相互作用、相互关系的学科，它是由生态、环境、能源、经济、信息技术、系统工程等多学科交叉融合而成的。作为生态工业的基础学科，它研究的是工业系统与自然环境之间的相互作用及相互联系，为工业系统与自然环境之间的协调发展提供全新的理论框架及具体的、可供操作的办法。工业生态学追求的是人类社会与自然生态系统的和谐发展，寻求的是经济效益、生态效益和社会效益的统一，最终要实现人类社会的可持续发展。

2.1.3 工业生态学的特征

20 世纪 80 年代末以来，学术界和工业界开始从不同角度开展工业生态学的理论研究与实践，目前其主要理论、方法和具体技术已基本建立，成为“应用生态学”中一门独特的具有高使用价值的分支学科，并逐步得到完善。工业生态学的研究领域与内容相当广泛，这些领域包括：工业系统与自然生态系统关系的理论研究、原料与能量流动（material and energy flows analysis）、物质减量化与脱碳（dematerialization and decarbonization）、生命周期评价（life cycle assessment，LCA）、生命周期和环境设计（life cycle and environment design）、延伸生产者的责任（extended producer responsibility）、产品导向的环境政策（product-oriented environment policy）、生态效益（eco-efficiency）、生态工业园（eco-industrial parks）、技术变革与环境（technological change and the environment）。工业生态学采用定量分析的方法，以工业产品和服务为核心开展研究，以系统论的观点观察和解决问题，形成多学科交叉与融合，并且可操作性强，存在很多领域去探索，在未来极具挑战性。工业生态学本身具有的特征如下：

(1) 连续性。人工的、开放式的复合生态系统，与环境之间时刻进行着物质、能量与信息等的交换。

（2）经济性。有经济的加入，即需要一定的资金投入，在获得产品的同时具有一定的经济效益。

（3）整体性。以整体视角研究工业生态系统组成部分及其与自然生态系统的相互联系及作用。

（4）长远性。站在人类与生态系统的长远利益角度，关注工业生产、产品使用和再循环利用等技术对环境的潜在影响。

（5）科技性。充分利用科技逐步把现有的及即将建设的工业系统改造成为符合可持续发展要求的工业生态系统，另外要想使工业生态系统持续稳定地运行，还需要强有力的科学制度保证。

（6）综合性。工业生态学是一门综合交叉学科，涉及自然科学、人文科学和工业技术等诸多学科，如图 2-1 所示。各学科均从各自不同的角度去研究工业生态学。

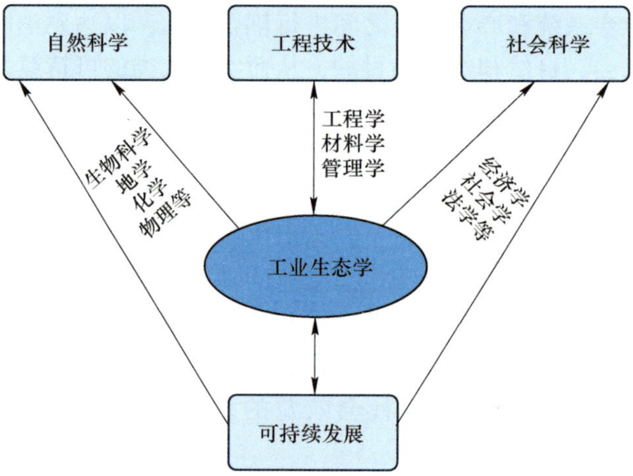

图 2-1　工业生态学的多学科性

工业生态学的学科交叉性便决定了它需要运用各种原理为其服务，工业生态学认为，一个工业生态系统，完全可以像一个生物自然生态系统那样循环进行：植物吸收养分，生成枝叶，供草食性动物食用，草食动物又为肉食动物所捕食，而它们的排泄物和尸体又成为其他分解者生物的食物，一个生产单位可以以另一个生产单位的产品或副产品（废弃物）为原料进行生产等。

由于工业生态系统可大幅削减污染和降低原材料的需求，因此被认为是解决当今环境污染、资源枯竭以及能源短缺问题的有效方法。当然工业生态系统的概念与生物自然生态系统概念之间的类比并不一定完美无缺，但可以肯定的是，如果工业体系模仿自然界的规则运行，人类将受益无穷。开展工业生态学研究，具有十分重大的意义，它可从根本上解决工业系统与自然生态系统冲突的问题，并以崭新的思维对其他学科产生重大影响，同时为提高企业竞争力提供强有力的解决方案。因此从研究工业生态学的原理出发，是解决诸多领域的重要方法。

2.1.4 工业生态学的发展

2.1.4.1 孕育与萌芽阶段

人类的发展过程中，物质条件的丰富及技术领域的进步使得生活水平逐步提高，但这也带来了资源与环境方面的挑战。工业进程飞速前进，工业系统在满足人类社会经济和生活需求的同时，其全部活动对区域甚至全球自然环境产生越来越大的影响。面对工业系统与自然生态系统的固有矛盾及对环境的危害，如何系统、整体地协调工业系统与自然环境的相互关系，使人类社会发展的需求与自然生态系统的发展达到动态平衡，人们一直在寻找可行的理论与解决方法，这使得工业生态学在此背景下诞生和孕育发展。

A 孕育阶段

工业生态学的孕育在生态学的研究和发展中早有体现，但当时生态学家们更多地将精力集中在与自然生态系统相似的农业生态系统研究方面。1960 年前后，在世界各地发生的一系列生态环境问题引起了全球的重视，环境的进一步恶化，人们产生了能否模仿自然生态系统，按照其物质循环和能量流动的规律重构产业系统的想法。

工业生态学思想最早来自于肯尼斯博尔丁 1966 年所提出的“宇宙飞船经济”理论为代表的生态经济思想，以及尤金·奥德姆和霍德华·奥德姆兄弟所创立的系统生态理论及其生态系统演化的思想。但工业生态学的理论最早来源于 1969 年罗伯特-艾尔斯“产业代谢”（industrial metabolism）理论，艾尔斯将人类的产业系统与环境之间的物质、能量流动关系称为“产业代谢”，它是在一个基本稳定的状态下。在这一系列关系中，依靠人类劳动，物质生产过程中的原材料和能量顺利转化为最终产品和废物的一系列物质过程的统一。随后，艾尔斯在产业代谢理论的基础上，提出了更具划时代意义的“工业生态”（industrial ecology）概念。因此，产业代谢理论也成为了产业生态的理论基础。

20 世纪 60 年代末，日本通产省政府认为工业化进程的加快使环境代价很大，于是成立了由来自各领域专家组成的技术组来研究资源节约环境友好的发展方式，为日本发展提供更大动力。许多企业在此阶段也进行工艺优化等，提高资源使用效率，减少废物排放。随后发表的《70 年代前瞻》报告中建议成立更多工作小组进行课题研究。产业-生态工作小组在 1972 年发表《产业生态学：生态学引入产业政策的引论》，为日后的研究提供了理论基础。

由于在生态界这个阶段的很多思路都可以归属工业生态学的范畴，但没有明确的结果，因此这一阶段被认为是工业生态学的孕育阶段。

B 萌芽阶段

20 世纪 70 年代末，工业生态学的观念已初具雏形。在此阶段许多研究人员与组织都提出了与工业生态学相近的观点。其中包括 1976 年联合国欧洲经济委员会组织的“技术与无废料生产”关于清洁生产的思想；在随后的 1977 年德国地球学年会上，美国学者 Preston Cloud 在论文中首次使用了“industrial ecology 工业生态学”一词。同时期在日本发起的“月光计划”“全面环境技术项目”及创立的“新能源发展组织”等一系列活动都使得系统思想应用工业生产，为工业生态学的提出奠基。

与此同时，物质和能量计算方法、生命周期评价被应用到工程经济当中，并根据结果进行环境规划和政策制定。1978 年，Bennett 运用系统动力学和控制理论等手段将系统思想规范化。

1983 年前后，比利时政治研究与信息中心出版了《比利时生态系统：工业生态学研究》，书中思考了各领域对于生态的影响，并就此提出了工业生态学最基本的原则："用生态学观点分析产业活动，就是要对企业与其供应商、产品流通销售网络以及与使用其产品的消费者们之间的关系进行研究，应该大致地把产业社会定义为这样一个生态系统：由其生产能力、流通与消费渠道、所运用的原料和能源的储备、产生的废物所构成的总和。用物质与能量的流动来表述，事实上为人们提供了经济活动物质形态的事实，并表明社会是如何来管理其物质资源的。"

但在 20 世纪 80 年代初期之前，环境部门以末端治理为主要手段的政策出台，在一定程度上压制了系统思维的发展。直到 80 年代末期，系统思想才得以再次站在历史舞台，得到研究学者的重视。联合国提出的可持续发展理念引发人们对于传统工业模式的反思，工业生态观念通过一些研究手段逐步被大众接受，因此也促进了关于环境保护技术的发展，为工业生态学提供了支持。

2.1.4.2 诞生与蓬勃发展阶段

工业生态学的学科起源主要有两大方面：一方面是起源于工业代谢。工业革命之后，现代化工业发展迅速，工业生产与环境、能源的问题逐渐尖锐，在探究环境污染原因的过程中，人们逐渐意识到物质和能量的守恒可以帮助人们定量化揭示工业环境污染的历史与变化过程。例如，对氮、磷等元素的代谢分析可以探究出水体富营养化问题的根源。基于对工业系统中特定元素的追踪考察，Robert Ayres 教授提出了工业代谢的概念。

另一方面便是产业共生现象的观察，以及对工业生态系统与自然生态系统的对比。工业的迅速发展导致工业活动的副产品——废料逐渐增多，并且在规模上迅速增大，废物的循环利用成为了工业发展所必须要解决的重要问题，不同的工业部门与企业之间由于工业废物交换的行为而联系得越来越密切，这些现象类似于自然生态系统中的共生行为，因此产业共生在这个过程中逐渐显化出来。于是，工业生态学迎来了诞生与蓬勃发展阶段。

A “工业生态学”的诞生阶段

20 世纪 90 年代以来，以工业生态学为基础的生态工业观念逐渐被认识和接受。一般认为“工业生态学”的提出是在 1989 年，通用公司首席研究员 Frozch 和 Gallopoulos 向《科学美国人》提交了论文，率先使用了工业生态系统的概念。在关于制造业战略的综合研究中，两人模拟生物的新陈代谢过程和生态系统的循环再生过程开展的“工业代谢”研究，认为应使废物循环利用，减少工业对于环境的影响。“工业生态学”一词得到工业界和学术界的广泛关注，以《制造业的战略》一文为标志，“工业生态学”诞生。文中强调工业系统应仿照自然生态系统的运行模式，使系统的各个部分与环节相互依存，相互联系，构成循环的系统。

1990 年，美国科学院和 AT&T 贝尔实验室共同组织了全球首次“工业生态学”论坛，与会的各界专家学者对工业生态学的概念、内容以及研究方法等进行了总结，形成了基础的理论框架。次年，美国科学院在华盛顿召开工业生态学研讨会，将工业生态学的发展推向高潮。1992 年，美国全球研究计划召集了 50 名研究员对工业生态学进行了为期两周的暑期研究，研究综合了工业过程中的物流、能流和政策等各方面因素，为今后的系统研究提供了依据。

B 蓬勃发展阶段

工业生态学在20世纪90年代蓬勃发展。从1992年起，美国国家工程院开始资助有关技术和环境研究，从事工业生态学的相关研究。1993年，AT&T基金开始提供工业生态学研究专项基金。随后工业生态学在美国迅速普及，各公司和美国国家科学基金也开始对研究进行资助，逐步形成了工业生态学这门新兴学科，并开展了一些生态工业园区的实践尝试，如美国在1994年规划了马里兰州的巴尔的摩、弗吉尼亚州的查尔斯顿、得克萨斯州的布朗斯维尔和田纳西州的查塔努加生态工业园试点。而被认为是首个实践案例的丹麦卡伦堡（Kalunborg）生态工业园，则可以追溯到更早的20世纪70年代自发形成的工业共生体，显示出良好的经济、环境和社会效益。

1995年，Graedel和Allenby出版了第一本工业生态学的高等教育教材；1997年，耶鲁大学和麻省理工学院共同合作创办了《工业生态学》杂志，在发刊词中进一步明确了工业生态学的性质、研究对象和内容，这也标志着工业生态学作为一门独立的学科理论正式登上学术舞台；1998年，美国矿产资源局认为物质与能量流动的研究对于正在形成的工业生态学的研究有重要意义；2000年，美国跨部门工作小组发表了“工业生态学——美国的物质与能量的流动”的报告，对工业生态学和物质与能量流动的关系做了阐明；2000年，在世界范围内成立了工业生态学国际学会；2004年耶鲁大学的Thomas Graedle在其著作《工业生态学》中将工业生态学解释为“从工业生态系统的角度评估和降低产业活动环境影响的科学”。目前在欧美30多所大学内设有工业生态学的课程，我国已有多所大学进行工业生态学的教学和研究工作。2001年清华大学化工系成立了生态工业研究中心，2002年北京科技大学成立生态科学与工程系，开始对本科生及研究生开展工业生态教学，工业生态原理与案例分析相关课程已列入教育部研究生核心课程。工业生态学理论研究在全球范围内广泛开展，并受到各国政府以及各地企业和组织的高度重视，工业生态学理论研究在科研领域获得一席之地。

2.1.4.3 振荡与成熟发展阶段

A 平稳振荡阶段

2002—2006年，学者就工业生态学研究的合法性展开深入讨论，工业生态学也逐渐获取学科合法性，相关学者反思工业生态学研究的科学性和独立性，及其对可持续发展目标的有效性，继而明晰其政策价值和研究意义并获得学术、产业及制度合法性。2004年，工业生态学学术讨论会在耶鲁大学召开，与会学者重新界定了工业生态学相关理论。经过十多年发展，工业生态学理论不断增加的同时，学者开始对其概念理论进行重新界定和优化，论证学科合法性。2006年，中国生态经济学会工业生态经济与技术专业委员会成立。

B 成长成熟阶段

2007年至今，工业生态学相关理论体系逐渐成熟，研究领域开始出现以生命周期影响评价、工业共生网络、演化论、生态城市等主题，以中国为主题的工业化发展模式在2013年也引起国际学者广泛关注。2016年，举办第15届工业生态学大会。2020年，中国生态学学会产生生态专委会在南昌召开。工业生态学在关注可持续发展的同时，也在积极寻求具体方法以指导操作层面工作，其理念正在融入公共治理领域，更是涵盖循环经济、环境足迹、水能食物耦合、资源效率、社会经济系统的物质与能量代谢、生命周期评价、环境政策管理、综合评估模型、绿色供应链等丰富主题工业生态学领域的重大事件如表 2-1 所示。

表 2-1 国际工业生态学领域重大事件

年份	内容及事件
1993	《清洁生产杂志》(*International Journal of Cleaner Production*)出版，该杂志经常刊发有关工业生态学研究的文章。 美国成立了可持续发展总统委员会（President's Council on Sustainable Development，PCSD)
1996	美国可持续发展总统委员会召开生态工业园（Eco-Industrial Parks）研讨会，对生态工业园区的定义、建设原则及美国生态工业园区建设实践情况作了研讨。 工业生态学研究内容之一的《生命周期评价杂志》(*International Journal of Life Cycle Assessment*)发行
1997	美国耶鲁大学和麻省理工合办了全球第一个产业生态学杂志 *International Journal of Industrial Ecology*。 《美国环境科学与技术杂志》(*International Journal of Environmental Science and Technology*）发表了“21 世纪研究的优先领域”专题报告，介绍了今后 20 年需要加强关注的六个优先领域：经济与风险评估、环境监测与生态学、环境中的化学品、能源系统、产业生态学和人口等
1998	耶鲁大学成立产业生态学研究中心。 美国白宫环境质量委员会召开生态产业研讨会。 美国国家科学基金会资助 18 项有关生态产业的基础研究课题。 美国矿产资源局（USGS）在 Virginia 举行了“关于科学、可持续能力和天然资源管理：USGS 物质与能量流动研究”专题工作会，与会者就产业生态学、物质与能量流动进行了研讨，认为物质与能量流动研究对于正在形成的产业生态学研究具有重要的意义
2000	国际产业生态学学会（International Society of Industrial Ecology）成立。 美国跨部门工作小组发表题为“产业生态学——美国的物质与能量的流动”的报告
2001	美国国家生态产业发展研究中心（National Center for Eco-industrial Development）在康奈尔大学成立。 中国国家环保总局批准广西贵港和广东南海为国家生态工业建设示范园区
2005	第三届国际产业生态学大会在瑞典召开，包括经济学、社会学等传统学科的 500 余名专家出席了本次大会
2006	越来越多国家的学者参与该领域研究，来自农、理、工、医、文、哲等不同学科的研究人员涉足该领域，大大促进了学科的交叉与融合
2006	中国生态经济学会工业生态经济与技术专业委员会成立，并且在清华大学召开了第一届全国循环经济与工业学术研讨会
2014	中国环境科学学会生态产业分会获批成立
2015	在第八届产业生态学国际大会召开之际，参会的近 80 名海内外华人在历经两年的酝酿之后成立了华人产业生态学会

续表 2-1

年份	内容及事件
2016	在第十五届生态学大会上首次召集举办了产业生态学专题研讨会，旨在筹备成立生态学会产业生态专业委员会
2017	党的十九大提出我国已转入高质量阶段
2019	ISIE 第十届产业生态学国际大会在清华大学召开，大会主题是“发展产业生态学，服务生态文明建设”
2022	第十三届全国人民代表大会强调生态文明建设应持续推进
2022	党的二十大进一步提出高质量发展是全面建设社会主义现代化国家的首要任务
2023	第二次全国代表大会提出“推动绿色发展，促进人与自然和谐共生”的理念；将 8 月 15 日定为全国生态日
2023	召开第十七届全国循环经济与生态、工业学术研讨会

2.1.4.4 工业生态学产生与发展的必然性

工业生态学产生及蓬勃发展存在其必然性，这种必然性源自其现实性、理论性的联系之中。工业生态学的出现具有其无可争议的现实性。工业革命开创了人类生活方式的新纪元，带给社会新的秩序。工业作为一种新的社会发展秩序，深刻、全面地彻底改变了人类及其所依存的生态环境。工业文明是一把双刃剑，不仅给人类带来了巨大的经济效益，而且也造成了各种环境、能源问题。实际上，人类在工业革命开始之时便开启了同环境资源问题的斗争。人们经历了从无可奈何逃避式到反应式的末端治理，从生产过程的清洁生产到产品的生态设计，从产品全生命周期评价到循环经济、低碳经济和绿色经济，人们一直在为解决现实问题提供着不同的方案。因此，工业生态学的出现就成为了必然。

在理论性方面，工业生态学作为学科应该成为一个由一系列概念、判断和推理表达出来的关于工业生态化本质及其规律性的知识逻辑体系。工业生态学基于两大生态系统的理论渊源，一是自然生态系统的隐喻，二是源于工业系统与环境系统的解析，即工业代谢。

人口增加和消费水平的提高使得整个世界朝着工业化的方向发展，但工业化以“人类主宰自然”为理论依据，采取了滥用资源不加节制的态度，技术进步以损害自然为代价，追求经济利益最大化，这种做法造成了严重的后果。工业化中人类中心主义的价值观已经对人类的生存和发展构成了威胁，而生态工业则是在资源整合利用和清洁生产的基础上，从区域范围应用生态学和系统工程原理，通过企业间的物质循环、能量代谢和信息共享而实现现代工业的可持续发展。工业生态学的范畴已不仅仅是工业技术领域或者生态领域的范畴，而是将工业体系视为生态系统的一个特殊的子系统。

2.1.4.5 国内外工业生态学研究进展

A 国外研究进展

工业生态学诞生后，世界各国不同领域的学者纷纷介入这一领域，并针对其不同方向开展了广泛的研究。归纳起来，可以概括为以下几个方面：

（1）概念及内涵的界定。有关工业生态学的定义多达 20 几种，但迄今为止尚无普遍接受的定义。这些定义多从以下几方面表述：模仿生态学的定义，从其学科产生和发展的角度提出，工业生态学是一门集多学科的理论和方法来研究经济系统和环境系统协调发展的综合性交叉学科；从系统思想在工业生态学研究中的重要性出发，提出系统思想是工业生态学的核心；从工业生态学存在的意义及其与可持续发展的关系角度提出工业生态学是实现可持续发展的重要手段；从工业生态学的研究对象和研究目标出发，提出它是研究实现工业生态化技术和方法的一门学科。

（2）内容与方法研究。国际工业生态学会将其研究内容和研究方法分为环境设计、生命周期评价、生命周期设计、物质流能量流分析等 12 项；Graedel T. E. 和 Allenby B. R. 在《工业生态学》（第 2 版）中对工业生态学的研究内容、研究方法做了系统论述，该书提出工业生态学的研究范畴不仅包括工业经济系统，还包括生活消费系统。除此之外，还有一些具体方法的研究，如 Suren Erkman 在其专著《工业生态学》一书中对工业代谢进行了专门研究；美国国家环保局工业生态工作组用物质流分析方法系统研究了提高工业生态效率的途径和方法。

（3）工业共生网络——生态工业园区建设。随着工业生态学理论的快速发展，有关工业生态学的实践研究也蓬勃发展起来，这方面的研究主要集中在生态工业园区建设方面，内容涉及生态工业园区生态系统的性质、能量传递、物质循环和协同机制、生态工业园区的设计与操作、生态工业网络模型、案例研究等。伴随着理论研究的加深，实践方面也取得了重大突破，20 世纪 90 年代以来，生态工业园区开始成为世界工业园区发展领域的主题，并取得了较丰富的经验。丹麦卡伦堡（Kalunborg）生态工业园是目前世界上最成功的生态工业园，其模式在世界各国得到广泛推广，美国自 20 世纪 70 年代开始生态工业园区建设，目前已有近 20 个生态工业园区，加拿大约有 40 个生态工业园区，其他国家如泰国、印度尼西亚、菲律宾、纳米比亚和南非等发展中国家也正积极兴建。

总的来看，国外有关工业生态学研究视野开阔，理论研究和应用研究并行，并开始出现了注重案例分析、规划实践和发展对策研究的趋势。但由于国外工业发展水平较高、工业技术相对先进（尤其是清洁生产技术），加上卡伦堡废物循环利用模式的影响根深蒂固等原因，导致国外生态工业园区建设更偏重于废物循环利用，虽然基础设施共享也很受重视，但方法上明显单一。

B 国内研究进展

我国工业生态学的研究起步比较晚，在 20 世纪 90 年代，国内从事清洁生产的研究人员才逐步开始研究工业生态理论。一些生态学家从产业经济发展和生态学的角度进行研究，在国内也形成了研究工业生态学的力量。

有关我国工业生态学的诞生和发展，施涵等学者曾专门做过详细评述。现阶段工业生态研究还未系统化地形成完整的学科框架体系；在研究的方法上，也还没有实现从定性到定量的突破，目前主要是借助于与生物生态学简单的类比方法，即是对生物生态学基本概念和原理直接或间接引用的论说式方法，而尚未开展规范的数理分析；另外，对于特定工业的实证分析工作也刚刚展开。目前，国际上对于工业生态学的基本原理、主要研究内容及关键问题并未形成共识，有关的研究还需要进一步深入。我国高校、科研单位纷纷成立专门的工业生态学研究机构。如 2001 年 4 月清华大学化学工程系成立了生态工业研究中心；大连理工大学成立了生态规划与发展研究所；2003 年，南京大学与江苏省环境保护厅联合成立了环境管理与政策研究中心；2006 年，中国生态经济学会工业生态经济与技术专业委员会成立，并且同年在清华大学召开了工业生态学会议；2015 年在第八届产业生态学国际大会召开之际，参会的近80名海内外华人在历经两年的酝酿之后成立了华人产业生态学会；2016年，在第十五届工业生态学大会上首次召集举办了产业生态学专题研讨会，旨在筹备成立生态学会产业生态专业委员会。2018年，国际环境科学和工业生态学研讨会在泰国曼谷召开，与会人员针对工业生态学相关领域的最新研究结果政策发展和实际经验展开了深入广泛的交流和探讨。2020年，中国生态学学会产业生态专委会在南昌召开，针对专委会学术交流、建设发展等事宜进行了深入的探讨。

在我国，清华大学化学工程系和中国环境研究院等科研院所的学者最早从20世纪末开始跟踪国外工业生态学动态并开展相关的研究，在此基础上推动了当时的国家环保总局从21世纪初开始探索生态工业园区的实践，最早的一批试点园区有南海国家生态工业建设示范园区、广西贵港国家生态（制糖）工业示范园区等。其他如国家环保局环境科学研究院、中国科学院生态环境研究中心、武汉大学、同济大学等都先后开展了工业生态学相关方面的研究，进一步将生态工业拓展到更广层面的循环经济，使工业生态学覆盖范围更大，其重点仍是围绕我国大量以工业为核心的产业系统的生态化改造。总体来说，国内工业生态学研究主要集中在以下几个领域：国外文献的翻译及评述；内涵及方法；相关概念及其相互之间关系的梳理和意义阐释；理论体系框架；工业共生模式和机理；生态工业园区理论和方法等。

我国政府从21世纪以来对这方面工作极为重视，深刻认识到这不仅仅是环境问题，更是关乎中国经济社会能否永续发展的重大战略问题。此后由国家发展和改革委员会牵头多个部委，自“十一五”规划开始持续开展了多层次的循环经济试点示范实践工作。近年来，生态工业循环经济进一步上升到国家生态文明发展重大战略，乃至当前最热的“双碳”目标和路径，其最重要的抓手仍是循环经济和生态工业园区。但我国生态工业的发展与世界发达国家相比还有很大的差距，既有观念上的差距、技术上的差距，也有体制上的差距。因而在我国推进工业生态化进程，必须从多方面着手，需要政府、企业、科技界、公众形成共识，还需要强有力的政策和法律保障。

要走出时下的误区，首先，要展开工业生态学基础理论与方法研究，以便为生态工业园区建设提供坚实的理论和方法支撑；其次，必须突破单纯的废物循环的生态工业园区建设模式，探索更深层次的生态工业园区理念及实践。根据发达国家的经验和实践，我国应尽快建立一整套工业生态化发展的保障制度体系，从国家、区域、企业三个层次上全面推进工业生态化进程。这套保障制度应包括资源制度、市场制度、技术制度、生产制度、消费制度和贸易制度等，同时还应有相应的经济激励制度，包括财政制度、金融制度、税收制度和投资制度等。

生态工业最主要的实践形式是生态工业园区，可以在企业层面和更大范围的区域层面实现，也包括虚拟生态工业园区等不同类型。生态工业园区是一个包括自然、工业和社会的复合体，通过成员之间的副产物和废物的交换、能量和废水的逐级利用、基础设施的共享来实现园区在经济效益和环境方面的协调发展。就目前来说，生态产业园区的建设首先应该瞄准资源能源高效利用、环境影响最小和社会经济效益最大化的目标，把减量化放在首位，即通过产业结构、产品结构调整优化、绿色产品开发、清洁生产、生态化管理等措施大幅度提高园区资源能源的利用效率；在此基础上，建立完善的企业产品服务体系、延伸生产责任制度和交易市场，以此带动和促进废旧产品的再使用；最后，通过园区绿色基础设施建设和废物资源化技术开发实现末端废物的再利用。

我国在2007年颁布了《生态工业园区建设规划指南》（HJ/T 409—2007）及“关于加强国家生态工业示范园区建设的指导意见”等政策，环保部、科技部、商业部联合设置了生态工业园区示范建设项目，至今已批准93个示范区建设计划，其中65个示范园区已通过国家验收，总结经验进一步推广。在循环经济层面上，我国在2008年颁布了《中华人民共和国循环经济促进法》，国家发改委在“十一五”期间也开始组织开展循环经济试点，现已包括178个省、市、园区、企业，在此基础上总结出60个循环经济典型模式，并表彰了67家循环经济先进单位。在“十二五”期间，国务院颁布了《循环经济发展战略及近期行动计划》，实施循环经济“十百千”示范行动，包括循环经济十大工程、创建100个循环经济示范市县和培育1000家循环经济示范企业和园区，其中十大工程完成了50个城市矿产示范基地、100个园区循环化改造、100个餐厨废物资源化、77个再制造示范工程和40个循环经济示范城市县的试点建设。在“十三五”期间，国家发布了《“十三五”循环引领行动重大专项行动》，“十四五”期间的最新政策有国务院印发的《关于加快建立健全绿色低碳循环发展经济体系的指导意见》，循环经济专项规划也即将出台，进一步推进生态工业和循环经济全面深化发展。

随着环保意识的逐渐加深，我国陆续出台相关政策保障生态工业的稳步发展。2017年工业和信息化部（工信部）出台《工业节能与绿色标准化行动计划（2017—2019年）》，文中明确指出到2020年，在单位产品能耗水耗限额、产品能效水效、节能节水评价、再生资源利用、再绿色制造等领域制修订300项重点标准，基本建立工业节能与绿色标准体系；2019年国家发改委颁布《绿色产业指导目录（2019年版）》，强调坚持绿色发展理念，鼓励发展绿色、安全生产技术、产品和工艺，使绿色发展融入产业转型升级全过程，促进工业由高消耗、高污染、高排放向绿色、低碳、循环方向发展。在鼓励类目录中，新增涉及绿色发展的相关条目，涵盖环境保护与资源节约综合利用、水利、煤炭、电力、新能源、核能、钢铁、有色金属、建材、建筑、城镇基础设施等领域；2020年国家发改委、司法部颁布《关于加快建立绿色生产和消费法规政策体系的意见》，指出应强化工业清洁生产，出台在重点行业深入推进强制性清洁生产审核的政策措施。发展工业循环经济，健全相关支持政策，推动现有产业园区循环化改造和新建园区循环化建设，建立健全高耗水行业节水增效政策机制。加强工业污染治理，严格环境保护执法监督，实现工业污染源全面达标排放，鼓励达标企业实施深度治理。

未来我国建设生态文明，需要全面效仿自然生态规律，工业生态学依然将发挥重要的作用和意义。生态文明涵盖精神层面和物质层面，精神层面包括道德、教育法律和法规，而物质层面包括工业、农业和服务业的产业生态化、绿色化、低碳化、循环化。其中工业生态化的建设是最积极、最活跃，也是最可以引领其他文明建设的着力点，尤其制造业，是我国转型升级发展的根基，是科技注入最大、技术更新最迅速的领域。

而对于“双碳”目标的重大战略需求，工业生态学的应用可持续发展致力于降低我国矿产资源和化石能源的消耗，全面提高资源能源利用效率和产出率，在2060年碳中和目标的挑战和机遇中，逐步摆脱不可再生资源和能源对社会发展的制约，并最终告别化石能源时代，真正迈入新能源时代和循环经济时代，逐步实现中国式现代化及高质量发展，实现现代工业的生态化转向，人与自然的和谐共生。

2.2 工业生态系统

工业生态学所提出的发展模式将取代现有的传统工业模式而成为21世纪工业发展的新模式，工业生态系统是模拟自然生态系统的功能，建立起相当于自然生态系统的“生产者、消费者、分解者”的工业生态链，以低消耗、低（或无）污染、工业发展与生态环境协调为目标的工业。

2.2.1 工业生态系统的概念

生态学是研究生物与环境，及生物与生物之间相互关系的生物学分支学科。“生态学”一词是德国生物学家海克尔1869年提出的。海克尔在其动物学著作中定义生态学是：研究动物与其有机及无机环境之间相互关系的科学，特别是动物与其他生物之间的有益和有害关系。其后，有些博物学家认为生态学与普通博物学不同，具有定量和动态的特点，他们把生态学视为博物学的理论科学；持生理学观点的生态学家认为生态学是普通生理学的分支，它与一般器官系统生理学不同，侧重在整体水平上探讨生命过程与环境条件的关系；从事植物群落和动物行为工作的学者分别把生态学理解为生物群落的科学和环境条件影响下的动物行为科学；侧重进化观点的学者则把生态学解释为研究环境与生物进化关系的科学。后来，在生态学定义中又增加了生态系统的观点，把生物与环境的关系归纳为物质流动及能量交换，20世纪70年代以来则进一步概括为物质流、能量流及信息流。

任何生物的生存都不是孤立的；同种个体之间有互助有竞争；植物、动物、微生物之间也存在复杂的相生相克关系。人类为满足自身的需要，不断改造环境，环境反过来又影响人类。随着人类活动范围的扩大与多样化，人类与环境的关系问题越来越突出。因此近代生态学研究的范围，除生物个体、种群和生物群落外，已扩大到包括人类社会在内的多种类型生态系统的复合系统。人类面临的人口、资源、环境等几大问题都是生态学的研究内容。

20世纪50年代以来，工业经济对生态资源的无情掠夺、毁坏，全球规模的生态危机日趋严重。国际社会对此进行深刻反思。就在这种情况下，现代生态学应运而生。现代生态学侧重研究“社会—经济—自然”系统的运行规律，以及人类与自然统一体的矛盾、平衡和协调，为建立科学的生产和环境管理提供科学依据，促使经济社会系统和生态系统的发展保持协调。现代生态学是高层次的系统科学，是环境保护的理论基础之一，也是当代实施可持续发展战略的主要科学依据。舆论界认为一场蓬勃的生态潮正在涌来，将对21世纪社会产生广泛而深远的影响。

自工业革命以来，随着工业化程度的提高，工业所造成的环境污染越来越严重，资源浪费严重。许多工业化国家为了保持生态平衡，维护日益衰弱的生态支持系统，加大了环境治理的力度。在传统的环境治理中，很多国家基本上实行的是“过程末端治理”措施。过程末端治理有很多缺陷：一是随着工业化程度的提高，治理成本大幅度提高；二是在治理中造成资源浪费和新的污染；三是工业发展模式并未因治理难度的加大而改变；四是治理政策出自多个部门，很难协调；五是经济效益与生态效益不能同步。总之，过程末端治理虽在局部上对环境有所改良，但总体上却导致环境的进一步退化，形成恶性循环。因此，人们很自然地形成一种观念，即工业与生态是对立的、是不能兼容的。

从社会—经济—自然复合生态系统的观点来看，生态系统不仅包括自然生态系统，还应包括以三大产业为基础的经济系统以及人与人之间错综复杂的社会系统。因此，必须把工业系统作为复合生态系统的重要组成部分来考虑工业的发展及生态系统的可持续问题。工业系统中工业企业是一个以生产产品活动为主线的小系统，它从环境中获取资源和能源，生产出产品供人们消费，同时向环境中输出废物，而整个工业系统是一个以工业生产活动为主体的人工生态系统，作为社会—经济—自然复合生态系统中的一个子系统，它不同于农业生态系统和城市居民区人工生态系统，主要是能源、资源消耗量大，物质循环、转化速度快，比原有的自然循环要大很多倍。罗伯特·福罗（Robert Frosch）和尼古拉·加劳布劳斯（Nicolas Callopoulos）指出："在传统的工业体系中，每一道制造工序都独立于其他工序，消耗原料，产出将销售的产品和将堆积起来的废料；我们完全应该把工业作为复合生态系统的组成部分来考虑工业的过去、现在和未来，而不是把工业与生态对立起来。"从以上分析可以看出，工业系统与自然生态系统之间存在矛盾，但这种矛盾不是简单的对立，而是"对立统一"。我们可以运用复合生态系统的循环、再生、控制等原理，来规划、设计未来的工业，以促进工业与生态的和谐、持续发展。在复合生态系统中，最活跃、积极的因素是人及其组织，而对复合生态系统破坏最严重的也是人及其组织。工业生态系统就是由人及其工业企业组织等构成的人造开放式系统，它兼有社会属性和自然属性两方面的特征：从自然属性看，工业作为复合生态系统的重要组成部分，既是复合生态系统持续的重要力量，又是复合生态系统遭受毁灭的力量，工业系统及其中人、组织的行为不能违背自然生态系统的基本规律，都应受到自然条件的负反馈约束和调节；从社会属性来看，工业系统中的人及其组织之间的关系是复杂的利益关系，人及其组织为了最大可能地获取经济利益会损害自然生态系统。因此，构筑工业与生态和谐、持续的发展模式也必须从制度方面入手，对人及其组织的行为进行安排。工业生态系统的思想就是按照自然法则安排工业中的人及其组织的行为。这是构筑可持续发展的大生物圈的前提。

基于此，提出工业生态系统的概念：工业生态系统是依据生态学、经济学、技术科学以及系统科学的基本原理与方法而进行经营和管理的工业经济活动，是以节约资源、保护生态环境和提高物质综合利用为特征的现代工业发展模式，是由社会、经济、环境三个子系统复合而成的有机整体。

2.2.2 自然生态系统及其特征

生态系统是生态学的一个基本功能单位，它就像一部由许多零件组成的机器，这些零件之间靠能量的传递而相互联系并完成一定的功能。生态系统一词由英国植物生态学家 A. G. Tansley 于 1935 年首先提出。他在"植被概念与术语的使用和滥用"一文中指出：更基本的概念是整个系统（具有物理学的概念），它不仅包括生物复合体，而且还包括了人们称为环境的各种自然因素的复合体。我们不能把生物与其特定的自然环境分开，生物与环境形成一个自然系统，正是这种系统构成了地球表面上具有大小和类型的基本单位，这就是生态系统。Tansley 提出生态系统概念时，强调了生物和环境是不可分割的整体；强调了生态系统内生物成分和非生物成分在功能上的统一，把生物成分和非生物成分当作一个统一的自然实体，这个自然实体——生态系统就是生态学上的功能单位。

自然生态系统是指在一定时间和空间范围内，依靠自然调节能力维持的相对稳定的生态系统，它是由各种生物之间以及生物群落与其无机环境之间，通过能量流动和物质循环而相互作用的一个统一整体。生态系统不仅是物种的集合，更是有机物、无机物和自然力量的结合、互动、交换的体系。自然生态系统的生物结构主要是个体、种群、生物群落、生态系统。各种生态系统通过食物链、食物网和营养循环交织在一起，它们的有机结合比部门之间的简单相加要庞大、丰富得多。复杂性和活力影响着它们的生产能力，这使人类对它们的管理更富挑战性。

自然生态系统对于人们来说亲近又熟悉。它既支撑了人类的生存，供给人类基本必需品，例如食物、纤维、水，又可以净化空气和水、控制气候、营养循环和生成土壤。同时它还可以陶冶我们的情操，提供生活、娱乐和审美的场所。人类生存和发展的各个方面都与生态系统的生产能力密切相关，人类的未来深深地依赖生态系统的发展。

每一个自然生态系统都有其一定的生物群体和生物栖息环境，并且不断进行着能量交换与物质循环。在一定时间和相对稳定的条件下，其各个组成部分的结构和功能均处于相互适应与协调的动态之中。自然生态系统具有如下特征：

（1）自然生态系统具有特定的空间概念，通常与一定的空间相联系，包含该地区的范围，反映一定的地区特征及空间结构。以生物为主体，呈网络式的多维空间结构。

（2）自然生态系统是复杂、有序、相互联系的大系统。自然生态系统是由多种基本单元和生物成分形成的，系统内各生物和非生物成分的关系是紧密相连密不可分的整体。由于自然界中生物的多样性和相互关系的复杂性，这就决定了一个生态系统是一个极其复杂的由多要素、多变量构成的系统，而且不同变量及其不同的组合，以及这种不同组合在一定变量动态之中，又构成了很多的亚系统。亚系统的多样化，不但与参数的多少和性质有关，而且与参数和参数之间的相互关系有密切联系。此外，各个亚系统之间还存在着一定秩序的相互作用。正如 E. P. Odum 所指出的“亚系统的水平，其主要的特征和过程，并非起因于生物群落和非生物环境的总和，而是起因于它们之间的综合协调进化”。

（3）具有明确功能的单元。自然生态系统不是生物分类学单元，而是个功能单元。首先是能量的流动，绿色植物通过光合作用把太阳能转变为化学能储存在植物体内，然后再转给其他动物，这样营养就从一个取食类群转移到另一个取食类群，最后由分解者重新释放到环境中。其次，在自然生态系统内部生物与生物之间，生物与环境之间不断进行着复杂而有规律的物质交换。这种物质交换是周而复始不断地进行着的，对生态系统起着深刻的影响。自然界元素运动的人为改变，往往会引起严重的后果。如大气中二氧化碳含量的增加会引起全球性气候变化等。

（4）自然生态系统是开放系统，具有自我调节能力。自然生态系统是一个不断同外界环境进行物质和能量交换的开放系统。任何一个生态系统都是开放的，不断有物质和能量的输入和输出。在自然生态系统中，能量是单向流动，即从绿色植物接收太阳光开始，到生产者、消费者、分解者以各种形式的热能消耗、散失为止，不能再被利用形成循环。一个自然生态系统中的生物与其环境条件经过长期进化适应，逐渐建立了相互协调的关系。自然生态系统的有序性和特定功能的产生，是与这种开放性分不开的。它的自动调控机能主要表现在三个方面：一是同种生物种群密度的调控，这是在有限空间内比较普遍存在的种群变动规律；二是异种生物种群之间的数量调控，多出现于植物与动物、动物与动物之间，常有食物链关系；三是生物与环境之间相互适应的调控。生物经常不断地从所在的生物环境中摄取所需的物质，生物环境也需要对其输出进行及时的补偿，两者之间进行着输入与输出之间的供需调控。

（5）自然生态系统作为一个有机的整体，在不断与外界进行能量和物质交换过程中，通过自身的运动不断调整其内在的组成和结构，并表现出一种自我调控的能力，以不断增强对外界条件变化的适应性、忍耐性，从而维持系统的动态平衡。自然生态系统的调控功能主要通过反馈来完成，具体可以分为正反馈和负反馈。正反馈是指受控部分发出反馈信息，其方向与控制信息一致，可以促进或加强控制部分的活动。负反馈则更倾向于削弱和减低其作用。负反馈对生态系统达到保持平衡是不可缺少的。正、负反馈相互作用和转化，从而保证了生态系统达到一定的稳态。

（6）自然生态系统是一个有机统一体，总是处于不断运动之中。在相互适应调节状态下，其呈现出一种有节奏的相对稳定状态，并对外界环境条件的变化表现出一定的弹性。自然生态系统同自然界很多事物一样，具有发生、形成和发展的过程。可以分为幼期、成长期和成熟期，随着时间的推移，自然生态系统总是从比较简单的结构向复杂结构状态发展，最后达到相对稳定状态。在此阶段，自然生态系统中的运动（能量流动和物质循环）对其性质不会发生影响。因此，所谓平衡实际是动态平衡，也就是这种随着时间的推移和条件的变化而呈现出的一种富有弹性的、相对稳定的运动过程。自然生态系统表现出鲜明的历史性特点，从而具有自然生态系统自身特有的整体演化规律。换言之，任何一个自然生态系统都是经过长期历史发展形成的，生态系统的这一特征为预测未来提供了重要的科学依据。

（7）自然生态系统具有演化性。任何一个生态系统，虽然有自身的结构和功能，但又与周围的其他生态系统有着广泛的联系和交流，很难截然分开，由此表现出一种系统间的相关性。对于一个具体的自然生态系统而言，总是随着一定的内外条件的变化而不断地自我更新、发展和演化，表现出一种产生、发展、消亡的历史过程，呈现出一定的周期性。

2.2.3 工业生态系统及其特征

自然生态系统作为一个有机整体能够将废物减少到最低限度，没有或者几乎没有一种有机体排出的废物对于另一种有机体来说不是有用的物质和能量，即自然界中所有动植物，无论生死都是另一些生物的“食物”。例如，微生物消耗和分解废物，然而在食物网中它们又转而成为其他生物的食物。在这个奇妙的自然系统内，物质和能量在一系列相互作用的有机体之间周而复始地循环。由自然生态系统的循环得到启发，人们开始寻找一种途径，以消纳由于各种工业过程而产生的有害废物。在这个奇妙的自然系统内，物质和能量在一系列相互作用的有机体之间周而复始的循环。由此工业经济活动受到自然生态系统启发，人们开始考虑是否存在能与产生废物，特别是产生有害废物的各种工业过程相衔接的途径。工业生态系统建立的理论依据是工业生态学（IE），其基础概念是：各个制造工艺摄入原材料并产生要销售的产品加上要处置的废物的传统工业活动模式，应当转变成一种更加一体化的模式——工业生态系统。在这样一种系统中，能量和物质的消耗是优化的，而且一种过程的排出物，无论是石油炼制过程的废催化剂、发电过程的飞灰和底灰还是消费产品的废塑料容器等，都是另一个过程的原材料。它们将一批相关的工厂、企业组合在一起，它们共生共存，相互依赖，其联系纽带是废物。即这家工厂、企业的废物是另一家或几家工厂、企业的原料。它是依据生态学、经济学、技术科学以及系统科学的基本原理与方法来经营和管理工业经济活动，并以节约资源、保护生态环境和提高物质综合利用为特征的现代工业发展模式。

工业生态系统是通过社会、经济、环境等手段将工业生态系统的结构规划成“资源生产”“加工生产”“还原生产”三大工业部分构成的工业生态链。其中，资源生产部门相当于自然生态系统的初级生产者，主要承担不可更新资源、可更新资源的生产和永续资源的开发利用，并以可更新的永续资源逐渐取代不可更新资源为目标，为工业生产提供初级原料和能源；加工生产部门相当于自然生态系统的消费者，以生产过程无浪费、无污染为目标，将资源生产部门提供的初级资源加工转换成满足人类生产生活需要的工业品；还原生产部门将各副产品再资源化，或进行无害化处理，或转化为新的工业品。工业生态系统是一个类比的概念，不能按字面的意思来理解它，几十年来，人类获得了自然生态系统循环方面的大量知识，但将这些研究结果运用到分析工业领域生态系统的研究，才刚刚开始。

工业生态系统最大的特点就是使资源的利用率达到最高，而将工厂、企业对环境的污染和破坏降到最低。这些，都是各国竭力追求的。与自然生态系统相比，工业生态系统是人造的，是人类仿照大自然而着意设计出来的。具体来说，工业生态系统的特征是：

(1) 人工开放式的复合生态系统，与环境之间时刻进行着物质、能量与信息等的交换；

(2) 有经济的加入，即需要一定的资金投入，在获得产品的同时有一定的经济效益产生；

(3) 能源资源耗量大，物质循环、转化快；

(4) 兼有社会、自然两方面的属性；

(5) 要想使工业生态系统持续稳定的运行，需要强有力的制度保障。

2.2.4 工业生态系统与自然生态系统的对比

工业生态系统与自然生态系统之间存在着千丝万缕的联系，工业生态系统与自然生态系统有以下的相同点：

(1) 两者都是由生产者、消费者和分解者构成的。在工业生态系统中，资源部门相当于生态系统中的初级生产者，主要进行资源的生产和有序利用，主要以可更新资源逐渐取代不可更新资源为目标，为工业生产提供初级原料和能源；加工生产部门相当于生态系统中的消费者，以生产过程无浪费、无污染为目标，将资源生产部门提供的初级资源加工转化为满足人类生产、生活需要的工业品；还原生产部门相当于生态系统中的分解者，将各副产品、废物进行资源化或无害化处理，使其转化为新的产品。两者的组成对比如表 2-2 所示。

表 2-2 工业与自然生态系统的组成部分对比

组成	自然生态系统	工业生态系统
生产者	利用太阳能或化学能将无机物转化为有机物，或把太阳能转化为化学能，供自身生长发育需要的同时，为其他生物种群提供食物和能源。如绿色植物、单细胞藻类、化能自养微生物等	初级：利用基本环境要素，如空气、水、土壤岩石、矿物质等自然资源生产出初级产品，如采矿厂、冶炼厂、热电厂等 高级：初级产品的深度加工和高级产品生产。如化工、肥料制造、服装和食品加工、机械、电子产业等
消费者	利用生产者提供的有机物和能源，供自身发育，同时也进行有机物的次级生产，并产生代谢物，供分解者使用。如动物、人类	不直接生产“物质化”产品，但利用生产者提供的产品，供自身运行发展，同时产生生产力和服务功能等，如行政、商业、金融业、娱乐及服务业等
分解者	把动植物排泄物、残体分解成简单化合物，再生以供生产者利用。如分解性微生物、细菌、真菌及微型动物等	把工业企业产生的副产品和“废物”进行处置、转化、再利用等，如废物回收公司、资源再生公司等

（2）两者都是开放式的生态系统。生态系统与外界环境进行着各种各样的输入（如输入能量）与输出（代谢过程产生的熵）。而工业生态系统也是如此，任何一个生态系统都是开放的、不断有物质和能量输入和输出的。工业生态系统依靠外界输入的原材料等，经过加工、使用等一系列人类的活动之后输出各种各样的物质与能量，如经过最终处理的废物等。

（3）两者都在不断地进行着能量流动、物质循环以及信息传递来维持自身的平衡和发展。从理论上来说，自然生态系统的物质循环在人造生态系统中也可以实现，每一种废物总会找到一个去处；就理想化的工业生态系统而言，适当处理过的废物也总会找到去处。工业生态系统同样存在着物质、能量和信息的流动与储存，依据工业生态系统中能量、物质和信息流动的规律和各个成员之间在类别、规模、方位上是否相匹配，在各个企业部门之间构筑生态产业链。通过横向链接来进行产品供应、副产品交换；通过纵向来链接第二、三产业，这样就把经济活动组织成“资源—产品—再生资源”物质反复循环流动过程，建立“生产者—消费者—分解者”的“工业生态链”，形成互利共生网络，实现物质闭路循环和能量的多级利用工业生态系统物质循环的“食物链”上有一个以上的拆卸者，其目标是将物质保留在更高的营养级上，尽量少供应给再循环者。

（4）两者系统内的各要素都有自己的需求，为自身生存而求共生。例如，狼吃掉兔子不是为了控制兔子数量以保持草场不至于因过度被啃食而退化，而是为了自己的生存和繁衍；同样，一个工业生态系统中的各个企业的存在不是为了消纳另一个企业的废物从而减少进入环境的垃圾量，而是为了减少自己的经营成本，根本目的是降低成本，从而能更好更有利地占领市场。由此可以看出，自然生态系统是不同物种之间通过某种方式生活在一起，形成一种对双方或者一方有利的模式；工业共生是指在不同企业之间，通过相互合作，共同提高企业的生存及获利能力。自然生态系统中的一些物种之间的共生关系在工业生态系统内的一些企业之间也有体现，生态系统中的生物会形成共生关系的原因是它们都以对方的生存为自身的生存条件。当然，共生的前提是不损害自身的利益。

（5）两种生态系统的形成、发展和崩溃都是动态的进化过程，都遵循着达尔文的适者生存法则，都经历着原生演替或次生演替并逐渐达到顶级状态的过程。自然生态系统经历一个由原生演替或者次生演替逐渐达到顶级状态的过程，工业生态系统中的企业同样也存在着发展进化的过程。工业生态系统中各个企业之间通过相互合作以及系统各成员或者子系统之间的协调作用，使互相依存的各子系统交互运动、自我协调、协同进化，最终形成新的有序结构，这是一个动态过程。工业生态系统中任何企业都有自己的生存期、社会环境的各种限制因素、企业的生存能力以及社会环境的适应性等多方面因素的迭代作用，决定着企业自身乃至整个系统生存时间的长短。

（6）两种生态系统之间都存在着“关键物种”。在自然生态系统中，群落或群落之中的物种之间的作用强度是不同的，只有少数几个关键物种对系统的结构、功能及动态起着决定性的作用。在工业生态系统中，同样存在着这种关键企业。它们的物质循环和能量流动规模最庞大，能为工业生态系统之中的其他部门提供更多的利润。关键物种对自然生态系统和工业生态系统都有着举足轻重的作用，拥有着特殊的能力和资源，包括有形资源、无形资源、特殊的管理技能等，工业生态系统中的主导企业往往决定着整个企业生态系统的形成与完善，影响生态系统功能的发挥，居于生态产业链中心地位。

（7）两种生态系统均存在“内在动力”。自然生态系统中的各个物种存在的目的主要是自己的生存和繁衍，工业生态系统中各个企业存在的主要目的是降低成本，提高竞争力获得最大利润，更好更有利地占领市场。工业企业将回收与循环利用副产品及废物发生的费用，以及购买新原料和简单处置废物发生的费用之间权衡。各类产业或企业间具有产业潜在关联度这仅仅是基础，市场价格链是推行工业生态系统循环的控制条件。绿色消费链是推行工业生态系统循环的充分条件，是把工业生态系统各成员连接起来的内在动力。但绿色消费链只是为工业生态系统形成和发展提供了可能性，真正促使系统各成员连接在一起的是能给各参与者带来一定的利润的生态系统产业链，这些利润能够维持其生存或发展。

自然生态系统和工业生态系统也存在着许多的不同：

（1）两个生态系统最主要的区别便是有或无人的参与。严格意义上来说，自然生态系统应该是没有人参与的。自然生态系统没有目的，一切物种的生存死亡都属于正常。而工业生态系统是一个以人为主体的社会经济系统，所以它不仅有人的介入，而且是人设计、制造出来的。人与其他物种最明显的区别就是人拥有智慧，有创造能力，可以利用技术来对自然生态系统加以有计划的改造和加工，使之合乎人的目的。在工业生态系统之中人们可以预见未来并且采取相应的行动，该系统的各个因素都在人的控制之中。不过遗憾的是无论从理论上、逻辑上还是从现实的实战中，目前都无法保证自己思维的绝对合理性，无法保证自己行动的目的和手段没有缺陷。

（2）自然生态系统具有工业生态系统无法比拟的复杂性。自然界很少有生物消费者仅仅以一种生物为食，食物网的复杂性决定了一个自然生态系统的稳定性和复杂性。人们为了追求更高的生产率，往往工业生态系统中的物种种类会大大减少，食物链、食物网减少，导致工业生态系统的复杂性和稳定性明显降低。任何一个企业的生产状况都可能会影响到其他很多企业的生产，在工业生态系统中企业之间的联系渠道非常单薄。因此，相比自然生态系统，工业生态系统非常脆弱。

（3）工业生态系统中环境变化频率快、周期短。在自然生态系统中生物和物种的进化是十分缓慢的，但是在工业生态系统中，由于科技的进步，自然环境对企业的生产影响越来越小，并且工业生态系统所处的环境是不同于简单自然环境的人造环境。所以当环境变化时，人们能迅速作出回应来调整自身的结构，由于构造企业环境的人的生命的有限性和人的活动的目的性，这就注定了工业生态系统的环境变化周期要远远短于自然生态系统。

（4）工业生态系统的物质流和价值流互为反向。在自然生态系统中，能量通过食物链食物网的流动一般为由低级生物到高级生物，呈金字塔状，传递的能量越来越少，生物种类也越少。而在工业生态系统之中物质流由生产者流向消费者，而价值流则由消费者流向生产者。

（5）自然生态系统的生物能够很好地被动适应其所处的环境，然而工业生态系统一般是主动去设法决定自己所处的环境。所以相比于工业生态系统，自然生态系统的物种生态位要更稳定，不易发生变动，然而工业生态系统的生态位要经常发生变化。

（6）工业生态系统的生态容量由企业自身与环境共同创造。生物的生态容量是由自然环境所确定，而工业生态系统的生态容量可以由企业自身与环境共同创造。由于人能改造环境，可以创造人工材料替代自然材料，对材料进行复用来减少对天然材料的消耗；也可以不断推出新产品来创造新的消费，从而不断扩展生态容量。工业生态系统正是在这种不断逼近和扩展瓶颈的过程中波浪式前进，实现持续发展的。

（7）工业生态系统地域性不明显。自然生态系统具有明显的地域性，工业生态系统与自然生态系统不同，不是每个地区都存在着特定完整的“上、中、下游”“产业生态链”，它要求充分利用企业生态资源进行区域分工产生集结性规模经济效应。虚拟型园区可以省去一般建园所需的昂贵的购地费用，避免建立复杂的园区系统和进行艰难的工厂迁址工作，具有很大的灵活性。它利用现代信息技术，通过园区信息系统，首先在计算机上建立成员间的物、能交换联系，然后再在现实中加以实施，这样园区内企业可以和园区外企业发生联系。

（8）两者最关键的区别是自然生态系统只受生态学规律的约束而不受经济学中市场规则的制约，而工业生态系统则不然。一个工业生态园区内的企业不仅要考虑到原材料是不是使用了其他厂家的废物而对环境有利，还必须要考虑到生产的产品是否能卖得出去以及价格因素对企业的生存与发展是否有利。一个生态学上合理而经济学上不合理的工业生态系统是无法生存下去的。自然生态系统和工业生态系统的差异如表 2-3 所示。

表 2-3 自然生态系统和工业生态系统的差异

项目	自然生态系统	工业生态系统
主体	自然为主体	人为主体
稳定性	稳定性好	稳定性较差
环境变化周期	环境变化周期长	环境变化周期短
生态链	能量沿食物链流动，传递的能量逐渐减少	价值流沿价值链传导，物质流和价值流两种互为反向
生态位	被动地进行自然选择，比较稳定	主动选择所处环境，经常发生变动
制约关系	只受生态学规律的制约	受经济学规律的制约

2.2.5 工业生态系统受自然生态系统的启发而建立

2.2.5.1 自然生态系统生物结构的启发

（1）自然生态系统的生物结构。自然生态系统奇妙之处在于它具有复杂但合理的结构和异常强大的功能。在自然生态系统中，由生产者、消费者、分解者所构成的食物链，从生态学原理看，它是一条能量转化链、物质传递链。绿色植物被草食动物所食，草食动物被肉食动物吃掉，植物和动物残体又可被小动物和低等动物分解，以这种吃与被吃的方式形成了食物链，但食物链并非都像水稻—蝗虫—鸟类的简单关系，而是复杂的食物链网络关系，正是这种食物链关系使得生态系统维持着动态平衡。自然生态系统的生物结构主要由个体、种群、群落、生态系统四个层次组成。在自然界，任何生物的单个个体都难以单独生存，必须在一定空间内以一定数量结合成群体，这不仅能更好地适应环境条件变化，也是种族繁衍所必需的。

种群是指在一定时空中同种个体的总和，也就是说，种群是在特定的时间和一定的空间中生活、繁殖的同种个体所组成的群体。在自然界中，种群是物种存在的基本单位，是生物群落或生态系统的基本组成部分。从个体到种群是一个质的飞跃。种群具有个体所不具有的特征，如种群密度、出生率、死亡率、年龄结构、分布性等。

生物群落和生态系统两个概念有紧密的联系，但两者之间也有着十分明显的区别。群落仅指生态系统中有生命的部分，它强调生物与生物之间的关系和作用，而生态系统是生物群落与其环境的统一体，它不但强调生物与生物间的关系，而且更为注重生物有机体（或生物群落）与环境间在物质和能量上的相互作用。

群落是生物种群的整合体，但这种集合不是简单地累加，正如种群不是个体的简单堆砌一样，群落是建筑于种群之上的一个全新的集合体，它具有自身的特征和特点。群落中的生物种群不只是简单地、彼此独立地生活在同一特定地段的生境里，它们彼此之间是相互作用着的，正是这种相互作用形成的各种生物的关系，使群落成为一个极为微妙的功能单位。尽管群落被看作一个松散的结构单元，各物种在空间和时间上可以置换，但群落中生物种群间始终存在潜在的相互作用，这种作用是持久存在的。在动物生态学研究中，目前已不仅限于描述群落的组成，阐述群落的一般结构特征（物种多样性等），而越来越注重对生物种群间各种相互作用的研究。

（2）工业生态系统的结构类比。工业生态系统中同时存在的多种资源通过类似于生物食物营养联系的生态关系相互依存、相互制约，这就是“工业生态链”。它既是一条能量转化链，又是一条物质传递链。物质流和能量流沿着“工业生态链”逐级逐层流动，原料、能源、废物和各种环境要素之间形成立体环流结构，能源、资源在其中反复循环获得最大限度的利用，使废物资源化，实现再生增值。工业生态系统与自然生态系统的结构类比：个体—企业、种群—同类型企业、生物种群—某区域范围的工业体系、工业生态系统—工业体系与外部环境构成，而且，自然生态系统中种群间的作用关系几乎全部可以用于形象地描述工业企业间的关系。

在自然系统中，种群竞争是进化的强大推动力，在市场经济条件下，经济竞争是一种普遍现象，竞争的目的是获得最大的经济利益。生态工业将通过竞争实现企业的优胜劣汰，从而优化资源配置，使物质有序流动，资源和能源达到最大的使用效率。

自然生态系统的某些特性对于指导人类的实践活动起到了非常重要的作用。从生态系统的角度来看，工业生态园实际上是一个生物群落，可能是由初级材料加工厂、深加工厂或转化厂、制造厂、各种供应站、废物加工厂、次级材料加工厂等组合而成的一个企业群；也可能是由燃料加工厂甚至废物再循环场组合而成的一个企业群。在其中存在着资源、企业、环境之间的上下游关系与相互依存、相互作用关系，根据它们在园区中的作用和位置不同也可以分为生产者企业、消费者企业和分解者企业。另外，在该企业群落中还伴有资金、信息、政策、人才和价值的流动，从而形成类似自然生态系统食物链网络的工业生态链网。因此，模仿自然生态系统、按照自然规律来规划传统的工业园区具有非常深远的意义。

工业生态系统正是效仿自然生态系统创立的，模仿自然生态系统的物质循环方式，建立不同工艺过程之间的联系，使一个生产过程产生的废物（副产品）作为下一生产过程的原料，使原来线性叠加的工业过程形成“生物链”结构，进而生成“生物网”结构；加入具有分解功能的“消费工业废物”链条，实现废物资源的回收、再生和利用。根据生态位的原理，由多个种群组成的生物群落，比单一种群的生物群落更能有效地利用环境资源，维持长期的较高的生产力，从而显示出更大的稳定性。在构建工业生态群系统时，应注意引入不同类型的企业，使它们之间形成更多的互补作用，并且避免不必要的种群内竞争，保持工业生态系统的稳定、快速发展。建立工业生态系统目的是在适应社会需求的同时，通过人、经济（市场）和信息调节作用，促进系统的可持续发展，实现经济、社会和生态环境的多重效益。

2.2.5.2 自然生态系统功能的启发

自然生态系统功能包括能量流动、物质循环和信息传递。工业生态系统与自然生态系统一样也具有能量流动、物质循环和信息传递的功能。能量不仅是自然生态系统的动力，也是工业生态系统能正常运转的重要保证。工业生态系统内的能量传递和转化与自然生态系统一样也遵守热力学定律，但自然生态系统中的能量属于可再生能源，而工业生态系统的能量主要来自不可再生的矿产燃料，为了社会的可持续发展，工业生态系统致力于使用可再生能源。

在自然生态系统中不存在废料，而在工业系统中，工业企业在生产产品的同时，向企业以外的环境排放出大量的废物，导致严重的环境污染和生态破坏，同时自身的发展也受到影响。创建工业生态系统的目的就是要效仿自然生态系统的物质循环方式，建立不同工艺过程间的联系，使一个过程产生的废物（副产品）可以被另一个过程作为原料，使原来线性叠加的工业过程形成“生物链”状结构，并进而形成“生物网”状结构；同时大力开发废物资源化技术，在原来的开放式系统中加入具有分解者作用的“消化工业废物”的链条，通过资源的回收、再生和重新利用实现工业生态系统的物质循环。

工业生态系统的稳定与平衡是一个动态过程，能量流动和物质循环过程不间断进行，信息的传递同自然生态系统一样，对系统的稳定和发展具有重要作用。

（1）经济发展的根本动力在于社会有效需求，而信息可以浓缩需求时间、拓展需求空间、调整需求结构、增加需求总量，从而有效地推动生态工业的发展；

（2）信息是组织和控制企业管理过程的依据和手段，企业根据科学技术信息，进行技术改造，提高劳动生产率；

（3）工业体系可以根据市场的需求信息和价格需求来调节产业结构，企业则可据此调整产品结构；

（4）通过建立信息反馈机制，使生态工业系统具有自我调节功能，保持系统的稳定。

2.3 工业生态系统的演替与构建

2.3.1 工业生态系统的进化

学术界传统上认为工业体系是与生物圈相对立的，一边是工厂、城市，一边是大自然。带着这种局限性的观念，很长时间以来，人类忽视了工业体系对其周围世界、对环境的影响。环境保护主义者以及他们的先驱者，长期以来，关注的是工业活动造成的不良后果，即污染对生态系统造成的破坏，但工业体系的运行机制本身始终在他们的研究范围之外。

工业生态学从相反的假设开始探索：将工业体系设想为生态体系的一种特殊情况。可以把工业体系描绘为这样一个形态：如同生物生态系统一样的物质、能量以及信息的流动和存储。而且工业体系是建立在生物圈所提供的资源与服务的基础上的，在某种意义上可以说，工业是生物圈的赘生物，在生物圈这个大的生态系统中进行着演替与更新。

（1）一级生态系统：将地球生命进化的知识运用到工业体系发展的变化过程时，把工业体系看作同生物圈一样，认为工业生态系统的发展也经历了一个漫长的进化史。在生命的开始阶段，可以选择的资源是无穷无尽的，但是有机生物的数量相对较少。在这个时期，生命进化过程中物质流动相互独立地进行，它们的存在对可利用资源产生的影响几乎可以忽略不计。资源的存量足够大，可以看作是无限的；环境的容量足够大，废物也可以无限地产生。这也是生命可以长期保障其发展的条件。漫长的时间内连续地“创造”，先是无氧发酵，之后是有氧发酵，然后是光合作用，工业社会的发展历程可以从中获得启发。

地球生命的最初阶段与现代经济运行方式之间的类比给人十分强烈的印象。事实上，目前的工业体系，与其说是一个真正的“体系”，不如说是一些互相不发生关系的线性物质流的叠加。简单来说，其运行方式就是开采资源和抛弃废物，这是产生环境问题的根源。工业生态学理论的主要探索者之一，勃拉登·阿伦比提出将这种运行方式命名为一级生态系统，一级生态系统的线性流动模式如图 2-2 所示。

图 2-2 一级生态系统的线性流动模式

这种资源在单一的生态系统组成部分中的流动是线性的；类比到工业生态系统中：无限资源→工业生态系统→无限的废物。其产品是为了满足用户对性能、质量和价格的要求，企业则是以谋求最大利润为目的，追求产品的功能性和经济性的平衡、最大的性能价格比，以占有更大的市场份额，忽视资源的成本，对污染物采用末端治理的思想，由此客观上造成了全球性生态恶化和资源耗竭，构成了对人类生存与发展的空前挑战。

在工业革命的初期，工业的发展模式是一级生态系统线性流动模式。在此阶段，工业是以谋求最大利润为目的，追求产品的功能性和经济性的平衡、最大的性能价格比，以占有更大的市场份额，忽视资源的成本，对污染物采用末端治理的思想，由此客观上造成了全球性生态恶化和资源耗竭，构成了对人类生存与发展的空前挑战。在一级生态系统模式下，工业的唯一目的是追求经济，追求性价比，追求更高的市场份额，忽视了资源的成本，忽视了对生态环境的治理，客观上造成了全球生态恶化和资源消耗，构成了对人类生存和发展的空前挑战，这就是一级系统。认识到危害，人们逐渐改善粗放的经营模式，把原有的末端治理转向了过程，进而衍生出二级生态系统。

（2）二级生态系统：在随后的进化过程中，资源变得有限。在这种情况下，生命随之变得非常地相互依赖并且组成了复杂的相互作用的网络系统，正如今天在生物群落中所见到的那样。不同（种群）组成部分内部的物质循环（图 2-3）变得极为重要，也就是说，在二级生态系统之中，资源和废料的进出量则受到资源数量与环境能接受废料能力的制约。

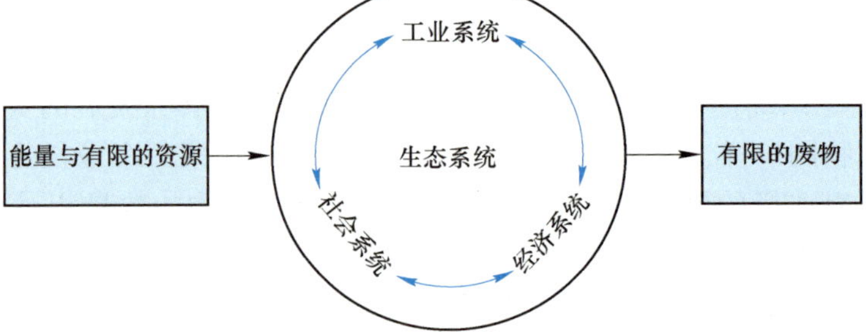

图 2-3 二级生态系统中循环流动模式

二级生态系统采取的是过程控制思想，即实施清洁生产计划，这是环境管理方式的一大进步。二级生态系统已经从被动的末端治理转向积极的污染预防，这是 20 世纪 80 年代以来全球环境污染物排放量增速缓慢的重要手段。但过程控制主要关注产品的生产过程，而没有考虑与产品相关的其他环节，如产品的使用、用后的回收处理等。这种管理手段也无法满足可持续发展模式的要求，必须重新界定产品的环境管理对象。

（3）三级生态系统：与之前的生态系统相比，二级生态系统对资源的利用虽然已经达到相当高的效率，但也仍然不能长期维持下去，因为物质、能量的流动都是单向的，资源减少，而废料不可避免地不断增加。

为了真正转变为可持续的形态，生物生态系统已经进化成以完全循环的方式进行。在这种形态下，没有资源与废料的区分，因为，对一个有机体来说是废料，但是对另一个有机体来说是资源。对于一个系统来说，只有太阳能来自外部，勃拉登·阿伦比建议将其称作三级生态系统。在这样的一个生态系统之内，众多的循环借助太阳能既以独立的方式，也以互联的方式进行物质交换。这种循环过程在时间和空间上的差异相当大。理想的工业社会（包括基础设施和农业），应尽可能接近三级生态系统（图 2-4）。

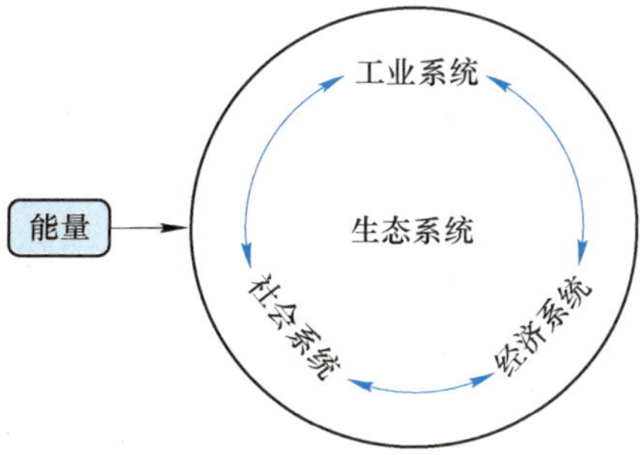

图 2-4 三级生态系统中循环流动模式

2.3.2 理想的工业生态系统

在工业生产中采取的是产品系统管理，是指与产品生产、使用和用后处理相关的全过程，包括原材料的采掘、原材料的生产、产品制造、产品使用和产品用后处理。整个系统的物质和能源、产品和副产品加入大的循环中，对生态环境不构成威胁，可实现工业生态化，实现可持续发展目标。

目前，理想工业生态系统模式如图 2-5 所示，与二级生态系统模式相近。对生态环境构成的威胁较小，但该管理手段也无法完全满足可持续发展模式的要求。

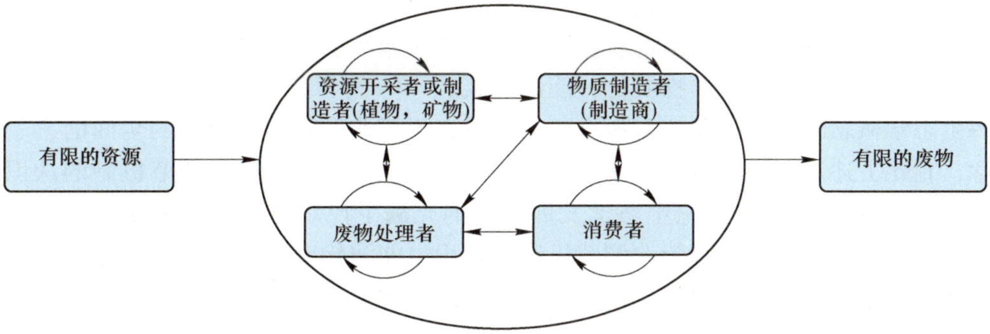

图 2-5 目前理想工业生态系统模式

现代生态工业新模式应向三级生态系统模式靠近。对生态环境不构成威胁，可实现工业生态化，实现可持续发展的目标。

人类活动，特别是工业革命以来的发展活动，在很大程度上属于一级生态系统的范畴。产品的使用寿命常常极短，往往仅够使用几星期，甚至几天。大部分材料仅使用一次以后便被扔掉，散落于周围环境之中。使用的许多产品是消耗性的，如润滑剂、溶剂、油漆、杀虫剂、肥料甚至轮胎，废物再循环利用微乎其微。而且，消费后废物再利用的方式，往往也是污染活动，是消耗性的，其对环境的真正效益远不是一目了然的。

同生化反应相反，工业生产几乎唯一使用的矿物能源是不能再生的。在这个意义上，今天的工业生态系统，建筑在消耗矿物能源的基础上，这与生物进化的初级阶段十分相似：最原始的有机物从生物史前长期积累的有机分子储备中汲取能量。

与由太阳能促使产生的再生循环（生物地球化学循环）不同，目前的工业生产过程只是转化过程中阶段性的和不可逆的线性片段而已。过程从采掘原材料开始，继之以物理的分选、提炼，而后还原合成初级的中间体。这样，人们可以得到构成工业社会第一基础的原料：基础金属或以纯净形态出现的其他元素，如纤维素、碳酸钠、氨水、甲烷、乙烷、丙烷、丁烷、苯、二甲苯、甲醇、乙醇、乙酰基、乙烯、丙烯等。这些初级材料的获得需要吸热反应，也就是说需要添加外来能量。

这些初级材料再经过加工或化合形成预想的物理和化学形态。在大多数情况下，这些初级材料经过的是放热反应，也就是说不用添加剂的。大部分氢化、氯化、氢氯化反应是放热反应，强酸和金属或氢氧化反应也是放热反应。

因此，这些初级材料含有必要的能量，经反应化合成最终产品。可以说，它们所起的作用与生物系统中三磷酸腺苷（ATP，为细胞新陈代谢提供所需能量的主要分子）的作用有些类似。然而 ATP 是可以在细胞内部以循环方式再生的。与此相反，初级中间体却是不能再生的，以不可逆的方式包含在产品之中。如同罗伯特·U·艾瑞斯所指出的那样，这就是目前工业代谢与生物代谢最根本的区别所在。

在近亿年的演化过程中，生物圈产生了一个三级生态系统运行所需的一切要素。而工业体系正艰难地和部分地从一级生态系统向二级生态系统过渡，只是半循环的，而这还是由于一些资源的稀少（主要是一些可以更新的资源，如水、土地），由于各种各样的污染和立法或经济的因素（比如贵金属的回收利用）所促成的。

工业生态学思想的主旨是促使现代工业体系向三级生态系统的转换，转换战略的实施包括四个方面：将废料作为资源重新利用；封闭物质循环系统和尽量减少消耗性材料的使用；工业产品与经济活动的非物质化；能源脱碳。

将生态学概念运用到工业体系最重要的贡献在于工业生态学所提倡的全面的、一体化的观念，它比上述观念更为重要。而特别重要的是，从对生态运行与调节机制的认识中获得知识，即从近 50 年来由理论生态学发展起来的充满了控制论的学问中获得知识。从长远来说，对生物和工业生态系统的调节机制的知识可能演化成一种像长期以来用以优化工业生产体系各个不同组成部门的科技知识一样的战略理论。

当前，工业生态化转向已纳入现代工业的管理过程中，这是现代工业发展的飞跃。当前，工业系统已从最初的一产（仅仅关注资源开采业）到后来的加工制造业二产，再到后来的社会服务业三产、智能服务业四产。目前已经出现了生态服务业五产，生态设计公司向能源合同管理、污染物排放交易转变。比如目前常见的碳排放交易，LCA、生态设计等都已纳入生产与管理过程，国家正确的政策导向使我们的现代工业正在向生态化迈进，生态化工业逐渐出现，势头良好。

2.3.3 建立工业生态系统的措施

工业生态系统是一种根据工业生态学基本原理建立的、符合生态系统环境承载能力、物质和能量高效组合利用以及工业生态功能稳定协调的新型工业组合和发展形态。在建立生态工业体系中，除了工业生态学的理论和原理之外，还有另一个紧密相关的概念就是生态效率。与工业生态学相比较，生态效率主要集中在单个企业的发展战略上，而生态工业注重企业集团层次间、企业间、地区间甚至整个工业体系的生态优化。

在一个稳定成熟的自然生态系统中，物质和能量都得到高效利用，物质的循环是闭合的，也不会产生“废弃物”。根据工业生态学原理，工业生态系统的建设也应效仿自然生态系统，实现物质和能量的高效利用以及物质的闭路循环。建立工业生态系统主要有以下措施：

（1）促进污染零排放。可以说，工业生态系统的最高目标就是使所有物质都能循环利用，而向环境中排放的污染物极少，甚至零排放。从环境友好的角度，这是工业生态系统推崇的、理想化的模式。污染零排放目前主要有三种类型：第一种类型要求企业的能源和物质全部要做到物尽其用，几乎不需要资源回收环节；第二种类型要求建立一个企业内部的资源回收环节，以满足资源回收；第三种类型要求对生产过程中产生的所有的产出物进行循环利用，但这要取决于外部的能量投入。很显然，实现这三种类型的零排放的难度，第一种类型大于第二种类型，第二种类型大于第三种类型，目前工业生态系统实现的零排放主要是第三种类型。

（2）建立物质闭路循环。物质的闭路循环是最能体现工业生态自然循环理念的策略。这种闭路循环应该在产品的设计过程就给予考虑，但是，从技术经济合理的角度，物质的闭路循环应该是有限度的。一方面，过高的闭路循环会显著增加企业的生产成本，降低企业产品的市场竞争力。另一方面，与自然生态系统的闭路循环相反，生态工业系统的闭路循环会降低产品的质量。实际上，这就是工业闭路循环的物质性能呈螺旋形递减的规律。这就要求反过来寻找材料高新技术，使物质成分和性能在多次循环利用过程中保持稳定状态。

（3）重新利用废物资源。有步骤地回收利用生产和消费过程中产生的废弃物或副产品是工业生态系统得以产生和发展的最直接的动因。这也是生态工业的核心措施。工业生态系统要求把一些企业产生的副产品作为另一些企业的生产原料或资源加以重新利用，而不是把它作为“废物”废弃掉。这种回收利用过程是一种工业生态链的行为。相对污染零排放和闭路循环利用而言，资源重新利用在技术上比较容易解决。

（4）有效降低消耗性污染。消耗性污染是指产品在使用消耗过程中产生的污染。大部分产品随着产品最终完成使用寿命，其污染也就终止。而有些产品（如电池）的污染在产品使用完后还继续污染。基于消耗性污染的严重性和普通性，工业生态系统对付它们的主要策略就是预防。防止消耗性污染主要有三种手段：一是改变产品的生产原料，从源头直接降低污染的潜在机会；二是只要在技术方法上可行就回收利用，根据“分子租用”的概念，用户只购买产品的功能，而不购买产品的分子本身；三是直接用无害化合物替代有害物质材料，对某些危害或风险极大的污染物质直接禁止使用。

（5）产品与服务的非物质化。工业生态系统中非物质化的概念是指通过小型化、轻型化、使用循环材料和部件以及提高产品寿命，在相同或者甚至更少的物质基础上获取最大的产品和服务，或者在获取相同的产品和服务功能时，实现物质和能量的投入最小化。实际上，这就是资源的产出投入率或生产率最大化。促进产品和服务非物质化的主要手段有两种。第一种是通过延长产品的使用寿命降低资源的流动速度，从而达到物质的减量化要求，如加强产品维护保养、产品主要部件升级、功能梯级使用以及产品转卖或旧货交易市场等；第二种是减少资源的流动规模，达到资源的集约化使用。需要指出的是，从工业化的进程来看，产品和服务的非物质化是有限度的，而且一般不存在非物质化程度与环境友好性成正比的关系。

2.3.4 工业生态系统的综合评价

工业生态系统需要确立合理的目标，而系统评价指标体系的设计以及在此基础上的综合评价就是为系统确立目标服务，并为系统的发展指明方向。为了客观、全面、科学地对工业生态系统进行评价，必须建立适当的评价指标体系。

2.3.4.1 评价指标的基本原则

（1）动态性和静态性相统一的原则。对于工业生态系统，它既是一个目标，又是一个过程。作为一个系统，它是不断发展变化的，是动态与静态的统一。

（2）全面性与主要性相结合的原则。工业生态系统作为一个有机整体，是各种要素综合作用的结果，指标体系要尽可能全面反映系统发展的各个方面。同时要考虑指标量化以及数据取得的难易程度和可靠性，选择某一方面或某一领域的主要指标和综合指标，注重主要性、实用性和可操作性。

（3）系统性与层次性相结合的原则。工业生态系统是一个复杂的大系统，它由不同层次、不同要素组成，它的各个子系统之间、各组成要素之间以及于系统与组成要素之间，既相互联系，又相对独立，体现出系统性与层次性。

（4）科学性与可比性相结合的原则。指标和数据的选取、计算与合成必须以公认的科学理论（统计理论、管理与决策科学的理论等）为依据，综合考虑社会、经济和环境三个方面发展的持续性与协调性，并对指标体系在时间、地点和运用范围等方面的可对比性予以充分重视。

（5）引导性原则。指标体系的设计和评价的实施，目的在于引导系统定向可持续发展的目标，因而指标及其权重应体现与该评估对象总体战略目标相一致的政策引导性，以规范和引导该评估对象未来发展的行为和方向。

2.3.4.2 工业生态系统评价指标体系

根据指标体系设计原则及工业生态系统运行机制的特点，可以将评价指标体系划分为一个由目标层、准则层Ⅰ、准则层Ⅱ和指标层构成的多层次结构模型。

（1）目标层。满意度作为目标层的综合指标，用来衡量系统的发展水平、发展持续度和发展协调度，通过选择描述性指标和评估性指标评价发展的满意度，使其在数量上反映总体发展规模，在时间尺度上反映系统的发展速度和变化趋势，在空间尺度上反映整体布局和结构特征。

（2）准则层。衡量一个地区生态工业系统的发展水平，不仅要考虑大系统中各个子系统（社会、经济、环境）的状况，而且应该充分考虑到组成系统的各子系统之间的协调性和相互制约关系，这种相互制约关系是影响系统发展能力的重要因素。

在准则层中，“系统发展水平”是指工业生态系统在某一时期，其各个方面对其发展目标的满足程度的衡量，能够反映系统运行的效果；“系统发展持续度”主要是指从狭义上讲的持续度，侧重于各个子系统纵向生态工业的协调发展，反映各子系统内各个组成要素之间相互促进、相互协调的程度；“系统发展协调度”侧重于各个子系统横向生态工业的协调发展，即各个子系统之间相互协调和相互促进的程度，以及为谋求和保证这种协调性所制定的政策与管理措施的有效程度。

（3）指标层。具体指标的选取是在上述框架设计的基础上进行的，并参照国外在物质生活指数（PQLI）、社会进步指数（ISP）、人类发展指数（HDI）以及 ASHA 指数方面的研究成果。

2.4 生态化工业

2.4.1 生态化工业的概念

生态化工业是一种注重可持续发展和环境友好的工业模式，旨在最大限度地减少对自然资源的消耗、减少环境污染和最小化对生态系统的影响。该概念强调在工业生产和经济活动中整合环保、社会责任和经济效益。生态化工业的一些关键特征和原则包括：

（1）循环经济：生态化工业倡导循环经济模式，通过回收、再利用和再循环废弃材料和产品，减少资源浪费，最大程度地延长物质的使用寿命。

（2）清洁生产：生态化工业着力于采用清洁生产技术，减少废弃物的产生和排放。这包括更高效的生产过程、能源效率的提高以及减少有害化学物质的使用。

（3）绿色能源：生态化工业倡导使用可再生能源，如太阳能、风能和水能，以减少对有限能源资源的依赖，降低碳足迹，同时推动能源的可持续利用。

（4）循环生态系统：生态化工业试图构建一个类似自然生态系统的工业体系，通过不同产业之间的协同作用和资源共享，形成一个更加紧密和高效的产业网络。

生态化工业的目标是实现经济、社会和环境的三重可持续发展，通过合理利用资源、降低对环境的冲击，为未来世代创造更好的生活环境。这一理念对于解决当前全球环境问题、提高产业竞争力和推动可持续发展具有重要意义。

2.4.2 生态化工业与传统工业的区别

传统的工业经济活动是一种从环境中调入原材料，而将大量多余的副产品以废物的形式排放到环境中去的开放体系，无法实现环境与经济的协调发展。而生态工业是模拟生态系统的功能，建立起相当于生态系统的“生产者、消费者、分解者”的工业生态链，以低消耗、低污染、工业发展与生态环境协调为目标的工业。以下是生态工业与传统工业的具体区别：

（1）追求的目标不同。传统工业发展模式是以片面追求经济效益目标为己任，忽略了对生态效益的重视，从而导致“高投入、高消耗、高污染”的情况发生；而生态工业将工业的经济效益和生态效益并重，从战略上重视环境保护和资源的集约、循环利用，有助于工业的可持续发展。

（2）自然资源的开发利用方式不同。传统工业由于片面追求经济效益目标，只要有利于在较短时期内提高产量、增加收入的方式都可采用。因此，工矿企业林立，资源的过度开采、单一利用等状况比比皆是，引发资源短缺、能源危机、环境污染等一系列问题。生态工业从经济效益和生态效益兼顾的目标出发，在生态经济系统的共生原理、长链利用原理、价值增值原理和生态经济系统的耐受性原理指导下，对资源进行合理开采，使各种工矿企业相互依存，形成共生的网状生态工业链，达到资源的集约利用和循环使用。

（3）产业结构和产业布局的要求不同。由于传统工业只注重工业生产的经济效益，而且是区际封闭式发展，导致各地产业结构趋同、产业布局集中，与当地的生态系统和自然结构不相适应。并且资源过度开采和浪费、环境恶化严重，不利于资源的合理配置和有效利用。生态工业系统是一个开放性的系统，其中的人流、物流、价值流、信息流和能量流在整个工业生态经济系统中合理流动和转换增值，这要求其中的产业结构和产业布局与其所处的生态系统和自然结构相适应，以符合生态经济系统的耐受性原理。

（4）废弃物的处理方式不同。传统工业实行单一产品的生产加工模式，对废弃物一弃了之。因为这样有利于缩短生产周期，提高产出率，从而提高其经济效益。而生态工业不仅从环保的角度遵循生态系统的耐受性原理而尽量减少废弃物的排放，而且还充分利用共生原理和长链利用原理，改过去的“原料—产品—废料”的生产模式为“原料—产品—废料—原料”的模式，通过生态工艺关系，尽量延伸资源的加工链，最大限度地开发和利用资源，既获得了价值增值，又保护了环境，实现了工业产品的“从摇篮到坟墓”的全过程控制和利用。

（5）工业成果在技术经济上的要求不同。各种生态产品，无论作为生产资料，或作为消费资料，生态工业都强调其技术经济指标有利于经济的协调，有利于资源、能源的节约和环境保护，而传统的工业产品对此没有要求。

（6）工业产品的流通控制不同。只要是市场所需的工业产品，传统工业一律放行，而生态工业却加入了环保限制。只有那些对生态环境不具有较大危害性，而且符合市场原则的工业产品才能流通。这无疑更利于生态环境保护，促进人口、经济、环境和生态的协调发展。

以上是生态工业和传统工业的区别，传统的环境政策与生态工业所提倡的环境政策也有很大的区别，如表 2-4 所示。

表 2-4 传统环境政策和生态工业政策的区别

行为方式	目标	实施范围	环境和经济的关系	涉及学科	对系统的认识
污染补救和控制措施	降低局部的和短期的人类风险：清洁空气和水源	单一的污染源、过程、或污染物	局部/单一	污染控制专业	简单
工业生态学	全球的可持续性，包括缓解全球的气候变化，栖息地和生物多样性的丧失，水源、土壤和空气资源的退化	原材料、产品、服务和整个生命周期的操作	战略性的、综合性的	将物理、生物、社会、法律、经济、技术、工程等学科进行高度综合	复杂

可以看出，工业生态学原理是在全球范围内将环境、技术、和经济结合起来，从而达到科学可持续的发展目的。传统环境政策的不足在于局部思维，为降低局部地区的污染而出台政策，却忽略了整体性而进行的补救。这种单一的环境保护措施仍有越来越普遍的趋势，违背了工业生态学的可持续发展的模式。

工业生态系统是依据工业生态学理论建立的，其中自然生态系统提供了许多对工业生态系统有益的启示，如循环和可持续性、多样性和适应性、能源效率和资源管理、自然循环和生物多样性保护。通过借鉴自然系统的原则，工业生态系统可以朝着更可持续和环保的方向发展，实现经济效益和生态效益的双赢。

本章小结

工业生态学是一门新兴的综合型交叉学科，是生态、环境、经济、系统工程等多学科的交叉与融合，它研究了工业系统与自然环境之间的相互作用及相互联系，为工业系统与自然环境间的协调发展提供了全新的理论框架及具体的、可供操作的方法。工业生态学追求的是人类社会与自然生态系统的和谐发展，寻求的是经济效益、生态效益和社会效益的统一，最终要实现的是现代工业的生态化转向与人类社会的可持续发展。

工业生态系统就是在人的辅助下模拟自然生态系统的结构与功能，依据生态学、经济学、技术科学以及系统科学的基本原理与方法建立人工复合的工业系统来经营和管理工业经济活动，并推行以节约资源、保护生态环境和提高物质综合利用为特征的现代工业发展模式。构建人工复合的工业生态系统可大幅度削减对环境污染和对原燃料的需求，是解决当今环境污染、资源枯竭以及能源短缺问题的有效方法。因此，在现代工业发展过程中，应用生态学的理论和方法、通过生态重组等手段，加速工业转型，走适合中国国情的现代化工业发展道路，实现现代工业的生态化转向，是保持经济高速发展，获得经济、社会和生态多重效益，最终实现人类社会的可持续发展的必要途径。

思考复习题

1. “碳达峰”和“碳中和”的目标是什么？
2. 试比较工业生态系统和自然生态系统的异同。
3. 试描述工业生态系统的进化情况，并指出现代工业的发展方向。
4. 实现工业生态化的方法和途径有哪些？

参 考 文 献

[1] 钱易 . 生态文明的由来和实质 [J]. 秘书工作，2017 (1)：73-75.

[2] 钱易 . 城镇化与生态文明建设 [J]. 中国生态文明，2017 (1)：6-9.

[3] 汤慧兰，孙德生 . 工业生态系统及其建设 [J]. 中国环保产业 . 2003 (2)：14.

[4] 昌瀚 . 论生态工业系统的自组织演化机理 [J]. 南京理工大学学报 . 2020，33 (2)：27-32.

[5] Xin Y. The coevolution mechanism of stakeholder strategies in the recycled resources industry innovation ecosystem：the view of evolutionary game theory [J]. Technological Forecasting and Social Change，2022，23 (42)：32-37.

[6] Ermakov S. Ecosystems measurement：risk assessment methods and ecological safety principles [J]. Transportation Research Procedia，2021，16 (2)：412-419.

[7] Martins W B R，de Matos Rodrigues J I，de Oliveira V P，et al. Mining in the Amazon：Importance，impacts，and challenges to restore degraded ecosystems. are we on the right way? [J]. Ecological Engineering，2022，74 (42)：384-392.

[8] Chatterjee A. Evaluating benefits of ecologically-inspired nested architectures for industrial symbiosis [J].

Resources, Conservation and Recycling, 2021, 35 (5): 42-49.
[9] 刘昇. 基于 Hadoop 生态系统的工业实时数据及历史数据分析 [J]. 中国设备工程, 2020 (23): 32-33.
[10] 刘晔. 山东省工业生态系统多样性 [J]. 生态学报, 2019, 39 (13): 4710-4719.
[11] Visscher K. Innovation ecosystem strategies of industrial firms: A multilayered approach to alignment and strategic positioning [J]. Creativity and Innovation Management, 2021, 2 (42): 24-29.
[12] Mikołajczyk Ł. Species-specific landscape characterisation method in agro-ecosystems [J]. Ecological Indicators, 2021, 24 (56): 134363.
[13] Bakhtadze N. Industrial digital ecosystems: Predictive models and architecture development issues [J]. Annual Reviews in Control, 2021, 343 (2): 23-31.
[14] 石磊. 工业生态系统多样性叙述 [J]. 生态学报, 2016, 32 (3): 2-8.
[15] 龙於洋, 胡立芳, 沈东升, 等. 城市生活垃圾中重金属污染研究进展 [J]. 科技通报, 2007 (3): 760-764.
[16] 沈东升. 污染环境生物修复技术研究进展 [J]. 科技通报, 2007 (2): 271-276.
[17] 袁增伟. 物质循环科学的研究对象、理论与方法 [J]. 资源科学, 2021, 43 (3): 435-445.
[18] 袁增伟. 化工园企业环境风险分级评估与管理方法研究 [J]. 环境保护科学, 2015, 41 (3): 144-148.
[19] 袁增伟. 加快环境经济政策探索创新 [J]. 社会观察, 2014 (11): 17-20.
[20] 袁增伟. 资源型城市产业转型国际经验及其对中国的启示 [J]. 中国发展, 2012, 12 (6): 1-5.
[21] Souza C. Atmospheric particulate matter from an industrial area as a source of metal nanoparticle contamination in aquatic ecosystems [J]. Science of the Total Environment, 2021, 34 (53): 78-86.
[22] Kumari P. Bioassessment in the aquatic ecosystems of highly urbanized agglomeration in India: An application of physicochemical and macroinvertebrate-based indices [J]. Ecological Indicators, 2020, 42 (5): 135325.
[23] Halassy M. First year woody survival supports feasibility of forest-steppe reconstruction as an alternative to landscaping in industrial areas [J]. Ecological Engineering, 2020, 52 (87): 132543.
[24] Posner M. Boundary spanning among research and policy communities to address the emerging industrial revolution in the ocean [J]. Environmental Science & Policy, 2020, 32 (13): 142533.
[25] 杨万泰. 应用化学与先进材料的融合与发展 [J]. 科学通报, 2018, 63 (34): 3515-3516.
[26] 杨万泰. 传统高分子化学领域中几个问题的研究与进展 [C]. 中国会议, 2015, 5.
[27] 费维扬. 创新驱动、推进绿色低碳发展 [C]. 中国会议, 2019, 4.
[28] 费维扬. 考虑技术学习效应的碳捕集系统成本比较 [J]. 中国科技论文, 2021, 7 (6): 423-427.
[29] 费维扬. 发展低碳经济, 建设生态文明 [C]. 中国会议, 2010, 3.
[30] 费维扬. 发展低碳经济, 推动节能减排 [J]. 化工进展, 2009, 28 (2): 405.
[31] 王洪涛. 产品生命周期可得性水足迹计算方法 [J]. 环境科学研究, 2018, 31 (5): 967-974.
[32] 王洪涛. 基于在线供应链调查的产品生命周期评价 [J]. 生态学报, 2016, 36 (22): 7185-7191.
[33] 王洪涛. 生命周期评价在国内的研究与应用进展分析 [J]. 化学工程与装备, 2015 (5): 164-166.
[34] 王洪涛. 势在必行的生命周期评价 [J]. 高科技与产业化, 2014 (5): 52-55.
[35] 王洪涛. 生命周期节能减排评价方法与指标 [C]. 中国会议, 2013, 4.
[36] 石磊. 工业园区生态化发展的挑战与过程系统工程的机遇 [J]. 化工学报, 2021, 72 (5): 2373-2391.
[37] 贾小平. 基于复杂网络控制理论的换热网络旁路位置确定 [J]. 化工进展, 2019, 38 (7): 3046-3055.

[38] 贾小平．中国绿色城镇化评价指标体系的构建及探究［C］. 中国会议，2016，7.
[39] 贾小平．复杂性工业共生网络的社团结构划分［J］. 计算机与应用化学，2014，31（5）：513-515.
[40] 贾小平．山东省资源环境承载力分析［J］. 青岛科技大学学报，2013，29（4）：55-59.
[41] 石磊．用水成本不确定条件下生态工业园区全局用水网络综合研究［J］. 计算机与应用化学，2010，27（10）：1449-1452.
[42] 张士成．水热液化技术处理水葫芦废弃物研究［C］. 中国会议，2011，2.
[43] 楼紫阳．构建中国特色新污染物风险防控体系［J］. 环境生态学，2022，4（1）：111-115.
[44] 楼紫阳．湿垃圾集中处理技术的困境分析及发展建议［J］. 环境污染与防治，2021，43（12）：1620-1624.
[45] 楼紫阳．表面处理废物特性及处理处置方法探究［J］. 有色冶金设计与研究，2019，40（9）：74-78.
[46] 楼紫阳．化工园区危险废物管理中的问题与解决对策［J］. 有色冶金设计与研究，2019，40（5）：40-42.
[47] 楼紫阳．含油污泥研究现状及发展方向［J］. 有色冶金设计与研究，2017，38（6）：114-118.
[48] 楼紫阳．混合生活垃圾恶臭特性及评估方法研究［J］. 环境污染与防治，2015，37（11）：11-15.
[49] 吴伟祥．农村生活垃圾分类减量资源化模式及其影响因素与管理对策——以杭州市为例［J］. 环境卫生工程，2020（3）：93.
[50] 吴伟祥．有机碳源下废水厌氧氨氧化同步脱氮除碳［J］. 生物工程学报，2014，28（3）：93.
[51] 楼紫阳．生命周期方法对可持续填埋场环境效用过程研究［J］. 第五届全国环境化学大会摘要集，2009，67.
[52] 任洪强．制药工业园区混合尾水组合工艺中试研究［J］. 科技导报，2010，30（11）：68-71.
[53] 金涌．三个平台推动循环经济建设［J］. 科技导报，2009（7）：9.
[54] 金涌．生态文明与循环经济［J］. 科技导报，2009，52（85）：44-50.
[55] 金涌．壮大循环经济创新发展方式［J］. 科技导报，2009（11）：34-35.
[56] 金涌．生态文明与可持续发展［J］. 科技导报，2009（3）：61-63.
[57] 金涌．绿色北京：首都可持续发展的有力保障［N］. 北京日报，2009.
[58] 金涌．CO_2减排对化学工程的挑战［J］. 科技导报，2009，49（5）：733-738.
[59] 金涌．新型节能 CO_2 零排放工艺——化学循环燃烧技术［J］. 科技导报，2008（10）：1612-1620.
[60] 金涌．关于转换战略能源储备理念的建议——以“功能”储备补足“资源”储备［J］. 科技导报，2008（10）：4-6.
[61] 金涌．低碳经济：理念、实践、创新［C］. 中国会议，2008，42.
[62] Sullivan K. Using industrial ecology and strategic management concepts to pursuethe sustainable development goals［J］. Journal of Cleaner Production，2018，174（10）：237-246.
[63] Andersen O. Transport of fish from norway：energy analysis using industrial ecology as the framework［J］. Journal of Cleaner Production，2002，10（6）：581-588.
[64] Stevels A. The challenge of introducing design for the circular economy in the electronics industry：A proposal for metrics［J］. Circular Economy，2023，2（3）：100051.
[65] Valera E H. Additive manufacturing in cities：Closing circular resource loops［J］. Circular Economy，2023，2（3）：100049.
[66] Mishra B. Valorization of agro-industrial biowaste to biomaterials：An innovative circular bioeconomy approach［J］. Circular Economy，2023，2（3）：100050.
[67] Basu A. Industrial ecology framework for achieving cleaner production in the mining and minerals industry［J］. Journal of Cleaner Production，2006，14（3）：299-304.
[68] Arbolino R. Towards a sustainable industrial ecology：Implementation of a novel approach in the

performance evaluation of Italian regions [J]. Journal of Cleaner Production, 2017, 178 (20): 220-236.

[69] Korhonen J. Industrial ecology in the strategic sustainable development model: strategic applications of industrial ecology [J]. Journal of Cleaner Production, 2004, 12 (8): 809-823.

[70] Li K. Upgrading waste electrical and electronic equipment recycling through extended producer responsibility: A case study [J]. Circular Economy, 20223, 2 (1): 100025.

[71] Wang M M. Recycling spent lithium-ion batteries using a mechanochemical approach [J]. Circular Economy, 2022, 1 (2): 100012.

[72] Han H G. Metallic product recognition with dual attention and multi-branch residual blocks-based convolutional neural networks [J]. Circular Economy, 2022, 1 (2): 100014.

3 工业生态学基本原理与案例分析

本章提要

（1）工业生态学基本原理包括核心原理、生态学原理、生态经济学原理、人工调控原理、系统工程学原理和信息科学与技术原理；

（2）工业生态学的核心原理包括整体性原理、协调与平衡原理、自生原理和循环与再生原理；

（3）工业生态学遵循的生态学原理包括生态位原理、生物间互利共生、食物链原理、生物物种多样性原理、物种耐性原理、耗散结构原理、限制因子原理和环境因子综合性原理等；

（4）工业生态学遵循的生态经济学原理，包括长链利用原理、生态阈限原理和价值增值原理，价值增值可通过加环增值、减环增值和差异度增值来实现；

（5）国内外工业生态学原理应用案例分析。

工业生态学站在资源短缺和环境约束角度来审视人类工业生产活动与其依存的资源、环境之间关系，作为一门新兴的交叉型学科，需要综合运用多学科的理论和方法，把资源高效利用和预防为主的全生命周期管理模式渗透到各个工业环节，尽可能降低工业活动对生态环境的影响，促进经济社会高质量发展，以全新的理论框架提供可操作的方法，实现人类社会与自然环境之间的和谐共处。

工业生态学是在对工业活动产生的弊端进行反思的基础上，模拟自然生态系统的运行模式，来构筑日趋完善的工业生态系统，实现资源、能源利用的“最大化”及污染排放的“最小化”，将污染控制在生态阈限之内，不对生态环境构成威胁。那么，如何来实现呢？本章将重点学习工业生态学的基本原理与方法，为实现现代工业的生态化转向提供科学依据及理论指导。

3.1 工业生态学核心原理

掌握工业生态学的核心原理是构建工业生态系统的关键，核心原理主要包括整体性原理、协调与平衡原理、自生原理和循环与再生原理。

3.1.1 整体性原理

整体性原理，是以社会—经济—自然复合生态系统为研究对象，以整体观为指导，在系统水平上进行研究，以整体调控为手段，从相互依赖、相互制约的关系中揭示对象的特征和运动规律，全面、辩证地分析问题、解决问题。以人的行为为主导，自然环境为依托，资源或能量流动为命脉，社会体制为经络来构筑人工复合生态系统，即工业生态系统，如图 3-1 所示。

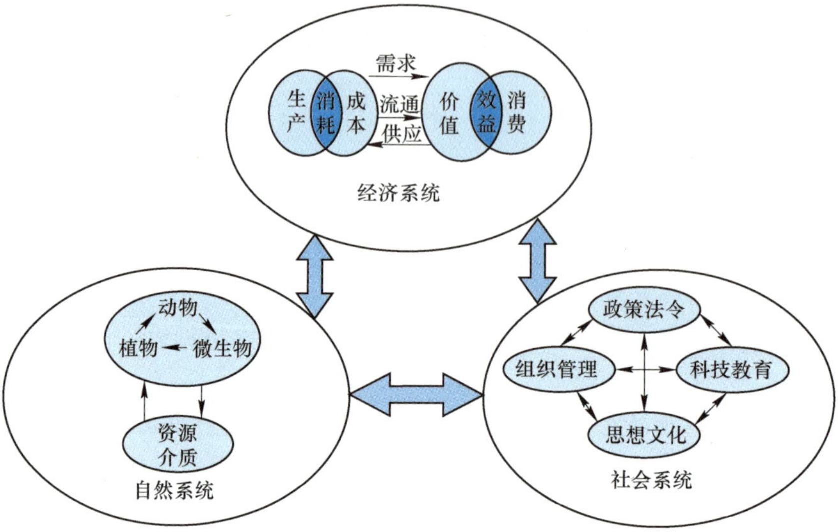

图 3-1 工业生态系统-人工复合生态系统

各部分组成系统后形成了系统的总体功能，系统的功能要大于各部分功能的总和，这不仅是一种量变，而且是一种质变。

人工复合生态系统，主要由社会、经济和自然三个子系统构成，具有控制、生产、生活、供给、接纳和还原的功能综合归纳为社会的、经济的、自然的三类功能。社会、经济和自然这三个子系统都有各自的性质，社会系统受人口、政策以及社会结构的约束，科学技术、传统风俗以及文化交流等都是分析社会组织和人类活动必须考虑的因素。人类社会的经济活动主要涉及生产加工、运输以及销售。生产加工需要从自然界获取资源和能量，然而生产之后的废物又会排放到自然界，并通过自然界中的物理、化学以及生物等反应的再生过程供给人类的生产需求。人类生产与加工产品数量受自然资源所能提供的数量制约，此类产品数量关系到能否满足人类的需要，做到供需平衡。然而经济效益则取决于生产过程和消费过程的成品、有效性以及利用率。

人是社会—经济—自然复合生态系统中最活跃的因素，同时也是破坏性最强的因素。社会的核心是人，人的观念、体制和文化构成复合生态系统的子系统，即社会生态子系统，一是人的认知系统，包括哲学、科学、技术等；二是体制，是由社会组织、法规、政策等形成的；三是文化，是人在长期进化过程中形成的观念、伦理、信仰和文脉等。三足鼎立，构成社会生态子系统中的核心控制系统。工业生态系统作为一种特殊的人工复合生态系统兼具社会和自然两大属性：一方面，人是社会经济活动的主体，以其特有的文明和智慧驱使自然来为自己服务，使其物质文化生活水平以正反馈为特征持续上升；另一方面，人也是自然环境中的一员，其一切宏观性质的活动都不能违背自然生态系统的意愿，都会受到自然条件的负反馈约束和调节。这两种力量之间的基本冲突，正是该复合生态系统的一个最基本特征。其整体性主要体现在以下几方面：

（1）跨学科发展，社会科学和自然科学应打破学科界限，紧密结合、融会贯通并相辅相成协同发展；

（2）对于系统而言，应将重点放在系统组分之间的综合角度上而并非组分之间细节方面的分析；不应仅对数量变化过度重视，而要把重心放在系统的功能上；

（3）应突破传统的因果链关系和单目标决策办法的约束，进行多目标多属性的决策分析；

（4）针对系统中存在大量的不确定性因素，以及完备数据取得的艰巨性，应突破决定性数学以及统计数学的传统方法，采用宏观和微观相结合、确定性与模糊性相结合的方法开展研究。

整体性是一个多维决策过程，是对系统组织性、相关性、有序性和目的性的综合评判、规划和协调。以物质、能量的高效利用，社会、自然的协调发展及系统动态的自我调节为目标，通过协同作用，实现综合功能“最大化”。

功能综合性：作为一个完整的系统，总体功能是衡量系统效益的关键。实现整体功能最高是我们建立人工生态系统的重要目标。因此，必须使系统总体功能大于组成系统各部分之和。

用公式表示即为：

$$\overline{\omega} > \sum_{i}^{n} p_i \quad (i = 1,\ 2,\ 3,\ \cdots,\ n)$$

式中 ω——系统总体功能；

p——各组分的功能。

（1）综合功能是正值，表示系统合理、效益明显；

（2）综合功能是零，说明系统不合理，综合功能没体现出来；

（3）综合功能是负值，说明系统结构各组分不合理而产生拮抗作用，也就是常说的内耗。

利用整体性原理，充分发挥系统内部各个结构单元的协同作用，使不同企业之间通过合作协同发展，互利共生，促进资源、能源的高效利用，减少环境影响，加速完整的工业生态系统的形成，建立更加可持续、高效、环保的工业体系，促进经济、环境和社会的协同发展。

案例分析1：菲律宾玛雅农场

菲律宾玛雅农场（图3-2）是社会—经济—生态复合系统的典范，该农场位于首都马尼拉附近，经过10年的建设，玛雅农场由一家中型面粉厂逐渐形成了农、林、牧、副、渔为一体的生态农场。

玛雅面粉厂生产产生的大量麸皮等“废物”成为了一个很难解决的问题，为了解决这个问题，玛雅面粉厂的经营者充分利用这些麸皮等副产品建立养畜场和鱼塘。同时为了增加收入，农场的管理者又建立肉食加工厂和罐头制造厂，可以供自己食用或向社会出售以获取经济利益，见效后，经营者找到一块约24公顷的丘陵地，扩大了生产规模，正式成立玛雅农场。

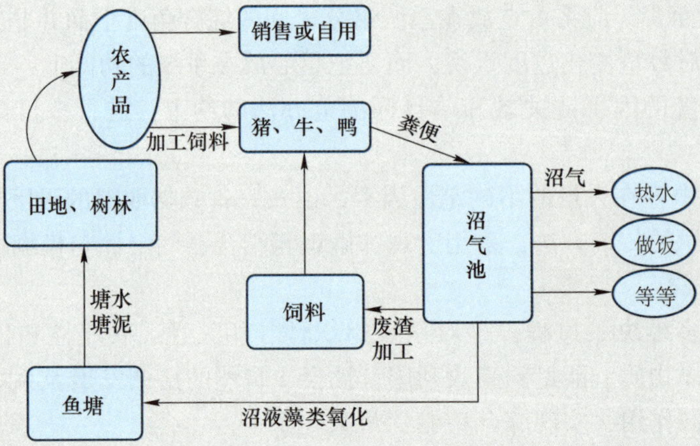

图 3-2 菲律宾玛雅农场的产业链

为了控制鱼塘和养畜场产生的粪便所带来的污染，玛雅农场陆续建立十几个沼气生产车间，每天可以生产十几万立方米的沼气，这些沼气提供农场生产以及家庭日常用所需要的能源。另外，从产气后的沼渣中，还可以回收一些牲畜饲料，其余可以用作农场的有机肥料。产气后的沼液经过藻类氧化塘处理之后再送入水塘养鱼养鸭，再取塘泥和塘水去当作肥料肥田。农业生产的粮食可以送到面粉厂加工生产，制作成产品向社会供应获取经济效益，这样就形成了农工联合的社会—经济—复合生态系统。整体观作指导，通过协同作用，统筹安排了1+1>2的效果，经济效益及生态环境效益均得以体现。

案例分析 2：苏州高新区运行分析

我国正在积极推进工业生态园区的构建，苏州高新区在生态工业示范园区建设中，以循环经济和工业生态学原理为指导，建立以高新技术产业为主体、以工业共生和物质循环为特征的产业生态经济体系，合理进行功能布局，完善现有的产品代谢链和废物代谢链。通过加强绿色招商，推行"补链"战略，进一步优化产业结构。完善、延伸企业之间的生态工业链，推进企业清洁生产和生态工程建设。从企业、企业群和社会三个层面，尽可能高效地利用物质、能量和水资源，实现区域内环境排放最小化。

在企业内部，苏州高新区主要推动企业通过清洁生产趋向污染物"零排放"，在生产过程、废物代谢等多个环节开展了多项工作，以此达到高效利用能源、物料和水资源，实现污染排放最小化。一是生态设计，源头减量。如苏州佳能公司在产品设计之初，按照生态工业学的原理，在产品生命周期的各个阶段都考虑了环境因素。二是绿色采购，生产减量。苏州高新区几十家企业在生产工艺和原料替代上实行减量，对上下游供应商实施严格的"绿色采购"制度，并建立起"绿色伙伴"评审制度。三是"吃干榨尽"，综合利用。废气、废物在循环利用中实现"吃干榨尽"，废物资源转化已成为苏州高新区企业发展循环经济中的一个新亮点。四是废水资源，循环利用。

在企业之间，苏州高新区积极构建生态链。一是进一步完善产品生态链。企业延长和拓宽生产技术链，把污染尽可能在生产企业内处理，减少生产过程污染物排放。二是加强绿色招商，推行“补链”战略。苏州高新区把原来区内支柱产业之一的精密机械加工业，横向配套发展延伸到汽车配件产业。目前，苏州高新区已建成汽车零部件产业园和国际汽车城，园区拥有130多家汽车零部件企业。三是探索培育新的工业产品循环链。如高岭土公司的资源综合利用产业循环、华锋化学和中环友含铜废蚀刻液再生生态工业链、同和资源综合利用公司的含金废液再生生态工业链等。

同时，苏州高新区环保局会同文教局、社会事业局、妇联等部门，通过发动园区企业、学校、社区和居民开展创建绿色社区、绿色家庭、绿色学校（幼儿园）、绿色企业、绿色饭店（宾馆）和开展绿色消费的“绿色高新区”系列活动，在园区内逐步形成了全民关心环境、参与环保的良好氛围。

此外，苏州高新区以生动的形式宣传循环经济理念，倡导绿色生活方式，发动全社会力量参与生态示范园区的建设。这些创建活动的开展，不仅改善了农村人居环境面貌，也提高了广大村民的环境意识。

苏州高新区基本形成以城市园林化、开发园区化、产业生态化、环境自然化为特征的生态型社会，通过实现“工业共生、生产高效、生活舒适、景观优美”的目标，建设成一个高度生态文明、内在与外表相统一、经济社会发展与环境建设相协调的现代化新区。

3.1.2 协调与平衡原理

协调与平衡原理的理论基础为生物和环境的协调与平衡，是生态系统长期演化与发展的结果，使任一稳态的生态系统在一定时期内均具有相对稳定而协调的内部结构与功能。生态系统的结构决定了其功能，结构与功能相协调是维持生态系统动态平衡的相对稳定性的先决条件，以保证系统具有自我组织功能和自我调节功能。充分运用协调与平衡原理，在“十三五”期间的工业生态建设取得重要成果，“十三五”以来，工业领域以传统行业绿色化改造为重点，以绿色科技创新为支撑，以法规标准制度建设为保障，大力实施绿色制造工程，产业结构不断优化、能源资源利用效率显著提升、清洁生产水平明显提高、绿色低碳产业初具规模、绿色制造体系基本构建，工业绿色发展取得明显成效。为此，在“十四五”开始之际，《“十四五”工业绿色发展规划》指出，“十四五”时期，是我国应对气候变化、实现碳达峰目标的关键期和窗口期，也是工业实现绿色低碳转型的关键五年。面对新形势、新任务、新要求，要提高政治站位，迎难而上，攻坚克难，坚定不移走生态优先、绿色低碳的高质量发展道路。《规划》明确指出，到2025年，工业产业结构、生产方式绿色低碳转型取得显著成效，绿色低碳技术装备广泛应用，能源资源利用效率大幅提高，绿色制造水平全面提升，为2030年工业领域碳达峰奠定坚实基础。碳排放强度持续下降，单位工业增加值二氧化碳排放降低18%，钢铁、有色金属、建材等重点行业碳排放总量控制取得阶段性成果。污染物排放强度显著下降。有害物质源头管控能力持续加强，清洁生产水平显著提高，重点行业主要污染物排放强度降低10%。能源效率稳步提升，规模以上工业单位增加值能耗降低13.5%，粗钢、水泥、乙烯等重点工业产品单耗达到世界先进水平。资源利用水平明显提高，重点行业资源产出率持续提升，大宗工业固废综合利用率达到57%，主要再生资源回收利用量达到4.8亿吨。单位工业增加值用水量降低16%。绿色制造体系日趋完善，重点行业和重点区域绿色制造体系基本建成，完善工业绿色低碳标准体系，推广万种绿色产品，绿色环保产业产值达到11万亿元。布局建设一批标准、技术公共服务平台。《规划》提出，围绕实施工业领域碳达峰行动，构建绿色低碳技术体系、绿色制造支撑体系，推进工业向产业结构高端化、能源消费低碳化、资源利用循环化、生产过程清洁化、产品供给绿色化、生产过程数字化等方向转型，推动实施8个重大工程，即工业碳达峰推进工程、重点区域绿色转型升级工程、工业节能与能效提升工程、资源高效利用促进工程、工业节水增效工程、重点行业清洁生产改造工程、绿色产品和节能环保装备供给工程、绿色低碳技术推广应用工程。《规划》还从规划组织实施、法律法规完善、财税金融支持、绿色国际合作四个方面，明确了推动“十四五”工业绿色发展的保障措施。

3.1.2.1 协调原理

协调原理是指生态系统的结构与功能相互作用、协调发展的规律。在一个生态系统中，物质的迁移、转化、代谢、积累和释放等功能，在空间和时间上要遵循一定的序列，按一定的层次结构来进行，且各层次结构间的量及物质和能量的流通也各有一定的协调比例。

系统的结构决定功能，结构是完成功能的框架和渠道，是系统整体性的基础；系统的功能是维持结构存在和发展的基础，但又通过结构的框架和渠道来实现。结构与功能间相互作用、相互依存促进生态系统的和谐发展。

但是超越生态系统自我调节能力的外来干扰，以及破坏结构之间、功能之间、结构与功能之间协调的行为，会改变或破坏原有生态系统的性质和整体的功能。协调原理包含以下要点：第一，协调的目的在于使标准系统的整体功能达到最佳并产生实际的效果；第二，协调的对象是系统内相关因素的关系以及系统与外部相关因素的关系；第三，相关因素之间需要建立起相互一致关系、相互适应关系和相互平衡关系等；第四，协调应使多因素的综合利用最优化，多因素矛盾平衡等。

协调原理在工业生产方面具有广泛的应用，其具体内涵在生产和管理过程中，通过协同、协作和整合不同的资源、流程和系统，以提高效率、降低成本、提升品质，并实现可持续发展的一种管理理念。在供应链管理方面，协调原理在供应链管理中起到关键作用。通过协调供应商、制造商和分销商之间的活动，可以实现生产和物流的协同。这包括实时信息共享、库存优化、生产计划的调整，以确保生产和交付过程的高效协同。同时协调原理在生产过程中有助于优化各个生产环节之间的关系，确保原材料、人力、设备和信息的协同。通过采用先进的生产计划和调度系统，可以提高生产线的效率、减少生产周期，并降低生产成本。协调原理有助于实现生产过程中的资源和能源的协同利用，从而降低环境影响。通过推动可持续发展的实践，协调原理有助于企业在经济、社会和环境方面取得平衡。并且，在工业领域，协调原理也体现在团队协作和沟通方面。通过建立良好的沟通渠道、设立有效的协作机制，可以提高团队的工作效率，推动项目的顺利进行。

总体而言，协调原理在工业方面的应用旨在打破传统的单一管理思维，鼓励不同部门、流程和系统之间的协同工作，以实现整体效益的最大化。这种管理理念有助于企业更加灵活地应对市场变化，提高竞争力，同时也有助于推动可持续性的工业发展。

3.1.2.2 平衡原理

平衡原理是指生态系统在一定时期内，各组分通过相生相克、转化、补偿和反馈等相互作用，使结构和功能达到平衡，从而使系统处于相对稳定态，这种稳定态是一种生态平衡。在系统达到相对平衡时，其物质和能量的输入输出接近相等，在外来干扰下能够通过自我调节或人为控制恢复到最初的稳定状态。但是当外来干扰超越系统的自我控制能力时，系统便不能恢复到最初的状态，这就是系统失调或系统平衡的破坏。系统平衡是动态的，这种平衡不仅仅能保持其原有的稳定状态，它也可以在人为有益的影响下建立新的平衡以达到更合理、更高效的功能以及更好的生态效益。和在生态系统中的应用相同，平衡原理在工业系统方面的应用旨在通过模仿自然生态系统的平衡和循环原理，实现工业活动的可持续性、环保和高效性。

在工业系统内，平衡原理主要体现在以下方面：

(1) 资源循环利用：平衡原理强调物质和能量的循环利用。在工业系统中，可以通过建立循环经济体系，将废弃物转化为资源，最大限度地减少资源的浪费。例如，通过回收再利用废弃物和副产品，减少对原始材料的需求。

(2) 能源效率提升：平衡原理鼓励提高能源的效率，减少对有限自然资源的依赖。工业企业可以通过采用节能技术、优化生产流程和使用可再生能源等方式，降低能源消耗，实现更为可持续的能源管理。

(3) 工业园区规划：类似于自然生态系统中不同生物之间的相互关系，工业园区可以规划成集成的系统，各个企业之间形成相互依赖和协同的关系。共享资源、能源和设施，减少环境污染，提高整体的效益。

(4) 生态设计和绿色工程：平衡原理在产品设计和工程领域的应用主张采用生态友好的材料和技术。工业产品和工程项目的设计要考虑生命周期分析，减少对环境的不良影响。

通过应用平衡原理，工业活动可以更好地融入自然生态系统，实现经济、社会和环境的协调发展，从而推动可持续性的工业实践。

工业系统的平衡应体现在多个方面，这些方面涵盖了经济、环境和社会等多个层面。首先是资源利用的平衡，工业系统应该平衡地利用自然资源，确保不过度开采和浪费。这包括对原材料、水资源、能源等资源的高效利用，避免对环境造成不可逆的损害。其次是能源效率的平衡，工业系统应追求能源的高效使用，减少能源浪费。这可以通过采用节能技术、优化生产过程、推动可再生能源的应用等方式来实现。在废物处理的平衡方面，工业系统应平衡处理废物的方法，采用环保的废物处理技术，最小化废物的产生，并确保处理过程对环境的影响处于可控范围内。同时在工业与生态系统平衡方面，工业系统应考虑其在生态系统中的作用，通过保护生态系统、生物多样性和生态平衡，减轻对自然环境的负面影响。当然，工业系统也应做到社会责任的平衡，工业系统应在社会层面平衡经济效益和社会责任。这包括确保员工的安全和福祉，支持社区发展，以及履行企业的社会责任，促进可持续社会进步。重要的是应做到经济效益的平衡，工业系统应平衡经济效益，追求可持续的经济增长。这包括确保企业的盈利能力，同时考虑对员工、客户、供应链和投资者等利益相关方的影响。

总之，这些方面的平衡共同构成了可持续发展的基础，使工业系统能够在经济、环境和社会方面实现和谐发展，确保当前和未来的需求得到满足。这种平衡的追求有助于构建具有长期竞争力的可持续工业系统。

生态系统和工业系统都主要是通过反馈能力、抵抗力和恢复力等调节机制来使系统达到平衡状态。

A 反馈能力

系统的自我调节属于反馈调节。当系统中某一成分发生变化时，它必然会引起其他成分出现一系列的相应变化，这些变化最终又反过来影响最初发生变化的那种成分，这个过程就叫作反馈。

生态系统的反馈能力主要分为正反馈和负反馈。正反馈是比较少见的，生态系统中的某一成分的变化会引起其他一系列的变化，反过来不是抑制而是加速最初发生变化的成分所发生的变化，所以正反馈调节可以使系统更加偏离平衡位置，不能够维持系统的稳态。

与生态系统类似，工业系统中的负反馈与正反馈调节是工业系统中用于调节和控制系统行为的两种基本调节机制。它们在工业系统内的运用具有不同的特征和影响。工业系统内的负反馈是系统通过监测输出并采取措施来抑制输出的变化，以保持系统稳定。例如在工业加热或冷却过程中，温度控制系统使用负反馈来维持恒定的温度。当温度偏离设定值时，控制系统会相应地调整加热或冷却设备。因此在生产线上，通过负反馈控制系统可以调整生产线的速度，以确保产品质量和一致性。工业系统内负反馈调节具有以下特点。稳定性：负反馈有助于保持系统稳定，抑制外部和内部的变化。控制性：系统对于外部扰动具有响应性，并可以通过调整控制参数来适应变化。预测性：负反馈使系统更加可预测，有助于减少不稳定性。与负反馈调节相反，工业系统内的正反馈调节是指系统通过增强输出的变化来加强系统内的变化，可能导致系统趋向于不稳定的状态。例如在生产线上发生故障，并且这个故障导致的信号通过正反馈机制扩散，可能引起连锁反应，导致更多的故障。因此，正反馈可能导致系统进入振荡状态，这在某些工业应用中是不希望的，因为它会引起不稳定和不可预测的行为。工业系统内的正反馈调节具有以下特点。不稳定性：正反馈可能导致系统进入不稳定状态，产生过度的变化。振荡：正反馈可以引起系统内的振荡，导致输出信号无限增大或减小。不可预测性：正反馈使系统更加难以预测，因为输出的变化可能不受控制。

综上，在工业系统中，通常更倾向于使用负反馈，因为它有助于维持系统的稳定性和可控性。负反馈调节机制是工业自动化和过程控制中常见的应用，有助于提高系统的鲁棒性和可靠性。正反馈在工业中的应用需要非常小心，以避免引起不稳定和无法预测的系统行为。正反馈包括生物的生长和种群数量的增加等，如一个池塘受到了污染，鱼类便会死亡而数量减少，鱼类死亡腐烂的尸体又会加重池塘的污染，鱼类的死亡速度又会变快，这便是正反馈调节。由此我们可以看出，正反馈调节会使系统不能保持平衡状态；想要系统维持稳态，则必须通过负反馈调节。负反馈调节是使系统的输出变成了决定系统未来的输入，反馈的结果是抑制和减弱最初发生变化的那种成分所发生的变化。在种群数量调节中，密度制约作用是负反馈机制的体现。负反馈调节的意义就是在于通过自身的功能减缓系统内的压力，以维持系统的稳态。

B 抵抗力

系统的抵抗力是为了定性描述一个系统对外界变化的抵抗能力而提出的概念。生态系统的抵抗力是指生态系统抵抗外界干扰并使自身的结构和功能保持原状的能力。与之类似的是，工业系统的抵抗力指的是系统在面对内外部的变化、冲击、干扰或灾害时，能够保持或迅速恢复到正常状态的能力。抵抗力是系统对于不确定性和变动的适应性以及在面临挑战时能够维持其稳定性和功能性的能力。

生态系统的自我调节能力有高有低，因此，抵抗力也有高有低。一般来说，生态系统中物种成分越单纯，营养结构越简单，则生态系统的自我调节能力越差，抵抗力越小。如北极苔原生态系统，动植物种类稀少，主要的物种是地衣，其他生物的生存发育都需要依靠地衣来维持，如果地衣受到大面积的损伤，则整个生态系统便会崩溃。相反，如果生态系统中物种繁多，食物链越复杂牢固，则这个生态系统的自我调节能力越强，抵抗力也越强。例如在热带雨林生态系统中，动植物的种类众多，营养结构十分复杂，即使其中某一植食性动物大量减少，但是食物网中还有其他物种能够取代它的位置，整个生态系统的结构和功能仍然可以保持相对稳定的状态。

工业生态学便是依据此原理，如果一个工业系统的部门较少，相互之间的联系较弱，那么遇到某一部门突然出现这种问题状况，该工业系统可能会面临着崩溃的风险；相反，如果工业系统中部门众多，各部门之间联系紧密，即使其中一个部门遇到问题，该工业系统也不会面临崩溃的风险。工业系统抵抗力的关键特征和要素是：

（1）灵活性：抵抗力强的工业系统具有灵活性，能够迅速调整和适应变化的需求或环境条件。这可能涉及生产过程的调整、供应链的灵活性以及人力资源的适应性。

（2）多样性：多样性是指工业系统内部的多样性和冗余性，使得系统能够在一些部分受到影响时仍能保持运作。多样性可以体现在设备、人员、供应商和技术等多个层面。

（3）学习能力：抵抗力强的工业系统能够从经验中学习，并不断改进其运作方式。这包括对于之前冲击或失败的经验总结，并对改进措施进行迅速的实施。

（4）资源管理：抵抗力体现在对资源的合理管理。这包括物质资源、人力资源和财务资源的有效配置和使用，以确保系统在不同条件下的持续运作。

（5）风险评估和管理：强调抵抗力的工业系统会进行风险评估，预测可能的威胁，并采取措施降低潜在损失。这可能涉及建立紧急响应计划、备份系统和供应链的风险管理。

与生态系统类似，工业系统的恢复力是指系统在遭受冲击、干扰、灾害或变革后，能够尽快、有效地恢复到正常运行状态的能力。恢复力强的工业系统具有快速适应、灵活调整和有效恢复的特征，能够最小化损失，维护业务连续性，并更好地应对未来的挑战。

工业系统恢复力的关键特征与要素主要体现以下方面：

（1）业务连续性计划：恢复力强的工业系统通常制订和实施健全的业务连续性计划，以确保在面对突发事件时能够快速采取行动，减少停工时间和业务中断。

（2）紧急响应和危机管理：有效的紧急响应机制和危机管理流程是提高恢复力的关键。这包括事前规划、危机响应团队的培训和协调，以及紧急情况下的沟通和决策流程。

（3）备份和冗余系统：恢复力强的工业系统通常具备备份和冗余系统，确保在主要系统出现故障时可以迅速切换到备用系统，从而保持关键功能的运行。

（4）供应链的弹性：具有恢复力的工业系统通常关注供应链的弹性，确保供应链上的各个环节都能够适应外部变化，并能够迅速调整以满足需求。

（5）学习和改进：恢复力强的系统注重从事件中学习，识别问题和瓶颈，并进行改进。这包括定期的演练和模拟，以提高团队的应对能力。

（6）技术创新：引入新技术和创新方法有助于提高系统的灵活性和适应性。这可能包括数字化技术、人工智能和物联网等工具的应用。

总体而言，恢复力是一个综合性的概念，涉及组织文化、技术基础设施、战略规划和团队协作等多个方面。强调恢复力的工业系统更有可能从不可预测的事件中迅速恢复，并更好地适应不断变化的环境。

但是，一个系统的自动调节能力无论多么强，也总有一定的限度，如果外来干扰超过了这个限度，系统的相对稳定状态就会遭到破坏。

C 恢复力

系统的恢复力是指系统在遭受外界干扰因素的破坏以后恢复到原状的能力。例如河流被严重污染后，导致水生生物大量死亡，使河流生态系统的结构和功能遭到破坏。如果停止污染物的排放，河流生态系统通过自身的净化作用，还会恢复到接近原来的状态，这说明河流生态系统具有恢复自身相对稳定状态的能力。

案例分析 1：趋利避害，实现“水葫芦”的资源化利用

水葫芦又称为凤眼莲，产于南美的巴西，后足迹遍布 50 多个国家。起初我国江南水乡因将其用作猪饲料而引进。水葫芦由于其茎中海绵组织发达，气囊大量充气，能成为直立或漂浮草本植物，还可作为观赏性植物（图 3-3）。

图 3-3 水葫芦

但由于水葫芦的繁殖能力极强，能够迅速生长以覆盖整片水面，造成极大危害：(1) 阻断航道，影响航运和排泄。(2) 限制水体的流动，使水体中的溶氧量减少，抑制了鱼类及浮游生物的生长，破坏河流生态环境。(3) 为血吸虫和脑炎流感等病菌提供了滋生地，增加患病的危险。(4) 污染饮水资源，影响淡水水质。由此可以看出，水葫芦的大量繁殖破坏了生态系统的协调与平衡性，严重地破坏生态系统。

然而，改变思路进行调节，可获得正面效应，变废为宝。资源化利用途径主要有：(1) 利用水葫芦可以分解有毒物质、净化污水，有益人体健康。一公顷水葫芦，24小时内可从污水中吸附34kg钠、22kg钙、17kg磷、4kg锰、2.1kg酚、321g锶、297g镍、104g铝、89g汞，还有较强的吸收和富集锌的能力及酚、氰等有毒物质的降解能力。(2) 将水葫芦资源化利用，水葫芦有惊人的繁殖力，两个月内能繁衍出上千个后代。由于其富含蛋白质、糖类、维生素及矿物质，是营养丰富的优质青饲料，一亩水面供30多头猪的饲料需要；同时可做绿肥、产沼气、发电、作为造纸原料等。(3) 利用水葫芦的观赏效果，作景观材料。在工业上，我们可以将其作为人工湿地植物引进工厂，构筑景观的同时净化污水，一举多得。

案例分析2：负反馈调节实例

草原、兔子和狼就是典型的负反馈调节的例子。如果草原上植物的数量增多，则充足的食物会使兔子的数量得到增长，兔子的增长一方面会过度啃食草原上的植物而使植物的数量降低，另一方面会使以兔子为食的肉食性动物（如狼）数量增多。植物数量的降低以及捕食者数量的增多，会使兔子的数量降低；啃食植物的兔子数量变少之后，植物又会慢慢增多，并且以兔子为食的狼的数量会慢慢降低，最终由于植物的增多和捕食者的降低，兔子的数量会继续增多。于是这套生态系统便会在负反馈的调节下实现动态平衡（图3-4）。

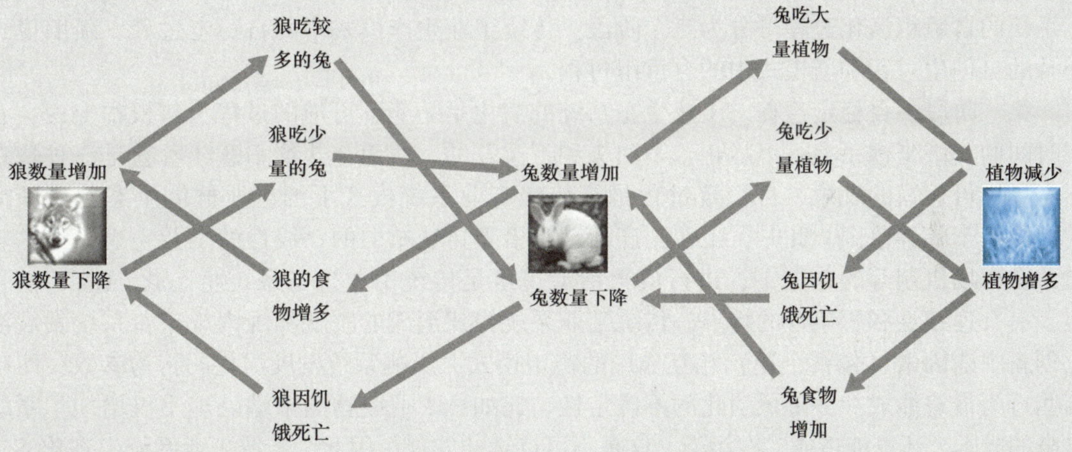

图3-4 负反馈调节机制示意图

工业生态系统的负反馈机制调节通过市场的调节来实现，以维持产业结构、产品结构的协调与平衡，保证物质与能量在工业生态系统内的良性流动，当市场调节出现问题时辅以宏观调控等手段，使工业系统的经济效益得以体现，同时又不对生态环境构成威胁。

3.1.3 自生原理

自生原理主要包括自我组织、自我设计、自我调节、自我再生、自我维持和自我繁殖等一系列机制，自生作用是以生物为最主要和最活跃组成成分的生态系统与机械系统的最主要区别之一，系统的自生作用有利于维护系统相对稳定的结构和功能及其可持续发展，并且工业生态系统就是人工辅助下的自组织形式的生态系统。

3.1.3.1 自组织原理

自组织原理是指一个与外界有物质和能量交换的系统，会自动组织成一个比之前更加复杂完善的新系统。在没有外部指令的情况下，系统内部各个子系统之间能够自行按照某种规则形成一定的结构或功能的自组织现象。自组织原理主要研究系统怎样从混沌无序的初始状态向稳定有序的最终状态的演化过程。要想实现自组织演化必须具备这几种条件：(1) 产生自组织的系统必须是一个开放系统，系统只有通过与外界的物质、信息和能量的交换，才有产生和维持有序系统的可能。(2) 系统如果想从无序向有序发展，必须处于远离热平衡的状态，非平衡是有序之源。开放系统必然处于非平衡状态。(3) 系统内部各个子系统之间存在着非线性的相互作用。这种相互作用使得各子系统之间能够产生协同动作，从而可以使系统由杂乱无章变成井然有序。除以上条件外，自组织理论还认为，系统只有通过离开原来状态或轨道的涨落才能使有序成为现实，从而完成有序新结构的自组织过程。

自然生态系统就是一个通过自组织而形成的奇妙世界，各物种从达尔文生物进化论，为自身生存而演替，适者生存，为生存而谋求共生。工业生态系统的自组织演化过程是多个参与主体发展过程的聚合与叠加，是传统工业系统生态化演变的集群发展过程。工业生态系统的自组织演化过程可分为三个阶段：传统工业生产模式中的自稳定过程、新旧模式交替的自创生过程和新模式中的自重组过程。

第一阶段：自稳定过程。工业生态系统的演化是一个不可逆的过程，从根本上说，它在时间的一维坐标系上是不静止、不回头和不重复的，然而，这绝不意味着它是一种飘忽不定、不可捉摸的现象。自稳定过程是在传统工业系统模式下的企业群体生态化创新活动，即低于临界范围。此时，工业生产活动是沿着传统单向的、线性的工业生产模式的轨道，在市场机制等的作用下，进行演化活动，这是传统工业生态系统生态化“量”的积累，具有连续性和积累性的特点。传统工业系统模式形成的制度和规则规定着系统发展演化创新中诸因素（包括企业）相互作用的稳定模式，影响系统发展演化的行为参数，明确哪些行为最终能成功，降低演化的不确定性。比如，工业废物的末端处理不仅增加了系统自身的成本，还可能造成二次污染，这是不可持续的发展。因此，传统工业系统生态化演化创新过程中的微涨落在低于临界状态下产生涨落回归，增强了传统工业系统模式的稳定性。

第二阶段：自创生过程。自创生过程处于自稳定过程与自重组过程之间，即在高于临界状态之后到分岔为止的过程，是新旧模式交替下的传统工业系统生态化演化过程。传统工业系统失稳出现分岔以后，一种全新的工业生态系统模式出现，这是对传统工业系统模式的革命和否定，是一个量变到质变的过程，体现的是工业生态系统发展演化的间断性和阶段性，这是通过自创生过程来实现工业生态系统的自组织演化。这种间断性和阶段性导致工业生态系统发展演化过程中某一随机涨落的未来发展情况无法预测，只有通过环境选择机制的非线性放大作用才能成为巨涨落，从而完成突变性创新，产生新的工业系统发展模式——工业生态系统模式。

第三阶段：自重组过程。自重组是当外界的环境已经发生了较大的变化，系统为适应这种变化而对原本的结构和行为模式自发进行改变。自重组从本质上讲是要建立一个新系统去取代旧系统，也就是平常所说的“破旧立新”的过程。在工业生态系统模式下，由于突变的作用，传统工业系统生态化演化活动刚刚完成，整个工业生态系统还处于凌乱、纷杂的状态，必须进行自我结合、自我排序，从而巩固工业生态系统演化发展的成果。这就需要通过自重组过程来实现工业生态系统的自组织演化。

综上，工业系统的自组织演化过程，实质上是在由工业系统的分岔而产生的多种可能性中进行选择来实现的。其中，多样性是其演化的内在根据，选择是其演化的外在条件。值得一提的是，系统会选择什么样的演化路径是难以确定的，因为其中的作用机制是通过工业生态系统内部诸要素和系统与环境的非线性相互作用所构成的自组织演化过程来实现的。

3.1.3.2 自我设计

生态系统的自我设计是生态系统自组织的结果，是在具体的生态环境在光、热、水和气等因素的作用下，生物个体和种群之间抢占和适应各种生态位，组成了生物群落和食物链网络，是一个叠加在周围环境之上适应环境的生态系统，这就是生态系统的自我设计。

3.1.3.3 自我再生

自我再生和生态系统的恢复力类似，主要是指生态系统遭受外界干扰破坏之后恢复到原状的能力。

3.1.3.4 自我维持

自我维持系统是指该生态系统的物质能量几乎全部都在系统内部流动、转化，用以维持生产活动的闭路生态系统。在本身的生态系统中，生产者生产的有机物几乎全部保留在系统内，许多的化学元素基本可以在系统内实现循环平衡。

案例分析1：自组织原理看全球气候变暖

全球生态系统是一个很复杂的系统，这个系统涵盖整个自然界与各种生物以及人类活动，毋庸置疑这个系统无法有一种明确的外部指令来指导其整个运作。所以不管是春夏秋冬的四季更替还是阴晴雨雪的天气变化，以及人类社会的进步与发展，都有其内在的演化规律和调节机制，使其自主地从无序走向有序，自组织现象在这里显露得淋漓尽致。

全球气候变暖是由于大气中二氧化碳的含量增多而导致的，二氧化碳的不断增加是由于人类活动的排放。人类排放二氧化碳是由于大量燃烧煤炭、天然气以及砍伐森林等行为。燃烧化石燃料以及砍伐森林是促进工业发展，以及改变人类生活的必然要求，人类的生存本能便是不断地提高自身的生活水平。最终，由于一系列生物生存的本能通过一系列的链条而连接，层层自动推进，最终导致了自然界大气层的变化，进而影响到了整个全球气候系统。在这个过程中，它的因果联系是必然的，也没有任何的人为指令去指导，是一个自行演化的过程。因此可见这是一个完整的自组织过程。

然而，全球气候变暖不是一个好现象，生态系统自组织的最终归宿也不会在此停留。由于全球气候变暖引起气候反常、海平面上升等后果，这会给人类的生存带来不安和威胁，必然会自动地指引人类采取相关的措施来解决这一问题。下一步的气候变化和人类活动又将如何变化，生态系统这个自组织的大系统必然会去调节和引导人类的发展，这就是自组织原理在全球气候变暖中的体现。

案例分析 2：基于自组织理论的钛工业网络构建

经济全球化下开放式创新已受到我国钛工业企业的高度重视，成为形成其核心竞争力的重要组织方式。由于仅依靠钛工业企业自身的力量难以适应复杂的外部经济环境，必须联合外部组织构建创新网络共同抵御威胁与冲突，通过整合创新网络资源以实现整体创新能力取得实质上的突破与升级。对于我国钛工业企业来说，创新网络更被视为一种推动创新驱动发展的重要资源，它不仅可以帮助钛工业企业缩小资源差距，提高自身的创新能力和核心竞争力，而且为全社会提供了创新发展的模式。创新网络具有动态开放性，随着创新网络的开放度增加，钛工业企业的组织结构以及内部要素都将发生重组，而钛工业企业自身对资源的获取能力以及配置能力为参与创新网络建设奠定了基础，特别是在我们身处信息经济时代，一方面，创新网络可以发挥它的动态机理，汇集全方位的有效信息以及多方面的资源与钛工业企业内部创新要素进行整合实现协同创新。另一方面，钛工业企业的组织结构呈现网络化结构，通过创新网络实现企业内外信息、资源和物质的交换，以此提升核心竞争力。

自组织理论于 20 世纪 60 年代建立并发展，它从各个不同角度阐明了自组织是自然界物质系统自行有序化、组织化和系统化的过程。自组织系统是指系统的形成主要是对自身内部组织的反馈，不仅包括对外部物质能量和信息交换的反馈，并且在没有外部控制的前提下，能够形成有序的结构，或从低序向高序的方向演化。而创新网络作为复杂系统的结构特征限制了系统中各主体的行为需要满足创新网络整体创新绩效的最大化，而系统中的行为又会反作用于系统的演化进程。创新网络之所以被视为自组织系统，是因为创新网络可以在没有外部控制的前提下充分吸收不同个体的核心力量，实现协同创新。创新网络另一个显著的特征是具有动态性，创新网络的发展不是静止的状态，而是一个动态变化的过程，是达到平衡又不断打破平衡的循环渐进的过程。所以，动态的创新网络被看作是高级别的自组织创新网络。

从自组织系统的演化过程看，在构建钛工业企业创新网络中我们选取的主体主要包括钛企业、政府部门、中介机构、科研机构和资本市场五大类，它们之间既可以作为独立的个体存在，具有独立性，又可以相互关联，发生作用。

钛工业企业自组织创新网络的产生是在市场环境多变、竞争加剧的条件下，各主体通过资源、知识和价值的整合所组成的协同体，并通过资源的共享，能量的相互传递，知识的溢出效应以及创新的累积效应实现创新的非线性协同作用。

钛工业企业自组织创新网络的各个主体具有不同的特征。钛工业企业作为创新网络的核心，是以盈利为目的基本经济单位，是创新的直接需求者；科研机构包括大学和各类研究所作为创新网络的主要技术创新的供给者；政府主要是以制定政策和进行宏观经济调控的方式介入创新网络；资本市场分为国内市场和国际市场主要为钛工业企业的创新活动提供大量资金支持；企业则是与钛企业因知识、技术和信息互补而加入自组创新网络的企业，这里既有国内企业也有国际企业；中介机构是包括银行、钛行业协会、咨询公司等在内的各种服务性组织，在钛工业企业创新网络中起连接的作用，作为各主体间的纽带和桥梁。

从图 3-5 中钛工业企业自组创新网络可以看到，创新网络主体圈层由三个圈层构成，第一圈层主体由不同规模的钛企业组成；第二圈层主体由政府、科研机构、企业、资本市场和中介机构组成；第三圈层主体，由国际钛工业企业、国际资本市场、各国政府、国际科研机构、跨国企业和国际中介机构组成。主体圈层之间形成的圈层，定义为作用圈层，其作用机理为：第一作用圈层表示钛企业与其他主体通过相互交流信息、能量和物质产生的非线性作用。第二作用圈层表示第二圈层主体与第三圈层主体交流信息、交换能量和物质，第三作用圈层表示创新网络的边界。处于边界处的开放、远离平衡态、非线性相互作用和涨落现象则是自组织创新网络的特征，正是由于具有上述条件，才能使位于网络主体的钛工业企业不断吸收创新因素，提高其创新能力。

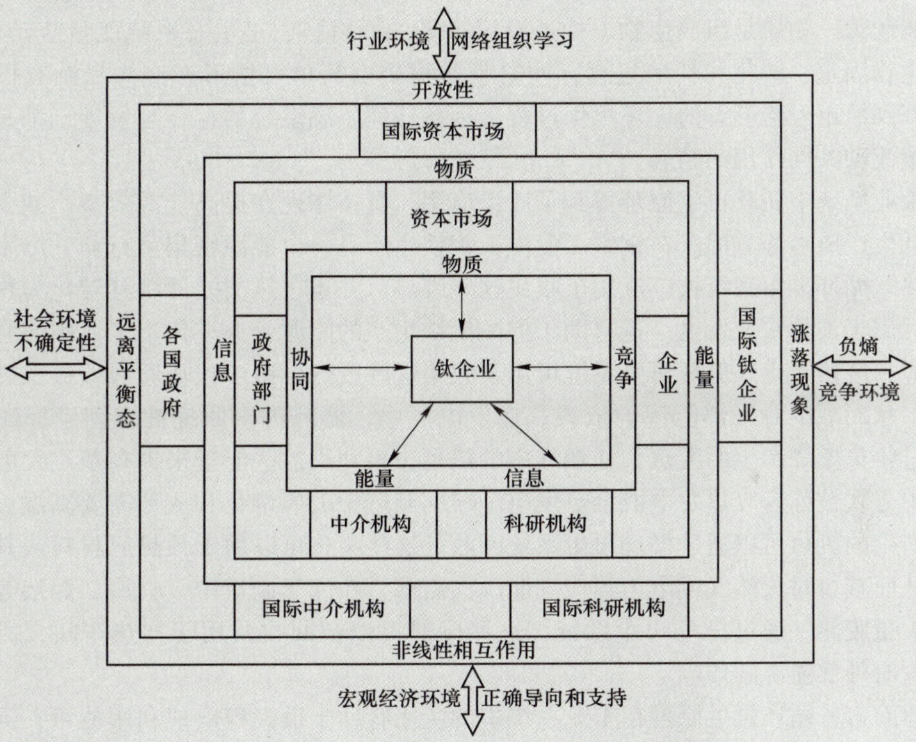

图 3-5 钛工业自组织创新网络

3.1.4 循环再生原理

3.1.4.1 物质的循环和再生原理

人类之所以能够在地球有限空间和资源下可持续性地繁衍、生存，一个重要的原因就是物质本身的循环与再生。世间一切产品最终都要变成废物，世间任一“废物”必然是对生物圈中某一组分或生态过程有用的“原料”或缓冲剂；人类一切行为最终都会以某种信息的形式反馈到作用者本身，无论有利与否。物资的循环再生和信息的反馈调节是复合生态系统持续发展的根本动因。物质参与了生态系统间的小循环和生物圈中生物地球化学大循环。在物质的循环中，每个环节既是给予者又是接纳者，循环往复进行，周而复始，无穷也无源。没有物质循环的系统，就会产生废物，造成环境污染，并最终影响到系统的稳定与发展。

生态系统中，生物借助能量的不停流动，一方面不断地从自然界摄取物质并合成新的物质，另一方面又随时分解为原来的简单物质，即所谓“再生”，重新被系统中的生产者植物所吸收利用，无时无刻不在进行着物质循环。物质不灭定律认为：与能量类似，物质在发生转变的过程中只会改变其形态，并不会凭空消失。不过，物质循环不同于能量流动，能量在发生转变时最终会以热能的形式离开系统。而物质却能够在生态系统中永久地循环往复，因此它就可以被多次地利用；质能转变与守恒定律认为：世界上不存在没有能量的物质质量，也不存在没有质量的物质能量，质量和能量作为一个统一体，其总量在任何时候都是一个保持不变的守恒量。能量是生态系统中一切过程的驱动力，也是物质循环运转的驱动力。物质是组成生物、构造有序世界的原材料，是生态系统能量流动的载体。能量的生物固定、转化和耗散过程，同时就是物质由简单可给形态变为复杂有机结合形态，再回到简单可给形态的循环再生过程。因此任何生态系统的存在与发展，都是物质循环和能量流动共同作用的结果。

在工业系统中循环再生原理得到了广泛应用，具体体现在提高能源效率、减少废热排放和降低生产成本等方面。在钢铁工业中，钢铁生产是一个能源密集型行业，产生大量的高温废热。循环再生系统被广泛用于收集这些废热，并通过热交换器将其转化为热水或蒸汽，然后用于加热水或发电。这有助于提高钢铁生产的能源效率。化工工业中通常伴随着高温反应和废热产生。循环再生系统可用于收集这些废热，用于预热原料或提供过程所需的能量，从而减少对外部能源的依赖。在发电厂中，循环再生原理被应用于提高发电效率。通过收集燃烧产生的废热，如烟气中的热量，再利用这些能量来提高蒸汽发电机的效率。这种方式被称为废热发电或余热发电。玻璃制造中玻璃熔化和成形需要高温，而这些过程中产生的废热可以通过循环再生系统回收。这些废热可以用于预热原材料或其他工艺用途，从而减少对天然气或电力等传统能源的需求。在汽车制造中，喷涂、焊接等工序通常产生大量废热。通过循环再生系统，这些废热可以被回收并用于加热车间、提供热水等，减少对外部能源的依赖。

总体而言，循环再生原理在工业系统中的应用有助于最大程度地利用能量，提高生产过程的能源效率，降低生产成本，减少对有限资源的依赖，同时也对环境产生更小的负担。这使得工业生产更为可持续、环保，符合现代工业对能源效率和可持续发展的要求。

3.1.4.2 多层次分级利用原理

物质的再循环和多层次分级利用，不仅要通过物质和能量的迁移、转换去除一些内源和外源的污染物，同时还要利用其特有的工艺路线，尽量达到高产、低耗、高效地生产适销对路的优质产品。另外，还要做到变废为宝，保证转化后的物质输出的可能性，同步收到经济、社会和生态三方面效益。

物质的再循环和分层次利用是系统内耗最省、物质利用最充分、工序组成最佳最优化工艺设计的基础。分层次多级利用模式是自然生态系统中各个成分长期的协同进化与互利共生的结果，也是自然系统自我维持与持续发展的方式。在生态系统中遵循模拟和应用这一原理和模式，可同步兼收生态环境、经济以及社会多重效益。

案例分析 1：桑基鱼塘

桑基鱼塘，是我国东、南部地区人民在水土资源利用方面创造的一种传统复合型农业生产模式。湖州桑基鱼塘系统始于公元前 770 至公元前 403 年的春秋战国时期，距今有 2500 多年历史。桑基鱼塘是种桑养蚕同池塘养鱼协同运作的一种生产经营模式，是一种典型的能量多级利用和物质循环利用的生产模式。

在池埂或池塘边上种植桑树以及甘蔗，用桑树来养蚕，以蚕沙、蚕蛹等作为鱼的饲料，再以鱼塘的塘泥作为桑树和甘蔗的肥料。甘蔗可以榨糖，糖渣用来喂猪，猪的排泄物也可进入鱼塘促进鱼的生长（图 3-6）。

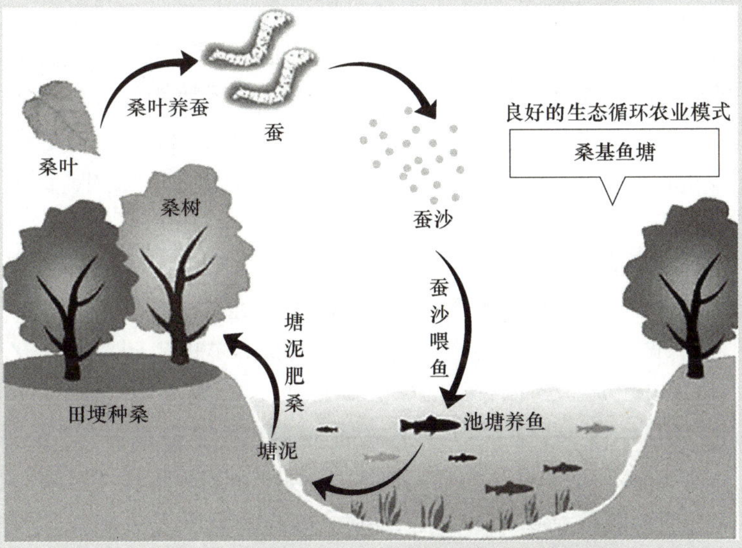

图 3-6　桑基鱼塘生态工程系统示意图

桑基鱼塘相比其他农业生产方式，具有以下优点：(1) 经济效益高。通过发挥生态系统中物质能量循环转化和生物之间的共生、相养规律的作用，达到了集约经营的效果，符合以最小的投入获得最大产出的经济效益原则；(2) 生态效益好。桑基鱼塘内部食物链中各个营养级的生物量比例适量，物质和能量的输入和输出相平衡，并促进动植物资源的循环利用，生态维持平衡。

桑基鱼塘系统中物质和能量的流动是相互联系的，能量的流动包含在物质的循环利用过程中，随着食物链的延伸逐级递减。能量的多级利用及物质的循环利用：(1) 桑叶用于喂蚕，蚕可以生产蚕丝；(2) 桑树的凋落物和蚕沙（粪）落到鱼塘中，作为鱼的饲料，经过鱼塘内的食物链过程，可以促进鱼的生长；(3) 甘蔗可以榨糖，糖渣用来喂猪，猪的排泄物也进入鱼塘；(4) 鱼的排泄物及其他未被利用的有机物和底泥经过微生物的分解，又可以作为桑和甘蔗的有机肥料。

桑基鱼塘系统是一种具有独创性、集多种生产类型为一体的生态循环经济模式，利用生物互生互养的原理，低耗、高效地精耕细作，同时对生态环境污染零污染。根据时节变化统筹安排农事活动，也是桑基鱼塘系统的一大特点。当地村民于正月、二月管理桑树，放养鱼苗；三月、四月为桑树施肥；五月养蚕，六月卖，蚕蛹用来喂鱼；七月、八月鱼塘清淤，用塘泥培固塘基；年底几个月除草喂鱼。正如明代《沈氏农书》中记载，“池蓄鱼，其肥土可上竹地，余可雍桑、鱼，岁终可以易米，蓄羊五六头，以为树桑之本”，可取得“两利俱全，十倍禾稼”的经济效益。

案例分析 2：循环经济视角下赤峰市产业园区规划设计

循环经济（cycliceconomy）即物质循环经济，是指物质资源，通过投入、生产、消费及废弃的产品全生命期，把传统的依赖单一线性资源消耗的经济增长模式通过资源循环的生态模式进行转换，从而实现经济可持续发展的新模式。循环经济是通过让经济活动变成一个“资源—产品和服务—再用产品或再生资源”的反馈式流程的一种新型经济发展方式（所谓从摇篮到摇篮的经济发展方式），通过这个模式可以将资源不断循环往复加以利用，实现物质资源闭合循环体系，从而让经济活动能最大限度地降低对自然环境的影响，实现绿色低碳发展。减量化（reduce）、再使用（reuse）及再循环（recycle）这 3 个基本原则，是发展循环经济这一经济模式设计的最基本原则，即通常说的“3R”原则。

赤峰市根据循环经济原理积极构建工业生态园区，实现了生态环境与经济并举。目前赤峰市 11 个工业园区 2020 年实现主营业务收入 923. 42 亿元，工业固定资产投资 78. 55 亿元；工业总产值 942. 9 亿元，同比增长 14%；实现税收 22. 43 亿元，同比下降 9%；实现利润 49. 99 亿元，同比增长 8%；全市工业园区现有企业 817 户，带动就业 7. 9 万人。在赤峰市的工业园区中，最具代表性的为东山工业园。

东山工业园位于赤峰市区东部约 20 公里处，是赤峰高新区“四园”之一，是赤峰市有色金属产业转型升级的新高地和工业集中、集约、集群发展新发展模式的标杆和样本，为赤峰市产业园区转型升级，实现可持续发展，作出了坚实的探索贡献。该园区有金剑铜业、赤峰云铜、自备电厂、东岳金峰等投资额大、关联度高、产业链长的绿色、生态、高质量发展企业的工业园区。

“铜酸铝钢”产业链条为主线构建园区产业结构。园区以“两铜一电”为核心，依托赤峰市有色金属的优势资源，以金属冶炼加工和硫酸综合利用为主导，发展“铜、酸、铝、钢”4 条产业链。

园区已签约入驻项目达 14 个，建成并投产的项目有赤峰经开发电公司 2×350 兆瓦热电联产项目、云铜 40 万吨高纯铜冶炼升级建设项目、金剑铜业 40 万吨高纯铜环保升级项目和东岳金峰氟化工项目，此外还有宁保 100 万吨铁系合金项目、玻璃纤维产业链项目、锦国投公司年产 650 万吨氧化铝项目、华镒危废处理项目、内蒙古大道实业综合利用锂云母项目等。

以循环、绿色为发展模式发展循环经济。为最大程度减少工业污水、固废、危废等对环境带来的影响，园区实施了给排水管网建设，并优先使用中水，增强污水处理能力；建设了 350 万立方米库容的 1 号固废渣场，确保工业固废统一堆存；建设了危废渣处理厂，提升危废渣资源化处理及综合利用率。园区通过引入松山区三座店水库、辽西北地表水和城市中水作为园区发展的水源，并通过园区的污水中水处理后再次回到园区进行循环利用，实现水资源的最大化效能，达到节约资源，绿色环保的要求。

园区企业通过转型升级、改造工艺等创新手段，将生态优先、绿色发展、低碳绿色的理念贯穿生产全过程。

案例分析 3：钢铁工业循环经济案例

钢铁工业作为国民经济的基础产业，对我国的经济建设起到非常重要的作用。作为传统工业，早期的钢铁工业存在着资源浪费、污染环境等问题。与当今资源节约型、环境友好型社会发展理念不合，在此背景下，钢铁工业循环经济发展理论应运而生。现以鞍钢钢铁工业的循环经济模式作为案例分析。

钢铁工业园区内各个企业根据工艺要求、特点和用途，通过物质、能量、废水、废物和信息的集成交换，构成了整体生态工业系统。园区内的核心企业与附属企业联合起来构成了工业生态群落。各个群落之间通过物质、能量的循环以及信息传递和公用工程有机地联系在一起，构成多种物能量链的生态网络结构。钢铁工业物质循环既能最大限度地利用物质资源，又能使废物“变废为宝”循环再利用。这既是工业生态网络设计的目标，也是循环经济的目标。

钢铁生态园在依据物质、能量、信息流动的规律，以及各个部门成员之间在类别、规模、方位上是否匹配，在各个企业之间建立起了物质循环生态产业链以及能量梯队利用生态产业链。总体实现物质、能量和信息交换，完善优化资源、能源的利用和循环，建立起如下的生态工业产业链：(1) 铁矿石—铁精矿—烧结矿—铁—钢—机械加工产业链；(2) 铁矿石—铁精矿—烧结矿—铁渣、钢渣—建筑材料产业链；(3) 煤炭—焦炭—煤气—电力设备产业链；(4) 煤炭—焦炭副产品—化工产业链；(5) 煤炭—电力—供热供暖产业链；(6) 煤炭—粉煤灰—建筑材料—产业链；(7) 空气—液氧—液氮—深冷处理废旧轮胎—再生橡胶产业链等。

以上就是钢铁工业园的循环经济网络，该生态园最主要的产业链有 3 条，即：(1) 铁矿石—铁精矿—烧结矿—铁—钢—机械加工产业链。该生态链是钢铁工业园生产的主要产业链，目前鞍钢钢铁完全具备从铁精矿到钢材的大规模生产能力。(2) 铁矿石—铁精矿—烧结矿—铁渣、钢渣—建筑材料产业链。这条产业链为钢铁生产过程中废物处理和再循环的产业链。该产业链的形成将解决目前长期困扰鞍钢的大量废钢渣和废铁渣的处理问题，提高资源的循环利用率，并有助于园区周边环境的改善。(3) 煤炭—焦炭—煤气—电力产业链。这是园区主要的能源供应和原料生产链条。煤炭用于发电、采暖；煤炭和焦炭生产用于钢铁产业链，产生的煤气用于发电；电力用于园区的各生产环节。

综上可以看出，循环经济模式是适应钢铁工业可持续发展的科学生产模式，钢铁生态工业园是实现钢铁工业循环经济发展模式的重要实施形式。钢铁循环生产可以不断开发新技术，实现零排放的目标和最少污染的生产，全力解决现有技术水平尚不能完全在生产过程中消除的污染物的无害化处置与二次资源的综合利用问题，实现当代与未来的钢铁工业循环型的可持续发展。并且，钢铁工业循环生产是合理、节约、绿色清洁地使用钢铁与其他行业中人类生活共用的资源。建立以钢铁生产为中心的循环生态链与其他相关行业生态链互为能源提供、互为资源提供、互为污染物利用和处理、互为资源再生环节、互为能源再生环节、最终零排放的并与整个社会协调发展的工业生态系统。

3.2 工业生态学的生态学原理

工业生态系统是模拟自然生态系统的运行模式来构筑的工业共生网络，因此，要研究工业生态学，需要学习普通生态学的基本原理，并将其引申应用于工业生态系统的构建。普通生态学所涉及的基本原理很多，考虑与工业生态学的相关性，本节将重点学习生态位原理、互利共生机制原理、食物链原理、物种多样性原理、物种耐性原理、耗散结构原理、限制因子原理及环境因子综合性原理。

3.2.1 生态位原理

对生态位的研究起源于20世纪10年代。生态位的概念由Grinnell在1917年首次提出，并将其定义为仅由一个物种或亚种所占据的最终单位，即“空间生态位”。1927年，动物学家Charles Elton提出，一个动物的生态位显示了它在该物种所处环境中的地位，及其与食物天敌的关系，即“功能生态位”。1957年，Hutchinson从数学的角度对生态位概念进行抽象化表述，提出“多维超体积生态位”。在固定的区域系统中，当两个或多个生物单元共享相同的环境或资源时，就会发生生态位重叠。在环境或资源有限的情况下，生态位重叠与后续竞争的强度成正比。各个维度都出现生态位重叠时，将出现激烈的竞争。当资源充足时，少数维度的生态位重叠不会导致竞争，反而促进生物单元之间的共生发展。

在自然生态系统中，生态位理论不仅代表了生活空间的特征，还包括了生物的特征，如能源、活动时间、行为和物种之间的关系。如今，生态位理论已经从传统的个体、种群、群落和生态系统扩展到其他组织层面，例如基因、细胞、器官、社会—经济—自然复合生态系统等。基于CNKI数据库，将“生态位”“生态位理论”作为关键词在期刊类别进行检索，整合数据后可发现生态位理论研究的主题主要集中于理论视域，并涉及企业策略发展、信息技术服务、旅游竞争力及城市土地生态位等多方向。而在次要主题分布方面，集中于生态位宽度、生态位重叠、生态位适宜度、生态位扩充等研究模型，并同时涉及企业生态位、旅游地、协同发展、战略生态管理、生物群落等研究层次。多学科相互交叉和渗透，显现出自然科学、经济和社会研究综合化不断深入的趋势。

3.2.1.1 自然系统生态位

生态位是指一个种群在生态系统中，在时间空间上所占据的位置及其与相关种群之间的功能关系与作用。生态位又称生态龛，表示生态系统中每种生物生存所必需的最小生境阈值。对于生物个体与其种群来说，生态位是指其生存所必需的或可被其利用的各种生态因子或关系的集合。

每种生物在多维生态空间中都有其理想的生态位，而每种环境因素又给生物提供了现实的生态位。两个拥有相似功能生态位、但分布于不同地理区域的生物，在一定程度上可称为生态等值生物。

生态位可分为以下几种：（1）基本生态位，是生态位空间的一部分，一个物种有在其中生存的可能，它是由物种的变异和适应能力决定的，而并非其地理因素，或者说基本生态位是实验室条件下的生态位，里面不存在捕食者和竞争；（2）现实生态位，是基本生态位的一部分，不过考虑到生物因素和它们之间的相互作用，现实生态位是自然界中真实存在的生态位，人们可从更多特殊的性质来考虑，定义现实生态位；(3) 营养生态位，根据营养情况划分的生态位；(4) 最小环境，对一个物种来说可持续生存的最小环境。

生态位的概念已经在多个方面使用，衡量生态位的是生态位宽度。生态位宽度是指被一个生物所利用的各种不同资源的总和。在没有任何竞争或其他敌害情况下，被利用的整组资源称为“原始”生态位。因种间竞争，一种生物不可能利用其全部基本生态位，所占据的只是现实生态位。生态位概念应用于植物尚有一定困难，因为几乎一切植物都需要阳光进行光合作用，而且在陆地上倾向于占有环境的相同部分——土壤表面上下一定高度和深度。然而，植物种在自然环境水平地带和垂直地带中占据的区域以及在生长季节、开花季节等方面出现的差异，可与动物的生态位相比拟。

理想生态位与现实生态位之差一方面迫使生物去寻求、占领和竞争良好的生态位；另一方面也迫使生物不断地适应环境，调节自己的理想生态位，并通过自然选择，实现生物与环境的世代平衡。

3.2.1.2 工业生态系统生态位

在生态学中，生态位是指在生态系统和群落中，一个物种与其他物种相关联的特定时间位置、空间位置和功能地位。工业系统的情况和生态系统类似，不同的工业之间也有自己的“生态位”。

工业系统与自然生态系统不同，自然生态系统之间的竞争是在现有资源空间中争夺生存资源的竞争，自然生态系统不能创造其自身需要的资源空间，而工业系统一般来说在没有特定的形态，因此其不仅可以发展经营任何行业与产品，还可以创造出其生存所需的生存空间。因此，工业系统竞争生态位选择表现为在现有生态空间中的生态位选择和生态空间创新选择。

案例分析 1：生态位在农业中的运用

生态位是自然界普遍的生态学现象，每一种生物在自然界中都有其特定的生态位，这是其生存与发展的资源和环境的基础。

鱼类养殖中的混合生产模式是生态位原理的经典案例，以四大家鱼为例，青鱼、草鱼、鳙鱼、鲢鱼分别栖息于水体的下层、中下层、中上层、上层。这些鱼类分别以软体动物、水草、浮游动物和浮游植物为食。在同一水域它们处于不同的层面，采食不同种类的食物。它们之间不但不会发生对生存资源的激烈争夺，而且生活在水体中上层的鳙鱼、鲢鱼剩余的饲料以及排泄的粪便又可以被草鱼利用，这就提高了生存空间和食物等资源的利用效率和生态系统的生产力。如果将生活在水域中下层的、杂食性的鱼类如鲤鱼、鲫鱼等引入水域，那么它们就会与青鱼、草鱼竞争食物资源以及争夺空间资源。竞争会使更多的资源与能量被用来防御，争夺越激烈，系统的生产力也越低。

所以在实际的生态农业生产中，可以通过增加或创造生态位以延长食物链的方式，提高系统的资源效率以及生态效益。比如“果—菇”工程，果树为食用菌的生长提供了适宜的生态位，如弱光照、低风速以及高湿度，而食用菌在生长过程中释放的二氧化碳以及栽培食用菌时产生的废物等又可以成为果树的养料，促进果树的生产。两者之间相互促进，提高了整个系统的生产力。

案例分析 2：基于生态位理论的汽车工业战略

传统的产品战略定位包括低成本领先、差异和重点关注。成本领先意味着以比竞争对手的类似产品/服务更低的价格为顾客提供产品/服务。成功的成本领先者必须不断地提高生产的效率、高效率的采购，采用先进高效的生产制造系统、生产过程，雇佣熟练、高素质的员工以及有效率的市场营销渠道。同时追求成本领先和差异将会导致由于提供的产品或服务比其竞争对手既不便宜又没有更多的价值的产品而失败。这一结果Porter 曾描述为“粘在中间”，而处于进退两难的尴尬局面。工业生存和成功的第一个挑战是为其销售的产品或提供的服务识别市场需求。挑战不仅要识别市场需求，而且如果有可能为企业争夺“市场生态位”，即为企业提供与可持续竞争优势有关的一个庇护所。

组织生态学理论认为竞争阻止了企业在成长过程中需要的资源重叠。如果企业占据一个基本的生态位，即一个 n 维资源空间，在此范围内企业可以持续成长。当生态位重叠时，由于生态位重叠意味着企业之间存在着某一组资源零和关系，企业为此组资源而竞争。因为新的企业进入企业种群获取必要的资源变得非常困难，激烈的竞争抑制了新的组织进入该企业种群。此外，理性的资本市场可能避免在已拥挤的生态位上进行新的投资。因此，竞争迫使企业减少对重叠资源的需求，从而产生企业生态位的分离。

北京市汽车工业产品定位战略的选择主要涉及三大板块的产品定位问题。由于三大板块的产品结构差异非常大，而且其生产规模、生产能力及产品推出的时间差异也非常大。此外，三大板块的市场也非常小。此外，三大板块的市场也非常小。目前，北京现代轿车产品投入市场的时间相对于国内大的轿车生产企业的时间短，而且主要定位在中档价位上。北京福田主要以生产小型卡车为主，并且已形成系列，市场占有率较高。北京吉普主要生产越野车，而且投入市场的时间也不太长。纵观北京汽车三大板块目前的产品定位总的来讲属于狭窄的市场分割或者说是生态位分离者。因此，北京汽车工业的产品定位战略宜选择生态位分离战略，即北京现代定位于中档轿车，北京吉普定位于越野车，北京福田定位于小型卡车。

此外，北京汽车工业在总体产品定位战略下，也可以采用多种生态位产品定位战略，即北京吉普在越野车产品定位的基础上进一步市场细分，尽快形成产品系列；北京福田也应在小型卡车产品定位的基础上，完善产品系列，占据每一个市场细分。通过产品定位的一般战略、新的产品定位战略发展趋势的分析；基于企业生态位分离的产品定位战略及其实现，多种生态位产品定位战略及其实现分析。

3.2.2 互利共生机制原理

“共生”概念最早在生物学领域提出和推广。1879 年德国传统生物学家德贝里（Antonde Bary）最先提出了“共生”的概念，随后这一概念陆续被其他学科所吸纳和借鉴。共生理论已经成为一类学科化的学说理论，即“内外共生是进化抑或创新的重要来源渠道之一”。从一般学术表征来看，“共生”一词更多意义上陈述的是对“多元化主体间的共生关系”的体现，其核心是“多元化共生单元所型构而成的共生关系”，共生理论体系中涵盖了共生单元、共生关系、共生环境这三维结构要素。

一是共生单元。在一般生物学意义下，共生单位指在共生行动中的基本的能量生成和交换单元。那么将其学术意蕴置身于社会、经济学领域之中，其单元结构基本由组织所替代，组织单元也自然成为“能够进行能量交换和能量生成的基本单元”。但随着共生现象的逐步深入探析，其分析层次的不断演化，共生单元的显著性特征呈现出应有的异质性特征。通常情况下，将“质参量”（quality parameter）和“象参量”（image parameter）概念化，以此来厘清其内在的共生单元。以前者而言，质参量更多体现的是共生单元内在的属性特征及其因变化而变的多维因素。正是基于共生单元内在的质参量所外显的集聚特征，因而共生单元的多重属性特征更多源自其质参量的集聚效应的发挥。在此意义上，可认为不同的质参量的属性特征使得其所赋予的权重系数呈现出差异性，任何一个质参量的权重势必嵌入了多变性特征，其共生单元的行动结果往往呈现出的图景总会存在一个甚至多个质参量在特定共生环境下凸显出主导的功能。对于后者而言，则是集中反映出了共生单元的外部性特征属性。可见，上述两组参量都在不同视角与区位差异化反衬出共生单元的内、外部特征，即便是对于同一共生单元，质参量和象参量的相互影响关系势必会因内、外部因素的影响而型塑出相互联动的效应。

共生单元在工业系统中同样得到体现，具体是指在工业系统中，不同的产业或生产过程之间建立合作关系，通过资源共享、废弃物互用等方式实现互惠互利。这一概念旨在提高资源利用效率、减少环境影响，并促使产业更加可持续发展。共生单元的核心理念之一是资源共享。在工业园区或相关区域内，不同的工业部门可以相互分享原材料、能源、水、废弃物在内的资源，这样的合作关系可以带来成本降低、能源效率提高等优势。共生单元的另一个关键特征是废弃物的互用。一个工业的废弃物可能成为另一家工业的原材料。通过建立废弃物的再循环利用网络，可以减少废物处理的成本，同时减少对新鲜资源的需求。共生单元的实现通常涉及构建产业园区或产业集群。在这样的园区中，不同的企业根据其生产过程的相互关系和互补性，共同形成一个紧密联结的网络。这样的集群有助于促进合作、提高效率，同时减少资源浪费。共生单元的理念与循环经济原则相符。循环经济强调资源的最大化利用，减少浪费，并通过资源的循环利用来实现可持续发展。共生单元通过资源共享和废弃物互用，有助于实现循环经济的目标。共生单元的实施不仅可以带来经济效益，还有助于减少环境污染和降低碳排放。通过减少资源开采和废弃物处理，共生单元可以为社会和环境带来积极的影响。

总体而言，共生单元是一种以合作和资源循环为基础的工业模式，通过在工业系统中建立合作关系，实现资源的共享和再利用，为实现可持续发展提供了一种创新的方式。

二是共生关系。依照生物学科体系逻辑，以共生行为维度为边界变量，可将共生单元之间的交互影响关系加以断裂划分，其断裂行动共生关系可直接划分为“寄生（parasitic）、偏利共生（partial symbiosis）、非对称性互惠共生（asymmetric reciprocal symbiosis）和对称性互惠共生（symmetry reciprocal symbiosis）”等多元化共生类型。此外，以共生组织维度为分析变量，具体以共生单元最终相互结合的形式或强度为中介分析变量，可将如上的共生关系划分为“点共生、间歇共生、连续共生和一体化共生”等。尽管上述划分有着其内在的应然逻辑，但其共生关系的选择往往是因利益关系和组织关系的异质性特征，进而演化成阶梯式的螺旋上升过程。随着共生关系的不断演化，共生单元结构之间的相互作用力度往往难以沿着同一方向继续上升，原因就在于螺旋上升的“上楼梯”式的相互作用。

总体而言，共生关系是一种促使不同产业之间建立互惠互利关系的战略性合作模式。通过在工业系统中建立这种合作关系，企业可以共同实现资源的最大化利用，提高整体效率，同时降低对环境的不利影响。

三是共生环境。以作用方式的差异作为划分边界的中介效应，共生环境基本上可以划分为直接类型和间接类型的共生环境；按作用程度的不同，可划分为主要类型与次要类型的共生环境，如上划分，相互交替变换。由于共生行动空间的外部环境具有较强的波动性，不确定性风险由此增加，需要对共生单元与行动环境之间的匹配均衡度提出相应要求，以期能够确保共生单元适应外部行动环境的多变性特征，以便迅速有效地做出共生治理反应。从理论逻辑来看，理想的共生治理情景之下，共生环境需要凸显其内在的正向促进能效，使其能够与共生单元之间型塑出应有的相互作用功能，以强化共生单元主体间的激励效应，进而断裂并催生新的结构关系，造成共生环境中诸多潜在的共生单元之间形成网络化形制。

系统中各物种之间的关系可以分为共生和抗生两大类，一般来说，人们把共生关系称为“相生”，把抗生关系称为“相克”。共生是指两种不同生物之间所形成的紧密互利关系。动物、植物、菌类以及三者中任意两者之间都存在“共生”。在共生关系中，一方为另一方提供有利于生存的帮助，同时也获得对方的帮助。表 3-1 是生物间作用关系表。

表 3-1　生物间作用关系表

A 种	B 种	相互关系	作用特征
增加	增加	互惠共生、协作	互利
增加	不变	偏利共生	偏利
不变	不变	零关系	无作用
不变	减少	他感	抗生
增加	减少	捕食、寄生、草食	捕食、寄生
减少	增加	竞争	竞争

如何匹配好共生这种关系，发挥生物种群（企业）间的互利共生或偏利共生机制，使生物复合群体（企业集群）“共存共荣”，是工业生态系统建造的关键。要实现工业系统的共生，需要在不同的产业或生产过程之间建立合作关系，通过资源共享、废弃物互用、技术创新等方式实现互惠互利。创建一个集中了多个企业的产业园区或集群，有助于促进企业之间的交流和合作，通过协同作用使资源高效利用，效益得以体现。可提供共享资源和信息的平台，方便共生关系的构建。工业部门可以共享各种资源，包括原材料、能源、水等。通过资源共享，可以降低生产成本、提高资源利用效率，并促进共生效应的形成。通过建立废弃物的互用网络，将一个工业部门产生的废弃物作为另一个的原材料。这种循环利用可以减少废物处理成本，降低对新资源的需求，实现更加可持续的生产。共生关系中的合作不仅限于资源和技术的共享，还包括共同解决共性问题，如环境保护、能源利用效率等。通过共同努力，可以提高整个产业的可持续性。在工业系统中建立共生关系需要

一种积极的合作文化。企业和相关利益方需要意识到共生关系的重要性，并愿意为其成功付诸行动。

总体而言，实现工业系统的共生需要企业、政府和其他利益相关方之间的协同努力。这需要建立一种共生的文化和合作机制，以促进资源和信息的流动，最大化地提高整个产业系统的效益和可持续性。

案例分析1：共生理论下工业景观城市设计——以中山岐江公园为例

中山岐江公园是强调生态保护、保留工业文化与工业元素的后工业景观公园，它在工业遗址的基础上改建而成，位于广东省中山市，东侧与石岐河（岐江）相接，西侧临近中山路，位置优越。中山岐江公园场地为原粤中造船厂旧址，其始建于20世纪50年代初。而后的四十年内，粤中造船厂经历了由发展到鼎盛又逐渐消亡的过程，见证了中山辉煌的重工业时代。

（1）空间共生。黑川纪章的共生思想表明，整体和谐统筹着部分，各部分通过关联而整合成整体。因此，设计师要强调整体的统一，也要重视部分的作用，实现整体与部分的共生；将新的物质、新的功能纳入整体，提升原本的功能，注重各部分混合功能的统一与整合，使整体与部分共同更新和发展，形成空间共生关系。在后工业景观城市公园设计中，设计师应统一协调、把握整体与各个要素，以及过渡空间的处理，还要考虑形式与功能的关系。

中山岐江公园西侧临路，东侧以石岐河为界，公园的外围不设围墙，自由开放的环境与城市相接，并与四周环境彼此融合、相互渗透，展现了城市整体与公园部分的和谐共生。中山岐江公园在空间设计上大致分为三个区域，分别是以粤中造船厂景观为主的工业遗产区、以中山美术馆为主的休闲娱乐区、以生态驳岸为主的自然生态区。这三个部分虽然功能各不相同，但实现了相互融合。设计师保留铁轨，通过添加茅草与卵石，使其成为绿道景观；新建的中山美术馆由工业材质构成，运用柠檬黄与铁青色钢架产生对比，自然植物通过种植设计具有观赏性与互动性……公园处处渗透着粤中造船厂的工业历史文化与绿色生态的理念，供人们游憩娱乐，符合现代公园形态与工业化主题，表现了整体中混合功能的共生。

（2）与自然共生。黑川纪章在共生思想中强调建筑与自然共生、城市与自然共生，这种与自然共生的思想和中国的哲学思想具有一致性。中国古代哲学思想强调“天人合一”，中国古典园林造园遵循“师法自然”。现代社会强调人与自然和谐共生，这些处处体现着自然对人们的影响力。人们必须尊重自然，才能与自然环境和谐共处、共生。

在工业景观城市公园设计中，应借鉴环境主义、生态做法，减少对自然的干预与破坏；同时，在人为景观中引入自然景观，增强现代城市生活与自然环境的联系，以实现城市与自然的共生。

中山岐江公园在设计上对于自然的态度十分友好，设计师在建造公园时就考虑了生态保护。设计师对自然没有过多干涉，采用恢复湿地的做法，基本保留原场地的自然水体和驳岸；同时，在水岸设置梯田种植台以观察水位的变化，梯田种植台利用湖底的挡土墙围合空间种植水生和湿生植物，引来昆虫栖居，形成湿地生物群落；临水修建的网格栈桥拉近了人与水生植物的距离，使人们获得穿行林间、水上漫步的体验。这些做法能够增强人与自然景观的互动，使人不再作为自然的旁观者，而是以参与者、体验者的角度重回自然，展现了人与自然的共生。

案例分析 2：共生视角下邱县工业文创园的运行

邱县工业文创园会展中心（图 3-7）位于河北省邯郸市邱县开发区振兴西路以北，富强大街以东，为邯郸市进入邱县第一站，项目总用地面积 10.95 公顷，总建筑面积 74544.4m^2，其中会展中心建筑面积 27384.64m^2，配套游客服务中心建筑面积 10362.61m^2。邱县工业文创园会展中心主体两层，建筑总高度 24m，内含 1 万平方米的室内展览空间、1 万平方米的多规格会议空间及路演中心、一个 700 座的多功能报告厅及相关辅助设施。邱县工业文创园会展中心是一座集展览、会议、演艺、商务酒店、休闲餐饮、市民活动中心等多功能于一体的中小型综合性会展建筑，该场馆将作为邯郸市第六届旅发大会的举办地，同时还将被打造为中国食品交易会的永久会址，成为邯郸市产业融合创新展示及综合服务的窗口。

图 3-7　邱县工业文创园鸟瞰图

（1）内部功能联动共生。邱县工业文创园区整体规划（图 3-8）布局简洁，分区明确，结合项目定位及区位发展规划，本项目基地以分期建设的先后次序分为一、二期南区与三期北区，其中南区包括会展区与服务配套区，北区为平恩幸福里商业街区与相关后勤设施，各功能区块均设置独立集散广场及消防环路，形成了以会展中心为主体，多功能配套设施为辅的“一核、两轴、三广场”空间结构布局。从场地脉络来看，规划以南区会展中心的南北向中轴线作为主轴，北区商业街区的东西向主路——市井风情街作为次轴，主次轴线形成的“T”形脉络将整个地块有机整合，实现了会展活动与多重业态的融合联动。

在综合体会展建筑共生系统中通常存在“1+1>2”的现象，即将功能相关或互补的共生单元集中或邻近布置，可以使每一个共生单元单体的作用都得以强化，更有利于整合功能资源进行高效利用，各异质功能通过直接或间接的共生联系，可以实现共生单元之间相互依存、互惠互利的协同组织模式，从而提高共生单元之间的相互作用效益，最

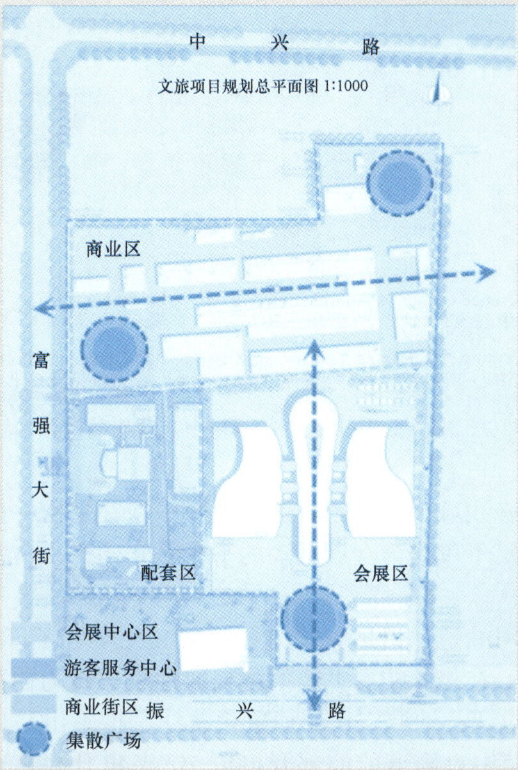

图 3-8 邛县工业文创园会展中心总平面分布

终使得共生系统具有更强的功能综合性和共生强度。

由于项目地块用地紧张，邛县工业文创园会展中心采用了紧凑集约的集中式布局策略（图 3-9）。会展中心的核心功能组团分为东西两馆，以中央廊道为轴对称布置，根据所举办会展活动的不同规格需求，位于二层的两个展厅可以单独或组合使用，提供 4000~12000m^2 不等的室内展览空间，满足最大限度的多功能要求；同时为提高场馆的功能适应性，一层东侧的路演中心内部全部采用轻质活动隔墙，在需要时可迅速改造为会议空间，实现功能空间的动态化灵活转换；场馆中轴体块由生态廊道及末端的报告厅兼演艺中心组成，生态廊道既作为登录厅，又是场馆的主要交通空间，它通过六条交通廊以及内部的四个垂直交通核，将展厅、会议区、路演厅、报告厅等功能以“一核三区”的形式在横向及竖向维度上都紧密联系起来，这不仅令场馆的交通体系清晰简洁，也促进了各共生单元间最大程度的资源互享，使得会展建筑内部的功能共生单元间产生“正向激励”的相互促进作用，极大地提升了会展建筑的整体共生度以及运行管理效率，实现了会展建筑内部功能的联动互利共生。

（2）地域环境文化和谐共生。区别于具象的地域自然环境及城市环境，地域文化环境更多地体现出对城市物质环境所蕴含的人文精神、文化内涵的表达，综合体会展建筑与地域文化环境的共生实质即在于构建使用者、建筑、场地环境的一体化共生关系。

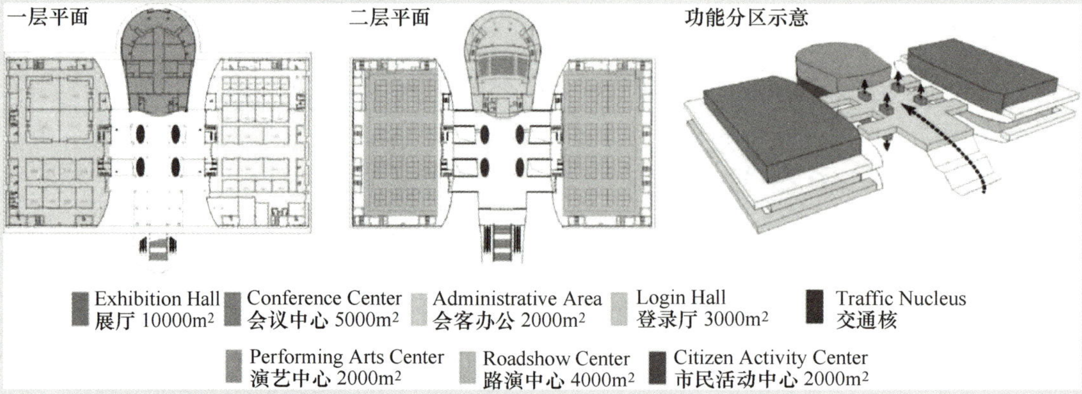

图 3-9　邱县工业文创园集中式布局分布图

在会展业较不发达的二三线城市，一个城市或地区中往往仅有一座会展类建筑，而这种独一性也凸显出会展建筑不仅作为会展活动的平台，它同样是传承和发扬地方文脉精神的重要文化载体。

邱县地处黄河、漳河故道，源远流长的黄漳河文化孕育了邱县独特的“鱼”文化，邱县工业文创园会展中心在概念构思上巧妙地提取地方文化为创意元素，通过“文鳐飞鱼”“浪花”意向辅以对邱县地域文化的抽象化演绎，构筑出与地域性格十分契合的建筑形象（图 3-10）。场馆中央廊道的前部开口以 70°夹角升起，充满向上的冲力，同时会展中心两翼展馆的弧形屋面作切削处理，既似飞鱼的洁白双翅，又似鱼跃出水溅起的白浪，邱县工业文创园会展中心以新颖的造型呼应了邱县地域文化，其“飞鱼”形象也昭示着邱县人民敢为争先、团结奋进的伟大精神，为城市人文环境注入了正能量。

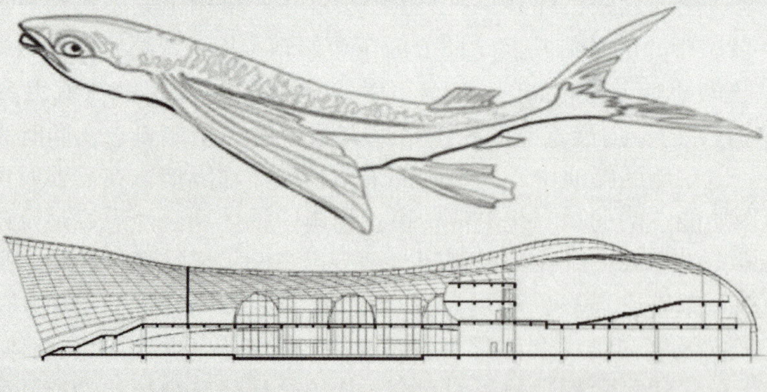

图 3-10　邱县工业文创园会展中心设计意向

（3）渐进式开发可持续共生。随着时间的推移，综合体会展建筑共生系统的稳定性与共生状态必然会发生一定的改变，为了在综合体会展建筑的规划布局与开发建设过程中具有一定的前瞻性与可调控性，目前常采用的开发思路是分期阶段性建设，通过动态调整和对功能共生单元的渐进式完善，实现有目的地控制场馆的未来运行状况，这对于强化综合体会展建筑与时间的一体化可持续共生关系是十分重要的。

邱县工业文创园会展中心项目分为三期进行建设（图 3-11），其中一期工程总建筑面积 34396.32m^2，主要对基地东南地块的会展中心主体及相关配套服务设施进行建设；二期工程为游客服务中心及宴会厅，位于会展中心西侧，总建筑面积 10362.61m^2，它不仅为会展中心提供了更加完善的功能配套，也补充完善了所在区域的城市功能，可以在一定程度上满足周边市民的相关基本物质需求，进一步提升区域内的城市活力；三期工程为平恩幸福里商业街区项目，现状厂区面积约 28000m^2，将依据会展中心及配套设施完善后的整体运营状况，适当调整开发规模后展开规划建设，该期工程主要针对基地北区的老旧厂房进行翻新改造并优化原有道路体系，结合“多元开放”的规划理念，街区商业空间可在非展期独立经营，同时拟设置多个出入口及空中连廊与会展区形成直接服务联系，在保证经济效益的同时为会展场馆吸引人气。由此不难看出，相比于一次成形的规划建设模式，邱县工业文创园会展中心以多期建设来完成其共生系统的构筑过程，使场馆建设留有一定的调控余地，其采用的渐进式开发模式具有较高的科学性与前瞻性。

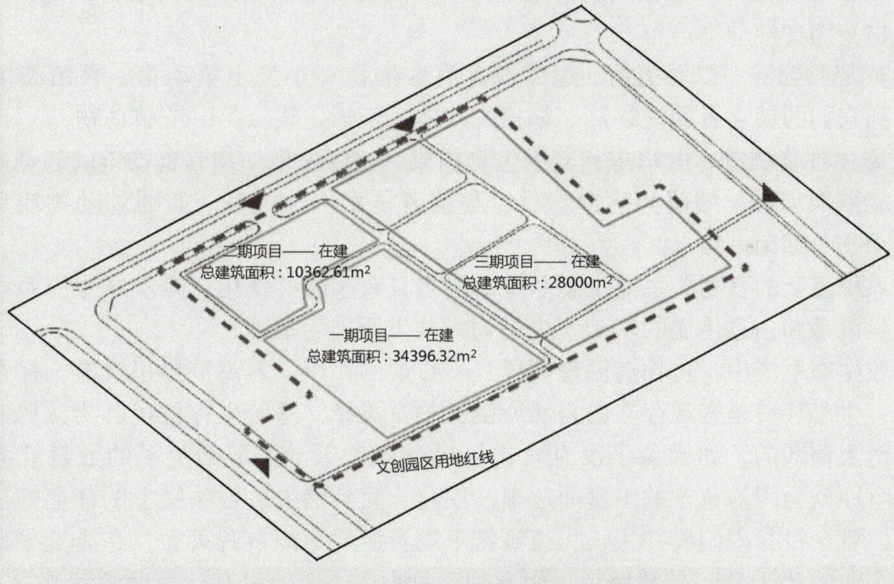

图 3-11 邱县工业文创园分期开发示意图

3.2.3 食物链原理

生产者所固定的能量与物质，通过一系列取食与被食的关系在生态系统中传递，各种生物按其食物关系排列的链状顺序，成为食物链（图 3-12）。生态系统中的食物链不是一成不变的，它不仅在进化历史上有改变，而且在短时间内也会有变化。比如，杂食性动物的季节性，在一年里不同的月份中，由于自然界食物条件的改变会引起主食组成的变化。因此，食物链具有短暂的性质，只有在生物群落组成中形成核心的、数量上占优势的种类，食物链才是比较稳定的，食物链可以分为以下几种类型。

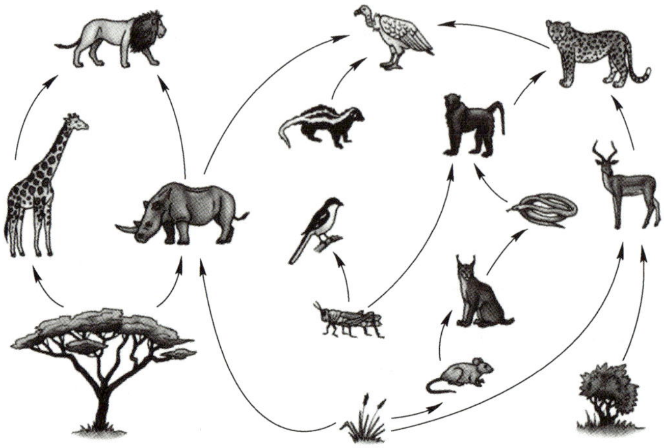

图 3-12　自然生态系统中的食物链

（1）捕食食物链。以绿色食物为起点到食草动物进而到食肉动物的食物链，即植物—植食性动物—肉食性动物。

（2）碎屑食物链。以动植物的遗体被食腐性生物（小型土壤动物、真菌和细菌）取食，然后到它们的捕食者的食物链，如植物残体—蚯蚓—线虫类—节肢动物。

（3）寄生性食物链。由宿主和寄生生物构成。它以大型动物为食物链的起点，继之以小型动物、微型动物、细菌和病毒。后者与前者是寄生性关系。如哺乳动物或鸟类—跳蚤—原生动物—细菌—病毒。

自然界中复杂的食物关系对生态系统的稳态具有重要的作用，是实现生态系统中物质循环、能量流动和信息传递的基础，也是物种共生原理的基础。

在工业生态系统中，食物链原理同样具有重要的作用，客观世界里没有一样东西是孤立存在的，生态环境是客观存在的自然所由，物竞天择，适者生存的优胜劣汰机制，其实是在食物链上演绎的。如果兔子没有食肉性动物作为天敌，那么兔子的数量就会不断增长，那么草原就会因为兔子的啃食而逐渐沙漠化，直到消失。食物链上的任何一环缺了上端的天敌，就会没有限制疯狂生长，直到把下端资源耗尽而自我灭亡。在企业中也是同样的道理，企业的“天敌”是消费者，而不是竞争企业。企业只有让消费者满意，才能得到自身的发展。一切以打败竞争对手为目的的企业，就是无视天敌自掘坟墓的企业。

在工业生态系统中，食物链原理的应用主要体现在生产和资源利用的方面。(1) 能量流动和转化：食物链原理强调能量在生态系统中的流动和转化。通过优化生产过程，减少能量浪费，实现更高效的能量转化，可以提高工业生产的可持续性。(2) 废物处理和资源回收：食物链原理启示我们，一个生态系统中的废物可能成为其他生物的资源。在工业中，这意味着将废弃物转化为可再利用的资源。通过采用循环经济原则，将废弃物进行回收和再利用，可以减少对新资源的需求，降低环境负担。(3) 工业生态系统：食物链原理可以在工业生态系统中找到应用。类似于自然界中生物之间的相互依赖，不同的产业可以建立协同关系，共享资源和能源，形成更为可持续的产业网络。这有助于降低整体生产过程的环境影响。

总体而言，食物链原理在工业中的应用强调了资源、能源的高效利用、废物的再利用以及企业之间的协同作用，从而推动工业系统朝着更加可持续的方向发展。这些原理有助于减少环境影响，提高资源、能源利用效率，促使工业更好地融入自然生态系统。

3.2.4 物种多样性原理

生物物种多样性是指在一定时间和一定地区所有生物（动物、植物和微生物）物种及其遗传变异和生态系统的复杂性的总称。生物多样性包括了遗传多样性、物种多样性以及生态系统多样性。

物种多样性是生物多样性的中心，是生物多样性最主要的结构和功能单位，是指地球上动物、植物和微生物等生物种类的丰富程度。物种多样性包括两个方面：一方面是指一定区域内物种的丰富程度，可称为区域物种多样性；另一方面是指生态学方面的物种分布的均匀程度，可称为生态多样性或群落多样性。物种多样性是衡量一定地区生物资源丰富程度的一个客观指标。它是根据一定空间范围物种的遗传多样性表现在多个层次上的数量和分布特征来衡量的。一般来说，一个物种的种群越大，它的遗传多样性就越大。但是，一些种的种群增加可能导致其他一些种的减少，从而导致一定区域内物种多样性减少。

许多生物资源对人类具有直接的经济价值。随着人口的增加和全球商业化体系的建立和发展，人类对应的需求随之迅速上升，其结果导致对这些资源的过度开发使生物多样性下降。而当商业市场对某种野生生物资源有较大需求，通常会导致对该种生物的过度开发。典型的实例是人类对海洋鲸类的猎捕活动与鲸类数量消长之间的关系。我国许多药用植物，如人参、天麻、砂仁、七叶一枝花、黄草和罗汉果等，野生的植株都已经很有限了，如果仍不加限制必然导致灭绝。

人工松林由于其物种结构较为单一，大多数为樟子松，故其很容易遭受虫灾而导致生态系统崩溃（图 3-13），而物种繁多的热带雨林系统相较物种单一的生态系统抵抗力更稳定，受到外来的侵扰时不容易崩溃。

图 3-13 遇虫害而死的樟子松

物种多样性原理是生态学中的一个重要原理，强调生态系统中不同物种的多样性对于生态系统的健康和稳定性至关重要。在工业中，物种多样性原理的应用主要体现在可持续经营、生产过程优化和环境保护等方面。(1) 供应链多样性：类似于自然界中物种多样性有助于提高生态系统的抗干扰能力，工业中的供应链多样性可以提高企业对原材料和供应链中风险的适应性。多样化的供应链可以减轻对单一来源的依赖，降低由于自然灾害、政治动荡或其他突发事件引起的供应中断的风险。(2) 生产过程的多样性：在工业生产中，采用多样的生产工艺和技术可以提高系统的适应性和韧性。这种多样性不仅有助于适应市场需求的变化，还有助于降低生产过程中的资源浪费和环境影响。(3) 生态工业园区：生态工业园区的概念与物种多样性原理有关。在生态工业园区中，不同的产业和企业相互合作，共享资源和能源，形成一个相对封闭的生态系统。这样的集成和协同作用有助于减少环境污染，提高资源利用效率。

综合而言，物种多样性原理在工业中的应用强调了多样性和协同作用的重要性，有助于提高工业系统的适应性、稳定性和可持续性。通过借鉴自然界的原理，工业可以更好地融入生态系统，减少对环境的负面影响。

3.2.5 物种耐性原理

自然生态系统中的耐性原理是指生物能够存在与繁殖，要依赖一种综合环境的全部因子的存在，只要其中一项因子的量或者质不足或很多，超过了某种生物的耐性限度，那么该生物的生长或生存、繁殖都会受到限制，以致被排挤而消退。

同一生物对不同生态因子和不同种生物对同一生态因子的忍耐范围都不相同，对主要生态因子耐性范围广的生物种，其分布也广。同种生物在不同的生长阶段对各种生态因子的耐受程度也不相同，通常情况下，物种在生殖生长期的忍耐范围最窄。在逆境耐性上，可忍耐范围内逆境所造成的损害是可逆的，即去除逆境条件后，生物有恢复到原来状态的能力；而超过可忍耐范围时，损害成为不可逆的，生物不能够恢复到初始的状态。

在工业领域，理解物种耐性的生态学原理可以帮助人们更好地设计和管理工业过程，以“最优的方式”选择原燃材料，制订生产工艺规则，同时，最大程度地减少对周围环境的负面影响。如 (1) 环境监测和评估：了解环境中的物种对于不同污染物质、温度变化等因素的耐受性，可以用于监测和评估工业活动对生态系统的潜在影响。(2) 生物修复：一些对于特定污染物质具有较高耐性的生物可以用于生物修复，即通过引入或促进这些生物来减少环境中的污染。(3) 生态系统恢复：在工业区域进行生态系统恢复时，选择对于特定环境条件具有良好耐性的本地植物和动物有助于加速生态系统的恢复过程。

3.2.6 耗散结构原理

耗散结构原理最早是由比利时科学家伊里亚·普里戈津于 20 世纪 70 年代提出的，这个理论揭示了“一个远离平衡态的复杂系统，各个元素的作用具有非线性特点，正是因为这种非线性机制，导致大量元素的协同作用，突变而产生有序结构”。耗散结构理论主要研究系统怎样从混沌无序状态向稳定有序状态演变及其演变规律，这一理论对生态系统的深入研究起到了不可估量的作用，并且这一理论使我们对生态系统研究的某些概念有了更加清晰和更为正确的认识。

耗散理论认为，一个耗散结构的形成和维持需要满足四个条件：(1) 系统必须是开放系统，孤立系统和封闭系统都不可能产生耗散结构；(2) 产生耗散结构的系统必须处于非线性区，这就是说，耗散结构是一种“活”的有序化的结构；(3) 系统中必须存在某些非线性的动力学过程，如正负反馈调节机制等；(4) 系统通过功能结构之间的相互作用达到有序和谐。

从以上耗散结构可以看出，首先，生态系统是一个开放系统，生态系统不断地进行着能量、物质交换以及信息传递。其次，生态系统处于原理平衡的非线性区，任何物质系统都具有一定的结构和功能，不同的结构具有不同的功能。在孤立系统的平衡结构中，由于不是“自组织”系统，没有自我新陈代谢的能力，系统的熵值也会达到最高，最后导致系统崩溃。生态系统是处于一个非平衡态的自组织系统，生态系统中的春夏秋冬、四季循环正是非平衡系统中的时空有序态。生态系统中的各级结构—生物种类在进行自我调节、自我组织，最终形成一个具有自我调节功能的系统。在生态系统中，各个物种，包括人类都占据着一个生态位，按非线性规律进行着数量的增长，相互之间形成一定的生态关系。互相制约，相互影响，生态系统的有序，是一种活的有序态，充满了生机。最后，生态系统同时具有非线性的动力学过程，生态系统中生命成分和环境压力之间具有正负反馈机制，生态系统通过反馈调节不断地形成新的稳定有序结构，这也是生态系统进化和演替的原因。但是生态系统的调节能力是有限度的，超过了限度，耗散结构就会被破坏，产生生态危机。

案例分析1：阳江刀剪工业耗散结构分析

近20年来，在沿海地区中小城市，逐步形成了一些民间资本密集投资的优势产业。中小城市的要素禀赋，产业政策为一些产业的集约发展提供了条件，这就催生了一种在特定城市内众多民营企业共荣共享的无形资产——城市（特色）品牌。产品以城市为名，城市因产品而誉，一个知名的城市品牌，也是当地特定的行业内所有的著名企业品牌的总称。阳江号称“中国刀剪之都”，实际上包括了“中国菜刀中心”——十八子菜刀、“中国剪刀中心”——银鹰剪刀等国内国际知名品牌。城市品牌已成为某些城市的代名词，如阳江刀剪、佛山陶瓷、石狮服装、永康五金等。

历史上有名的“阳江三宝”：“阳江小刀”已有序发展为今天的城市品牌“阳江刀剪”；“阳江豆豉”仍处在缓慢的发展之中；“阳江漆具”早已停产。因此，城市品牌的形成与发展是一个非线性的系统动态过程。比利时科学家普里戈津建立的耗散结构理论为分析非线性非平衡系统提供了理论依据。一个稳定的热力学平衡系统在某个控制量的作用下连续过渡。当控制量达到某个临界点时，系统过渡产生两个以上的热力学分支。其中一个分支过渡到不稳定的平衡态；另一个分支过渡到稳定的非平衡态即耗散结构，又称通过有序的巨涨落。

阳江刀剪工业经历过一段稳定的缓慢发展时期，但1997年以后突然获得了高速有序的发展，这种现象与耗散结构理论所述的巨涨落相似。从近期看，刀剪工业有序增长与该工业地位有序上升关联。但从长期看，该工业有序增长则与分工体系有序关联。

阳江刀剪工业地位耗散结构分析。在1997年以前，阳江刀剪工业在全市工业中的地位处于相对稳定的状态。但从1997年起，民间投资大量涌入刀剪工业（此后外资也开始进入）。刀剪工业产值连续几年保持高速增长的势头，该产业已成为全市最重要的产业之一。近年来，阳江已经形成中国最大的刀剪产业集群，年产量约占全国的70%，出口量约占全国的85%，是中国刀剪生产基地、出口基地、全球采购基地。可以认定，从1997年开始，阳江刀剪工业走向了有序增长的耗散结构，阳江刀剪工业地位（该工业产值占全市工业总产值的比重）也走向了稳定上升的耗散结构——稳定有序的巨涨落（图3-14）。因刀剪工业地位上升产生了吸纳资金的洼地效应，进一步推动了刀剪工业有序增长。

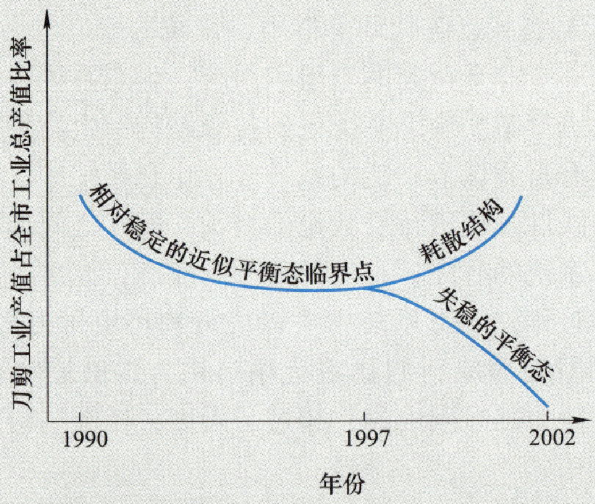

图3-14 刀剪工业地位耗散结构示意图

按照普里戈津的观点，系统从稳定的平衡态过渡到稳定的非平衡态即耗散结构是某个控制量达到临界点诱发巨涨落。回顾阳江当年的情形，不难发现几个大事件：一是当年政府出台了加快民营经济发展的优惠政策；二是中央出台了出口退税的优惠政策；三是开阳一级公路通车后投资环境得以改善。这说明政策的支持力度、基础设施的支持力度达到了临界点，阳江刀剪工业地位也发生巨涨落。

但是，上述控制量达到临界点的论点并不能完全说明刀剪工业地位必然会走向有序上升的巨涨落。事实上，自1997年以后，在阳江工业之中有的产业衰落了（如服装制造业），有的产业如塑料制品业过渡到相对稳定的平衡态。因此，阳江刀剪工业地位走向有序上升的巨涨落，除外因诱导之外，还有该产业内部因素的作用。

布鲁塞尔学派认为一个巨涨落是由一系列小涨落积累而成的。依照协同学创始人哈肯的观点，系统从无序到有序，是系统内各要素相互协作的结果。据考察在1997年以前，阳江刀剪工业已经形成了初步的水平分工的格局。该产业内出现了一些创新企业，例如阳江十八子厨业有限公司先后进行了连体刀、仿日式菜刀、套刀等系列新产品的开发，采用了新材料7Mr17Mo，应用了新工艺、新设备。这类企业通过创新活动，开拓了市场打开了利润空间，为其他民间资本入行创造了条件。

案例分析2：煤矿系统耗散结构特征分析

耗散结构理论是研究非平衡态系统自组织现象的重要理论之一，其实质是开放、远离平衡态的系统与外界进行物质、能量、信息交换后，自发形成的新的有序状态。耗散结构要求系统满足开放性、远离平衡、存在非线性作用和系统涨落四个条件。结合以上四个条件分析煤矿安全风险演化系统的耗散结构特性。系统开放性是指煤矿安全风险不可能孤立地发生，必定存在煤矿内部间或与外部环境间物质能量的交换，同时安全风险发生后应急管理措施也会对煤矿安全风险系统施加物质和能量的交换。系统远离平衡态分析是指在煤矿安全风险爆发前，系统处于平衡状态。由于人为或是外部环境原因打破系统的平衡状态因而造成生产安全事故，系统远离了平衡状态，此时系统正熵主导系统原理平衡态演化，系统无序程度逐渐增加。系统非线性作用是指，煤矿安全风险演化过程中，爆炸、火灾和瓦斯泄漏等破坏性现象存在明显的非线性作用关系。系统涨落是系统要素的独立运动或局部产生的各种运动以及在环境的干扰下系统状态变量偏离平均值的一种随机现象。煤矿重大事故系统中受到人为或自然灾害等因素会产生无数“小涨落”，当涨落的影响达到一定程度时，系统会产生“巨涨落”进而造成生产安全事故。综上，煤矿系统具有非常明显的耗散结构特征。最终，该煤矿应针对上述具体方面采取措施，降低人员“三违”率，提高管理时效性和顶板可靠率，同时招聘经验丰富的管理和作业人员，在抑制产生正熵的不利因素的同时，加大力度促进负熵的增长，维持煤矿系统的耗散结构并向更高、有序的程度发展。

3.2.7 限制因子原理

使生物生长发育受到限制甚至死亡的生态因子被称为限制因子，任何一种生态因子只要接近或超过生物的耐受范围，就会成为该生物的限制因子。一般对于一种生物来说，限制因子的数量不会少于两个，许多限制因子作为元素形成的集合叫作限制因集。英国学者Blackman指出，当一过程的进行受诸多独立因子支配时，其进行的速度受最低量因子制约，即限制因子定律。我国幅员辽阔气候资源丰富，各气候区内作物的限制因子不尽相同。东部地区，从南到北限制作物分布的因子主要是热量、降水与光周期，因此北方通常适宜安排生育期较长且较为耐旱的长日照作物，而南方可种植生育期较短的中日照和短日照作物；同理，受海陆位置的影响，在同一纬度的东西纬向变化中，降水是重要的限制因子，因此西部应以节水效益突出的植物为主。以种植业为依托，就近取材，安排适宜的养殖业，降低生产成本，提高产品竞争力和经济效益。

生物的生存和发展取决于条件（能量、养分、水、污染物等）的综合，其中任何条件如果超过生物的耐受极限，就成为限制因子。同样的因子在这种情况下可能是限制性的，而在另一种情况下则可能是非限制性的，例如氧是任何动物必不可少的生存条件，但通常不成为陆地生物的限制因子，因为空气中的含氧量足够动物呼吸的需要。但在被有机物污染的河流中，氧常常被微生物分解而耗竭，造成鱼类的死亡，这时氧就是限制性的。所以在自然界中，一个物种的实际分布区域局限于对多种生态因子耐受范围的重叠部分。

在工业生态系统中，同样需要遵循限制因子原理，比如我们指定资源取用定额（如取水定额），可有效避免资源的枯竭；制定污染排放标准（定额），可有效控制污染排放，使之不超过生态阈限，以纳入全球大循环，实现人与自然的和谐共生。

3.2.8 环境因子综合性原理

环境因子又被称为生态因素，是指环境中对生物的生长、发育、生殖、行为和分布有着直接或间接影响的环境因素，如阳光、温度、食物、氧气、二氧化碳和其他相关生物等。生态因素也可以认为是环境中对生物起作用的因素，但像海拔高度、水域深度等因素便不属于生态因素，因为它们的作用是通过温度、光照、气压等生态因素间接地体现出来的，它们本身对生物没有直接影响。

环境因子（生态因素）分为非生物因素以及生物因素。非生物因素主要有阳光、水分、温度、湿度等。阳光对生物的生理和分布起着决定性的作用；水分影响生物的生长和发育，并决定了陆生生物的分布；温度影响生物的分布、生长以及发育。生物因素是指影响某种生物个体生活的其他所有生物，包括同种和不同种的生物个体。生物与生物之间的关系常见有：捕食关系、竞争关系、合作关系和寄生关系等。

环境因子的综合性是指：(1) 环境中的各种生态因素，对生物体是同时共同作用的，而不是单独孤立的；(2) 各种生态因素所起的作用并不是同等重要的，有关键因素和次要因素之分；(3) 分析某种生物生存的环境条件时，既要分析各种生态因素的综合作用，又要注意找出其中的关键因素；(4) 生物的生存受到多种生态因素的影响，它们共同构成了生物的生存环境。生物只有适应环境才能生存。

案例分析：

对生物生长有影响的因素有很多，例如光对生物的生理和分布起着决定性的作用。例如光强对植物生长的影响：松树、杉树、柳树、小麦、玉米等植物在强光下生长得很好，而人参、三七在弱光下生长；光照时间对植物生长也会有显著影响：菊花在秋季短日照下开花，菠菜、鸢尾在长日照下开花；阳光同样会影响生物的体色：鱼的背面颜色深，腹面颜色浅；光照与动物的生殖的影响：适当增加光照时间可使家鸡多产蛋；光线影响动物的习性：蝙蝠、猫头鹰等只有在夜晚活动。温度因素对生物的分布、生长和发育也有着显著的影响，不同地带的差异：寒冷地方针叶林较多，温暖地方阔叶林较多，植物的南北栽种：苹果、梨不宜在热带栽种，柑橘不宜在北方栽种；对动物形成的影响：同一种类的哺乳动物生长在寒冷地带，体形大；对动物习性的影响：冬眠——蛇、蛙等变温动物，夏眠——蜗牛；洄游：迁徙，季节性换羽。水分也是重要的环境因子，其影响生物的生长和发育，并决定陆生生物的分布。

3.3 生态经济学原理

生态经济学原理是研究生态系统和经济系统所构成的复合系统的结构、功能、行为及其规律性的原理，是生态学和经济学交叉形成的一门理论。其主要的研究内容有：生态—经济系统的结构、功能和目标；经济平衡与生态平衡之间的关系及其内在规律；经济的再生产与自然的再生产之间的关系和规律；人类在生态—经济系统中的各种经济活动以及带来的经济效益和生态效益的相互关系等。

生态经济学的研究，一是基于经济系统和生态系统的矛盾运动；二是突出人类经济社会活动与生态环境的协调和可持续发展；三是力求揭示经济、生态、社会和自然组成的大系统的内在联系和发展规律，探索内部各子系统之间和谐发展的途径。生态经济学主要研究的原理有以下几种：

（1）长链利用原理。生态经济学认为各种资源的开发和利用之间，存在着链状和网状的生态经济关系，且长链与短链的结构相比，循环转化环节增多，既有利于系统稳定，又有利于物质的多次利用，可以提高系统的生产力。例如农作物秸秆占农作物生物产量的一半以上，用来作燃料或直接还田作肥料，物质的利用率为10%~30%。而增加链环，将秸秆加工成饲料，营养物质的一部分转化为动物有机体，另一部分被排泄出体外。牲畜排泄物在直接肥田之前先投入沼气池，一部分转化为沼气能，另一部分（沼渣）用作肥料。这样，通过增加两个链环，秸秆得到多次利用，利用率可提高到60%。长链利用原理是生态经济结构设计中应用十分广泛的原理，尤其是在种植业、养殖业、加工业等生产实践中，取得了显著的经济效益和生态效益节省能量。

不过，短链设计系统虽然不很稳定，但可节省能量。在能量不足时，必须进行短链设计，如粮食不足，则必须减少动物养殖数量，这是不言而喻的。

（2）生态经济系统的生态阈限原理。在反馈机理的作用下，生态系统能够自我调节和维持自己的正常功能，并在很大程度上克服和消除外来的干扰，维持自身的稳定，但是这种自我调节功能是有一定限度的。当生态系统受外界干扰后，其接受的环境负荷超过自动调节的极限时，就会出现生态失衡，该极限值成为生态阈限。

如果生态因子或经济因子的变化超过生态经济的耐受限度（生态阈限），会使生态系统的反馈调节作用失控，系统不能自动得到补偿，就会引起环境破坏、生态失衡等一系列问题。因此，不仅要注重经济效益，更应该注重环境生态效益。在生态经济系统承受能力范围内进行生产活动，可达到既能满足人类经济发展的需要，又不危及后代人的发展，从而走可持续发展的道路。

（3）价值增值原理。价值增值方式有加环增值、减环增值和差异度增值三种。

加环增值：通过增加一个或几个转化率高的环节来延伸产业加工链，从而提高生态资源利用率，扩大产品品种，生产更优秀的产品，实现价值增值。

减环增值：在经济生产过程中，适当减少加工链，采用高新技术代替，使经济产出水平较低的生产环节被更高水平的生产环节取代，以获得更高附加值的产品。

差异度增值：即通过产品的品种、外观、功能的差异、季节性的差异、地域差异和习惯差异，使价值和价格相背离，达到价值增值的目的。

案例分析1：铁尾矿的综合利用

铁尾矿是选矿后的废物，是工业固体废物的主要组成部分。据不完全统计，全世界每年排出的尾矿及废石在100亿吨以上。尾矿堆存不仅会对环境造成污染，带来溃坝等安全隐患，而且会造成资源的浪费。通过长链原理的利用，通过延伸产业链，已实现尾矿的“变废为宝”。

（1）铁尾矿制备微晶玻璃。微晶玻璃又称玻璃陶瓷或结晶化玻璃，是一种新型无机非金属材料，被称为21世纪的环境协调材料。微晶玻璃具有许多优良的性能，如机械强度高、热膨胀系数可调、介电损耗小、耐磨耐腐蚀、化学稳定性及热稳定性好等，这使得微晶玻璃不仅可用于替代传统的玻璃或陶瓷材料，以获得更好的应用性能和经济效益，而且开辟了许多新的应用领域，从而在能源、电子、建筑、生物医学等领域获得广泛应用。铁尾矿由于硅的含量较高，故目前尾矿的一大利用便是制备微晶玻璃。

按照基本配方称重混匀，为使混合效果良好，在配料时将石英粉、生石灰以及碳酸钠和原料尾矿密切接触以改善熔制过程。熔制温度一般为1450℃，熔制时间为2 h，然后将熔融状态的玻璃液快速倾倒入盛水铁桶进行水淬以获取所需要的玻璃原料。再将玻璃原料用研磨机磨至一定的细度，烘干后在材料试验机上压制成型，以备晶化，在高温炉中进行玻璃的晶化处理。图3-15为尾矿制备微晶玻璃的流程。

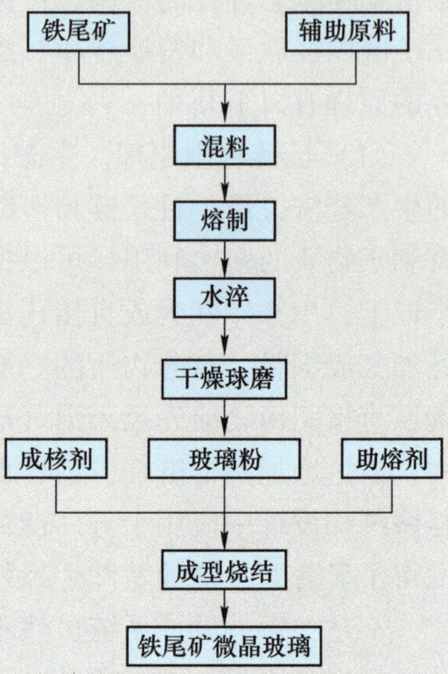

图3-15 尾矿制备微晶玻璃流程

（2）铁尾矿制备建筑材料。铁尾矿可以作为建筑材料的原料，这不仅会有效缓解铁尾矿堆积带来的大量问题，彻底地利用铁尾矿，而且还为建材开辟了新的资源。在建筑业中，目前我国的主要建材还是建筑用砖，但是为了保护我国的土地资源，目前我国也采取了相应的政策来禁止制造黏土砖。用尾矿来制备建筑用砖，不仅充分利用了铁尾矿这种资源，而且还响应了国家的政策。在我国的建筑行业中，铁尾矿有很多的用处，包括混凝土骨料，建筑用砂以及铺筑路基等。除此之外，生活中常见的保温材料也可以用铁尾矿来制备。这些都是利用长链利用原理来实现价值的增值。

（3）采用超导耦合技术尾矿制备二氧化硅，尾矿制备分子筛、吸附剂、催化剂等，可实现高值利用。

（4）铁尾矿做土壤改良剂。铁尾矿中含有多种植物生长所需的元素，例如铁、锌、锰、铜、钼、钒、硼、磷等，可以通过对铁尾矿的磁化得到磁化复合肥，这对植物的生长十分有利。

案例分析2：粉煤灰加气制备混凝土砌块

粉煤灰含有很多活性氧化物（SiO_2 和 Al_2O_3 等），能和石灰水泥等碱性物质在常温下起化学反应生成稳定的水化硅酸钙和水化铝酸钙，利用蒸压养护可缩短该过程，并使产品凝结、硬化，而且具有很好的强度，图3-16为粉煤灰加气制备的建筑材料。粉煤灰制备的混凝土砌块有以下的好处：（1）重量轻。重量只有普通混凝土的1/5~1/4，因而用于建筑，其墙体重量可以减轻40%。可减轻劳动强度，减轻造价，扩大建筑使用面积并减少运输费用，同时有利于抗震。（2）耐火性好。是比较理想的不燃材料，高温下不产生有害气体，能满足高层建筑耐火性能的要求。（3）保温性能好。导热系数仅为普通混凝土的1/10，保温性能比砖墙高3~6倍，从而可减少室内能耗和空调费用。（4）声学性能好。具有良好的隔音消音性能。（5）加工性好。可生产出多种规格，并可现场作业。（6）生产效率高，能耗消耗少。能耗仅为生产同体积黏土砖的11%。（7）变废为利，减少二次污染，综合效益显著。通过长链利用原理可以将原来的“废物”转变为资源，通过物质的多次循环，使系统更加稳定并且“变废为宝”创造出经济效益。

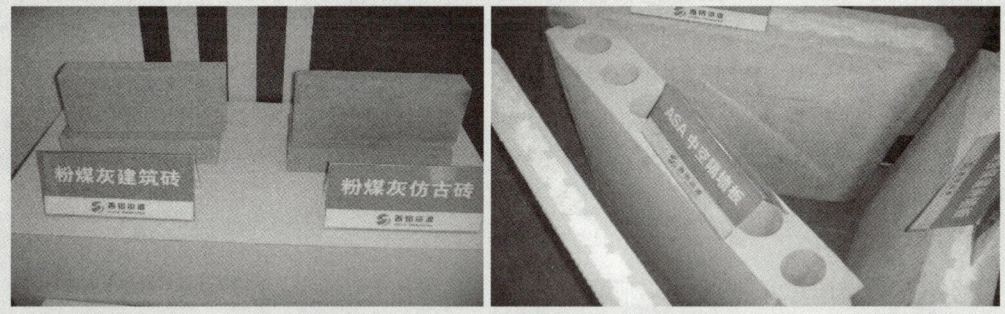

图3-16 粉煤灰加气制备的建筑材料

案例分析3：煤炭企业延伸产业链的新模式

煤炭资源占据了我国能源结构的60%，是我国国民经济发展的主要资源之一。目前我国煤炭市场供大于求，煤炭资源滞销饱和，行业发展受阻，煤炭企业正在寻求转型升级的最佳模式。

现在主要的开发模式便是利用加环增值原理，以煤炭资源为原料，制备清洁高效的能源。以煤热解、煤气化为基础，发展煤制油、煤液化、煤制烯烃、煤制二甲醚、煤制甲烷气、煤制乙二醇为主导等先进工艺技术。并且将转变过程中所产生的伴生产物（如铝、镓、锗等）进行充分的回收利用。煤炭企业的每一次加环，都是对煤炭的一次加工改造、一次突破转化、一次价值的提升。通过对煤炭资源的加环改造，不仅可以得到更高的经济效益，还可以充分利用煤炭资源，实现清洁生产。

案例分析4：铁矿石一步炼钢法

铁矿石一步炼钢法是减环增值的应用，它减少了炼钢过程的炼焦炉—高炉—碱性氧气转炉工艺环节。一步炼钢法的主要原理是用煤和氧气直接还原加到铁浴中的经过预热和预还原的铁矿石。铁矿石和煤从熔炼炉上部加到铁水熔池中，而氧气从炉子底部和顶部吹入。熔炼炉内连续进行脱硫和脱碳处理，当碳含量降至小于1%时，将钢水输入钢水包中进行精炼，在熔炼炉熔炼期间，反应物产生的热用来预热炉料并确保钢水达到所需温度。熔炼炉内的主要反应有：煤还原氧化铁，生成一氧化碳；氧使钢中的碳含量降低；通过一氧化碳的二次燃烧生成二氧化碳。研究人员经研究发现，此工艺的生产成本和基建成本均低于传统工艺，现已用于优质钢的生产。

3.4 其他重要原理

3.4.1 人工调控原理

人工调控是指以人的需求目的，在系统内同自然调节产生互补作用的调控措施，以自然调节的补充、调整和增强作用而存在。如灌溉是对降水的补充；抗病育种是对品种抗逆性的增强；作物间套种、天敌引进和食物链加环是对种间关系的调整。人工调控的目的是求得系统结构和功能的最优化。但有时因调控不当，对自然调节起破坏和削弱作用。如施加化学农药会杀伤天敌，导致害虫产生抗药性；高强度机耕会破坏土壤结构等。并且宏观政策调控也在起到非常重要的作用，如政府的政策导向和援助等。因此，在生态农业中，它必须以自然生态系统稳态机制为基础，正确选择相应措施，使之起互补作用。人工调控主要通过以下几种方式来进行。

3.4.1.1 生物调控

生物调控是指通过良种选育、杂交育种，应用遗传与基因工程技术，创造出转化效率高、能适应外界环境的优良物种，达到对资源的充分利用。

案例分析：虾塘养殖环境生物调控

虾塘养殖是一门综合技术，对可养殖的有较高经济价值的水生生物优良的健康苗种提供适宜的水生态环境或人工水体，使其健康生长。虾塘养殖环境主要由对虾、浮游藻类、浮游动物、细菌等组成，形成一个小型的养殖生态系统。为了创造出一个更适宜系统发展的环境，现主要从以下几个方面进行生物调控：

（1）单细胞藻类营养调控。在放养虾苗前先培养单细胞藻类，一方面使养殖水体具有一定的水色和透明度，优化养殖环境；另一方面培养虾苗的优良活饵料，营造“单细胞藻类—浮游动物—虾”的食物链。在池水消毒后施用单细胞藻类，直到虾池水色呈现黄绿色再放虾苗。放苗后的7~10天，浮游单细胞藻类繁殖迅速，消耗养殖水体中的营养元素，加上浮游动物和虾掠食单细胞藻类，造成池水营养欠缺、水色变清、透明度加大，此时应该进行添加营养素，保障水体生物的繁殖需求。

（2）有益微生物制剂调控。在养殖过程中应定期施用芽孢杆菌，这既有利于快速降解养殖代谢产物，促进虾塘的物质循环；又有利于维持优良浮游微藻，促进藻类的繁殖与发育；同时还有利于在养殖池塘中形成有益菌的优势菌相，抑制有害菌生长。不定期施用光合细菌制剂，在养殖过程中施用光合细菌能有效吸收水体中的氨氮、亚硝酸盐、硫化氢等有害物质，减缓养殖水体富营养化的倾向，平衡浮游微藻，调节水体的pH值。

（3）养殖过程中应施用底质改良剂。养殖中期以后，由于残饵、粪便等有害物质的积累，需要使用水质、底质改良剂改善养殖生态环境。当水体的pH值突然偏高时，使用腐殖酸制剂进行调节以改善水体环境。

通过对系统的生物调控可以维持对虾生长的良好环境，由于养殖水体水质好，成虾及虾苗的体质健壮，且不携带白斑综合征病毒，所以获得巨大的经济效益。

在工业生态系统中，同样可直接利用生物调控来为我们服务，如生物强化技术处理高浓度难降解焦化酚氰废水，通过人工培育焦化废水高效专用菌，可在不稀释原水、无外加营养源的条件下实现自养反硝化，达到低成本短程绿色高效处理废水的目的，实现焦化废水资源化利用。

3.4.1.2 结构调控

系统的结构指的是构成系统的要素以及其时空分布和物质、能量转移的途径，是可以被人类有效控制和建造的结构。系统内不同的物种、物种空间配置、物种时间变化具有不同的结构特点和不同功效，系统的结构包括平面结构、垂直结构、时间结构和食物链结构四种顺序层次，独立而又相互联系，也是系统结构的基本单元。结构调控主要从以下几方面开展：

（1）地域连续。分布地域的连续性是生态系统存在和长久维持的重要条件。现代研究表明，岛屿生态系统是不稳定或脆弱的。由于岛屿受到阻隔作用，与外界缺乏物质和遗传信息的交流，因而对干扰的抗性低，受影响后恢复能力差。近代已灭绝的哺乳动物和鸟类，大约75%是生活在岛屿上的物种。每种生物都需要一个求得生存和发育的最小面积，其最小面积的尺度因物种而异，例如，英国现有鸟类生存的最小面积是100hm^2。

某一受隔绝的岛屿状生境中，生物尤其是动物的生存与繁殖或种群的延续，都有一个临界的种群密度和种群规模，当个体数降到此临界值以下，该物种就会灭绝。依靠单一食物来源的动物，处于营养级高层的动物，只在有限或专门筑巢区栖息繁殖的动物，迁徙性动物，都是易灭绝性动物。作为一般规律，野生动物种群至少需保持500个个体，才能通过自然选择进行某种程度的进化，否则，终究会因缺乏进化适应性而灭绝。所以地域调控是系统结构调控的基础。

（2）物种多样性。调控系统内物种多样性也是结构调控的重点，物种的多样性是构成生态系统多样性的基础，也是使生态系统趋于稳定的重要因素。例如，当从飞机机翼上选择适当的位置拔掉一个或几个铆钉时，造成的影响可能是微不足道的；当铆钉被一个接一个地拔去时，危险就逐渐逼近；每一个铆钉的拔除都增加了下一个铆钉断裂的危险，当铆钉被拔到一定程度时，飞机必然突然解体。

在生态系统中，每一个物种的灭绝就犹如飞机损失了一个铆钉，虽然一个物种的损失可能微不足道，但却增加了其余物种灭绝的危险；当物种损失到一定程度时，生态系统就会彻底被破坏。在我国热带雨林中曾观察到，砍掉了最高的望天树，其余的树木就将受到严重的影响，因为有很多树木是靠望天树的荫庇才能够生存的。故物种多样性调控是结构调控的重点。

（3）生物组成调控。植物之间、动物之间以及植物和动物之间长期形成的组成协调性，是生态系统结构整体性和维持系统稳定性的重要条件，破坏了这种协调关系，就可能使生态平衡受到严重破坏。野兔被带到澳洲造成的野兔成灾、北美科罗拉多草原消灭狼群导致的鹿群增殖过多使草原遭到破坏，都是这方面的突出例子。

（4）环境条件匹配调控。生态系统结构的完整性也包括无生命的环境因子在内。土壤、水和植被三者是构成生态系统的支柱，它们之间的匹配性对生态系统的盛衰具有决定性意义。环境的匹配性当首推水分。水分供应充足、均匀或应时，水质好，都对生态系统有重要影响。土壤的影响很复杂，氮、磷、钾肥分的适当配比、土壤的结构、性质和有机质的含量，都有重要影响。

影响生态系统环境功能甚至影响系统自身稳定性的另一个关键是生态过程，主要是物质的循环和能量的流动两个主要过程。这个运行过程必须持续进行，削弱这一过程或切断运行中的某一环节，都会使生态系统恶化甚至完全崩溃。

保持生态系统物质循环的根本措施是任一种元素（物质）从某个环节被移出系统之外，都必须以一定的方式予以补充。例如：在农田生态的物质循环中，当作物收获带走养分时，就需施肥予以补充。同理，当某地植被因开发建设活动遭到破坏或清除时，就需人工补建绿色植被予以补偿，从而维持物质的循环作用。

3.4.1.3 输入、输出调控

系统的输入和输出主要指的能量的输入输出以及物质的输入输出，输入和输出调控，即通过对能量流和物质流的分析，采取措施进行调控，提高物质与能量向产品的转化速率及利用效率，降低污染排放。

能量流，是指能量在生态系统中的流动过程。太阳辐射的能量转变为植物的化学能，然后通过食物链，使能量在各级消费者之间流动，构成能量流。能量流是单向性的，每经过食物链的一个环节，能量都剧烈地减少一次，食物链越长，散失能量越多。由于能量在流动中层层递减，所以需从太阳能中不断补充能量，生态系统才能维持正常功能。能量流的表现形式包括：时间域能量流——守恒；空间域能量流——转移；时间空间域能量流——传递。对系统能量流调控是维持系统稳定的重要条件。

物质流，是指生态系统中物质运动和转化的动态过程。构成生物体的各种物质，如氮、磷、钾、碳、硫、水和各种微量营养元素以及一切非生命体构成的必要物质，在生态系统中常处于传递、转化的动态过程中。生物物质流即生物圈内的各种化学物质，通过传输介质大气或水在植物—动物—土壤（微生物）之间所构成的循环过程。生物小循环是地质大循环中的一个小片段，主要是绿色植物的生命活动过程。它吸取大气中的二氧化碳和土壤中的水与无机盐，构成庞大的植物有机体；植物又以枯枝落叶等方式归还土壤或者通过动物的采食消化吸收排泄，待动物死亡后经各种微生物分解，并储存于土壤腐殖质中，又可被植物吸收利用，形成化学元素的生物累积与矿质化过程。生物小循环不完全是可逆的，而是处于不断发展与演化之中。

对于工业生态系统而言，物质和能量向产品转化快、通量大，如控制不当就会导致资源、能源浪费，产生输出与输入差值，即废品产生量增大，当超过生态阈限时就会对生态系统构成威胁。通过对物质、能量流动过程的定量分析与评价，可找出问题所在，通过微观、中观及宏观三个层次的生态重组手段进行调控，达到宏观能源结构、产业结构的调控，互利共生产业链的构建，小到微观高新技术的采用，工艺变革与创新，旨在提高资源能源利用效率，降低污染排放，加速实现现代工业的高质量低碳绿色可持续发展，人与自然的和谐共生。

3.4.2 系统工程原理

系统工程是以系统为研究对象的工程技术，它涉及“系统”与“工程”两个侧面。所谓系统，即是由相互作用和相互依赖的若干组成部分结合而成的具有特定功能的有机整体。系统具有以下特征：整体性——指系统是由两个以上元素组成的有机整体；相关性——指系统各元素之间相互作用、相互依赖的关系；目的性——指系统要有明确的目标与特定功能；适应性——指系统对环境变化的适应程度；等级结构性——指系统本身又可以分为许多等级层次的子系统。传统概念的“工程”，是指把科学技术的原理应用于实践，设计与制造出有形产品的过程，可称其为“硬工程”。系统工程学中的“工程”概念，是指不仅包含“硬件”的设计与制造，而且还包含与设计和制造“硬件”紧密相关的“软件”，诸如预测、规划、决策、评价等社会经济活动过程，故称为“软工程”，这就扩充了传统“工程”概念的含义。这两个侧面有机地结合在一起，即为系统工程。

系统工程的实质是新的科学方法论，它是工程与思想方法的统一，它也是新的逻辑方法，强调辩证的综合，每一步分析都伴随着综合，达到分析与综合辩证逻辑的统一。它为现代科学技术发展和社会实践开辟了新思路，打破了各门科学之间的界限，沟通了它们之间的联系，摆脱了传统方法的束缚，为解决所有系统协调发展找到了最佳途径。系统工程处理具体问题时应该遵循三个原则，即整体性、综合性和最优化。

（1）整体性原则。就是把被研究的系统当作一个整体看待，全面地辩证地看问题。各部分组成系统后形成了系统的总体功能，系统的功能要大于各部分功能的总和，这不仅是一种量变，而且是一种质变。此外，还要有时间上的整体观念，要看系统的生命周期，不能只顾当前，忽视长远，因此，看问题要有整体、全局、长远的观点。

（2）综合性原理。任何系统都可看成是多元素的有机综合体，具有多种属性。因此，在确定系统目标时，应进行多目标的综合。另外，对任何系统的研究，应采用多学科高度综合的方法，从系统的成分、结构、功能、相互联系方式、历史发展，外部环境等多方面进行综合考察。任何一项措施、一个方案，对自然、社会都会有不同影响，故还应进行多方案的比较和多效益的综合。量的综合导致了质的飞跃，现代科学技术发展的趋势是向“系统综合型”发展，系统工程本身也正是综合了许多学科而建立起来的。

（3）最优化原则。处理系统问题时，应尽可能做到准确、严密、按科学规律办事。这要求有一个严格的工作步骤和程序，同时还应该尽可能进行定量分析。通过对量的分析，可以更准确地认识事物的质，这就必须借助数学的方法，建立系统优化模型，然后在计算机上进行系统仿真模拟，分析系统的运行及后果，对系统某些方面加以选择和控制使系统达到总体最优。

对于工业生态系统而言，从系统的观点、整体的观点出发，进行预测、规划、决策与评价，可实现对系统的最优规划、最优管理和最优控制，以达到“最优”系统的目标。通过全生命周期集约化控制，实现工业系统内各个过程间的物质集成和能量集成，以实现资源、能源的“最优化”利用，污染排放的“最小化”控制，从而实现效益的“最大化”。

3.4.3 信息科学与技术

信息科学是信息时代的必然产物。信息科学是一门新兴的跨多学科的科学，它以信息为主要研究对象。信息科学的研究内容包括：（1）阐明信息的概念和本质（哲学信息论）；（2）探索信息度量的变换（基本信息论）；（3）研究信息的提取方法（识别信息论）；（4）澄清信息传递规律（通信理论）；（5）探明信息的处理机制（智能理论）；探究信息的再生理论（决策理论）；（6）阐明信息的调节原则（控制理论）；（7）完善信息的组织理论（系统理论）。

信息技术包括通信技术、计算机技术、多媒体技术、自动控制技术、视频技术、遥感技术等。通信技术是现代信息技术的一个重要组成部分。通信技术的数字化、宽带化、高速化和智能化是现代通信技术的发展趋势。计算机技术是信息技术的另一个重要组成部分。计算机从其诞生时起就不停地为人们处理着大量的信息，而且随着计算机的不断发展，它处理信息的能力也在不断地加强。现代计算机已经渗入人们的社会生活的每一方面。计算机将朝着并行处理方向发展，现代信息技术一刻也离不开计算机技术。多媒体技术是20世纪80年代才兴起的一门技术，它把文字、数据、图形、语言等信息通过计算机综合处理，使人们得到更完善、更直观的综合信息，在未来多媒体技术将扮演非常重要的角色。信息技术处理的很大一部分是图像和文字，因而视频技术也是信息技术的一个研究热点。

信息、物质和能量是构成现代社会资源的三大支柱。信息科学与技术的发展不仅促进信息产业的发展，而且大大地提高生产效率。事实已经证明，信息科学与技术的广泛应用已经是经济发展的巨大动力，成为各国竞相争夺的制高点必将对现代工业的生态化转向、低碳绿色可持续发展产生积极的推动作用，加速高质量发展的实现。

本章小结

工业在国民经济中占有重要地位，在提升人民生活水平、实现财富积累及国富民强方面具有不可比拟的优势，但同时由于物质能量流动快、通量大，不可避免地会带来资源短缺及生态环境问题。在反思的基础上，以资源环境的视角重新审视工业生态系统，依据工业生态学的核心原理、生态学原理及生态经济学等原理，以清洁生产高新技术作支撑，通过生态重组的手段进行调控，即可加速工业转型，尽快实现现代工业的生态化转向。

在现代工业发展过程中，应用工业生态学的原理和方法加速工业转型，走适合中国国情的现代化工业发展道路，实现现代工业的高质量发展，是保持经济高速发展，获得经济、社会和生态多重效益，最终实现人类社会的可持续发展的必要途径。在这个过程中，工业生态学的基本原理与方法将为实现现代工业的生态化转向提供科学依据及理论指导。

思考复习题

1. 为什么要学习工业生态学的基本原理?
2. 工业生态学的核心原理有哪些？请详细论述。
3. 请简述工业生态学的生态学原理，并举例说明生态学原理在工业发展中的作用。
4. 请描述工业生态学的生态经济学原理，并举例说明如何实现价值增值。

参考文献

[1] 昌瀚．论生态工业系统的自组织演化机理［J］．南京理工大学学报，2020，33（2）：27-32.

[2] 刘秀霞．小麦—谷子—养羊循环农业模式应用与探讨［J］．中国农技推广，2020，36（3）：18-19.

[3] 朱金兆．生态位理论及其测度研究进展［J］．北京林业大学学报，2003（1）：100-107.

[4] 曲衍波．基于生态位的农村居民点用地适宜性评价与分区调控［J］．农业工程学报，2010，26（11）：290-296.

[5] 陈国雄．生态位理论在沙地农业开发中的应用［J］．中国沙漠，1995（3）：5.

[6] 南宁．利用铁尾矿制备微晶玻璃试验研究［J］．当代化工，2019，48（11）：2199-2205.

[7] 冼凌飞．虾塘养殖环境生物调控技术的应用［J］．海洋与渔业，2016（4）：58-59.

[8] 顾力刚．商业生态系统中企业共生的实证研究［J］．中国科技论坛，2015（5）：85-90.

[9] 朱林．从系统学自组织原理看全球气候变暖［J］．学理论，2011（17）：59-60.

[10] 倪胜利．生态自组织原理与地方高校适应性生存［J］．现代大学教育，2005（5）：54-57.

[11] 马世骏．社会—经济—自然复合生态系统［J］．生态学报，1984（12）：52-55.

[12] 黎静．生态系统的抵抗力稳定性与恢复力稳定性的辩证关系［J］．中学生物教学，2014（5）：47-49.

[13] 周新．生态系统的抵抗力和恢复力稳定性［J］．生物学教学，2014，39（4）：4-5.

[14] 王天天．鞍钢钢铁工业循环经济发展模式［J］．辽宁科技大学学报，2009，32（5）：535-538.

[15] 祖述勋．企业生态位的生态特征研究［J］．商业时代，2009（19）：60-61.

[16] 陆岩．一步炼钢法［J］．钢铁研究学报，1990（3）：32.

[17] 王玉珏．基于熵与耗散结构理论的企业管理创新研究——以华为为例［J］．现代管理科学，2019（1）：72-74.

[18] 张旭．煤炭企业转型升级之延伸产业链模式研究［J］．科技资讯，2016，14（22）：76-77.

[19] 王东宏．从生态位看小微企业生存空间与战略选择［J］．企业管理，2019（4）：113-115.

[20] 王银银．耗散结构理论视角下江苏海洋经济发展对策研究［J］．南通大学学报，2016，32（6）：1-6.

[21] Mallawaarachchi H. Unveiling the conceptual development of industrial symbiosis：Bibliometric analysis［J］. Journal of Cleaner Production，2020，258：124630.

[22] Moore J P. A framework for incorporating ecology into Earth System Models is urgently needed［J］. Global Change Biology. 2021，28（2）：245-253.

[23] Aurélien B. Linking Industrial Ecology and Ecological Economics：A Theoretical and Empirical Foundation for the Circular Economy［J］. Journal of Industrial Ecology，2019，23（1）：353-362.

[24] Walker A M. Sustainability assessment in circular inter-firm networks：an integrated framework of industrial ecology and circular supply chain management approaches［J］. Journal of Cleaner Production，2021，286：142634.

[25] Zhang Y. A review of industrial symbiosis research：theory and methodology［J］. Frontiers of Earth Science，2015，9（1）：125960.

[26] Donati F. The future of artificial intelligence in the context of industrial ecology［J］. Journal of Industrial Ecology，2022，26（4）：213-224.

[27] Zinchenko V V. Sustainable development goals as an integrative basis of the global public strategy for the effectiveness of ecology，education and science at all levels［J］. IOP Conference Series：Earth and Environmental Science，2021，635（1）：324-335.

[28] Sun Y F. Development and correlations of the industrial ecology in China's loess plateau：a study based on the coupling coordination model and spatial network effect［J］. Ecological Indicators，2021，132：213-224.

[29] Jia S Y. Application of industrial ecology in water utilization of coal chemical industry: A case study in Erdos, China [J]. Journal of Cleaner Production, 2016, 135: 124256.
[30] David G. Reflections on implementing industrial ecology through eco-industrial park development [J]. Journal of Cleaner Production, 2007, 15 (17): 253-261.
[31] 贾小平. 中国绿色城镇化评价指标体系的构建及探究 [C]. 中国会议, 2016, 4.
[32] 贾小平. 德士古煤气化工艺 CO_2排放分析 [J]. 化工进展, 2015, 34 (4): 947-951.
[33] 贾小平. 复杂性工业共生网络的社团结构划分 [J]. 计算机与应用化学, 2014, 31 (5): 513-516.
[34] 贾小平. 山东省资源环境承载力分析 [J]. 青岛科技大学学报, 2013, 29 (4): 55-59.
[35] 石磊. 用水成本不确定条件下生态工业园区全局用水网络综合研究 [J]. 计算机与应用化学, 2010, 27 (10): 1449-1452.
[36] 张士成. 水热液化技术处理水葫芦废弃物研究 [C]. 中国会议, 2011, 5.
[37] 楼紫阳. 构建中国特色新污染物风险防控体系 [J]. 环境生态学, 2022, 4 (1): 111-115.
[38] 李季. 苏州生态涵养区地表水和沉积物中农药污染特征及生态风险评价 [J]. 环境污染与防治, 2022, 44 (12): 1622-1627.
[39] 李季. 环太湖地区典型有机废弃物堆肥资源化利用潜力分析 [C]. 中国会议, 2022, 7.
[40] 李季. 基于生物多样性和生态系统服务的生态农场景观设计 [J]. 中国生态农业学报, 2020, 28 (10): 1499-1508.
[41] 李季. 我国生态农场建设的思考 [J]. 中国生态农业学报, 2018, 27 (2): 206-211.
[42] 李季. 污泥农用重金属在作物器官中的累积变化研究 [C]. 中国会议, 2012, 64.
[43] 高洋, 王帅, 程蕾, 等. 工业园区物质流管理: 内涵、方法与建议 [J]. 环境科学研究, 2023, 13.
[44] 陈吕军. 典型染料医药化工园区清洁生产与循环经济发展路径研究 [J]. 中国环境管理, 2023, 15 (4): 151-158.
[45] 陈吕军. 关于建立工业园区统一规范碳核算方法体系的思考 [J]. 中国环境管理, 2023, 15 (3): 5-16.
[46] 陈吕军. 我国工业园区碳达峰路径优化分析模型及实证研究 [J]. 中国能源, 2023, 45 (1): 67-81.
[47] 陈吕军. 中国工业产品出口贸易及碳关税影响研究 [J]. 中国环境管理, 2022, 14 (6): 100-109.
[48] 陈吕军. 厚植绿色低碳循环底色, 推进工业园区高质量发展 [J]. 中国轮胎资源综合利用, 2022 (11): 9-15.
[49] 陈吕军. 精细化工园区 VOCs 全过程污染防控策略 [J]. 化工环保, 2022, 42 (6): 758-765.
[50] 任洪强. 制药工业园区混合尾水组合工艺中试研究 [J]. 科技导报, 2010, 30 (11): 68-71.
[51] 任洪强. 厌氧/缺氧/好氧工艺处理印染废水 [J]. 科技导报, 2007 (18): 63-64.
[52] 费维扬. 关于筹建青海大规模光伏发电与水电结合的国家综合能源基地的建议 (续) [J]. 科技导报, 2011, 30 (1): 8-11.
[53] 费维扬. 发展低碳经济 建设生态文明 [C]. 中国会议, 2010, 53.
[54] 费维扬. 关于大力加强新疆煤与煤层气开发利用的建议 (续) [J]. 科技导报, 2009, 28 (4): 1-5.
[55] 费维扬. 全球气候变暖: 人类面临的世纪挑战 [J]. 科技导报, 2009 (4): 24-29.
[56] 费维扬. 二氧化碳减排的紧迫性及其分离技术的发展 [C]. 中国会议, 2008, 73.
[57] 费维扬. 循环经济及其科学技术基础 [C]. 中国会议, 2006, 15.
[58] 费维扬. 分阶段线性规划法快速设计含有多种污染物的用水网络 [J]. 科技导报, 2005 (2): 285-290.
[59] 费维扬. 温室气体 CO_2 的捕集和分离——分离技术面临的挑战与机遇 [J]. 科技导报, 2005 (1): 1-4.
[60] 金涌. 第六产业将助力中国迈向生态农业 4.0 时代 [J]. 科技导报, 2017, 35 (5): 1.

[61] 金涌. 中国碳中和之路——把化石从燃料变成原材料利用 [J]. 科技导报, 2021, (34): 78-79.

[62] 金涌. 中国不同类型工业园区的能耗、水耗及污染物排放量调查与分析 [J]. 科技导报, 2021, 43 (11): 1465-1467.

[63] Eckelman M J. Teaching industrial ecology and environmental management in Second Life [J]. Journal of Cleaner Production, 2011, 19 (11): 1273-1278.

[64] Lorenzo R. Greening Chilean copper mining operations through industrial ecology strategies [J]. Journal of Cleaner Production, 2014, 84 (1): 671-679.

[65] Narendra S. Disentangling the worldwide web of e-waste and climate change co-benefits [J]. Circular Economy, 2022, 1 (2): 100011.

[66] Long Y Q. The dynamic stock-flow and driving force analysis of the building metal and non-metal resources at a city scale: an empirical study in macao [J]. Circular Economy, 2022, 1 (1): 100004.

[67] Hana Y. How circular economy can reduce scope 3 carbon footprints: Lessons learned from FIFA world cup Qatar 2022 [J]. Circular Economy, 2023, 2 (1): 100026.

[68] Xing S X. Full lifecycle-based sustainability evaluation for remanufacturing ecosystem services: A novel perspective of technology-ecology synergy [J]. Journal of Cleaner Production, 2022, 381 (1): 135187.

[69] Qu X Y. Spatial evaluation of groundwater quality based on toxicological indexes and their effects on ecology and human health [J]. Journal of Cleaner Production, 2022, 377 (1): 134255.

[70] Türkeli S, Huang B, Ohnishi S, et al. Issues, interventions, and innovations in the cement industry: A comparative trajectory analysis of eco-cement transitions in the Netherlands, China, and Japan [J]. Circular Economy and Sustainability, 2022 (1), 545-566.

[71] Anne A. Product biodiversity footprint-a novel approach to compare the impact of products on biodiversity combining life cycle assessment and ecology [J]. Journal of Cleaner Production, 2020, 248 (1): 119262.

4 产品物质减量化与能源脱碳

本章提要

（1）物质减量化和能源脱碳概念；

（2）产品物质减量化实施途径；

（3）能源脱碳的实施途径；

（4）二氧化碳减排——“双碳”目标实现的措施及案例分析。

4.1 物质减量化

4.1.1 物质减量化概念与内涵

随着经济的发展，原材料的消耗量日益突出。一方面，人们认识到，资源是有限的，它的逐步耗竭，必将影响经济的发展。另一方面，由于工业系统的运行，越来越多的废物日益严重地影响人类健康和生态环境。为了解决上述问题，在可持续发展思想的形成过程中，人们提出解决经济发展和环境之间关系的一个重要思路：如果人类在世界人口增长迅速的情况下，既想享有高水平的生活，又想把对环境的影响降低到最小限度，那么只有在同样多的、甚至更少的物质基础上获得更多的产品与服务。为此 20 世纪 80 年代西方学者提出了“Dematerialization”这一概念，国内将其译为：非物质化、去物质化、物质降量化等，通过对该术语实际含义的理解，在此认为译作“物质减量化”较为合适。

物质减量化是指在单位经济产出的生产过程中所消耗的物质材料或产生的废物量的绝对（或相对）的减少。其基本的思想是以最小的资源投入量换来最大的生产量以及最小的废物量，即在同样多的、甚至更少的物质基础上获得更多的产品和服务。在满足消费者需求的前提下，尽可能减少产品单位功能所消耗的能量和物质原料，以减少进入自然生态系统中人类所产生的物质流量。

物质减量化是指在减量使用自然资源前提下，生产过程中提高自然资源生产力，通过提高物质资源代谢率、利用率和循环再生能力来实现“减量投入，最佳产出”；通过社会资源、人文资源完成对自然资源的置换，尽量减少副产品的生产及废物累积，从而实现减物质化；在消费领域提倡适度消费和绿色消费，克服生产和消费等外部性问题，以期实现在增长方式上从追求数量型增长转向质量型增长，减少经济增长的物质资源代价。

“既满足当代人的需要，又不对后代人满足其需要能力构成危害的发展。”这称为可持续发展，是布伦特兰夫人 1987 年在联合国发展委员会上《我们共同的未来》报告中所做的定义。它代表着人类为追求经济、社会和环境的长期发展的一种理念，具有丰富的内涵。虽然可持续发展早已成为全球的共识，但可持续发展的目标和内容的重点却不尽相同。发展中国家的重点在于经济发展和摆脱贫苦；发达国家强调的是环境保护和资源的有效运用。人类在寻求可持续发展的途径上，无论是从环境保护理念还是到环境保护实践都经历了一个不断深入和全面的过程。20 世纪 70 年代，环境保护主要采取“末端治理”的方式来减少污染物对生态和人体的影响，比较著名的例子就是脱硫技术的采用和氧化氮气体的去除以及更为有效的污染物处理工厂的建立。但许多案例表明，“末端治理”只能降低污染物的有害程度并不能完全消除污染。在接下来的 80 年代里，环境保护由事后的“末端治理”向事前的预防为主转变，这就是“清洁生产”。清洁生产是通过生产过程的改进以及降低排放物技术的采用对污染进行总体控制。有两个重要的激励促进了向清洁生产的转化，一是“末端治理”技术的高昂附加成本；二是原材料使用潜力还未充分利用，工业废物、废水以及可燃的副产品显然都是可利用的资源。到目前为止，最为全面的环境保护思想是在 90 年代引入的。当时“末端治理”和“清洁生产”的环境保护实践受到越来越多的限制，工业产品本身成为环境分析和优化的主题。为了减轻环境的负担就应该延长产品的生命周期，从原材料的采掘到产品的生产，从产品的使用到废物的管理都要尽量减轻对环境的压力，这就是物质减量化的思想。在国外，有关物质减量化的定义有多种，其中有把物质减量化定义为最终工业产品中所用物质的质量随时间而减少；也有定义为经济活动中，原材料（能量和材料）利用强度的下降；还有定义为低质量物质材料被高质量或技术性更强的物质材料所取代的过程。就一般意义而言，下面的定义更具有概括性：用货币表示的单位经济产出所消耗的物质材料或产生的废物量的绝对或相对地减少，具体可以用物质消耗密度指标即单位产出所消耗的物质来表示，物质消耗密度 = 单位产出（用货币表示）/物质消耗（用质量表示）。对物质减量化的理解需要把握下面四点：一是物质减量化包括有形的物质产品和无形的旅游、娱乐、健身、教育、电信等服务的减量化；二是物质减量化是一个过程，有减量程度深浅的区别；三是物质减量化既包括物质投入量的减少，又包括废物产出量的减少；四是单位产出所消耗的物质与总产出所消耗的物质是有差别的，只有总产出所消耗的物质才构成环境的压力。

4.1.2 中国的物质减量化

物质减量化包括单位产出的物质消耗的下降和物质消耗绝对量的减少，而影响环境总压力的是物质消耗的绝对量。从 20 世纪 70 年代起，欧美诸国虽已实现了单位物质消耗的下降，但物质使用的绝对量却仍旧逐年上升。在气体污染物的排放降低、砍伐森林的趋势得到逆转、突出的工业污染源得到控制的同时，在水和能源消耗方面并没有取得满意的结果，尤其是在气候变暖，生物多样性的减少，地下水和海洋资源的污染等方面变得更为严重。面对如此的困境，人们越来越感到仅仅改变生产方式是不够的，消费方式也是不容忽视的重要因素。因此，西方发达国家从消费和生产两个方面对物质减量化进行了有益的探索。在生产上大致有三种方式：（1）通过技术改革和技术创新实现物质减量化，轻型化和小型化是通常采用的两个重要手段。（2）延长产品的使用寿命，降低资源流动速度。延长使用寿命主要从两方面入手，一是从设计产品时，就要考虑到长期使用而不是快速更替。二是进行维护保养。（3）物质的循环利用。使生产出来的物品在完成其使用功能后能重新变成可以利用的资源，而不是不可恢复的垃圾。物质的循环有两种，一种是原级再循环，即废品被循环用来产生同种类型的新产品，例如报纸再生报纸、易拉罐再生易拉罐等；另一种是次级再循环，即将废物资源转化成其他产品的原料。在消费方面，强调从产品消费向以产品为基础的服务消费的转化的意义。比如最近十多年来，许多不同形式的产品一服务组合在一些发达国家得到发展。欧洲正在向农户推行的除虫服务代替了具有环境危害的农药产品销售，类似于清洁公司派人打扫房间的服务一样。产品向服务转化的物质减量化途径，与采用生物技术、新材料和纳米技术等技术方法相比较，它强调的是社会的创新。许多消费目的不在其物，而在其服务。买车是为代步，因此可用大众交通和服务取代购车的消费。无疑，发达国家的物质减量化途径对我国具有借鉴意义。

物质减量化的绝对减少，对发达国家尚且是难事，何况是发展中国家。因此有人认为，在一个还未完成工业化和城市化的国家里，提物质减量化是不合时宜的。然而，中国经济的粗放式快速增长，已经使资源、环境与经济增长的矛盾变得十分突出。物质减量化作为更为全面的环境保护思想，理应被接受。第一，从生产和消费两方面看，我国物质减量化空间很大。生产中存在着大量的浪费：2003 年我国 GDP 的增长速度是 9.1%，GDP 占世界 GDP 的比重大约为 4%，却消耗了相当于全球总产量 30%的主要能源和原材料，其中石油为 7.4%，原煤为 31%，钢材 27%，氧化铝 25%，水泥 40%。消费中的浪费也是比比皆是：洗 4~5 辆小汽车用 1t 水；刷牙时不关闭水龙头；为了方便卫生，一次性餐筷的普遍和大量使用；为面子而大吃大喝；办公室内的人走灯不灭，无人房间的冷气；印制精美的请柬、交流材料、宣传画册等。第二，虽然传统的末端治理技术还将长期主宰环境保护领域，但物质减量化思想提供了一种新的思路。传统环境观念中的技术被区分为“污染的”技术与“干净的”或“绿色的”技术，如果引入物质减量化战略，无碍环境的技术与其他技术之间的区分将不复存在，因为只要能优化物质与能量流，所有的技术都会倾向于变得越来越“清洁”。目前，我国应当抓住全球对生态环境问题日益关注这一历史性机遇，把技术创新的重点放在有利于物质减量化上来，而不是一味地引进和模仿，这样一来，就有可能在未来的发展中处于主动地位。第三，我国与发达国家不同，不具备发达、完善的市场经济制度。尽管市场机制具有非对称性特点，完善市场经济体制，让市场在资源配置中的物质减量化作用充分发挥出来，是最为现实、可行的一步，因为这样做至少能够降低单位产品的物质消耗。但仅仅依靠市场的力量来实现物质的减量化是远远不够的。政府必须要有足够的能力，通过完善市场经济体制、进行法制建设和采取相应的经济政策来改变生产者和消费者的行为。第四，扩大内需的经济政策必须要有环境的约束。没有环境约束的扩大内需政策势必出现物质增量化程度的加剧，生态环境的恶化。因为总需求的扩张，必然刺激产出的增加，在粗放式增长方式下，产出的增加就意味着物质消耗的增加，持续不断地扩大内需，必然就有持续不断的物质消耗。不仅如此，扩大内需可能成为鼓励人们浪费的理由。因此政府在刺激消费的同时，必须借助经济和法律手段限制浪费。

4.1.3 物质减量化重要性及驱动力

物质减量化是工业生态学的一个重要研究领域，许多国内外学者认为物质减量化是实现可持续发展的重要途径，其重要性如下所述：

（1）物质减量化是经济可持续发展的需要。可持续发展的理念已为世界各国所接受，虽然可持续发展具有理念性的意义，但其并不具备具体的操作性。而物质减量化概念的基本思想相对明确，即在满足消费者需求的前提下，尽可能减少产品单位功能所消耗的物质原料及能量，以减少进入自然生态系统中人类所产生的物质流量。相对于“可持续发展”的概念，物质减量化可以落实到不同层次的各个经济活动中去，它可以“分解”到产品设计、制造、服务和使用等各个环节，更能满足可持续发展的现实需要。

（2）物质减量化是工业生态学的重要组分。人类活动所产生的废物对自然系统并非总是有害的，只是由于这些废物大大超出了自然系统循环运行的承受能力。全球的温室效应就是 CO_2 的过量排放所导致，所以物质减量化对于解决温室效应、实现国家碳达峰目标尤为重要。工业生态学的一个重要理念就是把人类所产生的物质流量视为整个自然系统物质循环的一部分，并将它限制到一个合理的范围。实践表明，目前普遍采用的终端控制环保策略实际效果并不理想，因此，减少人类产生的物质流在自然体系中的循环速度和规模被视为一种具有预防性的关键措施。而物质减量化正是基于这一思路，成为了工业生态学中不可或缺的重要组成部分。

（3）物质减量化有助于实现全球公平。目前，占全球总人口 1/5 的工业发达国家消耗了全球近 4/5 的资源，这将带来严重的社会不稳定性，且在某种意义上，是极度不公平的。如果发展中国家也要达到发达国家的生活水平，对于自然资源的需求将要增加 5 倍。若考虑人口增长的因素，到 2040 年，全球物质流量要扩大 8 倍。靠大自然的资源维持这样庞大的消耗是不现实的。因此，解决这个问题的有效措施之一就是提高自然资源的利用率，而实现物质减量化的一个重要途径，就是提高物质利用率和生产效率，进而有助于全球经济的平衡发展及全球政治稳定。

（4）物质减量化是实现生态效益和经济效益的调节剂。“eco-efficiency”包含两层含义，即经济和生态效益（economic and ecological efficiency）。目前普遍采用的污染终端控制方式之所以效果不佳，一个重要原因在于其增加了企业的负担及生产成本，仅顾及生态效益而忽视经济效益的政策不可能得到企业的大力支持。“eco-efficiency”的理念，有助于实现生态效益和经济效益双丰收。同时，它把清洁生产的概念提高到了商业管理的战略性高度，以最小资源量获得最大的价值，生态效益和经济效益均得以显现。

社会要发展必然离不开工业生产，生产过程产出能够满足人们需要的、具有高附加值的产品。物质减量化可以实现最小的资源投入产出最大量的产品，同时产生最小量的废物，在获得经济效益的同时还能获得一定的生态效益和社会效益。工业和人口的持续快速增长给全球环境和资源带来了巨大压力，如何实现可持续发展是迫切需要解决的重大问题，物质减量化是实现工业生态学目标的重要途径之一，是可持续发展的历史必然。

20 世纪 70 年代的能源危机、80 年代的固体废物危机及 80 年代末和 90 年代初的绿色主义，引起了学术界对生态环境有关的行为研究。20 世纪 80 年代的固体废物危机，为环境友好型消费行为研究提供了新的动力。对固体废物进行再循环利用是一种不同于填埋的垃圾处理方式，为了实施再循环项目，有必要对再循环习惯和动机展开研究，研究方法大部分都类似于能源节约方面的研究。绿色主义是 20 世纪 80 年代最大的创新，不断提高的环境意识增强了商业社会对环境问题的兴趣，环境问题不仅是对社会的威胁更是商业机会。90 年代，出现了大量绿色商业创新活动，这包括绿色产品评估和设计，绿色营销和交通创新等。尽管人们倾注了极大的热情，绿色主义并未得到所预想的结果。市场上人们对绿色产品的购买比预期要少很多，关于什么是绿色越来越混乱，甚至广泛使用的绿色营销已经造成对绿色的破灭感。但一些重要的研究仍在继续之中。

（1）材料生产成本的持续上升。随着资源短缺越来越严重，生产所需的基本资源及材料的价格越来越高，而且其加工成本和能耗也越来越高，这些因素均造成材料成本的上升。

（2）来自环境影响的巨大压力。水污染、土地酸化、大气污染和温室效应等日益显著的环境问题使人们越来越意识到环境污染已威胁到人类的健康和发展，而人类生存所必需的经济发展及工业生产几乎在每个环节都产生废物，为解决这一矛盾，物质减量化势在必行。

（3）服务业的发展。人们对产品的要求不仅仅满足于产品本身而更倾向于售后服务，随着服务业的发展，产品的生命周期越来越长，消耗的产品量也越来越少，这间接减少了资源损耗和废物量的增加，促进了物质减量化的发展。

（4）替代材料的产生与竞争的加剧。经大量研究和验证，发现多种替代材料拥有成本低、性能好等优点，存在应用潜力，可提高资源利用效率，减轻生产过程中环境压力的技术。例如，四氟乙烷是消耗臭氧层物质 CFC-12 的代用品，广泛用于汽车空调、冰箱和工商制冷等领域的制冷剂，也可用于气雾剂产品的抛射剂、清洗剂，以及生产泡沫塑料的发泡剂。因此，不断发现的替代材料也推动了物质减量化的进程。

4.1.4 产品物质减量化的实施

提高资源利用效率，在相同或者甚至更少的物质基础上获取最大的产品和服务，或者在获取相同的产品和服务功能时，实现物质和能量的投入最小化。在经济运行的输入端最大限度地减少对不可再生资源的开采和利用，这是物质减量化的基本思想之一。提高资源利用效率，特别是提高不可再生资源的利用效率，是实现物质减量化的最主要手段。

4.1.4.1 能量再利用

能量再利用是物质减量化的主要措施之一。

（1）损失能量再利用。由能源利用效率不足所产生的能量损失需要更多的原料来弥补，所以应将这些损失作为一种可收集再利用的能源，供给其他生产生活需要。能量再利用的概念也可以理解为对能源的节约，能源节约是物质减量化的一个重要方面。

（2）能量串级（energy cascading）就是尽可能充分利用这些能量，减少产能材料的使用，特别是不可再生资源的使用。

（3）合作生产过程（co-generation processes）是将原本损耗的能量利用起来，加强传统上独立的企业之间的合作，促使企业之间进行物质、能量、水资源以及副产品的交换，提高竞争优势。

（4）废物的产生和利用。废物的产生和利用对物质减量化的影响也很大。从工业生态学的角度出发，从产品生产的原材料开采到最终消费都要考虑产生废物的问题，尽量使其最小化，而对于不可避免产生的废物则要考虑综合利用。

4.1.4.2 提高产品质量及使用寿命

在产品的生产过程中，提高产品质量及使用寿命也是物质减量化的有效措施，可通过下述途径实现：

（1）对产品进行耐用设计（design for durability）或再设计（redesign）。从短期商业利益角度，对产品进行耐用设计似乎对商家和制造者并不利，但从长远来看对企业信誉、社会利益和环境保护都是有利的。从环境保护角度来看，耐用设计具有很大好处，同传统设计相比，耐用设计可使用于生产、运输和废物处理等方面的能量消耗大大减少，有利于物质减量化的实现。再设计也是减少物质利用强度的好办法，其方法就是改进原有的不利于环境保护和物质再循环的一些产品设计。物质减量化理论认为，提高产品质量有助于加速物质减量化的进程，高质量的产品能够提供高质量的服务。从使用价值上讲，减少了相对的资源消耗量，达到了物质减量化的目的。产品或工程构筑物的使用寿命越长，其所提供的服务时间就越长，也就相对地减少了为生产和维修该产品或构筑物所需要的资源量，间接地达到了物质减量化的目的。

（2）产品的修理、再利用和再制造。产品设计中，必须考虑产品的易修理性，即产品功能的易替换能力，当产品的某项功能不适用于使用时，为产品寻找新的利用形式。当一个用品完成了其使用功能后，首要问题是设法再利用这个产品或它的部件。因为对某用户来说毫无价值的东西，对另一个用户却可能是有用的，这就是一种再利用的形式。此外，再利用的另一个方面就是利用零部件。

再制造是指通过更换磨损部件或低功能部件，使得耐用产品继续发挥功能。需要特别注意，再制造并非指产品的二手性或换手率，而是指产品获得“第二次生命”，再制造产品具有全部功能甚至增加了新功能。再制造不是简单修理，它包含着产品功能的换代和提高。

（3）产品的分解、拆散和再循环。当物品或装置不能以别的方式加以重新利用时，就可以考虑利用它的组成部分。为了在产品用完之后便于拆解利用，在产品设计过程中，要有预见性，产品部件要设计得便于再利用。生产过程中，要求制造简化，产品制造的简化是便于拆解的一个前提，另外，产品设计时应尽量减少所用材料的种类，以便于对拆解部件进行分类。

物质的循环再利用方式分为两种：一种是原级再循环，即废品被循环用来生产同种类型的新产品，例如再生报纸、再生易拉罐等；另一种是次级再循环，即将废物资源化转换为其他产品的原料。

产品再循环也是物质减量化的一种途径。借鉴自然生态系统的循环过程，将人类活动和自然界的循环有机结合，有意识地寻求物质循环最安全、效益最佳的有效途径，可以充分利用副产品和废料，挖掘物质材料的可利用价值。循环利用的首要任务是能够经济地回收足够量的材料和物资。但是回收利用并非总是可行的，它取决于两方面的因素：收集和运输。与循环运输有关的能源消耗和成本要合理，否则就无法实现循环利用的过程。

4.1.4.3 高新技术替代

尽可能多地开发利用替代性的资源，减少进入生产过程的不可再生资源的物质流和能源流。通过寻找替代材料，可以减少对稀缺资源的消耗，特别是对不可再生资源的消耗，是物质减量化的重要途径之一。

（1）智能材料的研发。从理论上，智能材料或装置能够监督自身或环境的变化，并能对状态的变化有所响应。智能材料可以自行修复或对温度、压力、电压、光、pH 值、磁场和化学品等外部刺激有所响应，并可以调整自己的组成和功能或发出信号。此外，智能材料在一定范围内有相当的适应性。目前，智能材料研发还远远未达到实用的程度，但随着科技的进步，将使得这些智能材料的循环利用成为可能，并最终实现一种全新意义上的物质减量化。

（2）分子重构和纳米化学。通过技术革新和技术创新实现减量化，轻型化和小型化是两个重要方面。利用化学或热处理的方法可以将有机物大分子物质转化成新的化合物，即不同的化合物组分具有再组合的性质。材料的性质取决于它们的原子排列顺序，理论上，需要把原子和分子重组到特定的位置，使产品更耐用、更智能、更便宜和更精细。利用分子重构和纳米化学技术，可以制造出体积更小，耗材更少、更便于回收利用的产品，为实现真正意义上的物质减量化提供可能。

影响物质减量化有多种因素，如产品质量、产品尺寸、复杂程度和加工修配的容易程度、废物的生成和循环利用、生产成本以及社会生活意识形态等。

（1）产品质量。提高产品质量有助于促进物质减量化的发展进程。高质量的产品能够提供高质量的服务，从使用价值上讲，减少了相对的资源消耗量，有助于达到物质减量化的目的。

（2）废物的产生和利用。废物的产生和利用对物质减量化的影响也很大。从产品生产的原材料开采到最终消费的过程都要考虑产生废物的问题，并尽量使其最小化。对于不可避免的废物则要考虑综合利用。废物可再利用于同一种产品的生产中，也可在其他产品的生产中再利用，无论哪一种再利用都要符合物质减量化的思想。要实现物质减量化思想，不仅要从清洁生产出发，更要综合考虑废物的回收利用，生态工业园区正是依据此种思想建立的。在具体应用这种思想的过程中要考虑整体利益，讲究“4E”原则，即 economy（经济）、efficiency（效率）、effective（效益）和 environment（环境）。

（3）高新技术产品。物质减量化离不开高新技术，体现高新技术产品对物质减量化积极作用最典型的例子莫过于计算机。计算机的尺寸越来越小，但其功能和容量却越来越大，其耗材越来越少，但提供的服务却越来越多。这是因为其中融入了大量的脑力劳动即技术成分。由此可见，物质减量化离不开高新技术的开发和应用。

（4）材料替代。许多行业都采用先进材料替代的方法以实现降低资源消耗的目的。例如，汽车尾气处理的催化剂组分，考虑用含量丰富的稀土金属来代替昂贵的铑；在建筑行业中用质量小、强度高的合金来代替性质相反的材料，如轻质的玻璃和金属代替笨重的砖石。尽可能多地开发利用替代性的资源，减少进入生产过程的不可再生资源的物质流和能源流。通过寻找替代材料，可以减少对稀缺资源的消耗，特别是对不可再生资源的消耗，是物质减量化的重要途径之一。

（5）产品尺寸、复杂程度和加工修配的难易程度。经过对产品及其零部件进行精心简化、标准化的设计和生产，使它们更易于加工、装配和拆卸，容易修理或部分置换，从而达到物质减量化的目的。

（6）一次性产品的使用。近些年来，人们热衷于使用一次性产品，如一次性饭盒、筷子、注射器等，这些产品的确给人们带来了卫生和方便，但一次性产品的大量使用浪费了大量的资源，并对环境造成了极大的危害。因此，为了达到物质减量化的目的必须减少一次性产品的使用。

(7) 信息与服务。信息技术的飞速发展，已经对整个社会产生了巨大的影响，信息科学技术已经成为现代先进科学技术体系中的前导因素。在信息时代，资源不仅仅局限于实物资源，信息作为最有效、最有价值的资源，已经日益改变着传统的生产和生活方式，对社会发展产生多方面的影响。

信息资源的畅通使实际生产部门从原材料的准备、生产过程技术的采用、生产过程各环节的协调都可通过网络进行，这至少节约了在整个过程中过去必不可少的运输环节，而运输环节的减少，大大降低了能源资源的消耗。信息的畅通可以使产品生产者更好地了解原材料的供应情况，为物质减量化提供了信息支持。例如：替代材料的采购、废物的回收利用等，在信息畅通的条件下，都可以提高资源利用效率，达到物质减量化的目的。

信息能促进科学进程和产业化，为人类生活及生产提供服务。通过其独特的方式提高现有工作效率或产生一种全新的物质减量化的方式以取代老的方式，信息化可以使自然界压力大大减轻，促进自然界通过自我修复向更好的方向生长。另外，信息化还可以在信息管理及物质和能量流动方面发挥巨大的优势，克服过去存在的许多障碍。

服务可以通过有组织的市场实现一些密集型产品（如汽车）的共享，使得实际用于服务的产品数量减少。另外，建立在专业技术上的服务能够更有效利用资源或实现产品的循环利用，这样相对减少了对资源的消耗。

服务还可从经济上刺激商家，使资源得到更加有效的利用。目前，商品生产厂家可以不再像过去那样仅靠生产销售尽可能多的产品来获取经济利益，而可以通过提供各种服务如维修、再利用、再生产、产品分解、拆卸、产品部件或全部的再循环来获得利益，这些服务可以大大延长产品的生命周期，减少资源的消耗。

4.1.5 物质减量化评价方法

从物质减量化概念提出以来，如何对物质减量化进行科学的评价分析一直是工业生态学领域需解决的重要问题，这也是一个存在诸多困难的问题，以下是物质减量化现有的一些简易评价方法。

4.1.5.1 物质利用强度（intensity of use，IU）

物质利用强度用于评估生产和服务过程中所消耗物质的量与经济产出之间的关系，是目前使用最广泛的一个指标，它是从会计学中某一具体物质消耗量（X_i）的计算式（4-1）演化而来的：

$$X_i = \left(\frac{X_i}{Y}\right)\left(\frac{Y}{\text{GNP}}\right)(\text{GNP}) \tag{4-1}$$

式中 Y——消耗物质 i 的工业产出；

GNP——经济总产出。

物质利用强度 IU 是指物质消耗量与附加值的比值：

$$\text{IU} = \left(\frac{X_i}{\text{GNP}}\right) = \left(\frac{X_i}{Y}\right)\left(\frac{Y}{\text{GNP}}\right) \tag{4-2}$$

在大多数 IU 分析中，X 的单位是质量或体积的单位。

IU 随物质与产品组成的变化而变化，它是由社会、经济、技术、法律制度和环境因素等多方面决定的。大多数学者认为在产业结构调整和技术进步等诸多因素作用下以

DMI（直接物质投入量）为基础的物质利用强度的发展趋势是逐步降低的。但在段宁的研究中认为随着人均 GDP 的增加，物质利用强度最终可能上升或下降。

4.1.5.2 IU 的经验分析理论（experience analysis theory of IU）

如何分析经济活动中物质的利用强度，已经提出了各种经验理论。

环境 Kuznets 曲线（environmental Kuznets curve，EKC）的理论基础是 20 世纪 70 年代形成的，现已被广泛用于评估可持续发展。其根本观点是发展的初期阶段资源消耗和环境污染会有所增加，但随着经济收入的提高，资源消耗和污染将会逐渐减少，出现倒 U 形变化曲线（图 4-1）。

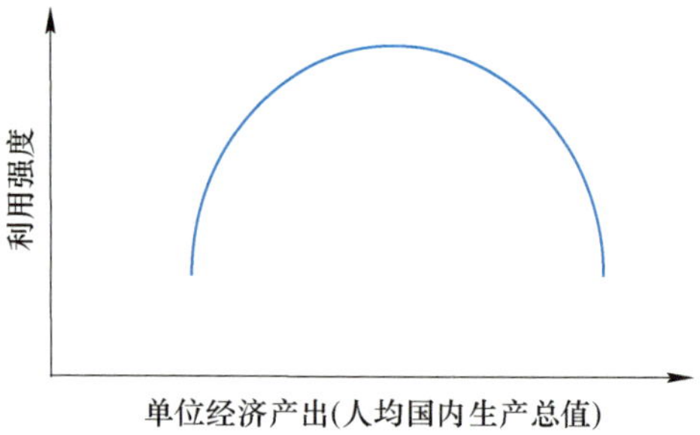

图 4-1 环境 Kuznets 曲线

大多数经验分析的结果支持 EKC 理论。其标准解释是：在发展的早期阶段，收入水平比较低，由于此时的经济在很大程度上依赖农业，对金属和建材的物质需求并不是很高，这时的利用强度处于低值，曲线走势是缓慢上升的。随着工业化程度的提高，对基础建设的物质材料需求逐渐增加，如公路、铁路、桥梁和各种管道等基础设施建设对水泥、钢铁等物质需求明显增加，这时的利用强度曲线不断增加达到了极大值。经济进一步发展，对基础建设的需求不断下降，消费需求逐渐转向服务行业，而服务行业的物质消耗强度是比较弱的，这时的利用强度曲线开始下降，这种变化形成了 IU 随收入的增加而下降的趋势。

EKC 理论主要用于研究经济结构变化对环境的影响和废物产生与收益的关系。

4.1.5.3 物质利用和长波理论（material use and long waves theory）

A 长波理论（long waves theory）

长波理论是分析物质减量化的另一种方法，又称大循环理论、康德拉季耶夫周期，它把随时间变化的物质利用方式与技术发展的常规模式联系起来。长波理论与 EKC 理论的主要区别在于：把时间作为独立变量来替代收益，并用具体函数形式反映物质替代和技术变化的方式。不过在驱动力的假设方面，长波理论与 EKC 理论并没有什么区别。

长波理论认为，从循环经济角度来看，技术一般要经历一个生命循环，每一次循环都有上升（繁荣）和下降（衰退）两个阶段，即早期发展、迅速扩散和广泛采用、最终饱和并衰退。

B 逻辑替代模型（logic substitution model）

Grubler 研究认为技术扩散速度和程度等因素随时间而变化，包括技术可行性、成本、流行时尚和熟悉程度。其假设时间性和驱动性因素在微观上的变化，会在宏观上产生连续的、有规律的影响。Grubler、Fisher 和 Pry 等研究发现技术扩散常常呈现类似逻辑函数一样的 S 形曲线，技术（Z）扩散或增长可以用下式表达：

$$Z = \frac{K}{1 + e^{-b(t-t_m)}} \tag{4-3}$$

式中 Z——技术扩散速度；

b——Z 的扩散速率；

K——上渐近线或饱和水平；

t——时间；

t_m——曲线拐点对应时间。

逻辑替代模型可以用来描述技术占据市场份额的速率。

4.1.5.4 物质分解分析（material decomposition analysis）

分解分析（material decomposition analysis）是根据会计学原理来区分经济、人口或技术对 IU 的影响的。Considine 将会计学原理应用于式（4-2），并把物质组成按式（4-4）分解：

$$\left(\frac{X_i}{Y}\right) = \left(\frac{X_i}{Q_m}\right)\left(\frac{Q_m}{Y}\right) \tag{4-4}$$

式中 Q_m——混合物质消耗的 Divisia 指数。

该式反映了资本、劳动力、能源和原材料等因素间的替代。

4.1.5.5 输入—输出分析（input-output analysis）

输入—输出分析能够用于检验影响 IU 的有关经济和技术方面因素的假设，分解分析能够评估影响 IU 变化因素的相对贡献。输入—输出分析是根据传统货币流量（money flows），再添加利用混成单位（hybrid units）的方法把能源和物质流以物理单位的方式补充到金融数据中去。

4.1.5.6 物质利用强度的统计分析（statistical analysis of IU）

统计分析是一个有力的数学分析工具，不仅在工程学、地质学和农学中，而且在经济学、环境科学等其他领域中都得到了广泛的应用。特别是在建立模型较困难或所建模型分析误差大的情况下，利用统计学知识有可能解决一些关键的问题。

除上述介绍的分析理论外，还有动力学模型理论，综合国家物质利用分析等经验性分析理论。但各种方法都存在不同程度的不足，特别是对于综合物质利用方面的研究，仍存在不少问题。

4.1.5.7 工业代谢分析

工业代谢分析方法是建立生态工业的一种行之有效的系统分析方法，它是基于模拟生物和自然界新陈代谢功能的一种系统分析方法。与自然生态系统相似，工业代谢分析通过分析系统结构、进行功能模拟和输入与输出信息流分析来分析生态工业系统的代谢机理（详见第 5 章）。

4.1.6 产品物质减量化案例分析

4.1.6.1 钢铁企业节能减排技术的开发与利用

案例分析 1：冶金节能技术

（1）炼铁—炼钢区段系统能效优化集成技术。钢铁企业是我国老工业基地的典型代表，受原生产场地、工艺布局、装备结构、物料运输等限制，尽管装备实现了大型化、自动化，但由于生产流程长、场地狭窄、炼铁—炼钢工序衔接不紧凑，造成铁水在传搁过程中能量耗散大，能源消耗高。由于转炉兑铁温度低，不得不保留落后的混铁炉工艺，很难在转炉工序实现全天候负能炼钢的目标。为了突破这一难题，通过炼铁—炼钢区段界面技术及全天候负能炼钢技术的开发与实施，实现了大幅降低炼铁、炼钢工序能耗的目的，系统开发、集成了“一罐到底”“分次调铁”和“定向调铁”三项技术，首次提出并开发实施了双目标铁水调度模型及罐车时刻表，有效地减少了铁水温降损失，提高转炉兑铁温度30℃以上。“一罐到底”技术实施前后工艺流程的对比如图4-2所示。

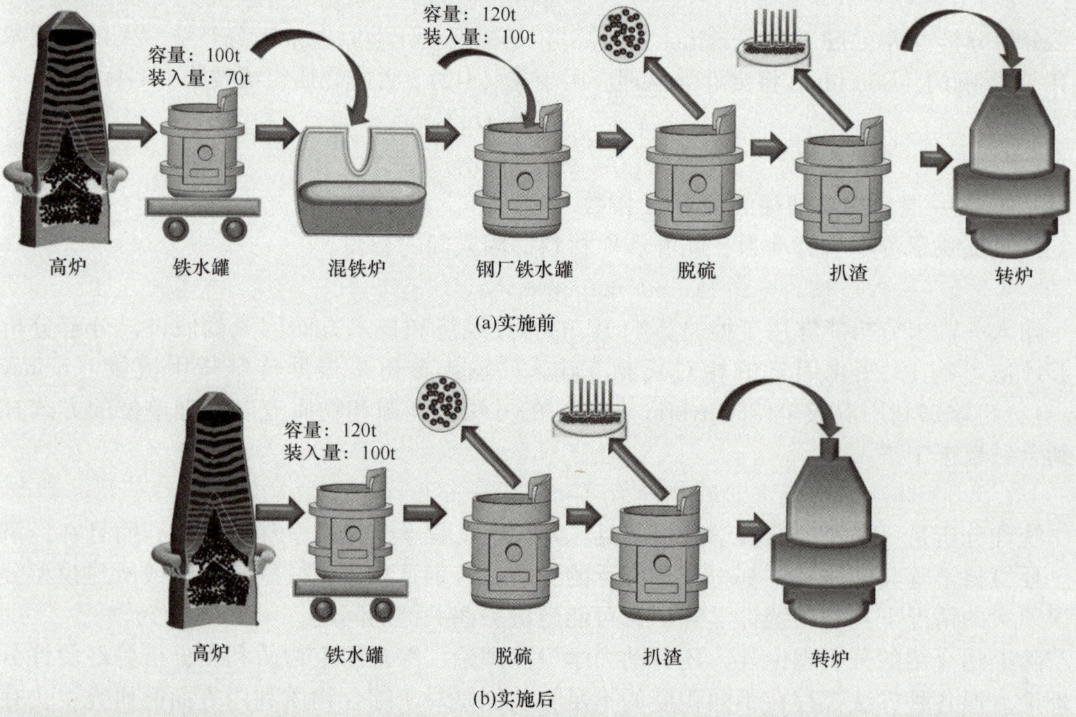

图4-2 “一罐到底”技术实施前后工艺流程的对比

“一罐到底”技术实施后，改变钢厂120t铁水罐的砌筑方式，装入量达到100t，并划拨到铁厂统一管理，使其适用于铁水在线运输，到达钢厂后直接在罐内进行脱硫扒渣，然后直接兑转炉，减少了铁水装运过程中的两次倒罐。采用“分次调铁”技术，原来的单罐铁水出铁时间为12~15min，单次出铁在8~10罐，最后一罐铁水出满时，第一罐等待了约120min，温降损失严重。采用“分次调铁”技术后，将单次铁水调运改为两次或三次调运至钢厂转炉，减少铁水在高炉炉下的等待时间。开发并实施“定向调铁”技术，通过核算各高炉及转炉的产量、生产时间、运送时间，确定出高炉至转炉运送时间最短、温降最小的运输路线。

（2）蓄热换热联用轧钢加热炉技术。我国连续加热炉应用蓄热燃烧技术已有十多年的历史。利用蓄热燃烧技术将低热值煤气和助燃空气双预热至1000℃左右，能够节约燃料消耗。但该项技术存在如下问题：蓄热式加热炉的压强不易控制；设备检修点多、故障点多，影响连续生产；关键备件的使用寿命低；不适用加热冷坯及合金钢，严重制约了蓄热技术在大型钢铁企业的全面推广应用。换热式加热炉的基本炉是由均热段、加热段、预热段烟道、烟囱、管式换热器、常规燃烧器及检测仪表与控制系统组成，其主要优点是炉型结构合理、炉长较长、烟气与钢坯呈逆流运动，有利于烟气与钢坯的热交换，操作简单、维护量小、运行成本低，空气与煤气预热温度稳定、连续供热、烟道截面积大、烟气流速小、炉压容易控制，适合加热各类钢坯；其主要缺点是烟气余热回收效率低，一般在60%以下；不能直接使用低热值高炉煤气；炉内存在局部高温火焰区域，容易造成加热物料的局部过热；钢坯氧化烧损及 NO_x 排放量相对较高。因此结合蓄热式加热炉及换热式加热炉的优点，提出了蓄热—换热联用式加热炉技术，该项目分别采用分腔式新型蓄热烧嘴、双密封三通换向阀、长寿型蓄热体、分侧分段控制及多段炉型结构、科学设置辅助烟道等实用技术，有效地解决了炉压波动大、加热特种钢及冷热坯混装不易控制的问题，使加热炉的单耗、氧化烧损、加热质量均达到国际先进水平。

案例分析 2：冶金固废资源化技术

(1) 热轧油泥气浮除油技术。钢材热轧过程中脱落的氧化铁皮与冷却水和润滑油等最终会在平流池形成热轧油泥。鞍钢本部每年产生热轧油泥约 2.8 万吨，含有 2900t 的废油，全铁含量达 70%以上。因油泥黏度大、有异味，传统技术处理成本高、处理过程不环保，针对现有热轧油泥处理难题，经过实验室、中试和大生产三个阶段，形成具有自主知识产权的气浮除油专利技术，对热轧 1780 线平流池进行技术改造，热轧平流池在线气浮除油工艺流程如图 4-3 所示。用气浮方法成功将油和氧化铁皮分离，除油后铁泥作为烧结原料利用，浮出的废油销售给有资质的厂家，年直接经济效益 808.3 万元。同时，每年还减排二氧化碳约 1 万吨，平流池出水水质得到改善，降低了过滤系统的维护成本，处理过程环保，现场环境大大改善，从根本上解决了热轧油泥难以利用这一困扰冶金行业多年的难题。

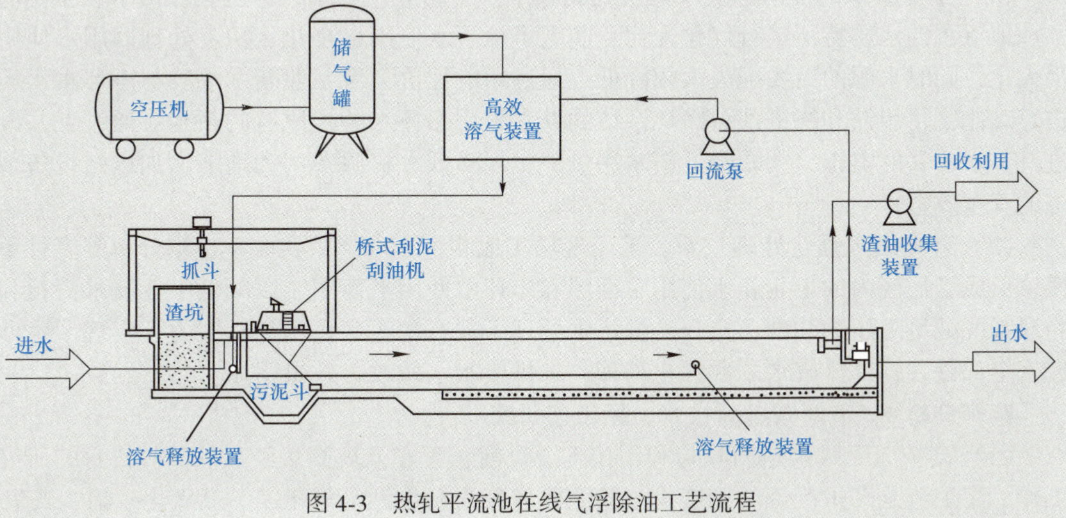

图 4-3 热轧平流池在线气浮除油工艺流程

（2）含铁尘泥高效再资源化技术开发与应用。含铁尘泥高效再资源化技术以冶金废料为原料，经配料、混合、压球，制成两种不同粒度、强度、成分的自还原性团块，分别回用于铁水罐与转炉，利用钢铁企业已有工艺设备及生产余热，实现快速自还原而回收铁和粗锌粉，含铁尘泥综合利用率100%，该项目自2009年12月起实施，运行稳定。该技术首创了“废料—制球—铁水罐—炼钢”和“废料—制球—炼钢”两种短流程、低能耗、小循环处理冶金废料新工艺，如图4-4所示。

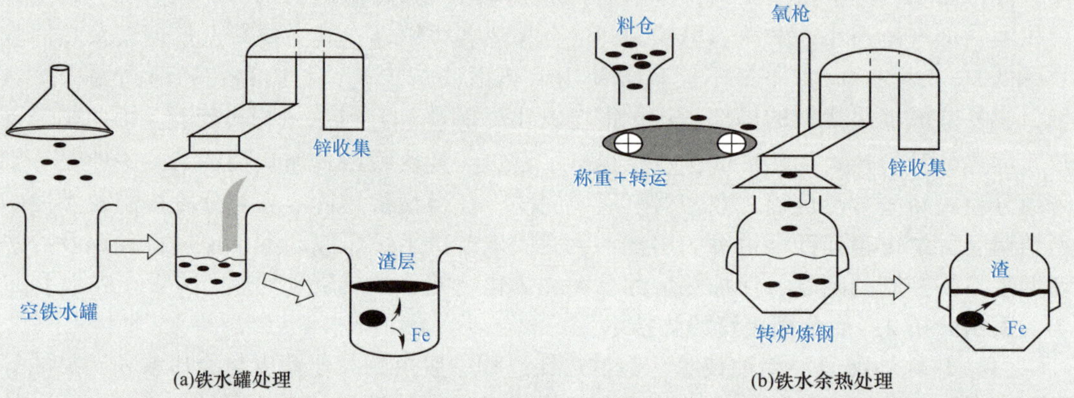

图4-4 采用铁水罐及铁水余热处理尘泥工艺

将含铁含碳尘泥压制成自还原冷固团块，利用铁水罐余热预热团块，在铁水中还原、分离、回收铁，或利用转炉热环境处理该团块，开发了含锌尘泥处理的新技术。将含锌尘泥等冷固制成易渣铁分离的自还原团块，以尘泥中游离碳为还原剂，利用兑铁后的铁水罐余热及接铁时高温铁水满足反应的热力学和动力学条件，实现团块中铁、锌氧化物的还原以及锌气化分离，然后经出铁厂已有的除尘器收集含锌烟尘。

案例分析3：冶金水资源节约及污染防控技术

（1）工业新水的多水源优质低价配比技术。针对大伙房水、深度处理出水、净化河水和地下水的水质特征进行优化配比，实现了地下水使用最小化、深度处理回用水使用最大化，同时水源的沿线损失大幅降低。通过用能评价，将工业新水水质与净环水水质进行对比，将炼铁和炼钢部分净环系统的补水采用净环水替代原有的新水；通过工艺改进及节水项目的实施，大幅降低新水用量，实现降低水资源费用和地下水加压站设备节电的双重效益。

（2）外排废水强化处理技术。采用现场实地测量和取样后实验室检测分析等多种手段，形成了厂区内的工业新水使用平衡图和净环水使用平衡图。以降低工业新水消耗和净环系统减量降压为基础，充分挖掘污水处理厂现有的污水设施处理能力，实现了生产废水全部处理，外排废水二次强化处理，外排废水水质改善效果明显。

案例分析4：节能减排新技术、新工艺研究

（1）高炉渣干式余热回收与利用技术。目前，正在开展高炉渣显热回收技术的研究工作。高炉渣是高炉冶炼的副产物，其主要成分为氧化钙、氧化镁、三氧化二铝、二氧化硅等，可代替天然岩石生产水泥或矿渣微粉等用于建材产品。高炉渣的出炉温度大于1500℃，1t 高炉渣所含有的热量相当于 64kg 标准煤，目前采用的是水淬工艺，除了少部分北方企业在冬天利用冲渣水的余热进行采暖外，基本没有其他有效的余热回收方式。因此，不仅高炉渣的显热及潜热无法回收利用，造成重大的能源浪费，而且 INBA 法水冲渣工艺还造成水资源的大量浪费，对大气、水和土壤也造成了严重的污染。经调研，国内外开发高炉渣干式余热回收技术虽然已有近 40 年的历史，但一直未有工业化应用的报道。

（2）高效换热技术。轧钢加热炉作为轧钢工序的主要能耗设备，其能耗占轧钢生产工序的 40%以上，直接影响着轧钢企业生产率和产品竞争力。而加热炉炉内燃料燃烧所产生的热量，有很大一部分被排出炉膛外的烟气带走，一般轧钢连续式加热炉的炉膛温度在 1250℃左右，平均排烟温度在 800～900℃。它所带走的热量占炉子热负荷 20%～45%，极大地降低了加热炉的热利用率。轧钢加热炉的发展经历了无换热器、金属间壁式换热器（传统加热炉）、蓄热式换热器（蓄热式加热炉）三个阶段。其中带有金属间壁式换热器的传统加热炉燃料消耗量较无换热器的加热炉降低 30%，而蓄热式加热炉的燃料消耗量较传统加热炉降低 20%。但蓄热式技术存在炉压控制困难，炉头、炉尾冒火严重，炉子维护成本高，检修周期短，节能不节钱等的实际问题，使其在大型钢铁企业的使用受到限制。鞍钢已经与国内某高校联合开发低成本高效率的换热器，将烟气余热直接带回炉内，提高炉膛效率，这是最可行的余热利用方式。

（3）富氧燃烧技术。在钢铁工业炉上的研究与应用随着全球变暖的加剧以及气候的变化，作为温室气体主要因素的 CO_2 排放问题逐渐引起了全球的关注。因此，富氧燃烧技术作为最具潜力的有效减排 CO_2 的新型燃烧技术之一，成为全球研究者关注的热点。根据富氧燃烧目的的不同，大体可以分为以下三类：捕获 CO_2、降低有害气体排放和提高锅炉效率。富氧燃烧技术是消纳多余氧气的最佳途径，随着企业对提高产能需求的不断增加，而节能降耗、减少排放是企业可持续发展的必然选择，因此实现富氧燃烧技术在加热炉、钢包烘烤和烧结机等钢铁工业炉的研发与应用是冶金企业的发展方向。富氧燃烧技术对于节能减排意义重大，具有行业引领的积极作用，市场前景、环保效应巨大。目前，与国内某高校合作进行富氧燃烧技术在钢铁工业炉上的研究与应用，符合国家所倡导的低碳和碳达峰目标。

（4）含铁尘泥高效再资源化新工艺。针对大部分返回烧结利用的含铁废物开展研究工作，解决含铁尘泥在烧结中回用存在的流程长、成本高等问题，逐步实现含铁尘泥高附加值、短流程、低成本的综合利用，为高炉顺行打下基础。

（5）难处理固体废物、危险废物鉴别与处理技术。从源头治理入手，解决难处理废物和危险废物的产生问题，少产生即可少处理、降低处置成本，通过技术创新将难处理废物和危险废物无害化处理，同时消除存量，最终实现固体废物“零出厂”。

4.1.6.2 公路工程物质减量化实践

公路工程领域实现物质减量化，可以根据物质减量化的基本原则，提高公路工程的资源利用效率，寻找公路工程中可替代材料，提高公路工程质量并采用预防性养护措施，提高公路工程废物的利用水平、公路工程中的能源节约，提高公路工程信息服务水平。

案例分析：公路工程物资减量化

（1）提高公路工程的资源利用效率。公路工程最主要的资源消耗是对土地资源的占用和砂石料的开采，这两项资源都是不可再生的，并且对生态环境的影响较大。按物质减量化的理论，应提高利用效率，最大限度地减少占用和开采。我国人口多、山地多、平地少、人均耕地面积少，因此，交通运输部明确提出："集约节约利用土地资源，严格落实耕地保护政策，到2020年与2005年相比，公路单位运输周转量用地面积下降25%左右。"这与物质减量化理论关于节约资源，特别是不可再生资源的思想是一致的。解决公路工程对减少土地资源的占用和砂石料的消耗，提高资源利用效率。

公路工程中采用替代材料，公路工程中耗用的砂石料可以采用其他物理性质类似的材料替代，如工业固体废物或建筑固体废物。采用替代材料后，可以减少对天然砂石料的开采，同时减少了水土流失，保护了生态环境。例如，利用电石渣可代替石灰，以电石渣（灰）稳定土作道路基层；粉煤灰稳定土（粒料）也可作道路基层；煤矸石可用于路基填料，也可作为道路混凝土中的骨料；橡胶粉改性沥青具有优良的路用性能等。我国每年产生大量的建筑垃圾，主要成分是废弃混凝土、碎砖块、瓷砖碎片、玻璃碎片等，建筑垃圾经破碎后的再生粒料可作为道路基层和底基层，也可用于沥青混凝土的骨料生产沥青混凝土，这可以大量节约天然的砂石料资源。

（2）提高公路工程废物的利用水平。公路工程中不可避免地会产生大量废物，尤其是养护和大修活动中会产生对环境有污染的废旧路面材料。对于公路工程产生的废物应遵循"减量化、再利用、资源化"的原则，大力开展路面材料、废旧材料等资源的再生、循环和综合利用，实现对资源的少用、用好、循环用。例如：在水泥混凝土路面养护维修中，可将破碎板全部集中回收，作为储备石料，再将其用于硬质路肩、护肩带、挡土墙、安保工程和软基路段基础处理等适合使用回收石料的工程，也可用于路面基层，填方等。在废旧路面的再生利用方面，沥青路面的再生利用在资源节约和环境保护方面有较好的代表性。

（3）公路工程中的节约能源消耗也是物质减量化的主要内容。一般来说，有物质流就有能量流，在工业体系中大部分能量流都是由运输和加工活动所产生的。因此，减少能量消耗的最有效方法之一就是物质减量化战略。实现了资源的减量化利用就可以大幅度减少公路工程中用于原材料的加工和运输所消耗的能源。在公路工程中推广低能耗的施工和养护技术，也是减少能耗的主要途径。

我国的经济正处于高速发展阶段，作为基础设施的公路网建设也在快速推进。我国的资源和环境条件决定了公路网建设必须建立在资源节约和环境保护的基础上，提高资源利用率，最大限度地减少污染，并符合国家所倡导的低碳理念。物质减量化理论对实现这一目标有重要的借鉴意义，其所提出的提高资源利用效率、发展替代材料、减少废物产生和再利用、提高产品耐久性、降低能耗、发展信息服务等观点，对公路工程建设有较好的借鉴意义。

4.2 能源脱碳

4.2.1 能源脱碳的概念及理论

能源脱碳是指采用相应的技术使燃料释放同等能量的过程产生出更少的碳产物。由于能源产品的重要性和特殊性，能源脱碳作为物质减量化的特殊分支已经得到了广泛重视，并逐渐上升到国家战略层面，为此国家提出“碳达峰、碳中和”的目标。

关于能源消耗、二氧化碳排放与中国工业经济的研究主要分为三类：第一类主要集中于中国工业经济中能源消耗强度与碳排放强度的测算及影响因素研究；第二类重点探讨能源消耗、碳排放与中国工业经济增长的关系；第三类则更进一步探讨能源消耗、碳排放与中国工业经济可持续发展的关系。

由于技术、经济以及结构性原因，碳氢化合物还将长期占据世界能源消耗的主体地位，因此，能源脱碳并不是指无碳，而是通过提高化石能源利用效率和发展新能源技术，达到减少其碳排放量的相对脱碳办法。鼓励以石油代替煤炭，再以天然气代替石油，并通过技术的革新，逐步加大清洁能源在能源总耗量中的比重。

4.2.2 “双碳” 目标下的能源脱碳

“双碳” 目标倡导绿色、环保、低碳的生活方式。加快降低碳排放步伐，有利于引导绿色技术创新，提高产业和经济的全球竞争力。中国持续推进产业结构和能源结构调整，大力发展可再生能源，在沙漠、戈壁、荒漠地区加快规划建设大型风电光伏基地项目，努力兼顾经济发展和绿色转型同步进行。在 “双碳” 目标下，能源脱碳是关键的战略方向，旨在减少或消除能源系统对大气中温室气体的排放。其主要方向包括：(1) 可再生能源的推广：采用可再生能源是实现碳达峰和碳中和的重要途径。太阳能、风能、水能等可再生能源产生的电力是相对清洁的，减少了对传统高碳能源的依赖。(2) 提高能源效率：通过采用更高效的能源生产和使用技术，减少能源浪费，可以在维持经济增长的同时降低碳排放。这包括建筑、交通、工业等领域的能效提升。(3) 碳捕捉和储存 (CCS)：CCS 技术可以帮助减少能源生产过程中产生的二氧化碳排放。这对于一些难以直接替代的高碳行业，如钢铁和化工，尤其重要。(4) 碳市场和碳交易：通过建立碳市场和碳交易系统，为碳排放设定经济激励，有助于推动企业采取更多的碳减排措施，促使能源系统向更低碳方向发展。(5) 绿色技术创新：投资和发展绿色技术，包括储能技术、智能电网、新型能源储存等，有助于提高能源系统的灵活性和可持续性。

这些措施共同构成了能源脱碳的战略框架，在碳达峰和碳中和目标的指导下，推动社会实现更加可持续、低碳的能源体系。这需要国际社会、政府、企业和公众的共同努力，以促使全球能源系统转向更为环保和可持续的方向。

4.2.3 能源脱碳的重要性及实施途径

近年来，“节能减排” 已成为这个 “低碳时代” 的重要议题之一，而中国工业经济具有明显的高投资、高能耗和高排放的特征，所以关注严重依赖要素大量投入的中国工业经济可持续性问题，在如今金融危机以及全力推动工业反哺农业的时代背景下显得意义重大，也是实现循环经济、推动经济可持续发展的重要方向。现代工业的发展在消耗大量物质材料的同时，还需要消耗大量的石油、天然气、煤等能源物质。能源脱碳问题在工业生态学方面的重要性可归纳为以下五点：

（1）能源脱碳是缓解能源危机，解决空气污染、温室效应等世界性难题的重要措施之一。

（2）能源脱碳战略是实现物质减量化的重要措施。有物质流就有能量流，工业体系中的大部分能量流都在运输和加工过程中产生，减少能源消耗最有效的办法之一就是物质减量化战略。

（3）能源脱碳战略可有效优化工业体系运行结构。能流反应物质流的结构状态，因此，仅仅生产更为轻巧的产品（简单的物质减量化）是不够的，重要的是重新组织物质流的路径（制造过程、基础设施管理等），最终使工业体系运行对能源的需求减少。

（4）能源脱碳战略有利于工业共生体系的建立。燃烧煤、重油、天然气的热电厂从一开始就将其设计成自成体系的工业生态系，优化所有物质流，包括燃烧后的灰烬。我们可以构建"能源—生态—工业园区"，其中工业生态系统主要合作伙伴之一就是能量生产单位，优化能源结构对建立更加清洁的工业共生体系就显得尤为重要。

（5）在今后相当长的一段时间，碳将继续在工业代谢过程中起至关重要的作用，必须承认这一现实，然后选择"脱碳"的办法，逐渐向含有相对少碳的碳氢化合物过渡。

能源流的循环过程比一般性物质流（如钢铁等）的循环过程对大气环境的影响要大得多。它在消耗碳的同时还大量消耗空气中的氧，在燃烧过程中所产生的副产物（byproduct）会对大气环境造成严重的破坏（图 4-5）。

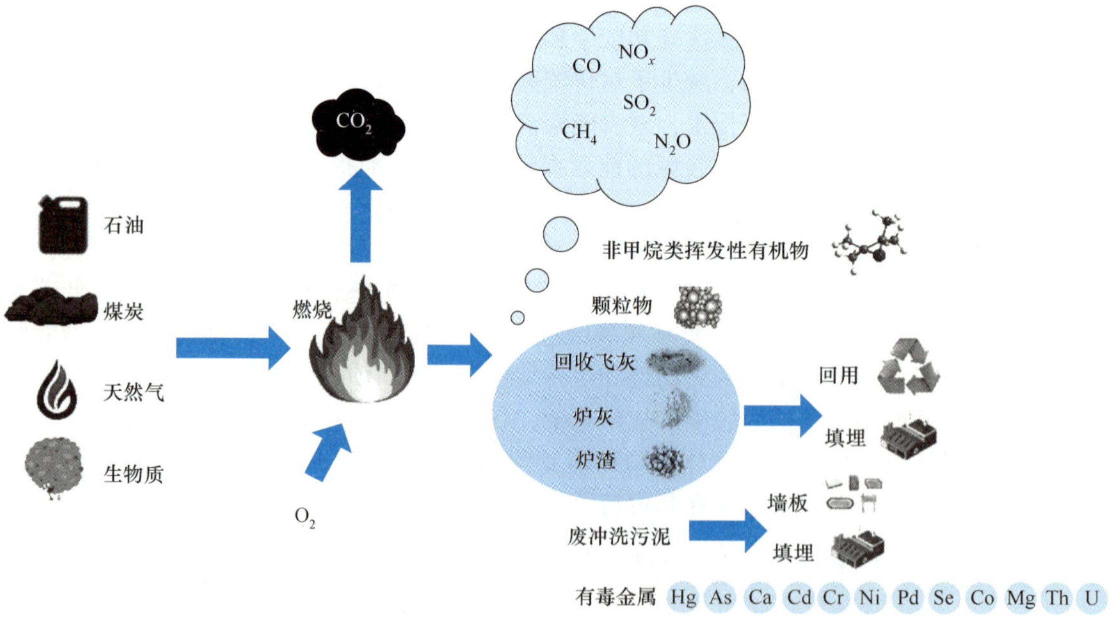

图 4-5 石油、煤等燃料能源燃烧过程中物质转化示意图

人类社会共经历三次能源转型，现在正处于第三次能源转型时期。从木材到煤炭，从煤炭到石油，从石油到可再生能源，勾勒出全球主要能源需求的演变路径。第一次能源转型开始于18世纪60年代，主要标志是瓦特发明了蒸汽机，随后能量密度更高的煤炭在一次能源占比中逐渐超越木材。第二次能源转型始于19世纪下半叶，19世纪80年代左右内燃机被发明，人类对石油和天然气的需求逐渐增加；钻井、炼油技术的进步，推动了石油和天然气的大规模生产。

工业革命以来，矿物中以碳氢化合物形态存在的化石燃料一直是最主要的能量供给元素，是支撑经济发展的最基本的物质，碳氢化合物（煤炭、石油、天然气）占地球开采物质的70%以上。然而，这些能源物质也是许许多多问题的源头，如温室效应、烟雾、赤潮、酸雨等。最近几十年来，由工业生产产生的碳消耗与日俱增。而且，发展中国家由于经济增长和人口增加，碳消耗将继续呈上升趋势。一些学者甚至预言：在21世纪，我们将消耗近5000亿吨煤炭，也就是超过自工业革命以来的消耗量的两倍以上。大量二氧化碳排放造成全球性的温室效应，是现今全球各国所共同面临的一个世界性难题，能源脱碳就是解决温室效应这一世界性难题的重要措施之一。

可以肯定，可再生能源将会发展。第三次能源转型发生于当下，随着化石能源需求峰值的来临和生态保护的要求，对可再生能源的需求增加，未来有望成为主要能源。在第三次能源转型进程中，已有44个国家承诺将实现零碳排放目标，共占全球二氧化碳排放量的73%左右。其中，10个国家已实现零碳目标立法；8个国家处于立法审议中；26个国家发布相关政策文件。欧盟和美国承诺将于2050年实现净零排放，中国承诺在2060年实现净零排放，印度预计于2070年实现净零排放。但是，减碳任务仍面临诸多挑战，一方面，减碳目标与经济增长、结构调整、产业升级之间需要协同推动；另一方面，当前部分国家和地区仅停留在时间表的层面，尚未明确减碳具体路径与推进安排，相关基础设施建设依然匮乏。国际能源署（IEA）预计，2023年全球将实现碳达峰。从减碳量来看，假设所有国家净零排放承诺都能按时实现，至2023年碳排放量将达至36吉吨（Gt）（1吉吨相当于10亿吨）的峰值。2030年，全球二氧化碳排放量将下降至30Gt，2050年下降至22Gt。如果排放量在2050年后继续保持下降趋势，且非能源相关碳排放量的变化水平相似，2100年全球平均地表温度将上升2.1℃左右。从国别来看，减排的主要国家为中国、美国、欧盟等国家和地区。但基于技术的、经济的以及结构性的原因，可再生资源的大量利用还不具备现实性意义，只能起到辅助作用。诸如太阳能那样的漫射能源，还无法维持稳定的生产和生活消耗。不得不承认，就世界能源消耗而言，在今后相当长的一段时间，碳将继续在工业代谢过程中起举足轻重的作用。

现有工业体系向碳含量相对较少的能源结构转换将对基础设施产生重要影响，特别是就天然气而言。天然气中除了其含碳较少外，还有极为丰富的储量优势。已探明可开采天然气储量将近100万亿立方米，相当于石油储量的6倍。今后的50年当中，其消耗量将增加10倍，这就需要大大增加管道体系的输气能力。碳水化合物替代碳氢化合物是能源脱碳的一个有效方法，亦即生物质能的利用。部分专家认为源于植物的糖及其他物质中存在大量的势能，即大量的能源介质。尽管碳水化合物仍然不是“脱碳的”，但其对环境的毒性很小，而且它们不是取自矿物，而不会产生温室效应。

但是生物质能要达到工业生产的规模，就需要大规模种植，又会产生对生态，特别是对生物多样性方面的影响。就目前而言，虽然“绿色碳氢燃料”受到广泛的扶持，但与矿物能源相比，其生产成本仍要高得多。这一类能源的支持者指出，绿色燃料同样具有工业化生产的可能性：枝叶、秸梗等，可以切实地用于工业生产。从用于替代高炉矿物煤炭的植物，直到由呋喃派生出来的制药精细化工，其间还可以有生物降解聚合物等。生物能量的开发还可以创造更多的就业机会，使用生物质能和有机废料需要邻近的就业者，可以促使当地和社区的生活更具活力。

从长期来看，人们更倾向于使用理想的能量载体——氢燃料。使用氢作燃料的不良后果很小，从环保的角度看甚至可以说是无害的。但燃烧氢会产生蒸汽，大量地产生蒸汽，会对气候和地理条件产生一定的影响。高温情况下燃烧氢会产生少量的氮氧化物。此外，氢燃料的燃烧还存在着一些有待解决的问题，特别是金属的氢腐蚀致脆问题和运输与储存的安全问题。另外，应明确的是氢本身并不是能源，只是能量的载体，氢能源必须完全氧化才能产生热力或发电。即便氢可以成为可控制的、可运输的和可储存的能量载体，大规模地使用氢还需要面临一个物质化意义上不可忽视的问题——输送管道网问题。因此，最理想的能源显然是太阳能，其次是水力发电和核能。

能源产品是人类在地球表面运输量最大的物质。在散装货物的世界贸易和各国国内贸易中占据主要地位。因此，应该尽量缩短能源介质运输的距离，减少运输所必需的基础设施，努力使之“减量化”。降低能源消耗，开发太阳能、风能、生物质能、氢能源等新型能源替代技术是解决能源脱碳问题的最有效途径。

能源脱碳途径主要包括节能降耗，实现能量的梯级利用以及开发新型可再生能源，同时还存在碳封存、碳排放交易、能源合同管理等途径。

（1）针对化石能源工业企业，采取节能降耗，能量梯级利用措施，提高能源利用效率。能量梯级利用是指：不管是一次能源还是余能资源，均按其品位逐级加以利用。例如高、中温蒸汽先用来发电或用于生产工艺，低温余热用来向住宅供热。能源的梯级利用可以提高整个系统的能源利用效率，是节能的重要措施，如干熄焦（CDQ）余热回收与发电技术、烧结余热回收技术、转炉余热回收系统、热轧加热炉汽化冷却工艺等。

能量的梯级利用可按质用能和逐级多次利用分为两个方面：

1）按质用能就是尽可能不使用高质能源去做低质能源可完成的工作；在一定要用高温热源来加热时，也尽可能减少传热温差；在只有高温热源，又只需要低温加热的场合下，则应先用高温热源发电，再利用发电装置的低温余热加热，如热电联产。

2）逐级多次利用就是高质能源的能量不一定要在一个设备或过程中全部用完，因为在使用高质能源的过程中，能源的温度是逐渐下降的（即能质下降），而每种设备在消耗能源时，总有一个最经济合理的使用温度范围。这样，当高质能源在一个装置中已降至经济适用范围以外时，即可转至另一个能够经济使用这种较低能质的装置中去使用，使总的能源利用率达到最高水平。

（2）开发新型能源代替技术——可再生能源。新能源代替技术的发展打破了以石油、煤炭为主体的传统能源观念，开创了能源的新时代。可再生能源包括太阳能、风能、氢能、生物质能、核能、地热能等，它们在自然界可以循环再生，不需要人力参与。我国可再生能源资源丰富，但开发程度较低，具备广阔的发展前景。

以美国为例，可再生能源在美国乃至全球能源转型是大势所趋。然而，转型进程中需要平衡新能源与传统能源替代，需要平衡发达国家和发展中国家、工业国家和农业国家、气候脆弱国家和气候不敏感国家等。各国有着不同目标和发展优先级的诉求，全球气候治理框架需要重塑。

1）可再生能源的技术突破将成为美国破解低碳转型“不可能三角”的关键。推动可再生能源的发展与使用，关键在于能够低成本、稳定地获得可再生能源。未来的电力系统需要大量运用可变和间歇性的可再生能源，以满足对发电和脱碳的需求。其间技术突破应该贯穿可再生能源的生产、储存和转换等全流程，降低可再生能源供给的不稳定性，降低能源成本。促进可再生能源领域的投资与创新。在投资方面，拜登政府承诺投入大量资金发展清洁能源，其 2022 年预算向能源效率和可再生能源部门投资数十亿美元，以支持各终端能源部门发展可再生能源并脱碳，包括储能技术、交通部门减排、农业部门减排、建筑部门减排、风能和太阳能发展等领域。与此同时还重点关注核能的利用，包括核设施、核反应堆发展以及核反应堆燃料循环技术等。此外，美国将进一步加大力度，限制石油和天然气的开采。为了实现电力部门 2035 年脱碳等政策目标，美国仍需要在后疫情时代逐步降低天然气的使用。

2）电力部门将率先脱碳，交通部门是减碳的难点与关键。能源独立背景下，能源转型目标重要性提升，低碳成为重要执政目标。为实现 2035 年无碳发电，2050 年实现碳中和目标，美国从多部门、多维度提出减排量化目标，体现了未来一段时间美国能源结构转型的方向。其中，主要是电力部门和交通部门的脱碳。美国政府设定电力部门脱碳的目标，并投资 650 亿美元对电网进行现代化改造。但是交通部门大量使用石油作为燃料，脱碳任务较为艰巨。美国设定了在 2030 年清洁能源的车辆销售要占到一半以上的目标，并提出了更严格的轻型车辆燃油效率和排放标准，以促进交通部门的减碳进程。

3）能源转型伴随碳价格上涨，或将构成通胀上行风险。碳定价是实现气候目标的有效手段。目前，只有 21.5%的全球排放量被碳定价工具覆盖。而最近的一项调查显示，大多数气候学家认为到 2050 年碳的价格应该在每吨 75 美元以上才能实现净零排放。碳价格的显著上涨将抑制对化石能源的投资和需求，并刺激低碳技术的投资与创新，进而加速低碳转型。虽然这种价格变化对环境有益，但如果不能实现技术突破，研发出低碳且低廉的能源产品，高企的碳价格将会对经济造成一定压力，并形成能源价格抬升引发的高通胀预期。预计未来美国或将实施减税、退税或设置价格上限等手段来应对能源价格上涨保障能源需求，货币政策或将偏离“通盘考虑”的政策传统，需要对高通胀做反应，以保持中期价格的稳定。

4）未来须弥补《格拉斯哥气候公约》的实现目标控温 1.5℃的缺口。据能源转型委员会（ETC）的数据，《格拉斯哥气候公约》使得 2030 年全球温室气体排放量由此前预计的 52.4Gt 降至 41.9Gt。但是，如果要实现控温 1.5℃的目标，2030 年全球温室气体排放量需要降至 26.6Gt，这意味着《格拉斯哥气候公约》距离控温 1.5℃目标仍有很大缺口。而气候行动追踪组织（CAT）的预测数据表示，根据各国发布的未来减排目标，全球温度的上升最终可能达到 2.4℃。如果要确保控温 1.5℃目标的实现，需要各国在完成已有减排承诺的基础上，承担额外的减排任务。控温缺口的弥补，美国既需要突破能源结构调整、新兴技术研发等发展瓶颈，实现国内绿色转型，也需要与其他国家合作，加速能源转型。

5）关注能源体系革命引发的国际贸易、产业结构变革，新兴经济体应加强低碳能源转型合作。长期而言，未来美国以及国际能源结构的变革意味着全球能源体系的国际规则将发生重大变化，传统能源的清洁化及可再生能源的发展将成为各国竞争的核心。环境标准、生态效率越来越成为重要的国际竞争要素之一，低碳成为影响并决定国际生产与服务标准的核心指标。未来低碳能源为主的发展模式不仅给交通运输、基础设施等带来直接变化，产业发展的空间与碳密度高低的关联度增强，而且将为经济增长核心要素构成、国际贸易体系、全球气候治理规则带来深刻的调整。新兴经济体应深刻认识到这场能源、经济贸易、地缘政治等领域的系统性变革，多措并举，推进低碳能源转型全方位合作。增进能源转型与气候变化领域的沟通，打造低碳能源转型领域的合作空间。深化能效合作，扩大低碳能源领域的投资，推动清洁能源设备发展，促进低碳产业转型升级。推动能源科技创新技术融合交流。发挥各自优势，加快突破能源领域的核心技术，在太阳能发电、风力发电、核电、储能、氢能等方面实现突破。

（3）碳封存途径。碳封存（carbon sequestration），指的是以捕获碳并安全储存的方式来取代直接向大气中排放 CO_2 的技术。碳封存研究开始于 1977 年，近年来碳封存技术取得了迅速的发展。碳封存主要包括以下过程：1）捕捉（capture）：第一步是从产生大量 CO_2 的工业过程中捕捉二氧化碳。这通常发生在发电厂、石油炼制厂、化工厂等碳排放较大的场所。有几种不同的捕捉技术，包括化学吸收、物理吸收和膜分离等。2）运输（transport）：捕捉到的二氧化碳需要被运输到最终的储存地点。这可能涉及使用管道、船舶或其他运输手段，将 CO_2 输送到地下储存区域。3）储存（storage）：储存是碳封存的核心步骤。捕捉到的二氧化碳被注入地下岩层或地下水层中，通过各种地质储存技术将其永久地封存在地下。常用的储存层包括盐岩、油气田等。

碳封存技术的主要目标是减少工业活动和能源生产过程中产生的 CO_2 排放，以满足气候变化目标。它在以下几个方面具有优势：1）碳减排：碳封存可以显著减少大型工业设施和发电厂的二氧化碳排放，从而有助于降低温室气体的累积。2）延缓气候变化：通过将 CO_2 永久储存在地下，可以减缓大气中温室气体的积累，有助于应对气候变化。3）保护环境：碳封存可以防止工业排放的二氧化碳进入大气并导致酸雨等环境问题。

（4）碳排放交易。碳排放交易是一种市场机制，旨在通过为二氧化碳（CO_2）等温室气体的排放设定经济激励，推动减少排放和促进碳减排措施。这种市场机制通常被称为碳市场，其中企业和国家可以买卖碳排放配额。碳排放交易的目标是激励企业采取更加环保的生产方式，推动技术创新和能效改进，以降低温室气体排放。这种市场机制通过市场信号和经济激励，为碳减排提供了一种灵活和经济有效的方法。

（5）能源合同管理。能源合同管理是指对企业或机构的能源采购和使用过程进行有效管理的一系列实践和流程。这包括监控能源合同、优化能源采购策略、控制能源成本以及确保合规性。能源合同管理有助于企业实现其可持续性目标，通过降低碳排放、采用可再生能源等方式，为企业的可持续经营作出贡献。能源合同管理为企业提供了一种系统性、综合性的方法，使其能够更有效地应对能源市场的挑战，实现经济效益和可持续性目标。

4.2.3.1 能源脱碳——化石能源实施案例

案例分析1：石油

石油是一种黏稠的、深褐色液体，被称为“工业的血液”。地壳上层部分地区有石油储存，主要成分是各种烷烃、环烷烃、芳香烃的混合物，是地质勘探的主要对象之一。石油产品在社会经济发展中具有非常广泛的作用与功能，其经提炼生成的产品已经渗透到人们生活的方方面面，有着密不可分的关系。

随着全球经济的持续、快速增长，石油作为一种关系到国民经济命脉和国家经济安全的战略性物资，发挥着越来越重要的作用。中国是世界产油大国，石油产量已连续13年位居世界第五，同时中国又是石油消费大国，近年来随着经济的增长对石油的需求与日俱增，成为了世界石油进口大国，石油供需矛盾日益严峻。

石油经过加工提炼，可以得到的产品大致可分为四大类：

（1）燃料。石油产品中的汽油、柴油、煤油和燃料油等广泛用于各种类型汽车、拖拉机、轮船、军舰、坦克、飞机、火箭、锅炉、火车、推土机、钻机等动力机械。石油燃料是用量最大的油品，按其用途和使用范围可以分为如下五种：

1）点燃式发动机燃料有航空汽油、车用汽油等。

2）喷气式发动机燃料（喷气燃料）有航空煤油。

3）压燃式发动机燃料（柴油机燃料）有高速、中速、低速柴油。

4）液化石油气燃料即液态烃。

5）锅炉燃料有炉用燃料油和船舶用燃料油。

（2）润滑油。润滑油使各类滑动、转动、滚动机械，仪器减少磨损、保证速率，起到润滑、散热、密封、绝缘等作用。润滑油和润滑脂被用来减少机件之间的摩擦，保护机件以延长使用寿命并节省动力。它们的数量只占全部石油产品的5%左右，但其品种繁多。

（3）沥青。沥青具有良好的黏结性、抗水性和防腐性，广泛用于铺筑路面，作防腐防水涂料及制造油毛毡和碳素材料等。它们是从生产燃料和润滑油时进一步加工得来的，其产量约为所加工石油的百分之几。

（4）溶剂。溶剂汽油是橡胶、油漆、皮革、油布等工业所需的溶剂，并可用于洗涤机器和零件，是有机合成工业的重要基本原料和中间体。

膜分离技术在石油行业有很重要的应用。膜分离技术是通过扩散系数不同达到气体分离的新兴分离技术，在近十几年得到了快速度发展，因其装置结构简单、维护费用低、能耗小等特点逐步在石油化工行业推广应用。膜分离是利用气体中不同组分在高分子材料上扩散系数大小不同而达到气体分离的物理过程。

在石油产品生产加工过程中，应用较为成熟的是渗透汽化（pervaporation，PV）膜分离技术。PV膜分离技术可以用于有机溶剂及混合溶剂、废水中溶剂回收、有机混合物的分离、化学反应过程中溶剂脱水。

（1）油气回收领域应用。液体燃料是烃类与少量非烃类化合物组成的混合物，在储存运输过程中其轻质组分会不断从体系中逃逸。例如，成品轻质油料在装卸过程中将会产生挥发损失，汽油在每次装卸过程中的损失约为0.18%。我国是燃料消耗大国，成品轻油的装卸损耗不仅带来了巨额经济损失和严重的环境污染，此过程中油气逸散还直接威胁到平台及操作安全。目前，油气回收的主要途径是营造封闭环境，防止油气逸散。这种整体回收的方法虽然能够有效地防止污染确保安全，但值得指出的是，油气中仅有一小部分为烃类气体，其大部分组分是能够直接排放到大气中的，因此，相对于先分离再回收的方式而言，油气整体回收在经济上是不合算的。

油气分离回收技术从原理上可分为膜分离法、吸收法、吸附法、冷凝法及压缩法等。其中，吸收法和吸附法已经十分成熟并已广泛使用；冷凝法因其结构复杂、设备费用昂贵难以得到推广。相较其他方法而言，膜分离法的性价比最高，且其流程简单、回收率高，不会产生二次污染，具有较高的实用价值。此外，由于膜分离技术目前存在的局限性，并且多工艺联合系统在油气回收过程当中屡见不鲜，因此将两种技术结合有利于降低油气回收装置改造成本。试验结果表明，该组合工艺的有效油气回收效率可达95%。目前，多工艺联用能够有效推广膜分离技术的应用，综合各种分离方法的优点，得到良好的分离效果。

（2）石油产品脱水处理中的应用：

1）天然气除酸。天然气中含有CO_2、H_2S等酸性气体，会降低热值、腐蚀管道和设备，且燃烧产生的SO_2气体造成污染，故在使用、输送前必须从天然气中除去。

随着中国高CO_2气田的开发和油田CO_2驱伴生气循环利用，天然气脱碳技术在生产过程中变得越来越重要。膜分离天然气脱碳是基于渗透汽化的方法实现的。就渗透速率而言，CO_2比甲烷等烃类大，故能较快地渗透过膜，从而脱除天然气中CO_2。

2）炼厂气氢回收。为了维持循环氢浓度，许多装置都需要排放一定量的尾氢。因此在生产过程中，一方面需要消耗大量的氢气，另一方面又有一定量的氢气随尾气排放，如加氢工艺装置的尾气中氢含量就相对较高。目前处理尾氢的方法是作为燃料气燃烧，这会造成极大的资源浪费。因此，氢气回收再利用十分重要。膜分离氢提纯工艺流程主要由预处理和膜分离两个过程组成。

3）润滑油生产。废油再生过程中常用的酸碱精制和白土精制的方法已不能满足环保的要求。国外已应用的新工艺包括超滤、离心分离、分子蒸馏、絮凝处理和溶剂精制等，各工艺均表现出无污染或低污染、大型化再生的发展趋势。

超滤能够将废油中的炭黑、烟灰、胶体粒子及添加剂消耗产物滤除，故选择超滤膜去除废润滑油中的杂质成分是合理的。此外，膜分离技术还可以与超临界流体技术、超声波技术等组合使用，以提高再生效率。

（3）含油废水处理中的应用。油田开发后期需要进行注水作业以增大采出，该项工艺产生的含油污水是油田环境保护工作的重要组成部分。含油废水处理技术按原理和对象可分为物理化学法（包括吸附法、膜分离法等）、化学法（包括絮凝法、氧化法、电化学法等）和生物法（包括活性污泥和生物滤池等）。随着对回注水质要求的不断提高，原油田广泛采用的两段式工艺已不能满足回注水悬浮物和粒径的要求。然而，膜分离技术与絮凝技术联用，可以有效解决目前PAC絮凝法、PFSS絮凝法不能有效降低污水含油量和 COD 的缺陷。经絮凝-膜分离处理后的含油废水出水水质与絮凝条件、过滤条件等操作参数有关，条件适宜时出水水质可达一级排放标准。

案例分析 2：煤炭

煤炭是地球上蕴藏量最丰富和分布地域最广的化石燃料，是冶金、化工等行业的重要资源。煤在全球的分布很不均衡，各个国家煤的储量也很不相同。中国、美国、俄罗斯、德国是煤炭储量丰富的国家，也是世界上主要产煤国，其中中国是世界上煤产量最高的国家。中国的煤炭资源在世界居于前列，仅次于美国和俄罗斯。

虽然煤炭资源的重要位置已被石油所替代，但由于石油资源的日渐枯竭，煤炭资源必将再次成为今后很长一段时间内的主要能源，并且煤炭因储量巨大，煤炭利用新技术也日趋成熟和广泛应用。我国能源消费结构中，煤炭的比重远远高于其他国家，2019年，我国煤炭产量和消费量均为世界第一。

煤炭的用途十分广泛，可以根据其使用目的分为动力煤和炼焦煤。

（1）动力煤。

1）发电用煤：中国 1/3 以上的煤用来发电，平均发电耗煤为标准煤 370g/(kW·h)左右。电厂利用煤的热值，把热能转变为电能。

2）蒸汽机车用煤：占动力用煤的 3% 左右，蒸汽机车锅炉平均耗煤指标为100kg/(万吨·km) 左右。

3）建材用煤：占动力用煤的 13% 以上，以水泥用煤量最大，其次为玻璃、砖、瓦等。

4）一般工业锅炉用煤：除热电厂及大型供热锅炉外，一般企业及取暖用的工业锅炉型号繁多，数量大且分散，用煤量约占动力煤的 26%。

5）生活用煤：生活用煤的数量也较大，约占燃料用煤的 23%。

6）冶金用动力煤：冶金用动力煤主要为烧结和高炉喷吹用无烟煤，其用量不到动力用煤量的 1%。

（2）炼焦煤。中国虽然煤炭资源比较丰富，但炼焦煤资源还相对较少，炼焦煤储量仅占中国煤炭总储量的 27.65%。焦煤的主要用途是炼焦炭，焦炭由焦煤或混合煤高温冶炼而成，一般 1.3t 左右的焦煤才能炼 1t 焦炭。焦炭多用于炼铁，是钢铁等行业的主要生产原料，被喻为钢铁工业的“基本食粮”。中国是焦炭生产大国，也是世界焦炭市场的主要出口国。

随着经济的发展，煤炭行业也在不断壮大，但煤炭的开采和利用过程都会产生大量的污染，因此我国必须在注重煤炭发展的同时，大力实施污染治理，在发展经济的同时，走可持续发展的战略道路，把探讨煤炭行业发展和污染治理问题作为我国当前首要解决的问题之一。对于煤炭行业的污染治理，最有效的方式就是利用一系列洁净煤技术。

洁净煤技术是指在煤炭从开发到利用全过程中，旨在减少污染排放与提高利用效率的加工、燃烧、转化和污染控制等新技术的总称。其包括洁净生产技术、洁净加工技术、高效洁净转化技术、高效洁净燃烧与发电技术和燃煤污染排放治理技术等。

洁净煤技术主要包括直接烧煤洁净技术和煤转化为洁净燃料技术。

（1）直接烧煤洁净技术。

1）燃烧前的净化加工技术，主要是洗选、型煤加工和水煤浆技术。原煤洗选采用筛分、物理选煤、化学选煤和细菌脱硫方法，可以除去或减少灰分、矸石、硫等杂质；型煤加工是把散煤加工成型煤，由于成型时加入石灰固硫剂，可减少二氧化硫排放，减少烟尘，还可节煤；水煤浆是先用优质低灰原煤制成，可以代替石油。

2）燃烧中的净化燃烧技术，主要是流化床燃烧技术和先进燃烧器技术。流化床又叫沸腾床，有泡床和循环床两种，由于燃烧温度低可减少氮氧化物排放量，煤中添加石灰可减少 SO_2 排放量，炉渣可以综合利用，能烧劣质煤，这些都是它的优点；先进燃烧器技术是指改进锅炉、窑炉结构与燃烧技术，减少二氧化硫和氮氧化物的排放技术。

3）燃烧后的净化处理技术，主要是消烟除尘和脱硫脱氮技术。消烟除尘技术有很多，其中静电除尘器效率最高，可达99%以上，电厂一般都采用。脱硫有干法和湿法两种，干法是用浆状石灰喷雾与烟气中二氧化硫反应，生成干燥颗粒硫酸钙，用集尘器收集；湿法是用石灰水淋洗烟尘，生成浆状亚硫酸排放，它们脱硫效率可达 90%。

（2）煤转化为洁净燃料技术。

1）煤的气化技术，有常压气化和加压气化两种，它是在常压或加压条件下，保持一定温度，通过气化剂（空气、氧气和蒸汽）与煤炭反应生成煤气，煤气中主要成分是一氧化碳、氢气、甲烷等可燃气体。用空气和蒸汽做气化剂，煤气热值低；用氧气做气化剂，煤气热值高。煤在气化中可脱硫除氮，排去灰渣，因此，煤气就是洁净燃料了。

2）煤的液化技术，有间接液化和直接液化两种。间接液化是先将煤气化，然后再把煤气液化，如煤制甲醇，可替代汽油，我国已有应用。直接液化是把煤直接转化成液体燃料，比如直接加氢将煤转化成液体燃料，或煤炭与渣油混合成油煤浆反应生成液体燃料，我国已开展研究。

3）煤气化联合循环发电技术，是指先把煤制成煤气，再用燃气轮机发电，排出高温废气烧锅炉，再用蒸汽轮机发电，整个发电效率可达 45%。

4）燃煤磁流体发电技术，当燃煤得到的高温等离子气体高速切割强磁场，就直接产生直流电，然后把直流电转换成交流电。其发电效率可达 50%~60%，我国正在开发研究这种技术。

＊山西煤炭清洁高效利用实策

山西作为我国重要的能源和工业基地，是新中国成立以来我国煤炭生产和外调量最大的省份，为满足国家能源需求和带动本省经济发展作出了巨大贡献。但长期的煤炭资源开发也带来了能源结构单一、“一煤独大”、环境和生态破坏严重、可持续发展能力严重不足等世界性难题。在能源革命和经济新常态下，根据山西能源生产消费实际，在大力发展新能源和可再生能源发展的同时，必须推进煤炭革命，在树立煤炭产能科学适度理念的基础上，实现煤炭的清洁、高效、可持续开发利用，进一步提高山西煤炭清洁开发利用水平，努力提供高效、安全、低碳、经济的能源。

＊山西推进煤炭清洁生产和高效利用的实践

近年来，山西省以“清洁、高效、低碳、绿色”发展为重点，运用组织管理、科技支撑、产业转型等手段，着力转变煤炭产业发展方式，煤炭清洁高效利用取得了一定成效。

（1）煤炭行业绿色开采取得一定突破。2008 年以来，山西省进行了煤炭资源整合和煤炭企业兼并重组，煤炭产业集中度显著提升，煤炭绿色开采趋于成熟，省内部分缺水矿区开发了煤矿保水采煤技术和工艺，取得良好效果。与此同时，煤炭洗选加工成为煤炭清洁利用重要前置环节，2015 年山西省煤炭全行业入洗（选）原煤 6.7 亿吨，入洗（选）率 69%。

（2）煤炭行业循环经济发展取得成效。近年来，山西省积极推进黑色煤炭绿色发展、高碳资源低碳发展，煤炭产业黑色资源绿色低碳循环发展水平显著提高。积极推进工业固废资源化利用，2015 年，山西省大宗工业固体废物综合利用率达到 65.2%，形成了一批发展循环经济的典型模式。山西潞安集团建设了煤焦、煤电、煤油、电化四大循环经济园区，形成煤基多联产、产品多元化为特点的煤炭企业循环经济发展模式；同煤塔山构建了煤炭—电力—建材、煤炭—电力—化工等产业链条，形成大型煤炭工业园循环经济发展模式。

（3）煤炭洁净转换能力显著增强。山西省积极促进煤炭高效燃烧利用，大力提升煤转电比重，建成了世界上首条投入商业运行的交流特高压工程——1000kV 山西至湖北特高压交流试验示范工程，工程投运 5 年，累计外送电量相当于减少标煤运输近 1200 万吨，减少二氧化硫和烟尘排放量 10 多万吨，控制污染物排放取得较大进展。为此，山西省加快实施燃煤发电机组超低排放改造工程，对燃煤机组实施了全国火电排放标准中最严格和最先进的排放标准，在降低大气污染的同时促进了煤电行业转型升级、结构优化。

（4）绿色生态矿区建设稳步推进。“十二五”期间，山西绿色生态矿区建设逐年加快。煤炭企业在资源开采过程中，转变采矿理念，从“高资源消耗”向“高回采率”转变，从“瓦斯灾害被动治理”向“煤与瓦斯共采”转变，从“先破坏后治理”向“与环境协调的绿色开采”转变，积极开展矿山治理，对矿区生态环境进行修复。2016 年，通过参加国家级绿色矿山试点单位建设，7 座煤矿通过试点评估，达到国家级绿色矿山基本条件，被命名为“国家级绿色矿山”。

* 山西煤炭清洁高效利用主要实现路径

在能源转型背景下，推进山西煤炭革命，必须要加快煤炭绿色开采、清洁高效利用及其产业化发展进程，围绕煤炭清洁高效利用在理念、制度、技术、管理等方面进行创新。

（1）推进煤炭资源高效集约开发。运输按照区域煤质和煤层赋存特点，培育晋北动力煤、晋中炼焦煤和晋东无烟煤三大煤炭基地。大力发展大型、特大型煤矿，高标准、高起点建设现代化矿井，不断提高先进产能占比和综合经济效益。

（2）促进煤炭清洁生产与洁净化利用。

1）发展清洁高效的煤炭利用技术，提高煤炭综合利用率。发展煤炭洗选加工，逐步实现煤炭洗选加工的大型化，加快大型选煤设备的国产化。控制煤炭利用过程中污染物的排放，推动实现脱硫脱硝一体化和汞排放的协同控制，发展煤利用过程中的节能技术。

2）大力延伸煤炭产业链条。发展清洁高效燃煤发电，适度发展现代煤化工，并加快推进煤层气产业提质增效。

3）强化节能减排与污染治理。积极推广清洁低碳的先进技术及高效的节能产品，推进工业锅炉、工业窑炉等治理改造，推广应用高效节能环保型锅炉；开展煤炭产业工艺装备节能改造。

（3）加强绿色矿山建设与矿区生态环境治理。

1）积极推进矿山绿色发展。因地制宜推广充填开采、保水开采、煤与瓦斯共采等绿色开采技术，提升矿井水、煤矸石资源化利用与达标排放率，提高煤矸石综合利用率、土地复垦率，降低大中型煤矿原煤生产综合能耗、生产电耗；充分利用“国家能源充填采煤技术重点实验室山西工作站”技术优势，推进开采方式的转变，从源头上解决因煤炭开采引起的地表沉降、塌陷，地下水系破坏等生态环境问题。

2）加大矿区生态修复与治理力度，加快推进采煤沉陷区治理。煤炭企业要尽快制定矿区生态环境恢复治理规划和矿山环境恢复治理方案，因地制宜确定矿区生态修复目标，实施土地复垦、林地恢复、生物多样性保护，景观修复、矿山生态公园等多模式修复，加大采煤沉陷区治理力度，促进矿区资源开发与生态环境协调发展。加快推进采煤沉陷区移民搬迁安置，对破坏严重和受损较轻的居民住宅分别采取搬迁重建和维修加固方式治理。

3）引入市场化治理手段，加快构建煤炭开采的生态补偿机制。创新生态环境治理市场化机制，探索第三方治理模式，建立第三方监督与治理机制。同时，加快立法，实现矿区居民利益补偿的制度化、规范化和法制化。

4）推进煤炭产业清洁技术创新煤炭革命，科技先行，科技创新是煤炭革命核心与支撑。“十三五”期间，山西省要以煤炭资源清洁高效利用为主线，围绕洁净煤技术、节能技术、新能源技术以及 CO_2 捕集、封存和利用技术开发等关键技术攻关集中给予支持，实施煤炭清洁高效利用科技创新重大专项。以市场需求为导向，以掌握核心技术为目的，整合现有省级科技项目，围绕解决制约煤炭清洁高效利用的重大共性关键技术瓶颈，凝练成重大科技攻关项目，采取公开招标或定向择优的方式遴选优势单位，开展集成式协同攻关，为山西煤炭清洁发展提供技术支撑和智力支持。

案例分析 3：天然气

天然气是指天然蕴藏于地层中的烃类和非烃类气体的混合物。天然气蕴藏在地下多孔隙岩层中，包括油田气、气田气、煤层气、泥火山气和生物生成气等，也有少量出于煤层，是优质燃料和化工原料。天然气的安全性较高，其成分中不含一氧化碳，由于质量比空气轻，一旦泄漏立即会向上扩散，不易积聚形成爆炸性气体，是一种安全高效的可燃气体。

天然气主要用途是作燃料，可制造炭黑、化学药品和液化石油气，由天然气生产的丙烷、丁烷是现代工业的重要原料。采用天然气作为能源，可减少煤和石油的用量，从而大大改善环境污染问题；天然气作为一种相对较为清洁的能源，能杜绝二氧化硫和粉尘排放，减少 60%的二氧化碳排放和 50%的氮氧化合物排放，有助于减少酸雨形成，减缓地球温室效应，从根本上改善环境质量。

天然气按照存生成形式又可分为伴生气和非伴生气两种。依天然气蕴藏状态，又分为构造性天然气、水溶性天然气、煤矿天然气等三种。而构造性天然气又可分为伴随原油出产的湿性天然气、不含液体成分的干性天然气。按成因可分为生物成因气、油型气和煤型气。其中无机成因气尤其是非烃气受到高度重视。按天然气在地下的产状又可以分为油田气、气田气、凝析气、水溶气、煤层气及固态气体水合物等。

天然气的具体用途如下：

（1）工业燃料。以天然气代替煤，用于工厂采暖、生产用锅炉以及热电厂燃气轮机锅炉。天然气发电是缓解能源紧缺、降低燃煤发电比例，减少环境污染的有效途径，且从经济效益看，天然气发电的单位装机容量所需投资少，建设工期短，上网电价较低，具有较强的竞争力。通过处理天然气，安装天然气发电机组来提供电能。

（2）工艺生产。如烤漆生产线、烟叶烘干、沥青加热保温等。

（3）天然气化工工业。天然气是制造氮肥的最佳原料，具有投资少、成本低、污染少等特点。在世界上天然气占氮肥生产原料的比重平均为80%。

（4）城市燃气事业。特别是居民生活用燃料，包括常规天然气，以及煤层气和页岩气这两种非常规天然气，主要是生产以后并入管道，日常使用天然气。随着人民生活水平的提高及环保意识的增强，大部分城市对天然气的需求明显增加。天然气作为民用燃料的经济效益也大于工业燃料。

（5）压缩天然气汽车。以天然气代替汽车用油，具有价格低、污染少、安全等优点。国际天然气汽车组织的统计显示，天然气汽车的年均增长速度为20.8%，全世界共有大约1270万辆使用天然气的车辆，2020年总量达7000万辆，其中大部分是压缩天然气汽车。

天然气是优质高效的清洁能源，二氧化碳和氮氧化物的排放仅为煤炭的一半和五分之一左右，二氧化硫的排放几乎为零。天然气作为一种清洁、高效的化石能源，其开发利用越来越受到世界各国的重视。全球范围来看，天然气资源量要远大于石油，因此发展天然气具有足够的资源保障。

（6）增效天然气。它是以天然气为基础气源，经过气剂智能混合设备与天然气增效剂混合后形成的一种新型节能环保工业燃气，燃烧温度能提高至3300℃，可用于工业切割、焊接、打破口，可完全取代乙炔气、丙烷气，可广泛应用于钢厂、钢构、造船行业，可在船舱内安全使用，现市面上的产品有锐锋燃气，锐锋天然气增效剂。

案例分析4：可燃冰的开采与应用

天然气水合物又称可燃冰（$CH_4 \cdot H_2O$），是分布于深海沉积物或陆域的永久冻土中，由天然气与水在高压低温条件下形成的类冰状的结晶物质。可燃冰是一种非常规天然气，属于化石燃料的一种。

非常规天然气包括致密天然气、煤层气、页岩气和可燃冰（天然气水合物）。非常规天然气储层级别越低，就意味着渗透率降低，开采程度越困难。这种低渗透气藏的渗透率按照：致密气→煤层气→页岩气→天然气水合物的顺序递降，其储量却按此顺序增加，它们都比高渗透的常规天然气藏丰富得多。而可燃冰广泛分布在海底，虽然开采难度远比前三者难，但储量极为丰富，专家估算只是海底可燃冰的储量就足以让人类使用1000年。

天然气组分如甲烷、乙烷、丙烷、丁烷等同系物以及二氧化碳、氮、硫化氢等均可形成单种或多种天然气水合物，但形成天然气水合物的主要气体为甲烷。其中甲烷（CH_4）分子体积分数高达80%~99.9%，所以天然气水合物往往称之为甲烷水合物，能量密度极高。据理论计算，1体积的天然气水合物可释放出164体积的CH_4，在我国南海神狐海域开采出的天然气中CH_4含量就高达99.5%。

＊可燃冰的开采

关于冻土区可燃冰开采，目前尚无确切的有效依据，也无可借鉴的成熟经验。我国为确保新型能源可燃冰的开发和利用，在祁连山冻土区进行可燃冰开采试验，项目研究团队已探索出以钻探为主，地质、地球物理、化学、分析测试为辅的科学研究方法。

可燃冰的开采，主要有以下5种模式：

（1）改变平衡温度的“热激发法”（热解法），就是将外部热源注入可燃冰冰层进行加热，使可燃冰受热分解为甲烷和水。

（2）改变压力的减压法。这种方法就是利用减压方式促使可燃冰分解，释放出甲烷。此种方法有一定的优势，并且成本不高，适合大面积矿藏的开采。

（3）同时改变温度、压力的化学试剂注入法。这种方法是向可燃冰储藏区域注入化学试剂（通常是甲醇、乙二醇、氯化钙等），通过外加试剂来打破可燃冰的平衡状态，促使可燃冰的分解。

（4）打破平衡条件的CO_2置换法。将CO_2液化后注入1500m以下的海洋面，则会生成二氧化碳水合物，由于它的比重大于海水的比重，于是会沉入海底，因而可置换出甲烷水合物中的甲烷分子。

（5）水压法。此法借助水泵把水注入可燃冰储层中，相当于用水加热使可燃冰分解出甲烷。如果可燃冰矿藏位于内陆区域，可以引入江河湖泊的水泵入地下的可燃冰矿层中，从而促使可燃冰分解，释放出甲烷；如果矿藏在海域，则可将海水直接泵入地下的可燃冰矿层。

＊可燃冰替代天然气前景

近年来，随着我国天然气市场化改革进程的不断加快和顺利推进，天然气市场发展越发健康，今后几年乃至几十年天然气市场需求和供应能力将大幅度提升。随着大气质量要求不断提高，各地采暖“煤改气”的进程不断加快，2017—2018年全国天然气消费量继续保持较快增长，预计天然气消费量2200亿~2250亿立方米，天然气进口量将继续保持快速增长，每年以840亿立方米的速度不断递增，同比增长约为16.5%。面对如此大的天然气缺口，我国又有储藏丰富的可燃冰，开发可燃冰从而增加天然气的供应量，减少进口天然气的依赖性势在必行，进而保证我国的能源安全。

天然气的主要成分是甲烷，而可燃冰分解释放出的气体主要成分也是甲烷。因此，可燃冰的分解产物可作为天然气使用。对于我国而言，如果可燃冰能够实现成功开采，皆可借助输油气管线实现“南气北输”“西气东输”，让我国使用天然气的省市区域更加均衡化，这样对我国西部地区的经济发展必将起到强大的支撑作用，同时也对我国的中东部地区实现能源供给。

*可燃冰的应用

（1）管线输送。可燃冰热值高，对位于内陆区域的可燃冰矿藏开采后，可将它释放出的甲烷气体加压后通过铺设管线并入城市天然气管网，作为居民燃气直接使用。

（2）压缩罐装。将开采出来的甲烷气体直接加压存储在高压储罐中，这种压缩的燃气既可以经减压后注入城市天然气管网供居民、企事业单位使用，又可以作为工业燃料直接使用。这种方式获得的燃气还可以长途运输，根据不同地区燃气的供给状况，供给由季节等原因造成燃气紧张的区域使用。

（3）现场发电。在可燃冰开采区域建设发电厂，将开采出的可燃气体直接用于发电，然后将产生的电能并入国家电网供居民、企事业单位等使用。在远离陆地的海域，若使用可燃气体发电，可使用地下电缆法将发电厂存储的电能并入电网。而在电厂工作过程中，冷却机组会产生大量的高温冷却水，又可将其重新注入矿层促使可燃冰分解，从而达到循环开采可燃冰的作用。

4.2.3.2 能源脱碳——新型可再生能源实施案例

案例分析 1：太阳能（solar energy）

太阳能是指地球上能够直接接受并利用的太阳辐射能。太阳辐射中蕴含着巨大的能量，每秒钟能够达到地球表面的太阳能量为 8.0×10^{13} kW，约相当于目前全世界能源总消耗量的数万倍。太阳能是一种具有广阔应用前景的安全洁净可再生能源，其使用不会造成环境的污染，且取之不竭、用之不尽，具备良好的持续性。

目前，太阳辐射能量利用方式主要有光热转换、光电转换和光化学转换等三种。

（1）光热转换。光热转换的基本原理是将太阳辐射能通过各种集热器转变为热能，并运用其能量产生热水、蒸汽和电力。利用太阳能代替化石燃料，进行供暖以及烧水已经在广大地区得到了普遍应用。20 世纪 90 年代发明的柱面集热式太阳能发电站已投入运营。利用太阳能提供的热量，还可以淡化海水。此外，太阳能太阳房、太阳能高温炉、太阳能温室等均已投入了实际使用之中。

（2）光电转换。光电转换是指通过太阳电池将太阳辐射能直接转变成电能的过程。太阳电池也称光电池、光伏电池。太阳电池几乎全部以半导体物料（例如硅）制成，按电池基本材料的化学组成、结构形式、掺杂物成分以及电池的厚度、外形和内部阻挡层的不同可以将太阳电池分成不同的种类，例如单晶硅电池、多晶硅电池、N/P 电池、薄膜电池、矩形电池等。

太阳电池的应用领域极为广泛，可用于电源或作光电元件，如人造卫星与空间站的电源，用于驱动太阳能汽车或用作光电开关等。我国于 1985 年建成的第一座太阳能电站。

（3）光化学转换。光化学转换就是因吸收太阳辐射能导致化学反应而使太阳能转换为化学能的过程，其基本形式有植物的光合作用和利用物质化学变化储存太阳能的光化反应，但是这种转换至今仍未达到商业应用水平。

太阳每年向地球辐射巨大的能量，而且没有地域的限制，开发利用太阳能不会污染环境，且无须开采和运输。根据太阳消耗核能估算，氢的储量足够维持上百亿年。但到达地球表面的太阳辐射的总量尽管很大，但是能流密度很低，不利于收集利用，而且太阳能受气候和天气的制约而表现出不稳定性，导致太阳能的利用效率低、稳定性差，制约了太阳能的工业化应用。

案例分析 2：风能（wind energy）

风能是因空气流做功而提供给人类的一种可利用的能量，空气流具有的动能称风能。空气流速越高，动能越大。20 世纪 70 年代的石油危机和化石能源引起的环境问题促使人们对风能进行利用和开发。利用风能可以发电、提水、助航、制冷和致热等。到 2008 年为止，全世界以风力产生的电力约有 94.1 百万千瓦，2018 年 1—8 月份中国风力发电量产量达 2128.7 万吨，2017 年 1—8 月份产量达 1715.7 万吨，累计增长 20.5%；2018 年 8 月份风力发电量产量为 187.6 万吨，2017 年 8 月份风力发电量产量为 182.7 万吨，同比增长 24.3%。中小型风力发电机的实用技术日臻成熟，400kW 左右的中型风力发电机已投入商业运行，而 500kW 以上的大型风力发电机也已进入开发试运行阶段。目前风能供应的电力已超过全世界用量的 1%。

风能的主要利用包括两大类。

（1）直接形式：直接利用风能驱动设备，如风力提水车、风力磨坊等；

（2）间接形式：即风力发电（离线式风机发的电能本地消纳，并网式风机发的电能通过电网传输到需要的地方）。

风能主要应用在以下几个方面：

（1）风力发电。利用风力发电已越来越成为风能利用的主要形式，受到世界各国的高度重视，而且发展速度最快。风力发电通常有三种运行方式。一是独立运行方式，通常是一台小型风力发电机向一户或几户提供电力，它用蓄电池蓄能，以保证无风时的用电。二是风力发电与其他发电方式（如柴油机发电）相结合，向一个单位或一个村庄或一个海岛供电。三是风力发电并入常规电网运行，向大电网提供电力，常常是一处风场安装几十台甚至几百台风力发电机，这是风力发电的主要发展方向。

风力发电的优越性可归纳为三点：1）建造风力发电厂的费用低廉，比水力发电厂、火力发电厂或核电站的建造费用低得多；2）不需火力发电所需的煤、油等燃料或核电站所需的核材料即可产生电力，除常规保养外，没有其他任何消耗；3）是一种洁净的自然能源，没有煤电、油电与核电所伴生的环境污染问题。

（2）风力助航。风能最早的利用方式是“风帆行舟”。埃及尼罗河上的风帆船、中国的木帆船，都有两三千年的历史记载。唐代有“乘风破浪会有时，直挂云帆济沧海”诗句，可见那时风帆船已广泛用于江河航运。最辉煌的风帆时代是中国的明代，14 世纪初叶中国航海家郑和七下西洋，庞大的风帆船队功不可没。

在机动船舶发展的今天，为节约燃油和提高航速，古老的风帆助航也得到了发展。航运大国日本已在万吨级货船上采用电脑控制的风帆助航，节油率达 15%。

（3）风力提水。1000多年前，中国人首先发明了风车，用它来提水、磨面，替代繁重的人力劳动。风力提水自古至今一直得到较普遍的应用。20世纪下半叶时，为解决农村、牧场的生活、灌溉和牲畜用水以及节约能源，风力提水机有了很大的发展。现代风力提水机根据用途分为两类：一类是高扬程小流量的风力提水机，它与活塞泵相配，提取深井地下水，主要用于草原、牧区，为人畜提供饮水；另一类是低扬程大流量的风力提水机，它与螺旋泵相配，提取河水、湖水或海水，主要用于农田灌溉、水产养殖或制盐。

（4）风力致热。随着生活水平的提高，家庭用热能的需要越来越大，特别是在高纬度的欧洲、北美取暖、烧水是耗能大户。为解决家庭及低品位工业热能的需要，风力致热有了较大的发展。

“风力致热”是将风能转换成热能。目前有三种转换方法：一是风力机发电，再将电能通过电阻丝发热，变成热能。虽然电能转换成热能的效率是100%，但风能转换成电能的效率却很低，因此从能量利用的角度看，这种方法是不可取的。二是由风力机将风能转换成空气压缩能，再转换成热能，即由风力机带动离心压缩机，对空气进行绝热压缩而放出热能。三是将风力机直接转换成热能，显然第三种方法致热效率最高。风力机直接转换热能也有多种方法，最简单的是搅拌液体致热，即风力机带动搅拌器转动，从而使液体（水或油）变热。“液体挤压致热”是用风力机带动液压泵，使液体加压后再从狭小的阻尼小孔中高速喷出而使工作液体加热。此外还有固体摩擦致热和涡电流致热等方法。

案例分析3：氢能（hydrogen energy）

氢能是通过氢气和氧气反应所产生的能量。氢能可以直接用作火箭、飞机等的燃料，也可以用来制作燃料电池。目前镍氢电池已进入实际应用阶段。

氢能是一种二次能源，通过一定的方法利用其他能源制取，而不像煤、石油、天然气可以直接开采。作为公认的清洁能源，氢能拥有许多其他能源所不具备的优势。

（1）来源广泛，储量丰富。仅仅海洋水中就含有1.5×10^{10}t，地核中、宇宙空间都含有大量的氢。

（2）氢与氧反应产生水，而水又能用太阳能电池等方法提供的电能分解，产生氢气与氧气，因而可重复利用，相当于太阳能的储存剂或储存器。

（3）氢燃料的热值高，燃烧性能好。点燃快，与空气混合时有广泛的可燃范围，而且每千克氢气在氧气中燃烧可产生120802kJ热量，远远高于化石燃料。

（4）氢气燃烧产物是清洁的，不会产生诸如一氧化碳、二氧化碳、碳氢化合物、铅化物和粉尘颗粒等对环境有害的污染物质，对环境无污染。除热的作用外，对地球的生态平衡没有破坏作用，这是其他燃料所不具有的。

（5）氢作为能源，其利用和输送有多种多样的方式，既可以通过燃烧产生热能，又可以作为能源材料用于燃料电池，或转换成固态氢用作结构材料，还可以用作镍氢二次电池的原料和能源转换、储存介质。氢可以减轻燃料自重，可以增加运载工具有效载荷，这样可以降低运输成本。

氢能源开发技术主要有高温电解水蒸气制氢、热化学循环分解水制氢气、化学模拟微生物产氢以及微生物法制氢等。

（1）高温电解水蒸气制氢。1976 年德国开始高温电解制氢研究，现已基本成熟。用固体电解质（多孔烧结二氧化锆）制成的空心管子作电极，内侧为阴极，外侧为阳极，阴极和阳极上均镀有适当的导电金属膜。电解时，200℃的过热水蒸气温度升至900℃后进入电解槽，内侧进入空心管，在温度高达 1000℃的电极室内，经电极反应被分解为氢气和氧气，产生的气体分别输入气罐作为气源。这种方法比常温电解水可省电能 20%。

（2）热化学循环分解水制氢气。纯水热分解需要 4000℃以上的高温。为降低水的分解温度，人们通过在水的热分解过程中引入一些热力学循环来试图达到这一目的。高温石墨核反应堆可产生 900℃的高温，太阳炉的温度则可达到 1200℃，故所采用的热力学循环的最高温度应低于核反应堆或太阳炉的最佳温度才有潜在的使用价值。

（3）化学模拟微生物产氢。微生物可以通过酶催化反应产生分子氢。模拟酶催化反应实际上就是模拟微生物的作用。

（4）微生物法制氢。微生物制氢的原料（基质）主要来源于生物质、各种工业生活有机废水和可生化处理的固体废物，该方法原料来源广泛，获得能源的同时还能达到环保的目的。微生物生命力、繁殖能力极强，对生存环境有极强的适应能力；工业上可以采用生物工程法对菌种进行改造，以培养产氢率高的菌种（须慎重）。常用于制氢的菌种有化能营养微生物、发酵型微生物、光合细菌以及仿照固定化酶技术而产生的固定化细胞等。

案例分析 4：生物质能（biomass energy）

生物质是指利用大气、水、土地等通过光合作用而产生的各种有机体，即一切有生命的可以生长的有机物质，包括植物、动物和微生物。据推测，全球蕴藏的生物质达 1.8×10^{12}t，其中植物每年产生生物质 1.4×10^{11}～1.8×10^{11}t，并且其中制沼气和酒精燃料已达实用阶段。

生物质是指通过光合作用而形成的各种有机体，包括所有的动植物和微生物，广义的生物质还包括其生产的废物，所以生物质是指由植物或动物生命体衍生得到的物质的总称。所谓生物质能就是太阳能以化学能的形式储存在生物质中的能量形式，即以生物质为载体的能量，它直接或间接地来源于绿色植物的光合作用。

生物质能是可再生能源的一种，同时也是唯一一种可再生的碳源，是太阳能通过植物在生长过程中的光合作用转换成化学能以碳水化合物的形式凝固储存起来的能量形式。生物质能的利用就是把储存于生物质中的太阳能转化为可以直接利用的燃料、电能、热能等，其转化过程中基本不会引起环境污染或破坏。

生物质能主要利用技术有生物质气化制燃气、生物质气化发电、生物质发酵制沼气和醇类燃料、“石油”植物生产燃料油等。

（1）生物质气化制燃气。生物质气化是指生物质原料在无氧或缺氧条件下受热分解的过程，是热化学转换的一种方式。在这个过程中，构成生物质的大分子部分化学键断裂，生成甲烷、一氧化碳、氢气等可燃气体小分子，生物质中大部分能量都转移到可燃性气体中。

生物质气化反应在气化炉中发生，生物质燃料在气化炉的不同炉段中分别发生氧化反应、还原反应及裂解反应。自20世纪90年代，我国就对生物质气化技术进行了研究开发，在一定程度上解决了提高能量转化效率和环境污染的问题。

(2) 生物质气化发电。生物质气化发电以处理稻壳为主，也可以用木屑、秸秆作为燃料。最大发电容量1000kW，发电效率17%。发电成本随所采用的原料和发电量不同而有差异，如能把余热加以利用，则生物质的能量利用率会有较大的提高。

生物质发电的研究方向是采用4~10MW规模的气化、裂解、燃气内燃发电与汽轮机发电相结合，充分利用余热，并尽可能提高系统发电效率。

(3) 沼气发酵技术制沼气。沼气是由微生物发酵产生的一种可燃性混合气体，其中甲烷约占60%，二氧化碳约占35%，其余为水蒸气、硫化氢和一氧化碳等。沼气发酵是以生物质为原料在一定装置内通过发酵细菌的作用生产沼气。发酵过程是由多种微生物在无氧条件下分解有机物来完成的。

人工制取沼气可采用的原料主要有人畜的粪便污水，部分工业污水、生活垃圾和人类的生活污水以及农作物秸秆等，可以实现废物利用。发酵过程中不但产生可燃性气体，还产生其他物质，用作农业肥料或饲料。推广沼气发酵技术，有利于环境保护、解决清洁能源、提高农村的环境卫生，还有利于充分利用自然资源。

(4) 生物质发酵制醇类燃料。巴西在20世纪70年代石油危机时开始研究用酒精代替汽油作汽车燃料。经过数十年的努力，巴西不仅成为酒精生产大国，而且掌握了生产酒精燃料的成熟技术。酒精燃料的使用给巴西带来了巨大的经济效益，巴西是如今世界上唯一不供应纯汽油的国家，也是世界上以酒精为汽车燃料最为成功的国家之一。

生物质发酵可以用农作物的秸秆、蔓、谷壳等作为原料，这些生物质富含木质纤维，无法用普通酵母菌使它们像淀粉那样发酵转化为乙醇，通过采用无机酸和真菌酶混合糖化法，可以使木质纤维素发酵来生产乙醇。但其工艺方法尚不完善，还有待于进一步探讨开发。

(5) “石油”植物生产燃料油。石油植物是指可以直接或间接加工成燃料油的植物，包括树木、草类和藻类等。目前可用于生产燃料油的树木有绿玉树、香蕉树、三角戟、汉加树、黄鼠草、霍霍巴、油楠等。割开香蕉树树皮可流出一种化学成分与柴油极其相似的液体物质，能直接代替柴油使用。每公顷野生的黄鼠草可以提取1t“燃料油”，人工培育的杂交黄鼠草每公顷的产量可以达到6t。美国科学家认为，海藻中也含有丰富的油类，将海藻加温，可以得到石油那样的物质。

案例分析5：核能（nuclear energy）

核能又称原子能，是原子核结构发生变化时释放出来的能量。核能可以通过重原子核裂变或较轻原子核聚变的方式取得。目前比较成熟的技术是利用铀、钚等物质作核裂变燃料，进行核裂变反应并对外输出电能与热能。全世界如今已有660多座核电站在30多个国家安全运行，提供了全世界总电力的16%。核电是安全的一次能源，具有高效环保二氧化碳零排放的优点。

随着技术的发展，尤其是第四代核能系统技术的逐渐成熟和应用，核能有望超脱出仅仅提供电力的角色，通过非电应用如核能制氢、高温工艺热、核能供暖、海水淡化等各种综合利用形式，在确保全球能源和水安全的可持续性发展方面发挥巨大的作用。

案例分析 6：地热能（geothermal energy）

地热能是指在当前技术经济和地质环境条件下，地壳内能够科学合理地开发出来的岩石中的热能量和地热流体中的热能量。地热能具有储集量大、可再生性、清洁低碳、安全可靠等优势，合理开发利用地热能能有效缓解当前过度依赖化石能源对资源环境造成的压力。地热能作为一种高效清洁的可再生能源备受全世界关注，在世界上很多国家都得到了广泛的应用。

我国地热资源丰富，分布广泛。据国土资源部 2015 年的统计报告，我国水热型地热资源量折合标准煤 1.25 万亿吨，每年可开采量折合标准煤 18.65 亿吨（不包括浅层），相当于 2015 年煤炭消耗的 70%，地热资源开发利用每年可减排二氧化碳 23.9 亿吨，相当于我国年排放总量的 30%；干热岩资源量初步评估折合标煤 856 万亿吨，开发利用潜力巨大。

地热能大部分是来自地球深处的可再生性热能，来自地球的熔融岩浆和放射性物质的衰变，还有一小部分能量来自太阳。我国地热水直接利用总量已跃居世界之首，主要包括取暖供热和地热发电。

案例分析 7：燃料电池（fuel cell）

燃料电池是一种将存在于燃料与氧化剂中的化学能直接转化为电能的电化学发电装置，主要有锂离子电池、镍氢电池等。

燃料电池组成与一般电池相同，也是由正极（氧化剂电极）、负极（燃料电极）和电解质构成。不同的是燃料电池的正、负极本身并不包含活性物质，只是单个催化转换元件。氧气作为氧化剂能连续地吹到阴极（正极）上，而作为还原剂的氢气（即燃料气的一种）连续地吹到阳极（负极）上，在这种工作状态下，阴阳两电极同时发生电极反应，产生电流，并能够等温、持续地按电化学方式直接将化学能转化为电能。

* 燃料电池的分类

依据所用电解质类型，燃料电池可分为碱性燃料电池、磷酸型燃料电池、质子交换膜燃料电池、熔融碳酸盐型燃料电池以及固体氧化物燃料电池。

依据工作温度，燃料电池可分为低温燃料电池（温度低于 100℃）、中温燃料电池（温度介于 100~300℃）以及工作温度 600~1000℃ 的高温燃料电池。

依据应用形式，燃料电池可分为电池的反应物被排放掉的直接型燃料电池，对有机燃料或生化物质进行加工使其转化为氢从而用作的间接型燃料电池，以及反应产物可以加热或充电再生的再生型燃料电池。

* 燃料电池的优点

燃料电池有如下优点：

（1）高的转化效率。燃料电池直接将燃料的化学能转化为电能，中间不经过燃烧过程。理论上燃料电池中化学能转变为可利用的电能和热的效率可达 85%~90%。

（2）燃料电池的效率与其规模大小无关，不管装置规模大小均能保持高发电效率。

（3）燃料电池安装地点灵活。燃料电池电站占地面积小，建设周期短，可设在用户附近，因而电的传输损失小，在经济上比较合理。

（4）与内燃机等相比，系统更为安全可靠。

（5）负荷响应快，运行质量高，启动和停止方便，可作为应急电源和不间断电源。

（6）具有良好的部分载荷性能，有利于节约能源，且能减少储备电量及电容、变压器等辅助设备，从而节省投资。

（7）燃料电池发电与其他发电形式相比，对环境更为友好。二氧化碳、氮氧化物和热量的排放量少，噪声小，环境相容性优。

（8）燃料电池还具有缩放性，既可作为公用电源和交通工具的动力源，又可以作为便携式电源，并可按串联、并联、混联等方式供电。

*燃料电池的应用

燃料电池用途广泛，既可应用于军事、航天领域，也可应用于机动车、移动设备领域。例如氢氧碱性燃料电池曾用作阿波罗登月飞船的主电源。同时市场采用燃料电池发电的自动车已经相当普及。另外，通过小型化的技术将燃料电池运用于手机、电脑等小型、微型便携式电源也是燃料电池的主要发展方向之一。

4.2.3.3 能源脱碳—冶金工业实施案例

工业和信息化部、国家发改委和生态环境部联合印发《关于促进钢铁工业高质量发展的指导意见》，首次在国家政策层面明确了钢铁行业碳达峰的时间：力争到2025年，80%以上钢铁产能完成超低排放改造，吨钢综合能耗降低2%以上，确保2030年前碳达峰。

氢能是21世纪最具发展潜力的清洁能源。随着“碳达峰、碳中和”成为全球产业发展的主旋律，钢铁行业传统的发展方式必须进行深度变革。面向未来，钢铁行业无论是能源结构创新还是工艺结构创新，氢能应用特别是氢冶金，都是实现“低碳”乃至“零碳”排放的最佳路径之一。在“碳达峰、碳中和”背景下，基于“碳冶金”的传统冶炼工艺已无法适应未来发展趋势，这也给钢铁行业发展带来巨大挑战。用氢气代替煤炭，改变能源消耗结构，实现“低碳”甚至“零碳”工艺的产业化，是彻底解决生产过程中环境污染和碳排放问题的技术方向。由“碳冶金”升级到“氢冶金”，引领钢铁冶金工艺变革，河钢推进实施全球首例120万吨氢冶金示范项目。该项目可实现高质量的减污降碳协同增效，与传统全流程高炉炼铁“碳冶金”工业同等生产规模相比，年可减少二氧化碳排放70%、减少二氧化硫50%、减少粉尘90%。

钢铁工业脱碳化发展的策略和技术：

（1）提高能源使用效率。钢铁工业CO_2排放90%以上来自化石燃料的燃烧，因此，采用先进工艺技术、装备，降低能源消耗、提高能源使用效率是实现CO_2减排的重要手段之一。然而，根据国际钢铁工业协会的估算，在当前的技术背景下，钢铁工业通过进一步节能实现减排的潜力有限，预计仅有15%～20%的潜力。而在我国，基于后发优势以及较高的能源、环保成本，我国钢铁工业的生产设备相对较为先进，且采用的节能技术也较多，应用效果好，要通过节能实现碳减排的潜力将更为有限。

（2）提高全废钢电炉流程的比例。钢铁生产流程主要有以天然资源（铁矿石）、煤炭等为源头的高炉—转炉“长流程”和以再生资源（废钢）、电力为源头的电炉“短流程”两类。短流程相对长流程而言，减少了烧结/球团、焦化、高炉等高能耗、高污染的工序，具有投资少、占地小、能耗低、污染轻等优点。结合现场调研并综合国内外学者的研究表明，与用铁矿石生产 1t 钢相比，用废钢生产 1t 钢，投资可减少近 2/3，占地面积减少近 3/4，节约铁矿石消耗 1.65t 左右，降低能源消耗 350kg 标准煤，减少 CO_2 排放近2/3，减少废气排放近 80%，减少固体废物排放 3t 左右。

（3）转向清洁能源的利用。对钢铁工业的脱碳化发展而言，不管采用哪一种流程生产，全产业链上的燃料利用最终都要转向可再生的、低碳的，甚至是无碳的清洁能源的利用，如无碳电力、生物质能等，只有这样钢铁工业才有可能完全实现脱碳化，然而目前这些技术还处于襁褓阶段或仅仅还只是概念。

（4）变革工艺流程，直接减少碳排放。由于长流程中炼铁系统（包括焦化、烧结/球团、高炉炼铁）的碳排放约占钢铁工业碳排放总量的 80%，其中高炉炼铁的碳排放占钢铁工业碳排放总量的 70%左右，但由于焦炭不能完全用生物质能源替代，因此若要进一步实现脱碳，还需要从根本上变革工艺流程，如电解法炼铁、氢还原炼铁等。然而，要通过这些新的工艺技术来实现 CO_2 减排，一方面由于新的工艺技术需要消耗大量的电力或氢气，这取决于大量的无碳电力能否供应到位，另一方面这些技术仍然处于研发或试验阶段，需要重新设计和优化炉型，这对上下游工序影响大，并且存在一定技术风险性且投资大、成本高等。

（5）提高下游钢铁产品的使用效率。一方面，从钢铁产品的全生命周期（生产、使用、废弃到循环利用）来考虑，提供高性能产品，初步估算，有望在钢材主要使用领域实现钢材单耗节约 5% ~ 10%，不仅可以减少钢材的消耗，而且在使用过程中还可以减少能源的消耗，进而实现全社会的减排；另一方面，还可以通过提高用户对钢铁产品的使用效率来实现减排，如通过推广共享汽车的应用、提高汽车的使用效率等。

（6）降低钢材消费需求。通过引导民众的消费理念，如发展公共交通减少汽车消费需求量，可以减少钢材的消费需求，进而减少所需要生产的钢材量，从而实现 CO_2 减排的目标。

（7）钢厂与其他行业形成产业生态链。如利用冶金渣生产水泥、土壤调理剂等；副产煤气资源化利用，包括利用钢厂副产煤气制取氢气、甲醇、天然气、二甲醚、乙二醇等化工产品；高炉或焦炉利用废塑料、废轮胎等。四川省达州钢铁集团有限责任公司焦炉煤气、转炉煤气混合生产甲醇的生产实践表明，在对企业的能量流（煤气流）及其网络进行解析和优化后，吨钢综合能耗下降了 14%；由吨钢自发电量的增加和甲醇生产所带来的吨钢能源成本下降 136.70 元/吨（钢）、碳排放权抵扣增加 CO_2 189.33 千克/吨（钢）。

（8）碳捕集、利用与封存（CCSU）。首先，碳捕集与封存（CCS）技术由于存在一定的地质储存风险，需要公众接受，目前奥地利就由于公众不接受而禁止使用该技术；其次，由于 CCS 技术需要增加 CO_2 气体分离设备，且钢厂流程复杂，CO_2 气体排放源不集中、CO_2 浓度多变以及场地等各种限制，该技术成本较高；此外，CCS 在实现减排的同时并不能提供收益，相反还要付出大量的投资，因此，还需进一步开发 CO_2 利用技术（CCU），但这需要消耗大量的氢气（因为 CO_2 十分稳定，需要输入大量的能源才能发生反应），最常规的 CCU 途径是生产甲烷，再进一步生产别的化工产品。HIsarna 技术的工业试验表明，不采用 CCS，相比传统长流程可实现减排 20%，采用 CCS 后可实现减排 80%，每吨 CO_2 封存成本为 81 美元。也就是说，钢厂中还有 20%的 CO_2 无法捕集，不能实现零排放，可见，CCS 可以看作是钢铁工业脱碳化发展的一项重要的桥梁技术。

可见，对全世界钢铁工业而言，有策略地推进并提高全废钢电炉流程的比例是当前最实际的实现钢铁工业“脱碳化”发展的途径，不仅能最大限度地保障现有工人的就业，而且由于全废钢电炉流程的主要能源是电力，未来可通过无碳电力的供应实现 CO_2减排；此外，如果未来无碳排放的电解法或氢还原炼铁实现工业化应用，那么可以将生产得到的铁直接添加到废钢中来生产不同要求的钢材品种。

4.2.4 二氧化碳捕集与利用技术

空气中二氧化碳（CO_2）浓度的持续走高引起人们的高度重视，自 2010 年丹麦哥本哈根全球气候峰会以来，低碳经济和低碳生活的研究和舆论逐渐成为全世界的热点。单纯从技术角度出发，一些科学家认为，人类不仅要努力减少 CO_2 的排放，还要尽快想办法清除空气中过多的 CO_2，这就是 CO_2 的捕集和封存（CCS）概念的来由。CO_2 的捕集和封存是指 CO_2 从工业或相关能源的源头分离出来，输送到一个封存地点，并且长期与大气隔绝的一个过程。潜在的技术封存方式有：地质封存（在地质构造中，例如石油和天然气田、不可开采的煤田以及深层盐沼池）、海洋封存（直接释放到海洋水体中或储存在海底）以及将 CO_2 固化成无机碳酸盐等。目前，全球已有 100 余个 CO_2 的捕集与封存全流程项目（CCS）正在运行或即将运行，但都处于验证摸索阶段，仅在少数发达国家有小规模的工业应用，最关键的原因是成本较高。尽管 CCS 工程目前直接的经济效益不明显，但大力发展 CCS 项目是世界性趋势。世界各国，尤其是发达国家，在发展 CCS 技术、扩大 CCS 示范项目方面已经取得了重要进展，有利于 CCS 快速安全发展的法律和规范体系也正在逐步完善。当前，英美等发达国家已征收二氧化碳排放税，甚至设置了相关企业或项目必须要有 CCS 工程，否则有关部门不予批复的规定。因此，捕集和封存 CO_2 的潜力相当可观。2010 年 8 月 27 日，我国首个 CCS 项目在内蒙古自治区鄂尔多斯市伊金霍洛旗开工建设，该项目是从神华集团煤制油生产线中捕集 CO_2，经过提纯、液化等环节，运送到距捕集地约 17km、地下约 3000m 的区域封存起来，从而减少 CO_2 的大气排放。预计每年可减少排放 10 万吨的 CO_2，相当于 4150 亩森林吸收的 CO_2 量。神华集团 CCS 全流程项目，将为我国提供 CO_2 处置的技术支持，走出一条全新的环保型的发展低碳能源经济的道路，也是中国建设煤基低碳能源系统作出的积极探索。当 CCS 工程纳入国际清洁能源发展机制之后，中国的 CCS 行业将产生不菲的经济价值，打开一片兼具生态效益、经济效益的新产业蓝海。CO_2 的捕集与封存，具有实现温室气体减排的重要潜力，可能是未来实现低碳经济转型的重要环节。一些科学家认为，CO_2 的捕集与封存技术已成为目前最具可能性和现实意义的途径，应用前景非常广泛。

4.2.4.1 二氧化碳捕集技术介绍

A 二氧化碳捕集与分离技术

目前，二氧化碳捕集主要有 3 种技术路径：

(1) 燃后捕获。从燃烧生成的烟气中分离二氧化碳。烟气中二氧化碳的吸收分离法是指利用吸收剂吸收混合气体中的二氧化碳而达到分离目的的方法。按照吸收原理的不同，它可以分为化学吸收法和物理吸收法。

（2）燃前捕获。又称氧气/二氧化碳燃烧技术或空气分离/烟气再循环技术，它是一种更容易从烟道中分离二氧化碳的新方法。采用纯氧或富氧燃烧可以改善燃烧速度，提高燃烧温度和热效率。这样产生的烟气富含二氧化碳，可以作为再循环烟气调和燃烧温度。并且用这种方法产生的烟气中二氧化碳浓度非常高，使分离更加容易。

（3）富氧燃烧。通过燃前脱碳，即在燃烧前将燃料中的碳脱除。富氧燃烧即用氧气代替空气作为助燃剂进行燃烧并产生以水和二氧化碳为主的烟道气。富氧燃烧产生的烟道气具有很高的二氧化碳浓度，可达体积的80%以上。最后对气流进行冷却和压缩以达到清除水汽的目的。

其中燃前捕集技术只能用于新建发电厂，另两种技术则可同时应用于新建和既有发电厂。法国阿尔斯通公司正专注于后两种技术的研发，并已在德国、瑞典、美国等国家的9个试验工厂中测试新技术。而应用富氧燃烧捕捉技术的法国道达尔示范电厂已经成功捕捉了15万吨二氧化碳。

B 二氧化碳封存技术

a 二氧化碳地质埋存方式

二氧化碳地质埋存包括3个环节：

（1）分离提纯。在二氧化碳排放源头利用一定技术分离出纯净的二氧化碳。

（2）运输。将分离出的二氧化碳输送到使用或埋存二氧化碳的地质埋存场所。

（3）埋存。将输送的二氧化碳埋存到地质储集层构造或海洋中。二氧化碳地下埋存主要的选择是枯竭的油气藏、深部的盐水储层、不能开采的煤层和深海埋存等方式。

b 二氧化碳地下埋存位置

（1）深部盐水储层。许多地下的含水层含有盐水不能作为饮用水，但二氧化碳可以溶解在水中，部分与矿物慢慢发生反应，形成碳酸盐，实现二氧化碳的永久埋存。我国松辽盆地咸含水层埋深大于1000m的孔隙发育较好，盖层连续完整且封闭良好，决定了其可以作为储存二氧化碳的地质储体。估算的二氧化碳理论储存容量大约为69160亿吨。另外吉林油田在黑59区块开始进行了二氧化碳注入试验。

（2）枯竭油气藏。油气藏是封闭良好的地下储气库，可以实现二氧化碳的长期埋存。其埋存机理主要是二氧化碳溶解于剩余油或水中，或者独立滞留在孔隙中。枯竭油气藏在埋存二氧化碳的同时可提高其采收率，可实现经济开发与环境保护的双赢。因此，将二氧化碳埋存于油气藏中是减少二氧化碳排放极具潜力的有效办法。

（3）不能开采的煤层。目前已采用减压法开采煤层气，但采收率只有50%。注入二氧化碳后，二氧化碳可置换出煤层气（ECBM），使更多的甲烷被采出，同时二氧化碳被吸附，煤层可吸附2倍于甲烷的二氧化碳。我国煤层气资源丰富，仅山西晋城矿区可开采量就达728亿立方米。如能用二氧化碳置换出煤层气并加以收集，既可减少大气中二氧化碳的浓度，又可为我国提供大量的优质能源。

（4）深海埋存。深海埋存二氧化碳通过如下两种方式：一是使用陆上的管线或移动的船把二氧化碳注入15000m深度，这是二氧化碳具有浮力的临界深度，在这个深度下二氧化碳能有效地被溶解和被驱散；二是使用垂直的管线将二氧化碳注入到30000m深度，由于二氧化碳的密度比海水大，并且二氧化碳不能溶解，只能沉入海底，形成二氧化碳液体湖。

c　二氧化碳-ERO 技术

使用常规方法采油，将二氧化碳作为驱油剂可提高采收率 10%～15%。二氧化碳驱油分为混相驱油和非混相驱油。

二氧化碳-ERO 混相驱油实施的储层地质条件：

(1) 储层深度范围在 1000～3000m 范围内；

(2) 致密和高渗透率储层；

(3) 原油黏度为低或中等级别；

(4) 储层为砂岩或碳酸盐岩。

二氧化碳-ERO 非混相驱油机理是，大量的二氧化碳溶解在原油中（13 立方米/桶）使原油膨胀，原油黏度下降 10 个级数，从而便于原油的采出。二氧化碳埋存的主要原理是二氧化碳溶解在储层中的流体中。

适合二氧化碳-ERO 非混相驱油的条件为：

(1) 储层纵向上渗透率高；

(2) 储层中大量的原油形成油柱；

(3) 储层具有可以形成气顶的圈闭构造，储层连通性好；

(4) 储层中没有导致驱油效率降低的断层和断裂。

二氧化碳-ERO 技术主要有两大优势：一是该技术已经作为一项成熟的采油技术应用于油田生产实践，并且油田现场有现成的注入井及设备，不需要打新的注入井，可以节约操作成本；二是通过二氧化碳-ERO 技术的收益可以补偿一部分回收、捕集二氧化碳的成本。但同时可能会由于现有井的封闭不完善或者二氧化碳腐蚀井壁造成二氧化碳的泄漏。

C　二氧化碳利用技术

a　化学利用

以二氧化碳为原料生产一些能耗低、附加值高、使用量大和能永久储存二氧化碳的化工产品。

目前主要研究有：

(1) 催化加氢（合成甲醇、甲烷和甲酸等）；

(2) 高分子合成（合成聚碳酸酯、橡胶等）；

(3) 有机合成（合成尿素衍生物等）。

b　生物固化

一些水藻类浮游生物能够大量吸收二氧化碳，并将其转化为体内组织，同时它还具有无须对二氧化碳进行预分离的特点。

4.2.4.2　发展现状

目前 CCS 技术的研究主要有如下几个方面：一是针对碳捕捉，主要是从经济性角度即如何降低碳捕捉的经济成本；二是针对碳封存，主要是从环境风险角度即如何降低碳封存所可能带来的环境风险；三是通过 CCS 技术的示范工程积累实践经验。碳捕捉技术中的富氧燃烧捕捉技术由于制氧成本太高使它在经济上没有明显的优势，而无法在实际应用中大规模推广使用；燃烧后捕捉技术也由于设备投资和运行成本较高，在生产实践也未大规模应用。虽然碳捕捉的成本相对较高，但是研究表明随着技术的不断成熟，碳捕捉的成本将会大幅降低到人们容易接受的水平。综上所述，成本问题是碳捕捉技术工业化的瓶颈，各国的科研人员针对碳捕捉技术的研究方向也主要集中在如何降低碳捕捉的经济成本。

此外，碳封存技术也存在一定风险。2009 年 10 月，科技部时任部长万钢在第三届“碳封存领导人论坛”部长级会议后接受媒体采访时曾表示，碳捕捉技术比较成熟，而碳封存技术的应用前景和安全性等还有待考虑。美国、挪威等国曾将二氧化碳注入已开采过的油气田，将残存的油气挤出来，不仅提高了石油的采收率，也延长了油气田的使用寿命。然而，正如万钢部长所说，碳封存所带来的风险也不容小视。二氧化碳地下封存渗漏可引发两类风险：全球风险，即如果封存构造中的部分二氧化碳泄漏到大气中，那么释放出来的二氧化碳可能引发显著的气候变化。局部风险，即如果从封存构造中泄漏二氧化碳，可能会造成二氧化碳和盐水进入蓄水层，影响地下水，给饮用水带来污染，也可能给人类和生态系统造成局部灾害。二氧化碳海洋封存的风险为：溶于水中的二氧化碳会使得水中的酸性增加，当然也可以采用加入一定的碱性矿物来中和二氧化碳的酸度。但从目前的试验来看，二氧化碳注入海洋短期之内会对注入点附近的生物产生一定的影响，而对海洋生态系统的长期影响还需要进一步观察。另外，二氧化碳注入后在深海的留存时间、形态变化、运移方向等情况也需要长期监控。二氧化碳化学封存作为一种新的封存二氧化碳的技术，在经济效益上和减排效率上还存在着诸多不可预测性。

4.2.4.3 应用实例

案例分析 1：几种降低碳捕捉成本的新技术

美国加州的克迪科斯公司（Codexis）的研究人员正在研究利用转基因酶降低碳捕捉成本的技术，碳酸酐酶有助于溶剂甲基二乙醇胺与二氧化碳结合，但这种酶只能在 25℃左右存活，温度超过 55~65℃就马上失效。通过转基因技术得到的转基因碳酸酐酶能在 85℃以上的温度下存活半小时，这个特性使其能在燃煤发电厂的高温烟囱里发挥作用，提高碳捕捉溶剂吸收效率 100 倍。日本 JFE 工程公司使用了水和一种特殊的有机化合物，当排放的废气和水以及这种有机化合物混合时，二氧化碳会在室温和接近常压的环境下转化成像果冻一样的黏稠状态。这种固体物质随后被收集，稍微一加热，二氧化碳又转变为气体，而且水和有机化合物可以被重复利用。该工艺每捕捉 1t 二氧化碳折合成人民币需花费 200 元。美国莱斯大学、加州大学伯克利分校、伯克利国家实验室和电力研究所的科学家针对 400 多种矿物吸附剂做研究，发现通常被用作工业材料的沸石可以大幅提高碳捕捉技术的能源效率，他们的分析表明许多种沸石在二氧化碳捕捉方面都比胺溶剂的能源效率高。沸石是一种主要由硅和氧构成的常见矿物，在自然界有 40 种，人工合成的有 160 种。沸石内部都充满了气孔，这些气孔就像一个微型反应容器，吸收、组合化学物质进行化学反应。美国国家能源技术实验室的科研人员进行了多种离子液体的物理特性和二氧化碳吸收机理研究，结果表明，在给定的离子液体中，离子液体对二氧化碳具有更好的选择性，同时发现离子液体具有很高的二氧化碳吸收负荷和更低的再生热需求，并且离子液体与传统的有机溶剂不同，由于蒸气压力低，在脱碳过程中不会产生挥发性有机物，另外离子液体可以反复多次使用。

案例分析 2：几种 CCS 技术的工程实用举例

全球第一家经改造而配备 CCS 技术的发电厂于 2009 年 5 月在法国南部落成。这座电厂位于法国拉克，能源巨头道达尔对其中的一个煤气锅炉进行了升级。每年有6万吨二氧化碳从这里被运送和储存到其附近一座被废弃的天然气田。它是世界上第一条完整的碳捕捉链：首先燃烧天然气，然后分离出燃气中二氧化碳，最后将其深埋地下。

德国空气化工产品有限公司利用专有的二氧化碳捕捉、纯化和压缩技术的富氧燃烧碳捕集技术，在欧洲的能源公司Vattenfall AB公司位于德国黑泵电厂（Sehwarze Pumpe）的研发工厂基础装置于2011年投入使用。该装置在为期3年的示范运行中，空气产品公司开发出的能够降低二氧化碳捕集成本的技术，侧重于富氧燃烧烟气中二氧化碳的纯化和压缩过程，同时通过提高碳捕集与封存（CCS）技术的效率，使该技术在世界各地的环保市场上具备竞争力。采用空气产品公司的技术从富氧燃烧中纯化和压缩二氧化碳，使其纯度适用于封存；新型膜技术，将直接处理Vattenfall公司德国黑泵电厂30 MW的富氧燃烧试验工厂壁挂式锅炉的烟气，获得高达98%的碳捕捉率；此外，专有的使用分级压缩工艺的酸压缩技术用于优化压缩过程中压力、保持和停留时间，从而能够在其过程中使二氧化碳有效纯化和去除其中的氧气等其他气体杂质，酸压缩技术能够在富氧燃烧流程中节约成本，最大限度地降低酸性物质的浓度，并且可以在二氧化碳封存过程中防止腐蚀。

新疆广汇新能源公司与美国JOC公司于2011年8月在新疆哈密签订了碳捕集节能减排项目战略合作协议。根据协议，美国JOC公司计划投资2亿美元，与广汇新能源公司合作二氧化碳捕集及相关锅炉改造项目。通过对煤在燃烧中排放的二氧化碳进行碳捕集并将其压缩到枯竭的油田和天然气领域或者其他安全的地下场所储存，就能够大大降低二氧化碳的排放量。新疆广汇通过此次和美国JOC公司的合作，成为国内首家引进富氧燃烧技术及二氧化碳捕捉专利技术的公司，对煤的燃烧采用富氧燃烧技术，锅炉增加富氧，减少二氧化碳的排放，获得纯度更高的二氧化碳气体，再回收压缩为液体。二氧化碳液体作为产品可以出售给石油、食品添加剂等企业。石油企业也可将现在的注水、注气改为注入二氧化碳，不仅可以提高油田的单井石油采收率，还能掩埋二氧化碳，将二氧化碳置换原油而长期储存于油岩中，实现石油的绿色开发。

我国大唐国际发电股份有限公司和亚洲开发银行主办的“燃气电厂碳捕捉与封存研究”项目自2012年8月启动后，已于2013年10月完成了报告草稿。该项目以大唐国际北京高井热电厂燃气机组烟气二氧化碳为研究对象，是世界首次在燃气电厂开展CCS技术研究的示范项目。

案例分析3：欧洲能源脱碳计划

欧洲长期以来在应对全球气候变化中处于领先位置，正在向脱碳能源系统过渡。欧盟28个成员国签署并批准了巴黎协议，以保持全球变暖“远低于工业化前水平2℃以上，并努力将温度上升进一步限制在1.5℃以下”。这一转变是一项艰巨的挑战，将从根本上改变欧盟如何生产、分配、储存和消费能源，但对欧洲经济而言，这也是一次难得的机遇。同时这与我国今年提出的“碳中和、碳达峰”目标不谋而合。

欧盟计划在2050年之前，将与能源有关的二氧化碳排放量限制在每年7.7亿吨以下。政府间气候变化专门委员会（IPCC）最近的报告强调了要彻底减少排放的紧迫性：2030年，全球变暖不超过1.5℃，排放量必须下降45%（与2010年的水平相比），到

2050年必须降至“零排放”。否则，将导致更极端的温度、海平面上升和生物多样性严重损失等主要气候影响。达成这个目标需要实现无碳发电，提高能源效率，以及在运输、建筑和工业的深度脱碳。欧盟方面表示，化石燃料不应再成为为房屋供暖、食物加温或者为汽车提供动力的主要能源，而是要更多地采用新能源汽车、电加热和可再生能源，从而减少二氧化碳的排放。

* 发展生物质能

尽管可再生能源占2018年欧盟28国总发电量的33%，但67%的电力仍然使用煤炭、天然气等非可再生能源。此外，一份新的欧洲生物能源报告发现，尽管近年来做出了大量努力，但欧盟的电力碳足迹的平均水平仍然很高，2018年达到292gCO_2eq/(kW·h)。

《2020年生物电力统计报告》(Bioelectricity Statistical Report 2020)，该报告对生物能源在欧盟电网脱碳过程中的作用进行了深入分析。报告表明，生物能源占欧盟28国2018年总发电量的5.8%。只有结合包括生物质能在内的先进清洁技术，才能确保清洁电力的稳定和安全供应。生物发电的优势在于，它补充了可变的可再生能源，是一种稳定、灵活、成本效益高的能源。此外，生物发电的效率越来越高，欧洲71%的电力来自结合生物发电的现代热电联产（CHP）。相比之下，传统热源的热电联产输送的电力仅占28%。

尽管近年来采取了脱碳措施，但欧盟生产的电力的碳足迹仍然很高，各成员国之间差距很大。为了利用清洁电力对供暖和运输行业进行脱碳，有必要首先对电力生产本身进行脱碳。有效的能源组合更能确保电力系统的稳定，生物质发电可与风能、太阳能光伏等间歇性可再生能源配合使用。

生物质发电是解决能源脱碳难题的关键一环，为能源转型带来多方面的好处，包括环境效益、能源系统安全等，同时也促进了地区就业和经济发展。

* 实现氢能转变

实现欧盟能源转型将需要大规模的氢气，可以说没有氢气，欧盟将无法实现其脱碳目标。氢燃料为能源转变提供了一个清洁、灵活并且多用途的能量载体。虽然氢气不是唯一的脱碳途径，但它是一系列其他技术中必不可少的环节，它使可再生能源的大规模接入成为可能。氢能源可用于跨部门和区域的能源分配，并作为可再生能源的缓冲区。它为电力、交通、建筑和工业部门提供了一种有效的脱碳方案。

2020年5月25日，8家欧洲领先的能源巨头EDP、Enel、Iberdrola、Vestas和欧洲太阳能协会、欧洲风能协会联合发起一项名为“选择可再生氢”的活动，强调可再生能源在确保经济复苏方面起到关键作用，并呼吁欧盟委员会为欧洲即将到来的能源系统整合和氢能战略做出正确选择，挖掘可再生电力的全部潜力以使欧洲完全脱碳。

风能和太阳能绿色制氢，可成为欧洲经济完全脱碳的关键。在欧洲，通过以100%可再生电力（例如太阳能和风能）为动力的电解槽生产氢气，温室气体排放量或其他污染为零，不仅可以提高欧盟的能源安全，并且通过并网的可再生能源电力制氢，还可以优化电力构成的结构，可再生能源技术已准备好成为欧洲绿色协议的支柱。可再生能源可以提供完全可持续的氢能解决方案，最终帮助欧洲完全脱碳。战略实施中不仅可充分利用可再生电力的巨大潜力，还可促进各电力结构的整合，并创造数百万个就业机会，最终为欧洲工业的现代化和脱碳，提供可持续的可再生氢。

＊可再生能源电气化

基于可再生能源电气化是欧洲能源系统脱碳的关键。如果欧盟政策制定者明确选择基于可再生能源电气化的方式，将使得欧洲成为成功脱碳战略的关键，同时确保其在关键气候减缓技术方面保持竞争优势。在此过程中，欧洲将使其能源系统更具弹性，大幅减少对进口化石燃料的依赖，通过限制空气污染、削减公民和企业的能源费用来提高欧洲人的生活水平。

欧洲未来的能源是电能，根据与巴黎协定兼容的政策，欧洲在能源使用方面的电力份额在2050年将达到62%，能源相关的排放量减少90%。并且将运输和供热整合到可再生能源的电力系统中，这是欧洲能源系统未来的前沿。可再生能源的电气化可以在减少二氧化碳排放的同时振兴欧洲经济，并且将减少汽车、工业和家庭的危险空气污染物。通过减少从国外进口的燃料量来加强能源安全，同时提高能源效率并减少最终的能源需求。此外可再生资源电气化将加速数字化，使客户能够控制他们的能源账单。

案例分析4：燃煤电厂二氧化碳捕集技术进展

CO_2 捕集技术可以按其工艺装置在整个工艺流程中所处的位置进行分类，也可以按其本身的技术原理进行分类，如化学吸收、物理吸收、物理吸附及膜处理技术，还可以根据其使用的吸收剂或吸附剂的性质，分为干法和湿法。按 CO_2 捕捉装置在工艺流程上所处的位置区分有3种方式：(1) 燃烧后捕集（PCC），即尾部烟气中 CO_2 捕集；(2) 燃烧前捕集，主要针对燃气处理、燃气发电项目、天然气改质和煤气化工厂；(3) 直接对燃烧过程进行控制，即富氧燃烧技术。这3种方式按其技术原理的不同，可分为化学方法和物理方法。在化学方法中，按所采用的化学吸收剂或吸附剂性质和反应机理的不同，又可以归为湿法和干法，如胺基吸收剂湿法和碳酸盐循环法，化学吸收法指采用气液反应进行碳捕捉的方式，可理解为湿法，主要是采用胺类吸收剂，典型的如醇胺类MEA。碳酸盐循环法主要是在高温下采用氧化钙（CaO）作为固体吸附剂，与 CO_2 进行反应，生成碳酸钙（$CaCO_3$），从而实现碳捕集，可以理解为化学干法。这两种化学方法都属于尾部烟气处理的范畴，即燃烧后捕集技术。在干法范畴中，从工作温度的角度，可分3个类型，即低温型、中温型和高温型。低温型工作温度低于200℃，中温型工作温度在200~400℃，高温型工作温度在400℃以上。低温吸附剂以碳基材料吸附剂为代表，如碳纳米管（CNTs），被认为是最可靠的吸附材料；另有沸石类吸附剂、金属框架类有机材料吸附剂（MOFs）。低温吸收剂有碳基碱金属反应剂，如碳酸钠（Na_2CO_3）、胺基反应剂，前面提到的MEA，也可用干式反应的形式参与碳捕获。中温吸附剂的代表有层状双氢氧化物（LDHs）。高温吸收剂的代表有钙基反应剂，如上述提到的CaO以及碱性陶瓷反应剂，如锆酸锂（Li_2ZrO_3）。物理方法主要分两种，一种是物理吸收，另一种是物理吸附。在物理吸收中，CO_2 分子溶于液态溶剂，没有化学反应发生，如变压吸附、变温吸附，都属于物理吸收方法。在物理吸附中，CO_2 分子被分子间作用力吸附在固体吸附剂表面，不发生任何化学反应，如活性炭吸附、沸石吸附。同吸收法相比，以活性炭为代表的吸附法有能耗低、成本低、挥发性低、无腐蚀性和吸附剂选择多样的优点，且活性炭可以用生物质等碳中性原料制取，从产品生命周期碳排放的角度降低了整体碳排放水平。

案例分析 5：胺基吸收剂洗涤技术

以胺基液态吸收剂为基础的化学吸收法最早被用于从沼气或氢气（H_2）中去除 CO_2，是一种主流和被广泛应用的 CO_2 捕捉技术，可以用于天然气或燃烧后的烟气 CO_2 脱除。胺基湿法脱碳技术的基本工艺流程在 1930 年即形成专利，在 20 世纪 80 年代早期曾被用于小规模的燃煤和燃气电厂。该技术基本原理是胺基物质与 CO_2 反应生成水溶性的化合物，该反应过程基于一个气液传质过程，典型流程包括两个部分，一部分是 CO_2 吸收，另一部分是吸收剂再生。吸收塔可采用填料形式，工作压力为大气压力，液态胺基吸收剂从吸收塔顶部进入，烟气从吸收塔底部进入，逆流发生吸收反应。胺基吸收剂到达吸收塔底部以后已经是富含 CO_2 分子的溶剂，下一个环节同样是一个气液传质的过程，在填料塔或板式塔中发生，通过输入外部热量将吸附了 CO_2 的胺基溶剂加热到 100~120℃，将胺基溶剂重新提纯，CO_2 随着蒸汽在塔上方的冷凝器中被冷凝分离，胺基吸收剂在底部的再热器中获得再生，再生环节所需的热量是该技术最大的能耗。CO_2 捕获效果及其能耗是该技术的一体两面，在吸收过程中，CO_2 和吸收剂分子建立了强连接，因此吸收效果较好，但同时，也恰恰是吸收剂再生阶段所需能耗较高的原因。另有采用氨及其衍生物作为吸收剂的湿式反应系统，都属于同一类的湿式燃烧后烟气碳捕捉技术。

典型的吸收剂为 MEA（质量分数为 20%~30%的溶液），它是一种非选择性的吸收剂，可去除硫化氢（H_2S）、CO_2 等酸性气体，也可与二氧化硫（SO_2）、二氧化氮（NO_2）等发生反应，因此为了保证良好的脱碳效果，需尽量先去除烟气中的 SO_2、NO_2 等酸性气体成分。另外，常用的吸收剂有 DEA、DGA、MIDE、AMP，均已在天然气脱碳、炼油废气脱碳及合成气脱碳中应用多年。该技术属于燃烧后 CO_2 捕捉技术，可用于新建电厂或电厂脱碳改造。该技术对 CO_2 的去除率达 75%~90%，产生的 CO_2 纯度可达 99%以上。该技术的缺点是在再生过程中需消耗大量的热，能耗很高。在 MEA 湿法中，针对燃气电厂，捕捉环节能耗为每千克 CO_2 1.3~1.7kW·h，吸收剂再生环节为每千克 CO_2 1.2~1.5kW·h。燃煤电厂仅吸收剂再生所需热量就约为 3765.6kJ/kg，约占燃煤电厂锅炉燃烧所释放热量的 20%。装设该脱碳装置的燃煤发电厂，对外输出电量减少约 30%，发电成本增加约 80%，在现在的发展阶段，针对燃煤电厂脱碳，大型化应用不具备经济性。在采用 MEA 湿法进行碳捕捉的总成本中，CO_2 的捕捉和压缩占比约为 80%，运输和封存占比约为 20%。

胺类吸收剂具有与 CO_2 的反应活性高、化学稳定性强、吸收能力强的优点，因此应用广泛，但因其建造成本高（吸收率相对低，因此设备体积大），对设备腐蚀性强，在

SO_2、NO_2、O_2 条件下的性能衰减造成制备成本和能耗高等，限制了商业化应用。目前，采用MEA作为吸收剂，捕捉环节典型的能耗约为每千克 CO_2 3.8MJ，吸收剂再生环节能耗约为每千克 CO_2 3.22MJ。基于上述原因，该技术的发展方向首先在于选择更新、更高效的吸收剂，如作为对胺基吸收剂再生耗能较高的改进的碳酸盐基吸收剂，其原理主要是用水溶性的碳酸盐，如碳酸钾加催化剂（K_2CO_3/PZ）与 CO_2 反应，生成碳酸氢盐，碳酸氢盐在加热时可以释放 CO_2 并再生碳酸盐吸收剂。如在20世纪80年代，采用单一传统乙醇胺（MEA）吸收法，能耗达到约每吨 CO_2 4.1GJ，随着新吸收剂的采用，到目前，该能耗已下降到约每吨 CO_2 2.6GJ。如由日本三菱重工开发的KM-CDR流程，采用KS-1TM吸收剂，单位捕捉能耗可下降到每吨 CO_2 2.44GJ。近年来，基于离子液体在大气压条件下的超低挥发性、与 CO_2 分子的亲和性、热稳定性高等特点，其取代胺类吸收剂的可能性也开始被更多的研究者所关注。除此之外，对吸收塔和再生塔的研究也是一个优先的研究方向，其目的在于减小装置的尺寸，降低成本的同时便于安装，如采用膜反应器能提供更大的气液接触面积且质量更轻，但需考虑烟气温度通常在150℃以上，需采用耐高温的材料。另有研究者针对典型 CO_2 吸收和再生流程中利用换热器的热回收开展了研究，以降低能耗。该技术在天然气工业领域广泛应用已超过60年，技术成熟，缺点在于设备体积较大，与常规燃煤电厂使用的脱硫吸收塔相当，且如上所述，能耗较高。

案例分析6：碳酸盐（CaO）循环捕获技术

碳酸盐（CaO）循环捕获技术基本原理可追溯到1867年Dumotay和Marechal所申请的专利，该专利涉及如何使用石灰来催化碳与蒸汽的气化反应。在20世纪六七十年代，该技术在美国一个40t/d的小型循环流化床示范电厂做了论证。至2011年，在加拿大、西班牙、英国、德国均建成了从75kW至2MW不等的小型化示范和技术论证项目。碳酸盐循环捕获技术属于化学吸附法，基于 CO_2 和CaO的气-固反应，同样包含化学吸附和反应剂再生两个环节，即基于碳酸盐化和煅烧两个环节 CO_2 捕获和释放的循环过程，一般采用CaO作为反应剂，在高温下（600~700℃）与 CO_2 发生反应，生成 $CaCO_3$，实现对 CO_2 的捕捉。所生成的 $CaCO_3$ 在煅烧炉中再生，同时释放出被捕获的 CO_2 进入后续的运输及储存或利用环节。再生环节的温度需达到750℃以上，因此需要输入额外的热量，如采用石油焦作为燃料。若目的是获取纯度很高的 CO_2，则温度需达到900~950℃以上，因此必须在纯氧条件下燃烧，这就要求增加额外的空分环节制作纯氧。从能耗的角度看，空分环节所需的能耗可以通过回收煅烧环节CaO、CO_2 的显热以及在碳酸盐化环节的放热反应所释放的热量，比如制蒸汽，得到补偿，或者将捕获环节的热量回收到煅烧环节，以减少能耗损失。因此从能耗角度，该技术有较强的竞争力。与其他燃烧后碳捕集技术相比，该技术最大的特点是捕捉系统中热量可以考虑用来回收发电，比如煅烧炉可看作一个纯氧燃烧的流化床锅炉，吸热煅烧反应后，其900℃左右的高质量热流可以用作蒸汽发电循环的热源，因此它也可以被用作一个以纯氧燃烧的循环流化床锅炉为主设备的发电厂，获取额外的发电量。

从吸附剂的角度，CaO是一种廉价和随处可得的吸附剂，且其单位质量的捕捉能力较强，1kg CaO在全部转化的情况下可捕捉0.786kg的CO_2，在600℃以上，捕捉反应的速度非常快，因此CO_2的捕获效率非常高，可接近按化学方程式计算的极限值。但其捕获效率会随着碳捕获—碳释放的循环不断进行而降低，大约在30个循环之后降低10%左右，为维持一定的捕获效率，需不断添加生石灰。该技术与水泥工业生产过程具有高度的耦合性，捕捉过程中使用过的生石灰可直接作为水泥生产的原料，仅此一项即可使水泥生产工艺碳减排50%。从能耗的角度，针对燃煤电厂，即使考虑在经过多次循环后生石灰捕捉能力的衰减，该技术能耗所带来的效率损失也远远低于采用胺基吸收剂（MEA）的湿法，仅考虑CO_2的捕捉，不考虑后续的CO_2压缩等工序，该技术所带来的效率损失在3%左右，远远低于后者10%～12%的水平。从运行成本的角度，因碳酸盐干法捕捉技术采用生石灰或采用石灰石煅烧产生生石灰作为原料，其成本将大大低于采用胺基吸收剂的湿法，且经多次循环后性能衰减的生石灰可出售给水泥厂作为生产原料，不会增加原有工厂的水耗。另从与原有工艺的耦合性上来看，国内常规燃煤火电厂大多设置有石灰石湿法脱硫设施，因此原料来源上可以与原有脱硫设施共用。基于上述理由，采用CaO作为捕捉载体的碳酸盐循环捕捉技术，无论从能耗、运行成本，还是从与原有电站工艺的耦合性来说，都优于基于胺基吸收剂的湿法捕捉技术。

案例分析7：富氧燃烧技术

富氧燃烧技术，即让燃料在高纯度O_2（如95%纯度或以上的O_2）中燃烧，目的是尽可能地增大烟气中的CO_2体积分数，以便可以从烟气中直接提纯和压缩CO_2。为达到这一目的，通常将燃烧后的烟气再通入燃烧器（锅炉）内燃烧，以使烟气中的CO_2体积分数尽可能大，并降低富氧燃烧条件下的火焰温度，保护锅炉管束。从技术角度，纯氧的体积分数在97%左右为宜，但考虑到成本，一般控制在95%左右。其能耗主要来源于制备纯氧的空分环节，总体能耗与胺洗涤法相当。该技术最主要的吸引力在于其产物为CO_2和H_2O的混合物，而H_2O很容易通过冷凝的方式去除，同时获得纯CO_2流。另因为燃烧过程中助燃物为纯氧，燃烧效率得到提高，NO_x的合成大量减少，没有N_2，热力型NO_x不会产生，燃料型NO_x的产生也受到抑制，所以整体NO_x排放下降约50%。多个富氧燃烧项目在世界范围内成功运行，烟气中CO_2体积分数可达90%（干基）。该技术被认为是一种可用于如电厂、水泥厂等与化石燃料燃烧过程密切相关的能源或工业生产过程的比较有保障的技术，而且很容易对旧有项目进行改造，是一种高效且近乎零排放的技术。

化学链燃烧（CLC），或者叫非混合燃烧，可以被理解为富氧燃烧的一种特殊形式，其好处在于可以避免常规富氧燃烧费用较高的制氧环节，即用金属氧化物作为O_2的载体，代替空分制纯氧的环节，在燃烧环节，释放O_2助燃，在氧化环节重新氧化为氧化物，常用的金属氧化物有Fe_2O_3/Fe_2O_2、NiO/Ni和BaO_2/BaO等。理论上，CLC循环的效率与直接燃烧处于同一水平，只有约3%的效率损失（包括CO_2压缩环节）。与传统的胺基吸收剂捕捉技术相比，该技术降低了系统的复杂程度，其最大的好处是大幅度降低了捕捉过程中的能耗。与常规富氧燃烧技术相比，因其省去了能耗较高的空分（ASU）制氧环节，其能耗下降约 2.6%。

案例分析 8：固体物理吸附技术

针对传统胺基吸收剂碳捕集方法能耗和成本较高的缺点，采用活性炭、沸石、金属有机骨架材料（MOFs）等固体吸附剂的烟气碳捕捉技术日益为研究者关注，如利用固体吸附剂作为载体的变压（PSA）和（或）变温吸附技术等。变压吸附（PSA）和变压变温吸附（PTSA）属于典型的物理吸附方法。PSA 是一种广泛应用的方法，PTSA 是其改进型，如在 PTSA 方法中，CO_2 在常压下被吸附到沸石吸附剂表面，然后沸石被加热，CO_2 在一个降压过程中析出。该技术在一个试验性项目中对 CO_2 的捕获率达到 90%，获得的 CO_2 纯度达 99%。该类型技术的优点在于不需要吸收或吸附剂再生耗能，容量大，选择性强，易于操作。从实际应用的角度，各种材料各有优缺点，如碳基材料便宜、易于获得，但在其他气体如 N_2、甲烷（CH_4）、水蒸气等存在时对 CO_2 的选择性吸附能力较差；沸石、金属有机骨架材料（MOFs）吸附容量大，但价格较高；采用沸石的 PSA 过程，对 CO_2 的选择性相较于对 N_2、CH_4、H_2O 等其他气体的选择性仍然较低，且在温度高于 30℃时，其吸附能力大幅度降低，在 200℃以上则几近于无。该技术路径的发展方向主要在于寻找更大吸附容量，对 CO_2 的排他性吸附能力、耐久性、具有更快吸附和解吸附动力机制的新型吸附材料。总体来看，采用固体吸附剂进行物理吸附的方法在以传统燃煤电厂为代表的能源领域尚不适用。

案例分析 9：膜捕获技术

膜捕获技术两种方式有应用潜力，一种是膜分离，另一种是膜吸附。膜分离技术已有对 CO_2 选择性很强的成熟的有机聚合材料及无机材料膜产品的支持；而膜吸附过程与胺基溶液的结合使用效率很高。前者是物理分离方式，与常规膜的原理，即在一定的压差和浓度差的情况下选择性渗透原理相同。该种技术在石油、天然气及化工行业中得到了广泛应用，但用于烟气 CO_2 捕捉适用性较差，主要是因为烟气的体积太大及压缩所需能量较高。从技术角度，总的来说，在现阶段，使用膜技术实现大流量下 CO_2 分离的高选择性还不成熟；从成本角度，该技术的成本可能是传统胺基吸收剂湿法技术的 2 倍。膜吸附则是利用膜作为气液传质的反应界面，尽量为气液反应提供较大的反应面积。因此膜对 CO_2 的选择性要求不高，选择性主要通过吸收剂（如胺基溶液）来实现。如采用管式膜，烟气在管程流动，胺基吸收剂溶液在壳程流动，CO_2 在通过管式膜的过程中被吸收到胺基溶液中。该方式可显著减小传统湿式吸收塔反应器的尺寸和体积，并方便对气相和液相流体进行独立控制，但离实际应用尚有大量的工作要做，比如如何解决膜被烟气中的微粒堵塞等问题。

案例分析 10：燃料脱碳技术

对燃料（如燃煤或天然气）进行脱碳处理属于燃烧前碳捕捉技术。针对燃煤，可以先通过气化过程将其转化为含 H_2 和 CO 的合成气；针对天然气，可以利用蒸汽或空气先将其改质为合成气，再向合成气通入一定压力和温度的水蒸气，通过变换反应，将合成气组分进一步变换为 CO_2 和 H_2，然后对 CO_2 进行分离处理，得到可用燃气轮机发电的富氢燃料。作为一种燃烧前捕捉技术，与燃烧后捕捉技术相比，其主要的优点在于操作压力高、在混合气流中 CO_2 体积分数大，便于后续的分离和捕捉。后续的分离方法有吸收、吸附、膜法、低温过程分离等，应用最广的是吸收法，在 CO_2 体积分数较小时，采用化学吸收法的效果优于物理吸收法，在 CO_2 分压较高的情况下，采用物理吸收法则效果更好。该技术适用范围较广，可以处理多种低热值燃料，比如褐煤、生物质、重油或者垃圾且具备生产电力、化学产品和低碳燃料多种产品的潜力。

本章小结

（1）物质减量化是指在生产过程中单位经济产出所消耗的物质材料或产生的废物量的绝对（或相对）减少，其基本思想是以最小的资源投入产出最大量的产品同时产生最小量的废品，即在消耗同样多的、甚至更少的物质的基础上获得更多的产品和服务。物质减量化是工业生态学的一个重要内容，主张以最小的资源量获得最大的价值，包括经济价值和环境价值，对实现可持续发展具有重大意义。

（2）能源脱碳是指采用相应的技术使燃料释放同等能量过程中产生更少的碳产物，是物质减量化的一个特殊分支。对于化石能源，节能降耗，开发能量梯级利用技术，提高能源利用效率；开发太阳能、风能、生物质能、氢能源等新型可再生清洁能源，提高可再生能源在现代能源结构中的比例，可缓解当前能源短缺的严峻形势，减少温室气体的排放，获取更大经济效益及生态效益，对于实现“双碳”目标、现代工业的低碳绿色可持续发展具有重要意义。

思考复习题

1. 物质减量化的重要性及意义是什么？
2. 产品物质减量化的实施途径和具体措施有哪些？
3. 什么是能源脱碳，简述能源脱碳实施途径。
4. 结合钢铁工业实践，举例说明应采取什么措施确保“双碳”目标如期实现？

参考文献

[1] 李素芹，苍大强，李宏．工业生态学［M］．北京：冶金工业出版社，2007.
[2] 李素芹．工业生态实用技术知识问答［M］．北京：冶金工业出版社，2010.
[3] 罗宏，孟伟，冉圣宏．生态工业园区：理论与实践［M］．北京：化学工业出版社，2004.
[4] 邓南圣，吴峰．工业生态学：理论与应用［M］．北京：化学工业出版社，2002.
[5] 张永生．基于节约型减量化的钢铁材料加工过程理论及实践研究［D］．沈阳：东北大学，2009.
[6] 赵康，赵尘．基于物质减量化原则的人工用材林采伐利用［J］．西北林学院学报，2009，24（6）：11-17.
[7] 侯洪宇，马光宇，徐鹏飞．鞍钢节能减排新技术研究与开发［J］．鞍钢集团钢铁研究院，2019（6）：

16-20.

[8] 金涌．中国煤化工生态工业系统优化与分析［C］．中国会议，2011：7.

[9] 肖序，刘三红．论物质减量化原理在资源价值流计算中的应用［J］．财务与金融，2009（4）：11-17.

[10] 杨丙龙．废渣在公路建设中的利用现状与发展［J］．路基工程，2010（5）：39-41.

[11] 柳广弟．石油地质学［M］．北京：中国石油大学出版社，2011.

[12] 徐春明，杨朝合．石油炼制工程［M］．4 版．北京：石油工业出版社，2009.

[13] 金涌．低碳经济与生态城市构建［J］．能源与节能，2011（9）：1-2.

[14] Verástegui F, Lorca Á, Olivares D, et al. Optimization-based analysis of decarbonization pathways and flexibility requirements in highly renewable power systems［J］. Energy, 2021: 234.

[15] 王云珠，刘晔，韩芸．能源转型背景下山西煤炭清洁高效利用路径与政策［J］．煤炭经济研究，2017，37（12）：11-17.

[16] Song Q, Rong N, Han S, et al. Decarbonization pathways of China's provincial energy systems under carbon constraints: a case study of guizhou province［J］. Energy Reports, 2022, 8（8）: 9363-9378.

[17] Norouzi M , Colclough S, Laureano J, et al. Low-energy buildings in combination with grid decarbonization, life cycle assessment of passive house buildings in Northern Ireland［J］. Energy and Buildings, 2022, 261: 111936.

[18] Garimella S, Lockyear K, Pharis D, et al. Realistic pathways to decarbonization of building energy systems［J］. Joule, 2022, 6（5）: 956-971.

[19] Walker A M. Sustainability assessment in circular inter-firm networks: An integrated framework of industrial ecology and circular supply chain management approaches［J］. Journal of Cleaner Production, 2021, 286: 142634.

[20] Korczak K, Kochański M, Skoczkowski T. Mitigation options for decarbonization of the non-metallic minerals industry and their impacts on costs, energy consumption and GHG emissions in the EU - Systematic literature review［J］. Journal of Cleaner Production, 2022, 358: 132006.

[21] Clora F, Yu W. GHG emissions, trade balance, and carbon leakage: Insights from modeling thirty-one European decarbonization pathways towards 2050［J］. Energy Economics, 2022: 113.

[22] Worrell E, Boyd G. Bottom-up estimates of deep decarbonization of U. S. manufacturing in 2050［J］. Journal of Cleaner Production, 2022, 113: 106240.

[23] 潘志彦．外源氢气连续导入沼气发酵系统原位合成甲烷的实验研究［J］．高校化学工程学报，2017，31（4）：892-898.

[24] Griffiths S, Sovacool B K. , Kim J, et al. Industrial decarbonization via hydrogen: a critical and systematic review of developments, socio-technical systems and policy options［J］. Energy Research & Social Science, 2021, 80 : 102208.

[25] Felder F A, Kumar P A review of existing deep decarbonization models and their potential in policymaking［J］. Renewable and Sustainable Energy Reviews, 2021, 152: 111655.

[26] 林彬，陈国需，杜鹏飞，等．膜分离技术在石油化工领域的应用［J］．后勤工程学院，2017，46（6）：1196-1199.

[27] Patrizio P, Fajardy M, Bui M, et al. CO_2 mitigation or removal: The optimal uses of biomass in energy system decarbonization［J］. iScience, 2021, 24（7）: 102765.

[28] Grenz J, Cerdas F, Herrmann C. LCA based analysis of product portfolios-towards decarbonization［J］. Procedia CIRP, 2022, 105: 519-524.

[29] Xie Y Y, Fu Z Q. Process simulation of industrial metabolism and its environmental effect analysis［J］. Advanced Materials Research, 2013, 616: 1398-1403.

[30] Chuayboon S, Abanades S. An overview of solar decarbonization processes, reacting oxide materials, and thermochemical reactors for hydrogen and syngas production [J]. International Journal of Hydrogen Energy, 2020, 45 (48): 25783-25810.

[31] 楼紫阳. 废三元催化剂资源回收问题剖析及对策研究 [J]. 有色冶金设计与研究, 2023, 44 (4): 4.

[32] 金涌. 高碳能源——煤的低二氧化碳排放和高附加值利用 [J]. 科技导报, 2012, 30 (24): 3.

[33] 张可, 龙吉生, 刘义行, 等. 填埋场好氧修复过程碳排放特征及削减研究 [J]. 环境工程, 2022, 40 (12): 17-21.

[34] Vélez-Henao J, García-Mazo C. Environmental rebound effect of wind and solar technologies in the colombian household sector [J]. Journal of Industrial Ecology, 2022, 26 (5): 1784-1795.

[35] Vázquez-Rowe I, Parker R, Hamilton H, et al. Industrial ecology for the oceans [J]. Journal of Industrial Ecology, 2022, 26 (6): 1842-1846.

[36] Chester M V. Industrial ecology in support of climate change adaptation [J]. Journal of Industrial Ecology, 2020, 24 (2): 271-275.

[37] Yu H, Da L, Li Y, et al. Industrial symbiosis promoting material exchanges in ulan buh demonstration eco-industrial park: a multi-objective milp model [J]. Journal of Cleaner Production, 2023, 414: 137578.

[38] Han F, Feng Z, Wang C, et al. Interweaving industrial ecology and ecological modernization: a comparative bibliometric analysis [J]. Sustainability, 2021, 13 (17): 9673.

[39] Beaurain C, Chembessi C, Rajaonson J. Investigating the cultural dimension of circular economy: a pragmatist perspective [J]. Journal of Cleaner Production, 2023, 417: 138012.

[40] Nieto J, Moyano P B, Moyano D, et al. Is energy intensity a driver of structural change? empirical evidence from the global economy [J]. Journal of Industrial Ecology, 2023, 27 (1): 283-296.

[41] Jouannais P, Gibertoni P P, Bartoli M, et al. LCA to evaluate the environmental opportunity cost of biological performances in finfish farming [J]. The International Journal of Life Cycle Assessment, 2023, 28 (10): 1286-1301.

[42] Luo S, Hu W, Liu W, et al. Study on the decarbonization in China's power sector under the background of carbon neutrality by 2060 [J]. Renewable and Sustainable Energy Reviews, 2022: 166.

[43] Eckelman M J, Laboy M. LCA art: communicating industrial ecology at a human scale [J]. Journal of Industrial Ecology, 2020, 24 (4): 736-747.

[44] Tian J, Guo Q, Chen Y, et al. Study on industrial metabolism of carbon in a chinese fine chemical industrial park [J]. Environmental Science & Technology, 2013, 47 (2): 1048-1056.

[45] Martín G A M, Aguayo G F, Marcos B M. Smart eco-industrial parks: a circular economy implementation based on industrial metabolism [J]. Resources, Conservation and Recycling, 2018, 135: 58-69.

[46] 吴伟祥. 易腐垃圾生物强化快腐熟技术及工程案例 [J]. 环境卫生工程, 2023, 31 (1): 119-121.

[47] 吴伟祥. 无废城市垃圾分类均衡推进的政策执行困境及对策 [J]. 中国环境科学, 2022, 42 (9): 4232-4239.

[48] Simon B. Material flows and embodied energy of direct air capture: a cradle-to-gate inventory of selected technologies [J]. Journal of Industrial Ecology, 2023, 27 (3): 646-661.

[49] 吴伟祥. 稻田入土生物质炭自然陈化过程理化特性变化规律 [J]. 农业资源与环境学报, 2022, 39 (4): 758-765.

[50] Conlon T, Waite M, Wu Y, et al. Assessing trade-offs among electrification and grid decarbonization in a clean energy transition: application to New York state [J]. Energy, 2022, 249: 123787.

[51] Faria E, Barreto C, Caldeira-Pires A, et al. Brazilian circular economy pilot project: integrating local

stakeholders' perception and social context in industrial symbiosis analyses [J]. Sustainability, 2023, 15 (4): 3395.

[52] 楼紫阳. 上海市表面处理废物跨省转移现状及对策研究 [J]. 有色冶金设计与研究, 2019, 40 (3): 33-36.

[53] Mulvaney D, Richards R M, Bazilian M D, et al. Progress towards a circular economy in materials to decarbonize electricity and mobility [J]. Renewable and Sustainable Energy Reviews, 2021, 137: 110604.

[54] Zargar S, Roy B B, Li Q, et al. The application of industrial ecology methods to understand the environmental and economic implications of the forest product industries [J]. Current Forestry Reports, 2022, 8 (4): 346-361.

[55] 楼紫阳. 我国餐厨垃圾处理问题与出路研究 [J]. 上海城市管理, 2018, 27 (3): 90-94.

[56] McMahon K, Uchendu C, Fitzpatrick C. Characterizing it asset disposition flows for the circular economy: a case study on export for reuse from ireland [J]. Journal of Industrial Ecology, 2023, 27 (4): 1212-1222.

[57] Klose S, Pauliuk S. Sector-level estimates for global future copper demand and the potential for resource efficiency [J]. Resources, Conservation and Recycling, 2023, 193: 106941.

[58] Zhou Y, Yang N, Hu S. Industrial metabolism of pvc in china: a dynamic material flow analysis [J]. Resources, Conservation and Recycling, 2013, 73: 33-40.

[59] 楼紫阳. Fenton 氧化处理垃圾膜滤浓缩液 [J]. 环境化学, 2017, 36 (5): 1104-1111.

[60] 楼紫阳. 微气泡臭氧强化污泥碳源地释放过程 [J]. 环境工程学报, 2017, 11 (4): 2426-2432.

[61] 金涌. 发展现代煤化工要有大视野 [J]. 化工管理, 2016 (7): 10-13.

[62] 金涌. 绿色创新——轻工产业持续发展的金钥匙 [J]. 轻工学报, 2016, 31 (1): 1-5.

[63] Liang S, Zhang T. Investigating reasons for differences in the results of environmental, physical, and hybrid input-output models [J]. Journal of Industrial Ecology, 2013, 17 (3): 432-439.

[64] 金涌. 重点高耗能行业煤利用过程中的节能问题研究 [J]. 中国工程科学, 2015, 17 (9): 82-90.

[65] 金涌. 关于我国推行能源消费革命、控制能源消费总量的战略问题的初步探讨 [J]. 中国工程科学, 2015, 17 (9): 111-117.

[66] 胡山鹰, 李有润, 沈静珠. 生态工业系统集成方法及应用 [J]. 环境保护, 2003 (1): 16-19.

[67] Sun Y. Evaluation of industrial ecology in the π-shaped curve area of China's yellow river based on the grey lotka-volterra model [J]. Scientific Reports, 2023, 13 (1): 19089.

[68] 金涌. 中国合成氨行业清洁生产潜力分析 [J]. 科技导报, 2014, 54 (3): 309-313.

[69] 金涌. 化学工业绿色发展战略研究: 基于化肥和煤化工行业的分析 [J]. 化工学报, 2014, 65 (7): 2704-2709.

[70] 金涌. 煤炭热力学高效和化学高价值利用新工艺 [J]. 化工学报, 2014, 65 (2): 381-389.

[71] André H, Björklund A. A framework to open the black box of the use phase in circular economy life cycle assessments: the case of shell jacket reuse [J]. Journal of Industrial Ecology, 2023, 27 (4): 1137-1150.

[72] Walzberg J, Frayret J, Eberle A L, et al. Agent-based modeling and simulation for the circular economy: lessons learned and path forward [J]. Journal of Industrial Ecology, 2023, 27 (5): 1227-1238.

[73] Li X, Sun W, Zhao L, et al. Material metabolism and environmental emissions of bf-bof and eaf steel production routes [J]. Mineral Processing and Extractive Metallurgy Review, 2018, 39 (1): 50-58.

[74] Gabbert S, De B A, Quik J T K, et al. Can cost-effectiveness analysis of control measures for persistent chemicals be improved? a critical evaluation of approaches for assessing "effectiveness" [J]. Journal of Industrial Ecology, 2023, 27 (1): 155-169.

[75] Lepawsky J, Cáceres K, Gusukuma M, et al. Carbon and water conservation value of independent, place-based repair in lima, peru [J]. Journal of Industrial Ecology, 2023, 27 (3): 896-907.

[76] Acevedo D, Mijts E, John N, et al. Perspective in resource recovery from reverse osmosis brines: the case for sustainable seawater refineries for small islands [J]. Journal of Chemical Technology & Biotechnology, 2023, 98 (10): 2359-2364.

[77] Bisht A, Martinez-Alier J. Coastal sand mining of heavy mineral sands: contestations, resistance, and ecological distribution conflicts at hms extraction frontiers across the world [J]. Journal of Industrial Ecology, 2023, 27 (1): 238-253.

[78] Bracho L, Martinez P. Diagnosis of the generation of solid waste in the construction of a building under the approach of industrial ecology [J]. IOP Conference Series: Earth and Environmental Science, 2020, 503 (1): 12023.

[79] 潘志彦. 激光拉曼光谱无损分析浙贝母 [J]. 浙江农业学报, 2018, 30 (7): 1244-1248.

[80] Cimpan C, Bjelle E L, Budzinski M, et al. Effects of circularity interventions in the european plastic packaging sector [J]. Environmental Science & Technology, 2023, 57 (27): 9984-9995.

[81] 金涌. 高效、清洁、高附加值原则指导下适度、有序发展煤化工产业 [J]. 煤化工, 2012, 40 (5): 1-6.

[82] Barke A, Cistjakov W, Steckermeier D, et al. Green batteries for clean skies: sustainability assessment of lithium-sulfur all-solid-state batteries for electric aircraft [J]. Journal of Industrial Ecology, 2023, 27 (3): 795-810.

[83] Wuyts W, Miatto A, Khumvongsa K, et al. How can material stock studies assist the implementation of the circular economy incities? [J]. Environmental Science & Technology, 2022, 56 (24): 17523-17530.

[84] 仇浩, 楼紫阳, 顾雪元, 等. 智慧6S路线图破译全国棕地土壤和地下水系统中重金属迁移潜势与风险 [J]. 科学通报: 英文版, 2022, 67 (13): 1295-1299.

[85] 胡山鹰, 李明恒, 李有润, 等. 废物最小化的反应路径综合方法 [J]. 中国科学B辑, 2004, 34 (1): 52-60.

[86] 金涌. 封存CO_2不如植树造林 [J]. 科技导报, 2012 (7): 1-2.

5 物质与能量流动分析

本章提要

（1）生态系统中的物质与能量的流动分析方法；
（2）工业代谢分析的概念、模型及其应用；
（3）生命周期评价的基本原理与框架；
（4）生命周期清单分析及生命周期影响评价方法；
（5）生命周期影响评价工具及其应用。

5.1 物质与能量流动分析方法

工业系统中原料与能量的流动对全球物质循环有很大的影响，并会对自然生态系统产生一定扰动。工业生态学的研究目的是在保持经济高速增长的同时让物质与能量的流动纳入自然生态系统全球大循环中，不会导致生态破坏。因此必须首先对自然生态系统中物质与能量流动进行分析与研究。

5.1.1 自然生态系统中物质循环

物质是不灭的，物质也是生命活动的基础。生态系统中的物质，主要是指生物为维持生命所需的各种营养元素，它们在各个营养级之间传递，并联合起来构成物质流。物质从大气、水域或土壤中，通过以绿色植物为代表的生产者吸收而进入食物链，然后转移到食草动物和食肉动物等消费者，最后被以微生物为代表的还原者分解转化回到环境中。这些释放出的物质又再一次被植物利用，重新进入食物链，参加生态系统的物质再循环。这个过程就是物质循环。物质循环又称为生物地球化学循环或生物地化循环。物质在地球上存在的范围不外乎四大圈。生物界形成生物圈，非生物界包括三大圈，即大气圈、岩石圈和水圈。这四大圈彼此之间不断地进行着各种物质的交换，但是在每一圈中，各种元素的相对数量和绝对数量是明显不同的。生物从土壤里、水里和空气中吸收物质养料，向它们排除废物，而且这些废物自身又重新还原为无机分子；水和矿物质在空气、陆地和水域之间反复地来回移动，只是暂时地在生物体内停留着。

物质循环是生态系统的基本功能之一。生态系统中的生产者通过根系从土壤中吸收矿物质和水分，由叶片吸收 CO_2，以太阳能为动力合成有机物质，然后沿着食物链移动。在每次物质转移中都有一定的损耗，但损耗的部分都将回到环境，被植物重新吸收、利用。因此物质是可以循环的，并且是周而复始地被利用。

自然生态系统中，物质流动的基本形式主要是生物地球化学循环。

生物地球化学循环：各种化学元素，包括原生质中必不可少的营养物质，在不同层次、不同大小的生态系统乃至生物圈内，沿着特定的途径从周围环境到生物体，再从生物体回归到自然环境，不断地进行流动和循环，这些不同的循环途径就构成了生物地球化学循环。

循环模式根据物质循环的范围、路线和周期不同，可分为两类：

（1）地质大循环：物质和元素经生物体的吸收作用，从环境进入生物有机体内，然后生物体以死体、残体、排泄物等形式将物质或元素返回环境，进入五大自然圈（大气圈、水圈、岩石圈、土壤圈、生物圈）的循环过程。

特点：时间长、范围广，影响面广，具有全球性质，是闭合性循环。如大气中的 CO_2 通过生物圈的光合和呼吸作用约 400 年循环一次；O_2 通过生物代谢，约 2000 年循环一次；水圈（包括占地球表面 71%的海洋）中的水，通过生物圈的吸收、排泄、蒸腾，约 200 万年才循环一次；至于由岩石土壤圈风化出的矿物元素循环一次则需要更长的时间，甚至要经过几亿年。

（2）生物小循环：环境中元素经生物体吸收，在生态系统中相继被利用，然后经分解者分解成无机态进入环境，再次为生产者吸收利用。

特点：在一个系统内进行，范围小、时间短、速度快，是开放式的循环。

根据循环主要是与大气圈，还是与岩石土壤或水圈联系划分，即根据物质在五大自然圈的库存量的主次、大小和固定的时间长短划分，可分为两类：

1）气体型：储存库在大气中。元素或化合物可以转化为气体形式，通过大气进行扩散，弥漫于陆地或海洋上，在很短时间内又可被植物重新利用。如 C、N、O 等，由于巨大的大气储存库可对干扰进行相当快的自我调节，因此从全球意义上看，这类循环是比较完全的循环。

2）沉积型：储存库在地壳里。经风化作用从陆岩石缓慢释放的某些化合物或元素被植物吸收，参与生命物质的形成并沿食物链运转，然后动植物有机体经微生物的分解作用又将元素返回环境，除一部分保持在土壤中供植物吸收利用外，一部分以溶液或沉积物状态随流水进入海洋，经沉降，淀积和成岩作用变成岩石，当岩石被抬升并遭受风化作用时，该循环才算完成。这类循环是缓慢的，倾向于不完全的循环，并且容易被局部干扰所破坏，如 P、S、Ca、I、K、Na 等循环。

5.1.2 物质循环的层次及类型

5.1.2.1 物质循环的层次

A 生物个体层次的物质循环

在这个层次上生物个体吸收营养物质建造自身，经过代谢活动（生物从外界取得生存必需的物质，并使这些物质变成生物体本身的物质，同时把体内产生的废物排出体外，这种新物质代替旧物质的过程叫作新陈代谢，简称代谢）又把物质排出体外，经过分解者的作用退还于环境。

B 生态系统层次的物质循环

生态系统层次（即生态系统内）的物质循环是指在初级生产者的代谢基础上，通过各级消费者和分解者把营养物质归还于环境之中，又称为生物小循环或营养物质循环。

这一循环是在一个具体范围内（某一生态系统内）进行的，物质循环流速快、周期短。生物所需要的营养物质的循环是在生态系统的四个基本成分之间进行的。另外，生态系统还可从降雨、空气流动和动物的迁入等不同途径使营养物质得到补充和更新。在生态系统营养物质的整个循环过程中，生产者、分解者、水分和大气起着尤为重要的作用。生产者使无机物转变为有机物，分解者则把复杂有机构分解为生产者可重新利用的简单无机物。水和空气起介质作用，固体物只有溶于水中才能被生产者吸收利用，一些气态物和水分则借助空气由气孔等处进入生物体。

生态系统中物质循环主要包括以下几条途径：

（1）物质由动物排泄返回环境（动物生存期间所排出的物质要比死亡之后经微生物分解后排出的物质数量多好几倍）；

（2）物质由微生物分解碎屑过程返回环境；

（3）通过在植物根系中的真菌，直接从植物残体中吸收营养物质而更新返回到植物体；

（4）风化和侵蚀过程加上水循环携带营养元素进入生态系统；

（5）动植物尸体或粪便不需任何微生物分解也能释放营养元素；

（6）人类利用化石燃烧生产化肥，用海水制淡水及对金属的利用。

以上六条途径中，前五条是在自然状态下进行的，而第六条则是在人力状态下进行的，且其作用在加强，对生物圈的影响也越来越大。

C 生物圈层次的物质循环

这一层次的物质循环是营养物质在各生态系统之间的输入和输出以及它们在大气圈、水圈和土壤圈之间的交换。“生物地球化学循环”又称“生物地质化学循环”。因为生物体全部原生质有97%以上由氧、碳、氢、氮、磷五种元素组成，它们在生物圈中的物质循环过程分属生物、地质、化学系统。这些营养物质存在于大气、水域及土壤中，如果说，生态系统能量的来源是太阳，那么，物质的来源便是生物栖身的地球，即地球上的大气圈、水圈、岩石圈及土壤圈。一个来自“天”，一个来自“地”，正是这“天”与“地”的结合，才有了生命所需要的能量和物质。

5.1.2.2 物质循环的类型

在生物地球化学循环层次上，根据物质参与循环时的形式，可将循环分为气相循环、液相循环和固相循环三种。凡属于气相循环的物质，其分子或某些化合物常以气体的形式参与循环过程。属于这一类的物质有氧、二氧化碳、氮、氯、溴和氟等。气体循环速度比较快，物质来源充沛，不会枯竭。液相循环指水循环，是水在太阳能驱动下，由一种形式转变为另一种形式，并在气流（风）和海流推动下在生物圈内的循环。固相循环又称沉积型循环，沉积型循环速度比较慢，参与沉积型循环的物质，其分子或化合物主要是通过岩石的风化和沉积物的溶解转变为可被生物利用的营养物质，而海底沉积物转化为岩石圈成分则是一个相当长的、缓慢的、单向的物质转移过程，时间要以千年来计。这些沉积型循环物质主要蓄积在土壤、沉积物和岩石中，而无气体状态，因此这类物质循环的全球性不如气相循环，循环性能也很不完善。属于沉积型循环的物质有磷、钙、钾、钠、镁、锗、铁、铜和硅等，其中磷是较典型的沉积型循环物质，它从岩石中释放出来，最终又沉积在海底，转化为新的岩石。

生态系统中的物质循环，在自然状态下，一般处于稳定的平衡状态。生物圈水平上的生物地球化学循环研究的主要对象是水、碳、氧、磷、氮等物质或元素的全球循环过程。这类物质或元素对于生命的重要性，以及人类在生物圈水平上对生物地球化学循环的影响，使这些研究更为重要。

5.1.3 几种重要的循环

5.1.3.1　碳循环

碳是生命骨架元素，地球上总碳量为 26×10^{15}t。碳循环是所有养分循环中最简单的一种，环境中的二氧化碳（CO_2）通过光合作用被固定在有机物中，然后通过食物链的传递，在生命系统中循环。碳循环示意图如图 5-1 所示。

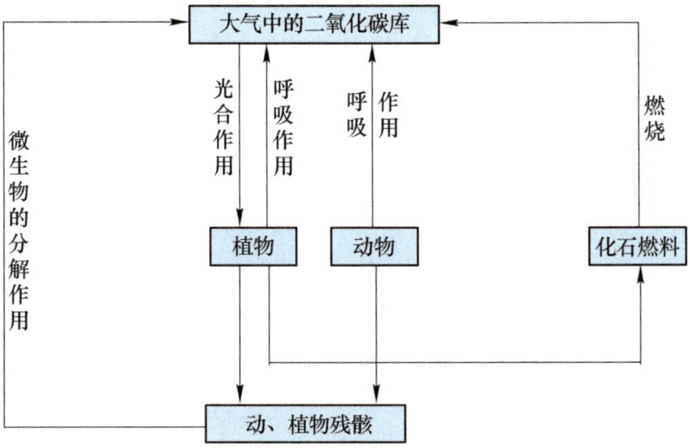

图 5-1　碳循环示意图

碳循环的途径有以下三种：

（1）在光合作用和呼吸作用间的细胞水平上的循环。

（2）大气 CO_2 和植物体之间的个体水平上的循环。

（3）大气 CO_2 植物动物微生物之间的食物链水平上的循环属于生物小循环。

碳循环是从光合作用固定空气中 CO_2 开始的，其基本过程包括如下四种：

（1）大气与生物组分之间的循环。CO_2 通过绿色植物的光合作用进入自然生态系统，然后在系统中流动，其流动途径主要为：1）沿食物链传递，碳一直存在于生态系统的生物组分中。2）生物的呼吸作用使 CO_2 返回到大气。该循环是在生物体内流经的过程，最终又回归大气，属于气象循环。

（2）大气与海洋间的交换。这一循环是自然过程，生物体不能控制。海洋溶解的 CO_2 是大气中 CO_2 的 50 倍，因而海洋对大气中的 CO_2 具有缓冲机制，但过量 CO_2 的溶解会引起海水酸化，从而影响整个海洋生物圈。

（3）沉积循环。该循环过程属于自然过程。碳以动植物有机体的形式深埋地下，在还原条件下，形成化石燃料。在这种途径下，经过化石、石灰岩或油页岩等固态过程，碳已经离开气相循环和生物圈相当长一段时间，进入了地质大循环。

（4）人类干预下的碳循环。在空气中 CO_2 的含量约为 0.04%，但自第二次工业革命（1850 年）以来，人类大量砍伐森林、开采化石燃料，将几百万年内被光合作用固定的碳通过燃烧又释放到大气中，改变了原有的碳素平衡。据统计每年燃烧矿石释放到大气中的 CO_2 50 亿~60 亿吨，这其中虽然大部分被海洋吸收而缓冲，但仍有 1/4 保留在大气中，使大气中 CO_2 含量逐年上升，从 1750 年的 $280\times10^{-4}\%$ 上升到 2019 年的 $415\times10^{-4}\%$。

由于 CO_2 对红外线有强烈的吸收作用，从而产生“温室效应”，这必然会导致全球变暖，气候变化已成为影响人类生存和发展的重要因素。

5.1.3.2 氮循环

氮是生命代谢元素，主要存在于大气中，其循环方式主要是气态循环，以 N_2 的单质形式存在。大气中的氮含量为 79%，总储量约 4.8×10^7t，是一种极为不活泼的气体，不可被植物直接利用，必须通过固氮作用被利用。氮循环示意图如图 5-2 所示。

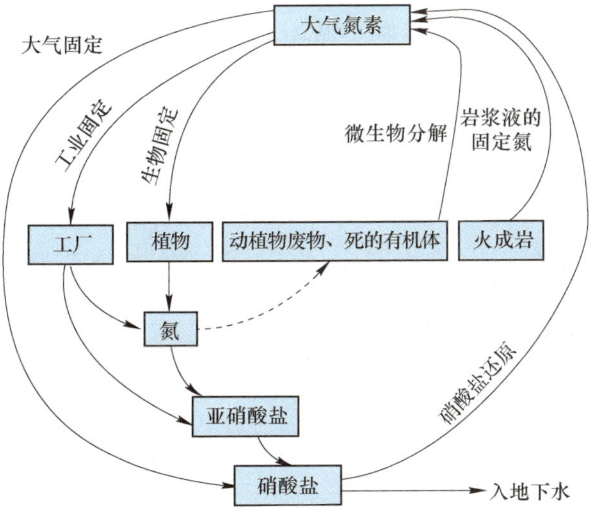

图 5-2 氮循环示意图

固氮作用是气态循环的重要机制，通过根瘤菌、绿蓝藻等生物固氮、火山爆发时岩浆固氮、闪电和宇宙射线固氮、工业固氮等途径，转化为硝酸盐和氨的形式才可被生物吸收利用，其中工业固氮从 1997 年的 45.9×10^6t 上升到 2019 年的 100×10^6t。在生态系统中，植物从土壤中吸收硝酸盐，氨基酸彼此连接构成蛋白质分子，再与其他化合物一起建造了植物有机体，于是氮元素进入生态系统的生产者有机体中，进一步为动物取食，转变为含氮的动物蛋白质。动植物排泄物或残体等含氮的有机物经微生物分解为 CO_2、H_2O 和 NH_3 返回环境，NH_3 可被植物再次利用进入新的循环。

氮在生态系统循环过程中，常因有机物的燃烧而挥发损失，或因土壤通气不良，硝态氮经反硝化作用变为游离氮而挥发损失，或因灌溉、水蚀、风蚀、雨水淋洗而流失等。损失的氮将进入大气或水体，变为多数植物不能直接利用的氮素，因此必须通过各种固氮途径来补充，从而保持生态系统中氮素的循环平衡。

固氮方式中，农业生产生物固氮和工业固氮为人为干预的固氮方式。过度或不合适的人为固氮，也是生态系统中氮元素失衡的重要因素，主要体现在以下三方面影响：

（1）地下水污染。由于施肥不当，会使蔬菜、饲料中氮累积过多或随水流动进入饮用水、地下水中，食物和饮用水中氮含量过高会生成亚硝胺等致癌物质。

（2）水体富营养化。水体中氮、磷营养过分丰富，水生藻类繁茂，它们死亡后在水体中腐烂分解，产生大量 CH_4、H_2S、CO_2、NH_4 等，使水质变坏。同时有机质分解时大量消耗水中的溶解氧，当溶解氧少于 4mg/L 时，会造成鱼类和其他水生动物的死亡。

（3）破坏臭氧层。反硝化作用产生的 N_2O 进入大气后会破坏臭氧层，臭氧层被破坏 5%，进入地球的紫外线会增加 10%，紫外线增加会使皮肤癌的发病率大为提高。

5.1.3.3 磷循环

磷是生命信息元素。磷循环是典型的沉积循环，以不活跃的地壳作为主要储存库。岩石经过土壤风化释放的磷酸盐和农田中施用的磷肥被植物吸收，进入植物体内，含磷的有机物盐存在两条循环支路；一是沿食物链传递，并以粪便、残体归还土壤；二是枯枝落叶、秸秆等归还土壤。各种含磷有机物，经土壤微生物的分解转变为可溶性的磷酸盐，可再次供给植物吸收利用，这是磷的生物小循环。在这一循环过程中，一部分磷脱离生物小循环进入地质大循环，其支路也有两条：一是动物遗体在陆地表面的磷矿化；二是磷在水的侵蚀作用下进入江河，流入海洋。磷循环示意图如图 5-3 所示。

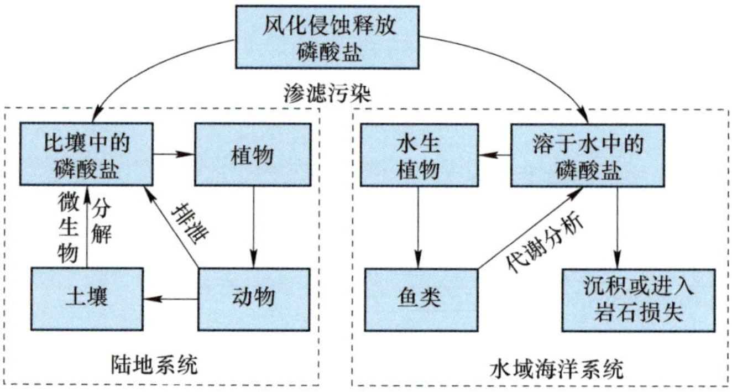

图 5-3 磷循环示意图

从循环的过程看，在循环过程中磷总是有损失的，为增加磷循环的封闭性，必须尽量减少陆生生态系统的损失。磷储存在有机体中不易流失，储存在土壤中却极易因土壤侵蚀流失掉。

农业生产上大量施用磷肥，不仅使有限的磷资源面临枯竭，而且磷矿石、磷肥中含有重金属和放射性物质，长期大量使用会污染土壤。磷元素随水土流失，进入水域将导致水体的富营养化，殃及鱼类等水生生物。并且磷含量的增加会导致红色浮游生物爆发性繁殖，而引发近海海水出现“赤潮”以及城市水系中出现水生植物“疯长”的“浮华”现象。生活中使用的含磷洗衣粉主要助剂为磷酸盐，这种助剂同时也是藻类的助长剂。因含磷过多，我国湖泊以及城市水系几乎都处于富营养化状态，水质恶化严重，许多地方的水达不到饮用标准。

5.1.3.4 硫循环

硫是原生质体的重要组成部分。硫在自然界含量并不多，它的主要储存库是岩石圈。硫循环包括长期的沉积阶段和短期的气体阶段。长时间的沉积阶段是指束缚在有机、无机沉积物中的硫通过风化、分解而释放，以盐溶液形式进入生态系统。气体循环阶段是指有机物中的硫被硫细菌还原为 H_2S，再与大气接触氧化为 SO_2，最后被水蒸气吸收最终形成降雨返还到大地生态系统。硫循环示意图如图 5-4 所示。

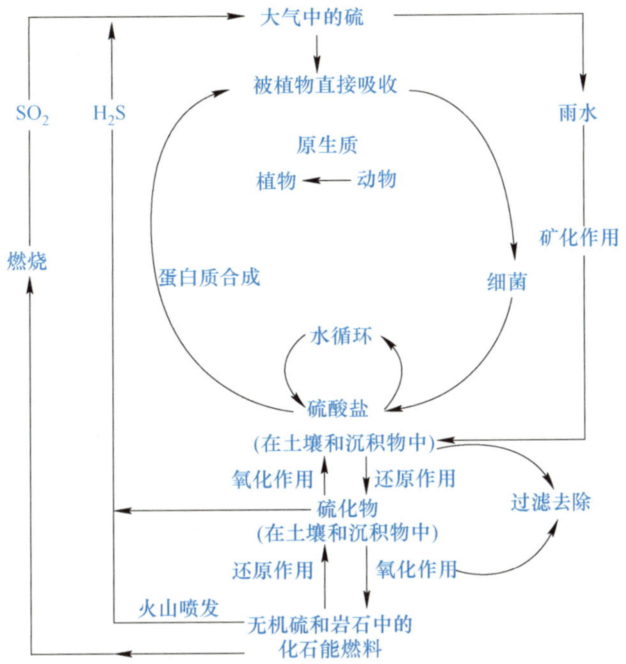

图 5-4　硫循环示意图

岩石库中硫酸盐主要通过生物的分解和自然风化作用，进入生态系统。

（1）生物的分解：硫化物在化能合成细菌的作用下，变为硫酸盐。

（2）自然分化作用：无机物在细菌作用下形成硫化物，然后又转为硫酸盐。

（3）火山爆发：硫转化为硫化氢，硫化氢释放到大气中。

（4）化石燃料燃烧：硫化物氧化为二氧化硫，二氧化硫释放到大气中。

人类活动对硫循环的影响很大，主要表现为以下两个方面。

（1）燃烧煤和石油每年向大气输送 14.7 万吨二氧化硫。二氧化硫在大气中遇水蒸气反应形成硫酸，硫酸对于环境有许多负面影响，对人类及动物的呼吸道会产生刺激作用，如果是细物状的微小颗粒，还能进入肺部刺激敏感组织。若二氧化硫浓度过高，就会造成灾难性的空气污染，如 1952 年伦敦、1960 年纽约和东京的二氧化硫灾害造成人们支气管性哮喘大增，死亡率上升。空气中污染物的类型有很多，现在往往将硫的浓度作为空气污染严重程度的指标，空气中硫含量与人的健康关系最为密切。

（2）二氧化硫的增加造成了酸雨。通常大气中 CO_2 溶解于雨水使正常降雨的 pH 值为 5.6 左右，然而由于空气中 SO_2 和氮化物的溶解，改变了降水的性质，当降雨的 pH 值小于 5.6 时称为“酸雨”。酸雨会直接灼烧植物，改变水土的 pH 值。酸雨被称为空中“死神”，它使土壤、河湖酸化，动植物受害，鱼类死亡。挪威和瑞典 2400 个湖泊，鱼类因酸雨死亡了 1/10。我国西北、四川、广东、上海都记录了酸雨现象。

5.1.3.5 水循环

水既是一切生命有机体的重要组成部分，又是生物体内各种生命过程的介质，还是生物体内许多生物化学反应的底物。水是生物圈中最丰富的物质，水可以以固、液、气三态存在环境。水循环对生物的生命活动有着重要的生态作用。

地球的海洋、冰帽、冰川、湖泊、河流、土壤和大气中含有大量的水，海洋约占总水量的97%，陆地大气和海洋中的水形成了一个水循环系统。水循环示意图如图5-5所示。

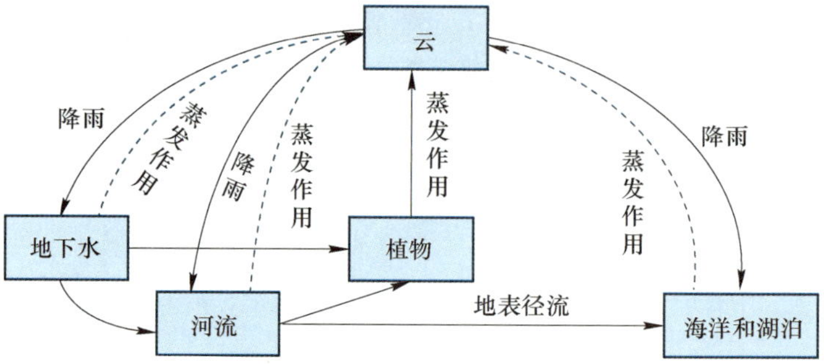

图5-5 水循环示意图

全球水循环有两种途径：

（1）通过相变和大气环流形成蒸发和降雨；

（2）通过热力学梯度与势能梯度的作用以洋流和径流的方式运动。

水循环包括三个基本环节：降水、蒸发、径流，这三个基本环节相连构成了水循环。水在生物圈的循环可以看作是从水域开始，再回到水域而终止。

（1）水域中的水受太阳辐射而蒸发进入大气。

（2）大气中的水汽随气压变化而流动，并聚集为云。

（3）云以雨、雪、雾、等形式降落到地球表面。

（4）到达地表面的水，一部分直接形成地表面径流进入江河，汇入海洋；一部分渗入土壤内部：大部分通过地下径流而进入海洋，少部分接近土壤的被植物吸收。

（5）植物吸收的水分，大部分用于蒸腾散失到大气中，只有小部分为光合作用同化形成有机质进入生态系统，再经过生命的呼吸与排泄返回环境。

水循环是生物地球化学循环的基础。水的溶解性使它在物质循环中起到载体的作用，任何生物地球化学循环都有水的参与。元素的迁移、流动和积累都离不开水。从宏观看，从陆地到海洋的径流每年携带4.6×10^9t物质，造成严重的水土流失。从微观看，根系吸收矿物质也需水的携带。因此，水循环是生态系统中最基本的物质循环，水循环是养分循环的重要动力。

生物圈中的水循环平衡是靠世界范围的蒸发与降水来调节的。由于地球表面的差异和距离太阳的远近不同，水的分布不仅存在地域上的差异，还存在季节上的差异。一个区域的水分受降水量、径流量、蒸发量和植被截留量以及自然蓄水量的影响，而降水量、蒸发量的大小又受地形太阳辐射和大气环流影响。地面的蒸发和植物的蒸腾作用与农作制度有关。土地裸露，不仅让土壤蒸发量增大，并由于缺少植被的节流，使地面径流量增大。因此，保护森林和草地植被，在调节水分平衡上有着重要作用。人类对循环的影响是多方面的，如修筑水库、塘堰可扩大自然蓄水量；而围湖造田又使自然蓄水容积减小；地下水的过度开采利用，使某些人口聚集地区出现了地下水位和水质的下降，目前我国许多北方大城市的地下水分布出现漏斗。

以碳、氮、磷、硫、水为例的物质循环清楚地表明，各种物质在全球范围内以及在生态系统中的循环、流动，越来越多地受到人类活动的干预。干预的结果是加速了物质参与生物圈的过程。这或许对人类生产、生活是有利的，但另一方面，由此而产生的各种环境问题也必须予以重视。

5.1.3.6 有毒物质的循环

某种物质进入生态系统后，使环境正常组成和性质发生变化，在一定时间内直接或间接地有害于人或生物时，就称为有毒物质或污染物。它们进入生态系统的途径也是多种多样的，有些被人们直接抛弃的环境中，有的通过冶炼、加工制造、化学品的储存与运输及日常生活、农事操作等过程而进入生态系统。有毒物质包括无机物（主要指重金属、氟化物和氰化物等）和有机的（主要有酚类、有机氯农药等）两类。有毒物质循环是指那些对有机体有毒的物质进入生态系统，通过食物链富集或被分解的过程。有毒物质循环和其他物质循环一样，在食物链营养级上进行循环流动。例如 DDT 是一种人工合成的有机氯杀虫剂，它的问世对农业的发展起了很大的作用。但它是一种化学性能稳定、不易分解且易扩散的化学物质，它易溶于脂肪并且积累在动物的脂肪里，很易被有机体吸收，一旦进入体内就不能排泄出去，因为排泄要求水溶性。而现在当时在生物圈内几乎到处都有 DDT 的存在，如在北极的一些脊椎动物的脂肪中以及南极的一些鸟类和海豹的脂肪中，均发现有 DDT 的存在。在自然界中，类似 DDT 这样的人工合成的大分子化合物由于不能被生物消化与分解，沿食物链转移，就表现为污染物的浓缩，食物链越复杂，逐级积累浓度就越大，呈倒金字塔形。从浮游生物到水鸟的食物链中 DDT 质量分数的增加示意图如图 5-6 所示。

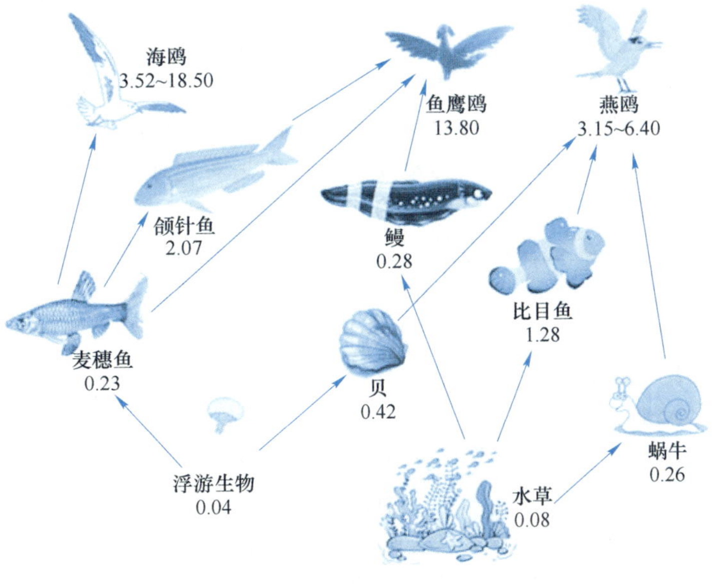

图 5-6 从浮游生物到水鸟的食物链中 DDT 质量分数的增加

5.1.3.7 放射性元素的循环

天然放射性元素在自然界是很普遍的。由于地层中放射性物质含量不同，不同地区地层辐射的 γ 外照射剂量率可能有较大的变化。放射性元素可在多种介质中循环，并能被生物富集。无论放射性元素是否裂变，都将通过核试验或核作用进入大气层。然后通过降水、尘埃和其他物质，以原子状态回到地球上。人和生物既可以直接受到环境放射源危害，也可因食物链带来的放射性污染而间接受害。放射性物质由食物链进入人体，随血液遍布全身，有的放射性物质在体内可留存 14 年之久。

5.1.4 自然生态系统中能量流动

生态系统的能量流动是指能量通过食物网络在系统内的传递和耗散过程，生态系统中生物与环境之间、生物与生物之间的能量传递和转化过程即为生态系统的能量流动过程，简称能量流。能量流动的起点主要是生产者通过光合作用所固定的太阳能，一个生态系统全部生产者所固定的太阳能，就是流经这个系统的总能量。进入生态系统的总能量通过食物链与食物网，以化学能的形式，从一个营养级到下一个营养级不断逐级向前流动。其间通过自身呼吸作用以热能形式散失，最后由分解者把复杂的动植物残体分解为简单的化合物，并在分解过程中释放能量，最终将能量归还环境中。实际上，生态系统中的能量也包括动能和势能两种形式。生物与环境之间以传递和对流的形式相互传递与转化的能量是动能，包括热能和光能；通过食物链在生物之间传递与转化的能量是势能。所以，生态系统的能量流动也可看作是动能和势能在系统内的传递与转化的过程。

5.1.4.1 生态系统的分类

生态系统按能源来分类。根据能量的来源、水平和数量，生态系统可被分为四种主要类型：

（1）纯太阳供能的自然生态系统。这类生态系统是主要或完全依赖太阳辐射的自然生态系统。开阔的海洋、成片的森林、草地以及大而深的湖泊，都属于此类生态系统。通常很少有其他的能量补充。因此，这类系统常受到养分或水分短缺的限制。一般来说，这类系统所得到的能量较少，生产量也不算高，能量输入一般为 $4.2\times10^3 \sim 4.2\times10^7 J/(m^2 \cdot a)$。这类生态系统往往不能维持高密度的种群，但其面积巨大。单以海洋而言，几乎覆盖了全球的 70%。所以，这类生态系统是极为重要的，特别是对地球的稳定性有很大作用，可促进空气的净化和水的循环，还可调节全球的气候。

（2）自然补加的太阳供能生态系统。这类生态系统有自然提供的其他能源，以补足太阳辐射能的不足，在这种情况下，生产量可大大提高，其能量输入一般为 $4.2\times10^4 \sim 1.7\times10^8 J/(m^2 \cdot a)$。沿海的河口湾和某些热带雨林是这一类生态系统的典型代表，它们是天然的高产系统，不仅具有很高的生命支持能力，而且所生产的大量有机物质还可输入到其他生态系统或者储存起来。

沿海的河口湾是个自然生态系统，潮汐、海浪和海流为它补充了新的能量。水的循环流动帮助矿物质养分进行循环，运走了废物，送来了食物。这就是为什么河口湾比邻近的陆地或池塘更为肥沃的缘故。后者虽然接受了同样的太阳能输入，但却没有潮汐和其他水流的能量补充。当然，能量的补充也可有其他的形式，如热带雨林接受大量降雨带来的能量，以及河流、湖泊从其流域接受流水和各种营养物质的输入等。

(3) 人类补加的太阳供能生态系统。人类为了自己的利益很早就学会了改变和补给生态系统的能量。人类不仅通过这种补给，大大提高了自然生产力，而且还善于把生产力引导到人类所最需要的食物和纤维物质方面，农作物种植和水产养殖就是这方面突出的实例。

食物的高产是由大量输入补助能量来维持的。其主要内容是耕种、施肥、灌溉、作物遗传选种和防治病虫害等。实际上，人、畜力及拖拉机、燃料对农业生态系统的能量输入几乎和太阳能一样多，它们也可以用焦耳（J）或瓦特（W）来度量。也就是说，人的食物、面包、稻米、玉米和土豆是“部分由石油制造的”。这就表明，燃料或一些附加的能量实质上被转化成了食物。

这种人类补加的太阳供能生态系统的能量总输入为 $4.2\times10^3\sim1.7\times10^8$ J/(m^2 · a)，和自然补加的生态系统大致相等。

(4) 燃料供能生态系统。燃料供能生态系统又称城市工业系统，能量来自化石燃料或其他有机燃料，也可来自核燃料。作为太阳能供能系统的产品——食物在这里成了外来物，因为，它是从城市以外的地方输入的。由于燃料消耗量巨大，城市生态系统也可能对利用太阳能有兴趣，并可能出现太阳补加的燃料供应新系统。在人口稠密的城市和工矿区等，往往对能量有巨大需求，其功率水平比自然或半自然太阳供能生态系统至少大 2~3 个数量级，其能量输入为 $4.2\times10^5\sim1.3\times10^8$ J/(m^2 · a)。

一个工业化城市每年流经 1m^2 的能量焦耳数是以百万计而不是以千计，这就是为什么大量人群能集中居住在一个小空间的原因。这种燃料供能系统和自然太阳供能系统不同，这是一种不完全的或者是一种依赖系统，系统中一般不生产食物——粮食。它运转的能量大部分来自外界，常从很远的地方运来，需要前三类生态系统为它提供食物和燃料。

5.1.4.2 能量流动过程

生态系统的能量流动过程包括四个方面。一为能量形式的转变（由太阳能转变为化学能）。二为能量的转移（能量由植物转移到动物与微生物身上）。以上两个方面表明，植物通过光合作用吸收太阳能转变成化学能而固定在植物体内，动物吃植物后，能量也随之流入动物体内，动物死亡后，能量被微生物吸收。三为能量的利用，即能量提供了各类生物成长、繁衍之需。四为能量的耗散，即生物的呼吸及排泄皆耗去了总能量的一部分（如生物的呼吸所耗的能量占生物初级生产量的 50%左右）。

5.1.4.3 能量流动的特点

生态系统中能量的流动是沿着生产者和消费者的顺序，按营养级逐级减少的。流动主要有两个特点：

(1) 单向流动。生态系统的能量流动只能从第一营养级流向第二营养级，再依次流向后面的各个营养级，一般不能逆向流动。这是由于生物长期进化所形成的营养结构确定的。如同太阳能进入生态系统后转化为化学能，再也不会回到太阳中；动物从植物中获得的能量同样不会再回到植物中；动物呼吸时释放的能量散发到外界，也不能重新被利用。因此，生态系统的能量流动是单方向不可逆的。

(2) 逐级递减。输入到一个营养级的能量不可能百分之百地流入后一个营养级，能量在沿食物链流动的过程中是不断消耗、逐级减少的。能量在沿食物网传递的平均效率为

10%~20%，即一个营养级中的能量只有10%~20%的能量被下一个营养级所利用。在能量流动过程中，大部分能量用于维持生命活动而被消耗，只有小部分用于合成新的组织或作为势能储藏起来。

5.1.4.4 能量流动的途径

生态系统是通过食物关系而使能量在生物间发生转移的。这是因为生态系统的生物成员之间最重要、最本质的联系是通过营养关系即食物关系实现的。食草动物取食植物，食肉动物捕食食草动物，即植物—食草动物—食肉动物，从而实现了能量在生态系统的流动。食物关系的具体体现即为食物链以及在此基础上形成的食物网。食物链彼此交错连成食物网是因为：(1) 生态系统的生物成员有很多是杂食性的；(2) 同种生物在生长的不同阶段也会出现习性的变化；(3) 动物食性的季节变化；(4) 食物种类、数量的季节变化。

A 食物链

生产者所固定的能量和物质，通过一系列的取食和被取食关系而在生态系统中传递，各种生物按其取食和被食的关系而排列的链状顺序称为食物链。食物链的类型包括以下几种：

(1) 捕食食物链：捕食食物链也称牧食物链，指一种活的生物取食另一种活的生物所构成的食物链。其能量发端于植物，到草食动物，再到肉食动物，是直接消耗活有机体及其部分的食物链。在陆地上起始于绿色植物，在水体中起始于浮游植物，典型的如：草→蝗虫→青蛙→蛇→鹰；在生物防治中：植物→害虫→天敌；在草原上，青草→野兔→狐狸→狼；在湖泊中，藻类→甲壳类→小鱼→大鱼。

(2) 碎食性食物链：以碎食为基础的食物链。所谓碎食是由高等植物叶子的碎屑（枯枝落叶等）经细菌和真菌的作用，再加入微小的藻类构成。这种食物链的构成形式是：碎食物→碎食物消费者→小食肉动物→大食肉动物。如在某些河流、湖泊或沿海，树叶碎片及小的藻类→虾→（蟹）→鱼→食鱼的鸟类。在我国的喜马拉雅山也存在一种碎食性食物链，这种食物链的碎食是由山下随风飘来的花粉。花粉是社蛾和螨类的食物，社蛾和螨类又是蜘蛛的食物。

(3) 腐生食物链：腐生食物链也称残渣食物链，这是由多种微生物参与，以死亡的有机体为营养源，通过腐烂、分解将有机质还原为无机物质的食物链。在农业生产中用棉籽壳、稻草等生产蘑菇，用秸秆、粪便等有机物质产生沼气的过程都是腐生食物链的运用。

(4) 寄生食物链：以活的生物有机体为营养源，通过寄生方式生存的食物链。一般都开始于较大的生物体，如：哺乳动物→跳蚤→原生动物→细菌→病毒，以及大豆→菟丝子，都是典型的寄生食物链。

在生态系统中，食物链往往不是单纯捕食、寄生、腐生的关系，而是它们之间交错形成的一条链状结构，这种链状结构就称混合食物链。

B 食物网

在生态系统中，各种生物之间取食与被取食的关系，在一个草原生态系统往往不是单一的，青草就有很多种，食草动物除野兔外，还有鼠、鹿等，狼不仅吃野兔，也吃鹿。同时，营养级常常是错综复杂的。一种消费者同时取食多种食物，而同一食物又可被多种消费者取食，于是形成食物链之间交错纵横，彼此相连，构成一种网状结构，这就是食物网。

食物网使生态系统中的各种生物直接或间接地联系起来，生物种类越多，食性越复杂，形成的食物网就越复杂，因此增加了系统的稳定性。生态系统内部营养结构也不是固定不变的，如果食物网中的某一条食物链发生障碍，可以通过其他的食物链来进行必要的调整和补偿。如草原上的野鼠因流行病而大量死亡，原来以野鼠为生的猫头鹰并不会因此而数量减少，它可以把取食对象换为草原野兔。食物网本质上是生态系统中有机体之间一系列反复地吃与被吃的相互关系，这种现象在自然界中极为普遍，它不仅维持着生态系统的相对平衡，同时推动着生物的进化，成为自然界发展演变的动力和源泉。

一般来说，具有复杂食物网的生态系统，一种生物的消失不致引起整个生态系统的失衡。但食物网简单的系统，尤其是在生态系统功能上起关键作用的物种，一旦消失或受到破坏，就可能引起这个系统的剧烈波动。

C　生态金字塔

生态金字塔是指由于能量每经过一个营养级时被净同化的部分要大大少于前一营养级，当营养级由低到高，其生物个体数目、生物量和所含能量就呈塔形分布。生态金字塔可分为数量金字塔、生物量金字塔和能量金字塔。生物量金字塔和数量金字塔有时会出现倒置的塔形。由于个体大小悬殊，一棵桑树可供上万只蚕取食，数量金字塔就会倒置。在海洋生态系统中，由于生产者（浮游植物）的个体小，寿命短，又会不断地被浮游动物吃掉，所以某一时刻调查到的浮游动物和生物量可能高于浮游植物的生物量。但如用能量表示，还是呈正金字塔。

5.1.4.5　生态系统的能量流

推动生物圈和各级生态系统物质循环的动力，是能量在食物链中的传递，即能量流。与物质的循环运动不同的是，能量流是单向的，它从植物吸收太阳能开始，通过食物链逐级传递，直至食物链的最后一环。在每一环的能量转移过程中都有一部分能量被有机体用来推动自身的生命活动（新陈代谢），随后变为热能耗散在物理环境中。

为了反映一个生态系统利用太阳能的情况，我们使用生态系统总产量这一概念。一个生态系统的总产量是指该系统内食物链各个环节在一年时间里合成的有机物质的总量。它可以用能量、生物量表示。生态系统中的生产者在一年里合成的有机物质的量称为该生态系统的初级总产量。在有利的物理环境条件下，绿色植物对太阳能的利用率一般在1%左右。生物圈的初级生产总量约 4.24×10^{21} J/a，其中海洋生产者的总产量约 1.83×10^{21} J/a，陆地的约为 2.41×10^{21} J/a。总产量的一半以上被植物的呼吸作用所耗用，剩下的称为净初级产量。各级消费者之间的能量利用率也不高，平均约为10%，即每经过食物链的一个环节，能量的净转移率平均只有十分之一左右。因此，生态系统中各种生物量按照能量流的方向沿食物链递减，处在最基层的绿色植物的量最多，其次是草食动物，再次为各级肉食动物，处在顶级的生物的量最少，形成一个生态金字塔。只有当生态系统生产的能量与消耗的能量大致相等时，生态系统的结构才能维持相对稳定状态，否则生态系统的结构就会发生剧烈变化。

从能量流动过程看，流经生态系统的总能量，就是绿色植物所固定的全部太阳能。可见，生产者是消费者和分解者获得能量的源泉，是生态系统存在和发展的基础。能量沿着食物链和食物网的各个营养级传递，在传递过程中，因生产者和各级消费者都因呼吸消耗了相当大的一部分能量，并且各营养级总有一部分生物未被下一个营养级所利用，所以，能且在传递中必然是逐级递减的。

5.1.5 工业生态系统中物质与能量的流动

在工业生态系统内，大量的原料与能量通过不同的企业生产各种各样的产品被利用，物质在不同的工业部门快进快出，经济子系统内原料与能量的流动相当快速。传统工业系统各企业和部门之间的物质供应多为线性开放系统，“食物链”多呈线性状态，各企业或工业部门之间的互相作用和联系很小，由原料制成的产品，一般不参与再循环，物质循环再利用效率低下，这些特点必然对自然生态系统的生物地球化学循环产生重要的影响，从而产生对全球生态系统的扰动。

原料与能源流动分析的主要观点是：人类的经济系统仅仅是自然生态系统的一个子系统。它的物质和能量的流动与生态系统的原料与能量流动相类似，是一个将原料、能源转化为产品和废物的流动过程，有研究者称之为工业代谢，这一过程对自然环境必然产生影响，影响的强度取决于原料、能量的使用强度。原料与能量流动分析，就是研究在全球和区域范围内的工业系统中，产品在生产过程中原料与能量流动对经济和自然生态系统的影响，研究减少这些影响的理论、方法与技术。

人类只是全球生态系统中的一员，人类构筑的工业系统只是全球生态系统内的一个子系统，在分析工业系统内物质与能量流动这一问题时，应该把这一系统内原料与能量的流动纳入全球生态系统的原料与能量流动来考虑。

5.1.6 工业生态系统中物质与能量的流动特征

工业系统作为生态系统一个特殊的子系统，与自然生态系统间的相互作用通过物质与能量交换而体现，其原料与能量流动的特征主要体现在以下几方面。

（1）工业系统与生态圈之间的原料与能量的交换通量大。物质在其中的储藏量是恒定的，在系统内物质的运动处于平衡，这意味着对整个系统而言，在各圈层之间，物质的平均输入与输出维持一种动态平衡，并且这种原料与能量的交换是缓慢的，这是地球亿万年演化结果。但是，自从人类进入工业文明后，人类的经济活动，特别是工业活动，能够大量、快速地把物质从全球系统的某一储库移动至另一储库，使物质从某一种存在的形态转化为另一种形态，这加快了全球系统各圈层之间的原料与能量的交换，这种快速的交换容易导致资源短缺（通量大，易资源短缺）。

（2）工业系统内原料与能量的转化快。为了满足日益增长人口的经济生活的需要，在工业系统内，大量的原料与能源通过大量不同的企业生产各种各样的产品被利用，物质在不同的工业部门快进快出，原料与能量流动经济子系统内的流动相当快速。

（3）工业系统内物质利用效率亟待进一步提高。当今的工业系统的结构和运作模式，决定了子系统内物质得不到充分利用。生态系统各组成部分之间建立的营养关系是网状关系，由此构成了生态系统的营养结构。在生态系统内，物质得到最充分的利用，并形成封闭循环。与自然生态系统不同，工业系统各企业和部门之间原料与能量供应关系呈线性开放状态，各企业或工业部门之间对原料和能量相互利用和联系较少。由原材料制成的产品，在使用一次以后，大部分便被遗弃，一般不参与再循环；从自然环境中提取的高品位的能源物质，如化石燃料，经工业使用后变成降阶的物质，最后作为废物返回自然环境。废物即使参与再循环也是微乎其微，而且循环再利用的方式往往其本身也是污染、消耗性的。随着科技、经济的不断发展，工业系统提取和转化物质的能力不断增强，全球生态系统的影响越来越大。为深入了解工业系统与全球生态系统之间原料与能量交换的规律以及这种交换对社会经济、环境的影响，逐步形成了研究这一问题的基本框架，即原料与能量流动分析。

5.1.7 原料与能量流动分析的基本方法

原料与能量流动分析是了解原料提取、使用和其最终不管作为废物还是作为再度使用的资源的系统方法，这些方法试图超越描述性的分析而进行较为严格的量化，以便找出在工业系统原料与能量流动与环境问题之间的量化关系，从而为解决这些问题提供依据。因此，这些方法已经成为环境管理的重要工具。目前，主要的研究方法包括质量平衡方法、输入—输出分析方法、生命周期分析与评价方法和工业代谢分析法。

5.1.7.1 质量平衡方法

质量平衡方法是原料流动研究的方法之一，这种方法叙述了某种特殊要素在不同时间与地点的流动，包括向环境的散失。通过估计在原料流动系统的每一阶段的输入和输出，质量平衡研究能够提出与原料相连的全部途径的分析观点。20 世纪 90 年代，美国矿产局采用质量平衡方法完成了包括砷、镉、铅、汞、钨、锌等金属或矿物的研究，通过每一种矿产原料流动的预先了解，鉴别减少废物的机会，以更有效的方式利用资源。这些研究评估了矿产品的使用、处理阶段、再循环和处置以及向空气、土地和水的排放。矿产品的流动分析提供了洞察环境风险和指定原料损失的相关经济价值。

5.1.7.2 输入—输出分析方法

输入—输出分析的思想由法国经济学家 Quesnay 在 18 世纪首先提出。20 世纪 30 年代，为研究美国的经济，Leontief 应用该方法首先发展了经验性的输入—输出（I/O）分析表。此后，IOA 成为标准的经济工具，它描述了部门间按照货币或商品量的相互交付，通常被用于国家水平以便获得经济结构图和经济部门之间的相互交付关系，并量化描述经济或商品在工业系统内的主要流动。20 世纪 60 年代末以来，IOA 方法经被许多研究发展，以用于经济与环境问题。1998 年，Lenzen 采用 IOA 法分析了在澳大利亚最终消费中的初级能源和温室气体。20 世纪 70 年代至今，IOA 方法被用于评估工业活动和产品的环境影响。美国的一些机构把企业的原料和能源的年度耗费及污染物年度排放编纂成表。当连接 I/O 表时，这些数据为跟踪生产的污染物排放和原料耗费提供了完整和统一的信息。

5.1.7.3 工业代谢分析法

工业代谢是指在稳态条件下将原材料、能源和人类劳动转变为最终产品和废物的物理过程的集合。工业代谢分析法是指运用物质和能量守恒原理来对工业系统的物质、能量流动和存储进行输入、输出和路径分析，旨在揭示工业活动所涉及的物质、能量的规模与结构，提供工业系统运行过程和机制的一个整体图集和理解。

5.1.7.4 生命周期分析与评价

生命周期分析与评价是一种对产品、工艺或活动所产生的环境问题的评估，考量从原材料采集，到产品生产、运输、销售、使用（维护）、废弃和最终处置整个生命周期阶段的资源能源利用与环境污染过程。它首先辨识和量化产品整个生命周期中原料与能量的消耗以及环境释放，然后评价这些消耗和释放对环境的影响，最后辨识和评价减少这些影响的措施。除了上述的基本方法外，近年来，一些学者提出了研究工业系统中原料与能量流动的更具体的新方法，如分析原料流的统计调查方法（STREAM）、火用（Exergy）分析方法等。

本章为了让读者更清楚地了解研究方法如何对工业系统原料与能量流动和环境问题之间的量化，将着重研究工业代谢分析和生命周期分析与评价。

5.2 工业代谢分析

5.2.1 工业代谢

“代谢”一词起源于生物学，指的是一个生命体的内在发展过程，即生物体在吸收了富含能量的低熵食物后，用它维持自身的生存和发挥其各项机能，并在此基础上使自身得到增长和繁殖，同时将高熵的废物排出或呼出的过程。

社会代谢论的概念首次见于 1875 年 J. Moleshott 的著作中，生命是一种代谢现象，是物质、能量与环境的相互作用过程。代谢分析方法是在社会代谢论的发展下逐步发展起来的。20 世纪中叶，人们开始关注经济增长、人口增长对环境产生的压力。如果人类社会继续追求无限增长的目标和无止境的消费，最终会突破地球众多极限中的某些极限，到时将产生无法估量以及毁灭性的灾害。基于人们对环境问题的思考和关注，积极寻求评价和缓解人类活动对地球环境压力的科学方法，代谢分析方法孕育而生并在此环境下产生和发展。

工业代谢是把原材料和能源以及劳动在一种（或多或少）稳态条件下转化为最终产品和废物的所有物理过程完整的集合。20 世纪 70 年代，美国研究员 R. U. Ayres 等对经济运行中物质与能量流动对环境的影响进行了开拓性的研究，通过企业与生物个体，工业系统与生物系统之间的“类比”，提出了工业代谢的概念。他认为：工业系统是自然生态系统的一部分，它由生产者、消费者、再生产者和外部环境四个基本组分组成。现代工业生产是一个将原料、能源转化为产品和废物的代谢过程。通过对生态系统的认识，寻找能使工业体系与生物生态系统保持和谐发展的途径，该理论研究工业系统“代谢”原料与能量的规律及其量化方法，研究工业代谢与自然生态系统之间的关系与表征。工业代谢这一概念可以应用于一个国家或地区，特别是一些自然区域，如流域或岛屿。对于地区性分析的关键是定义明确的地理边界或分界线的存在，跨越边界的物质和能量流动易于检测。

工业代谢理论把工业系统中的企业与生态系统中的生物有机体进行了类比，在此基础上，工业代谢认为经济系统是一些公司（企业）的集合，它们通过管理制度、工人、消费者以及货币和普通的政策控制而结合在一起。一个企业（不是个体）通常被认为是经济分析的一个标准单元，整个经济系统的运行，就涉及在自然生态系统内物质和能量的大流动。

如图 5-7 所示，揭示经济活动纯物质的数量与质量规模，展示构成工业活动全部物质与能量的流动与储存及其对环境的影响。

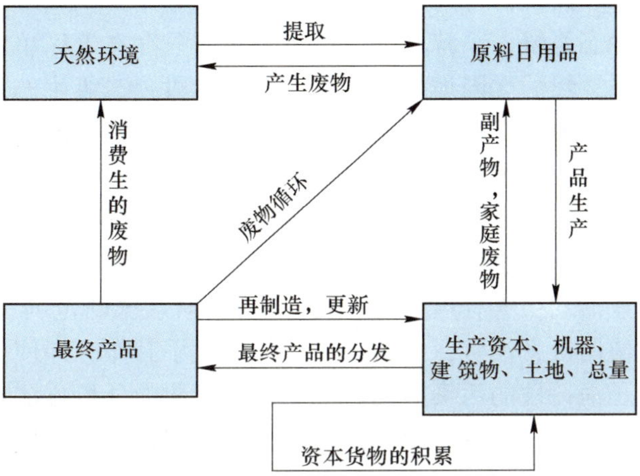

图 5-7 物质流动的工业模型——工业原料的循环方框图

生态工业不是仅仅从经济角度出发，而是力求将经济利益和环境保护有机地结合在一起；对工业生产中产生的污染，不是采用末端治理的被动策略，而是对生产和消费过程采取整体预防性的环境策略，从产品设计、生产工艺和使用消费的各个环节入手，力争从源头上消灭污染，并且通过各生产过程之间的物料、能量、废物的集成达到物质、能量的最有效的利用。

5.2.2 工业代谢分析

工业代谢分析方法是建立生态工业的一种行之有效的系统分析方法，它是基于模拟生物和自然界新陈代谢功能的一种系统分析方法。与自然生态系统相似，工业代谢分析通过分析系统结构、进行功能模拟和输入与输出信息流分析来分析生态工业系统的代谢机理。工业代谢分析法与以往的系统分析方法的不同之处在于，它以环境为最终的考察目标，对环境资源，追踪其从提炼、工业加工和生产，直至消费体系后变成废物的整个过程中物质和能量的流向，给出工业系统造成污染的总体评价，并力求找出造成污染的主要原因。工业代谢方法可以适用于不同层次的分析要求。

工业代谢分析以环境为最终目标，追踪产品生产周期的物质与能量流向，给出工业系统造成污染的总体评价，并力求找出造成污染的主要原因，提出改进措施。同时，它也以资源与能源利用效率为最终目标，进行物流与能流分析，计算资源与能源利用效率，提出改进措施。

工业代谢分析的基本原理是质量守恒定律。质量守恒定律是自然科学中最重要的定律之一，在任何与周围隔绝的物质系统中，不论发生任何变化或过程，其总质量保持不变。工业代谢分析是通过对工业系统中物质能量的输入—存储转化—输出过程的数量追踪，反映工业活动对环境的压力。因此，通过对产业系统中物质流动途径及其状态的跟踪分析，建立物质收支平衡表，以揭示工业系统的结构及系统中各成分之间、工业系统与环境系统之间的耦合关系，从而了解工业系统的结构及其对环境的影响，为寻找改善物质代谢和提高能量利用率、减少环境排放的机会提供基础。

工业体系内部物质流动模式是不断进化的。国外工业生态学理论探索者将工业体系物质循环的进化划分为三个阶段。

第一阶段：初级生态系统。系统内部组织成分之间只存在着简单的线形关系，无限的资源进入工业运行体系，然后无限地排出废物。第二阶段：二级生态系统。虽然对资源的利用达到了较高的效率，但仍旧不能维持下去，因为物质和能量的流动仍然是单向的，即资源减少，废物增加。第三阶段：三级生态系统。想要真正转变这种状态，实现可持续发展，系统内部的物质流动过程就必须进化成为像自然生态系统一样的完全循环方式，即只有太阳能是来自外部的支持，也就是三级生态系统。

事实上，当今工业活动很大程度上都属于一级生态系统的范畴。产品的使用寿命很短，大部分原材料的使用极度浪费，废物再循环利用微乎其微，即使是消费过后的再利用方式，往往其本身也是消耗性的污染活动。工业新陈代谢的分析方法正是运用物质流分析和能量流分析等分析方法，来寻找工业体系内部循环不闭合性的原因，从而对工业活动过程采取整体的预防性环境策略。从每个环节入手，力争从源头上消除污染，并且通过各个生产过程之间的物料、能量、废物的集成达到物质和能量的最有效利用。

5.2.3 工业代谢研究形式

工业代谢研究可以有以下多种研究形式：

（1）可以在有限的区域内追踪某些污染物，基于方法论的原因，也出于紧迫性的原因，江河流域特别适合于这类研究。这些区域往往工业集中，人口密度也高，在莱茵河、多瑙河之后，恒河、湄公河和其他特别是中国南方地区的大江大河，应尽快进行工业代谢分析研究。

（2）可以分析研究一组物质，特别是某些重金属，由于其潜在的毒性，重金属应列入首选研究对象。不过，分析环境中的重金属也相对比较容易，有些合成的有机物，如多氯联苯或二噁英，其毒性与重金属相当，甚至有过之。在实践中，极难事先在工业体系的加工过程中和环境中进行不断的追踪研究。

（3）可以仅限于某种物质成分，确定其不同形态的特性及其与自然生物地球化学循环的相互影响，如碳、硫等的工业代谢分析。

（4）可以研究与不同产品相联系的物质与能量流，如橙汁和电子芯片。

因此，工业代谢分析既可以是全球性、国家性或是地区性的工业生产分析，也可以是对某一个具体行业、公司或是特定场所的调查分析。通过这种分析，可以为公众或是企业的决策者提供一幅详细的物流图，并从中可以看出某一地区或企业所具有的可持续发展的潜力。

5.2.4 工业代谢分析的度量

工业代谢分析依据质量守恒定律开展研究。一定数量的物质在人类活动过程中从生物圈中消失，这类物质不再有价格，但根据质量守恒原理，它们并没有从地球上消失。工业代谢研究旨在揭示经济活动纯物质的数量与质量规模，展示构成工业活动的全部物质（不仅仅是能量）的流动与储存。因此，工业代谢的研究方法就在于建立物质结算表，估算物质流动与储存的数量，描绘其行进的路线和复杂的动力学机制，同时也指出它们的物理和化学状态。

在对这些物质流动进行研究时，往往遇到很多困难，主要包括物质排放方式的多样性、迁移转化方式的多样化。从理论上说，工业代谢研究不局限于分析污染物，可以分析在工业体系中循环的所有物质的流动。另外，工业代谢还要研究工业物质循环与自然生物地理化学循环之间的相互动态影响。

工业代谢理论认为，一个体系是否维持持续稳定状态，可采用一些指标来表征和度量。常用的指标有两个：再循环和再利用率、原料生产力。

5.2.4.1 再循环和再利用率

在工业系统中物质处于运动状态，在运动过程中和最终阶段物质以废物的形态返回自然环境。废物最终有两个归宿：再循环和再利用，或者耗散损失掉，二者均符合质量守恒定律。再循环的物质越多，耗散到环境中的就越少。工业代谢理论认为，可持续性的一个好的度量是有无消耗性地使用资源，这有别于资源的有用性。物质的再循环和再利用率是工业体系是否为一个持续稳定体系的度量，可用下式表示：

$$再循环和再利用率 = \frac{再循环和再利用量}{资源消耗总量} \times 100\%$$

物质原料的再循环和再利用对工业的可持续发展有重要意义，再循环和再利用一方面减少了原材料的消耗，另一方面又减小了工业生产对环境造成的危害和影响，充分体现了工业生态学中的生态概念。

5.2.4.2 原料生产力

原料生产力即每单位原料输入的经济输出。

单纯的原料消耗量并不能够表示出原料的被利用程度。只有在与目的产物的产出结合在一起时，原料才能显出其生态价值。在数值上，原料生产力等于目的产物总量与原料输入总量的比值，计算公式如下：

$$原料生产力 = \frac{目的产物总量}{原料输入总量} \times 100\%$$

5.2.5 工业代谢分析方法

5.2.5.1 材料流分析

工业是中国环境的最大污染源，矿产资源开发利用、原材料产业又是造成工业污染的大产业之一。其实体层次的开发利用主要造成地形、地貌和植被破坏，水土流失，地面缺陷，及废石、低品位矿石堆放造成的污染等；实体以下层次的开发利用，即选矿、冶炼、原材料加工制造、二次开发利用等主要是由其层砂、固体悬浮物、废气、废水等造成的污染。对材料的生产和使用而言，资源消耗是源头，环境污染是末尾，材料的生产和使用与资源和环境有着密不可分的关系。各种统计资料表明，材料的开采、加工、使用及废弃过程，一方面推动着社会经济发展和人类文明进步，另一方面又消耗着大量的资源和能源，污染着人类生存的环境。从能源、资源消费的比重和造成环境污染的根源分析，材料及其制品制造业是造成能源短缺、资源过度消耗乃至枯竭的主要责任者之一。材料科学与工程领域的研究者从这一角度出发，开展了材料流分析及相关理论的研究，目的是有效利用有限的资源，减少材料对环境的负荷，在材料的生产、使用和废弃过程中保持资源平衡。材料流分析是工业代谢分析在材料领域实现工业与生态协调发展的一种应用方式。

A 材料流的概念

典型的矿物开采材料流的过程从采矿开始，包括生产加工、储运、销售、使用、废弃，每一个环节都向环境排放出大量的废弃物。以钢铁材料为例，经过采选、储运、炼铁等步骤，最后平均8t矿石可炼成1t钢，再经过轧制、车、钳、刨、铣等加工，最后得到约0.7t的金属制品。这些金属制品算，能被有效使用的不到0.5t，即使这些被有效使用的金属制品也有一定的使用寿命，最后都被废弃而排入环境，如果不采取任何措施进行回收和处置，将由环境承担吸收、消纳和分解的任务。

材料流（materials flow）又称物质流（mass flow），也称材料链。材料流理论是指用数学物理方法对在工业生产过程中按照一定的工业生产所投入的原材料的流动方向和数量大小的一种定量分析理论。材料流理论是一种方法学，主要用于研究、评价工业生产过程所投入的原材料的资源效率，找出提高资源效率的途径。通过对工业生产的工艺过程进行材料流分析，找出污染排放的原因，采用技术措施，提高资源效率，可以从源头开始控制工业污染，实现工业可持续发展。

B 材料流分析的应用

设在美国首都华盛顿的世界资源所1997年曾与德国WUPPERTAL气候、能源和环境研究所，日本国立环境研究所及荷兰房屋、土地规划和环境保护部等单位合作，联合发表了一份关于材料流的调查报告，列举了德国、荷兰、日本等国的材料流年度调查结果。

1991年德国的材料流总量为57.54亿吨，但其中不包括水的利用，在材料输出中，挥发进入大气的水蒸气却达到6.47亿吨。对大气环境，德国从大气中取用的是非污染物，而排放的主要是污染物，而且取用的材料量低于向大气中排放的材料量。从分析数据看，德国每年产生的固态废弃物的数量也是惊人的。

由于荷兰的人口只有德国的1/6，其材料总流量比德国少，按1991年荷兰人口1500万人计算，当年的材料总流量大约是12亿吨。从环境角度看，荷兰1991年从大气中取用的材料总量远远低于向大气中排放的材料总量。另外，从荷兰1991年进出口的材料流分析可以发现，其人均的进出口材料量很大，说明这个国家具有很大的来料加工能力。通过对整个国家的材料流总量分析，可以定量了解其资源效率以及环境污染的现状。在分析数据中不包括部分隐性材料流42.10吨/人，其中化石燃料10.30吨/人，金属矿物4.04吨/人，零星矿产材料1.04吨/人，人造制品10.02吨/人，再生材料16.70吨/人。

日本1990年全国材料流分析结果表明，当年日本进口各种材料7亿吨，出口仅0.7亿吨，说明日本是一个资源极其贫乏的国家，大量的原材料都依赖进口。从环境角度看，1990年其废弃物的比例约占材料总输出的39.2%，这些废弃物又没有向海外转移，只能由日本国内的环境吸收和消纳，必定给日本的环境带来严重的负担。由于上述分析结果中不包含大气和水等资源取用和排数据，因此，只能从中了解固态废弃物的影响。

5.2.5.2 能量流分析

能量流分析是用来评估能源使用效率的方法，它对环境—经济系统中能量的投入和产出进行量化分析，同时通过能量统计，对能源的初级输入、能源转换、最终能源使用、能源输出等过程进行结算。

A 能量流分析法的概念

从能量守恒的角度考虑，在一个完整的系统中，流量的输入与输出的总量应是完全一致的。在能量的传输过程中，可以从一种形态的能量转化为另一种形态的能量，但无论其转化的次数、变化的形态多么复杂，能量总量自始至终应保持不变。

能量流分析法由 Haberl 于 1997 年提出，其以能量为研究对象，可以揭示城市代谢的路径和内涵，近年来不断受到重视用于分析进入和离开国家经济系统的能量流动，2004 年又基于经济系统中的物质和能量流研究相关的生态系统变化情况，提出物质和能量流分析（MEFA）框架，分析系统之间的相互作用。国内外学者对能量流的研究主要应用在能量消耗的种类结构等方面，主要通过分析不同类型的能源消费比例产生的碳排放等指标，对区域的能耗结构进行优化分析，实现节能减排、发展绿色经济的目的。

能量流分析法（EFA）是一种由物质流分析法（MFA）发展而来的城市代谢的分析方法。它以能量守恒为理论基础，通过跟踪能量在社会经济系统中的流动途径及过程，揭示能量的流动特征、转化效率和吞吐量。能量流分析在核算过程中使用能量单位，使其研究对象可以涵盖非物质形态的能源，比如电力、热力。

B 能量流分析的应用

现代钢铁生产流程是将含铁原料经过一系列物理、化学变化从天然资源转变到钢铁产品及其副产品，殷瑞钰院士提出了钢铁企业的“流”的概念，在钢铁企业生产过程中，铁素物质流是被加工的主体，能源介质（如煤炭、焦炭、煤气、电力、蒸汽等）则作为驱动力、化学反应介质或热介质按照工艺要求对物质进行加工、处理，使其发生位移、化学和物理转换、形变和相变等变化。各种能源经过一系列加工、转换、改质环节得到能源产品，各种能源产品沿着转换、使用、排放的路径流动，形成了能量流。

钢铁生产的能源计量以生产工艺单元为界，可以分为五股能量流：输入能量 Q_{in}、产品输出能量 Q_{out}、回收能量 Q_{back}、损失能量 Q'，工序净能耗 Q_j。

$$\text{工序净能耗 } Q_j = Q_{in} - Q_{out} - Q_{back} - Q'$$

式中，Q_{in}和 Q_{back}通常能够被计量，Q_{out}不能简单的被计量，但可以根据钢厂现有的检测手段被计算，而 Q'则没有常规的计量或计算办法，故 Q_j 也无法被简单计量并用于对标分析，因此可将式变形为：

$$\text{工序消耗能 } Q_h = (Q_j + Q') = Q_{in} - Q_{out} - Q_{back}$$

$$\text{工序消耗能率 } \eta = \frac{Q_h}{Q_{in}} = (Q_j + Q')/Q_{in}$$

工序消耗能和通常使用的工序能耗的区别在于增加了 Q_{out}的计算，Q_{out}的带入更加真实还原了各工序和界面的能量输入输出，工序消耗能率 η 则反映了输入能源在本工序被消耗的比率。

对于钢铁存量产能，在钢铁企业各工序工艺、设备已经确定不变的情况下，假设其 Q_j 保持不变，从提高能源利用效率出发，在保障工序产品产量和质量的前提下，节能降本的方向应为减少损失能量 Q'、增加回收能量 Q_{back}、将输出能量 Q_{out} 尽可能多的转变为 Q_{back}（或下一工序的 Q_{in}）。其具体内容包括：

（1）各工序输入的物质中所含的能；

（2）各工序输出的物质中所含的能；

（3）各工序热平衡计算支出部分中的化学反应热，包括在本工序被消耗或带入下一工序的能量；

（4）各工序产品相变或物理形变所需的能量以及生产过程中各类损失的能量由于不可计量，统一计入该工序的消耗能。

物质所含能：钢铁工艺流程各工序在生产过程中均伴随着能源的转换、物质的形变和相变等变化，各工序输入、输出的能量包括一次能源、二次能源、耗能工质、产品及副产品中所含的机械能和化学能等。

化学反应热：钢铁生产过程中如烧结、焦化、石灰、炼铁、炼钢等工序均涉及化学反应，本文的化学反应热是指按照生产实物方式计算热平衡中热支出部分中的化学反应热。

以钢铁企业能源平衡表为依据，结合物料平衡和原燃料成分检测数据，开展各工序消耗能、输出能、回收能的计算分析，从而形成钢铁企业能源评价体系，可在短时间内对该企业能源利用情况进行评估，为能源利用水平提升提供科学依据。

能量流分析包括三个层面，第一是主体工艺层面，包括焦化、烧结、球团、石灰、炼铁、炼钢、轧钢等长流程常规工艺单元。第二是工艺界面层面，主要包括能量损失较大的铁钢界面和钢轧界面。第三是能源转换层面，如自发电厂、锅炉房、余热回收、制氧、制氢、鼓风、空压站、水处理、固废处理等设施。所有能量数据均按照标准煤系数折算为标准煤量。

5.2.5.3 工业代谢分析构成要素

工业代谢分析研究包括以下四个要素：

（1）物质：指研究的对象，包括原材料，也包含经过化学合成的物质，如聚丙烯、羟基苯甲酸乙酯等，也可以是某种具体的物品。在具体分析时，可能会涉及物质产品的不同形态。

（2）过程：指物质在系统中转化、运行、储存的过程。过程是进行代谢分析的基本单位，转化过程指物质以一种形式进入系统，而以另一种形式输出，例如，植物体进行光合作用吸收二氧化碳、释放氧气的过程即是一种转化过程；运行过程是指物质在系统中位置的移动；储存过程是指单位时间内，物质停留在系统中，没有发生转化及运行的过程。

（3）流量和流速：每一个过程联系着物质的输入和输出，流量和流速是表征这些物质流的强度和速度的单位。流量指单位时间内流经系统的物质的数量或质量，单位可用 kg/a 表示；流速是指单位时间、单位面积内物质的流量，单位可用 $kg/(s \cdot m^2)$ 表示。由于流速比流量更能准确地描述物质流经界面时的状态，因此，流速通常用于过程或系统之间的比较。

（4）转换系数：指针对某一个过程，物质的输出与输入量的比值。转换系数本质上反映了一个系统的技术水平，转换系数通常不是恒定的，受到系统状态及输入物质的成分影响。

5.2.5.4 分析过程

一个完整的工业代谢分析包括以下五个过程：

（1）明确研究的目的和预期的目标。明确研究的问题，并根据前期的要求调研，确定研究目标。代谢分析需要大量的数据基础，但大部分数据并非来自统计资料，因此，应该充分考虑资料来源的情况，建立适当的研究目标。

（2）定义系统边界。确定系统的时间、空间范围及所考虑的物质类型。结合研究的目标，在定义系统的地理边界时，最好选择在“行政上”和“地理空间上”独立的单元，例如一个流域或一个企业。工业代谢分析所考虑的物质类型主要由研究的范围、研究的精度及可能获得的资源（人力、财力）等条件所决定。

（3）确定与系统相关的流、存量及过程。根据质量守恒原理，可描绘出各种物质在系统中的输入、储存、转化、输出等方式及过程。该过程涉及很多的专业知识，应对资料进行综合分析并了解各工艺过程。

（4）计算过程。计算各过程中的流量和存量及转换系数。该过程数据量庞大，主要包括生产、人口、土地利用、污染物排放、大气浓度、农业投入、化学工业、固体废物发生与处置途径等方面的统计。收集、筛选和处理数据是工业代谢分析中比较耗费时间和精力的工作，许多参数的估计都是依靠工作经验选取，对于一个系统的分析结果，输入、输出通常不可能达到完全的平衡，系统的输入、输出量会相差10%左右。

（5）研究报告。清晰而准确地描述研究过程，使整个研究过程可重复且可信。通常报告应包含两个部分：1）摘要，尽可能地简单易懂，避免晦涩难懂的专业词汇；2）相关领域的综述和项目的研究目标尽可能详细、详细介绍使用的方法、系统边界的定义、数据的获取及处理等，最后应根据结论提出应该采取的措施及建议。

5.2.5.5 指标

指标具有揭示、指明、宣布或者使公众了解等含义，帮助人们理解事物随时间发生变化的定量化信息，反映总体现象的特定概念和具体数值。工业代谢分析的重要意义在于它为评价产品、生产过程、企业、工业或经济系统等不同层次的工业系统提供简单明了而有意义的衡量指标。

（1）物质的再循环利用率。指工业系统中物质的再循环利用量与自然消耗总量的比值，是反映系统是否稳定的一个指标。工业活动中物质最终以废物返回自然环境时有两个归宿，一是再循环利用，二是消耗损失掉。再循环利用的越多，耗散损失的就越少。一个稳定的可持续的工业系统，应该形成完整的内部循环，资源的再循环和利用率是度量工业系统可持续发展的一个重要指标。

（2）物质生产率。指单位物质（或能源）投入的经济产出，是衡量工业代谢效率的一个主要指标，物质生产率越高，可持续性越强。物质生产率反映的是技术进步的水平，物质的生产率越高，物质的产出投入比越高，经济效益越大。

5.2.6 工业代谢案例分析

案例分析1：我国硫代谢分析

硫是重要的不可再生非金属矿产资源，是工农业生产中不可或缺的基础原料。随着煤炭、石油、天然气、有色冶炼、硫酸磷肥、电力环保等工业的发展，硫资源的工业代谢和循环利用已成为行业关注的焦点。我国硫的工业代谢系统可分为硫的来源（硫资源储存、生产和进口）、硫的加工（硫磺回收、硫酸生产、其他含硫产品加工等）、硫的消费（农业、工业）、硫的环境消纳（大气、水体、土壤）等四大环节。在硫的工业代谢中，硫元素不会消失，只是由一种形态变成另一种形态。研究硫元素的工业代谢规律，对我国硫化工工业的可持续发展和循环经济具有重要的现实意义。

*硫资源组成

(1) 含硫矿物：如硫铁矿（黄铁矿、磁硫铁矿、伴生硫铁矿、含煤硫铁矿等），含硫金属矿（铜、铅、锌、镍、金、锡、钼、钴、锑等），硫酸盐矿（石膏、芒硝、重晶石、矾石、明矾石、天青石等），天然硫磺矿。

(2) 煤炭、石油、天然气、页岩气、可燃冰等一次能源中伴生的硫。

(3) 进口的硫资源，如进口硫磺、硫酸、有色金属矿、硫精砂、原油中带入的硫。

目前全球可用的硫资源主要来源于石油、天然气回收硫、有色金属共伴生硫，少量来源于硫铁矿和天然硫磺矿。中国硫资源以石油、天然气回收硫、硫铁矿、有色金属共伴生硫为主，少部分来自煤炭及其他含硫矿物回收硫。

*硫资源利用特点

目前，我国硫资源总体状况是硫资源储量相对丰富、品位不高，直接回收利用难度较大，存在以下特点：

(1) 硫铁矿富矿少、贫矿多，采富弃贫仍然较为严重，硫、铁资源回收和利用率不断提高。

(2) 随着有色金属工业的快速发展，有色金属伴生硫及有色金属矿物中硫的回收量、回收利用率逐年提高。

(3) 石油、天然气和煤炭中硫回收量和回收率逐年提高，国产硫磺量已成为平衡中国硫磺市场的重要力量。

(4) 硫酸盐矿主要以提取钡、钾、锶等有价金属为主，石膏矿和芒硝矿直接利用硫酸盐，硫资源回收利用率较高；天然硫磺矿几乎没有开采利用。

(5) 含硫废物及工业副产物中硫资源回收有较快进步。目前国内磷石膏、脱硫石膏化学利用回收硫酸或硫酸铵、硫酸亚铁制酸、废硫酸和脱硫废液裂解再生制酸、电厂及钢铁厂烟气脱硫回收 SO_2 制酸等均有工业化装置，工业副产硫酸铵产能、产量逐年增长，回收硫资源量数百万吨。

(6) 国内硫资源消费主要依赖进口硫资源（主要是硫磺），硫资源对外依存度长期在50%以上。

(7) 含硫废气、废水、废渣中潜在的硫资源回收仍以抛弃法为主，硫的二次污染问题仍然比较严重。

*硫加工

我国硫加工主要包括：回收硫磺，用于硫酸及二硫化碳、特种硫磺等产品生产；硫酸生产，包括硫铁矿制酸、硫磺制酸、冶炼烟气制酸及其他含硫原料制酸；含硫废物回收硫；工业副产硫酸铵；其他含硫产品生产。

(1) 回收硫磺。近年来我国石油、天然气工业发展迅猛，特别是川东北高含量气田大开发及沿海地区加工进口高含硫劣质油炼化装置投产，石油和天然气回收硫磺量快速增长；新型煤化工的大型化发展也促进了煤化工硫磺回收的增长。

(2) 硫酸生产。利用硫磺、有色金属矿、硫铁矿等各种硫资源生产硫酸是最主要的硫加工方式。2016 年我国硫酸产量为 95650kt，同比下降 1.1%。其中，硫磺制酸产量 42990kt，冶炼烟气制酸产量 32870kt，硫铁矿制酸产量 1850kt。

（3）含硫废物回收硫。目前我国通过化学法回收硫资源的含硫废物很多，主要有硫化氢酸性气、磷石膏和脱硫石膏、废硫酸及含硫废液、硫酸亚铁、烟气脱硫回收 SO_2 等。

（4）工业副产硫酸铵。目前我国硫酸铵基本是工业副产，主要有己内酰胺副产、焦化副产、电厂副产、化工副产和氰尿酸副产五大类，瓮福集团建有国内唯一一套 250kt/a 磷石膏制硫酸铵装置。截至 2021 年底，我国工业副产硫酸铵总产能约为 1855 万吨，较去年相比新增 260 万吨，增幅为 16.3%。2021 年硫酸铵产量约 1373 万吨，同比增加 3.4%。

（5）其他含硫产品生产。

* 硫的消费

我国是硫资源消费大国，2021 年我国硫资源表观消费量（S 计，下同）为 1702 万吨。2021 年国内硫资源产量为 849 万吨，进口硫资源 853 万吨，2017 年以来，随着国内硫资源产量的不断提高，我国硫资源进口依赖度逐年降低。

硫资源消耗分为农业用和工业用，农业用硫主要有硫酸（制磷复肥）、硫酸钾、硫酸铵、其他含硫肥料和农药等硫资源消费量约占 60%；其余均为工业用硫，如硫磺制二硫化碳、不溶性硫磺等，硫酸制硫酸铝、钛白粉、氢氟酸、己内酰胺等。

* 硫的环境消纳

硫资源开采、加工和消费过程中，硫元素一部分转移到最终产品中，大多数直接或间接转移到环境中，一是以 SO_2、硫酸雾和含硫颗粒物形态存在，成为大气污染源；二是以二价硫或硫酸根离子形态存在，成为水污染源；三是以硫化物或硫酸盐形态存在，进入土壤或成为含硫固体废渣。

目前我国大气排放 SO_2 量逐年减少，2016 年我国大气排放 SO_2 量约 20000kt，折合硫 10000kt。目前我国废水排放量约为 60000Mt，按外排水硫化物含量 10mg/L 测算，折合硫约 600kt；加上硫酸根离子及其他硫化物排放量，预计废水排放硫资源量在 2000kt 左右。工业废渣中硫主要集中在磷石膏、脱硫石膏、钛石膏等工业石膏，以及各种尾矿、废渣中，2016 年工业副产石膏排放总量约 185Mt，回收利用约 96000kt，直接堆存 89000kt；未处理工业石膏折合硫资源 15000kt。通过施肥、施农药及其他方式带入土壤中硫约 6000kt。

环境对硫元素的消纳能力有限，这些含硫污染源造成大气、水体和土壤的污染短时间很难消除。因此，必须通过脱硫环保措施尽可能减少硫元素向环境的排放，通过硫资源回收和综合利用措施，将硫元素在工业代谢中循环利用。

* 硫的工业代谢

我国硫元素工业代谢示意图如图 5-8 所示。

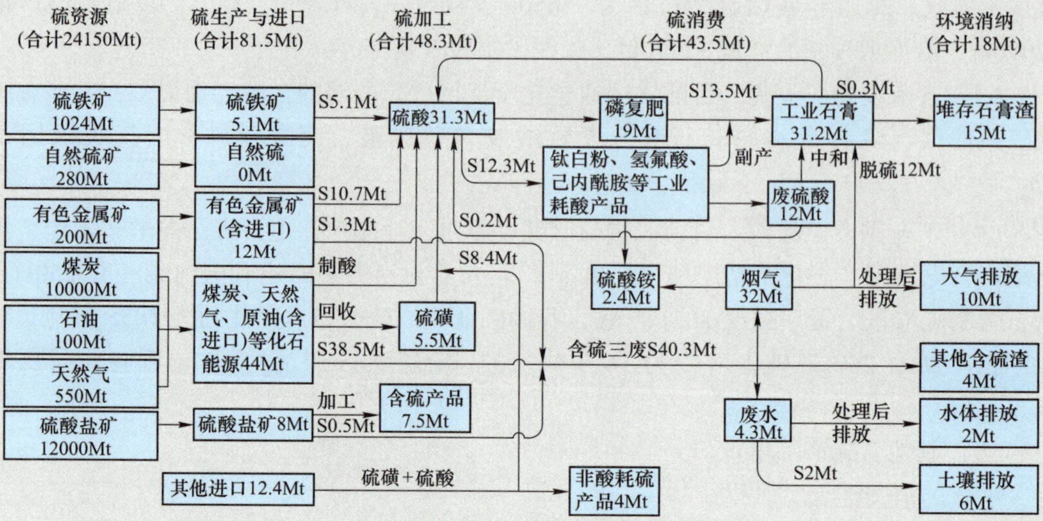

图 5-8 我国硫元素工业代谢示意图

案例 1：石油炼制与石油化工中硫的工业代谢

石油加工过程中，尽最大可能把硫的各种形态衍生物脱除并将 H_2S 氧化制成硫磺加以回收。在石油炼制过程中，通过产品精制、脱硫、酸性水汽提和硫磺回收等工艺过程回收硫。

目前石油炼制工业硫元素主要出路：

(1) 含硫酸性水，是指石油炼制过程中产生的含硫质量浓度大于或等于 50mg/L 的废水。炼油厂含硫工艺废水有：硫化物质量浓度 5~25mg/L 的常压蒸馏顶冷凝水，硫化物质量浓度 10~100mg/L 减压蒸馏顶冷凝水，硫化物质量浓度 10~50g/L 加氢脱硫装置排水，硫化物质量浓度 50~1000mg/L 催化裂化装置排水。这部分废水采用膜过滤、中和、生化处理等措施处理后达标排放。

(2) 烷基化废硫酸，是指硫酸法烷基化装置排出的废硫酸。1t 烷基化油要产出烷基化废酸 80~90kg。其主要组分是 $w(H_2SO_4)$ 85%~90%、质量分数 8%~14%烃类，其余为水。该废酸是一种黏度大的胶状液体，色泽呈黑红色，性质不稳定，散发特殊臭味，很难处理，给生态环境带来严重污染。这部分废酸采用中和、裂解再生处理等措施处理后达标排放或循环使用。

(3) 含硫烟气，是指工艺加热炉、催化裂化催化剂再生烟气、酸性气回收装置（硫磺或硫酸）等排出的含 SO_2 烟气，烟气 SO_2 浓度在几千到几万 mg/m^3。这部分烟气采用可再生法或抛弃法工艺脱硫后达标排放，脱硫副产物循环利用或抛弃处理。

(4) 柴油和汽油油品中含有微量硫，也需要加以脱除。这部分硫通常返回克劳斯系统回收。

目前石油炼制工业主要硫来源是工艺加热炉、自备电厂锅炉等排出的含 SO_2 烟气，烟气 SO_2 质量浓度在几千到几万 mg/m^3。这部分烟气采用可再生法或抛弃法工艺脱硫后达标排放，脱硫副产物循环利用或抛弃处理。

案例 2：煤化工与煤燃烧中硫的工业代谢

目前我国煤炭利用主要是两条路线，一是以煤为原料生产化工产品的煤化工路线；二是以煤为燃料的动力煤路线。

煤化工包括煤制合成氨、煤炼焦的基础煤化工，也包括煤制油、煤制天然气、煤制甲醇、煤制乙二醇等的新型煤化工。在煤的利用过程中，煤炭中的硫主要转移到气相中，以 H_2S 的形态存在，一种方式是通过克劳斯法回收硫磺（或湿法制酸），主要是新型煤化工行业；另一种方式是通过湿式氧化法生成脱硫废液和硫膏，主要是焦炭和合成氨行业。

目前煤化工硫的主要出路：

（1）硫磺回收装置或制酸装置尾气中排出的含 SO_2 烟气，烟气 SO_2 质量浓度在几百到几千 mg/m^3。这部分烟气采用可再生法或抛弃法工艺脱硫后达标排放，脱硫副产物循环利用或抛弃处理。

（2）湿式氧化法脱硫中硫膏和脱硫废液中的硫。其中主要含单质硫、硫的铵盐和钠盐、重金属等，以硫的铵盐居多。某焦化厂硫膏和脱硫废液混合物成分如表 5-1 所示。

表 5-1 某焦化厂硫膏和脱硫废液混合物成分

项目	正常工况		极端工况	
	流量/$kg \cdot h^{-1}$	组分比例/%	流量/$kg \cdot h^{-1}$	组分比例/%
S	432.1	16.00	491.6	15.99
NH_4SCN	393.5	14.57	208.3	6.78
$(NH_4)_2S_2O_3$	233.0	7.29	104.2	3.89
$(NH_4)_2S_6$	12.4	0.46	11.3	3.39
$(NH_4)_2SO_3$	53.2	1.97	48.6	0.37
$(NH_4)_2SO_4$	64.9	2.41	59.4	1.58
$(NH_4)_2CO_3$	23.7	0.88	26.3	1.93
NH_3	4.1	0.15	4.5	0.15
H_2O	1519.4	56.27	2120	68.96
合计	2700	100	3074	100

这部分硫膏和脱硫废液可采用熔融、提盐和裂解再生等工艺回收硫磺、硫酸盐及硫酸等。

（3）煤化工各种排放气中也会含有 SO_2，烟气 SO_2 质量浓度在几百到几万 mg/m^3。这部分烟气采用可再生法或抛弃法工艺脱硫后达标排放，脱硫副产物循环利用或抛弃处理。

以煤为燃料的火电厂、各种燃煤锅炉在煤燃烧过程中，煤炭中的硫直接转变为SO_2，烟气SO_2质量浓度在几千到几万 mg/m^3。这部分烟气采用可再生法或抛弃法工艺脱硫后达标排放，脱硫副产物循环利用或抛弃处理。

案例 3：天然气化工与天然气燃烧中硫的工业代谢

与煤炭一样，天然气一是作为化工原料使用，二是作为燃料使用。天然气净化过程中，硫转移到气相中，主要以H_2S的形态存在，通过克劳斯法回收硫磺。

硫主要出路：

（1）硫磺回收装置尾气中含有的SO_2，烟气SO_2质量浓度在几百到几千 mg/m^3，这部分烟气采用可再生法或抛弃法工艺脱硫后达标排放，脱硫副产物循环利用或抛弃处理；

（2）净化过程中的含硫废水，采用膜过滤、中和、生化处理等措施处理后达标排放；

（3）天然气燃烧锅炉烟气中含有SO_2，烟气SO_2质量浓度在几百到几千 mg/m^3，这部分烟气采用可再生法或抛弃法工艺脱硫后达标排放，脱硫副产物循环利用或抛弃处理。

案例 4：有色金属矿冶炼中硫的工业代谢

我国有色金属矿冶炼工业发展迅猛，铜、镍、铅、锌、金、钼、锡、锑、铝等金属产能、产量均居世界前列。各种硫化金属矿冶炼过程中，硫最终主要转移到冶炼烟气中，烟气SO_2体积浓度在0.05%~30%。

硫主要出路：

（1）通过制酸回收硫，2016年我国冶炼烟气制酸回收硫资源超过10000kt；

（2）选矿、冶炼、制酸中排出废水、废渣中的硫，这部分硫通过中和、生化处理后废水达标排放，废渣堆存；

（3）各种炉窑排放的无法直接制酸利用的SO_2及制酸尾气中的硫，烟气SO_2质量浓度在几百到几万 mg/m^3，这部分烟气采用可再生法或抛弃法工艺脱硫后达标排放，脱硫副产物循环利用或抛弃处理。

案例 5：硫酸工业中硫的工业代谢

硫酸工业是直接加工利用硫资源的工业，将各种含硫原料经焚烧（热分解）生成硫酸产品。目前中国制酸技术已经非常先进，各种原料制酸的硫回收率在99%以上。

硫酸生产中硫出路：

（1）进入硫酸产品；

（2）烧渣中带出的少量硫，主要进入水泥中；

（3）净化洗涤排出的酸性废水带出的硫，通过中和、生化处理后废水达标排放，渣泥堆存；

（4）制酸尾气带出的硫，烟气SO_2质量浓度在几百到几千 mg/m^3，采用可再生法或抛弃法工艺脱硫后达标排放，脱硫副产物循环利用或抛弃处理。

案例 6：硫酸下游工业中硫的工业代谢

目前主要耗酸工业是磷复肥、钛白粉、氢氟酸、染料、己内酰胺等行业。在这些工业中，每年硫酸消费量在 90000kt 以上。除了少部分硫转移到最终产品中，绝大多数硫以废硫酸（主要是钛白粉、铅蓄电池、芳烃硝化、氯化工等行业）、废硫酸盐（主要是磷复肥、氢氟酸、钛白粉、己内酰胺等行业）等形式排出。

硫酸下游工业中硫的主要出路：

(1) 废硫酸或含硫废水。目前我国废硫酸以钛白粉废酸、钢铁酸洗废酸、染料废酸、硝化废酸、MMA 废酸、烷基化废酸、氯碱废酸等为主。

(2) 硫酸盐。主要是磷石膏、氟石膏、钛石膏、盐石膏、硫酸钠、硫酸铵等废渣，数量巨大。这部分硫酸盐废渣通过生产建材、水泥缓凝剂、化学品等方式处理，大部分堆存。

案例分析 2：焦化生产能源系统工业代谢分析

我国作为世界焦炭生产、消费和出口大国，其产量占全球 50%以上，出口量为全球 70%~80%。近年来，我国焦化行业在钢铁企业生产规模迅速扩张的带动下，得到了十分迅猛的发展。但由于工艺装备技术水平从总体上未能跟上规模扩大的步伐，高耗能、高污染的问题成为制约焦化企业发展的瓶颈。因此，实施节能降耗、清洁生产和循环经济，对于实现焦化行业可持续发展具有十分重要的意义。焦化厂作为主要一次能源——煤炭的加工转化工序，应该是煤炭高效综合利用和二次能源制造中心，通过与钢铁企业内其他工序的联合，可实现焦化产品和能源资源的优化配置和重复利用。但是传统的焦化生产对于能源使用的合理性、污染治理的科学性和有效性并没有进行系统深入的研究和探讨，以至于人们对焦化的认识长期停留在焦化工艺本身就是高污染、高能耗的层面上，导致焦化生产的工艺水平和装备水平得不到本质的改进和提高，焦化过程资源能源利用效率长期处于落后地位。

焦化生产是把原煤经选配、混合、破碎后，由装煤车送入焦炉，煤经高温干馏炼制成焦炭和荒煤气。焦炭成熟后用推焦车推出，经拦焦机导入熄焦车内。熄焦车由电机车牵引至熄焦塔内进行喷水熄焦，熄焦后的焦炭经切焦、筛焦后，由带式输送机外运。荒煤气经焦炉上升管进入集气管，经冷凝、分离、精制、洗涤、终冷后，分离出焦炉煤气和各种化工产品。焦化生产工艺流程示意如图 5-9 所示。

* 分析步骤

利用工业代谢分析方法对企业生产过程进行分析，结合焦化企业生产特点及企业内物质能源流动规律，给出企业工业代谢分析的方法与步骤，具体如下：

(1) 收集数据。分析企业生产现状，收集与其生产有关的各种能源数据，明晰企业各个工序的能流的来龙去脉。

(2) 绘制能流代谢图。建立炼焦生产的各工序单元能流平衡账户，其中各种能源按照对应的折标系数均折算成标煤，单位吨标煤。在此基础上，将各工序单元用能情况整合，得到整个生产过程的能流代谢图。

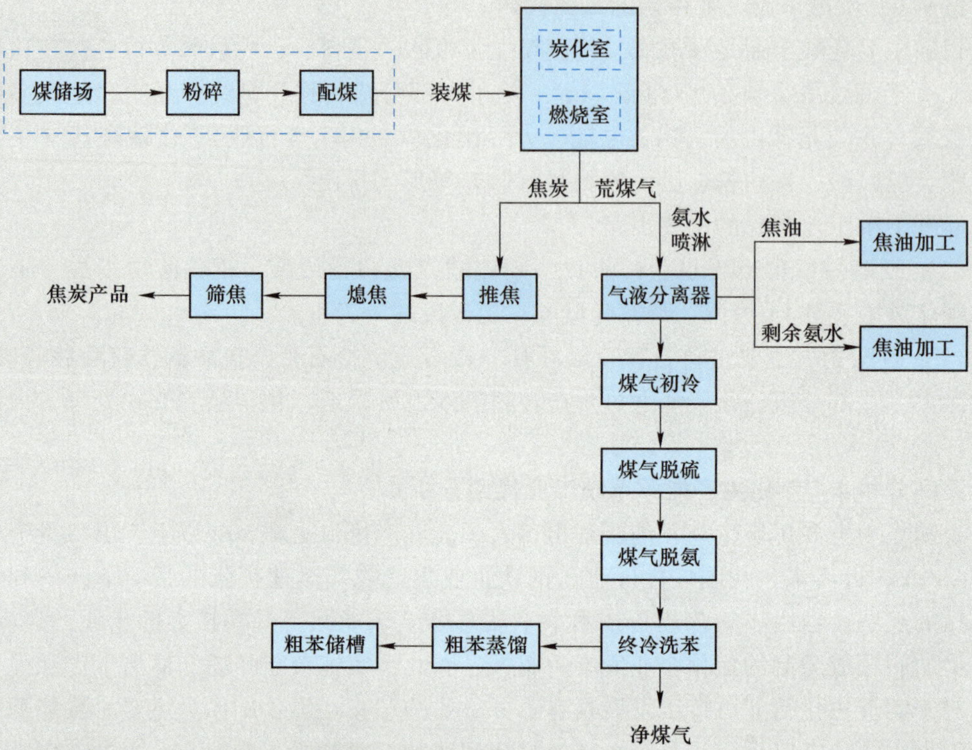

图 5-9 焦化生产工艺流程示意图

(3) 识别关键节点。通过比较其所有的输入、储存及输出过程来识别企业节能降耗的关键节点，这些节点主要包括能耗消耗大、能源利用率较低的工序等。

(4) 提出优化建议。对这些关键节点进行焦化企业实际调查分析找出主要原因，并根据分析结果，从管理、技术等方面探讨节能降耗措施。

* 焦化生产过程能源代谢分析

(1) 炼焦生产过程的能流分析表明，焦炉加热过程由煤炭转换为焦炭的热能损失是炼焦过程的主要能源消耗，约为 82644.37t 标准煤，占总能量输入量的 10.7%，占能量总损失量的 76.2%。提高焦化过程能源转化效率和有效利用加热焦炉煤气是整个炼焦过程能源优化的核心。

(2) 炼焦生产过程中对于能量的回收比较少，只在炼焦工序单元中对于排放的废气进行余热回收产生蒸汽 801t 标准煤，还有一大部分余热未经回收就已浪费，其中包括 10%左右的焦炉炉体散热，炽热的焦炭带走 40%的显热，荒煤气带走 30%的显热，烟道废气带走 15%的显热，余热损失量总达 25186.5t 标准煤，占能量总损失量的 21.8%。余热回收在降低炼焦过程能源消耗上有着重要的作用。

(3) 炼焦结束准备出焦时，焦炭的温度在 1000℃左右，红焦所含的热量约相当于炼焦时所供热量的 40%。在熄焦工序单元中采用水湿法熄焦，使用循环水冷将红焦冷却至80℃以下，红焦的显热（10555t标准煤，占总能量输入的1.4%）全部随熄焦水的加热和蒸发排入环境。采用有效的红焦显热回收技术如干熄焦技术等，对炼焦生产过程有显著节能降耗效果。

（4）荒煤气采用循环氨水直接与煤气接触以达到净化、冷却煤气的目的。包括水分、各种化学产品及焦炉煤气的显热和潜热，这部分热量大部分被上升管、集气管内喷洒的氨水及蒸发的水和氨气带走，并在煤气初步冷却器内被冷却水带入环境，以及循环水在澄清、分离焦油、清除焦油渣并返回焦炉喷洒的循环过程中降温，热量散失至环境而损失。荒煤气的显热（7916t标准煤，占总能量输入的1.0%）不但没有很好地回收利用，反而需要耗费更多的冷媒水进行冷却，造成了能源的巨大浪费。

（5）炼焦过程中烟道废气带走焦炉耗热量的16%，通常从焦炉废气盘排出的废气温度为350~400℃，经过烟道到达烟囱根部时废气温度通常降至200℃左右。这是由于烟道的散热以及从废气盘开始到烟囱根部全过程中冷空气通过不严密处吸入废气而引起，因此要采取措施提高烟道的严密性和隔热性，可以减少废气的温度降低。虽然废气导入废热锅炉用于产生蒸汽，但是锅炉的能源转化效率比较低，仅为15.1%，导致烟道废气余热的大量散失，企业需要采取措施提高废气锅炉的能源转化效率。

（6）化产系统中采用蒸汽作为主要能源介质，有效利用率比较低。

* 主要耗能

在该焦化企业中，主要的能量损失系统是炼焦系统，能量损失量占能量损失总量的94.8%；其次是化产系统，约占能量损失总量的2.6%。在炼焦系统中，能量损失大的单元是炼焦过程，占能量总损失量的76.2%。炼焦单元是洗精煤转换成焦炭、焦炉煤气以及各种化学产品的过程。它的这一能源转化生产工艺特点决定了能源转化效率是焦化生产过程节能降耗的制约性因素。另外，焦化生产过程中余热损失非常严重，焦炉耗热量中的焦炭显热占40%，荒煤气显热占30%，烟道废气显热占16%，炉体散热占10%。对于这些余热，基本没有得到回收，却耗费大量的冷凝介质，造成资源和能源的浪费。某焦化企业炼焦系统能耗占比如表5-2所示。

表5-2 某焦化企业炼焦系统能耗占比

序号	工艺单元	占能源总输入的比例/%
1	炼焦（能量转换损失）	10.7
2	熄焦	1.4
3	桥管冷却	1.0
4	炼焦（废气余热损失）	0.58
5	炼焦（炉体散热损失）	0.34
合计		14.02

* 优化建议

通过以上分析和对各车间重点耗能设备的现场调查和节能监测，发现其在热能利用方面存在着较大的节能潜力，通过加强对余热回收系统的管理，可以有效实现节能降耗的目标。

(1) 降低焦炉燃气消耗。主要方法有：采用煤调湿技术控制装炉煤水分，焦炉向大型化发展，选择合理的空气过剩系数，降低废气排出温度，提高炉体、设备的严密性和改善炉体绝热等方法，同时加强炼焦炉加热的控制水平，从而提高焦炉的热工效率。

(2) 采用干法熄焦回收红焦显热。干熄焦是在密闭系统内完成熄焦过程，利用循环惰性气体做热载体，由循环风机将冷的循环气体输入红焦冷却室冷却高温焦炭后，再将热循环气体导入余热锅炉回收显热。采用干熄焦可回收约80%的红焦显热，平均每熄1t红焦可回收3.9MPa、450℃蒸汽0.45~0.58t。若采用全凝机组发电，平均每熄1t红焦产生的蒸汽净发电可达95~105kW·h。

(3) 改进荒煤气显热回收利用技术。建议把荒煤气直接导入废热锅炉吸收其显热，然后通过露点冷却方法降温，或者通过用分阶段冷却和除尘工艺来替代传统焦化系统中直接用氨水喷淋荒煤气的湿法熄焦工艺，具体工艺包括焦炉煤气的高温热回收、除尘、除焦油、中温热回收、冷却、净化等。

(4) 提高废气锅炉发电效率。通过技术改造提高废气锅炉的效率，或者采用效率较高的发电机组。通过上述综合优化措施，应可以大幅度提升该焦化厂的能源效率，降低吨焦能耗，实现节能减排。

案例分析3：煤工业的代谢模型

我国的煤炭主要用于能源生产和化工生产，其中能源生产主要是利用煤炭直接燃烧产生的能量来进行发电、供热、提供动力等。在化学生产中，煤炭主要是作为基础原料使用。煤的主要工业代谢途径如图5-10所示。

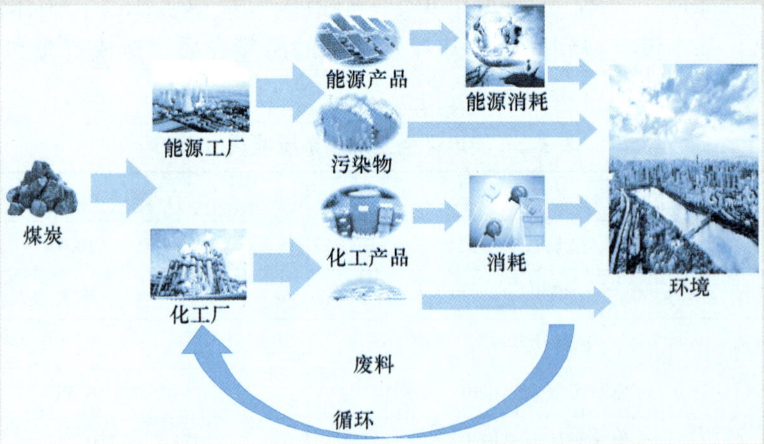

图5-10 煤的主要工业代谢途径

从图中可以看出，在目前的工业生产体系中，煤炭资源基本上是一种单向流动，即人们从自然界索取大量煤炭资源，在满足人们生产、生活需求后，又将大量的废物和污染物排放到环境中。虽然在化工生产中存在部分物质的循环利用，但比例相对较小。煤的这两条代谢途径造成的污染是非常严重的，主要是大量直接燃煤产生的烟尘的 SO_2 造成的大气污染及 CO_2 温室气体排放。而且由于中国是煤多油少的能源结构，决定了煤炭作为我国基础能源的局面短期内不可能改变。

从煤炭资源的代谢途径可以看出，能源和化工生产基本上是两条平行的线路，没有交叉点，缺乏物流和能流的交换。在煤的两条代谢途径中，能源生产代谢占据主导地位。在能源生产中，主要是以燃烧的形式将煤炭资源中所蕴含的丰富化学能转化为电能、热能或者动能。这对煤炭资源的利用率非常低，燃烧生成的烟尘和 SO_2、CO_2 等很少能得到进一步的利用，因而造成大量的排放，不仅不能带来经济效益，反而需要投入物力和人力来进行处理。煤的化工生产主要是利用其丰富的物质组成和较好的化学活性，进行化学反应，生成合成氨、甲醇等众多产品。目前我国 60%的化工原料来自煤。但是化工生产中对煤炭的能源利用效率不高，经常需要从外界补充大量的能量和动力，物质利用率也有待进一步提高，如燃煤脱硫可生产单质硫和硫酸，粉煤灰作为很好的建树原料来生产砖、水泥、预制板等，某些化学反应产生的大量废热或是可燃性的尾气可进一步作为能源利用等。因此，从总体上考虑煤炭资源的使用过程，可大大地提高煤炭资源的使用效率。

由煤的代谢分析可知，煤的两条代谢途径具有一定互补性，因此通过改进生产工艺，提高技术水平和资源的利用率，在降低能耗的同时，应力争冲破行业局限，将能源和化工生产结合起来，按照生态工业的思路和代谢分析的启示，发展能源化工的联合生产，煤炭在工业生产中所造成的污染可以得到有效控制，并大大减少对环境的影响。

能源生产与化工产品的生产在工艺上有许多相通之处，而且新兴的洁净煤技术提出了许多新的煤炭利用技术和方法，为两者的结合创造了条件。关于煤能源化工联合生产已有一些应用和规划实例，如某坑口大型煤气厂，日供长输管道（260km）城市煤气 $160\times10^4m^3$，联产甲醇 4×10^4t，焦化厂采用的“四联供”技术，生产城市煤气、电力和合成氨、甲醇等化工产品。利用燃煤 IGCC 电站的技术来为化工企业服务，即在建立以气化工艺为基础的 IGCC 独立动力站，以煤或者渣油、沥青、石油焦等为原料，既能为化工流程生产合成原料气（$CO+H_2$），进而生产合成氨、甲醛等 C_1 型化工产品；同时用部分合成煤气供电厂使用，生产电能和蒸汽，或向周围居民供应生活用城市煤气，而且该系统采用先进工艺，能有效地分离出废物，不会造成污染，还能变废为宝。这样就能使电能、热能、城市煤气的生产过程与化工产品的生产过程、甚至工业用气（N_2、O_2、Ar、CO、CO_2）的生产过程有机地结合起来，在带来可观的经济效益同时，更能提高资源和能源的综合利用率，减少环境污染，为实现工业的可持续发展打下基础。

研究人员在上述规划和实践的基础上，给出了一个简化的以煤炭为原料的能源化工生态工业园区的通用流程模型。他们采用代谢分析方法对该模型进行系统的环境分析，建立各种过程代谢模型，进行以对生态环境影响最小为目标的产品产量和设计参数的分析和优化。即在满足一定产品需求的条件下，分析煤炭资源在工业生产这一领域中的代谢过程，以及由于煤炭的使用所带来的污染。通过模拟及优化计算，来分析系统的污染排放情况及不同工艺路线和产品所产生的影响。

这一生产体系以煤炭的化学转化过程为基础，多产品联产有可能集中多种先进适用的新技术，利用各联产产品间的优势互补，提高设备利用率和生产的灵活性，实现柔性化生产，形成资源和能源的梯级利用，在创造一定经济效益的同时更多地偏重服务社会，创造良好社会效益和环境效益。而且随着科技的进一步发展，新的可再生能源和无污染能源的开发利用、化工生产中工艺技术的创新及对二氧化碳的利用，将会使此系统在节能降耗、保护环境方面具有广阔的发展前景。从生态环境的角度出发，追踪和分析物流、能流的走向，找出生产系统中造成污染的原因和主要环节及其相应对策。从以上对煤炭资源代谢过程的分析，可以看出这是一种非常有效的方法。如果能将环境分析和经济目标结合起来综合考虑，这种分析方法将有更广阔的应用前景。

案例分析 4：国外工业代谢分析

1997 年世界资源研究所出版的《工业经济的物质基础》的研究报告，对德国、日本、荷兰和美国的物质投入流进行了分析。2000 年，世界资源研究所又完成了《国家之重》的研究报告，增加了以上国家的物质输出流的分析。研究结果列于表 5-3。表的上半部分列出了五个国家中各部门向环境排放的废物总量。研究结果是对国家大小与经济活动水平的综合反映：在所有领域里，美国的废物排放量是最大的；日本的工业废物排放量与其国家的大小明显不成比例，荷兰的农业废物排放量也是如此。表的下半部分列出了人均废物的排放情况，国家与国家，部门与部门之间的差异显著减小。例如在与家庭生活相关的人均废物排放方面，除日本人均废物排放量略低外，其他国家的数据基本相同。荷兰的人均农业废物排放量和美国交通运输业的人均废物排放量远远高于其他国家，这些领域显然是公共政策的重点研究领域。

表 5-3 1996 年五个国家国内不同行业输入环境

项目	工业部门	德国	日本	澳大利亚	荷兰	美国
总排放量/Mt	农业	44.8	30.6	9.5	44.6	231.6
	建筑业	26.2	25.4	5.4	3.0	110.0
	能源部门	133.1	119.7	2.9	12.4	723.9
	工业	35.3	171.3	11.0	18.1	653.0
	交通部门	57.9	77.8	6.5	17.1	668.9
	民用	56.4	35.2	1.2	14.0	280.4
人均排放量/Mt	农业	0.6	0.2	1.2	2.9	0.9
	建筑业	0.3	0.2	0.7	0.2	0.4
	能源部门	1.6	1.0	0.4	0.8	2.7
	工业	0.4	1.4	1.4	1.2	2.4
	交通部门	0.7	0.6	0.8	1.1	2.5
	民用	0.7	0.3	0.7	0.9	1.0

由世界资源研究所牵头开展的多个国家层次上的工业代谢分析得到如下结论：

（1）工业化国家对物质的使用效率越来越高，同时废物的产量也在不断增加；

（2）每年进入经济系统的 1/2 或 3/4 的物质在 1 年内以废物的形式回到环境中；

（3）一些有毒的排放物已经得到很好的控制，但是许多有潜在危险的废物的排放仍在增加；

（4）在所有工业化国家中，化石燃料的开采和使用都占输出流的主要部分；

（5）工业化国家每人每年平均增加 10t 国内蓄积量，主要在建筑和基础设施方面；

（6）由于经济发展过程中对资源利用和废物排放的知识有限，因此这种物理核算方法十分必要。

案例分析 5：美国汞代谢分析

人类使用汞及其化合物已有很长的历史，从现有的研究数据和模拟结果来看，自工业化以来，释放到生物圈中的汞逐渐增加。由于自身及其在环境中转化产物的毒性，汞在空气、水、土壤中的来源、环境行为、处置等问题一直为人们所关注，人类工业活动引起汞向环境的释放则是工业代谢分析的重要对象之一。

2000 年，美国的 J. L. Sznopek 和 T. G. Goonan 完成了汞原料在美国的流动分析研究报告，该研究的时间范围为 1970~1998 年，重点是 1996 年含汞原料在美国的流动，并与 1990 年的研究结果进行比较。研究分为两个方面：经济活动中汞向环境的排放；工业活动中汞的来源。研究结果如图 5-11 和图 5-12 所示。

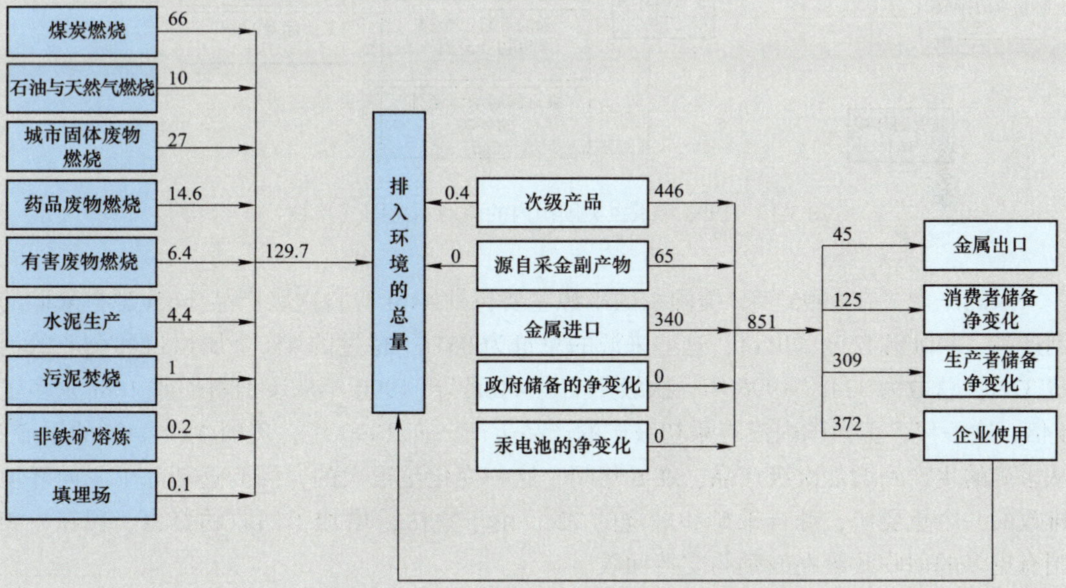

图 5-11 1996 年汞在美国国内的流动示意图（单位：t）

汞的排放：1996 年，含汞原料在经济活动的流动过程中，向环境排放的源主要有煤炭燃烧、石油和天然气的燃烧、药品废物的焚烧、有害废物的焚烧、城市固体废物的焚烧、水泥生产等。其中化石燃料的燃烧共向大气排放 76t 汞，其中源于煤燃烧的排放占

87%。汞的人为源中，最大的点源是电力生产的燃煤锅炉，石油与天然气的燃烧向大气排放 10t 汞。各种类型的废物燃烧和焚烧炉向大气排放 54t 汞，固体和液体的有害废物在有害废物焚烧炉和水泥生产炉内焚烧，向大气排放 11t 汞。1996 年，进入美国环境的汞总量为 144t，来自所有的人为源，占其他应用量（417t）的 35%。可见，在工业运行中，通过各种渠道进入环境中汞的量是相当惊人的。

1990 年早期，由于汞矿井的关闭，源自采矿和汞矿煅烧向环境释放的汞减少了 72t，1996 年，美国国内释放到环境的汞减少了 97t，即从 1990 年的 241t 降低到 1996 年的 144t。

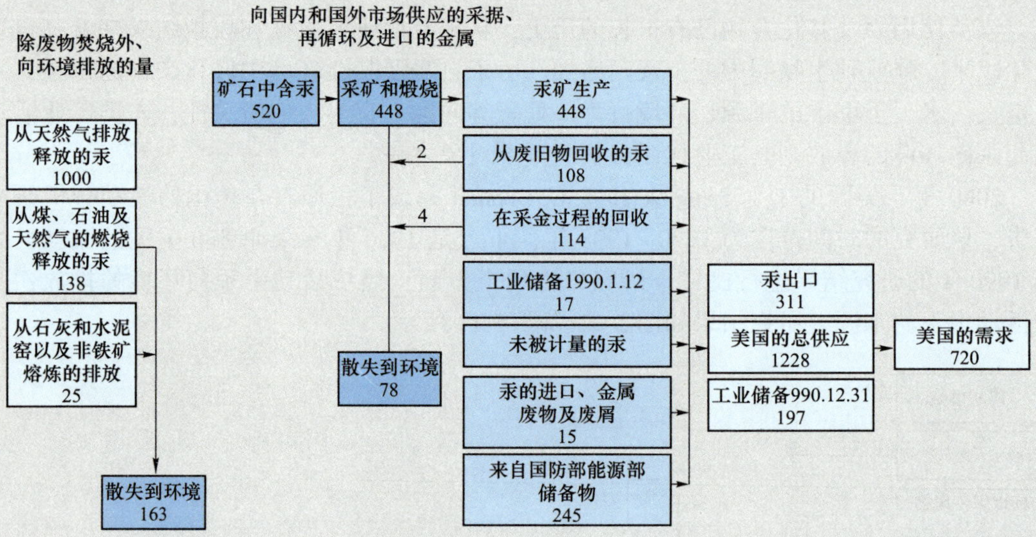

图 5-12 1990 年汞在美国国内的流动示意图（单位：t）

汞的来源：在 1996 年，美国汞的来源主要包括 446t 源自次级产品、65t 源自采矿的副产品、340t 源自金属出口，这些来源的总量为 851t。超过的 45t 金属出口和企业的消费 372t，总数为 434t。1996 年，次级产品为 446t，比 1990 年从废旧料回收 108t 汞多了 4 倍，这一年，美国国内没有汞初级矿的产品生产，而 1990 年，美国生产 448t 的汞矿。从汞矿的生产到增加次级产品，在 6 年间，这一变化是很大的，因为这消除了汞向环境排放的一个重要源，源自采矿和煅烧的 72t，由于立法，增加了回收的努力。现在，美国有更多的回收政策在鼓励与支持回收。

1990—1996 年，有 591t 的总贸易转向，说明美国当前汞的需求依靠国外资源。汞的产量，例如金矿采掘的副产品，从 1990 年的 114t 减少到 1996 年的 65t，减少了 43%。汞的进口从 1990 年的 15t 上升到 1996 年的 340t。同时，汞的出口由 1990 年的 311t 减少到 1996 年的 45t。研究结果表明，按传统的工业生产方式生产，汞向环境的排放量是相当惊人的，环境保护法规和相关技术的进步会影响工业运行中有害物质的流动，即表明保护环境是个系统工程。

5.3 生命周期评价（LCA）

生命周期评价（life cycle assessment，LCA），是一项自20世纪60年代末就开始发展起来的重要的环境管理工具和生态设计工具，是一种用于评价与产品或服务相关的环境因素和潜在的环境影响的方法。1990年环境毒理学会与化学学会（SETAC）将生命周期评价定义为：生命周期评价是一种对产品、生产工艺以及活动对环境压力进行评价的客观过程。

生命周期影响评价是一种系统性的方法，用于评估产品、服务或过程的环境影响，从它们的生命周期开始，包括从原材料采集、生产、使用阶段，一直到最终处置或回收。其从产品最初的原材料采掘到产品使用后的最终废物处理（产品系统）进行全过程的跟踪、定量分析与定性评价，具体来说就是通过编制某一系统相关投入与产出的清单，找出与这些投入与产出有关的潜在的环境影响进行分析，以指导产品的开发和应用。

生命周期评价是通过对能量和物质利用以及由此造成的环境废物排放进行辨识和量化来进行的。其目的在于评估能量和物质的利用以及废物排放对环境的影响，寻求改善环境影响的机会以及如何利用这种机会。这种评价贯穿产品、工艺和活动的整个生命周期，包括原材料提取与加工；产品制造、运输以及销售；产品的利用、再利用和维护；废物循环和最终废物弃置。

5.3.1 生命周期评价起源与发展

生命周期评价是一种系统性方法，用于评估产品、服务、过程或活动的环境影响，从其生命周期的起点（原材料采集）到终点（产品处置或回收）。LCA的起源和发展是一个长期的过程，涉及多个领域的研究和合作。其基本思想始于20世纪60年代。1963年，Harold Smith在世界能源会议上，提交了关于化学产品的累计能量需求报告，这是生命周期评价研究第一次以正式报告的形式问世。1969年，美国中西部资源研究所针对可口可乐（Coca-Cola）公司饮料包装瓶进行了生命周期评价的研究，该研究对不同饮料容器的资源消耗和环境释放进行对比，对塑料杯与纸杯两种材料的总投入量、生产过程能耗量、排放量、毒性、降解难易度等指标进行分析，从原材料的开采到最终废物的处理，初步形成了产品生命周期分析评价方法，为清单分析奠定了基础。

生命周期评价最早主要集中在对能源和资源消耗的关注上，后来这一思想逐步被扩大到资源与废物的方面，这是由于20世纪60年代末到70年代初爆发的全球石油危机。这一时期，人们开始对能源和资源短缺产生恐慌，并认识到石油等化石能源终将耗尽，随之产生的污染也对生存环境造成严重威胁。此时，净能量分析成为热门话题，研究和利用这一方法对不同包装材料的能源需求进行分析，并将其应用于分析酒精、汽油和太阳能卫星等产品。在短短几年时间内，净能量分析发展成为一种正式的方法学。与此同时，欧洲国家的一些研究人员提出了类似清单分析的“生态衡算”方法。该方法以能源、物料和生态实验为基础，对产品生命周期对环境的所有输入、输出进行核算，目前已发展成为一种物料和产品的环境评价工具。后来，生命周期评价方法又进一步扩展为企业选择产品的判断依据。在这方面，最早的实例之一是在20世纪70年代早期，美国和欧洲的其他一些公司也采用了类似生命周期评价的分析方式，当时这种对资源消耗和产品环境影响进行量化的分析方法被称为资源和环境的轮廓分析。在该项目中，采用了类似于清单分析的“物料—过程—产品”模型，对玻璃、聚乙烯和聚氯乙烯瓶产生的废物进行分析比较。另一个事例是美国国家环保局利用生命周期评价方法对不同包装方案所涉及的资源与环境影响所作的研究。

利用生命周期评价分析产品对环境的影响，便由此判定产品环境性能优劣的做法，引起了有关技术界和公众的广泛关注。例如用这一方法对可重复使用的布尿布和一次性纸尿布所作的比较，发现后者产生的废物是前者的 90 倍；而前者的水污染是后者的 10 倍，能源消耗为后者的 3 倍。由于两者影响环境的性质不同，孰优孰劣，成为当时公众争论的热点。

另一个引起公共争论的经典事例是麦当劳在使用木浆纸汉堡包盒还是聚苯乙烯汉堡包盒上所做的选择。在当时绿色运动正在兴起和倾向于选择天然材料的背景下，麦当劳最终选择了前者。但后来生命周期评价的研究结果表明，尽管聚苯乙烯泡沫盒需占有更多的空间，但在各自的生产过程中，纸盒要比泡沫盒多消耗 36 倍的电和 580 倍的水。此外，纸还会在填埋场中发生厌氧分解生成甲烷。

20 世纪 80 年代中期至 90 年代初，生命周期评价研究进展迅速。发达国家开始推行环境报告制度，要求对产品形成统一的环境影响评价方法和数据。一些环境影响评价技术，例如对温室效应和资源消耗等的环境影响定量评价方法也不断发展。这些都为生命周期评价方法学的发展和应用领域的拓展奠定了基础。1993 年出版的《LCA 原始资料》被认为是当时最全面的 LCA 活动综述报告。

20 世纪 90 年代以后，由于国际环境毒理学和化学学会以及欧洲生命周期评价开发促进会的大力推动，LCA 方法在全球范围内得到较大规模的应用。国际标准化组织制定和发布了 LCA 系列标准，其他一些国家政府和有关机构也通过实施研究计划和举办培训班，研究和推广 LCA 方法学，在日本、韩国和印度均建立了 LCA 学会。

按照其复杂程度，LCA 可分为 3 类：（1）概念型 LCA（或称“生命周期思想”）：根据有限的、通常是定性的清单分析评估环境影响。因此，它不宜作为市场促销或公众传播的依据，但可帮助决策人员认识哪些产品在环境影响方面具有竞争和优势。（2）简化型或速成型 LCA：它涉及全部生命周期，但仅限于进行简化的评价，例如使用通用数据（定性或定量），使用标准的运输或能源生产模式，着重于主要的环境因素、潜在环境影响、生命周期阶段或 LCA 步骤，同时给出评价结果的可靠性分析。其研究结果多数用于内部评估和不要求提供正式报告的场合。（3）详细型 LCA：包括目的和范围确定、清单分析、影响评价和结果解释 4 个阶段。SETAC 和 ISO 已经和正在制定 LCA 指南和国际标准，并用于产品开发、环境生命（环境标志）、组织的营销和包装系统的选择等。

1975 年东京野村研究所为日本的利乐公司进行了首次包装生命周期评价研究，通过不同的销售方案对纸盒与玻璃瓶进行比较，后来利乐包装公司委托伦德霍尔姆和桑德斯特龙完成了研究报告《利乐砖纸盒及多次使用和非多次使用玻璃瓶对资源和环境的影响》。随后美国 Franklin 协会也通过研究提出了《15 种一次性饮料瓶的能量比较》的报告，这些都可被视为生命周期评价的早期研究成果。

1984 年，美国 Little 公司受美国钢铁协会的委托提出了《容器中含有的生命周期能源》的研究报告，其后，苏黎世大学冷冻工程研究所利用荷兰 Leiden 大学环境科学中心和瑞士联邦森林景观厅的数据库，从生态平衡和环境评价等角度出发，对生命周期评价进行了较为系统的研究，对开创 LCA 这一新领域起到了决定性的作用。在早期的生命周期评价研究中，就研究对象而言，45%是针对包装，9%是针对化工产品，8%是针对建筑材料，7%是针对婴儿尿布，3%是针对餐具；就组织者而言，70%由企业自己组织，20%由行业协会组织，只有 10%由联邦政府组织开展。

1989 年荷兰国家居住、规划与环境部针对传统的末端控制环境政策，首次提出了制定面向产品的环境政策。这种面向产品的环境政策涉及产品的生产、消费到最终废物处理的所有环节，即所谓的产品生命周期。该研究提出要对产品整个生命周期内的所有环境影响进行评价，同时也提出了要对生命周期评价的基本方法和数据进行标准化。

1990 年由国际环境毒理学与化学学会（SETAC）首次主持召开了有关生命周期评价的国际研讨会，在该会议上首次提出了“生命周期评价”的概念。1992 年以后，以美国环境毒性和化学学会为主，组织西方几个国家的有关科研机构成立了五个研究工作组，对 LCA 开展了全面深入的研究工作，五个小组于 1993 年开始各自的研究，协调统一有关概念、定义及具体操作处理方法等，使 LCA 有了长足的发展。

1993 年 SETAC 出版了一本纲领性报告《生命周期评价纲要：实用指南》。该报告为生命周期评价方法提供了一个基本技术框架，成为生命周期评价方法论研究起步的一个里程碑。同年美国国家环境保护局（EPA）委托风险降低工程实验室进行了生命周期清单分析的研究，出版了《生命周期评价—清单分析的原则与指南》。

1995 年 EPA 出版了《生命周期分析质量评价指南》，比较系统地规范了生命周期清单分析的基本框架。《生命周期影响评价：概念框架、关键问题和方法简介》使生命周期评价的方法有了一定的依据，使生命周期评价进入实质性的推广阶段。

1997 年以来，国际标准组织（ISO）相继制定并颁布了关于生命周期评价的系列国际标准（ISO 14040~ISO 14044），提出了生命周期分析的基本原则与框架，生命周期评价方法和技术趋向成熟。

自 2000 年至 2010 年，国际标准组织（ISO）更新了生命周期评价目的与范围确定和清单分析、生命周期影响评价、生命周期解释、原则与框架、要求与指南的内容。此后生命周期分析方法学不断发展，现已成为一种被广泛应用的环境特征分析和决策支持工具。

2010 年中国首款商用 LCA 软件 eBalance 和中国生命周期基础数据库 CLCD 发布，四川大学王洪涛教授建立的影响评价模型中的节能减排权重因子虽然已经被纳入我国的生命周期评价软件 eBalance 中并得到了商业化应用，但是其模型指标主要是基于“十二五”的减排目标，受此限制，在“十二五”后的研究中并未得到学者们的持续使用与关注。因此，针对现阶段突出的环境问题，丰富评价指标并更新其基准值对提升我国生命周期影响评价结果的科学性、准确性至关重要。

在国务院的《中国制造 2025》中，将绿色发展作为制造业今后发展的五大方针之一，全面推行绿色制造和强化产品全生命周期绿色管理，以绿色标准为支撑，开发绿色产品，开展绿色评价，加强试点示范企业的引领作用。为支持企业开发绿色产品，推行生态设计，显著提升产品节能环保低碳水平，引导绿色生产和绿色消费，国家出台了一系列相关政策，为绿色设计产品供给营造出了良好的制度环境。2013 年 2 月，工业和信息化部会同有关部门的《关于开展工业产品生态设计的指导意见》，明确提出建立产品生态设计标准体系框架，组织编制产品生态设计通则，研究制定生态设计标准。2015 年 10 月 13 日，工业和信息化部节能司提出《生态设计产品评价通则》，规定了生态设计产品评价的术语、定义、评价原则和方法、生命周期评价报告编制方法。2016 年 7 月，《工业绿色发展规划（2016—2020 年）》（工信部规〔2016〕225 号）提出大力开展绿色设计示范试点，加快开发绿色产品，积极推进绿色产品第三方评价和认证，工业绿色产品目录；提出到 2020 年绿色制造标准体系基本建立，制定 100 项绿色设计产品评价标准，推广普及万种绿色产品。2016 年 9 月，《绿色制造工程实施指南（2016—2020 年）》提出搭建开放的绿色标准创制公共平台，2017 年 7 月，绿色制造公共服务平台投入使用。实施绿色设计和绿色制造的关键是要对不同设计方案的环境影响进行综合分析和评价，而绿色设计的最终结果是否满足预期的需求和目标，是否还有改进的潜力，如何改进等是绿色设计过程中真正关心的问题，需要对这些问题作出回答，则必须进行绿色设计产品评价。产品全生命周期评价技术作为绿色设计及绿色制造领域的前沿技术之一，也是关键和共性基础技术。我国生命周期评价相关政策如表 5-4 所示。

表 5-4 我国生命周期评价相关政策

文件名称	相关内容
《中国制造 2025》	强化产品全生命周期绿色管理，努力构建高效、清洁、低碳、循环的绿色制造体系；支持企业开发绿色产品，推行生态设计，显著提升产品节能环保低碳水平，引导绿色生产和绿色消费
《关于开展工业产品生态设计的指导意见》	生态设计是按照全生命周期的理念，在产品设计开发阶段系统考虑原材料选用、生产、销售、使用、回收、处理等各个环节对资源环境造成的影响，力求产品在全生命周期中最大限度降低资源消耗，尽可能少用或不用含有有毒有害物质的原材料，减少污染物产生和排放，从而实现环境保护的活动
《工业绿色发展规划（2016—2020 年）》	强化产品全生命周期绿色管理，开发绿色产品，建设绿色工厂，等等，推进绿色制造体系建设；夯实数据基础，加快建设覆盖工业产品全生命周期资源消耗、能源消耗、污染物及温室气体排放、人体健康影响等要素的生态影响基础数据库
《绿色制造标准体系建设指南》	为支持企业开发绿色产品、推行绿色设计、提升产品节能环保低碳水平、引导绿色生产和绿色消费制定绿色产品标准；以产品生命周期为主线，全面考虑产品资源环境影响因素，按照产品设计、生产、使用、废弃等流程建设标准子体系
《绿色制造体系管理暂行办法（征求意见稿）》	绿色制造体系中的绿色产品，是指在全生命周期过程中，符合环境保护要求，对生态环境和人体健康无害或危害小、资源能源消耗少、品质高的产品

总的来说，生命周期评价是一个不断发展和壮大的领域，它为环境保护、可持续发展和资源管理提供了有力的工具。其方法和应用领域在过去几十年中不断发展和演进，以满足不断增长的环境和社会挑战。

5.3.2 生命周期评价概念

5.3.2.1 基本概念

（1）生命周期（life cycle）。生命周期是一种系统性方法，用于评估产品、服务、过程或活动在其整个生命周期内对环境的潜在影响。它考虑了从原材料采集、生产、使用阶段，一直到最终处置或回收的所有生命周期阶段。LCA 的目标是量化和评估与特定产品或活动相关的环境影响，以帮助制定更可持续的决策和改进。

生命周期评价是从原料开采开始，经过原料加工、产品制造、产品包装、运输和销售，然后由消费者使用、回用和维修，最终再循环或作为废物处理和处置，这一整个过程称为产品的生命周期。资源消耗和环境污染物的排放在每个阶段都可能发生，因此，污染物预防和资源控制也应贯穿于产品生命周期的各个阶段。

（2）生命周期影响评价方法（life cycle assessment，LCA）。关于生命周期评价的定义，不同机构站在不同角度给出了如下几种定义。

国际环境毒理学和化学学会定义为："生命周期评价是一种客观评价产品、过程或者活动的环境负荷的方法，该方法通过识别与量化所有物质和能量的使用以及环境排放，来评价由此造成的环境影响，评估和实施相应的改善环境表现的机会。生命周期评价包括产品、过程或活动从原材料获取和加工、生产、运输、销售、使用、再使用、维修、再循环到最终处置的整个生命周期。关注的环境影响包括生态系统健康、人类健康、资源消耗三个领域，不关注经济或社会效应。"

联合国环境规划署定义为："生命周期评价是评价一个产品系统生命周期整个阶段，从原材料的提取和加工，到产品生产、包装、市场营销、使用、再使用和产品维护，直至再循环和最终废物处置的环境影响的工具。"

国际标准化组织定义为："汇总和评估一个产品或服务、体系在其整个生命周期间，所有投入及产出对环境造成的和潜在的影响的方法。"

国家标准《环境管理 生命周期评价 原则与框架》（GB/T 24040—2008）定义为："对一个产品系统生命周期中输入、输出及其潜在环境影响的汇编和评价。"

不难看出，各种的定义既有相同之处，也有细微差别，但本质上是相同的。

综上所述，可将生命周期评价的定义表述为：对一种产品及其包装物、生产工艺、原材料、能源或其他某种人类活动行为的全过程，包括原材料的采集、加工、生产、包装、运输、消费和回用以及最终处理等，进行资源和环境影响的分析与评价。

5.3.2.2 主要特点

（1）全过程评价。生命周期评价所确定的范围包括从原料的获取、加工、生产、包装、运输、消费、回用到最终处置的全过程，是对整个产品系统的环境负荷进行评价分析的全过程。生命周期评价是对产品系统在整个生命周期中的能量和物质的"输入-输出"以及潜在的环境影响的汇编和评价，评估对象是产品系统或服务系统造成的环境影响，而不是评估空间意义上的环境质量。

（2）系统性与量化。生命周期评价以系统的思维方式去研究产品或行为在整个生命周期中每一个环节中的所有资源消耗、废物的产生情况及其对环境的影响，定量来评价这些能量和物质的使用以及所释放废物对环境的影响，辨识和评价改善环境影响的机会。生命周期评价的评估是建立在具体的环境编目数据基础上的，这是生命周期评价的基本特性之一，是实现客观性和科学性的必要保证，也是进行量化计算和分析的基础。

（3）注重产品的环境影响生命周期评价强调分析产品或行为在生命周期各阶段对环境的影响，包括能源利用、土地占用及排放污染物等，最后以总量形式反映产品或行为的环境影响程度。生命周期评价注重研究系统在生态健康、人类健康和资源消耗领域内的环境影响。生命周期评价可以提供较完整的产品生产过程与环境之间相互作用的概貌，从而促进全面和正确地理解产品生产过程造成的环境影响，为寻找改善环境的途径为产品和技术的选择提供判断依据。

5.3.3 生命周期评价的意义

（1）生命周期评价对给定产品分析其生命周期内的环境影响并进行比较分析，给出综合环境影响评价，用于识别、改进产品生命周期各个阶段中环境因素。

（2）生命周期评价为授予“绿色”标志的产品提供量化依据。对给定经济单位或行为计算能源和材料的使用效率，测算出可提高改善的领域，对指定产品进行工艺流程的有效性评估，选择有关的环境表现（行为）参数，包括测量技术。

（3）生命周期评价可评估和比较不同地区、不同国家的工业效率，寻求能源、资源的最低消耗，为国际环境政策协商提供技术支撑。

（4）生命周期评价可评估政策变动所降低的环境影响效果，从中找到最佳政策方针，如战略规划、确定优先项、对产品或过程的设计或再设计。

5.3.4 基本原则与总体框架

5.3.4.1 基本原则

为保证评价结果科学、可靠，应遵循以下 9 个基本原则：

（1）关注点：生命周期评价不考虑经济社会等因素，而更加关注产品全过程的环境影响。

（2）系统性：应系统、充分地考虑产品系统从原料获取至最终处置全过程即产品生命周期中的环境因素。

（3）时间性：生命周期评价研究目的和范围在很大程度上决定了研究的时间跨度和深度。

（4）透明性：生命周期评价研究的范围、假定、数据质量描述、方法和结果应具有透明性。

（5）准确性：准备记载数据及来源，并给以明确、适当的交流。

（6）可比性：只有当假定和背景条件相同时，才能对其结果进行比较。

（7）反复性：生命周期评价的每个阶段都使用其他阶段的结果，这种反复的方法使研究结果更具全面性和一致性。

（8）优先性：生命周期评价的决策中应优先考虑自然科学，其次为国际惯例和其他科学方法（社会经济学等），若无科学依照则以价值选择为基础进行决策。

（9）知识产权：应针对生命周期研究的应用意图规定保密和保护产权。

5.3.4.2 总体框架

图 5-13 为国际标准化组织制定的 LCA 技术框架图。保留了前三个部分，将“改进评价”改为“解释”部分，以辨识、量化、检查和评价清单分析和影响评价的结果，以达到预期的应用；其目的是减少清单分析和影响评价结果的数据量，作为有用的报告形式呈现于决策过程。

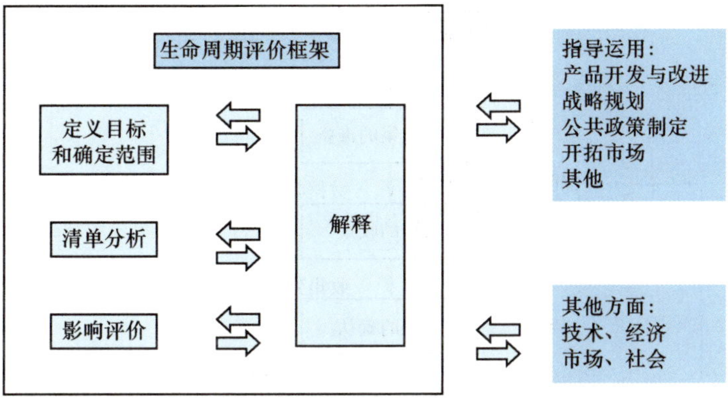

图 5-13　国际标准组织制定的 LCA 技术框架

A　目的与范围的确定

生命周期评价的目的应根据具体的研究对象来确定，明确阐述其应用意图、开展研究的理由及其交流的对象，并将结果是否被用于对比论断中向公众发布。生命周期评价的目的应对范围做出良好的规定。在确定研究范围时，应对基本的产品系统的功能、功能单位、系统边界、分配方法、影响类型和影响评价方法及随后所做的解释、数据质量、假设条件、局限性、鉴定性评审类型进行设定，确保研究的广度、深度和详尽程度与之相符，以适应所确定的研究目的。

（1）目标确定。目标确定主要是说明开展 LCA 研究的目的、原因、预期的应用以及服务对象。例如，要分析和了解某产品的环境性能，建立产品环境性能数据库；寻找产品生产过程的污染源，改善生产工艺；比较具有相同功能的两种产品，以便更新换代。应用和服务的对象可以是企业管理者、政府职能部门、科研机构等。

生命周期评价的目标主要有以下几点：与竞争对手比较，比较产品的环境优势；分析产品的优劣势，寻找改进产品的突破口并为新产品的改善提供理论基础；寻找产品对环境影响的最大方面，为制定该类产品的生态标准或相关环境法规提供理论依据。

（2）范围确定。范围确定主要是确定生命周期评价研究的系统边界、定义原始数据的质量要求、确定产品系统功能单位、确定数据分配程序和方法及定义同行评议类型等。需注意的是，生命周期评价是一个反复交互的过程，所以研究范围经常在评价过程中需要进行修正。

B　清单分析

生命周期清单分析（life cycle inventory analysis，LCI）是生命周期评价中对所研究产品的整个生命周期中进行汇编和量化的阶段，包括生命周期所有阶段的每一个单元过程的物质与能量消耗、废物排放等数据的收集和处理（图 5-14）。

清单分析是一个反复的过程，当收集到一批系统数据以了解到更多的信息之后，可能会找出新的数据要求或局限性，从而修正数据收集的程序以便使之能满足研究目标。

a　数据收集准备

（1）绘制具体的生命周期过程流程图，描绘所有需要建立模型的单元过程和它们之间的相互关系；

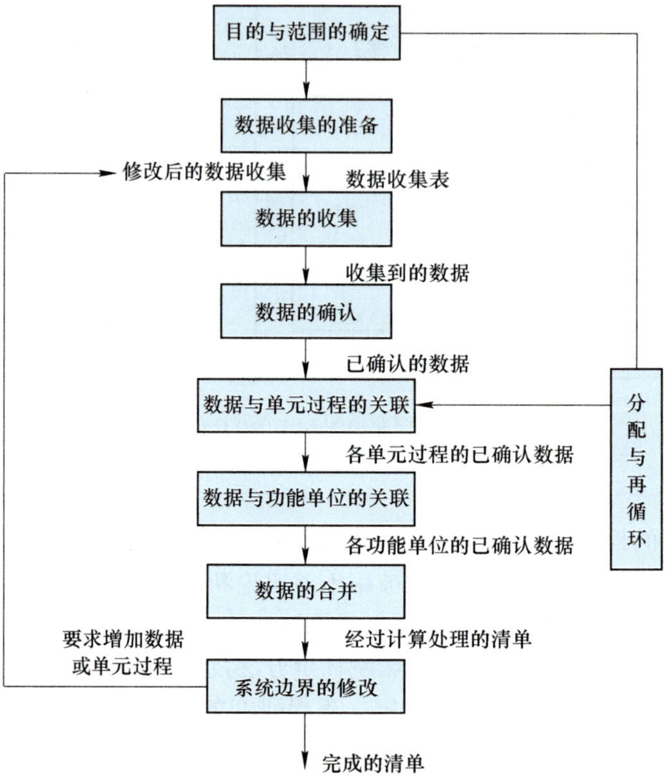

图 5-14 清单分析的主要步骤

（2）详细表述每个单元过程并列出与之相关的数据类型；

（3）编制计量单位清单；

（4）针对每种数据类型，进行数据收集技术和计算技术的表述，使报送地点的人员能理解该项 LCA 研究需要哪些信息；

（5）对报送地点发布指令，要求将涉及所报送数据的特殊情况、异常点和其他问题以明确的文件记录下来。

b 数据收集

数据收集是 LCA 中最基础、工作量也最大的一项工作，同时也是一个反复的过程，可能需要多次地深入清单分析的各个步骤，直到数据结果符合研究目标。数据收集程序会因不同系统模型中的各单元过程而变，同时也可能因参与研究人员的组成和资格，以及满足产权和保密要求的需要而有所不同。数据收集程序和采用该程序的理由应在文件中给予表述。数据收集需要透彻了解每个单元过程。为避免重复计算或断档，必须对每个单元过程的表述予以记录。

c 计算程序

（1）数据核实：在数据收集过程中必须检查数据的有效性、完整性以及与来自其他渠道的数据是否相符。数据的核实方式可包括建立物质和能量平衡和（或）进行排放因子的比较分析。

（2）数据与单元过程的关联：数据计算时必须对每一单元过程确定适宜的基准流（如1kg材料或1MJ能量），并据此计算出单元过程的定量输入和输出数据。

（3）数据与功能单位的关联。

（4）系统边界的修改，对汇总的初步结果进行敏感性分析，确定各数据的重要性。

d 分配

清单是建立在输入与输出的物质平衡的基础上，因而分配程序应尽可能反映这种输入与输出的基本关系与特性，必须将每个要进行输入输出分配的单元过程所采用的分配程序形成文件并加以论证。共生产品、内部能量分配、服务（例如运输、废物处理）以及开环或闭环的再循环分配适用原则为：

（1）研究中必须识别与其他产品系统公用的过程，并按要求的程序加以处理；

（2）单元过程中分配前与分配后的输入输出的总和必须相等；

（3）如果存在若干个可采用的分配程序，必须进行敏感性分析，以说明在结果上的差别。

e 再使用和再循环的分配程序

对于再使用和再循环，上述分配原则与程序同样适用，同时对下列情况需做进一步考虑：在再使用和再循环中，有关原材料获取和加工或产品最终处置的单元过程的输入输出可能为多个产品系统所共有；再使用和再循环可能在后续使用中改变材料的固有特性；应特别注意对回收过程系统边界的确定；必须考虑材料的固有特性的变化，如物理特性、经济价值、再循环材料后续的用途；闭环、开环分配程序上是有区别的，闭环分配程序适用于闭环产品系统，也适用于再循环材料中固有特性不发生变化的开环系统，在这种情况下，由于是用次级材料取代初级材料，故不必进行分配。

f 对LCA结果的解释

对LCA的结果必须根据研究目的与范围加以解释，解释中必须包含数据质量评价和对重要输入输出及方法选用的敏感性分析，以认识结果的不确定性。对清单分析进行解释时还必须结合研究目的对下列情况加以考虑：系统功能和功能单位的规定是否恰当；系统边界的确定性是否恰当；通过数据质量评价和敏感性分析所发现的局限。对结果的解释应当慎重，因为它们是针对输入输出数据而不是环境影响，尤其在进行比较时，不能以LCA研究作为唯一的基础。

用于LCA的不确定性来分析是一门处于发展早期的技术，但利用它所提供的区间和（或）概率分布有助于判定LCA结果和结论中的不确定性。只要可行就应进行这一分析，以便更好地解释和支持LCA结论。

g 清单分析研究报告

在研究报告中必须将LCA研究的结果公正、完整、准确地报告沟通对象。主要包括：研究目的、研究范围、功能单位、系统边界、数据类型、输入输出选择准则、数据质量要求、清单分析的过程（包含数据收集程序、单元过程的定性和定量表述、公开出版的文献来源、计算程序、数据的确认、为修改系统边界所做的敏感性分析、分配原则和程序）、LCA的局限性（数据质量评价和敏感性分析、系统功能和功能单位、系统边界、不确定性分析、通过数据质量评价和敏感性分析所发现的局限）、结论和建议。

C 影响评价

生命周期影响评价（life cycle impact assessment，LCIA）：生命周期中理解和评价产品系统在产品整个生命周期中的潜在环境影响大小和重要性的阶段。

清单分析得到的信息一般呈分散状，很难给予清楚的解释，将清单信息转化为可理解的、综合的环境效应并提供一个总体的评价结果，是LCA影响评价的实质内容。生命周期影响评价是依据清单分析所提供的物质、能量耗散数据以及各种污染物排放数据，定性或定量评价生命周期各阶段的资源消耗和污染物排放产生的环境影响。

a 生命周期影响评价基本框架

生命周期影响评价框架包括：将清单分析数据归到不同的影响类型（分类）；影响类型中清单数据模拟；将研究结果进行汇总（量化），如图5-15所示。

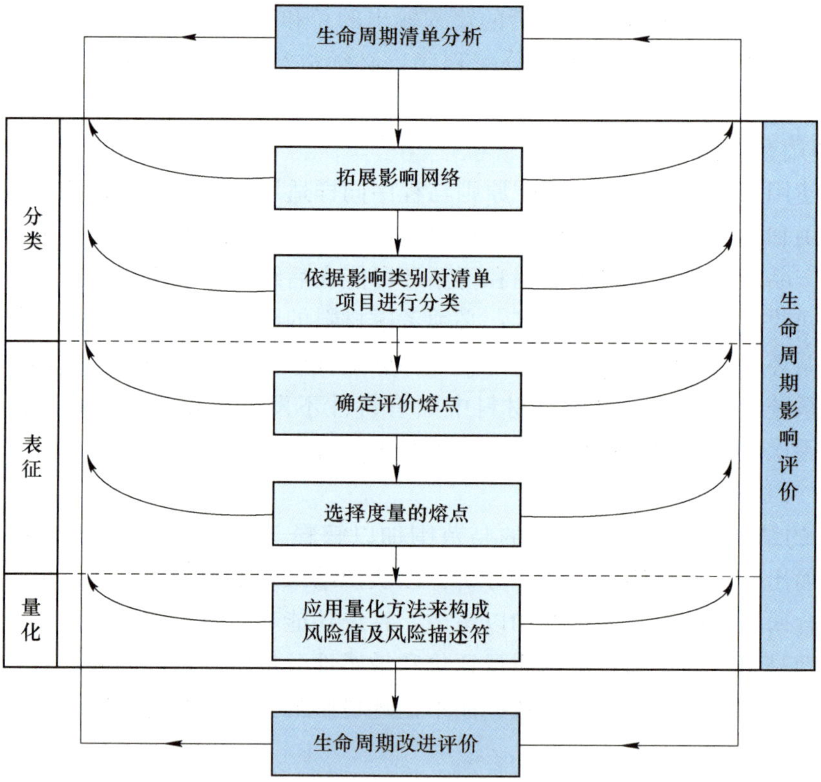

图5-15 生命周期影响评价框架

（1）分类：将清单分析中的输入和输出数据划分为不同的环境影响类型。

1）拓展影响网络：影响网络说明清单项目与潜在影响之间的定性联系，确定与清单项目有关的各种潜在环境影响，既有简单的直线型联系，又有多因素和多结果的非线型联系。从不同的方向、不同的途径建立影响网络十分必要。

2）依据影响类别对清单项目进行分类：影响评价中主要有生态系统、人类健康和自然资源三大类型。可根据实际情况进行归类，例如，清单分析中空气释放物如二氧化碳、甲烷、氯氟烃和臭氧会造成温室效应，可被归类到生态系统影响类型中的温室效应这一类中。

（2）表征：生命周期影响评价的表征是定量分析中非常重要的一步，是按照影响类型建立清单数据模型过程。完整的表征过程包括三个步骤：1）确定评价端点；2）选择度量端点；3）应用表征转换模型来发展影响描述符。

（3）量化：特征化处理后，每种环境影响类型都得到一个各自对应的当量值，但不同类型之间的环境影响大小仍然不能比较。量化就是为了确定不同环境影响类型的相对贡献大小或权重，以期得到总的环境影响水平的过程。

b 生命周期影响评价实施步骤和方法

（1）选择待评价的环境影响类型。产品生命周期过程中产生的环境影响类型、种类繁多，且影响大小不同。在进行环境影响评价之前，须根据所选环境影响类型与预先定义的研究目的和范围相匹配为原则纳入评价的环境影响类型。

目前国际上习惯以保护目标为出发点将环境影响类型进行分类，通常分为三大类：资源和物理空间的枯竭、人类健康影响和生态系统健康影响。其中，资源和物理空间的枯竭包括化石能源枯竭、化石金属资源枯竭和可用物理空间的枯竭等类型；人类健康影响包括臭氧层耗竭、光化学烟雾、急性和慢性人体中毒三种；生态系统健康影响分为温室效应、酸化、富营养化和生态毒性四种。

（2）选择环境影响类型和特征化模型。要量化某一种环境影响类型对环境影响的大小，首先需要了解其作用机理，然后建立环境负荷与环境影响之间的关系模型，也叫特征化模型。描述这种关系模型的参数称为环境影响类型参数，如在水环境影响评价中，水质参数 ISE，其值越大则说明拟建项目对河流中该项水质参数的影响越大。

因为影响类型不同，特征化模型类型参数的价值选择和简化假定的数量和种类也不尽相同。简化性和准确性之间通常存在折中现象，类型参数的质量差异可能会对整个生命周期评价研究的准确性产生不同程度的影响。

（3）分类。在进行环境影响类型、类型参数和特征化模型选择之后，将由清单分析中得到的数据分到不同的环境影响类型中，该步骤称为分类，分类是由环境机制来进行的。

清单分析的结果往往与产品和产品系统相联系的环境交换因子存在着复杂的因果关系，因此很难将对生态系统和人体造成危害的环境影响归结为某一个因子的单独作用。将清单分析得到的环境干扰因子（如 SO_2、NO_x 的排放，金属离子的排放，固体废物的排放，资源能源消耗等）综合为一系列的环境影响类型。如臭氧层耗损主要受到 CFC 类和其他温室气体影响，而酸化问题受 SO_2、NO_x 等的影响，具体的影响类型要根据所研究对象及目标来确定。

（4）特征化及结果。特征化是依据对相关环境过程的科学分析，针对确定的环境影响类型对清单数据做进一步的分析和量化过程。其关键在于，将每种输入和输出的相对贡献大小分配给相应的影响类型，估计每种输入和输出对环境影响的潜在贡献。以指标的形式来表征各类影响类型，用以反映清单分析中所得到的环境负荷和资源耗竭状况。

（5）归一化及加权。通过特征化得到的各环境影响类型参数因在量纲和级数上都存有差异，不能直接进行简单化的汇总，从而不利于产品环境表现的综合比较。因此，需要将这些参数结果通过特定的方式进行转换，再进行综合，以便得到一个简单、直观的数字化指标。归一化就是为了消除各参数在量纲和级数上的差异，以便更好地研究产品系统中的参数结果。归一化方法通常是用基准量去除以类型参数结果，其公式为：

$$N_i = \frac{C_i}{S_i} \tag{5-1}$$

式中 N——正规化结果；

C——特征化结果；

S——基准量；

i——环境影响类型。

通常，不同环境影响类型对同一国家或地区可持续发展的重要性程度是不一样的，不同的环境影响类型赋予一定的权重值后才可进行加和。加权就是使用基于价值选择得到的权重系数对不同影响类型的参数结果进行转换的过程。

（6）撰写报告。作为提供给第三方的报告，报告内容如下：

1）LCIA 程序、计算和结果；

2）LCIA 研究的目的和范围，及结果存在的局限方面；

3）CIA 研究结果与 LCI 结果的关联；

4）所选影响类型简介；

5）对使用的特征化模型、特征化因子和方法以及所有假定和局限的表述或引用，对影响类型、特征化模型、特征化因子、归一化、加权等 LCIA 中所使用到的价值选择做说明；

6）声明 LCIA 结果的相对概念，对类型终点的影响、超出阈值、安全极限等不做预测。

c 结果解释

生命周期解释（life cycle interpretation）：生命周期评价中根据规定的目的和范围的要求对清单分析和影响评价的结果进行评估以形成结论和建议的阶段。

生命周期解释是对生命周期清单分析和影响评价结果进行辨识、量化、核实和评价的系统技术，是生命周期影响评价的最后步骤，是研究结果的集中体现，故生命周期解释也称为总结报告。其主要是根据清单分析和影响评价的结果，分析产品整个生命周期中的薄弱环节，得出相关的结论，提出降低环境影响的改进意见和建议等。

生命周期解释应包含两方面内容：（1）通过对各阶段研究结果的分析，得出结论，说明存在的不足并提出建议，最后以透明的方式呈现生命周期解释的结果；（2）根据研究的目的和范围，提供一份易于理解、完整的生命周期评价研究报告。

5.3.5 生命周期评价方法

5.3.5.1 评价方法分类

评价方法分为定性法和定量法两类。

（1）定性法：主要依靠专家评分，其结果有一定的随意性和不可相比性；

（2）定量法：比较严格，其结果有一定的可比性，但需要详尽的清单数据，而且也受限于人们对环境问题认识的深度和广度，实际操作起来存在不少困难。

生命周期评价分析方法一般是将数据聚集起来分类后进行评价，包括：资源消耗、水污染、大气污染、固体废物、土壤污染、环境商值 EQ。

生命周期影响评价定量计算评价指标分类：

（1）非生物指标：全球变暖、平流层臭氧损耗、酸雨、烟雾等。

（2）与人体健康相关指标：吸入毒性、摄取毒性、吸入致癌性、摄取致癌性等。

（3）生态毒性指标：鱼类水生物毒性。

对于一个由多个化学物质组成的物质，风险指数 I 可由每个化学物质的风险指数与它们排放速率之积的和表示，即：

$$I = \sum_i (\text{风险指数})_i \times m_i$$

式中　m_i——i 物质的排放速率，kg/h。

其中，化学物质 i 对环境可能产生的影响采用无因次的风险指数表示，其通用形式为：

$$(\text{风险指数})_i = \frac{[(\text{EP})(\text{IIP})]_i}{[(\text{EP})(\text{IIP})]_\text{B}}$$

式中　B——基准参照物；

EP——暴露的潜能；

IIP——固有的影响潜能。

5.3.5.2　评价指标

A　单项评价指标

借鉴环境影响评价的单项评价方法，用于产品环境评估的单项指标为：

$$P_\text{i} = m_\text{i}/M_\text{i}$$

式中　P_i——单项指标值；

m_i——污染清单制；

M_i——参比标准值。

污染清单值 m_i 是清单分析中列出的数据，参比标准值 M_i 是体现现阶段人类社会对环境健康要求的基本标准，两者之比即为用于评价的某项指标数据。

各单项指标包括资源消耗指标，水污染、大气污染指标，固体废物和其他污染指标。

B　环境要素指标

环境要素指标是由各自的单向污染指标分别进行处理后得到的，可以从不同方面反映产品的环境性能，体现其全部生命过程中各阶段的资源消耗、水污染、大气污染、固体废弃物排放等污染的程度。通过加权处理得到较为简单的数据结果，从而进行产品间或产品本身各阶段的比较。

环境熵值：综合考虑废物的排放量和废物在环境中的毒性行为，用以评价各种生产方法对环境的影响。EQ 值越大，废物对环境污染越严重。

$$EQ = E \times Q$$

式中　EQ——每生产 1kg 期望产品的同时产生的废物量；

E——废物量产品质量；

Q——废物在环境中的毒性。

5.3.5.3 LCA 主要评价方法

A 贝尔实验室定性法

贝尔实验室定性法将产品生命周期分为5个阶段：原材料加工、产品生产制作、包装运输、产品使用以及再生处置。相关环境问题归成5类：原材料选择、能源消耗、固体废料、废液排放和废气排放，由此构成一个5×5的矩阵。其中的元素评分为0~4，0表示影响极为严重，4表示影响微弱，全部元素之和在0~100之间。评分由专家进行，最终指标称为产品的环境责任率 R，有：

$$R = \sum_{j=0}^{5} \sum_{i=0}^{5} m_{i,j}/100$$

式中 $m_{i,j}$ ——矩阵元素值；

i ——产品的生命周期阶段数；

j ——产品的环境问题数。

R 以百分数表示，其值越大，表明产品的环境性能越好。

B 柏林工业大学的半定量法

柏林工业大学的 Fleisher 教授等在2000年研究的 LCIA 方法，这是通过综合污染物对环境的影响程度和污染物的排放量，对产品的生命周期进行半定量的评价方法。该方法首先要确定排放特性的 ABC 评价等级和排放量的 XYZ 评价等级，其影响程度中，A 为严重，如致畸、致癌、致突变的“三致”物质及毒性强的各类物质；B 为中等，如碳氧化物、硫氧化物等污染物；C 为影响较小，可忽略的污染物。排放量的 XYZ 分级依据是：排放量低于总排放量的25%，定义为 Z；位于25%~75%之间，定义为 Y；大于75%，则定义为 X。

每种排放物质都赋予其对大气、水体及土壤三种环境介质的 ABC/XYZ 值。如果无法获得某种环境介质的排放数据，则其 ABC/XYZ 值由专家确定。对每种环境介质分别确定最严重的 ABC/XYZ 值（潜在环境影响最大的排放物质），其程度递减：AX>AY=BX>AZ=BY>BZ>CX=CY=CZ。根据生命周期的每个过程排放到大气、水体及土壤中 ABC/XYZ 值最高的物质进行分类，所有类别的值都通过表5-5的加权矩阵集中，得到最后的结论：名为 AX_{air} 当量的单值指标。在此矩阵中，大气污染物的权重值较高。这可能是由于污染物经常沉积到水体和土壤中，可能对其产生影响。

表 5-5 ABC/XYZ 值的加权矩阵

等级	排放到大气中的物质			排放到水体和土壤中的物质		
	X	Y	Z	X	Y	Z
A	3	1	1/3	1	1/3	1/9
B	1	1/3	1/9	1/3	1/9	0
C	0	0	0	0	0	0

例如，我国早点市场使用的餐具通常有4种：（1）聚苯乙烯发泡餐具；（2）高密度聚乙烯塑料餐具；（3）纸餐具；（4）集中式热力消毒餐具。这4种餐具全生命周期过程中排放到大气中的污染物质有碳氧化物、硫氧化物、氮氧化物及碳氢化合物等；水污染物

有生化需氧量、化学耗氧量、悬浮物及磷酸盐类等；土壤污染物有淤渣及灰等。根据前述分类及加权方法，这 4 种餐具的 ABC/XYZ 赋值及最终当量指标如表 5-6 所示。

表 5-6 4 种餐具的 Fleisher LCIA 评价明细表

餐具	排放到大气中的物质	排放到水中的物质	排放到土壤中的物质	最终指标 AX_{air}	评价
(1)	BX BX BZ BZ	BZ BY BY	BZ BX	25/9	一般
(2)	BZ BX BZ BZ	BZ BZ BX	BZ BX	18/9	较差
(3)	BX BZ BZ	BZ BY BZ	BZ BX	15/9	较好
(4)	BZ BZ BZ BY	BZ BZ BZ BY	BX	10/9	最好

此方法已并入 Fleisher 等人研制的 Euromat 软件中，并用于环境设计实例研究（航空用轻质容器材料的比较：铝与碳纤维增强环氧树脂）。

C 荷兰的“环境效应法”

该法认为评价产品的环境问题应从原燃料消耗和污染物排放对环境产生的影响入手，将其与伴随人类活动的各种环境影响因素联系起来，根据两者的关系来客观地判断产品的环境性能，该法是迄今为止定量分析方法中最完整的一种方法。

这种方法将影响分析分为“分类”和“评价”两步。分类指归纳出产品生命周期涉及的所有环境问题，已确认了三类 18 种环境问题明细表。这三类环境问题是：消耗型，包括从环境中摄取某种物质资源的所有问题；污染型，包括向环境排放污染物的所有问题；破坏型，包括所有引起环境结构变化的问题。在定量评价三类 18 种环境效应时引用分类系数的概念。分类系数是指假设环境效应与环境干预之间存在线性关系的系数。目前，对这 18 种环境效应大部分都有了计算分类系数的方法。通过分类，产品的生命周期对环境的影响可用 10～20 个效应评分来表示，并进一步进行综合性评价。目前有两类评价方法：定性多准则评价和定量多准则评价。定性评价通常由专家进行，并对产品进行排序，确定对环境的相对影响。定量评价通过专家评分对各项效应加权，得到环境评价指数 M，即：

$$M = \sum_{i=1}^{m} u_i r_i$$

式中 u_i——各效应评分；

r_i——相应的加权系数。

（1）全球增温指数和全球增温潜能计算。每个化学物质的全球增温潜能主要受化学物质在对流层中停留时间和它对红外辐射吸收能力的影响。温室效应气体的挥发性都非常强，不溶于水，且不被土壤和沉积物所吸附。所以，它们能一直在大气中长期留存。将排放过程中各温室效应气体的 GWP 和其排放速率的乘积进行加和，就得到整个排放过程的全球增温指数：

$$I_{GW} = \sum_i (GWP_i \times m_i)$$

在实际计算中，虽然大部分化学物质在大气中的存活时间很短，在产生温室效应之前就消失很久了，但是，源于化石燃料的有机化学物质经氧化变成二氧化碳后，同样对全球变暖产生影响。其中全球增温潜能 GWP_i 计算方法为：

$$GWP_i = N_C \frac{MW_{CO_2}}{MW_i}$$

式中 N_C——i 物质化学式中的碳原子个数；

MW_i——i 物质的摩尔物质质量；

MW_{CO_2}——二氧化碳的摩尔物质质量。

需要说明的是，源于可再生生物质（植物）的有机化学物质不会产生任何全球变暖的问题。虽然生物质通过环境氧化释放二氧化碳，但经光合作用植物又吸收二氧化碳，实现了自然的碳循环，总二氧化碳排放为零。

（2）臭氧损耗指数和臭氧损耗潜能计算。工业过程气体排放的臭氧损耗指数是排放的各个化学物质的 ODP 与它们的排放速率乘积之和，即：

$$I_{OD} = \sum_i (ODP_i \times m_i)$$

式中 ODP_i——i 物质臭氧损耗潜能，是在一定的时间和高度内，由于该化学物质的排放引起的平流层臭氧的变化 $\delta[O_3]$ 与相同量的基准化学物质引起的 $\delta[O_3]$ 之比。

基准物质通常是三氯氟代甲烷 CCl_3F（CFCs-11）。

$$ODP_i = \frac{\delta[O_3]_i}{\delta[O_3]_{CFCs-11}}$$

式中 $\delta[O_3]_i$——i 物质排放引起的平流层的臭氧变化；

$\delta[O_3]_{CFCs-11}$——基准物三氯氟代甲烷（CCl_3F）引起的平流层臭氧变化。

（3）酸雨潜能指数和酸雨潜能计算。多个化学物质的工业过程的酸雨潜能指数为：

$$I_{AR} = \sum_i (ARP_i) \times m_i$$

式中 ARP_i——i 物质的酸雨潜能。

以 SO_2 为基准物质，则任一化学物质 i 的酸雨潜能表示为：

$$ARP_i = \frac{\eta_i}{\eta_{SO_2}}$$

式中 η_i——酸化效率，用单位质量的排放物 i 产生的 H^+ 来表示。

$$\eta_i = \frac{\alpha_i}{MW_i}$$

式中 MW_i——排放物的摩尔质量；

α_i——i 物质产生的 H^+ 摩尔数。

（4）烟雾潜能指数和烟雾潜能计算。烟雾潜能指数是过程中每个化学物质的 SFP 与其排放速率乘积之和，表示为：

$$I_{SF} = \sum_i (SFP_i \times m_i)$$

式中 SFP_i——i 物质的烟雾形成潜能。

$$SFP_i = \frac{MIR_i}{MIR_{ROG}}$$

式中 MIR_i——i 物质的最大增加反应活性能力，可通过模型计算，表 5-7 为常见的 MIR 计算值；

MIR_{ROG}——基准物 ROG 的最大增加反应活性能力，值为 3.1。

表 5-7 常见的 MIR 计算值

物质	正构烷烃	环烷烃	醇类/醚类	醛类
MIR	0.55	2.06	1.32	7.24

D 日本的生态管理 NETS 法

瑞典环境研究所于 1992 年在环境优先战略 EPS 法（environment priority strategy）中提出了环境负荷值 ELV（environment load value）的概念。根据为保持当前生活水平而必须征收的税率，EPS 规定标准值为 100（ELV/人），此值可用于计算化石燃料消耗引起的环境负荷。日本的 Seizo Kato 等人在瑞典 EPS 法的基础上发展了 NETS 法，主要用于自然资源消耗和全球变暖的影响评价。环境负荷（NETS）的精确数值公式为：

$$E_cL = \sum_{i=1}^{n} (Lf_i \times X_i)$$

$$Lf_i = \frac{AL_i \times \gamma_i}{P_i}$$

式中 E_cL——环境负荷值或任意工业过程的全生命周期造成的环境总负荷值；

Lf_i——基本的环境负荷因子；

X_i——整个过程的第 i 个子过程中输入原料或输出污染物的数量；

P_i——考虑了地球承载力的与输入、输出有关的测定量，如化石燃料储备及二氧化碳排放等；

AL_i——地球可承受的绝对负荷值；

γ_i——第 i 种过程的权重因子。

用量化的环境负荷标准 NETS 表示，其值规定为一个人生存时所能承受的最大负荷，即为 100NETS，根据这些 NETS 值，就可从全球角度来量化评估任何工业活动造成的负荷，总生态负荷值为生命周期中所有过程的基本负荷值的总和。

Seizo Kato 等人用此方法做了发电厂的化石燃料消耗和全球变暖的 NETS 评价。进行化石燃料消耗的 NETS 评价时，假设以当前速度消耗原油、天然气等不可再生资源至其可采储量消耗完毕，则可将地球最大承载力的绝对负荷值视为 5.9×10^{11}NETS，即前述规定的 100NETS/人与全球人口 5.9×10^9 人的乘积。例如用原油的 Lf_i 值就是原油的可采储量来估计的，化石燃料可采储量 $P_{oil} = 1.4\times10^{11}$t，则：

$$Lf_{oil} = \frac{5.9\times10^{11}(NETS)}{1.4\times10^{11}t} = 4.2(NETS/t)$$

此结果表明，如消耗 1t 原油，则此工业活动在原油消耗方面带来的环境负荷值为 $Lf_{oil} = 4.2$NETS/t。

关于二氧化碳排放导致全球变暖的NETS值，可以认为：如果在1997年京都会议规定的标准上继续排放2.1×10^{10}t二氧化碳，则100年内全球温度就会在1997年的基础上升高2~3℃。在此基础上，评估环境负荷的方法为：

$$Lf_{CO_2}=\frac{5.9\times10^{11}(\text{NETS})}{2.1\times10^{10}(\text{t/a})\times100(\text{a})}=2.8\times10^{-1}(\text{NETS/t})$$

根据以上方法，可计算出各种资源消耗和温室气体的NETS值。由于其单位统一，可以很方便地加和，对每一生产过程或产品，都能得到最终的NETS值。此值越小，生产过程或产品对环境的影响就越小。Seizo Kato用此方法对日本某企业购买商业用电和自行发电做了对比评价，取得了较好的效果。

E 四种典型的生命周期评价方法比较

贝尔实验室的方法较为简单，但结果完全根据专家评价的结论得出，主观性太强，不具有广泛的适用性；柏林工业大学的ABC/XYZ方法对数据的精度和一致性要求不高，适应面较广，且最后可得出一个单值评价指标，在综合考虑各方面的影响时，使用此方法较为方便；荷兰的“环境效应法”较为系统、完整，但对清单数据要求较高，需要大量全面、准确的排放数据；日本的NETS法较为简便，评价效果也很直观，但适用面较窄，一般来说只适用于化石燃料消耗较高、温室气体排放较多的生产过程或产品，如果用于其他类型产品，还需进一步完善。

不论使用哪种方法，都必须要有明细的清单分析表。以上方法的清单分析都是在工业部门详细的污染排放数据库的基础上建立起来的，与我国目前实际的污染排放水平差距较大。因此，在我国当务之急是组织各工业部门对具体产品或生产过程进行调查和分析，建立完整的生命周期评价数据库，为下一步进行影响评价打下坚实的基础。

5.3.5.4 评价方法的简化

A 矩阵分析法

1993年，美国耶鲁大学Graedel教授在AT&T公司开发了一种简便的生命周期评价方法，其核心是一个5×5矩阵，即产品环境表现评价矩阵。如表5-8所示。

表5-8 产品环境评价矩阵

生命阶段	环境影响				
	材料选择	能源使用	固体排放物	液体排放物	气体排放物
原料获取	1，1	1，2	1，3	1，4	1，5
产品生产	2，1	2，2	2，3	2，4	2，5
包装运输	3，1	3，2	3，3	3，4	3，5
产品使用	4，1	4，2	4，3	4，4	4，5
再循环和最终处置	5，1	5，2	5，3	5，4	5，5

注：表中数字代表矩阵元素（$i\times j=5\times5$）。如1，1表示第一行第一列，3，4表示第三行第四列。

根据产品的设计、制造、使用和回收处理各个环节对环境产生的影响，将矩阵的每个元素划分为五个等级，分别以0、1、2、3、4表示其对环境影响的大小。对环境影响最小而予以肯定的赋值4；对环境影响最大而予以否定的元素赋值0。

对矩阵中的每一元素赋值后，便可计算产品的环境评价总分 R：

$$R = \sum i \sum j M_{i,j}$$

式中　$M_{i,j}$——矩阵中第 i 行第 j 列元素的评价赋值（0~4）。

由于矩阵中有 25 个元素，所以 R 值最高评分为 100。明显，R 值越高，表示产品对环境的影响越小。

从本质上讲，简化矩阵评价方法是评估人员用一个综合数值来估计和表示 LCA 清单分析和环境影响评价的结果，并为改进产品的环境影响提供依据。

B　靶图分析法

矩阵评价法为产品设计提供了一个有效的整体评价方法，而靶图（rargetplot）则可以更简洁、更直观地展示产品环境影响（DfE）的特征，如图 5-16 所示。为绘制目标图，矩阵中每个元素评分被标在一个特定的角度上（对于具有 25 个元素的矩阵，其相隔的角度为 360°/25＝14.4°）。一个环境表现好的产品或者过程显示为一簇指向中心的点束，就像每一枪都经过精确瞄准的枪靶一样。人们能够根据靶图对同一类产品的备选设计方案就环境表现进行快速比较，以便从这些备选方案中进行选择，并通过参考核查清单和评分规则的信息来改进单个矩阵元素的评分。

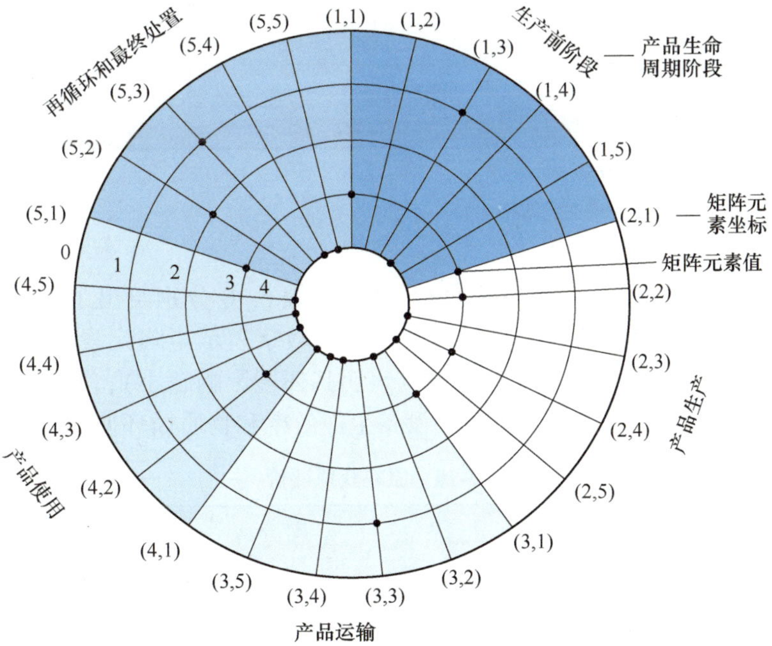

图 5-16　靶图分析示意图

通过靶图可以对一类产品的不同设计方案进行直观、快速的比较和分析，挑选出合理的方案，通过核查清单和评分规则来改善单个矩阵元素的评分。

以 20 世纪 50 年代和 90 年代的汽车和汽车生产为例，用矩阵评价法和靶图分析法进行产品生命周期评价。

表 5-9 为研究人员对 50 年代和 90 年代普通汽车产品环境评价的统计。从表中列出的相关信息特征可以看出，50 年代的汽车质量较大、燃料效用较低，导致消耗了更多的能源和排放更多的尾气，同时轮胎等零部件的耗损也较大。

表 5-9 普通汽车特征

原料	20 世纪 50 年代的汽车	20 世纪 90 年代的汽车
塑料	0	101
铝	0	68
铜	25	22
铅	23	15
锌	25	10
铁	220	207
钢	1290	793
玻璃	54	38
橡胶	85	61
液体	96	81
其他	83	38
总质量/kg	1901	1434
燃料效率/mile · gal^{-1}②	15	27
尾气催化净化装置	未安装	安装
空调	CFC-121	HFC-134①

资料来源：World's Automobile Yearbook。

①20 世纪 50 年代后期，在豪华汽车中使用；

②1mile = 1609m，1gal = 3.785L。

（1）产品生命周期的第一阶段——原料获取。表 5-10 分别给出了两种不同年代的普通汽车在生命周期第一阶段的评分，括号内的两个数字表示矩阵元素坐标。对于 20 世纪 90 年代的汽车来说，其评分较高（评分越高表明其环境影响越小），其原因主要在于采矿和冶炼技术在环境方面的改进以及机械、设备生产效率和物质循环使用率的提高等。

表 5-10 原料获取评价

评价要素	评分说明	
	20 世纪 50 年代的汽车	20 世纪 90 年代的汽车
材料选择（1，1）	2（很少使用有毒物质，但大部分是天然材料）	3（很少使用有毒物质，使用较多的再生材料）
能源使用（1，2）	2（天然材料运输能耗大）	3（天然材料运输能耗较大）
固体排放物（1，3）	3（金属矿开采产生大量固体废物）	3（金属矿开采产生固体废物）
液体排放物（1，4）	3（原料获取产生一定量的液体废物）	3（原料获取产生一定量的液体废物）
气体排放物（1，5）	2（矿石冶炼产生大量废气）	3（矿石冶炼产生一定量的废气）

（2）产品生命周期的第二阶段——产品生产。产品生命周期的第二阶段是产品生产阶段，如表5-11所示。虽然近年来汽车生产基本工艺并没有发生大的变化，但汽车生产过程的环境表现却有很大的改进。过去，油漆车间使用多种化学物质来清洗零部件，喷漆过程使用挥发性有机物（VOCs），因而有可能产生严重的环境影响。现在的汽车生产商加强了喷漆工艺废水的处理和回用，用高固相油漆替代低固相油漆可以大大减少污染物排放。在目前的产品生产过程中原料的使用已得到改进，这在一定程度上是由于零部件设计运用了更先进的分析技术，用时还加强了各种生产废物的再循环，并且整个生产过程的效率得到提高，生产一辆汽车所需的能量和时间均大幅度减少。

表 5-11 产品生产评价

评价要素	评分说明	
	20 世纪 50 年代的汽车	20 世纪 90 年代的汽车
材料选择（2，1）	0（用 CFCs 清洗金属零部件）	3（选择恰当的原材料，锡铅焊料除外）
能源使用（2，2）	1（生产过程能耗大）	2（生产过程能耗相当高）
固体排放物（2，3）	2（产生大量的金属废料和包装废物）	3（产生一些金属废料和包装废物）
液体排放物（2，4）	2（清洗和喷漆工序生产大量的液体废物）	3（清洗和喷漆工艺产生一些液体废物）
气体排放物（2，5）	1（喷漆车间排放 VOCs）	3（排放少量的 VOCs）

（3）产品生命周期的第三阶段——产品包装运输。产品生命周期的第三阶段即产品包装运输阶段，其环境问题包括包装材料生产、包装材料运往生产设施、包装过程产生废物、把包装好的成品运给顾客和进行产品安装等产生的环境问题，如表5-12所示。因为汽车在运输过程中使用很少的包装材料，所以汽车在这一阶段的环境影响与目前销售的其他大多数产品相比是很轻的。不过，这些大而重的产品在运输过程中仍然造成一定的环境负担。20世纪90年代的汽车评分高一些，主要是因为这类汽车专用运输车辆的设计得到了改进（每次装运的汽车数量增加），且汽车专用运输车辆的燃料效率得到提高。

表 5-12 产品包装运输评价

评价要素	评分说明	
	20 世纪 50 年代的汽车	20 世纪 90 年代的汽车
材料选择（3，1）	3（包装和运输时使用少量的再生材料）	3（包装和运输时使用少量的可再生物质）
能源使用（3，2）	2（卡车公路运输能耗高）	3（高能耗的长途陆运和海运）
固体排放物（3，3）	3（运输时产生的少量包装废物可进一步减少）	3（运输时包装产生的少量固体废物可进一步减少）
液体排放物（3，4）	4（包装和运输产生的液体废物可以忽略不计）	4（包装和运输产生的液体废物可以忽略不计）
气体排放物（3，5）	2（运输过程产生大量的温室气体）	3（运输期间产生较少量的温室气体）

（4）产品生命周期的第四阶段——产品使用。产品生命周期的第四阶段是产品使用阶

段，包括消费者在产品使用阶段所耗的材料和维修材料的环境影响，如表 5-13 所示。尽管汽车的性能和可靠性已得到极大的提高，但是汽车的使用仍然对环境产生严重的负面影响。燃料效率的提高和尾气排放的有效控制使 20 世纪 90 年代的汽车评分有所提高，但是改进的余地显然还很大。

表 5-13 产品使用评价

评价要素	评分说明	
	20 世纪 50 年代的汽车	20 世纪 90 年代的汽车
材料选择（4，1）	1（石油是有限资源）	1（石油是有限资源）
能源使用（4，2）	0（化石能源的用量很大）	2（化石能源的用量大）
固体排放物（4，3）	1（轮胎、次等或废旧零部件造成大量的固体废物）	2（轮胎、次等或废旧零部件造成少量的固体废物）
液体排放物（4，4）	1（液压系统渗漏严重）	3（液压系统会发生某种程度的渗漏）
气体排放物（4，5）	0（没有安装尾气净化装置，排放大量尾气）	2（安装了尾气净化装置，排放 CO_2，在某些情况下排放铅）

（5）产品生命周期的第五阶段——再循环和最终处置。产品生命周期的第五阶段是再循环和最终处置阶段，包括翻新产品和最终处置那些不可能或者因成本太高而无法再循环的零部件所产生的影响，如表 5-14 所示。

表 5-14 翻新、再循环和最终处置评价

评价要素	评分说明	
	20 世纪 50 年代的汽车	20 世纪 90 年代的汽车
材料选择（5，1）	3（使用的大部分原料可循环）	3（大多数物质可再循环，但是氮化钠难以再循环）
能源使用（5，2）	2（拆卸和再循环消耗一定的能量）	2（拆卸和再循环材料需要消耗一定的能量）
固体排放物（5，3）	2（很多零部件很难再循环）	3（一些零部件难以再循环）
液体排放物（5，4）	3（再循环产生极少量液体废物）	3（再循环产生极少液体废物）
气体排放物（5，5）	1（再循环一般包括废物的户外焚烧）	2（再循环，包括一些废物的户外焚烧）

多数国家大约 95%的报废汽车进入再循环系统，其中占总质量大约 75%的废物都被重新使用或是进入二手金属市场。回收利用技术的发展使得将汽车拆散成零部件更加容易，

而且也能获得更多的利润。

从环境影响的角度看，现代汽车的设计和结构同20世纪50年代汽车相比，至少在以下两方面变得更差：一是使用材料的种类不断增加，主要使用了更多的塑料；二是生产过程中焊接加工增多。在20世纪50年代的汽车中，使用了车身与底分离式（body-on-frame）的结构设计。这种方法后来转化成一体式车身（unibody）结构技术，该结构的车身与底盘边连为一个整体。一体式车身结构焊接所需时间大约是车身与底盘分离式结构的4倍，该技术还要使用大量的黏合剂。这样生产的汽车更加坚固、安全，也减少了结构材料的用量，但却大大增加了拆卸的难度。

表5-15给出了20世纪50年代和90年代普通汽车的完整评价矩阵。首先对20世纪50年代汽车在生命周期不同阶段的评分进行考察。表中最右边的一栏表示原料获取、产品生产、产品运输、产品使用以及再循环和最终处置等各生命阶段相应的评分。生产阶段的评分很差，消费者使用阶段的评分甚至更差。20世纪50年代汽车的整体评分为46，远比期望值小。20世纪90年代汽车整体评分是68，大大好于20世纪50年代汽车的评分，但仍有很大的改进空间。图5-17提供了两个更简洁地描绘DFE特征的靶图。

表5-15　20世纪50年代和90年代普通汽车环境影响评价

步骤	时间	环境影响					总分
		材料选择	能源使用	固体残留物	液体残留物	气体残留物	
原料获取	50年代	2	2	3	3	2	12/20
	90年代	3	3	3	3	3	15/20
产品生产	50年代	0	1	2	2	1	6/20
	90年代	3	2	3	3	3	14/20
产品运输	50年代	3	2	3	4	2	14/20
	90年代	3	3	3	4	3	16/20
产品使用	50年代	1	0	1	1	0	3/20
	90年代	1	2	2	3	2	10/20
再循环和最终处置	50年代	3	2	2	3	1	11/20
	90年代	3	2	3	3	2	13/20
总分	50年代	9/20	7/20	11/20	13/20	6/20	46/100
	90年代	13/20	12/20	14/20	16/20	13/20	68/100

可以明显地看出，图5-17（a）中的点比较分散且很多点远离靶心；而图5-17（b）中的点多分布于靶心周围，没有远离靶心。这说明后者比前者的环境影响小。

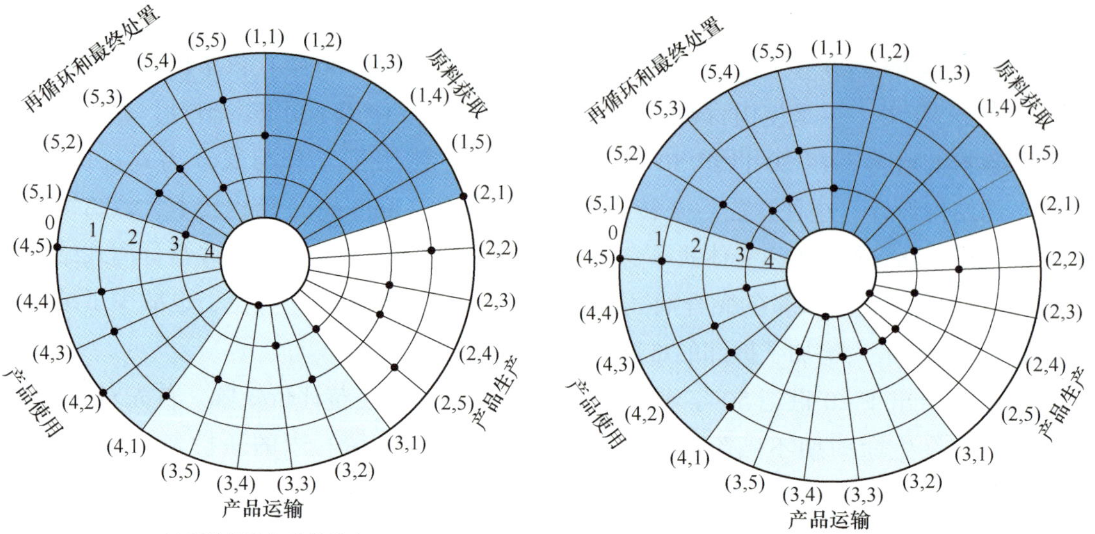

(a)20世纪50年代的汽车　　(b)20世纪90年代的汽车

图 5-17　20 世纪 50 年代和 90 年代汽车环境影响靶图对比

5.3.6 生命周期评价软件

5.3.6.1 生命周期评价数据库设计与开发

生命周期评价数据库设计研究及我国开发的生命周期评价数据库。LCA 数据库设计的主要任务是按照生命周期评价工具的要求，设计一个结构合理、使用方便、效率较高的环境工程数据库。LCA 研究需要大量的数据，生命周期评价数据库系统作为生命周期评价软件系统的核心部分，其设计开发是进行生命周期评价软件系统设计的关键内容。国外对此研究较早，目前已经研制开发出多种软件系统并已经朝着商业化的方向发展。我国研究较晚，其中徐小明、茅智伟介绍了一种逻辑层次连接的环境工程数据库设计方法，即以层次分析为主，以连接关系为基础，结合面向对象技术方法进行环境工程数据库设计；张亚平、左玉辉基于关系数据库和面向对象程序设计理论建立了生命周期评价数据库系统；陈晓慧、孙志峰引入数据仓库技术和 Web 技术，研究了生命周期评价流程到数据仓库的映射，构建了基于 Web 的产品生命周期评价系统的数据仓库结构；杨建新、王如松讨论了确定我国产品生命周期影响评价所需的标准化基准、权重确定方法和程序。

5.3.6.2 生命周期评价软件

目前，国外市场上公开出售的 LCA 软件大多数是欧洲版，以 SimaPro（荷兰）、TEAM（法国）、GaBi（德国）等主要软件为人熟知，LCA 的专门杂志 The International Journal of LCA 的软件基本上是这 3 种。

SimaPro 是一款全面的 LCA 软件工具，用于评估产品、过程或服务的生命周期环境影响。它支持多种方法，包括 CML、ILCD、ReCiPe 等。用户可以进行生命周期库存分析（LCI）和生命周期影响评估（LCIA），并生成详细的 LCA 报告。SimaPro 具有广泛的数据库，包括原材料、过程数据和生命周期清单。它也允许用户自定义数据输入，支持敏感性分析和不确定性分析。SimaPro 是上述 3 种软件中容量最小、容易操作的软件，在产品版本里导入最新的管理程序评价方法。

Eco-indicator99 和 EPS 的软件用户之间非常流行用电子邮件交换信息，是世界上最普及的 LCA 软件。日本产业技术综合研究所 LCA 研究中心把清单分析结果和影响评价结果分类表示，简单易懂、一目了然。但是这一软件不支持感应度分析、误差分析、定量解释参数等功能。

TEMA 软件其树结构功能优良，且附有制作图表、感应度分析、误差分析、情景分析等功能，具备主要的库存管理程序和控制技术的评价方法。附属的数据库形态是单元（unit）式程序（基本程序，内部不含辅助体系），不能改变用户（例如，电力供给部分年度的变更）。另外，能复制粘贴，但不能连接复制，即辅助体系不能共享。诸如汽车这种很多辅助体系相结合的大系统，能迅速统计清单数据。

GaBi 是一款综合的 LCA 软件工具，可用于产品、过程和企业层面的 LCA。它支持不同的 LCA 方法和环境影响类别，还包括社会影响评估和生命周期成本分析。GaBi 具有丰富的生命周期数据和模型库，可帮助用户快速进行 LCA。它还支持水足迹、碳足迹、循环经济和可持续性分析。同时，它也具有优良的树结构功能、结果分析功能。开发商 PE 公司和汽车 LCA 分析的创始者 Stuttgart 大学 IKP 研究所关系密切，其研究成果因被汽车厂商广泛应用而享有盛誉。

除以上常用软件之外，其他广泛应用于生命周期影响评价的软件如：Umberto、OpenLCA、SimaPro 慧绿以及 eBalance。

Umberto 是一款适用于 LCA、物质流分析和能耗分析的综合软件工具。它帮助用户评估资源效率、废物管理和生态足迹等因素。Umberto 强调可视化和模拟，以帮助用户更好地理解复杂系统中的生命周期流程。它也支持流程优化和成本分析。

OpenLCA 是一款开源的 LCA 软件，用于执行生命周期库存分析（LCI）和生命周期影响评估（LCIA）。它支持 ILCD、EcoInvent 等多种 LCA 方法和数据库。OpenLCA 是一个免费的软件工具，因此广泛用于学术界和小规模项目。它具有友好的用户界面和强大的模型定制功能。

SimaPro 慧绿是一款专为中国市场开发的 LCA 软件工具，支持 GB/T 30148—2013 标准。它用于评估产品和服务的生命周期环境影响，包括碳足迹和水足迹。SimaPro 慧绿包括中国特定的生命周期数据和模型，以满足本地需求。它支持中国政府和企业遵循可持续发展和环保法规。

eBalance 是中国自行开发的 LCA 评价软件，由四川大学王洪涛教授团队开发，更适合中国的国情。运行环境及 eBalance 软件的下载安装方法及地址请见下面链接：

http：//go. itke. com. cn/g/ebalance_fe_setup

以上软件工具提供不同的功能和适用领域，选择取决于项目需求、数据可用性和用户偏好。在选择 LCA 软件时，确保软件支持所需的 LCA 方法、数据库和环境影响类别，以便进行准确的生命周期评估。

5.3.7 案例分析

5.3.7.1 基于 LCA 法对北京市农产品物流碳足迹的计算

产品碳足迹的计算主要是以英国标准协会、碳信托公司与 Defra 联合发布的以

PAS2050为依据的生命周期评估法LCA（life cycle assessment）。LCA法作为一种环境评估工具，能够对当前的环境冲突进行有效的定量分析与评价，同时可以对产品及其“从摇篮到坟墓”的过程所涉及的环境问题进行评价，它的评估方法包括四步：目的和调查范围设定、清单分析、环境影响评估和结果解释。

北京市地区处于位于北纬39°56′，东经116°20′，地处华北大平原的北部，东南部距渤海约150km，其余均与河北省交界。北京气候属典型的暖温带半湿润大陆性季风气候，四季分明，春秋较短，冬夏较长。夏季炎热多雨，冬季寒冷干燥。因此，在夏秋季时马铃薯可以在农田或塑料大棚自然生长，其他季节则需要在温控条件下生长。

种植马铃薯使用化肥、农药、农用薄膜、灌溉用电所导致的温室气体排放，使用以下公式计算：

$$CF_M = \sum (Al_i \times EF_i)$$

式中 CF_M——第 i 项农业投入引起的温室气体排放的总和，tCO_2-eq；

i——某种农业投入或来源；

Al_i——第 i 种农业投入或来源的数量（化肥、农药单位为t）；

EF_i——第 i 种农业投入的温室气体排放因子，tCO_2-eq每单位体积或质量。

在生产环节方面，每生产1000kg块茎需要：氮（N）5~6kg；磷（P_2O_5）1~3kg；钾（K_2O）12~13kg；氮磷钾三要素之比为2.2∶1∶4.6。经过计算，假设生产10t土豆，使用化肥所导致的碳排放数据为353.73kgCO_2-eq/kg。

农产品的运输可分为小型货车、重型货车，储存条件在这里假设为批发商及零售商的冷藏储存，废弃方式选择填埋处理。从山东青岛到北京市土豆批发市场的公路运输距离为300km，从北京最大的农产品批发市场到零售商的距离假设为100km。经过计算得出，由生产商到批发商运输时10t土豆的碳足迹为147.31kgCO_2-eq/kg，由批发商到零售商运输产生的碳足迹为81.71kgCO_2-eq/kg。若使用铁路运输，则产生的碳足迹为137.7kgCO_2-eq/kg。

根据《早熟马铃薯预冷和冷藏运输指南》（GB/T 25868—2010）规定，马铃薯的预冷和运输温度应控制在10~12℃，储存过程导致的CO_2排放主要是由于进行温度控制时的耗电，不同发电方式造成的温室气体排放不同，储存过程造成的排放为：

$$0.3\text{kW}\cdot\text{h}/(\text{t}\cdot\text{d})\times785\text{g}/\text{kW}\cdot\text{h}+1\times103\text{kg}=0.2355\text{g}/(\text{kg}\cdot\text{d})$$

由上述分析可知，马铃薯生产过程中的使用化肥时氮肥所导致的碳排放占比最大，钾肥次之，生产方式以及化肥比例对马铃薯生命周期的CO_2排放量影响很大。运输过程中，铁路运输造成的CO_2排放比公路运输高，因此，运输配送应尽量选择公运。存储及温度预冷过程的CO_2排放为0.2355g/(kg·d)，废弃选择为填埋处理，CO_2排放为41.21kg/t。在农业研究领域中采用生命周期评价法，对农产品的碳足迹进行计算，分析农产品物流过程中各个环节的碳排放量，从而为农业碳减排提供依据和措施。

5.3.7.2 基于LCA法评价铁尾矿资源化利用对环境的影响

随着国内矿产行业持续发展，铁矿山被大规模开采，铁尾矿作为铁矿山排放的主要副产物之一，大量堆存，未得到充分的利用。铁尾矿的大量积存不但占用了土地资源，而且还会产生潜在的隐患和环境污染问题。

近年来，许多学者针对铁尾矿资源化利用进行了研究。顾晓薇等、路畅等提出利用铁尾矿制备建筑材料、陶瓷装饰材料、复合保温材料等，初步实现铁尾矿的二次利用。董越等利用铁尾矿多孔隙的特性，基于 MATLAB 平台，对试样截面进行图像处理，制备出符合国家标准规定的 A3.5、B06 级加气混凝土。陈永亮等以铁尾矿、稻壳、膨润土为原料，长石为助熔剂，利用正交试验和单因素试验，烧结制备轻质保温墙体材料。刘俊杰等以铁尾矿为原料，掺入标准砂、熟石灰和水泥等制备轻质免烧砖，满足《烧结普通砖》（GB/T 5101—2017）中 MU10 的强度等级要求。

现有研究主要关注铁尾矿资源化的可行性，研究铁尾矿资源化利用后的使用性能参数，对铁尾矿资源化利用过程中所产生的环境影响的研究较少。基于 LCA 分析，在林锦等、张芸等提出的固体废弃物资源化利用的生命周期评价的基础上，详尽地了解铁尾矿资源化过程对环境的影响，运用生命周期评价法，选取 3 种不同的铁尾矿资源化处理方案，分别构建 LCA 模型，评估不同资源化利用方案的环境影响类型，对比铁尾矿资源化利用过程中所产生的环境影响差异，为铁尾矿固废资源化利用提供理论依据。

A　目标和范围定义

以铁尾矿作为研究对象，基于终点损害模型对 3 种资源化方案的环境影响进行分析。方案 1：利用铁尾矿粉替代 17%（质量分数）的含铁物料制备普通硅酸盐水泥熟料；方案 2：利用铁尾矿砂替代 40%（质量分数）的河砂制备新型超高性能混凝土（UHPC）；方案 3：利用铁尾矿替代黏土制备新型烧结砖。

研究范围：铁尾矿在资源化利用过程中代替或消耗的部分燃料、原材料的开采、运输、能源消耗等。取 1t 铁尾矿为一个功能单位，其余数据以该单位为准进行换算。铁尾矿资源化利用的系统边界如下。方案 1 以石灰石、钢渣、铁尾矿原材料为起点，将配方生料搅拌混匀，经过加水搅拌、圆盘造粒形成 3～5mm 球粒，烘箱 110℃ 干燥 2h，再经石灰石预分解（高温炉炉温 950℃ 煅烧 30min）、高温炉升温至 1400℃、煅烧 25min、急冷至室温、粉磨封装等过程，以铁尾矿水泥熟料产品为终点。方案 2 以铁尾矿砂、粉煤灰、硅灰、水泥、河砂原材料制备水泥生料为起点，将均化后的水泥生料置于搅拌锅中低速搅拌 30km 后，加铁尾矿砂和河砂，高速搅拌 60km，振捣 60s；装入尺寸为 40mm×40mm×160mm 的三联式钢模中，浇筑后的试件在温度（20±2）℃，相对湿度不小于 95%的标准条件下养护 1d 后脱模，而后在水中养护至 28d，以铁尾矿 UHPC 产品为终点。方案 3 以铁尾矿、粉煤灰和废玻璃原材料为起点，将生料按比例混合加入去离子水，使坯料含水率为 10%；坯料成型，成型压力为 15MPa；将砖坯置于 105℃ 烘箱中干燥 24h，将烘干后的砖坯转置马弗炉中，设定升温速度为 5℃/min，升温到 1200℃ 后保温 2h；以铁尾矿烧结砖产品为终点。只考虑 3 种资源化利用过程中铁尾矿及其替换原料的厂内货车运输过程的环境影响，不考虑资源化利用后产品的运输、存储、使用、废弃等过程的环境影响。

B　清单分析

生命周期清单由资源输入、能源输入和污染物排放 3 个部分构成，清单中使用的数据主要来源于熟料水泥生产相关文献、中国生命周期基础数据库（CLCD）、欧盟 ELCD 数据库和瑞士的 Ecoinvent 数据库，部分数据借鉴文献和文献的评估和计算。原材料数据取舍原则采用 ISO140 系列国际标准中的 cut-off 原则，即以生产过程中各项原材料投入量与产品质量的比为数据取舍依据。铁尾矿属于低价值废料，可忽略其上游生产数据，不在清单中列出。对3种铁尾矿资源化过程的消耗和排放情况进行统计，记录3种处理方案过程输入、输出情况，结果如表5-16所示。运输中铁尾矿和其替换原料（钢渣、粉煤灰、硅灰、废玻璃等）由柴油货车运输，铁尾矿的运输区间为本溪市歪头山到沈阳市皇姑区。铁粉、砂、黏土运输信息不可得，为了保证运输过程对环境的影响数据具有对比性，设三者的运输数据保持一致。而粉煤灰、石灰石、废玻璃等原料的运输由场外承担，不在系统范围内。3种处理方案生产过程运输信息如表5-17所示，运输数据上游数据来源于CLCD数据库。

表5-16 3种方案的生命周期清单

项目	清单名称	数值
方案1处理过程输入	柴油货车（8t）运输	3.00×10
	石灰石质量/kg	1.16×10^3
	钢渣质量/kg	2.16×10^2
	铁尾矿质量/kg	2.82×10^2
	自来水质量/t	3.00×10^{-1}
	电力消耗/kW·h	2.90×10
方案1避免过程输入	柴油货车（8t）运输	1.80×10
	铁粉质量/kg	2.90×10
	电力消耗/kW·h	5.24×10^0
	石灰石质量/kg	1.09×10
方案1避免过程输出	废气体积/m^3	7.98×10
	总颗粒物质量/kg	8.30×10^{-2}
	二氧化碳质量/kg	2.39×10
	氮氧化物质量/kg	2.70×10^{-2}
	二氧化硫质量/kg	3.60×10^{-2}
方案2处理过程输入	柴油货车（8t）运输	3.00×10
	电力消耗/kW·h	4.25×10
	粉煤灰质量/kg	4.10×10^2
	硅灰质量/kg	3.60×10^2
	铁尾矿质量/kg	1.00×10^3
	砂质量/kg	1.49×10^3
	自来水质量/kg	4.75×10^2
	减水剂质量/kg	8.50×10
	水泥质量/kg	1.80×10^3
方案2避免过程输入	柴油货车（8t）运输	1.80×10
	砂质量/kg	1.00×10^3
	废气体积/m^3	3.70×10^2
	总颗粒物质量/g	2.15×10

续表 5-16

项目	清单名称	数值
方案 2 避免过程输出	废气体积/m^3	2.85×10^2
	总颗粒物质量/g	1.20×10
方案 3 处理过程输入	柴油货车（8t）运输	3.00×10
	电力消耗/kW·h	2.35×10
	铁尾矿质量/kg	1.00×10^3
	废玻璃质量/kg	3.34×10^2
	粉煤灰质量/kg	3.34×10^2
	煤粉质量/kg	1.80×10^3
	去离子水质量/kg	1.67×10^2
方案 3 避免过程输入	柴油货车（8t）运输	1.80×10
	黏土质量/kg	1.00×10^3
	自来水质量/kg	8.62×10
	电力消耗/kW·h	3.20×10^0
	煤粉质量/kg	2.60×10
方案 3 避免过程输出	二氧化碳质量/kg	2.17×10^4
	一氧化碳质量/kg	7.47×10^{-1}
	氮氧化物质量/kg	4.21×10^{-2}

表 5-17　3 种方案生产过程运输信息

物料名称	质量/kg	运输起点	运输终点	距离/km	运输工具
铁尾矿	1000	本溪歪头山	加工厂	30	柴油货车
铁矿	290	原料库	熟料厂	18	柴油货车
砂	998	砂石厂	混凝土厂	18	柴油货车
黏土	880	黏土市场	烧结砖厂	18	柴油货车

C　环境影响的计算模型

生命周期评价方法主要分为中间影响类和终点影响类，目前国外应用较多的为中点法（CML）和终点法（ReCipe），而国内学者常用的生命周期评价方法主要是王洪涛提出的节能减排综合评价方法（ECER）和杨建新等提出的产品生命周期评价方法（LCLA-Y）。因此根据铁矿资源化利用环境影响特点，根据 3 种铁尾矿资源化方案生产过程的资源耗用和排放特点，确定了 9 种关系密切的环境影响类型：气候变化（GWP）、初级能源消耗（PED）、水资源消耗（WU）、酸化（AP）、非生物资源消耗潜值（ADP）、富营养化潜值（EP）、可吸入无机物（RI）、臭氧层消耗（ODP）、光化学臭氧合成（POFP），将终点损害类别的权重确定方法由专家打分法替换为由影响潜力系数和环境影响类型的人均基准值共同来确定的方法，进一步提升终点损害模型权重的客观性。环境影响终点损害模型如下。环境影响类别的人均基准值为：

$$b_n = \sum_{i=1}^{q} \frac{a_{ni} \cdot p_{ni}}{r}$$

式中 n——各环境影响类型；

a_{ni}——环境影响类型 n 对应的能源（或污染物）i 在 2017 年的产量（或放量）；

p_{ni}——环境影响类型 n 对应的能源（或污染物）i 的损害因子，损害因子选择根据第二次全国污染源普查中国家重点关注的污染物，选取与生产生活关联较大、环境影响较突出的其他污染物，参考 Eco-indicator 99、ReCipe 评价体系；

r——截至 2017 年末中国总人口数。

环境影响潜力系数为：

$$d_n = \frac{c_n \cdot a_{ni}}{\sum_{n=1}^{9} \sum_{i=1}^{q} (c_n \cdot a_{ni})}$$

式中 c_n——环境影响类型 n 对应的影响潜力，其取值参考既往的研究成果。

环境影响类型权重为：

$$w_n = \sum b_n \cdot d_n$$

式中 w_n——环境影响类型 n 对应归一化权重。

环境影响类型潜值为：

$$E_n = \sum_{n=1}^{9} \sum_{i=1}^{q} \frac{a_{ni} \cdot q_{ni}}{b_n} \cdot w_n$$

基于终点损害模型计算得出 3 种资源化利用方案的 LCA 结果，如表 5-18 所示。对铁尾矿资源化利用的环境影响类型和主要环境影响类型的敏感度进行评价，得到各方案在 9 个环境影响类别产生的差异。正值代表环境影响；负值代表环境效益。资源化利用前后 LCA 的变化值如表 5-19 所示。表 5-18、表 5-19 中影响类型指标单位“kg CO_2-eq”为用 CO_2 当量来表示 GWP 的影响潜力。

表 5-18 3 种铁尾矿资源化方案的 LCA 结果

环境影响类型指标	影响类型指标参数	LCA 结果		
		方案 1	方案 2	方案 3
GWP	kg CO_2-eq	0.91×10^{-2}	1.20×10^{3}	6.59×10^{5}
PED	MJ	4.25×10^{3}	7.39×10^{3}	7.67×10^{5}
WU	kg	0.57×10^{3}	1.48×10^{3}	1.01×10^{8}
AP	kg SO_2-eq	-2.25×10^{-3}	2.75×10^{0}	9.61×10^{3}
ADP	kg Sb-eq	-4.05×10^{-6}	-6.91×10^{-3}	-4.38×10
EP	kg PO_4^{3-}-eq	-2.74×10^{-4}	-3.52×10^{-1}	8.99×10^{2}
RI	kg PM2.5-eq	-4.83×10^{-4}	-8.95×10^{-1}	2.05×10^{3}
ODP	kg CFC-11-eq	-6.38×10^{-10}	-1.04×10^{-6}	-3.74×10^{-2}
POFP	kg NMVOC-eq	-1.85×10^{-4}	-2.33×10^{0}	3.95×10^{3}

表 5-19 3种铁尾矿资源化利用前后LCA的变化

环境影响类型指标	影响类型指标参数	LCA结果		
		方案1	方案2	方案3
GWP	kg CO_2-eq	-3.4×10	-4.0×10	-4.6×10^2
PED	MJ	-4.5×10^2	-2.0×10^2	-6.0×10^3
WU	kg	-4.7×10	9.0×10	-1.8×10^3
AP	kg SO_2-eq	-1.1×10^{-1}	8.0×10^{-2}	-1.1×10^{-1}
ADP	kg Sb-eq	-2.5×10^{-5}	-1.0×10^{-5}	-1.3×10^{-3}
EP	kg PO_4^{3-}-eq	-9.0×10^{-2}	-1.0×10^{-2}	-1.4×10^{-1}
RI	kg PM2.5-eq	-3.2×10^{-2}	-2.0×10^{-2}	-2.8×10^{-2}
ODP	kg CFC-11-eq	-1.3×10^{-10}	-2.0×10^{-2}	-7.5×10^{-3}
POFP	kg NMVOC-eq	-1.0×10^{-1}	-7.0×10^{-2}	-2.0×10^{-4}

由表5-18可以看出，方案1中GWP、PED、WU的LCA结果为正值，其余环境影响类型的LCA结果为负值。从表5-19可以看出，与资源化利用前相比，GWP降低了34kg CO_2-eq，PED降低了450 MJ，WU降低了47kg。主要原因是铁尾矿代替铁粉作为铁调节剂，其中的硅铝质成分有效降低熟料煅烧中碱性成分，降低了熟料的煅烧温度，间接减少煅烧过程中燃料的消耗以及CO_2的排放。但在熟料煅烧过程中，仍需要消耗大量的煤粉、石灰石和电力等能源和物质，产生大量CO_2，尽管方案1能减少部分CO_2的排放，但仍有减排空间。

方案2中GWP、PED、WU、AP的LCA结果为正值，其余环境影响类型的LCA结果为负值。由表5-18可知，PED下降明显，降低了200MJ，GWP降低了40kg CO_2-eq，WU增加了90kg。WU、AP分别上升6.3%和4.1%，主要原因为铁尾矿代替河砂做细骨料时需水量较大，同时铁尾矿中SO_4^{2-}、CO_3^{2-}与内部$Ca(OH)_2$反应生成$CaSO_4$和$CaCO_3$等酸化产物，影响酸化（AP）值。由于在制备浆料时有水泥的参与，水泥的使用难免会造成环境影响，如果在制备浆料时能寻找到更加环保的材料来代替水泥，那么方案2对于环境的影响将会进一步降低。

方案3中ADP和ODP的LCA结果为负值，其余环境影响类型的LCA结果均为正值；对比资源化前PED降幅明显，降低了460MJ，GWP降低了6000kg CO_2-eq，WU降低了1800kg，主要原因是铁尾矿代替黏土，两者矿物组成和化学成分相似，铁尾矿中钙、镁、钾氧化物可起到助熔作用；另外，铁尾矿颗粒细，比表面积大，在磨碎过程中降低了电力和燃料的耗用量。方案3在制备砖坯时，消耗大量水资源，砖坯在马弗炉中需要高温烘干，势必会大量消耗初级能源。因此，方案3中改进烧结设备，提升能源利用效率，是实现减排的有效途径。

通过分析3种铁尾矿资源化利用的生命周期环境影响类型，得出如下结论。

（1）方案1利用铁尾矿制备水泥熟料过程中，对比9种环境影响类型指标，产生的环境影响大小顺序为PED>WU>GWP，产生的环境效益大小顺序为AP>RI>EP>POFP>ADP>ODP。熟料煅烧过程中煤粉、石灰石和电力的使用增加了初级能源的消耗量；熟料煅烧产生大量CO_2，加剧温室效应。因此，需要考虑对熟料煅烧阶段的物质能源消耗过程进行优化，提高热能量利用效率来减少燃料使用量。

（2）方案2利用铁尾矿制备UHPC产生的环境影响大小顺序为PED>WU>GWP>AP，产生的环境效益大小顺序为POFP>RI>EP>ADP>ODP。浆料制备过程中的水泥使用、电力消耗间接增加了整个生产过程中初级能源和水资源消耗量。因此，可以考虑采用环境影响较小的环保物料代替水泥，减少水泥生产过程中物质能源消耗和污染排放。

（3）方案3利用铁尾矿制备烧结砖产生的环境影响的大小顺序为WU>PED>GWP>AP>POFP>RI>EP，产生的环境效益的大小顺序为ADP>ODP。制备砖坯过程直接增加水资源消耗量，马弗炉烘干过程直接增加初级能源的消耗量；砖坯生料中废玻璃、粉煤灰的使用间接增加水资源和初级能源的消耗量。因此，可以考虑水资源的循环利用或者提高烧结设备对化石燃料燃烧的效率，实现节能减排。

5.3.7.3 基于LCA的化学物质对环境影响的评估

化学物质对生态环境和人体健康的影响可以用许多指数来表示，表5-20列出了具有代表性的9个指标。其中，全球变暖、平流层臭氧损耗、酸雨和烟雾的形成等属非生物指标，其他指标则与生命有直接的关联，涉及人类、植物、动物和其他有机体的健康。

表5-20 环境指标分类

生物指标	人体健康相关指标	生态毒性指标
全球变暖	吸入毒性	鱼类水生物毒性
平流层臭氧损耗	摄取毒性	
酸雨	吸入致癌性	
烟雾	摄取致癌性	

化学物质对环境的影响既可能造成局部的危害，也可能导致区域和全球性问题。全球变暖和平流层臭氧损耗是全球性问题；烟雾形成和酸雨沉降是区域性的问题，它们能影响一个大城市或更大的区域；毒性和致癌性等问题通常与排放点邻近的地区密切相关。

化学物质i对环境可能产生的影响，可以采用一个无因次的风险指数表示，其通用形式为

$$(\text{风险指数})_i = \frac{[(\mathrm{EP})(\mathrm{IIP})]_i}{[(\mathrm{EP})(\mathrm{IIP})]_\mathrm{B}}$$

式中 B——基准参照物质；

EP——暴露潜能；

IIP——固有影响潜能。

对于一个由多个化学物质组成的过程，风险指数I可由每个化学物质的风险指数与它们排放速率之积的和表示，即：

$$I = \sum_i (\text{风险指数})_i \times m_i$$

式中 m_i——化学物质的排放速率，kg/h。

5.3.7.4 化学物质污染排放对环境影响的评价

（1）全球变暖。许多化学物质都具有温室效应作用，描述它们对温室效应作用的大

小，可采用全球增温潜能（GWP）来表示，通常以二氧化碳作为基准参照物质。GWP 的定义为气体化学物质 i 吸收的红外线能量与相同质量二氧化碳吸收红外线能量的比值，其表达式如下：

$$GWP_i = \frac{\int_0^n a_i \varphi_i \mathrm{d}t}{\int_0^n a_{CO_2} \varphi_{CO_2} \mathrm{d}t}$$

式中 a_i——i 对红外辐射的吸收能力，W/m^2，它是化学物质红外线吸收性质和 φ_i 的函数；

φ_i——i 在大气中的体积分数；

n——i 在大气中的存留时间，a。

浓度 W_i 是时间 t 的函数，主要取决于 i 在大气对流层中与羟基发生化学反应产生的损耗。对于二氧化碳，$n=120a$。

温室效应气体的挥发性都非常强，不溶于水，且不被土壤和沉积物所吸附。所以，它们能一直在大气中长期存留。将排放过程各温室效应气体的 GWP 和其排放速率的乘积进行加和，就得到整个排放过程的全球增温指数。

$$I_{GW} = \sum_i (GWP_i \times m_i)$$

值得注意的是，虽然大部分化学物质在大气中的存活时间很短，在产生温室效应之前就消失很久了（活性羟基作用使它们转化为 CO_2），但是，源于化石燃料的有机化学物质经氧化变成 CO_2 后，同样对全球变暖产生影响。为了计算在大气中停留时间少于 0.5a 的有机物质对全球变暖产生的影响，Shonnard 和 Hiew（2000）给出了 GWP 计算方法。

$$GWP_i = N_C \frac{MW_{CO_2}}{MW_i}$$

式中 N_C——化学物质中包含的碳原子数；

MW_i——摩尔质量。

需要明确的是，源于可再生物质（植物）的有机化学物质不会产生任何全球变暖的影响。虽然生物质通过环境氧化释放 CO_2，但经光合作用植物又吸收 CO_2，实现了自然的碳循环，总 CO_2 排放为零。

例：1,1-三氯乙烷（TCA）是可以作为金属清洗剂和其他重要用途的化学物质。某一1,1,1-三氯乙烷生产能力为 15500kg/h 的装置，冷凝器出口排放、储运排放、不确定排放和二次排放等产生的温室气体如表 5-21 所示。

表 5-21 冷凝器出口排放、储运排放、不确定排放和二次排放等产生的温室气体

化学物质	m_i/kg · h^{-1}	GWP_i
TCA	10	100
CO_2	7760	1
N_2O	0.14	310

试计算上述过程的全球增温指数和每个化学物质所占的百分数。

解：使用式 $I_{GW}=\sum_i(GWP_i\times m_i)$，上述过程全球增温指数为：

$$I_{GW}=10kg/h\times100+7760kg/h\times1+0.14kg/h\times310$$
$$=8803.4kg/h$$

每个化学物质的 I_{GW} 的百分数为：

TCA：(1000/8803.4)×100=11.4%

CO_2：(7760/8803.4)×100=88.1%

N_2O：(43.4/8803.4)×100=0.5%

上述计算结果表明，生产1,1,1-三氯乙烷带来的全球变暖影响主要是生产过程消耗能源产生的。如果使用可再生的资源（生物质燃料），CO_2 的总排放量将会显著减少，整个过程对全球变暖的影响将会大大降低。

（2）臭氧损耗。化学物质 i 的臭氧损耗潜能ODP是在一定的时间和高度内，由于该化学物质的排放引起的平流层臭氧的变化 $\delta[O_3]$ 与相同量的基准化学物质引起的 $\delta[O_3]$ 之比。基准物质通常是三氯氟代甲烷 CCl_3F（CFCs-11）：

$$ODP_i=\frac{\delta[O_3]_i}{\delta[O_3]_{CFCs-11}}$$

表5-22列出了重要化学物质的ODP值，还包含它们在对流层的寿命 τ、与原子氧反应速率常数 k，以及每个分子中氯的数目 n 等数据。工业过程气体排放的臭氧损耗指数，是排放的各个化学物质的ODP与它们的排放速率乘积之和，即：

$$I_{OD}=\sum_i ODP_i\times m_i$$

表5-22 一些常见的工业污染物的ODP值

化学名称	化学式	大气中寿命/年	ODP值
二氧化碳	CO_2	—	0
氨气	NH_3	—	0
丙烷	$CH_3CH_2CH_3$	0.034	0
丁烷	$CH_3CH_2CH_2CH_3$	—	0
异丁烷	$CH(CH_3)_2CH_3$	0.016	0
丙烯	$CH_3CH(CH_2)_2$	0.001	0
三氯氟甲烷	CCl_3F	45	1
二氯二氟甲烷	CCl_2F_2	100	0.73
氯二氟甲烷	$CHClF_2$	11.9	0.034
氯三氟甲烷	$CClF_3$	640	1
五氟氯乙烷	CHF_2CF_3	1020	0.26

（3）酸雨。排放到大气中的化学物质的酸化潜能与它们能产生 H^+ 的摩尔数有关，可用下面的化学方程式表示：

$$X + \cdots \rightarrow aH^+ + \cdots$$

式中 X——排放到大气中导致酸化的化学物质；

a——化学计量系数，$mol(H^+)/mol(X)$。

因此，酸化作用可用单位质量的排放物产生的 H^+ 来表示：

$$\eta_i = \frac{a_i}{MW_i}$$

式中 MW_i——排放物的摩尔质量。

和前面一样，我们可以引入一个基准化学物质（SO_2），将任一化学物质的酸雨潜能（ARP_i）表示为：

$$ARP_i = \frac{\eta_i}{\eta_{SO_2}}$$

工业排放导致酸雨的化学物质数目并不多，表 5-23 中列出了一些常见的工业污染物的 ARP 值。

表 5-23 一些常见的工业污染物的酸雨潜能

化合物	化学反应	a	$MW_i/kg\cdot mol^{-1}$	$\eta_i/mol\cdot kg^{-1}$	ARP_i
SO_2	$SO_2+H_2O+O_3\rightarrow 2H^++SO_4^{2-}+O_2$	2	0.064	31.25	1
NO	$NO+1/2H_2O+O_3\rightarrow H^++NO_3^-+3/4O_2$	1	0.03	33.33	1.07
NO_2	$NO_2+1/2H_2O+1/4O_2\rightarrow H^++NO_3^-$	1	0.046	21.74	0.7
NH_3	$NH_3+2O_2\rightarrow H^++NO_3^-+H_2O$	1	0.017	58.82	1.88
HCl	$HCl\rightarrow H^++Cl^-$	1	0.0365	27.4	0.88
HF	$HF\rightarrow H^++F^-$	1	0.02	50	1.6

对于涉及多个化学物质的工业过程，总酸雨潜能与 I_{GW} 和 I_{OD} 定义类似，可用下式表示：

$$I_{AR} = \sum_i ARP_i \times m_i$$

（4）烟雾形成。光化学烟雾是由氮氧化物和碳化氢经太阳光紫外线照射后，生成的一种含臭氧的有害气体混合物。在靠近地球的大气层，臭氧形成的最重要的过程是 NO_2 的光分解，化学反应式如下：

$$NO_2 + h\nu \longrightarrow O(3P) + NO$$

$$O(3P) + O_2 + M \longrightarrow O_3 + M$$

$$O_3 + NO \longrightarrow NO_2 + O_2$$

上述过程得到的 O_3 浓度由 NO_2 光分解速率和 $[NO_2]/[NO]$ 来确定。增加了 $[NO_2]/[NO]$ 的比例，即增加了 O_3。在烟雾形成过程中，挥发性有机物（VOC）的角色是形成能够将 NO 转化为 NO_2 且不会导致 O_3 破坏的自由基。

$$VOC + \cdot OH \longrightarrow \cdot RO_2 + 其他氧化物$$
$$\cdot RO_2 + NO \longrightarrow NO_2 + 自由基$$
$$自由基 \longrightarrow \cdot OH + 其他氧化物$$

式中 R——有机物。

显然，挥发性有机物对 O_3 含量的影响取决于它们与羟基（·OH）反应的速率常数和反应机理（自由基的产生、自由基的终止和 NO 去除等）。在预测化学物质的光化学烟雾形成潜能时，仅考虑 VOC 与羟基的反应速率是不准确的，应该基于 VOC 导致 O_3 生成量增加来考虑。因此，VOC 增加反应活性（IR）可作为指标来体现其烟雾形成潜能，其定义为每摩尔（基于一个碳原子）VOC 导致的臭氧摩尔数的变化量。通常，VOC 增加反应活性的作用与 NO_x 的含量有关，当 NO_x 浓度比活性有机气体（ROG）高时，VOC 增加反应活性的作用可达到最大，反之可能最小。评估挥发性有机物的烟雾形成潜能（SFP），采用的方法是比较它们最大增加反应活性（MIR）的能力。因此，烟雾形成潜能可采用下式进行评估。

$$SFP_i = \frac{MIR_i}{MIR_{ROG}}$$

式中 MIR_{ROG}——基准化合物的最大增加反应活性能力，可以采用活性有机气体 MIR 的平均值，该值等于 3.1。

有时，乙烯也常作为基准化合物。VOC 的 MIR 值可通过模型计算，表 5-24 列出了常见挥发性有机物 MIR 的计算值。

表 5-24 常见挥发性有机物的 MIR 计算值

常见挥发性有机物	MIR	常见挥发性有机物	MIR
正构烷烃		正十四烷	0.32
甲烷	0.015	平均	0.55
乙烷	0.25	环烷烃	
丙烷	0.48	环戊烷	2.4
正丁烷	1.02	甲基环戊烷	2.8
正戊烷	1.04	环己烷	1.28
正己烷	0.98	1,3-二甲基环己烷	2.50
正庚烷	0.81	甲基环己烷	1.80
正辛烷	0.6	乙基环戊	2.30
正壬烷	0.54	乙基环己烷	1.90
正癸烷	0.46	1-乙基-4-甲基环己烷	2.30
正十一烷	0.42	1,3-二乙基环己烷	1.80
正十二烷	0.38	1,3-二乙基-5-甲基环己烷	1.90
正十三烷	0.35	1,3,5-三乙基环己烷	1.70

续表 5-24

常见挥发性有机物	MIR
平均	2.06
支链烷烃	
异丁烷	1.21
新戊烷	0.37
异戊烷	1.38
2,2-二甲基丁烷	0.82
2,3-二甲基丁烷	1.07
2-甲基戊烷	1.50
3-甲基戊烷	1.50
2,2,3-三甲基丁烷	1.32
2,3-二甲基戊烷	1.31
2,4-二甲基戊烷	1.50
3,3-二甲基戊烷	0.71
2-甲基己烷	1.08
3-甲基己烷	1.4
2,2,4-三甲基戊烷	0.93
2,3,4-三甲基戊烷	1.6
2,3-二甲基己烷	1.31
2,4-二甲基己烷	1.5
2,5-二甲基己烷	1.66
2-甲基庚烷	0.96
3-甲基庚烷	0.99
4-甲基庚烷	1.2
2,4-二甲基庚烷	1.33
2,2,5-三甲基己烷	0.97
4-乙基庚烷	1.13
3,4-丙基庚烷	1.01
3,5-二乙基庚烷	1.33
2,6-二乙基辛烷	1.23
平均	1.2
烯烃（Ⅰ）	
乙烯	7.4
丙烯	9.4
1-丁烯	8.9
1-戊烯	6.2
3-甲基-1-丁烯	6.2
1-己烯	4.4
1-庚烯	3.5
1-辛烯	2.7
1-壬烯	2.2
平均	5.66
亚硝酸甲酯	9.50
烯烃（Ⅱ）	
异丁烯	5.3
2-甲基-1-丁烯	4.90
反式-2-丁烯	10.00
顺式-2-丁烯	10.00
2-戊烯	8.80
2-甲基-2-丁烯	6.40
2-己烯	6.70
2-庚烯	5.50
3-辛烯	5.30
3-壬烯	4.60
平均	6.72
其他烯烃	
1,3-丁二烯	10.90

续表 5-24

常见挥发性有机物	MIR	常见挥发性有机物	MIR
异戊二烯	9.10	含氧芳烃	
环戊烯	7.70	苯甲醛	-0.57
环己烯	5.70	苯酚	1.12
a-蒎烯	3.30	烷基酚	2.3
b-蒎烯	4.40	平均	0.95
平均	6.85	醇和醚	
炔烃		甲醇	0.56
乙炔	0.50	乙醇	1.34
丙炔	4.10	正丙醇	2.3
平均	2.30	异丙醇	0.54
芳烃		正丁醇	2.70
苯	0.42	异丁醇	1.90
甲苯	2.70	叔丁醇	0.42
乙苯	2.70	二甲醚	0.77
正丙苯	2.10	甲基叔丁基醚	0.62
异丙苯	2.20	乙基叔丁基醚	2.00
s-丁苯	1.90	平均	1.32
邻二甲苯	6.50	醛	
对二甲苯	6.60	甲醛	7.20
间二甲苯	8.2	乙醛	5.50
1,3,5-三甲苯	10.1	C_3 醛	6.50
1,2,3-三甲苯	8.9	乙二醛	2.20
1,2,4-三甲苯	8.8	甲基乙二醛	14.80
四氢化萘	0.94	平均	7.24
萘	1.17	酮	
甲基萘	3.3	丙酮	0.56
2,3-二甲基萘	5.1	C_4 酮	1.18
苯乙烯	2.2	平均	0.87
平均	4.34		

除了分子量较高的有机物外，挥发性的化学物质排放到空气中后，将会在大气层保持一段时间。总的烟雾形成潜能是过程中每个化学物质的 SFP 与排放速率乘积之和，可用下式计算：

$$I_{SF} = \sum_i (\text{SFP}_i \times m_i)$$

例：在某一工厂塑料膜加工干燥过程中，产生了含挥发性有机物的气体，其组成为质量分数相同的甲苯和乙酸乙酯。为了减少大气污染，工厂将这些气体送入一吸收装置，用正十四烷（吸收油）吸收甲苯和乙酸乙酯，然后经过精馏装置将它们与吸收油分离。分离得到的吸收油返回到吸收装置循环使用，回收得到的甲苯和乙酸乙酯供塑料膜加工过程再利用。在上述回收过程中，甲苯和乙酸乙酯的回收效果、吸收油的消耗和能耗等均与吸收油的流量有关。不同吸收油流量下回收过程产生的化学物质排放如表 5-25 所示。

表 5-25　不同吸收油流量下回收过程产生的化学物质排放

吸收油流量/kmol·h^{-1}	排放速率/kg·h^{-1}						
	甲苯	乙酸乙酯	CO_2	CO	NO_x	SO_x	n-C_{14}
0	193.55	193.55	0	0.0	0.0	0.0	0.0
10	119.87	185.87	37	0.013	0.05	0.41	4.28
20	53.11	178.37	74	0.027	0.11	0.81	4.83
50	0.97	160.4	183	0.066	0.26	1.99	4.67
100	0.02	128.07	360	0.129	0.52	3.39	4.23
200	0.02	59.95	714	0.257	1.03	7.82	4.13
300	0.02	12.87	1067	0.385	1.54	11.9	4.06
400	0.03	1.70	1420	0.512	2.05	15.56	4.05
500	0.03	0.27	1773	0.639	2.56	19.42	4.04

试分析上述回收过程产生的排放对全球增温、烟雾形成和酸雨的影响。

解：根据表 5-22 中的数据，可得到不同吸收油流量下甲苯和乙酸乙酯的回收百分数，如图 5-18 所示。

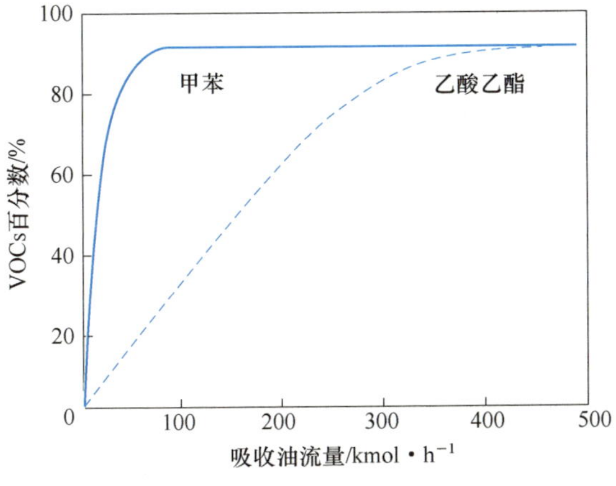

图 5-18　不同吸收油流量下甲苯和乙酸乙酯的回收百分数

当吸收器油流量增加时，甲苯和乙酸乙酯的回收率增加，它们的排放量降低。在流量为 50kmol/h 时，大部分甲苯（99.5%）被回收。但是，乙酸乙酯的回收难度较大，需要相当大的油流量。显然，吸收油流量对甲苯的吸收选择性高。另外，吸收油流量的增加，公用工程能耗增加，产生的污染物（CO_2、CO、NO_x 和 SO_x）的排放量也相应增加。从表 5-23 和表 5-24 我们可以查到上述过程排放的有关化学物质的全球增温潜能、酸雨潜能和烟雾形成潜能，如表 5-26 所示。

表 5-26 有关化学物质的全球增温潜能、烟雾形成潜能和酸雨潜能

项目	甲苯	乙酸乙酯	CO_2	CO	NO_x	SO_x	n-C_{14}
GWP	3.35	2.0	1	1	40		3.1
MIR	2.70	1.10					0.32
ARP					0.7	1.0	

将表 5-24 和表 5-26 中的有关数据代入上式，可以计算得到不同吸收油流量下全球增温指数 GW、烟雾形成指数 SF 和酸雨指数 AR 的变化，结果如图 5-19 所示。

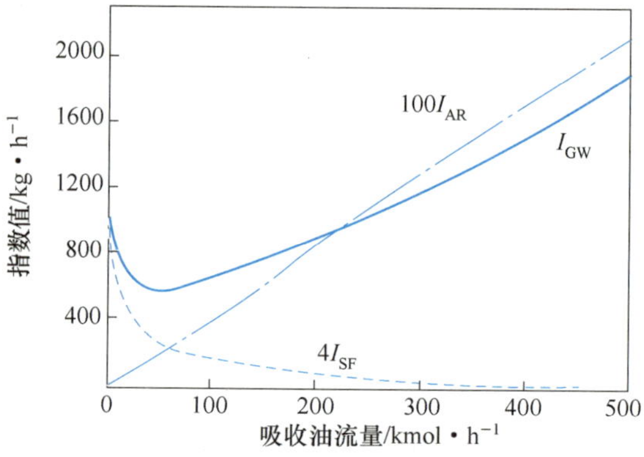

图 5-19 不同吸收油流量下全球增温指数 GW、烟雾形成指数 SF 和酸雨指数 AR 的变化

由图 5-19 可以看出，当吸收油流量为 0 时，所有的挥发性有机物直接排放到空气中，这些有机物氧化成 CO_2 后将对全球变暖影响较大。当吸收油流量约为 50kmol/h 时，全球增温指数最小，大约降低了 40%。但是，吸收油流量超过 50kmol/h 后，公用工程排放对全球变暖量影响凸显出来，使全球增温指数增加。

在吸收油流量上升到 50kmol/h 之前，烟雾形成指数显著降低，此时甲苯被迅速地吸收；当吸收油流量超过 50kmol/h 后，大部分甲苯已经被吸收，而乙酸乙酯被吸收的速率较缓慢，因此，此时烟雾形成指数随油流量的增加缓慢降低。酸雨指数增加基本上与吸收油流量增加成正比，这是因为酸化物质的排放来源于公共工程（SO_x 和 NO_x），而过程公共工程的需求与吸收油流量成比例增长。

上述研究表明，采用多个环境指数评价一个工业过程具有一定的复杂性，不能给定某一吸收油流量同时使 3 个环境指数最小。对于上述过程，在油流量为 50kmol/h 时，全球增温指数降低 42%，烟雾形成指数降低 82%，而酸雨指数有一定的增长。因此，将吸收油流量定为 50kmol/h 是一个较好的折中选择。当然，最终的决定还要考虑经济和安全的因素。

5.3.7.5 化学物质污染排放对人类健康和生态环境的影响

5.3.7.3 节介绍了涉及地区和全球性的环境问题，本节介绍的内容与有害化学物质排放点邻近地区的人群密切相关。由于毒物学的复杂性，因此化学物质排放对人类和生态系统健康带来的不利影响是难以精确确定的。但从工业过程环境评估的角度来看，精确的毒性评价也不必要。为此，本节将介绍可用于工业过程设计和改造的环境评估方法，包括化学物质毒性、致癌性和进入人体的途径以及它们对人体和生态环境的影响。

A 化学物质的毒性

由于化学物质的毒性涉及的因素很多，前面介绍的基团贡献法难以适用于不同人体健康的评估，目前还没有一种既简单又适用于不同人体的毒性评估参数。现有表示化学物质毒性的参数较多，包括针对工作环境的阈限值（TLV）、容许暴露值（PEL）和推荐暴露容许值（REL）等参数。此外，由于环境中的化学物质主要是通过呼吸和饮食两种方式进入人体，因此，也可分别采用口服毒性潜能和吸入毒性潜能来评估化学物质对人体健康可能产生的非致癌和致癌影响。下面将分别对上述参数进行介绍。

非致癌毒性化学物质对人体的非致癌毒性可采用参考剂量（RfD，mg/(kg·d)）或者参考浓度（RfC，mg/m^3）来表示。当水和空气中化学物质的剂量或浓度高于参考值时，与它们接触将会产生不利的影响。而在参考值以下的剂量或浓度，则不会出现毒性反应。

化学物质的 RfD 和 RfC 是通过哺乳动物（老鼠和豚鼠等）实验获得的。哺乳动物口服或吸入一定剂量的化学物质，会产生相应的不良反应。图 5-20 是常见的由动物实验得到的剂量-反应曲线。由于化学物质对人体和哺乳动物的影响存在差异，因此，RfD 数值是在动物实验观察到的不良影响剂量（NOAEL）除以一个安全系数得到。通常，RfD 比 NOAEL 小许多。RfC 也是通过类似的方法得到的。

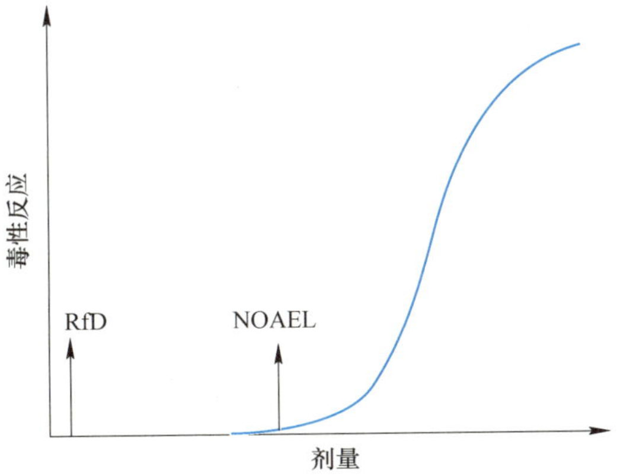

图 5-20 动物暴露在含某一非致癌化学物质环境中的剂量-反应曲线

RfD 和 RfC 可以从有关手册或美国环保署网站上获得。因为不是所有化学物质都有 RfD 和 RfC 数据，所以也可使用致死剂量（LD_{50}）和致死浓度（LC_{50}）等毒物学参数来进行毒性评价。部分化合物的 LD_{50} 和 LC_{50} 数据可以从一些手册中获得，也可以从美国国立职业安全与健康研究所（NIOSH）网址中查找。此外，下一小节将介绍的 TLV、PEL 和 REL 等参数也可表示毒性属性，与 RfD 和 RfC 一样，是基于低剂量的值。

经口服进入人体的毒性潜能定义为：

$$\text{口服毒性潜能} = \frac{\text{剂量}}{\text{RfD}} \times \frac{\rho_{i,\text{w}} \dfrac{2\text{L}}{\text{d}}}{70\text{kg}} \times \frac{1}{\text{RfD}_i}$$

式中，$\rho_{i,\text{w}}$为化学物质在水中的质量浓度。人体平均每天的饮水量为 2L，平均体重为 70kg（Pratt，et al.，1993）。当口服毒性潜能大于 1 时，人体就有受化学物质毒害的危险。

同样，经呼吸进入人体的毒性潜能可以定义为：

$$\text{吸入毒性潜能} = \frac{\text{剂量}}{\text{RfC}} \times \frac{\rho_{i,\text{a}} \dfrac{20\text{m}^3}{\text{d}}}{70\text{kg}} \times \frac{1}{\text{RfC}_i}$$

人体平均呼吸速率为 $20\text{m}^3/\text{d}$，平均体重为 70kg。当吸入毒性潜能大于 1 时，人体就有受化学物质毒害的危险。

如果口服或吸入的有害物质包含多个化学物质，可以将每个化学物质的毒性潜能与其排放速率的乘积进行加和，以表示它们的非致癌毒性。

致癌毒性：化学物质的致癌潜能，通常也是通过哺乳动物实验获得。例如，通过实验可以得到老鼠口服不同计量化学物质（氯仿）后产生的致癌可能性，如图 5-21 所示。将有关实验数据用于人体，同样也需要朝低剂量外推。剂量-反应曲线的斜率称为致癌潜能斜率因子（SF），斜率通常取其上限，以增加保险系数。

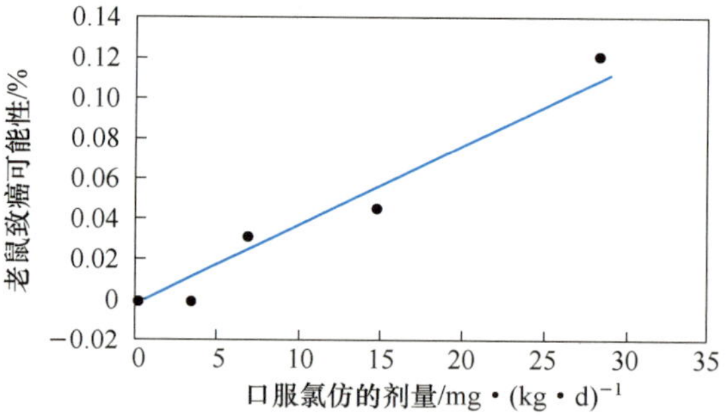

图 5-21 老鼠口服化学物质（氯仿）的剂量和致癌可能性

对于口服摄入化学物质，致癌潜能可表示为：

$$\text{口服潜能} = \text{剂量} \times \text{SF}_i = \frac{\rho_{i,\text{w}} \dfrac{2\text{L}}{\text{d}}}{70\text{kg}} \times \frac{\text{SF}_i}{70\text{a}}$$

对于经呼吸进入人体的化学物质，致癌潜能是：

$$\text{吸入潜能} = \text{剂量} \times \text{SF}_i = \frac{\rho_{i,\text{a}} \dfrac{20\text{m}^3}{\text{d}}}{70\text{kg}} \times \frac{\text{SF}_i}{70\text{a}}$$

式中，SF 为致癌潜能斜率因子，单位为 mg/(kg·d)，并假定人的寿命是 70 年。SF 值越高，化学物质的致癌潜能就越高。

同样，如果口服或吸入的有害物质包含多个化学物质，可以将每个化学物质的致癌潜能与其排放速率的乘积进行加和，以表示它们的致癌毒性。

B　工作环境化学物质浓度限制标准

在含有毒有害化学物质的环境中工作，是最容易受到化学物质毒害的。为此，一些政府机构和非官方组织提出了多种工作环境化学物质浓度限制标准，例如，阈限值（TLV）、容许暴露值（PEL）和推荐暴露容许值（REL）。它们均是指工作环境中能保证人体安全的化学物质浓度，定义如下：

（1）TLV 是人体所在工作环境的空气中化学物质的浓度限制。在这个浓度下长期工作，该化学物质对人体健康不会有不利的影响。对于某一化学物质来说，其 TLV 的大小与人体暴露在含该化学物质环境中的时间相关。通常，TLV 值对应的暴露时间为每天 8h，一周为 24h。TLV 是由一个非官方组织美国政府工业卫生学者协会制定的。

（2）PEL 与 ACGIH 制定的 TLV 相似，但基于美国职业安全和健康法（OSHA），具有法律效力。

（3）REL 是由美国国立职业安全与健康研究所（NIOSH）的疾病控制与防治中心制定的，是基于毒性实验研究获得的数据。

表 5-27 给出了部分化学物质的 TLV、PEL 和 REL 数值，它们大多十分接近，但也有一些差别很大。TLV 数据代表了科学的、专业的危险评估，而 PEL 意味着对工作环境的法律规定。因为 PEL 带有法律效用，因此它直接受到政治、经济和可行性等方面的影响。而 NIOSH 作为 OSHA 在研究方面的补充，不会受这些外部因素的影响，所以制定的限制标准完全是基于实验结果。在颁布 PEL 数据前，通常已经有 TLV 或 REL 的数据。目前在绿色工程方案的设计、筛选和评估时更多的是采用 TLV 或者 REL，而不是 PEL。

表 5-27　部分化学物质的 TLV、PEL 和 REL 值

化合物	TLV/10^{-6}	PEL/10^{-6}	REL/10^{-6}
乙醛	25	200	具有致癌的可能性，尽量减少接触
醋酸	10	10	10
丙酮	500	1000	250
丙烯醛	0.1	0.1	0.1
氨	25	50	25
砷化三氢	0.05	0.05	0.0002
苯	0.5	1	0.1
联苯	0.2	0.2	0.2
溴	0.1	0.1	0.1
丁烷	800		800

续表 5-27

化合物	$TLV/10^{-6}$	$PEL/10^{-6}$	$REL/10^{-6}$
一氧化碳	25	50	35
氯	0.5	1	0.5
氯仿	10	50	2
环已烷	300	300	300
环已烯	300	300	300
环戊烷	600		600
1,1-二氯乙烷	100	100	100
1,2-二氯乙烯	200	200	200
二乙基甲酮	200		200
二甲胺	5	10	10
乙苯	100	100	100
氯乙烷	500	1000	具有致癌的可能性，尽量减少接触
1,2-二氯乙烷	10	50	1
环氧乙烷	1	1	0.1
甲醛	0.3	0.75	0.016
汽油	300		具有致癌的可能性，尽量减少接触
庚烷	400	500	85
六氯乙烷	1	1	1
异丁醇	50	100	50
异丙醇	400	400	400
顺丁烯二酸酐	0.1	0.25	0.25
丁酮	200	200	200
萘	10	10	10
硝酸	2	2	2
一氧化氮	25	25	25
二氧化氮	3	5	1
光气	0.1	0.1	0.1
二氧化硫	2	5	2
三氯乙烯	50	100	具有致癌的可能性，尽量减少接触
氯乙烯	1	1	具有致癌的可能性，尽量减少接触

一种使用 TLV 或 PEL 数据来表示毒性指数的方法是它们的倒数：

$$\text{环境指数}=\frac{1}{\text{TLV}}$$

这种表示方法简单明了，TLV 越高意味着人体对该化学物质的承受能力越强，该化学物质对人体健康损害越低。

使用 TLV（或 PEL、REL）来表示毒性是粗略的方法，它们只考虑通过吸入的方式对人类健康产生直接影响。即使用它们来评估吸入的方式对人类健康的影响也存在不准确的可能性。图 5-22 就能说明 TLV 作为影响健康的环境指标存在的缺陷。图 5-22 是 A 和 B 两种化学物质的剂量-毒性反应的关系曲线。这两种物质的阈限值（TLV）不同，物质 A 的 TLV 比物质 B 高，但一旦超过 TLV，A 会比 B 产生更大的毒性反应。如果 TLV 是基于对 10%的人产生影响的剂量，B 的 TLV 就要低于 A；如果 TLV 是基于对 50%的人产生影响的剂量，A 的 TLV 就低于 B。那么，到底哪个化学物质的毒性更大呢？结论应当是建立在毒性精确的定义和剂量-响应关系的详细分析的基础之上。

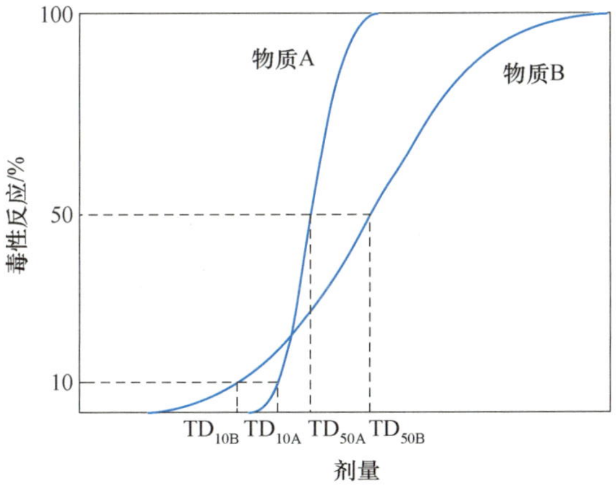

图 5-22　两个化学物质的剂量-毒性反应曲线

这个例子说明了使用一些简单的指标来精确定量地描述物质对环境的影响是不可靠的。当然，使用这些数据进行粗略的定性分析还是可行的。

C　化学物质进入人体的途径

在有害化学物质存在的环境中，它们对人体的危害不仅与其毒性有关，还与进入人体的途径有直接的关系。人们暴露在含有化学物质的环境中，这些化学物质通常通过 3 种途径进入人体：呼吸、饮水和皮肤直接接触。

（1）呼吸。通过呼吸进入人体的化学物质量，可以由下式计算：

$$\text{每天通过呼吸进入人体量}=\rho_g Q_g t$$

式中 ρ_g——空气中化学物质的质量浓度，mg/m^3；

Q_g——呼吸速率，m^3/h；

t——暴露时间，h。

不同年龄、性别和体重的人平均每天呼吸的空气体积如表 5-28 所示。

表 5-28 不同人平均呼吸速率

年龄	呼吸速率/$m^3\cdot(kg\cdot d)^{-1}$	
	男性	女性
0~9	0.341	0.31
10~17	0.341	0.31
18~44	0.209	0.186
45~64	0.194	0.165
65~	0.174	0.153

（2）饮水。通过饮水进入人体的化学物质量，可以由下式计算：

$$每天通过饮水进入人体量=\rho_L Q_L t$$

式中 ρ_L——水中化学物质的质量浓度，mg/L；

Q_L——饮水速率，m^3/h；

t——时间，h。

不同年龄、性别和体重的人平均每天的饮水速率如表 5-29 所示。

表 5-29 不同人平均饮水速率

年龄	饮水速率/$L\cdot(kg\cdot d)^{-1}$	
	男性	女性
0~9	0.0298	0.0298
10~17	0.0298	0.0298
18~44	0.0184	0.0184
45~64	0.022	0.022
65~	0.0219	0.0219

（3）皮肤。通过皮肤接触进入人体的化学物质量，可以由下式计算：

$$每天通过皮肤进入人体量=SQ_S w(\mathrm{ABS})N$$

式中 S——接触化学物质的皮肤表面积，m^2；

Q_S——沉积在皮肤表面物质的量，mg/m^2；

w——沉积物中化学物质的质量分数；

ABS——吸收率；

N——每天接触化学物质的次数。

在实际工作过程中，皮肤与化学物质的接触既与人体各个部位的表面积（表 5-30）有关，又与具体操作内容有联系。

表 5-30 成人皮肤的平均表面积

身体的部位	平均表面积/m^2	
	男性	女性
头	0.13	0.111
躯体	0.739	0.579
臂	0.291	0.23
手	0.099	0.0817
腿	0.64	0.546
脚	0.131	0.114
总计	1.94	1.69

在缺乏实际数据时，皮肤接触液体的量可以由表 5-31 给出的数据进行估算。

表 5-31 不同操作过程化学物质涂到皮肤上的量

活动	每次活动化学物质涂到皮肤上的量/$mg \cdot cm^{-2}$
触摸湿表面	6.0~10.3
喷漆	6.0~10.3
手工清洗设备	0.7~2.1
液体装桶	0.5~1.8
连接输送管	0.7~2.1
取样	0.7~2.1
舀液体	0.5~1.8

例：某一男性工人在生产环氧树脂黏合剂时向反应器中添加甲苯溶剂。操作过程要取样分析两次，反应结束后需要将产品装入桶中，还要清洗反应器。假定黏合剂中含20%的甲苯，皮肤上的甲苯全部被人体吸收，请估算通过皮肤接触进入这位工人体内的甲苯量。

解：假定取样时只有一只手接触样品，其他操作两只手均接触样品。由上述和表 5-28、表 5-29 中的数据可估算通过皮肤接触进入人体的甲苯如下：

连接甲苯进料管线：$990cm^2 \times 2.1mg/cm^2/次 \times 1.0 \times 1.0 \times 1次 = 2079mg$

取样分析：$495cm^2 \times 2.1mg/cm^2/次 \times 0.2 \times 1.0 \times 2次 = 416mg$

产品装桶：$990cm^2 \times 1.8mg/cm^2/次 \times 0.2 \times 1.0 \times 1次 = 356mg$

清洗反应器：$990cm^2 \times 2.1mg/cm^2/次 \times 0.2 \times 1.0 \times 1次 = 416mg$

因此，通过皮肤接触进入这位工人体内的甲苯总量为3267mg。

D 化学物质对人类健康影响的风险评估

化学物质对人类健康影响的风险评估存在的不确定因素很多，其准确性依赖于是否能准确计算环境中有害物质的浓度，以及动物毒性数据用于人体的可靠性。通常，对于非致癌性化学物质，当毒性潜能达到1以上时，在该环境下工作就存在一定的风险；对于致癌化学物质，当毒性潜能为10^{-6}时，就可能有致癌的风险，但在10^{-6}~10^{-4}范围，致癌风险概率还是非常小的。由于进入人体的途径（口服和吸入）不同，同一化学物质可能有两种毒性数据，此时，可采用毒性大的致癌和非致癌毒性数据表示其毒性。如果只有一种毒性数据，在评估化学物质通过另一种途径进入人体的风险时，可采用该已知数据。对于不可能存在的途径，则毒性为0。

例：某一工作人员在空气中含有3种化学物质的环境下工作，每天工作6h，共计工作240d。这些化学物质的有关数据如表5-32所示。若该工作人员的体重为70kg，呼吸速率为0.83m^3/h，请计算他在工作环境的致癌和非致癌风险。

表5-32 3种化学物质的浓度和毒性参数

化学物质	空气的质量浓度 /mg·m^{-3}	口服 RfD /mg·(kg·d)$^{-1}$	吸入 RfC /mg·(kg·d)$^{-1}$	口服 SF /kg·(d·mg)$^{-1}$	吸入 /kg·(d·mg)$^{-1}$
1,1,2-三氯乙烷	0.5	0.004		0.057	
溴二氯甲烷	0.25	0.02		0.062	
氯仿	1	0.02	不确定	0.0061	0.0081

解：首先计算工作人员每天吸入的化学物质剂量。

1,1,2-三氯乙烷：$0.83m^3/h \times 6h/d \times 0.5mg/m^3/70kg = 0.003557mg/(kg \cdot d)$

溴二氯甲烷：$0.83m^3/h \times 6h/d \times 0.25mg/m^3/70kg = 0.001779mg/(kg \cdot d)$

氯仿：$0.83m^3/h \times 6h/d \times 1mg/m^3/70kg = 0.007114mg/(kg \cdot d)$

致癌影响：

毒性影响 = $\sum$(剂量·SF)

$= (0.003557 \times 0.057 + 0.001779 \times 0.062 + 0.007114 \times 0.0061) \times 240d70 \times 365d$

$= 3.35 \times 10^{-6} < 10^{-4}$

上述致癌毒性数据显示，在该环境下长期工作的致癌风险很小。

非致癌影响（由于没有吸入RfC数据，我们可采用RfD代替）：

毒性影响 = $\sum$(剂量/RfD)

$= 0.003557/0.004 + 0.001779/0.02 + 0.007114/0.02 = 1.334 > 1$

上述非致癌毒性数据显示，在该环境下工作对工人的健康有非致癌性的影响。

对于化学物质的毒性评定，美国环保署建立的风险信息综合系统数据库（IRIS）汇集了大量化合物的毒性参数数据，并对这些参数进行了无因次量化，以便比较化学物质的毒性。表5-33和表5-34分别给出了与非致癌毒性和致癌毒性所对应的无因次毒性量。详细内容和毒性量的数据可以在美国环保署的网址中查找。

表 5-33 化学物质的非致癌毒性参数的量化

RfD/mg·(kg·d)$^{-1}$	RfC/mg·m^{-3}	毒性
RfD<0.5	RfC<1.8	1
0.05<RfD<0.5	0.18<RfC<1.8	10
0.005<RfD<0.05	0.018<RfC<0.18	100
0.0005<RfD<0.005	0.0018<RfC<0.018	1000
0.00005 <RfD<0.0005	0.00018<RfC<0.0018	10000
RfD<0.00005	RfC<0.00018	100000

表 5-34 化学物质的致癌毒性参数的量化

口服斜率因子 SF /kg·(d·mg)$^{-1}$	毒性	
	SF 至少是基于大量的动物实验	SF 仅基于有限的动物实验
SF<0.005	10	1
0.005<SF<0.05	100	10
0.05<SF<0.5	1000	100
0.5<SF<5	10000	1000
5<SF<50	100000	10000
SF>50	1000000	100000

E 化学物质对生态系统的影响

基团贡献法可以用来评估化学物质对生态系统的影响。由于化学物质对生态系统的影响需要关联的范围和涉及面非常大，因此，本节仅介绍一种评估化学物质对生态系统产生危害的简单方法。

通常，水蚤、鱼和虹鳉的死亡率被用来评估化学物质对于生态系统的危害。虹鳉的死亡率可以按辛醇—水分配系数相关联：

$$\lg\left(\frac{1}{LC_{50}}\right) = 0.871\lg K_{ow} - 4.87$$

式中 LC_{50}——在所处的环境中 14d 导致 50% 某物种死亡的化学物质浓度，单位为 μmol/L。

该式是综合了不同化学物质的数据得到的，这些化学物质包括氯苯、氯代烷烃，二乙基醚和丙酮等。此外，还有一些适用于特定类别化学物质的关联式。例如，丙烯酸盐的毒性，可分别由水蚤 48h 后的死亡率或鱼 96h 后的死亡率表示：

$$\lg LC_{50} = 0.00886 - 0.51136\lg K_{ow}$$
$$\lg LC_{50} = -1.46 - 0.18\lg K_{ow}$$

式中，LC_{50}的单位为 mmol/L。

例：甲基丙烯酸甲酯的 $\lg K_{ow}=1.28$，比较它对鱼、虹鳟和水蚤的致死性。

解：对于上述物种，产生50%死亡率甲基丙烯酸甲酯的浓度 LC_{50} 为：

虹鳟（14d）：5690μmol/L

水蚤（48h）：0.226mmol/L=226μmol/L

鱼（96h）：0.020mmol/L=20μmol/L

虽然上述计算得到的鱼、虹鳟和水蚤的致死浓度并不相同，但由于采用了不同的计算式，物种在有甲基丙烯酸甲酯的环境中生存的时间不同，因此，通过不同计算式得到的结果无法进行致死性比较。

5.3.8 生命周期评价的应用

5.3.8.1 在工业选择、设计和最优化中的应用

通常 LCA 作为环境管理工具，但近年来生命周期评价在工艺选择、设计和最优化中的应用会引起工业领域的极大兴趣。

A LCA 在工艺选择中的应用

1997年，英国环境保护局出版了《最佳可实行环境选择》（best practicable environmental option，BPEO）工艺的评价指南，描述一套评价环境危害和比较特定工艺的程序，来判定所选择的工艺是否是 BPEO。

B LCA 在最佳化中的应用

传统系统最佳化是以最大化经济效益为目的，而 LCA 则同时达到环境和经济目标最佳化。将 LCA 纳入到系统最佳化过程包括三个主要的步骤：实施 LCA；根据 LCA 结果，将多目标最佳化问题用公式表示；对多目标最佳化问题求解，寻找最佳解决方案。

LCA 多目标最佳化表达式如下：

$$\begin{cases}\min f(x,\ y)=[f_1,\ f_2,\ \cdots,\ f_p]\\ h(x,\ y)=0\\ g(x,\ y)\leqslant 0\\ x\in X\subseteq Rn\\ y\in Y\subseteq Zq\end{cases}$$

式中 f 函数——经济和环境目标；

h 等式，g 不等式——限制条件，h 等式表示能量和物质平衡，g 不等式表示物质可用性、热要求以及生产力等限制条件；

x，y——实数和整数变量；

整数变量 n——包括物质和能量流、压力、结构、尺寸等；

整数变量 q——替代物或技术、原材料运输的车辆等。

注：如果整数集是空集，限制函数和目标函数都是线性的，则整个最佳化问题就变成了一个线性方程（LP）；反之则成为多维非线性方程（minLP）。

C 工艺设计的 LCA 应用

近年来，LCA 在工艺和产品设计中的应用逐步得到重视，一种新的 LCA 工具——生命周期产品/工艺设计（LCPD）应运而生。

（1）确定系统边界：从原材料的提取到生产，这样便于对生产同一系列原材料进行比

较分析，也使决策者能根据产品质量和环境性能等其他指标识别最佳产品供应者。

（2）可根据 ISO9000、ISO14000 标准或者产品的环境标志制定选择供应商指南，把消费者需求信息包括进工艺设计阶段。

（3）工艺的设计必须遵从相关的立法，如《健康与安全规章和环境排放物限制规章》等。

（4）目标设定后就可列出多目标最佳化模型，其中环境负载或影响和社会经济功能作为目标，物质和能量平衡、生产能力、技术、立法和其他要求为限制条件，然后对此多目标求最佳化解。

通过选择整个生命周期最佳工艺技术和原材料，LCPD 提供了工艺概念和结构技术革新潜力。此外，LCPD 还提供了一个有效的清洁工艺设计框架，同时兼顾环境和经济利益。

5.3.8.2 在环境标志中的应用

随着公众意识的提高和环境保护工作的深入开展，出现了社会呼唤绿色消费和公众期待绿色产品的新形势。环境标志概念应运而生。各国的环境标志都有各国设计的意图，如之前环境标志进展所述。中国环境标志是由中心的青山、绿水、太阳及周围的 10 个环组成。图形的中心结构表示人类赖以生存的环境，外围的 10 个环紧密结合。环环繁扣，表示公众参与，共同保护环境；同时 10 个环的“环”字与环境的“环”同字，其寓意为“全民联系起来，共同保护人类赖以生存的环境”。

A 环境标志概念

环境标志是由政府或公共及私人团体依据一定的环境保护标准或规定，通过对自愿申请的企业产品进行审查，符合要求后颁发的一种印在产品或其包装上的标签，是产品的“证明性商标”，是对产品环境性能的公正鉴定。

B 环境标志的作用

环境标志是产品的一种证明性商标，它表明商品不仅质量合格，而且从原材料的开采到最终废物的处置的整个生命周期均符合特定的环境保护要求，环境标志引导消费者在进行消费活动时，有目的地在同类商品中选择具有环境标志的商品，从而提高消费者的环境保护意识；另外，通过消费者有意识的选择和市场的竞争，促使企业自觉调整工业结构，采用清洁生产工艺，生产对环境有益的产品。

产品环境标志通常是具有肯定、中立或否定意义的，标志信息能提高产品的积极环境属性，揭示产品固有的优劣信息，提出关于危险物或产品环境影响的警告。

C 环境标志的认证方法

环境标志制度已经在世界上许多国家得到了广泛的执行。“中国环境标志产品认证委员会”于 1994 年 5 月 17 日正式成立。环境标志的认证方法包含产品生命周期分析的思想，要求全面地考察、检验产品各个阶段的环境问题。国际标准化组织（ISO）大力推荐以产品生命周期评价所得到的参数作为认证环境标志产品的依据。

欧共体生态标志计划是通过成员国的官方环境标志机构实施的，使用的方法通过了欧共体的官方政策性机构——欧共体委员会的认可。欧共体指定了 LCA 专家给生态标志计划提供的建议，将 LCA 应用到生态标志中去。

英国生态标志计划署采用了一种“新型产品生命周期评价法”。从事过 LCA 工作的专家顾问从产品类型中选出代表性产品然后对其生命周期实施评价。评价的目的不是比较产品的细节或得出所选特殊产品的环境影响的结论，而是鉴定产品生命周期中有重大环境影响的阶段。

丹麦的“定性和定量”生命周期评价。丹麦被分配的产品类型有绝热材料、纸产品和纺织品，环保局与咨询专家一起完成了产品的环境评价。通过研究得出的标志标准主要是单位产品化石燃料的使用、回收材料的百分比、单位产品排放物的全球变暖潜力、臭氧消耗潜力、SO_2 排放物以及单位产品的挥发性有机物的排放。

法国生态平衡理论。法国起草了油漆和清漆、香波和电池产品的环境标志标准。法国在欧共体计划和全国计划中所采用的方法包括使用每个产品类型的生命周期清单分析，并称之为“生态平衡”。生命周期评价包括五个步骤：

（1）完成被讨论的产品类型的市场和生产调查。

（2）选择能代表市场和与有代表性环境问题相关的产品。

（3）对代表性产品进行生命周期清单分析。

（4）评价清单分析结果，确定主要环境问题。

（5）专家组讨论生命周期清单分析确定的主要环境问题，缓解这些问题可采用的科学技术及符合标准的经济可行性。

5.3.8.3 在绿色产品中的应用

绿色产品是20世纪80年代末期世界各国为适应全球环保战略，进行产业结构调整的产物。绿色产品是指从产品设计、原材料选择、制造、包装到回收处置的全过程中节省资源和能源，对环境危害较少或者无害，对劳动者健康不具有危害性并有利于资源循环利用的产品。

目前国内外对产品 LCA 进行了大量的研究，并通过产品的 LCA 来改善产品环境指标与性能，或者通过 LCA 对使用性能相同的几种产品进行对比分析来判断其优劣性。A. Jonsson 等利用环境优先设计策略、环境主题、生态稀缺等方面针对漆布、乙烯、实木三类材质地面的环境影响进行了评价。王晓霞等对无铅焊料和锡铅焊料的环境协调性对比分析。同时，国内的一些研究人员也不断加强相关产品的评价体系的研究，以使评价结果更加直观化、系统化。于亚丽等采用层次分析法研究了绿色产品环境影响和经济性能的评价指标体系，结合等价转化及产品成本收益的经济利润分析等方法，建立了相应的绿色产品生命周期评价数学模型，探讨了其在绿色产品生产和管理过程评价中的广泛适用性。胡云林提出了“等效性能指标”方法来区分材料性能的高低程度。采用环境负荷归一的评价方法，能够较好地解决资源消耗所带来的评价困难。在提倡绿色产品的同时，绿色设计、绿色制造工艺等方面也得到了逐渐重视。国内外的学者也进行了相关的研究，研究方法也在不断地补充和完善。Rathod 等利用环境意识的质量功能配置（ECQFD）和 LCA 相结合的方法进行电动汽车产品设计的可持续发展的分析。陈世杰等采用环境因素的定量化与产品的自身特性及生产流程特点的定性化相结合的生态设计方法，有效地改善产品的环保特性，达到相应的环保标准要求。戚赟徽通过对产品全生命周期能量消耗的分析，建立有效描述和表达机电产品中能量消耗的效用模型，找出机电产品能量属性及其与设计过程和设计信息的内在联系。提出“能量设计因子”和“设计元”概念，建立了基于设计元的面向能源节约的产品设计模型等。

5.3.8.4 在钢铁行业中的应用

钢铁产品生命周期评价主要研究在铁矿石、煤、石灰石等原燃料的开采和运输，耐火材料、石灰等辅料生产和运输，钢铁产品生产（经过焦化、烧结、球团、炼铁、炼钢、轧钢等工序），钢材物流配送和进一步深加工，以及建筑、机械、汽车等下游用钢行业使用、下游用钢产品报废并回收利用的全过程中对资源、环境及人体健康带来的影响。钢铁产品生命周期评价涉及钢铁行业及其上下游相关行业，是一项系统工程。如何采用先进工艺技术和方法来减少资源能源消耗和污染物排放以降低对环境的影响，成为钢铁行业关注的热点。生命周期评价为此提供了一个很好的方法和工具。

生命周期评价对钢铁企业具有重要意义，主要表现在以下方面。一是量化产品绿色程度。通过 LCA 评价可以量化单位钢铁产品的资源、能源消耗和环境指标，可以明确产品的绿色程度；通过与国内外同类先进产品的 LCA 结果对比，可了解优势和差距，并提出相应的改进方案。二是满足用户开拓市场需求。进行 LCA 研究有助于钢铁企业进行绿色产品的认证和发布，为钢铁企业应对趋势越来越明显的绿色贸易壁垒，参与国内外市场竞争提供支撑。三是助力绿色新产品开发。由于 LCA 是从产品生产的全流程考虑资源、能源和环保排放，可充分了解从哪些方面着手降低资源能源消耗、减少环境排放有助于钢铁企业研发绿色钢铁产品。四是促进节能降耗和环保提升。通过 LCA 可准确发现产品生产各工序的资源能源消耗和对污染物排放的影响，为钢铁企业节能降耗、减少污染提供决策依据。五是作为绿色产品认证基准。绿色产品认证的基础就是钢铁产品生命周期评价结果，若申请公司产品的 LCA 结果优于世界或地区同类产品平均水平，则易于获取绿色产品认证。

生命周期评价（LCA）是国际上通用的认定绿色产品的方法，是国际绿色发展领域的标准语言，在国际上应用广泛。

世界钢铁协会从 1994—1995 财年开始收集生命周期清单（LCI）数据，并分别于 1999—2000 财年、2005—2006 财年、2012—2015 财年对清单数据进行数次更新，最新更新数据于 2020 年发布，目前主要在建筑行业和汽车行业开展 LCA 工作。在欧洲，欧盟委员会发布环保政策——产品环境足迹认证（PEF），其目标是形成绿色产品单一市场，形成评价产品生命周期环境绩效的一般方法，减少差异，以实现产品的一致性比较。与此同时，国外先进钢铁企业也开展了 LCA 的研究工作。塔塔钢铁欧洲公司采用 LCA 工具来评估新产品开发的可持续性，成功开发可拆卸复合地板及空心型钢，并在建筑领域推广应用。安赛乐米塔尔公司基于生命周期评估、生命周期成本计算、社会影响评估等 17 项关键绩效指标建立评价方法，用于比较任何类型建筑的建筑施工方案对环境、经济和社会可持续性的影响，并推出了 Steligence 这一全新的建筑用钢概念，强调钢铁仍然是一种可持续材料和建筑行业的首选材料，Steligence^{R} 项目荣获 2018 年世界钢铁协会生命周期评价卓越奖。蒂森克虏伯欧洲钢铁公司在创新产品研发阶段运用生命周期评价方法进行环境影响和可回收性评估，对可能造成更大环境影响或限制可回收性的产品进行识别，并开发了决策树形式的程序，协助非 LCA 专业人员进行判断决策。浦项集团于 2005 年开始参与世界钢铁协会 LCA 项目，随后独立建设生命周期评价数据库，开发 LCA 软件，并成功用于汽车轻量化解决方案，实现车身减重 8.5%。以浦项先进高强钢在 2015 年的全球销量为例，每年可节省 14.7 亿升汽油、18.6 亿美元驾驶成本和 316 万吨二氧化碳当量。

钢铁产品 LCA 在国外已有广泛应用，已形成完整的理论体系和方法论，并开始支撑环境政策、环境产品标准的制定。同时，钢铁产品 LCA 也为安赛乐米塔尔、塔塔、浦项等先进钢铁企业的产品研发、推广等提供了全新的思维和视角。

生命周期评价在我国钢铁行业的应用与实践：近年来，随着我国绿色制造工作持续推进，尤其是《工业和信息化部办公厅关于开展绿色制造体系建设的通知》（工信厅节函〔2016〕58 号）政策的实施，我国钢铁行业关注和研究 LCA 工作的热情大幅提升。近期，世界钢铁协会、中国金属学会等国内外钢铁行业组织积极推动我国钢铁企业开展 LCA 工作，引发广泛关注。目前，已有宝钢、包钢、河钢等钢企开展了较为深入的生命周期评价研究和应用。

（1）宝钢。2003 年，宝钢在国内钢铁企业中率先开展 LCA 的研究工作。截至目前，宝钢仍是国内钢铁企业开展 LCA 工作的领先者。宝钢通过对钢铁产品 LCA 的持续研究与标准建设，已搭建起基于生命周期的绿色设计与绿色制造方法学、标准体系、产品碳足迹计算模型和数据库，并结合上下游的全价值链环境绩效分析，升华到产品的生态设计层面，形成了一整套应用体系。“宝钢产品基于 LCA 的生产过程、环境友好的研究”课题获 2017 年国家冶金科学技术奖一等奖。宝钢通过 LCA 实现了产品生态设计，2018 年完成了超轻型白车身生命周期评价与生态设计研究。2019 年，宝钢完成薄板坯连铸连轧技术生命周期评价。宝钢绿色设计产品评价方法产品环境绩效指数（BPEI），包含碳钢、不锈钢、特钢共 131 个大类产品、35 个具体牌号产品环境绩效数据，建立了宝钢钢铁产品碳足迹计算模型和数据库。同时，宝钢作为第一起草 单位编制了国家标准《钢铁产品生产生命周期评价技术规范（产品种类规则）》（GB/T 30052—2013）。此外，宝钢已开发自己的 Baosteel LCA 软件，具有可兼顾专业人员和非专业人员的矩阵模型，可实现动态化、组态化建模，这对于宝钢在内部及与下游用户合作开展各细分产品的生命周期评价、进行产品的生态设计具有重要作用。

（2）包钢。2015 年，包钢开始进行 LCA 研究工作，选择钕铁硼磁性材料和稀土抛光粉两个稀土产品，以及 U76CrRE 钢轨和 BT610L 汽车大梁钢两个稀土钢产品作为研究对象，研究边界设定为“采矿—产品”，通过建立铁矿石开采、稀土和稀土钢产品 LCA 方法论、LCA 计算模型、LCA 计算软件、LCA 在线分析和展示系统，包钢发布了钕铁硼磁性材料、稀土抛光粉、U76CrRE 钢轨和 BT610L 汽车大梁钢的产品环境声明（EPD）和产品种类规则（PCR），并完成了《产品生命周期评价技术规范》《绿色设计产品评价技术规范》等团体标准的编制。2017 年，包钢因其在利用生命周期评价工具支持供应链的生态设计及改善环境方面的突出工作，荣获世界钢铁协会生命周期评价卓越奖。2019 年，包钢制定了《包钢（集团）公司生态设计与绿色制造三年行动计划（2019 年行动计划年）》，组织开展稀土钢产品和稀土产品的生命周期评价工作，并将生命周期评价研究升华到产品的生态设计层面，从稀土耐磨钢入手帮助并引导产品开发人员树立生态设计理念，从产品及工艺设计阶段引入 LCA 概念，进行绿色产品设计。

（3）河钢。河钢集团依托国家重点研发计划，运用 LCA 方法优化炼铁工艺，建立球团、烧结、高炉工艺流程模型，根据 LCA 结果分别提出球团、烧结及高炉工序升级改造建议，从源头削减污染物排放。此外，河钢集团承钢公司运用 LCA 方法，面向钒的提取生产过程建立环境性能评价模型、经济性能评价模型、绿色产品指数计算模型，针对现有五氧化二钒提钒产线，实现了对从原材料、生产、使用到生命末期的处理、循环和最终处置的生命周期环境因素和潜在环境影响因素贡献比例的数据统计与自动分析评价，制定了钒的清洁提取标准，为产品生态化设计提供了支持。

案例分析：电动汽车与天然气车全生命周期研究与选择

近些年随着我国经济的飞速发展，汽车保有量也不断增加。这在带给人们便捷的同时也引发了能源、环境等方面的一系列问题。电动汽车因其行驶阶段的高效率和低污染成为新能源汽车的代表车型。代用燃料车的代表车型有天然气车、甲醇燃料车、乙醇燃料车等。数据显示，当前我国电动轿车保有量约占全球保有量的30%，居全球首位，占据了大部分电动汽车市场。在天然气汽车发展方面，我国也相继出台相关政策规划发展天然气汽车，我国天然气汽车的保有量位居世界第一。

* 目的与范围的确定

研究系统主要包括三个阶段：(1) 生产阶段；(2) 使用阶段；(3) 汽车报废处理阶段。本研究的功能单位为1km（一辆汽车在中国道路上行驶）。

车辆技术范围：结合国内新能源汽车发展现状，选取轻型纯电动汽车（BEV）、混合动力汽车（HEV）、插电式混合动力汽车（PHEV）、压缩天然气汽车（CNGV）为研究对象，将传统汽油内燃机汽车（GICEV）作为对比研究对象，具体车辆参数后文中详细给出。

* 清单分析

将汽车全生命周期环境影响评估清单分为四类：能源消耗；CO_2 排放；常规污染物排放（VOC、CO、NO_x、SO_2）；颗粒物排放（PM2.5、PM10）。

* 全生命周期环境影响评价

根据需要选取其影响类型中的化石能源消耗（ADP）、人类毒性（HTP）、全球变暖（GWP）、酸化（AP）、光化学臭氧合成（POCP）五个环境影响类型，另外为了对雾霾影响因子展开评价，还引入了气溶胶潜值（AQP）。以当量模型作为特征化模型，参照物为某一影响类型中的某一影响物，根据一定比例将其他影响物等价转换为该影响物，当量系数就是其转换比例，也称作特征化因子。采用国际通用的特征化因子，特征化因子如表5-35所示。

表5-35 环境影响特征化因子

环境影响类型	环境影响物质	特征化因子	单位
化石能源消耗	煤	18	MJ
	石油	42.8	
	天然气	46.2	
酸化	SO_2	1	kg-Equiv
	NO_x	0.5	
光化学臭氧合成	NO_x	0.028	kg Ethene- Equiv
	SO_2	0.048	
	CO	0.027	

续表 5-35

环境影响类型	环境影响物质	特征化因子	单位
全球变暖	CO_2	1	kg CO_2- Equiv
人类毒性	CO	0.012	kg 人体重- Equiv
	NO_x	0.78	
	SO_2	1.2	
气溶胶潜值	PM10/PM2.5	1	kg PM10- Equiv

根据各类车型全生命周期环境清单，计算得到五类技术车型的全生命周期环境影响评价量化结果，如表 5-36 所示。可以看出，在酸化（AP）、人类毒性（HTP）、气溶胶（AQP）潜值三个类型的环境影响方面，CNGV 相较于电动汽车表现出明显优势，BEV 效益差；在化石能源消耗（ADP fossil）和光化学臭氧（POCP）两个方面，BEV 表现优，而 CNGV 与 GICEV 相当，对于电动汽车，随着电气化程度的降低二类潜势逐渐增加；在全球变暖（GWP）方面 BEV 相对其他技术车型效益更好，CNGV 相较于 BEV 全球变暖潜势更高。

表 5-36 环境影响特征化结果

车辆类型	ADP fossil /MJ · km^{-1}	AP /gSO_2-eq · km^{-1}	POCP /gEth-eq · km^{-1}	GWP /gCO_2-eq · km^{-1}	HTP /g 人体重-eq · km^{-1}	AQP /gPM10-eq · km^{-1}
CNGV	159.764	0.294	0.063	208.024	0.414	0.032
BEV	50.468	0.652	0.035	197.174	0.808	0.066
PHEV	91.634	0.520	0.052	218.283	0.665	0.059
HEV	121.005	0.341	0.064	215.547	0.642	0.042
GICEV	161.014	0.299	0.062	284.724	0.417	0.045

* 结果解释

(1) 从能源消耗角度看，电动汽车能显著降低总能源消耗量和石油消耗量，其中 BEV 为显著。

(2) 从环境排放角度看，天然气汽车在 PM10、PM2.5 和 SO_2 方面减排效果明显。电池的生产和报废过程使得电动汽车车辆周期的环境排放量相较于 CNGV 和 GICEV 显著升高。

(3) 从环境影响潜势看，电动汽车在化石能源消耗（ADP fossil）、光化学臭氧（POCP）和全球变暖（GWP）方面表现出良好的环境效益，而在酸化（AP）、人类毒性（HTP）和气溶胶（AQP）方面出现负效益，天然气汽车在气溶胶（AQP）方面表现良好。

本章小结

工业系统中的原料与能量流动对物质的全球循环有很大的影响。从污染的角度来看，这种流动所产生的是分散、复杂的非点源污染问题。工业活动对自然生态系统的影响不仅是污染问题，还涉及其原料与能量的消耗所产生的其他问题。随着可持续发展研究的不断深入，在经济系统特别是工业系统与自然环境相互作用的研究中，逐步形成了原料与能量流动分析这一研究方向。它分析在工业系统中原料与能源的流动，包括从原料的提取一直到生产、消耗和最终处置等运行过程如何影响社会、经济和环境以及如何减少这些影响等问题。原料与能量流动分析是工业生态学研究的一个重要领域。

原料与能量流动分析方法较多，借助这些分析方法可以帮助我们了解原料在整个生命周期流动过程中经济和环境的关系。工业代谢分析通过分析系统结构，进行功能模拟和输入输出信息流分析来研究生态工业系统的代谢机理。与以往系统分析方法的不同之处在于它以环境为最终的考察目标，追踪资源在从提炼到经过工业生产和消费体系后变成废物的整个过程中物质和能量的流向，给出系统造成污染的总体评价，并力求找出造成污染的主要原因。工业代谢分析方法可以适用于不同层次的分析要求，既可以是全球性、国家性或是地区性的工业生产分析，也可以是对某一个具体行业、公司或是特定场所的调查分析，旨在揭示经济活动中物质的数量与质量规模，展示构成工业活动全部物质与能量的流动与储存及其对环境的影响。通过这种分析，可以为公众或是企业的决策者提供一幅详细的物流图，并从中可以看出某一地区或企业所有的可持续发展的潜力。

生命周期评价的基本思想始于 20 世纪 60 年代，经过一段时间的发展，到 1995 年，生命周期评价进入实质性的推广阶段。生命周期评价是对一种产品及其包装物、生产工艺、原材料、能源或其他某种人类活动行为的全过程，包括原材料的采集、加工、生产、包装、运输、消费和回用以及最终处理等，进行资源和环境影响的分析与评价。其特点是：(1) 全过程评价；(2) 具有系统性与量化；(3) 注重产品对环境的影响。

生命周期评价实施过程主要包括目的与范围的确定、清单分析、影响评价和结果解释四个部分，构成生命周期评价的总体框架，缺一不可。

第一步：生命周期清单分析。其基本步骤和方法包括：(1) 数据收集的准备；(2) 数据的收集；(3) 计算程序；(4) 分配；(5) 再使用和再循环的分配程序；(6) 对 LCI 结果的解释；(7) 清单分析研究报告。

第二步：生命周期影响评价。其步骤包括：(1) 分类；(2) 特征描述；(3) 比较评估；(4) 改善分析。其方法可分为定性法和定量法两类。目前常用的生命周期影响评价方法主要有：SETAC-EPA LCA 分析方法（SETAC-EPA analysis，即 LCA 方法）和经济输入—输出生命周期评价模式（EIO-LCA）。典型评价方法包括：(1) 贝尔实验室的定性法；(2) 柏林工业大学的半定量法；(3) 荷兰的“环境效应”法；(4) 日本的生态管理 NETS 法。此外，LCA 评价数据库、软件也逐渐出台，并将逐渐发挥作用。

第三步：对评价结果进行解释，并完成书面评价报告。

为保证评价结果的准确性与实用性，进行生命周期评价应遵循系统性、时间性、透明性、准确性、知识产权、灵活性、可比性等基本原则。

通过生命周期影响评价，对产品生产过程中产生的对生态环境影响有了定量及定性的初步结论，接着就必须进行产品生态诊断，从产品生态辨识到生态评价是一个多次重复、优化调整的过程，其目的是真正设计出对环境友好的生态产品。

生命周期评价方法在国外已有广泛的应用，包括在工艺选择、设计和最优化的应用，在环境标志中的应用等。在我国，生命周期影响评价还是一个新鲜事物，研究与应用都处在初级阶段，相信伴随着新型工业化道路进程的加快，生命周期影响评价会发挥越来越重要的作用。

思考复习题

1. 工业生态系统内物质与能量流动的特点是什么？
2. 原料与能量流动分析的基本方法有哪些？
3. 什么是工业代谢，工业代谢分析方法？
4. 工业代谢的度量是哪些？
5. 简述物质与能量流动的模型。
6. 简述了解生命周期评价的产生与发展，生命周期和生命周期评价的含义、基本方法及意义。
7. 具体说明生命周期评价的基本原则和总体框架，简要介绍生命周期评价报告分哪几部分。
8. 分析生命周期清单的基本步骤和方法有哪些？
9. 简述生命周期影响评价的“三阶段概念框架”，了解生命周期影响评价的步骤和评价方法。
10. 应该如何进行产品的生态诊断，包括哪几个方面？

参考文献

[1] 陆钟武．工业生态学基础［M］．北京：科学出版社，2010.
[2] 王寿兵，吴峰，刘晶茹．产业生态学［M］．北京：化学工业出版社，2006.
[3] Graedel T E，Howard-Grenville J. 绿色工厂观点和方法与工具［M］．吴晓东译．北京：清华大学出版社，2006.
[4] 施函．产业生态学［M］．北京：清华大学出版社，2003.
[5] 李素芹．工业生态实用技术［M］．北京：冶金工业出版社，2010.
[6] 李素芹，苍大强，李宏．工业生态学［M］．北京：冶金工业出版社，2007.
[7] 白璐，孙启宏，乔琦．生命周期评价在国内的研究进展评述［J］．安徽农业科学，2010，38（5）：2553-2555.
[8] 孙锌，刘晶茹，杨东，等．家用空调碳足迹及其关键影响因素分析［J］．环境科学学报，2014，34（4）：1054-1060.
[9] 李兴福，徐鹤．基于 GaBi 软件的刚才生命周期评价［J］．环境保护与循环经济，2009，6：15-18.
[10] 宋萍，聂祚仁，狄向华，等．硫铝酸盐水泥的生命周期评价案例分析［J］．新世界水泥导报，2006，1：7-11.
[11] Hunt R G，Franklin W E，Hunt R G. LCA-How it came about-personal reflections on the origin and the development of LCA in the USA［J］. The International Journal of Life Cycle Assessment，1996，1（1）：4-7.
[12] Memorial In B，Curran M A. Life-cycle assessment：inventory guidelines and principles［J］. New York：CRC Press，1995，1（2）：275-294.

[13] 张文龙，余锦龙．基于产业代谢的产业生态系统物质和能量流动管理模型构建［J］．企业经济，2019（8）：45-52.
[14] 刘之杰，张银太．产业系统原料与能量的流动的特点与分析方法［J］．科技资讯，2009（4）：151.
[15] 纪罗军．我国硫资源的工业代谢与循环经济［J］．硫酸工业，2017（12）：1-8.
[16] 李启明，师甜．电动汽车与天然气车全生命周期环境影响评价研究［J］．汽车实用技术，2018（22）：138-141.
[17] 刘晔．城市代谢与相关概念的辨析及其应用［J］．北京城市学院学报，2017（2）：1-5.
[18] Claudio F. Sustainable life cycle and energy management of discrete manufacturing plants in the industry 4.0 framework［J］. Applied Energy, 2022, 312: 118671.
[19] Tian J, Guo Q, Chen Y, et al. Study on industrial metabolism of carbon in a Chinese fine chemical industrial park［J］. Environmental Science & Technology, 2013, 47（2）: 1048-1056.
[20] Zhou Y, Yang N, Hu S. Industrial metabolism of PVC in China: A dynamic material flow analysis［J］. Resources, Conservation and Recycling, 2013, 73: 33-40.
[21] 丁振森．LCA 与汽车开发协同路径研究——以客车轻量化为例［J］．汽车工程学报，2022，12（4）：506-516.
[22] 吴百苗．基于 LCA 的污水处理方案碳中和综合影响评价［J］．环境工程，2022，40（6）：130-137.
[23] Göran F. Recent developments in life cycle assessment［J］. Journal of Environmental Management, 2009, 91（1）: 1-21.
[24] 任洪强．厌氧—缺氧—预曝气—移动床生物膜系统对焦化废水特征有机污染物降解研究［J］．环境科学学报，2010，30（6）：1149-1157.
[25] Pradeleix L, Roux P, Bouarfa S, et al. Multilevel environmental assessment of regional farming activities with life cycle assessment: tackling data scarcity and farm diversity with life cycle inventories based on agrarian system diagnosis［J］. Agricultural Systems, 2022, 196: 103328.
[26] Sun S H. Life cycle assessment and risk assessment of liquefied natural gas vehicles promotion［J］. Renewable and Sustainable Energy Reviews, 2022, 153: 111769.
[27] 易正明．基于 LCA 方法的铁矿烧结过程环境影响评价［J］．烧结球团，2022，47（2）：88-95.
[28] 刘玲．基于 LCA 的绿色混凝土碳排放量评价体系研究［J］．混凝土，2021（12）：102-107.
[29] Margarida G. Life cycle assessment studies on lightweight materials for automotive applications-An overview［J］. Energy Reports, 2022, 8: 338-345.
[30] Yan H. A process scenario oriented life cycle assessment framework for machining processes［J］. Procedia CIRP, 2022, 105: 332-338.
[31] Zhang S. Life cycle assessment of an all-organic battery: Hotspots and opportunities for improvement［J］. Journal of Cleaner Production, 2022, 337: 130454.
[32] Scheidel A, Schaffartzik A. A socio-metabolic perspective on environmental justice and degrowth movements［J］. Ecological Economics, 2019, 161: 330-333.
[33] Erb K H. How a socio-ecological metabolism approach can help to advance our understanding of changes in land-use intensity［J］. Ecological Economics, 2012, 76: 8-14.
[34] 金涌，周禹成，胡山鹰．低碳理念指导的煤化工产业发展探讨［J］．化工学报，2012，63（1）：3-8.
[35] 金涌，魏飞．循环经济与生态工业工程［J］．中国有色金属学报，2004（S1）：1-12.
[36] 金涌．第六产业将助力中国迈向生态农业 4.0 时代［J］．科技导报，2017，35（5）：1.
[37] 陆钟武，蔡九菊，杜涛，等．论钢铁行业能耗、物耗、排放的宏观调控［J］．中国工程科学，2015，17（5）：126-132.
[38] 胡山鹰，金涌．净碳足迹为零如何实现［J］．科学大观园，2021（10）：30-31.

[39] 胡山鹰，李明恒，李有润，等．物质封闭循环的反应路径综合方法［J］．过程工程学报，2005（1）：94-96.

[40] Chen J, Zhang H, Zhao G, et al. A novel method for estimating carbon emission based on industrial metabolism: blast furnace iron-making with micro mechanism model [J]. Energy Reports, 2022, 8: 10125-10133.

[41] Náray-Szabó G, Mika L T. Conservative evolution and industrial metabolism in green chemistry [J]. Green Chemistry, 2018, 20 (10): 2171-2191.

[42] Kumagai S, Lu J, Fukushima Y, et al. Diagnosing chlorine industrial metabolism by evaluating the potential of chlorine recovery from polyvinyl chloride wastes—a case study in Japan [J]. Resources, Conservation and Recycling, 2018, 133: 354-361.

[43] Gan L, Wan X, Ma Y, et al. Efficiency evaluation for urban industrial metabolism through the methodologies of emergy analysis and dynamic network stochastic block model [J]. Sustainable Cities and Society, 2023, 90: 104396.

[44] Ma S, Hu S, Chen D, et al. A case study of a phosphorus chemical firm's application of resource efficiency and eco-efficiency in industrial metabolism under circular economy [J]. Journal of Cleaner Production, 2015, 87: 839-849.

[45] 惠婧璇，万里扬．生命周期评价方法及应用于我国可再生能源领域研究进展［J］．中国能源，2020，42（3）：42-47.

[46] 刘毅，何小赛．基于生命周期分析的中国城镇住宅物化环境影响评价［J］．清华大学学报（自然科学版），2015，55（1）：74-79.

[47] 杨波．生物发电耦合碳捕集与封存技术生命周期可持续评估研究［D］．北京：中国矿业大学，2020.

[48] 王伟晗，崔伟强，王清成．基于产品全生命周期评价的环境影响分析［J］．应用技术学报，2020，20（2）：176-180.

[49] Liang S, Zhang T. Investigating reasons for differences in the results of environmental, physical, and hybrid input-output models [J]. Journal of Industrial Ecology, 2013, 17 (3): 432-439.

[50] Li X, Sun W, Zhao L, et al. Material metabolism and environmental emissions of bf-bof and eaf steel production routes [J]. Mineral Processing and Extractive Metallurgy Review, 2018, 39 (1): 50-58.

[51] Harpet C, Gully E, Blavot C, et al. Seeking industrial synergies in the french chemical valley territory: A methodological approach for decision support [J]. Progress in Industrial Ecology, An International Journal, 2013, 8 (1/2): 92.

[52] Tashkinova I N, Batrakova G M, Vaisman Y I. Strategy of construction and demolition waste management after chemical industry facilities removal [J]. IOP Conference Series: Earth and Environmental Science, 2017, 72: 12008.

[53] 潘思涵，侯德义，汪军，等．耦合健康风险与生命周期评价的场地修复环境经济影响评估［J］．环境科学学报，2021，41（10）：4306-4314.

[54] 李鹏飞，侯德义，王刘炜，等．农田中的（微）塑料污染：来源、迁移、环境生态效应及防治措施［J］．土壤学报，2021，58（2）：314-330.

[55] 曾现来，李金惠，耿涌，等．碳中和背景下我国典型战略性金属中长期可持续供给路径［J］．中国科学院院刊，2023，38（8）：1099-1109.

[56] 李金惠，张上，孙乾予．我国工业固体废物处理利用产业状况分析与展望［J］．环境保护，2021，49（2）：14-18.

[57] 李金惠，欧志远．环境危险源分析方法与应用研究［J］．环境污染与防治，2015，37（2）：26-31.

[58] 李金惠，李颖．环境风险评价内涵与外延研究［J］．安全与环境学报，2012，12（1）：119-125.
[59] 李显君．基于汽车全生命周期的分析框架研究［J］．上海汽车，2005（10）：4-6.
[60] 程婉静，田亚俊，刘欢，等．两种技术路线的煤制氢产业链生命周期成本分析［J］．煤炭经济研究，2020，40（3）：4-11.
[61] 丁宁．中国能源系统生命周期评价与优化方法研究［D］．北京：中国科学院大学，2016.
[62] 谢克昌．推动能源生产消费革命［J］．国企管理，2017（2）：18-19.
[63] 王微，林剑艺，崔胜辉，等．碳足迹分析方法研究综述［J］．环境科学与技术，2010，33（7）：71-78.
[64] 杨建新，刘炳江．中国钢材生命周期清单分析［J］．环境科学学报，2002，22（4）：519-522.
[65] 丁宁，逯馨华，杨建新，等．煤炭生产的水足迹评价研究［J］．环境科学学报，2016，36（11）：4228-4233.
[66] 施晓清，李笑诺，杨建新．基于生命周期视角的产业资源生态管理效益分析——以虚拟共生网络系统为例［J］．生态学报，2013，33（19）：6398-6410.
[67] 吕一铮，曹晨玥，田金平，等．减污降碳协同视角下沿海制造业发达地区产业结构调整路径研究［J］．环境科学研究，2022，35（10）：2293-2302.
[68] 任洪强．不同材质微塑料对三氯生的吸附及其在斑马鱼体内累积分布的影响［J］．生态毒理学报，2020，15（5）：108-117.
[69] 任洪强．水污染防治服务质量管理标准体系构建研究［J］．中国标准化，2020（12）：215-219.
[70] Raj S，Singh H，Bhattacharya J. Treatment of textile industry wastewater based on coagulation-flocculation aided sedimentation followed by adsorption：process studies in an industrial ecology concept［J］. Science of the Total Environment，2023，857：159464.
[71] Golinucci N，Tonini F，Rocco M V，et al. Towards bit CO_2，an individual consumption-based carbon emission reduction mechanism［J］. Energy Policy，2023，183：113851.
[72] 任洪强．环境浓度双氯芬酸对活性污泥处理性能和微生物群落的影响［J］．环境科学学报，2019，39（10）：3215-3224，3565.
[73] Herbst J M. Transforming trash into treasure troves：smes co-create industrial ecology ecosystems with government［J］. Sustainability，2023，15（19）：14533.
[74] Arranz C F A，Kwong C，Sena V. The effect of consumption and production policies on circular economy business models：a machine learning approach［J］. Journal of Industrial Ecology，2023，27（4）：1089-1104.
[75] 任洪强．直流电场强化活性污泥法处理木质素废水的效能、污泥特性及群落结构研究［J］．环境科学学报，2018，38（1）：160-172.
[76] Guibrunet L，Sánchez Jiménez A. The current and potential role of urban metabolism studies to analyze the role of food in urban sustainability［J］. Journal of Industrial Ecology，2023，27（1）：196-209.
[77] Toboso-Chavero S，Montealegre A L，García-Pérez S，et al. The potential of local food，energy，and water production systems on urban rooftops considering consumption patterns and urban morphology［J］. Sustainable Cities and Society，2023，95：104599.
[78] 金涌，罗志波，胡山鹰，等．“第六产业”发展及其化工技术支撑［J］．化工进展，2017，36（4）：1155-1164.
[79] 金涌．生态工业：原理与应用［M］．北京：清华大学出版社，2003.
[80] 解振华．生态工业理论与实践［M］．北京：中国环境科学出版社，2002.
[81] Liu L，Li J，Jia Z，et al. Industrial metabolism analysis of a chinese wine industry chain based on material flow and input-output analyses［J］. Journal of Industrial Ecology，2022，26（2）：448-461.

[82] 金涌．大力发展循环经济推动经济高质量发展［J］. 中国经贸导刊, 2021（22）：24-25.

[83] 袁增伟，程明今．物质循环科学的研究对象、理论与方法［J］. 资源科学, 2021, 43（3）：435-445.

[84] 袁增伟，毕军．生态产业共生网络形成机理及其系统解析框架［J］. 生态学报, 2007, 27（8）：3182-3188.

[85] 李丹阳，董庆银，谭全银．北京市实验室危险废物产生量预测及管理机制建设建议［J］. 环境工程学报, 2022, 16（11）：3835-3844.

[86] 戴蕾，谭全银．全球环境治理中化学品和废物协同增效进程分析［J］. 世界环境, 2022（2）：36-41.

6 现代工业的生态化转向

本章提要

（1）清洁生产、循环经济、生态工业、工业生态化、生态重组、工业转型及生态工业园区的概念；

（2）清洁生产、循环经济、生态工业之间的相互关系；

（3）工业生态园区构建技术，现代工业的生态化转向实现的途径。

6.1 现代化工业化转向途径

通过以上章节内容的学习可以了解到，工业文明具有双重属性，其带来了物质上的富足，使人们生活水平的提高，实现了国富民强。但是不容忽视的是，工业生产需要从自然界获取资源和能源并完成其向产品的转化，大进大出、高速转化，不可避免地会导致资源储量的减少甚至短缺。同时，开放的工业系统，也不可避免地会向环境排放污染物，当排放量超过生态阈限时，会导致生态环境恶化，这是我们必须要面对的问题。如何构筑日趋完善的工业生态系统，在带来经济效益的同时治理污染并减少对自然的索取，实现工业的生态化转向，正是我们要做的工作，也是我们努力的方向。

怎么样才能实现现代工业的生态化转向呢？总的来说，就是遵循循环经济的理念，依据工业生态学的原理，以清洁生产高新技术做支撑，采用生态重组的手段，以高质量发展来带动，构筑工业共生网络。推行物质减量化与能源脱碳技术，实现资源、能源利用的“最大化”，污染排放的“最小化”，使工业过程的代谢产物能够逐渐平稳、顺畅地融入到自然生态系统的全球大循环当中，对生态环境不构成威胁，从而实现现代工业的生态化转向，低碳绿色可持续发展，人与自然的和谐共生。

6.2 循环经济

6.2.1 循环经济的起源与发展

人类社会发展经历了以自然生产力为主导的膜拜自然时期以及以工业化为主导的掠夺性自然时期。虽然在掠夺性自然时期，人类社会的物质财富得到极大丰富，但人类社会发展却面临更多、更大的难题，这就是资源环境对于经济社会发展的副作用不断增强，尤其是与此相伴的经济增长正在削弱我们最终依赖的自然提供物品和服务的能力。这些自然提供的物品和服务已经成为新的稀缺资源，这也使得人类社会增加了对于自然的“敬畏感”，协调发展的思想也因此而诞生，循环经济的发展理念也正是在这一全球背景下产生的。

循环经济的思想萌芽可以追溯到环境保护思潮兴起的 20 世纪 60~70 年代。1962 年，美国经济学家蕾切尔·卡尔逊发表了《寂静的春天》一书，描述了人类可能将面临一个没有鸟、蜜蜂和蝴蝶的世界，指出生物界以及人类所面临的危险。这本书在世界范围内引起人们对野生动物的关注，唤起了人们的环境意识，同时也引发了公众对环境问题的注意。

1965 年 5 月 10 日，英国经济学家肯尼斯·鲍尔丁提出了两种经济模式：一种是对自然进行掠夺、破坏式的“牧童经济”；另一种则是对资源进行合理利用、对环境进行保护的“宇宙飞船经济”。“牧童经济”是一个形象生动的比喻，指出人们就像牧童放牧一样，只管放牧而不顾草原的破坏。这种经济只追求高生产量和高消费量，一味地消耗自然资源，同时排出大量废物，造成严重的环境污染。这种经济模式不能无限地维持下去，最终会给人类带来巨大灾难。“宇宙飞船经济”则是把地球比喻成一艘宇宙飞船，要靠不断消耗自身有限的资源而生存，如果不合理开发资源、破坏环境，就会像宇宙飞船那样走向毁灭。因此，“宇宙飞船经济”要求一种新的发展观：第一，必须改变过去那种“增长型”经济为“储备型”经济；第二，要改变传统的“消耗型”经济，而代之以“休养生息”的经济；第三，实行福利量的经济，摒弃只注重生产量的经济；第四，建立既不会使资源枯竭，又不会造成环境污染和生态破坏、能循环使用各种物资的“循环式”经济，以代替过去的“单程式”经济。

1972 年，民间学术组织——罗马俱乐部发表了研究报告“增长的极限”，正式向世界发出警告：“如果让世界人口、工业化、污染、粮食生产和资源消耗方面以现在的趋势继续下去，这个行星上的增长极限有朝一日将在今后一百年中发生。”1990 年，英国环境经济学家戴维·皮尔斯在其与图奈（Pearce，D. W. &Turner，R. K）合著的《自然资源和环境经济学》一书中，第一次使用了“循环经济”一词，他们还依据可持续发展原则建立了资源管理规则，并建立了物质流动模型（皮尔斯模型），为发展循环经济提供了有益模型。20 世纪末，循环经济在发达国家逐步发展为大规模的社会实践活动。德国在发展循环经济方面是走在世界前列的。德国的《废弃物处理法》最早于 1972 年制定，但当时强调废弃物排放后的末端处理。日本以一系列法律法规为依托，通过实现从资源的获取、生产、消费、排放到废物处理整个过程的资源合理利用来发展其循环经济。美国的循环经济立法工作可以追溯到 1957 年，这一年联邦政府颁布了《固体废弃物处置法》。1980 年美国立法部门修订了《资源保护回收法》，于 1984 年和 1990 年分别通过了《危害性和固体废弃物修正案》和《1990 年污染预防法》。

我国从 20 世纪 90 年代起引入了关于循环经济的思想。此后对于循环经济的理论研究和实践不断深入。1998 年引入德国循环经济概念，确立“3R”原理的中心地位；1999 年从可持续生产的角度对循环经济发展模式进行整合；2002 年从新兴工业化的角度认识循环经济的发展意义；2003 年将循环经济纳入科学发展观，确立物质减量化的发展战略；2004 年，提出从不同的空间规模：城市、区域、国家层面大力发展循环经济。国内有学者认为循环经济是传统中国农耕文化的延伸，因为中国有七千年悠久历史的传统农业就是一种典型的循环经济。而从现代循环经济发展来看，我国循环经济的发展大致经历了四个阶段：（1）萌芽发展阶段（1993 年以前）。该阶段，我国开始认识到可以通过技术改造最大限度地将“三废”减少在生产过程中，总体上，循环型经济运行机制仍处于探索阶段。(2) 清洁生产阶段(1993—2003年)。2003年,《中华人民共和国清洁生产促进法》正式实施,对于提高资源利用效率,减少和避免污染物的产生,促进经济和社会可持续发展起到了重要作用。(3) 理念传播与试点阶段(2003—2008年)。该阶段,循环经济的理念开始逐渐为人们所广泛接受。国家相关部门开展了循环经济试点工作,并取得了一定的成效。国家发改委组织了循环经济试点工作,先后发布了《关于组织开展循环经济试点(第一批)工作的通知》(发改环资〔2005〕2199)、《关于组织开展循环经济示范试点(第二批)工作的通知》(发改环资〔2007〕3420)。(4) 全面推进阶段(2009年至今)。2009年开始实施的《中华人民共和国循环经济促进法》,为促进循环经济发展奠定了法律基础,这不仅说明我国循环经济发展的制度建设取得了标志性成果,而且也说明我国循环经济发展进入了一个全新的发展时期。国务院于2013年发布了《循环经济发展战略及近期行动计划》,明确了"十二五"时期循环经济发展主要目标。尤其是2013年党的十八届三中全会召开,提出了生态文明建设的总体战略要求,以及绿色发展、循环发展、低碳发展的战略部署,循环经济更是得到积极推进。2015年9月11日中共中央、国务院颁布实施《生态文明体制改革总体方案设计》,更是为推进循环经济发展提供了制度支撑。2021年,国家发展改革委印发《"十四五"循环经济发展规划》,规划提出,到2025年,循环型生产方式全面推行,绿色设计和清洁生产普遍推广,资源综合利用能力显著提升,资源循环型产业体系基本建立。废旧物资回收网络更加完善,再生资源循环利用能力进一步提升,覆盖全社会的资源循环利用体系基本建成。资源利用效率大幅提高,再生资源对原生资源的替代比例进一步提高,循环经济对资源安全的支撑保障作用进一步凸显。

循环经济理念是在资源循环利用实践过程中产生的,从提出到各国大力发展循环经济这半个世纪以来,循环经济的理论在实践中不断更新,实践在新的理论指导下更加成功。循环经济现在已经开始显现出其作为实现可持续发展目标经济模式的优越性。

循环经济的发展目的和意义:自然资源并非取之不尽、用之不竭,生态环境的承载能力也不是无限的。人类社会要不断前进,经济要持续发展,客观上要求转变增长方式,探索新的发展模式,减少对自然资源的消耗和对生态系统的破坏。

循环经济的目的是在经济流程中尽可能减少资源投入,并且系统地避免和减少废弃物,把废弃物再次资源化以减少最终处理量。处理废弃物的优先顺序是:避免产生—循环利用—最终处置。只有当避免产生和回收利用都不能实现时,才允许将最终废弃物进行环境无害化处理。环境与发展协调的最高目标是实现从末端治理到源头控制,从利用废弃物到减少废弃物的质的飞跃,要从根本上减少自然资源的消耗,从而减少环境负载的污染。

循环经济就是在人、自然资源和科学技术的大系统内,在资源投入、企业生产、产品消费及其废弃的全过程中,不断提高资源利用效率,把传统的、依赖资源净消耗线性增加的发展,转变为依靠生态型资源循环发展的经济。与工业经济从劳力、土地和资本的系统出发分析问题相比较,循环经济从人、自然资源和科学技术的更大系统出发来分析经济问题;与工业经济对资源的一次性使用、生产增长依赖资源净消耗的线性增加相比较,循环经济对同一资源多次使用、提高资源利用效率、变废为宝、循环使用,依靠这种新的生产方式来增加产量。因此,循环经济在宏观方面的经济结构、产业政策,以及微观方面的企业管理、工业流程等方面都与其他经济有很大不同。

发展循环经济是实施资源战略,促进资源永续利用,保障国家经济安全的重大战略措施。我国的资源状况，一方面人均资源量相对不足，另一方面资源开采和利用方式粗放、综合利用水平低、浪费严重。加快发展循环经济在节约资源方面是大有可为的。如到2005年工业用水重复利用率若达到60%，可节水580亿立方米，相当于2000年工业取水量的50%左右；“十五”期间，我国节约和替代石油目标是2000万吨，相当于石油消费量的近1/10；目前我国钢铁、有色、造纸工业三分之一以上的原料来自再生资源；“九五”期间我国木材年节约利用量2000万立方米，相当于年消费量的20%。

发展循环经济是防治污染、保护环境的重要途径。首先，发展循环经济要求实施清洁生产，这可以从源头上减少污染物的产生，是保护环境的治本措施。另外，各种废弃物的回收再利用也大大地减少了固体污染物的排放。据测算，固体废弃物综合利用率每提高1个百分点，每年就可减少约1000万吨废弃物的排放。

发展循环经济是应对入世挑战，促进经济增长方式转变，增强企业竞争力的重要途径和客观要求。加入世贸组织后，企业面临更加激烈的市场竞争，企业要生存和发展，必须转变增长方式，走内涵发展道路。发展循环经济，可以降低产品成本，提高经济效益，使企业的竞争能力得到增强。目前，我国单位产值能耗为世界平均水平的2.3倍，主要用能产品单位能耗比国外先进水平高40%；我国工业产品能源、原材料的消耗占企业生产成本的75%左右，若降低1个百分点就能取得100多亿元的效益。

6.2.2 循环经济的内涵与原则

循环经济的思想萌芽诞生于20世纪60年代的美国。“循环经济”这一术语在中国出现于20世纪90年代中期，学术界在研究过程中已从资源综合利用、环境保护、技术范式、经济形态和增长方式、广义和狭义等不同角度对其作了多种界定。当前，社会上普遍推行的是国家发改委对循环经济的定义：“循环经济是一种以资源的高效利用和循环利用为核心，以‘减量化、再利用、资源化’为原则，以低消耗，低排放、高效率为基本特征，符合可持续发展理念的经济增长模式，是对‘大量生产、大量消费、大量废弃’的传统增长模式的根本变革。”这一定义不仅指出了循环经济的核心、原则、特征，同时也指出了循环经济是符合可持续发展理念的经济增长模式，抓住了当前中国资源相对短缺而又大量消耗的症结，对解决中国资源对经济发展的瓶颈制约问题具有迫切的现实意义。

循环经济既是关于社会经济与资源环境协调发展的新观念，又是具体的经济运行模式。它要求在经济增长的同时减少资源消耗和污染排放，提高资源生产率。传统经济活动是“资源消费—产品—废物排放”单程线形的物质流动模式，表现形式为高开发、低利用、高排放的特征。而循环经济是参照自然界物质循环模式，用生态学规律来指导人类社会的经济活动，通过将上游产业的“废弃物”或副产品转变为下游产业的“营养物”或原料，从而形成互相依存的工业生态链，是“资源—产品—再生资源”闭环型物质流动模式。

6.2.2.1 循环经济的内涵

（1）循环经济本质上是资源节约型经济，是指以生态学规律为指导，以资源的高效利用，循环利用、节约利用为核心，以“减量化、再利用、资源化”为原则，按照“资源—产品—再生资源”的闭环反馈式流程，以低消耗、低排放、高效率为基本特征，促进人类经济活动持续、健康、有序发展的经济。资源节约型经济是跨越式的高技术含量、高质量、高效益、低消耗、低污染的经济增长方式。

（2）循环经济以生态学规律为指导。循环经济要求运用生态学规律而不是机械规律来指导人类社会的经济活动，使经济系统和谐地融入自然生态系统的物质循环过程中，从而实现经济活动的生态化。

（3）循环经济以资源的高效利用、循环利用、节约利用为核心。循环经济是追求更大经济效益、更少资源消耗、更低环境污染和更多就业机会的先进经济模式。它以资源的高效利用、循环利用、节约利用为核心，其中高效利用，循环利用属于技术范畴，节约利用属于意识范畴。

（4）循环经济以“减量化、再利用、资源化”为原则。“减量化、再利用、资源化”是循环经济理论的灵魂和核心，每一个原则对循环经济的成功实施都是必不可少的。其中。减量化原则属于输入端方法，旨在减少进入生产和消费流程的物质量；再利用原则属于过程性方法，目的是延长产品和服务的时间强度；资源化原则是输出端方法，通过把废弃物再次变成资源以减少最终处理量。

（5）循环经济按照“资源—产品—再生资源”的闭环反馈式流程发展。从资源流程和经济增长对资源、环境影响的角度考察，经济增长有三种模式，即传统模式、过程末端治理模式和循环经济模式。传统模式不考虑环境因素，是一种“资源—产品—污染排放”的单向线性开放式经济过程。“过程末端治理”模式开始注意环境问题，但其具体做法是“先污染，后治理”，强调在生产过程的末端采取措施治理污染，结果是治理的技术难度大，治理成本高，经济效益、社会效益和环境效益都很难达到预期目的。循环经济本质上是资源节约型经济，倡导的是一种与环境友好和谐的经济发展模式，是一个“资源—产品—再生资源”的闭环反馈式循环过程，最终实现“最佳生产、最适消费、最少废弃”。

（6）循环经济以低消耗、低排放、高效益为基本特征。以低消耗、低排放、高效益为基本特征，符合可持续发展的理念，是对“大量生产、大量消费、大量废弃”的传统经济发展模式的根本变革。

（7）循环经济的宗旨是促进人类经济活动持续、健康、有序发展。

6.2.2.2 循环经济的特征与原则

传统经济是“资源—产品—废弃物”的单向直线过程，创造的财富越多，消耗的资源和产生的废弃物就越多，对环境资源的负面影响也就越大。

循环经济则以尽可能小的资源消耗和环境成本，获得尽可能大的经济和社会效益，从而使经济系统与自然生态系统的物质循环过程相互和谐，促进资源的永续利用。因此，循环经济是对“大量生产、大量消费、大量废弃”的传统经济模式的根本变革。其基本特征是：在资源开采环节，大力提高资源综合开发和回收利用率；在资源消耗环节，大力提高资源利用效率；在废弃物产生环节，大力开展资源综合利用；在社会消费环节，大力提倡绿色消费；在再生资源产生环节，大力回收和循环利用各种废旧资源。

6.2.2.3 循环经济的发展特征

（1）新的系统观。循环是指在一定的系统内的运动过程，循环经济的系统是由人、自然资源和科学技术等要素构成的大系统。循环经济观要求人在考虑生产和消费时不再置身于这一大系统之外，而是将自己作为这个大系统的一部分来研究符合客观规律的经济原则。

（2）新的经济观。在传统工业经济的各要素中，资本在循环，劳动力在循环，而唯独自然资源没有形成循环。循环经济观要求运用生态学规律，而不是仅仅沿用19世纪以来机械工程学的规律来指导经济活动。不仅要考虑工程承载能力，还要考虑生态承载能力。在生态系统中，经济活动超过资源承载能力的循环是恶性循环，会造成生态系统退化；只有在资源承载能力之内的良性循环，才能使生态系统平衡的发展。

（3）新的价值观。循环经济在考虑自然时，不再像传统工业经济那样将其作为“取料场”和“垃圾场”，也不仅仅视其为可利用的资源，而是将其作为人类赖以生存的基础，是需要维持良性循环的生态系统；在考虑科学技术时，不仅考虑其对自然的开发能力，而且要充分考虑到它对生态系统的修复能力，使之成为有益于环境的技术；在考虑人自身的发展时，不仅考虑人对自然的征服能力，而且更重视人与自然和谐相处的能力，促进人的全面发展。

（4）新的生产观。传统工业经济的生产观念是最大限度地开发利用自然资源，最大限度地创造社会财富，最大限度地获取利润。而循环经济生产观念是要充分考虑自然生态系统的承载能力，尽可能地节约自然资源，不断提高自然资源的利用效率，循环使用资源，创造良性的社会财富。

（5）新的消费观。循环经济观要求走出传统工业经济“拼命生产、拼命消费”的误区，提倡物质的适度消费、层次消费，在消费的同时就考虑到废弃物的资源化，建立循环生产和消费的观念。同时，循环经济观要求通过税收和行政等手段，限制以不可再生资源为原料的一次性产品的生产与消费，如宾馆的一次性用品、餐馆的一次性餐具和豪华包装等。

6.2.2.4 循环经济的原则

20世纪80年代末，当时位居500强第23位的杜邦公司，开始循环经济理念的实验，提出了“3R”制造法。到1994年，该公司产生的废弃物减少了25%，空气污染物排放量减少了70%。德国于20世纪90年代颁布《包装废弃物处理办法》和《循环经济和废物管理办法》，规定对废弃物管理的首选手段是避免生产，然后才是循环使用和最终处理。杜邦公司提出的“3R”原则目前已成为循环经济最重要的实际操作原则。

循环经济是一种有效平衡经济增长、社会发展和环境保护三者关系的经济发展模式。循环经济要求以“3R”原则为经济活动的行为准则。“3R”原则中的每个原则的重要性是不一样的，如表6-1所示。循环经济的根本目标是要求在经济过程中系统地避免和减少废物，再利用和再循环都应建立在对经济过程进行了充分的源削减的基础之上。“减量化（reduce）、再利用（reuse）、再循环（recycle）”“3R”原则中的每一个原则对循环经济的成功实施都是必不可少的。“3R”原则中，首先是减量化，其次是再利用，最后是再循环，三个原则的先后次序不能随意变更。

表6-1 循环经济“3R”原则

“3R”原则	针对对象	目的
减量化原则	输入端方法	减少进入生产和消费过程的物质和能源流量，从源头节约资源使用和减少污染物的排放

续表 6-1

“3R”原则	针对对象	目的
再利用原则	过程性方法	延长产品和服务的使用强度，提高产品和服务的利用效率。要求产品和包装容器以初始形式多次使用，减少一次用品的污染
再循环原则	输出端方法	能把废弃物再次变成资源以减少最终处理量，也就是我们常说的废品回收利用和废物综合利用。再循环能够减少垃圾的产生，制成使用能源较少的新产品

（1）减量化原则——输入端方法，是减少进入生产和消费流程的物质量，因此又叫减物质化。要求用较少的原料和能源投入来达到既定的生产目的或消费目的，特别是控制使用有害、有毒物质，如减少单位产品的原料使用量、纠正过度包装、减少对物品的过度需求，从而减少自然资源的压力，减少废物处理的压力，降低垃圾的产生量。在生产中，减量化原则常常表现为要求产品小型化和轻型化，而在产品的包装上则应该追求简单朴实而不是豪华浪费，从而达到减少废物排放的目的。

（2）再利用原则——过程性方法，又称为再利用和反复利用原则。要求产品和包装容器能够以初始形式被多次使用和反复使用，目的是延长产品和服务的时间强度。再利用原则还要求制造商应该尽量超延长产品的使用期，而不是非常快地更新换代，再利用原则要求抵制当今世界一次性用品的泛滥，生产者应该将制品及其包装当作一种日常生活器具来设计。

（3）再循环原则——输出端方法，又称为再生利用原则或资源化原则。废物是放错位置的资源，再循环原则要求通过把废物再次变成资源以减少最终处理量，以最大限度地利用资源，要求生产出来的物品在完成其使用功能后能重新变成可以利用的资源，而不是不可恢复的垃圾。有两种资源化的方式：原级资源化方式和次级资源化方式。原级资源化方式是将消费者遗弃的废物经资源化后制成与原来相同的新产品（废塑料制品制成塑料制品、废报纸制成报纸、废铝罐制成铝罐等），这是最理想的方式；次级资源化方式是将废物作为原料之一来生产其他类型的新产品，例如，废金属、废木材、废玻璃作为添加物生产其他产品，电厂粉煤灰用于生产建材产品等。一般原级资源化在形成产品中可以减少20%~90%的原生材料使用量，而次级资源化减少的原生材料使用量通常只有25%左右。与资源化过程相适应，消费者和生产者均应增强意识，通过生产和购买用最大比例再生资源制成的产品，使循环经济的整个过程实现闭合。

循环经济的“减量化”原则是指在生产和服务过程中，尽可能地减少资源消耗和废弃物的产生，核心是提高资源利用效率；“再利用”原则是指产品多次使用或修复、翻新或再制造后继续使用，尽可能地延长产品的使用周期，防止产品过早地成为垃圾；“再循环”原则是指废弃物最大限度地转化为资源，变废为宝、化害为利，既可减少自然资源的消耗，又可减少污染物的排放。

循环经济的“3R”原则的重要性不是并列的，而是有一定顺序的。减量化属于输入端，旨在减少进入生产和消费流程的物质量；再利用属于过程，旨在延长产品和服务的时间；再循环属于输出端，旨在把废弃物再次资源化以减少最终处理量。处理废物的优先顺序是：源头避免产生—中间循环利用—最终废物无害化处置。首先在生产源头——输入端，主要考虑节省资源，提高单位生产产品对资源的利用率，预防和减少废物的产生；其次是对于源头无法削减的污染物和经过消费者使用的包装废弃物、旧货等加以回收利用，使它们回到经济循环中。

“3R”原则包括以下三个层次的内容：

（1）产品的绿色设计中贯穿“减量化、再利用、再循环”的理念。绿色设计涉及各种设计工作领域，凡是建立在对地球生态与人类生存环境高度关怀的认识基础上，一切有利于社会可持续发展、有利于人类乃至生物生存环境健康发展的设计，都属于绿色设计的范畴。绿色设计具体包含了产品从创意、构思、原材料与工艺的无污染、无毒害选择、制造、使用以及废弃后的回收处理、再生利用等各个环节的设计，也就是包括产品的整个生命周期的设计。要求在考虑产品基本功能属性的同时，还要预先考虑防止产品及工艺对环境的负面影响。

（2）物质资源在其开发、利用的整个生命周期内贯穿“减量化、再利用、再循环”的理念。在资源开发阶段考虑合理开发和资源的多级重复利用；在产品和生产工艺设计阶段考虑面向产品的再利用和再循环的设计思想；在生产工艺体系设计中考虑资源的多级利用、生产工艺的集成化和标准化设计思想；生产过程、产品运输及销售阶段考虑过程集成化和废物的再利用；在流通和消费阶段考虑延长产品使用寿命和实现资源的多次利用；在生命周期末端阶段考虑资源的重复利用和废物的再回收、再循环。

（3）生态环境资源的再开发利用和循环利用。环境中可再生资源的再生产和再利用，空间、环境资源的再修复、再利用和循环利用。

现在学术界提出了“4R”“5R”“6R”原则，即在“3R”外加上“再组织”“再思考”“再制造”“再修复”等，这些原则是针对某些不同层次或领域，如管理层面、意识层面或某些行业领域，提出的更加具体、具有针对性的原则。虽然这些原则具有合理性，但不能取代“3R”原则的基本性和普遍性。

2005 年 3 月，在阿联酋举行的世界“思想者论坛”大会上，提出了“5R”循环经济的新经济思想，并得到了一致认同，规范了循环经济的理念。“5R”理念包括以下几个方面的内容：

（1）再思考。改变旧经济理论。新经济理论的重点是不仅研究资本循环、劳力循环，也要研究资源循环，生产的目的除了创造社会新财富以外，还要保护被破坏的最重要的社会财富，维系生态系统。

（2）减量化。除了原有的改变旧生产方式、最大限度地提高资源利用效率，减少工程和企业土地、能源、水和材料投入的概念外，还延伸到减少第二产业的城市化集中，在提高人类生活水准中合理地减少物质需求（满足的是需求，而不是欲望），如水资源以供定需、节水为主、调水为辅等。

（3）再利用。除了原有的尽量延长产品寿命、做到一物多用、尽可能利用可再生资源、减少废物排放的概念外，还延伸到企业和工程充分利用可再生资源的领域，如尽可能利用地表水、太阳能和风能等。

（4）再循环。除了原有的企业生产废物利用，形成资源循环外，还延伸到经济体系由生产粗放的开链变为集约的闭环，形成循环经济的技术体系与产业体系，如土地复垦、中水回用和余热利用等。

（5）再修复。自然生态系统是社会财富的基础，是第二财富，不断地修复被人类活动破坏的生态系统与自然和谐也是创造财富。科技园区是21世纪的新工厂，不仅要减少排污，逐步接近零排放，而且要承担修复周边生态系统的任务，创造第二财富。如建设生态科技园区和循环经济城市等。

6.2.3 循环经济模式与实施框架

循环经济作为一种新的经济发展模式，强调自然资源的低投入、高利用和废弃物的低排放甚至零排放，它有效地解决了可持续发展的两大障碍——环境污染和资源短缺。自20世纪90年代以来，发达国家就将发展循环经济作为实施可持续发展战略的重要途径和实现方式。当前，在国际组织的积极推动和发达国家的示范作用下，循环经济理念和发展模式已经被越来越多的国家和地区所接受，并付诸本国和当地实践。中国发展循环经济的实践和理论探索从整体上看是相对滞后的，这与我国环境恶化与资源短缺的状况极不相称。但近几年来，全社会对发展循环经济形成了统一认识，特别是有关发展循环经济的决策已经体现在党和政府的相关文件、法规和政策中。

循环经济的发展模式就是在实践中运用循环经济理论和原则组织经济活动，将传统经济发展模式改造成“低资源能源投入、高经济产出、低污染物排放”的新模式。循环经济发展模式由循环经济内涵、现有经济活动组织方式和相关实践经验所决定。由于产业发展是经济活动的主要组织方式，清洁生产、废弃物再利用、循环经济立法等是发展循环经济的主要途径，因此，循环经济发展模式可以从产业发展和不同途径（如企业、园区、社会层面等）来构建。

从不同途径构建循环经济发展模式。1999年以来，在中国经济快速增长带来的环境压力及国际环保新思潮的影响下，国家环境保护总局将发展循环经济、建设生态工业园区作为实现区域可持续发展、经济和环境“双赢”的一个重要举措，在全国不同地区和行业进行了循环经济和生态工业试点。通过试点探索适合中国国情的发展生态工业和循环经济的路子，为今后在更大的范围内全面推进循环经济发展积累经验，创造条件。目前，各地正在积极地发展循环经济，其中尤其以生态工业园区为载体的循环经济运作比较成熟。

经过几年的探索，中国在借鉴国外废物循环利用、生态工业园区建设经验基础上，吸收消化，从解决工业、农业污染问题和区域环境问题入手，探索了一条“3+1”发展模式，即在小循环、中循环、大循环以及废物处置和再生产业四个层面全面推进循环经济。

（1）杜邦模式——单个企业的循环经济。“小循环”，在企业层面推行清洁生产。要求企业做到：减少产品和服务的物料使用量；减少产品和服务的能源使用量；减少废弃物和有毒物质的排放；加强物质的循环使用能力；最大限度可持续地利用可再生资源；提高产品的耐用性；提高产品与服务的强度。

美国杜邦公司把循环经济“3R”原则与化学工业相结合，创造出“3R制造法”，通过放弃使用某些对环境有害的化学物质、减少一些化学物质的使用量以及发明回收本公司产品的新工艺，到1994年已经使该公司生产造成的废弃塑料物减少了25%，空气污染物排放量减少了70%。

（2）丹麦卡伦堡工业园区模式——面向共生企业的循环经济。“中循环”，园区根据工业生态学的原理组织生产，在区域层次上建立生态工业园区式的工业生态系统、生态农业系统和生态园区。

在工业区及区域层面发展生态工业，通过企业间的物质集成、能量集成和信息集成，使一家工厂的废气、废水、废渣、废热或副产品在自身循环利用的同时，也能成为另一家工厂的原料和能源，建立工业生态园区，形成企业间的工业代谢和共生关系，实现物质闭路循环和能量多级利用，使上游企业的“废料”成为下游企业的原材料，尽可能减少污染排放，争取做到“零排放”。按照循环经济理念，在企业相对集中的地区或开发区建立生态工业园区。

其典型代表是丹麦卡伦堡生态工业园。这个工业园区的核心企业是电厂、炼油厂、制药厂和石膏厂，通过市场贸易方式利用对方生产过程中产生的废弃物或副产品，作为自己生产中的原料，不仅减少了废弃物产生量和处理的费用，还产生了很好的经济效益，形成了经济发展和环境保护的良性循环。

(3) 日本循环型社会模式——面向整个社会的循环经济。“大循环”，在社会层面推进绿色消费，建立废物分类回收体系，注重第一、第二、第三产业间物质循环和能量的梯级利用，最终建立循环型社会。目前已有辽宁、山东、江苏和贵阳等省市开始在区域层次上探索循环经济发展模式。

日本在循环型社会建设方面的举措主要体现在三个层次：一是政府推动构筑多层次法律体系。2000 年 6 月，日本政府颁布《循环型社会形成促进基本法》，这是一部基础法；随后又出台了《固体废弃物管理和公共清洁法》《促进资源有效利用法》等第二层次的综合法。在具体行业和产品第三层次立法方面，2001 年 4 月日本实行《家电循环法》，规定废弃空调、冰箱、洗衣机和电视机由厂家负责回收；2002 年 4 月，日本政府又提出了《汽车循环法案》，规定汽车厂商有义务回收废旧汽车，进行资源再利用；同年 5 月底，日本又实施了《建设循环法》，随后规定，建设工地的废弃水泥、沥青、污泥、木材的再利用率要达到 100%。第三层次立法还包括《促进容器与包装分类回收法》《食品回收法》《绿色采购法》等。二是要求企业开发高新技术，首先在设计产品的时候就要考虑资源再利用问题，如家电、汽车和大楼在拆毁时各部分怎样直接变为再生资源等。三是要求国民从根本上改变观念，不要鄙视垃圾，要把它视为有用资源；堆在一起是垃圾，分类存放就是资源。

从社会整体循环的角度，只有大力发展旧物调剂和资源回收产业，才能在整个社会的范围内形成“资源—产品—再生资源”的循环经济之路。

(4) 德国 DSD——生产与消费之间的循环经济。“3+1”模式的“1”是废物处置和再生产业，即建立废物和废旧资源的处理、处置和再生产业，以从根本上解决废物和废旧资源在全社会的循环利用问题。

德国的包装物双元回收体系（DSD）是专门组织回收利用包装废弃物的非政府组织，1995 年由 95 家产品生产厂家、包装物生产厂家、商业企业以及垃圾回收部门联合组成，目前有 1.6 万家企业加入。它将这些企业组织成为网络，在需要回收的包装物上打上绿点标记，然后由 DSD 委托回收企业进行处理。任何商品的包装，只要印有它，就表明其生产企业参与了“商品包装再循环计划”，并为处理自己产品的废弃包装交了费。“绿点”计划的基本原则是：谁生产垃圾谁就要为此付出代价。企业交纳的“绿点”费，由 DSD 用来收集包装垃圾，然后进行清理、分拣和循环再生利用。

近年来，我国除了在宣传和组织试点方面加大了推进循环经济发展的力度外，在法律、法规、政策、标准等方面，也积极出台了约束和激励措施构建有利于资源节约和环境保护的制度环境。主要表现在：

一是法律、法规的不断完善。1983 年国务院颁布《关于结合技术改造防治工业污染的决定》，要求把“三废”治理、综合利用和技术改造有机地结合起来，采用合理的产品结构，发展对环境无污染、少污染的产品，并搞好产品的设计，使其达到环境保护的要求。2003 年 1 月 1 日正式实施的《清洁生产促进法》第九条提出：“调整产业结构，发展循环经济，促进企业在资源和废物综合利用等领域进行合作，实现资源的高效利用和循环使用。”《节约能源法》《环境影响评价法》《可再生能源法》等均提出了发展循环经济相关方面的要求。2004 年修订的《固体废弃物污染环境防治法》第三条提出：“国家对固体废物污染环境的防治，实行减少固体废物的产生量和危害性、充分合理利用固体废物和无害化处置固体废物的原则，促进清洁生产和循环经济发展。”

二是通过优惠政策激励企业发展循环经济。为调动企业开展资源综合利用的积极性和主动性，国家制定并实施了一系列鼓励开展资源综合利用的优惠政策。例如，1996 年国务院批转的国家经贸委等部门《关于进一步开展资源综合利用的意见》，将资源综合利用确定为国民经济和社会发展中的一项长远的战略方针。在《当前国家重点鼓励发展的产业、产品和技术目录》中也对利废企业和产品实行税收减免优惠政策。

目前，循环经济和生态工业已成为世界潮流，其未来的研究方向呈现以下几种趋势：

（1）从研究内容看，注重工业生态与自然生态的对比研究，即运用生态学中的食物链、食物网及生态位等概念，深入研究生态工业系统中种间关系、营养结构，以及由物质流、能量流和信息流所构成的复杂“食物网”；研究循环经济和生态工业发展模式设计、法律法规体系的构建，以及生态工业园区信息管理和决策支持系统的建立等。

（2）从研究分析的方法和手段看，由过去的定性分析为主逐渐转向定性与定量相结合，数量化、模型化方法将成为循环经济和生态工业系统分析的重要手段；由孤立过程分析向全生命周期分析转变。

（3）循环经济是一门新兴学科，其理论和方法研究涉及多个学科领域，客观上要求跨学科综合研究，如生态学、环境科学、环境工程科学、生态系统工程学、生态经济学等。目前，已呈现多学科、多领域交叉研究、联合攻关的态势。

从产业角度建循环经济发展模式。现阶段，我国循环经济的发展模式或战略重点可以总结为两个重点领域和四个重点产业体系：两个重点领域是生产和消费领域；四个重点产业体系是生态工业体系、生态农业体系、绿色服务业体系及静脉产业。生态工业体系、生态农业体系和绿色服务业体系建设是国民经济的重要组成部分，是生产领域循环经济的主体和重要标志。静脉产业体系包括三个部分：废弃物再利用、资源化产业和无害化处置产业，它既是消费领域的重点之一，又是连接生产与消费领域的纽带，是循环型社会的基本标志。两个重点领域和四个重点产业体系循环经济发展模式是互相渗透、互相支撑的，需要有机地融合，它们并不能独立分散地构成各自的循环系统。

（1）生态工业体系。生态工业是模拟生态系统的功能，建立起相当于生态系统的“生产者、消费者、分解者”的工业生态链，以低消耗、低污染、工业发展与生态环境相协调为目标的工业。生态工业是以生态学和生态经济学为理论基础，依照自然界生态过程物质循环原理，应用现代科技所建立和发展起来的一种多层次、多结构、多功能、变工业排泄物为原料，实现循环生产和集约经营的综合工业生产系统模式。通常将生态工业分为3个层次，分别是企业内部、企业间或行业间、区域产业，而清洁生产是生态工业在企业内部层次的主要内容。

生态工业是循环经济的重要组成部分和实现途径之一，是循环经济的主体，它是按照循环经济理论和工业生态学原理建立起来的新型工业系统，其主要实践形式是生态工业系统。生态工业大体分为两部分：一部分同生态农业直接衔接，以农产品或生物资源为加工对象，生产相应的消费品；另一部分运用或借鉴生态学原理，通过循环利用和综合利用各种非生物资源，生产消费品和其他产品。生态工业追求的是系统内各生产过程从原料、中间产物、废物到产品的物质循环，达到资源、能源、投资的最优利用。生态工业园是生态工业实实在在的体现，也是工业生态学理论的具体实践之一。因此，工业生态学及生态工业的理论、方法无疑为生态工业园的规划建设提供了坚实的理论依据。

由循环经济的原则、内涵，许多专家学者提出了以建立生态工业园区的方式（即网状循环经济）来发展循环经济。生态工业园区是一种新型的、先进的经济形态，是集经济、技术和社会于一体的系统工程。生态工业园区不是一个地理上的概念。而是多个产业或企业之间相互关联的概念，其不受地域的限制，也没有明确的地理界限，只要存在企业间的生态关系，存在企业间生产过程的循环联系，无论这个企业在什么地方都可以成为工业系统中的一个环节。具体措施就是将一些在生产上具有密切联系的产业、企业聚集在一起，通过企业之间的废弃物交换、清洁生产等手段，将一个企业的副产品或废品作为另一个企业的投入物或原材料，实现物质的闭路循环和能量的多级利用，形成相互依存，以达到能量利用最大化和废弃物排放最小化。通过园区内企业之间形成的物质、能量、信息的共生关联，提高物质、能量、信息的利用程度，在节约资源、获取经济效益的同时，做到对环境的保护。

（2）生态农业体系。生态农业汲取了传统农业与现代农业的优点，在不断提高生产率的同时，保证生物与环境协调发展，是高效、稳定的新型农业生产体系。

生态农业是以生态学理论为依据，运用系统工程理论，以合理利用农业自然资源和保护良好的生态环境为前提，因地制宜地规划、组织和进行农业生产的一种农业组织形式。现代农业生态体系是以生态经济系统原理为指导建立起来的资源再生利用、生态环境保护、生产发展效率、经济效益兼顾的综合性农业生产体系。生态农业强调大农业发展观，即农业生产链，不仅包括初级产品的生产，还包括生态种植业、生态林业、生态渔业、生态畜牧业及其延伸的生态型农业品生产加工业、农产品贸易与服务业、农产品消费领域之间，通过循环利用形成的生态产业体系。生态农业体系以保持和改善系统内生态动态平衡为主导思想，讲究合理安排生产和产品布局，促进物质在系统内的循环利用，以获得生态效益和经济效益的统一。主要有基塘复合系统模式、“鸭稻共生”系统模式、以沼气为纽带的循环生产模式、农工复合循环生产模式等类型。

农业循环经济是把可持续发展思想和循环经济理念应用于农业系统，在农业生产过程和产品生命周期中减少资源、物质的投入量和废弃物的产生排放量，实现农业经济和生态环境效益的“双赢”，这种农业发展模式称为“循环型农业”。

不管是生态农业还是农业循环经济，两者都是实现农业可持续发展的手段，在价值目标上具有一致性。其区别在于：生态农业的重心在于实现农业生产内部的物质循环；而农业循环经济要求社会、经济和生态的三重效益相统一，不仅涉及生产和消费领域，还涉及与其他产业链的构建问题，是强调“低耗和低收入”的生态农业理念的发展和延伸，在实践中更具有操作性。

(3) 生态服务业体系。随着经济的发展，服务业在国民经济中的产业地位逐渐加强，第三产业的迅速发展是社会经济发展的一般规律。生态服务业实际上是第三产业的生态化，是循环经济的有机组成部分，包括清洁交通运输业、科技教育服务业、绿色商业、金融服务业及其他相关的服务业。一方面，生态服务业要为发展生态农业和生态工业以及建设生态城市服务，另一方面，要求自身实现资源的循环利用和清洁生产。理论研究和实践应用中，生态旅游和循环物流是两个重要的内容。

生态旅游的实质是运用生态学的思想，指导包括旅游目的地、旅游者、旅游业在内的旅游系统的有序发展。其内涵包括：依赖当地原生、和谐的自然资源与环境，持有生态保护责任感，要有较高的生态意识水平。我国于 1982 年建成了第一个国家森林公园——张家界国家森林公园，标志着我国生态旅游的开端。近年来，我国又建立了一批具有重要观光价值的自然保护区，如福建武夷山自然保护区的森林旅游、青海湖自然保护区的观鸟旅游、黑龙江五大连池自然保护区的火山地质旅游等。这些生态旅游活动创造了良好的社会经济生态效益。

循环物流最初也是从发达国家兴起的，一方面，通过立法限制物流的环境影响，如限制机动车尾气排放；另一方面，提出发展循环型经济的目标，积极扶持逆向物流的发展，即现代物流从传统物流仅关注生产到消费的流通过程，延伸到消费到再生产的流通（包括废旧商品的循环流通以及废物的处理和管理），很多跨国公司都实施了逆向物流项目，如施乐、柯达、美孚、惠普等，并且收益显著。我国的循环物流尚未得到广泛认识和应用。

(4) 静脉产业体系。静脉产业体系包括三个部分：废弃物再利用、资源化产业和无害化处置产业。静脉产业将整体预防的环境战略持续应用于生产、产品和服务过程中，以增加生态效率和减少人类及环境的风险；强调废弃物的有效处理，实现剩余物质的最小化；而且，在上述过程中伴随着价值增加。

1) 绿色包装。绿色包装是环保的必然要求，它能做到资源的循环使用和重复利用，节约资源的同时减少污染。而要立刻全面推广绿色包装是不够现实的（绿色包装由于其成本原因主要还是只能用于出口），要随着技术的进步才能相应发展。政府所能做的就是加大技术方面的投入和加强宣传绿色消费意识。

2) 以收费制度引导垃圾、污水处理的产业化发展。通过政府相关政策的制订和调节，吸引民间资本投入到环保领域。世界银行曾经根据潜在市场竞争力、设施所提供的消费服务的特点、收益潜力、公平性和环境外部性等指标，定量分析了城市污水和垃圾处理等相关环节的市场化能力指数（指数在 1~3 之间，越大表示市场化能力越强。指数 3 表示市场化能力最强，完全可以交由私人来解决；指数 1 则相反，表示不能市场化）。结果表明，垃圾收集的市场化能力最强，指数为 2.8；污水分散处理次之，指数为 2.4；污水集中处理和垃圾卫生处理指数为 1.8~2.0。

由此可见，只要建立适宜的政策环境，特别是良好的污水和垃圾收费体系，通过制度创新充分发挥经济杠杆的作用、激活治污市场，通过设置适当合理的收费标准，使得进行污水和垃圾处理的企业的收入大于处理成本，使它们可以获得相应的回报，那么污水和垃圾处理是可以走市场化之路的。同时，可以采用多种市场化手段，通过产权的改革，将污水处理厂、垃圾处理场作价卖给企业。然而在推进市场化运作的同时，应采取价格听证会的办法来确定合理的收费标准，防止过度增加居民的负担。就城市污水处理而言，实行“谁污染、谁付费；谁治理、谁获益”的原则，通过税费的征收，使个人成本与社会成本相一致。这一方面抑制了个人在生产中的外在性行为，减少了环境的污染；另一方面，由于费用的征收，使得进行污水、废弃物及垃圾处理的企业有利可图，可以将民间资本吸引到环保产业中。政府还应注重加强环保方面技术科研的投入，应积极开展与高校和科研部门的合作，在污染处理中技术进步有着非常重要的意义。

3）发展绿色深加工产业。随着人们生活方式、生活观念的转变，发展绿色食品深加工是很有经济效益和环保效益的：一方面，随着现在都市生活节奏的加快，人们可能会将大多时间放在工作上；另一方面，妇女已经不再像传统那样只扮演一个家庭主妇的角色，她们开始走出厨房。因此，绿色深加工就大有可为：将刚从田里生产出来的蔬菜、水产以及肉类等食品进行深加工，使它们不需要进行再进一步处理就可用于食用、烹饪。这一方面满足了现代家庭日常生活的需要，服务了大众；另一方面，提供服务的行业在市场上出售了满足市场需要的劳动，也自然可得到应有的报酬。

绿色深加工产业同时还具有巨大的环保功能：一方面由于这是一种集中性的、大规模的加工，使得加工中留下的废弃物便于回收处理和循环利用，减少垃圾收集处理的成本，显然比各家各户分散处理要好（分散处理会发生更高的处理成本，这个成本作为公益性的得由政府来负担；而且处理稍不及时、垃圾存放的稍长就会造成环境的污染），还有利于空气的净化和环境的清洁。另一方面，由于这些垃圾是由各个企业自行处理，处理成本基本上是由各个加工企业自己负担，政府因此减少一笔开支，同时培育了一个有经济效益的新兴产业，达到了环保的目的。

以不同类型功能区循环经济战略模式：

（1）优化开发区域的循环经济模式——内源自生型。优化开发地区是经济和人口高度密集、开发强度较大、环境资源承载能力开始减弱的地区，急需优化产业升级结构和转变经济增长方式，目前主要集中在我国东部沿海地带。该区循环经济的技术路线、资金支持以及政策保障日趋成熟，逐渐连片整合，形成初具规模的区域循环经济体系。其中，长三角地区所代表的协同优化型和珠三角地区所代表的调整创新型成为该区域循环经济模式的两大主要类型。

内源推动、自下而上是优化开发区循环经济模式的特征。鼓励和发挥地方政府及各类企业的积极性，在经济、社会实力雄厚的背景下，不断优化产业结构，协同错位发展，率先实现全面转型，成为该区域循环经济的未来导向。

（2）重点开发区域的循环经济模式——内外共进型。重点开发区域是资源环境承载能力较强，发展潜力较大，经济和人口集聚条件较好的区域，其急需完善基础设施、发展产业集群、加强承载能力，目前主要集中在东北、中原、长江中游等区域。该区域的循环经济已广泛开展实践，正在由点向面推进，由单一层面向综合层面的区域循环经济体系发展。其中，东北老工业基地代表的资源重组型和成渝经济区代表的重点突破型成为该区循环经济模式的两大主要类型。

内外引导、上下共进是重点开发区循环经济模式的特征。在国家给予资金、技术、政策等的支持和鼓舞下，地方政府应密切配合、积极行动，抓住改革契机，重新发挥资源、能源、行业等优势，改造产业结构，确立新型的循环经济模式，彰显未来产业和人口主要承载地的功能。

（3）限制开发区域的循环经济模式——外源推动型。限制开发区是资源承载能力较弱，不适宜大规模、高强度工业化和城镇化开发，关系到生态安全的区域，应坚持保护优先、适度开发，有序发展资源环境可承载的特色产业，其目前主要集中在青海、新疆、西藏等西部地区。该区域的循环经济正在点上试行，以逐步建立适合这些敏感地区的循环经济模式。其中，柴达木地区的助推跨越型和西藏农牧区的原始提升型成为该区域循环经济模式的两大主要类型。

外源推动、自上而下是限制开发区循环经济模式的特征。应在以国家为首的各级政府大力支持与援助下，以保护和恢复生态功能为核心，建立特色产业的循环经济体系，逐步改善当地人民的生活水平，推动区域现代化进程。

（4）禁止开发区域的循环经济模式——外源强制型。禁止开发区域是指依法设立的各类自然保护区域。要依据法律法规和相关的规划实行强制性保护，控制人为因素对自然生态的干扰，严禁不符合主体功能定位的开发活动，这些区域可以尝试发展生态旅游型的循环经济模式。

外源强制、政府主导是禁止开发区循环经济的特征。应在国家实施强制保护的前提下，转变政绩观和发展观，以生态旅游这一循环经济的重要形式作为自然保护区等特殊区域的突破口，实现保护与发展的双赢。

循环经济的实施框架：循环经济体现在经济活动的三个重要层面上，分别运用“3R”原则实现三个层面的物质闭环流动。

（1）企业层面（小循环）。在部门层面上（小尺度循环），以一个企业或者一个农村家庭为单位实现了清洁生产，使所有的资源、能源都得到有效的利用，最终目标达到无害排放或污染零排放。这就是“小循环”。

（2）区域层面（中循环）。在区域层面上（中尺度循环），按照工业生态学的原理，通过企业间的物质集成、能量集成和信息集成，形成企业间的工业代谢和共生关系，建立生态工业园区。生态工业园区是生态工业的实践，是包含若干工业企业，也包含农业、居民区等的一个区域系统。它通过工业园区内物质流和能量流的正确设计，模拟自然生态系统，形成企业间共生网络。

（3）社会层面（大循环）。在社会层面上（大尺度循环），建立起与发展循环经济相适应的“循环型经济社会”。简单地说，所谓“循环型经济社会”就是指限制自然资源消耗，实现消费过程中和消费过程后物质和能量的循环，建成环境负担最小化的社会。它可以最大限度地减少对资源过度消耗的依赖，保证对废物的正确处理和资源的回收利用，保障国家的环境安全，使经济社会走向持续、健康发展的道路。

6.2.4 循环经济的支撑技术及指标

物质的循环使用首先必须在技术上具有充分的可能性才能实现。只有在技术进步和技术创新的条件下，原来不可利用的物质才有可能被利用，原来不能利用的废弃物也才有可能通过再加工而变为有用的资源。

6.2.4.1 清洁生产技术

清洁生产技术是一种无废、少废生产的技术，企业通过这些技术可以实现生产过程的零排放和制造产品的绿色化。清洁生产技术包括清洁的生产、清洁的生产工艺和清洁的产品三方面的内容，即不仅要实现生产过程的无污染或少污染，而且生产出来的产品在使用和最终报废处理过程中也不会对环境造成损害。这些正符合循环经济的“减量化、再利用，再循环”及“无害化”原则。

6.2.4.2 废弃物利用技术

废弃物利用技术是用来进行废弃物再利用的技术，通过这些技术可以实现产业废弃物和生活废弃物的资源化处理。目前，比较成熟的废弃物利用技术有废纸加工再生技术、废玻璃加工再生技术、废塑料转化为汽油和柴油技术、有机垃圾制成复合肥料技术、废电池等有害废物回收利用技术等。废弃物利用技术符合循环经济“再利用与资源化”原则。

6.2.4.3 污染控制技术

即传统意义上的环境工程技术，通过废弃物净化装置来实现有毒、有害废弃物净化处理。尽管循环经济强调物质的闭环，但由于受经济和技术条件的限制，有些物质难以进行循环利用，必须对之进行无害化处理。因此，污染控制技术的应用也不可忽视。而今，专门进行废弃物净化处理与处置的狭义环保产业正成为一个新兴产业部门在全球得到迅速发展。它们主要生产用于工农业生产的各类控制和净化废弃物的装置，其中包括汽车尾气控制和烟气脱硫等大气污染防治技术、水污染防治技术、填埋和焚烧等固体废弃物处理技术、噪声污染防治技术。

6.2.4.4 无害化技术

无害化技术也称安全化技术，是将废弃物内的生物性或者化学性的有害物质，进行无害化或安全化处理。例如，利用焚烧化处理化学法，将微生物杀灭，促进有毒物质氧化或分解。以城市生活垃圾处理为例，针对城市生活垃圾处理存在的关键技术问题，组织技术开发、示范和推广，不断提高城市生活垃圾无害化处理水平。重点研究垃圾综合处理技术路线、研究开发垃圾分拣和预处理工艺技术，充分回收生活垃圾中的可用资源，减少最终处置量。组织实施关键技术与装备国产化示范工程，一是垃圾填埋工艺中高性能防渗膜、压实机、渗滤液处理及沼气发电等关键技术与设备（产品）的消化吸收和创新，提高填埋场防渗能力和渗滤液处理比例，有效防止填埋工艺对地下水的二次污染。二是焚烧工艺中炉排炉液压控制技术和炉排生产技术的完善化示范，同时加大垃圾焚烧工艺污染物控制技术的开发，确保烟气、废水等达标排放；在有条件的地区加大循环流化床垃圾焚烧处理工艺的推广力度。三是垃圾生化堆肥无害化处理技术示范，重点解决堆肥恶臭和垃圾肥料的质量问题，最大限度降低垃圾肥料中有毒、有害成分，推广垃圾肥料用于城市园林绿化和速生林生长。

循环经济的评价指标：循环经济指标是循环经济模式的指示器，是提供循环经济信息的基本单元。这里所指的循环经济指标既包括专门设计的用以反映循环经济发展状态的指标，也包括可以反映循环经济发展状态的一般的统计指标。

循环经济指标的功能如下：

（1）描述功能。描述功能也就是对现状的一个监测，告诉我们目前的生态系统的状态是什么样的，属于事后统计。

（2）预警功能。指标可以告诉我们应该要达到什么样，与理想的差距在哪里。要在建立有关警戒标准的基础上，建立循环经济预警系统，以便及时采取调控手段，使经济社会发展在安全区域内进行。

（3）监测功能。在获取有关资料后，可对大系统的循环经济发展状况进行监测，并对导致系统失调的主要因素进行分析和干预，为决策和政策的制定提供科学依据。

（4）解释功能。能够对循环经济的发展状态、协调程度、失调原因、变化原因等做出科学合理的解释。

（5）评价功能。根据一定的判别标准，综合侧度一个国家或一个地区发展的各系统之间的协调性，从而在整体上对循环经济发展状况做出客观评价。

循环经济指标的特点：

（1）需要信息量庞大。循环经济本质是生态经济，地球上的人类与自然界是一个生态系统，人类与自然界之间是相互联系、相互作用、相互依赖的关系。循环经济的测度也就是这个巨大生态系统的测度，涉及人类生产、生活、消费与自然界各种各样的关系，要准确完善反映这个系统的状态，需要各个学科各个领域的知识和方法，信息量庞大。

（2）层次性强。与可持续发展指标体系的目的不同，循环经济作为一种操作模式，是要运用到人与自然组成的生态系统的各个环节的实践中的，且每一个环节都有不同的层次，这些环节和层次在总的循环经济目标指导下都应该有相对应的指标体系。一个生态系统有生产、消费和分解三个环节，例如，对于生产环节来讲，有面向企业的循环经济指标体系，行业的指标体系和产业的指标体系。这些指标体系指导思路是一致的，但必须适应性地有所变化，因此循环经济的指标体系层次较多。

（3）指导指标生成的方法论本身还不成熟。循环经济是20世纪90年代提出的，一经提出，在短时间内赢得了众多学者专家的认可，但它仍然是一个不成熟的方法论，许多人对循环经济的内涵各执一词，在不同的理解下对循环经济指标体系的构建的研究角度也莫衷一是。循环经济的理论基础体系还不是很严谨规范和完善，这也是我们在构建指标体系时需要注意的一个问题。

循环经济指标的设置原则：

（1）科学性。作为指导和评价循环经济模式的指标，其构建要遵循科学性原则，即依据循环经济的“3R”原则建立。

（2）系统性。指标的系统性是指指标体系中指标之间相互联系构成了一个有意义的系统，这个系统不是各指标性质和功能简单的相加，也不能把系统的性质和功能还原为各指标的性质和功能。

（3）可操作性。一方面，指标体系应有明确的定义、使用的条件、计算方法等，使指标有可得性，才能用于实践。另一方面，指标体系的构建不应该不切实际地追求理论上的完美，还要考虑实施的成本或可达性，真正能在实践中应用，否则再完美也是毫无意义的。

（4）独立性。指标体系中指标的内涵外延是不重复的，指标之间不存在包含和被包含的重合关系。

（5）可比性。指标及指标体系在设置时应在一定时期内，在含义、范围、方法上保持相对的稳定性，以便于评价结果的可比性就是要方便与其他领域的指标进行比较。

（6）相关性。指标一定可以说明循环经济的某方面的内容，不同环节和层次的指标都要与这个环节或层面的循环经济模式有关。

（7）动态性。可持续发展是一个持续的过程，不同的阶段有不同的目标，相应的循环经济指标体系也要动态的反映循环经济的发展。

循环经济评价指标体系的设计：

循环经济的发展涉及经济、社会、环境等各个方面，单个指标无法说明问题，因此其指标体系一般由总体层、系统层、状态层和变量层四个层次构成。

由于目前还尚未建立统一标准的循环经济指标体系，因此，不同学者对此有不同的看法，研究最多的是将循环经济发展度（总体层）划分为经济指标、社会指标、环境指标三个一级子目标（系统层），再分别对其进行二级子目标（状态层）的分解，最终再建立起二级子目标的具体指标（变量层），最终形成完整的循环经济评价指标体系。

还有一些学者从经济增长指数、科技进步指数、资源消耗指数、废弃物排放指数、资源利用效率指数、资源循环利用指数 6 个子模块，分 3 个层次（目标层、准则层、指标层）对循环经济发展度进行评估。

对区域社会、经济、生态环境系统协调发展状况进行综合评价，反映经济、生态环境系统不同属性的指标，按隶属关系、层次关系原则组成的有序集合。

按经济、社会、生态三方面，设立三大子循环系统。

经济子系统的循环经济评价指标：

（1）数量指标：GDP 密度（或称经济密度）；人均耕地面积；农业生态园区产值占农业总产值的比例；生态园区工业产值占工业总产值的比重；高新技术中环境保护技术的比例；第三产业占 GDP 的比重。

（2）质量指标：减量化指标；再利用及资源化指标；无害化指标。

社会子系统的循环经济评价指标：

（1）就业：第三产业从业人数比率；发展循环经济增加的就业率、失业率、再就业比率。

（2）平等：基尼系数；城乡收入的水平差异。

（3）福利：恩格尔系数；社会保障覆盖率；文教体卫增加值占 GDP 的比重。

（4）安全：通货膨胀率；交通事故指标；犯罪指标；家庭破裂指标。

生态子系统的循环经济评价指标：

（1）减量化指标：万元产值废水排放下降率；万元产值废气排放下降率；万元产值固废排放下降率。

（2）无害化指标：人均拥有城市维护建设资金；噪声达标区覆盖率；烟尘控制区覆盖率；环境保护投资占 GDP 的比重。

循环经济指标体系主要如表 6-2 所示。

表 6-2 循环经济指标体系

总体层	目标层	变量层	指标层
循环经济指标体系	减量化	原材料消耗	单位产值原材料消耗量 主要原材料消耗弹性系数① 原材料消耗绝对量 人均原材料消耗量 单位产值用水量 人均耗水量
		能源消耗	单位产值能源消耗量 主要能源消耗弹性系数② 能源消耗绝对量 年人均能源消耗量
	再利用	产品功能寿命	产品消费频率 产品标准化程度
	再循环	可再生资源循环利用	固体废弃物循环利用率 废水循环利用率 废气循环利用率
	治理污染物	有害物质排放	单位产值废水总量排放量 人均废水排放量 废水达标排放率 单位产值废气排放量 单位产值固体废物排放率 单位产值 COD 排放量 单位产值二氧化硫排放量

① “主要原材料消耗弹性系数”指原材料消耗增长的幅度与 GDP 增长的幅度之比；

② “主要能源消耗弹性系数”指主要能源消耗增长的幅度与 GDP 增长的幅度之比。

案例分析 1：马钢新区循环经济的实现

马钢新区项目是一条从焦化、烧结、炼铁、炼钢到连铸、热轧、冷轧、连退线以及镀锌的，年产 500 万吨以上高档板材的全流程先进工艺生产线。工程于 2004 年 11 月 24 日获得国家正式批准，2005 年 5 月 10 日全面开工建设，2007 年 7 月全面建成投产。

新区建设过程中通过推行“管理创新、技术创新、装备创新”三大创新原则，使用焦化煤调湿技术、苯加氢技术、干熄焦技术、外燃式热风炉技术、高炉富氧大喷煤技术、钢坯热送热装技术、转炉高效综合技术等一批新技术，通过铁水红送、钢水精炼、全连铸和高规格轧钢生产高附加值板卷产品，实现低碳生产；利用大型计算机网络技术、管理节能和节能调度技术、燃气蒸汽联合发电技术、余热余压发电技术及先进装备建设了能源中心、CCPP、CDQ、TRT、烧结余热发电等能源项目，实现了二次能源的优化利用；采用除尘灰循环利用技术、MG 法水渣技术、转炉渣微粉技术、工业废水零排放技术等建设了转底炉、高炉水渣处理、钢渣微粉、循环水处理站、污水处理站等项目，实现固体废弃物和水资源的综合利用，从而打造“二次能源循环、固体废弃物循环、水资源循环”三大循环链，实现炼焦、烧结、炼铁、炼钢等工序的绿色生产。

应用新技术实现马钢新区循环经济：

（1）炼焦工序新技术的应用。除了传统的焦油、氨、硫等回收产品外，马钢还上马了干熄焦 CDQ 发电、煤调湿和苯加氢等循环经济和节能减排项目。其中，煤调湿项目是国家推广的流化床煤调湿技术示范工程，其特点是利用焦炉燃烧废气为热源，有别于通常的以蒸汽为热源的煤调湿工艺，具有显著的节能减排效益，是发展循环经济的重要体现；马钢苯加氢工程总投资约为 3.2 亿元，设计能力为年处理 8 万吨轻苯，主要产品为焦化苯、甲苯、二甲苯、非芳烃等。马钢苯加氢采用了完全国产化的两段低温气相加氢精制和环丁砜溶剂萃取蒸馏技术，使产品的附加值得到提高，同时，该工程从根本上减轻了苯酸洗加工中的污染问题，可全面降低项目污染物排放量。炼焦系统的节能减排项目取得了突出的效益：马钢新区每台 CDQ 机组发电量达到 122kW · h/t，2 台机组每年发电量在 2.2 亿千瓦时以上；马钢煤调湿项目在 2011 年 9 月投入运行，稳定运行后炼焦煤水分由投运前的 10%降低至 6%左右，提高焦炭产量约 8%，降低炼焦耗热量接近 3%，减少剩余氨水处理量约 1/3；马钢苯加氢项目自 2012 年 12 月 2 日正式投产以来，每年加工轻苯 79600t，生产焦化苯、甲苯、二甲苯等产品 75600t，总精制率稳定在 95%以上，实现销售收入接近 6 亿元/年。

（2）烧结工序节能减排和循环经济新技术的应用。烧结工序中，机尾和成品除尘灰作为烧结回料循环利用，机头灰泥送入转底炉进行深度加工，从炼钢转炉来的污泥水和烧结原料匀拌后送入烧结机进行循环利用。烧结余热发电项目不但使冷却烧结矿的废气余热得到回收，利用其热能进行发电，而且余热废气可以实现封闭循环使用，减少对空排放，是推广和利用新技术实现节能减排、低碳循环的典型应用。烧结余热发电自 2011 年起，每年平均发电量达到 6500 万千瓦时，取得良好的经济效益。预留位置的烧结烟气脱硫装置在 2013 年正式投入运行，年二氧化硫减排量在 190 万吨以上。该脱硫工程采用石灰石-石膏法脱硫工艺，和其他工艺比较，其主要优势在于：脱硫效率高、系统可利用率高（与烧结机同步率高）、运行成本低、副产物的处置可行且不会产生二次污染。烟气脱硫工程符合国家环保政策要求，可以产生良好的社会效益，增强马钢可持续发展能力。

（3）炼铁工序节能减排和循环经济新技术的应用。高炉炼铁工序除了传统的高炉煤气用于发电、热轧、冷轧和焦化生产以及 TRT 余压发电等二次能源回收利用系统外，马钢新区还上马了炉渣粒化系统（便于水渣外销）以及转底炉系统等资源综合利用工程。转底炉主要是利用冶金工业尘泥（高炉瓦斯灰泥、烧结灰泥以及球团粉尘）中的碳作还原剂，在高温下，实现铁氧化物的还原和锌、铅等有害元素的还原、汽化、分离，解决了含锌尘泥排放对环境的污染。其主要产品为金属化球团用于高炉原料回用，副产品有过热饱和蒸汽以及粗锌粉。马钢新区转底炉是国内首台尘泥脱锌转底炉，它的成功实施，不仅可以实现钢铁厂含锌粉尘的循环利用以及减少有害物的排放，而且开辟了含锌尘泥脱锌、从冶金废弃物中提取稀有元素的新途径。马钢新区炼铁工序循环经济取得了良好的成效，其中TRT吨铁发电量约36kW·h/t，2台机组每年发电量在2.2亿千瓦时以上；转底炉月处理12000t高炉污泥、烧结及球团粉尘，每月回收的锌粉均在400t以上；利用高炉煤气发电的CCPP机组年发电量达到11亿千瓦时。

（4）炼钢工序节能减排和循环经济新技术的应用。在炼钢工序中，主要的二次能源回收有转炉煤气、蒸汽，并采用了钢渣微粉加工工艺提高钢渣的利用价值、转炉污泥水送至烧结机进行回收利用等循环经济措施。

为了进一步提高转炉煤气回收率，实现负能炼钢，能源总厂和四钢轧总厂采取了一系列措施。如通过计量梳理和改造，提高计量的准确性，降低转炉煤气损失率，还原转炉煤气回收真实水平；通过加强调度联系，提前掌握炼钢节奏，合理控制转炉煤气柜位，保证转炉煤气全量回收；通过对转炉煤气回收操作及冶炼用氧的分析和研究，采取延长转炉煤气回收区间、优化转炉煤气回收操作、提高供氧强度等途径进一步提高转炉煤气回收率。通过这些措施和手段，马钢新区的转炉煤气回收率达到$103m^3/t$以上，处于较高水平。

在余热蒸汽回收方面，炼钢蒸汽在投产初期较长时间内存在无法并网造成放散的现象，能源总厂与炼钢厂的多次交流，了解炼钢蒸汽回收的特性，并将炼钢RH炉蒸汽系统的参数接入了能源中心EMS蒸汽监控系统，解决了炼钢蒸汽长期处于放散的状态，提高了炼钢蒸汽回收率。

（5）建设能源中心以实现管理节能和低碳生产。马钢新区能源中心项目随整个新区建设同步上马，实现了集中控制条件下的操调一体化以及数据不落地情况下的基础能源管理和管控一体化两大功能，获得了良好的系统节能效果，对国内主要钢铁企业建设或改造成立能源中心起到了示范作用。能源中心主要发挥以下作用：

1）实现了集中控制和操调一体化以及大部分的房所无人值守。

2）实现能源的快速平衡调整和调度优化，体现系统节能的优势。

3）提高劳动生产率和管理效率，实现能源的高效生产。

4）优化基础能源管理和控制，进一步实现经济运行和能源成本控制。

能源中心是节能减排技术发展到一定阶段的产物，它既是一个技术手段，也是一个管理工具，同时，它还是一个全新的管理理念，必须有与之相配套的管理、运行和支撑体系，才能最终发挥出更好的作用。

（6）调整煤气资源消耗结构以提高其综合利用效率。马钢新区煤气资源主要有高炉煤气、焦炉和转炉煤气，主要用于CCPP、135MW机组发电以及焦化、烧结、热轧等生产使用。为了更好地满足生产需求和提高各种煤气资源的利用效率，借助能源中心强大的信息数据，对优化新区煤气利用结构、平衡煤气供给采取了各种措施。新区前后对2座焦炉的煤气加热由焦炉煤气置换为高炉煤气，既解决了焦炉煤气的不足，又解决了高炉煤气的富裕问题，达到了节能效果；将烧结石灰窑烧高焦混合煤气改为烧转炉煤气，开拓了一个转炉煤气的大用户，同时将置换出来的高炉和焦炉煤气提供给热轧等其他的用户，解决了热轧长时间大量生产时高炉和焦炉煤气不足的问题；同时，还开拓了新区热电厂135MW机组、球团竖炉、高炉热风炉等转炉煤气新用户，消除了转炉煤气的放散，同时又增添了电厂锅炉和球团竖炉这两个煤气大用户的掺烧品种，有利于不同种类之间的煤气的转换使用，提高了煤气调度的灵活性。

总之，通过能源中心的建设和成功应用以及资源消耗结构的优化，三种煤气的回收率和煤气的综合利用率得到了很大的提升，其中高炉煤气回收率达 $1550m^3/t$ 以上，焦炉煤气回收率达 $450m^3/t$，转炉煤气回收率达到 $103m^3/t$ 以上，煤气的综合利用率达到 99.5%以上。

马钢新区建设过程中通过推行“管理创新、技术创新、装备创新”三大创新原则，发展绿色炼焦，建造化工循环，实现清洁生产；挖掘烧结生产低碳经济，建设烧结余热发电；开拓资源综合利用渠道，实现高炉炼铁的低碳循环；优化工艺过程，提高炼钢二次能源的回收率，实现负能炼钢；建设能源中心，提高能源利用效率，实现管理节能和低碳生产；调整煤气资源消耗结构、提高煤气的综合利用效率。从而打造“二次能源循环、固体废弃物循环、水资源循环”三大循环链，实现炼焦、烧结、炼铁、炼钢等工序的绿色生产。

案例分析 2：江苏常州：掘金“城市矿山”发展循环经济

冰箱、空调、电视机等家用电器可以说是现代生活的必需品，随着更新换代的提速，大批的废旧家电面临“退休”。这些垃圾具有污染环境和资源再生的双重属性，一方面，其中含有的汞、镉、镍、废机油、荧光粉等，属于危险废物；另一方面，废旧家电因为含有金属、塑料、玻璃和其他可再利用零部件等多种资源物，也被业内人士称为“城市矿山”。

（1）“庖丁解牛”式拆解将废旧家电资源“吃干榨净”。位于常州市武进区牛塘镇的常州翔宇再生科技有限公司，于 2012 年成为常州唯一一家通过国家审批的具有废弃电器电子产品处理资质的企业，目前，江苏全省取得这一资质的企业仅有 8 家。

在公司的拆解车间，工人们庖丁解牛般地拆解着旧家电，一台洗衣机可以被分成 5 类拆解品，一台电视机则能分成 14 类拆解品。这些拆解品按照一般废弃物和危险废弃物，进行分类存放。“铜、铝、铁、塑料、聚氨酯泡沫等一般废弃物，可以直接进行二次利用”。至于危险废弃物，公司交给下游有资质的企业进行无害化处理，处理之后依旧可以循环利用。

（2）全程可追溯，企业高度自律确保“绿色、安全”。一台废旧家电进入翔宇科技，首先会得到一张属于自己的“身份证”。有了这张“身份证”，下游企业在处理中发现问题，可以通过全程追溯，找到问题部件来自于哪台机器，这台机器又是通过何种渠道收储，来源地是哪里。

除此之外，整个厂区安装了 155 个高清摄像头，全方位无死角覆盖车间和仓库，不仅全程监控，关键点位视频记录还保留至少 3 年。部、省、市、区四级环境生态部门可以实时浏览监控内容，严格监管企业的生产行为。严格的规章制度促进企业自律，切实为生态环境部门减负，确保废旧家电回收利用过程的绝对安全可控。

垃圾是放错地方的资源，翔宇科技每天可接受拆解 2500 台左右的废旧家电，从投产到现在，共拆解废弃电器电子产品 223 万台，减少 2.5t 左右的持久性有机污染物的无组织排放，获得了 11000t 废旧塑料和 12000t 金属等再生资源。

6.3 清洁生产

6.3.1 清洁生产理念的形成、 意义及理论基础

1989 年，联合国环境规划署（UNEP）巴黎工业与环境活动中心在总结各国说法后，对清洁生产定义如下：清洁生产是对工艺产品不断运用的一种一体化的预防性环境战略，以减少其对人类和环境的风险。对于生产工艺，清洁生产包括节约原材料和能源，消除有毒原材料，并在一切排放物和废物离开工艺之前削减其数量和毒性；对于产品，战略重点是沿产品的整个生命周期，即从原材料获取到产品的最终处置，减少其各种不利影响。

1994 年 3 月 25 日，国务院通过的《中国 21 世纪议程》中对清洁生产进行了定义：清洁生产是指既可满足人们的需要，又可合理地使用自然资源和能源，并保护环境的实用生产方法和措施，其实质是一种物料和能耗最少的人类生产活动的规划和管理，将废物减量化、资源化和无害化或消灭于生产过程之中。同时对人体和环境无害的绿色产品的生产也将随着可持续发展进程的深入而日益成为今后产品生产的主导方向。

1996 年，联合国环境规划署（UNEP）完善了清洁生产的定义：清洁生产是一种新的、创造性的思想，该思想将整体预防的环境战略持续地应用于生产过程、产品和服务中，以期增加生态效率和降低人类和环境的风险。对于产品，要求减少从原材料提炼到产品最终处置的全生命周期的不利影响；对于生产过程，要求节约原材料和能源，淘汰有毒原材料，减降所有废物的数量和毒性；对于服务，要求将环境因素纳入设计和所提供的服务中。

2002 年 6 月 29 日，第九届全国人民代表大会常务委员会第二十八次会议通过《中华人民共和国清洁生产促进法》，定义清洁生产：清洁生产是指不断采取改进设计、使用清洁的能源和原料、采用先进的工艺技术与设备、改善管理、综合利用等措施，从源头削减污染，提高资源利用效率，减少或者避免生产、服务和产品使用过程中污染物的产生和排放，以减轻或者消除对人类健康和环境的危害。

综上，采用第九届全国人民代表大会常务委员会第二十八次会议通过《中华人民共和国清洁生产促进法》的清洁生产概念最为妥当。

清洁生产是可持续发展战略引导下的一场新革命，是 21 世纪工业生产发展的主要方向。其主要意义包括以下几方面：

（1）清洁生产是实现可持续发展的必然选择和重要保障。可持续发展战略的提出是人类发展观的一次根本转变，是对传统发展模式的反思和创新。清洁生产要求持续地将污染预防贯穿于生产全过程，强调从源头抓起，着眼于生产全过程控制；同时要求最大限度地利用资源和能源，通过循环使用或重复利用，使原材料最大程度地转化为产品，把污染消灭在生产过程之中，从而保障资源的永续利用，减少对人类的危害和对环境的污染。因此，实施可持续发展战略，必须大力推进清洁生产。

（2）清洁生产是促进经济增长方式转变、提高经济增长质量和效益的有效途径和客观要求。清洁生产一方面通过改进设备或燃烧方式，进一步提高能源的利用率，既可减少污染的产生量和排放量，又可节约资源和能源，用较少的投入获得较大的收益，具有显著的

经济效益。另一方面可以大幅减少末端治理的污染负荷，节省投入，提高企业防治污染的积极性和自觉性。清洁生产包含了企业深化改革、转变经济增长方式的丰富内涵，是实现粗放型经营向集约型发展模式转变的具体体现，可以有力地促进经济的运行质量和经济效益的提高。

（3）清洁生产是防治工业污染的最佳模式和必然选择。清洁生产采取了源头控制措施，既可减少有毒有害原料的用量，又可提高原材料的转化率，通过减少污染物的产生量和排放量来减少二次污染的机会。清洁生产可以避免或减少末端治理可能产生的风险，如填埋、储存的泄漏，焚烧产生的有害气体、处理污水产生的二次污染。推行清洁生产可有效地降低单位产值的能耗和物耗，防治工业污染。

（4）清洁生产是实现环境效益、经济效益、社会效益统一的重要途径。清洁生产通过替代有毒有害的原材料、产品和能源，替代污染严重的工艺和设备，改进操作技术和管理方式，从而改善工人的劳动条件和工作环境，提高工人劳动的积极性和工作效率。清洁生产可以减轻产品生产与消费过程对环境的污染，有利于提高企业的环保形象，有利于提高产品的市场竞争力。清洁生产可以改善工业企业与环境管理部门之间的关系，解决环境与经济相割裂的矛盾。通过实施清洁生产措施，企业能够实现环境、经济和社会的协调持续发展。

国内外清洁生产的理论研究和实践证明，可持续发展是清洁生产的理论基础，清洁生产是可持续发展理论的实践。其理论具体可表现为以下三方面的内容：

（1）废物与资源转化理论（物质平衡理论）。在生产过程中物质按照平衡原理相互转化，在生产过程中产生的废物越多，则原料消耗就越大，因为废物是由原料转化而来。清洁生产使废物最小量化，其实质在于原料得到了最有效的利用。生产中的废物具有多功能特性，一种生产过程中产生的废物可作为另一种生产过程中的原料，资源与废物是一个相对的概念。清洁生产最好地体现了资源利用最大化、废物产生最小化、环境污染无害化。

（2）最优化理论。清洁生产实际上是解决生产特定条件下物料消耗最少，产品产出率最高的问题。此问题的理论基础是数学的最优化理论。很多情况下，废物最小化可表示为目标函数，而清洁生产则要求它在约束条件下的最优解。1）目标函数废物最小量是动态的、相对的。一个生产过程、一个生产环节、一种设备、一种产品，若不经过末端处理设施而能达到相应的废物排放标准、能耗标准、产品质量标准等，就可以认为目标函数值得以实现。由于国家和地区的废物排放标准和能耗等标准是不同的，目标函数值也是不同的；而且即使在一个国家里，随着技术进步和社会发展，这些标准也发生变化，目标函数值也会发生变化。因此目前清洁生产废物最小化理论不是求解目标函数值，而是为满足目标函数值确定的必要约束条件。2）约束条件通过能量与物料衡算，可以得出生产废物产生量、能源消耗、原材料消耗与目标函数的差距，进而确定约束条件。约束条件包括原材料与能源、生产工艺、过程控制、设备、维护与管理、产品、废物、资金及员工等。

（3）社会化大生产理论。马克思主义认为，用最少的劳动消耗，生产出最多的满足社会需要的产品，是社会主义建设的最高准则。马克思曾预言：机器的改良，使那些在原有形式上本来不能利用的物质获得一种在新的生产中可以利用的形式，科学的进步，特别是化学的进步，发现了那些废物的有用性。当今社会化大生产和科学进步，为清洁生产提供了必要的条件。

6.3.2 清洁生产的主要内容

6.3.2.1 清洁的原料和能源

清洁原料的第一个要求是选用高纯的原材料，在生产中充分利用原材料。第二个要求是尽量少用或不用有毒有害的原材料，采用无毒或低毒的原材料。

清洁能源指的是开发利用可再生的能源以及合理利用常规能源，包括开发节能技术，它的主要组成形式为：常规能源清洁利用——如采用洁净煤技术，逐步提高液体燃料、天然气的使用比例；可再生能源的利用——如水力资源、沼气的充分开发和利用；新能源开发——如开发利用太阳能、风能、地热能、海洋能、生物能等再生新能源；以节能为重点的技术进步和改造——如在能耗大的化工行业采用热电联产技术，提高能源利用率。

6.3.2.2 清洁的生产过程

清洁的生产过程就是将生产过程中可能产生的废物减量化、无害化，甚至将废物消灭在生产过程中。废物减量化就是改善生产技术和工艺，采用先进的设备，提高原料利用率，使原料尽可能转化为产品从而使废物量达到最小。废物无害化就是减少或消除将要离开生产过程的废物的毒性，使之不危害环境和人类。这主要包括尽可能不用或少用有毒有害原料和中间产品，对原材料和中间产品进行回收，改善管理，提高效率。

清洁的生产过程需要做到：尽量减少和不用有毒有害的原料；采用无毒、无害的中间产品；尽量减少生产过程中的各种危险性因素，如高温、高压、低温、低压、易燃、易爆、强噪声、强振动等；采用少废、无废生产工艺和高效生产设备；组织物料的再循环利用；简便可靠的操作和控制；完善生产管理，实现科学量化管理。

6.3.2.3 清洁的产品

产品设计应考虑节约原材料和能源，少用昂贵和稀缺原料，利用二次资源作原料；产品应具有合理的使用功能和使用寿命；产品本身、在使用过程中以及使用后不含危害人体健康和生态环境的因素；产品使用后应易于回收、复用和再生；产品报废后应易于处理、降解；包装产品合理。

清洁生产的实现要求两个控制：产品的生命周期全过程控制、生产的全过程控制。一是产品的生命周期全过程控制。从原材料加工、提炼到产品产出、产品使用直到报废处置的各个环节采取必要的措施，以实现产品整个生命周期资源和能源消耗的最小化。二是生产的全过程控制。从开发、规划、设计、建设、生产到运营管理的生产全过程，采取措施，提高效率，防止生态破坏和环境污染，实现生产过程污染物最少化。

根据清洁生产的定义，其核心思想如图 6-1 所示。

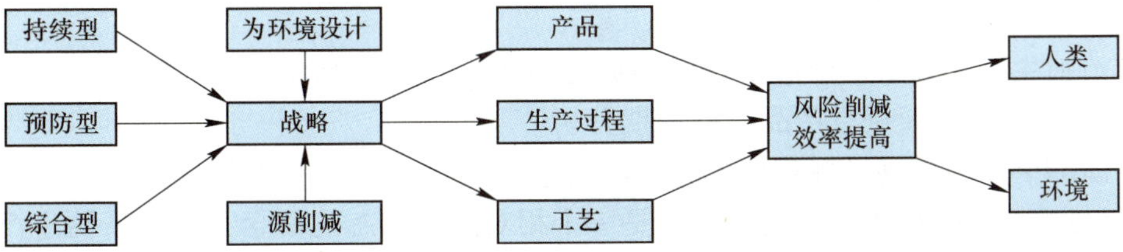

图 6-1 清洁生产的核心思想

（1）清洁生产特点、内涵及途径：

清洁生产是现代科技和生产力发展的必然结果，是利于节约资源、保护环境的一种新型现代化管理手段，具有以下四个特点。

1）持续性。清洁生产要求对产品和工艺持续不断地进行改进，只有不断地持续改进才能使企业的生产、管理、工艺、技术和设备等到达更高水平，实现节约资源、保护环境的目的。一条具体的清洁生产措施，可能涉及到技术的研究与开发、技术的采纳、配套的管理措施乃至企业文化的转变，其显著效果往往需要较长时间才能显现出来，因此需要在企业内部持续不断地贯彻清洁生产思想。

2）预防性。清洁生产是对产品生产过程产生的污染进行综合预防，以预防为主，通过污染物产生源的削减和回收利用，使废物减量化，以有效地防止污染的产生。

3）适应性。清洁生产结合企业产品特点和工艺生产要求，使其符合企业生产经营发展的需要。不仅要考虑不同经济发展阶段的要求和企业经济的支撑能力，还要在技术可靠前提下，进行社会、经济、环境效益分析，使生产体系运行最优化。

4）综合性。清洁生产具有综合性特征，它是企业整体战略的一部分，应贯彻到企业的各个职能部门，以提高企业竞争优势、开拓潜在市场。推行清洁生产需要明确职责并进行科学规划，制定发展战略、政策、法规，包括产品设计、能源与原材料的更新与替代、开发少废无废清洁工艺、污染物处理处置及物料循环回用等。

（2）清洁生产的内涵：

清洁生产作为关于生产过程、产品、服务过程预防污染的策略，目前已被越来越多的人所接受，其概念是在回顾和总结工业化实践的基础上逐步形成的，虽然在不同的国家有不同的叫法，但其基本内涵是一致的。清洁生产包含了以下四层含义。

1）清洁生产的目标是节省能源、降低原材料消耗、减少污染物的产生量和排放量，包括清洁的、高效的能源和原材料利用，清洁利用矿物燃料，以加速节能为重点的技术进步和技术改造，提高能源和原材料的利用效率。

2）清洁生产的基本手段是改进工艺技术、强化企业管理，最大限度地提高资源、能源的利用水平和改变产品体系，更新设计观念，争取废物最少排放及将环境因素纳入服务中去，包括采用少废、无废的生产工艺技术和高效生产设备；尽量少用、不用有毒有害的原料；减少生产过程中的各种危险因素和有毒有害的中间产品；组织废物的再循环；优化生产组织和实施科学的生产管理；进行必要的污染治理，实现清洁、高效的利用和生产。

另外还要保证产品应具有合理的使用功能和使用寿命；产品本身及在使用过程中，对人体健康和生态环境不产生或少产生不良影响和危害；产品失去使用功能后，应易于回收、再生和复用等。

3）清洁生产的方法是排污审核，即通过审核发现排污部位、排污原因，并筛选消除或减少污染物的措施及进行产品生命周期分析。

4）清洁生产的最终目标是保护人类与环境，提高企业自身的经济效益。清洁生产的最大特点是持续不断地改进。清洁生产是一个相对的、动态的概念，所谓清洁生产的工艺技术、生产过程和清洁产品是和现有的工艺和产品相比较而言的。推动清洁生产，本身是一个不断完善的过程，随着社会经济发展和科学技术的进步，需要适时提出新的目标，争取达到更高的水准。

(3) 清洁生产的途径与方法：

实施清洁生产的主要途径和方法包括：合理布局、产品设计、原料选择、节约能源与原材料、工艺改革、技术进步、加强管理、资源综合利用、实施生命周期评估等许多方面，可以归纳如下：

1) 调整和优化经济结构和产业产品结构。合理布局，调整和优化经济结构和产业产品结构，以解决影响环境的“结构型”污染和资源能源的浪费。同时，在科学规划和地区合理布局方面，进行生产力的科学配置，组织合理的行业生态链，建立优化的产业结构体系，以实现资源、能源和物料的闭合循环，并在区域内削减和消除废物。

2) 注重产品设计和原料选择。在产品设计和原料选择时，优先选择无毒、低毒、少污染的原辅材料替代原有毒性较大的原辅材料，以防止原料及产品对人类和环境的危害。

3) 工艺技术革新。简化流程减少工序和设备是降低能耗、削减污染排放的有效措施。改革生产工艺，开发新的工艺技术，采用和更新生产设备，淘汰陈旧设备。采用能够使资源和能源利用率高、原材料转化率高、污染物产生量少的新工艺和设备，代替那些资源浪费大、污染严重的落后工艺设备。在不改变生产工艺或设备的条件下进行操作参数的调整，优化操作条件常常是最容易而且最便宜的减废方法。大多数工艺设备都是采用最佳工艺参数（如温度、压力和加料量）设计的，以取得最高的操作效率，因而在最佳工艺参数下操作，避免生产控制条件波动和非正常停车，可大大减少废物量，减少生产过程中资源浪费和污染物的产生，尽最大努力实现少废或无废生产。

尽量提高资源与能源利用效率。通过资源、原材料的节约和合理利用，使原材料中所有组分通过生产过程尽可能地转化为产品，消除废物的产生，实现清洁生产。

首先要对原料的每个组分列出清单，明确目前有用和将来有用的组分，制定出好的利用方案。对于目前有用的组分要考察它们的利用效率；对于目前无用的组分，显然在生产过程中将转化为废物，应将其列入科技开发的计划，以期尽早找到合适的用途。例如，黄酒中的米浆水与板糟。在原料的利用过程中应对每一个组分都建立物料平衡，掌握它们在生产过程中的流向。实现资源的综合利用，需要实行跨部门、跨行业的协作开发，一种可取的形式是建立原料开发区，组织以原料为中心的利用体系，按生态学原理，规划各种配套的行业，形成生产链，在区域范围内尽可能地实现原料的“吃光榨尽”。

新工艺包括生化技术、高效催化技术、膜分离技术等。依靠科技进步，提高企业技术创新能力，开发、示范和推广无废、少废清洁生产技术装备，从而加快企业技术改造步伐，提高工艺技术装备和水平，通过重点技术进步项目（工程）来实施清洁生产方案。

多数人都认为管理出效益，这句话确实不假，国内外的实践表明，行业污染有相当一部分是由于生产过程管理不善造成的，只要改进操作，改善管理，不需花费很大的经济代价，便可获得明显的削减废物和减少污染的效果。其主要方法是：落实岗位和目标责任制，杜绝跑、冒、滴、漏，预防生产事故，使人为的资源浪费和污染排放量减至最小；加强设备管理，提高设备完好率和运行率；开展物料、能量流程审核；科学安排生产进度，改进操作程序；组织安全文明生产，把绿色环保设计渗透到企业文化之中等。推行清洁生产的过程也是加强生产管理的过程，它在很大程度上丰富和完善了行业生产管理的内涵。

企业生产中产生的“三废”污染物质从本质上讲，都是生产过程中流失的原材料、中间产物和副产物。因此，对“三废”污染物进行有效的处理和回收利用，既可以创造财富，又可以减少污染。开展“三废”综合利用是消除污染、保护环境的一项积极而有效的措施，也是企业挖潜、增效、截污的一个重要方面。在企业的生产过程中，应尽可能提高原料利用率和降低回收成本，实现原料闭路循环。在生产过程中比较容易实现物料闭路循环的是生产用水的闭路循环。根据清洁生产的要求，工业用水组成原则上应是供水、用水和净水组成的一个紧密的体系。根据生产工艺要求，一水多用，按照不同的水质需求分别供水，净化后的水重复利用。我国已经开展了一些实用的综合利用技术，如黄酒厂冷却水、废水处理技术，造汽水闭路循环技术，可以大大节约水资源，减少水体热污染。

从产品抓起，将环保因素预防性地注入产品设计之中，并考虑其整个生命周期对环境的影响。

这些途径可单独实施，也可互相组合起来加以综合实施。应采用系统工程的思想和方法，以资源利用率高、污染物产生量小为目标，综合推进这些工作，并使推行清洁生产与企业开展的其他工作相互促进，相得益彰。

清洁生产的内容和全过程控制具体到企业实践环节如图 6-2 所示。

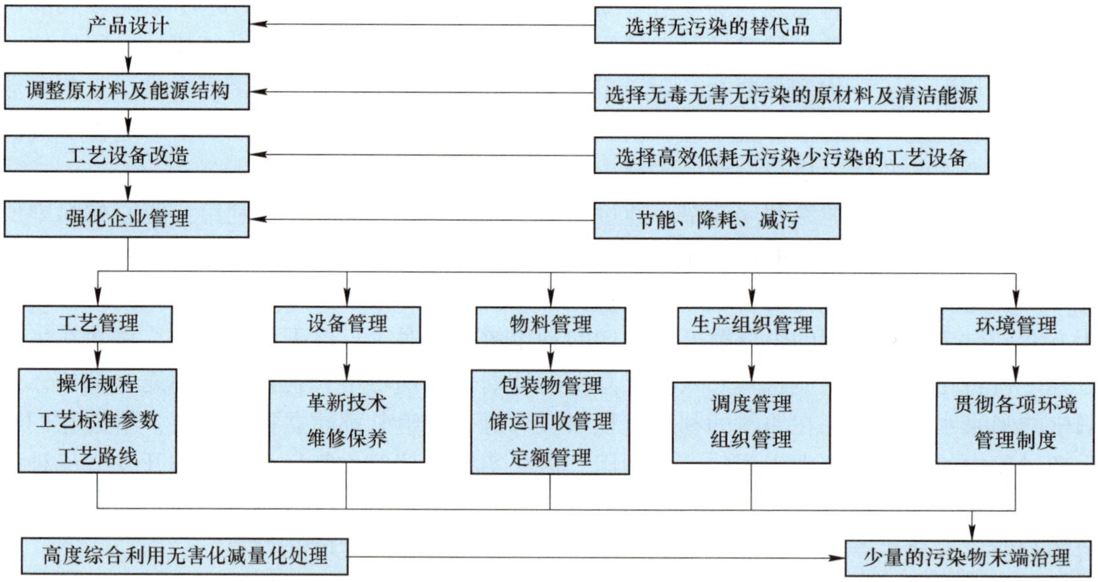

图 6-2 企业清洁生产的内容和全过程控制

清洁生产是经济效益和环境效益的统一，并不是单独考虑经济效益。在目前很多人盲目追求经济效益，忽略对环境造成的不利影响，走一些发达国家先污染后治理的老路，这种情况下推行清洁生产就要采取些强制措施，就需要国家制定一定的法规政策，保证清洁生产的正常运行。此外，清洁生产过程中的某些措施还需要国家的鼓励与管理，如企业之间的生态协作除了经济效益的联系外，还需要政府部门的组织管理，这都需要政策。

经济因素。经济因素是推行清洁生产的一个重要因素。一方面政府可以利用经济杠杆来影响清洁生产，例如限制产量小、污染大的产业的发展而对实施清洁生产的企业可用免税、贷款等手段来鼓励；另一方面企业要推行清洁生产也需要一定的经济条件。

科学因素。清洁生产的关键就是科学技术的发展。先进的工艺、设备、材料的开发以及合理高效的管理均离不开科学技术。目前计算机的发展、信息化及相应学科技术的不断进步为清洁生产提供了良好的工具。

市场因素。清洁生产的最终产物应该是清洁产品。近年来绿色食品越来越受欢迎，在市场竞争的压力下，商家必然会积极开发有利于人类健康和环境保护的产品。

观念影响。这里的观念包括生产厂家员工的观念和产品消费者的观念。员工的观念和责任感关系到清洁生产推行的顺利程度，而消费者的观念关系到清洁生产动力的大小。因此加大教育和宣传力度，促使人们更加深刻地认识清洁生产，保证其顺利进行。

6.3.3 清洁生产的发展

总体来说，全世界范围内清洁生产的发展，大致经历了三个阶段：

（1）美国 3M 公司在 20 世纪 70 年代中期开展的“3P”计划（pollution prevention pays）一般被认为是清洁生产的第一个里程碑。3P 计划使人们认识到革新工艺过程及产品的重要性，即在增强企业竞争力的同时减少对环境的影响。类似 3P 计划的污染预防行动最初主要在北美的大型加工和制造业进行，后来一方面逐渐向欧洲、日本等国家和地区扩展，另一方面向其他行业以及中小型企业拓展。

（2）在 20 世纪 80 年代末期，在 UNEP 的倡导和推动下涌现了一批清洁生产的成功案例，清洁生产的潜力也逐渐为企业和政府所认可，此时清洁生产进入快速发展时期。1992 年 6 月在里约热内卢联合国环境与发展大会上正式承认了清洁生产为可持续发展的先决条件，是工业界达到改善环境同时保持竞争性及可营利性的核心手段之一，并列入了大会通过的《21 世纪议程》。1996 年在美国污染预防圆桌会议上产生了制定《国际清洁生产宣言》的想法，1998 年在韩国汉城召开的第五届国际清洁生产高级研讨会上正式颁布了《国际清洁生产宣言》。

（3）到 20 世纪 90 年代后期，大量的清洁生产实践使企业意识到清洁生产能否达到双赢目标取决于政府环境法规的严厉程度、经济刺激强度、原材料和能源价格、管理成本以及废物和污染物处置费用等。在这种形势下，一部分新的企业接受了清洁生产的理念并在技术和信息支持下加入进来，一些已经实施清洁生产的企业在清洁生产作用刺激下不断发展，但另一些企业缺乏持续实施清洁生产的动力，表现为停滞不前甚至有某种程度的倒退，还有些企业仍在观望，没有积极行动起来。目前，清洁生产在世界范围内已经进入稳定推行阶段。

6.3.3.1 国外清洁生产发展过程

早在 1976 年 11 月，欧洲经济共同体在巴黎举行了“无废工艺和无废生产国际研讨会”，提出了开发“低废、无废技术”的要求。同年 11 月在日内瓦举行的“在环境领域内进行国际合作的全欧高级会议”上，通过了《关于少废无废工艺和废料利用的宣言》，指出无废工艺是协调社会和自然和谐关系的战略方向和主要手段。1977 年，欧共体制定了关于“清洁工艺”的政策。1979 年 4 月，欧共体理事会宣布推行清洁生产政策，1984 年、1985 年、1987 年欧共体环境事务管理委员会 3 次拨款支持建立清洁生产示范工程。1989 年，联合国环境规划署（UNDP）正式提出了清洁生产战略和推广计划。1990 年，联合国环境规划署召开第一次清洁生产研讨会，正式开始实施清洁生产计划。在联合国工业发展组织（UNIDO）和联合国发展规划署（UNDP）的共同努力下，清洁生产正式走上了国际化的推行道路。1992 年，联合国环境与发展大会在巴西里约热内卢召开，大会通过的《21 世纪议程》，明确地指出实施清洁生产是实现可持续发展战略的先决条件。同年，联合国环境规划署召开巴黎清洁生产部长级会议和高级研讨会；1994 年，陆续在 26 个国家成立了国家清洁生产中心。1998 年，67 个发起国家和组织发表了《国际清洁生产宣言》。

近年来，工业污染控制战略已发生重大变化，已经逐步用预防污染政策取代了以末端处理为主的污染控制政策。经过 20 多年的发展，清洁生产逐步趋于成熟，并为各国政府和企业所普遍认可。美国、加拿大、德国、法国、荷兰、丹麦、日本、韩国、泰国等国家纷纷出台有关清洁生产的法规和行动计划，世界范围内出现了大批清洁生产国家技术支持中心，实施了一大批清洁生产示范项目。至今，清洁生产已经建立了全球、区域、国家、地区多层次的组织与交流网络。联合国环境规划署自 1990 年每两年召开一次清洁生产国际高级研讨会。国外许多国家在再资源化、再能源化和减少环境负荷等方面已有了很多研究，并且垃圾分类分选、重金属分离、防止二次污染等，也已成为热门课题。

美国是世界上较早提出并实施清洁生产的国家。1984 年通过的《资源保护与回收法——有害和固体废物修正案》中提出，要在可能的情况下，尽量减少和杜绝废物的产生。1988 年，美国环保署颁布了《废物最小化机会评价手册》，系统地描述了采用清洁工艺（少废、无废工艺）的技术可能性，并叙述了不同阶段的程序和步骤。

6.3.3.2 国内清洁生产发展过程

联合国环境规划署和工业发展组织的一系列活动，有力地在全世界范围内推行清洁生产，对我国推行清洁生产也是极大的促进。

我国随着工业的振兴与经济的高速发展，已经越来越多的环境问题浮现出来，与此同时，关于环境保护这一块的发展也是取得了重大的进步，部分地区遭受的污染与破坏也正在修复，环境污染的重点早已从“末端治理”转型为“源头控制”。我国推行清洁生产的历程可以划分为四个阶段，即前期准备阶段、试点示范阶段、大力推行阶段及法制规范化阶段。

A 前期准备阶段（20 世纪 70 年代末—1992 年）

20 世纪 70 年代末，我国就强调要通过调整产业布局、产品结构，通过技术改造和“三废”的综合利用等手段防治工业污染。80 年代初，随着环境问题的日益严重，我国召开了第一次全国工业污染防治会议，明确了“预防为主、防治结合”的环境政策，指出要通过技术改造把“三废”排放减少到最小限度。1983 年，第二次全国环境保护工作会议明确提出了环保工作的方针：环境污染问题要尽力在计划过程和生产过程中解决，实现经济效益、社会效益和环境效益统一的指导原则。80 年代中期，我国举行过两次少废无废工艺研讨会，不少工业部门和企业开发应用了一批少废无废工艺，取得了一定的成绩。1985 年，我国提出了“持续、稳定、协调发展”的方针，初步提出了持续发展的思想。1992 年，原国家环境保护总局与联合国环境署工业与环境办公室联合举办了第一次国际清洁生产研讨会。同年，我国将推行清洁生产列入国务院发布的《环境与发展大对策》。这不但是我国环境保护政策的新里程碑，也是在物质生产领域内建设具有中国特色社会主义的具体纲领，为推行清洁生产创造了极为有利的条件。

B 试点示范阶段（1993—1998 年）

1993 年 10 月，国家经贸委和原国家环境保护总局在上海召开了第二次全国工业污染防治工作会议。会议正式提出了需要重点解决国内污染防治的相关问题，引入清洁生产概念，并将清洁生产的作用与价值进行阐述，确定了清洁生产在我国环境保护的战略地位。1994 年 3 月，国务院常务会议讨论通过了《中国 21 世纪议程》，提出了“开展清洁生产和生产绿色产品”这一领域，明确指出推行清洁生产是实现可持续发展的优先领域，并在次年将清洁生产的内容加入到大气污染防治法当中。1996 年 8 月，国务院颁布了《关于环境保护若干问题的决定》，明确规定所有大、中、小型新建、扩建、改建项目和技术改造项目，要提高技术起点，采用能耗物耗小、污染物排放量少的清洁生产工艺。1997 年 4 月，原国家环境保护总局制定并发布了《关于推行清洁生产的若干意见》，明确提出各个地方环境保护主管部门在加强环保的过程中，需要将清洁生产纳入已有的环境管理政策中，更好地实施环境保护的工作。为指导企业开展清洁生产工作，原国家环境保护总局还会同有关工业部门编制了《企业清洁生产审计手册》及啤酒、造纸、钢铁、水泥、食品等行业的清洁生产审计指南。

C 大力推行阶段（1999—2002 年）

1999 年，全国人大环境与资源保护委员会成立了清洁生产立法小组。1999 年 5 月，国家经贸委发布了《关于实施清洁生产示范试点的通知》，选择北京、上海等 10 个试点城市和石化、冶金等 5 个试点行业开展清洁生产示范和试点。同年，江苏省出台了《关于加快清法生产步伐的若干意见》，从支持立项审批、加大资金扶持力度、信贷支持、科研推广扶持等 10 个方面制定了具体的优惠扶持政策。20 世纪 90 年代末我国成立了与清洁生产相关的组织与机构，意味着清洁生产进入到快速发展阶段。2002 年 6 月 29 日，第九届全国人民代表大会常务委员会第二十八次会议审议通过了《中华人民共和国清洁生产促进法》，这是我国第一部清洁生产的法律，它确立了清洁生产的法律地位，意味着我国清洁生产促进正式开始。

D 法制规范化阶段（2003 年至今）

《中华人民共和国清洁生产促进法》于 2003 年 1 月 1 日起正式实施，对经济贸易行政主管部和环境保护行政主管部门在清洁生产促进工作中的职责进行了详细的规范。同年，原国家环境保护总局开始陆续颁布行业的清洁生产标准。2003 年 12 月，国务院在《关于加快推行清洁生产意见的通知》中要求提高清洁生产技术开发水平和创新能力，用先进适用技术改造传统产业，科技开发计划应将清洁生产作为重点领域。为了能够更好地实现清洁生产的推进速度，国家发展改革委和原国家环境保护总局联合发布了《清洁生产审核暂行办法》，自 2004 年 10 月 1 日起实施，办法中明确了开展强制性审核的划分依据，成为我国过去几年针对清洁生产的最重要的几个工具之一。2005 年，国务院下发的《关于落实科学发展观加强环境保护的决定》中明确提出“实行清洁生产并依法强制审核”的要求。2005 年 12 月 13 日，原国家环境保护总局在出台了《重点企业清洁生产审核程序的规定》，体现了推进全国重点企业开展清洁生产审核工作的重要性和紧迫性。2006 年由国家发改委编制的《工业清洁生产评价指标体系编制通则》规定了指标体系的定义、结构和考核评分方法等。2008 年 7 月 1 日，国家环境保护部下发了《关于进一步加强重点企业清洁生产审核工作的通知》，文中明确了环保部门在重点企业清洁生产审核工作中的职责和作用：要求抓好重点企业清洁生产审核、评估和验收，加强清洁生产审核与现有环境管理制度的结合，规范管理清洁生产审核咨询机构，提高审核质量，规定了重点企业清洁生产审核的奖惩措施。2008 年，国家环境保护部、国家清洁生产中心为进一步推进重点企业清洁生产审核工作的开展，提出了构建国家清洁生产三级体系的工作思路，并在全国选定了 4 家省级清洁生产中心作为第一批试点单位。这些都标志着我国的清洁生产工作已走上了法制规范化的道路。2010 年发布了关于对企业清洁生产分类管理制度的通知；2012 年我国正式进入到清洁生产的加强与巩固阶段，在环保方面发挥着重要的作用。

自 1993 年开始，我国还与世界银行、亚洲开发银行、加拿大、美国、挪威等发达国家开展了清洁生产合作项目。目前，全国绝大多数省、自治区、直辖市都先后开展了清洁生产的培训和试点工作，试点项目达 700 多个，通过实施清洁生产，普遍取得了良好的经济效益和环境效益。全国范围内迄今已建立了 205 家清洁生产咨询服务机构，培训了近 5 万名清洁生产审核与管理人员，审核了近 7000 家企业，已建立了近 40 个行业或地方的清洁生产中心。通过对开展清洁生产审核的 219 家企业的统计，推行清洁生产后获得经济效益 5 亿多元，COD 排放量平均削减率达 40%以上，废水排放量平均削减率达 40%～60%，工业粉尘回收率达 95%。至今，已颁布的行业清洁生产标准达到 57 个，涉及 45 个行业类别。清洁生产具体发展过程如表 6-3 所示。

表 6-3 清洁生产发展历程

时间	机构/组织	活动/政策文件/计划
1992 年	国家环保局 世界银行 联合国环境署	在世界银行“环境技术援助项目”中准备 B_4 子项目“在中国推进清洁生产”
	国家环保局	1992 年 5 月在厦门举办中国第一次清洁生产国际研讨会
	国务院	批准中国《环境与发展十大对策》，其中对工业污染控制，提出“在新建、扩建、改建项目时，技术起点高，尽量采用能耗、物耗小、污染物排放量少的清洁工艺”
1993 年	国家环保局 国家经贸委	在第二次全国工业污染防治工作会议上提出工业污染防治必须从单纯的末端治理向生产全过程控制转变，清洁生产被确定为工业污染防治的战略性措施
1994 年	国务院	将清洁生产列为优先实施的重点领域
	国务院	1994 年 3 月，颁布《中国 21 世纪议程》
1995 年	全国人大常委会	《大气污染防治法》和《固体废物污染环境防治法》中提及清洁生产
1996 年	全国人大常委会	《水污染防治法》提及清洁生产
	国务院	在第四次全国环境保护工作会议上以及在《关于环境保护若干问题的决定》都强调推广清洁生产
	国务院	推广清洁生产被确定为实现国家环境保护“九五”计划和 2010 年远景规划的重要措施

续表 6-3

时间	机构/组织	活动/政策文件/计划
1997 年	中国环境与发展国际合作委员会	设立清洁生产工作组，并在清洁生产工作组第一次会议上制定了推广清洁生产的工作计划，确定通过政策研究，推动清洁生产
	国家环保局	《关于推行清洁生产的若干意见》，重点结合环境保护政策与环境管理制度提出实施清洁生产要求
1998 年	国务院	中国政府在汉城《国际清洁生产宣言》上签字，承诺推行清洁生产
	国务院	在《建设项目环境保护管理办法》中鼓励清洁生产
1999 年	国务院	在全国人大九届二次会议《政府工作报告》中，提到"鼓励清洁生产"
	中国环境与发展国际合作委员会	1999 年 3 月在太原市启动清洁生产示范市试点工作
	国家经贸委	颁布《关于实施清洁生产示范试点计划》，决定在 10 个城市和 5 个行业进行清洁生产示范试点
2000 年	全国人大环境与资源保护委员会	1999 年 8 月委托国家经贸委进行清洁生产立法调研，2000 年着手起草《中华人民共和国清洁生产法》
2001 年	国务院	"十五"计划指出，"推行清洁生产、抓好重点行业的污染预防、控制和治理工业污染源"
	国务院	2001 年 3 月江泽民在全国人口资源环境座谈会上讲话，强调实行清洁生产

政府有组织地推行清洁生产大大加速了我国清洁生产的进程。在不到 10 年的时间里，清洁生产的组织建设、企业试点示范、宣传教育培训、机构建设以及政策研究制定等诸方面都取得了显著的进展。然而，我国目前的环境状况远远没有得到改善，经济发展所带来的环境压力仍然非常巨大，推行清洁生产的范围和深度与需要相比还差得很多，清洁生产离最终的目的还有很长一段距离。因此，研究驱动中国企业推行清洁生产的动力因素和激励机制是当务之急。

清洁生产作为一整套系统而完整的可持续发展战略，已经得到国际社会的普遍认可和接受，并在世界各国广泛推广和应用。

清洁生产强调预防为主、全过程控制，采取污染物源头削减措施，企业通过采用清洁生产方案，可以大幅度地减少污染物的排放总量和排放种类，取得明显的环境效益。

通过采用清洁生产方案，企业可以提高资源能源利用率和生产效率，由于污染物排放种类和排放总量的减少，可减小污染物处理设施的建设规模，减少一次性投资和运行费用，降低企业的生产成本，从而为企业带来可观的经济效益。

同时，推行清洁生产可带来巨大的社会效益。一方面可以改善职工的劳动条件和工作环境，提高职工的劳动积极性和工作效率，保护公众健康；另一方面有利于企业树立良好的社会公众形象，提高企业的环保声誉和产品竞争力，引导公众的绿色消费。

6.3.4 清洁生产技术实施

原材料选择与控制：

（1）加强原料质量控制，实行精料政策，进行原料提纯加工，提高原材料品质；

（2）加强原料进出厂计量和储运管理，将原料在厂内加工，改进包装运输方式，储槽加溢流报警装置，减少原料流失；

（3）加强备件质量检验和改进采购程序，杜绝不合格备品进厂，定期进行检查维修；

（4）改变产品配方，绿色原料替代有毒原材料，加强员工健康监护。

工艺技术设备和操作：

（1）生产工艺落后，流程过长，能耗高，收率低，废物产生量大；

（2）设备器材陈旧，造成物料泄漏和事故停车；

（3）仪表系统老化，计量不准，工艺指标不能及时调控，造成原料浪费和产品不合格；

（4）设备管线布局不合理，管路控制阀门少，无法消除局部泄漏；

（5）设备选型不当，大马拉小车；设备热效率低，能源浪费严重；

（6）催化剂使用多年，活性下降，产品收率低，副产物多；

（7）水、电、气公用工程供应不稳定，夏季制冷系统达不到工艺要求，造成事故停车和废物产生；

（8）工艺靠手工控制，自动监控不及时，工艺参数温度、压力、流量等不能控制在最佳状况下；

（9）市场需求变化造成产品品种改变，增加设备清洗次数，增大废水、废溶剂产生量。

工艺技术改进和优化操作：

（1）改革生产工艺，采用无废/低废工艺，局部改进工艺技术，使用高效反应器，分离精制技术等；

（2）更新设备，定期进行预防性维护保养；

（3）仪表改造与更新，加强仪表设备管线维修保养，及时校正；

（4）改换设备，节电降耗或安装变频器，降低能耗，进行余热回收，提高热效率；

（5）更换或采用新型高效催化剂提高反应效率；

（6）改造制冷系统，增加制冷设备，加强调度，保证水、电、气供应，消除废物产生；

（7）增加必要的仪器仪表，实现生产自动控制，优化工艺条件；

（8）合理安排生产，改进清洗程序，减少设备清洗次数；

（9）适当调整管线布局，使之有序化，增添必要的控制仪表和阀门。

生产管理与维护：

（1）员工不重视安全环保，清洁生产意识差，不注意节水节能；

（2）员工不按要求操作，工艺条件控制不稳，物料称量不准确，劳动纪律松懈；

（3）设备管线跑、冒、滴、漏严重，生产、生活用水长流，浪费大；

(4) 员工违章操作，安全意识差，事故发生频繁。

强化内部管理：

(1) 加强清洁生产教育，提高责任心；

(2) 严格工艺控制和操作条件，按操作规程操作，加强岗位责任制和培训；

(3) 严格巡回检查和设备维护，及时消除跑、冒、滴、漏现象；

(4) 将生产经济指标、能源、资源消耗与个人奖金挂钩，定期进行员工技术培训，提高员工素质。

废物的回收利用：

(1) 工艺冷却水和蒸汽冷凝液直接排放；

(2) 冷凝系统不凝气，真空系统安全排放，设备挥发性有机物释放，工艺粉尘无组织排放；

(3) 固体废物和蒸馏残液存放处置不当。

进行废物厂内回收利用：

(1) 实行清污分流，间接冷却水循环使用；

(2) 采取吸收吸附措施，回收有用物质的循环利用；采用专用集尘装置，分别收集粉尘回收用于生产；

(3) 采取防渗、防扬散措施，厂内进行再资源化。

6.3.5 清洁生产审核

在 1989 年联合国环境规划署正式推行清洁生产以来，一些发达国家就提出了清洁生产思想并进行了清洁生产实践。美国、英国、荷兰、德国等国家都从清洁生产的各个角度开展了废物削减、污染预防、无废低废工艺等工作。如英国在其行业界发动了一个废物减量化运动，其中第一项技术工作就是废物审核，确定全部废物或废液流的来源，然后确定其流速和成分。通过废物的审核，就可知何种废物流从何处生成（来自工厂的哪一部分），从物料平衡追踪上确定每一种废物是如何产生的，仔细计量输入与输出的流量（其差即为流失量），之后便开始确定废物减量化方案。实施废物减量化项目后，提高了环境效益，减少了开支，降低了风险，产生了更好的工艺和产品，改善了公共关系。

进入 20 世纪 90 年代，清洁生产已日渐成熟，其内涵也日臻完善。美国、荷兰等发达国家在清洁生产的立法、组织机构的建设、科学研究、信息交换、示范项目确立和推广等领域取得了明显的成就。清洁生产审核的规范、技能等也随着清洁生产的不断发展，示范项目的大量启动而不断充实与提高。

中国自 1992 年开始，由世界银行贷款，由巴黎行业与环境活动中心派专家来中国推进清洁生产示范项目（B_4 项目），在一些省、市、地区由环保局、经贸委等组织在行业企业中先进行排污审核。由环保部门发放排污审核表，由企业自行核实各自产生的固、液、气废物量，进行排污申报。然后选择一批重点企业进行试点，通过清洁生产审核建立示范企业。在消化吸收国外经验和试验实践的基础上，开创并建立了适合中国国情的清洁生产方法和环境审核方法，编制了《企业清洁生产审核手册》。

清洁生产审核是指以企业为主体，按照一定程序，对组织现在的和计划进行的产品生产和服务过程实行预防污染的调查和诊断，找出能耗高、物耗高、污染重的原因，提出消除或减少产品和生产工艺过程中有毒有害物料的使用、产生，降低能耗、物耗以及废物产生的方案，进而选定技术可行、经济及环境可行的清洁生产方案的过程。生产全过程要求采用无毒、低毒的原材料和无污染、少污染的工艺和设备进行行业生产；产品的整个生命周期过程，对于产品则要求从产品的原材料选用到使用后的处理和处置不构成和减少造成对人类健康和环境的危害。实施清洁生产可从国家、行业、企业三个层次上进行。清洁生产审核的对象不仅针对工业企业，应涵括农业、工业、服务业三大类。清洁生产审核包括真实性、整体性、预防性、持续性四个方面基本原则。

清洁生产审核是一套科学的、系统的和操作性很强的程序。这套程序的原理可概括为逐步深入原理、分层嵌入原理、反复迭代原理、物质守恒原理、穷尽枚举原理。

6.3.5.1 逐步深入原理

清洁生产审核要逐步深入，即要由粗而细，从大到小。审核开始时，即在筹划和组织阶段，组织机构的成立、宣传教育的对象等都是在组织整个范围的基础上进行的。

预评估阶段同样是在整个组织的大范围进行，相对于后几个阶段而言，这一阶段收集的资料一般来讲是比较粗略的，定性的比较多，有时不一定十分准确，而且主要是现成的资料。

从评估阶段开始到方案实施阶段，审核工作都在审核重点范围内进行。这四个阶段工作的范围比前两个阶段要小得多，但二者工作的深度和细致程度不同。

这四个阶段要求资料要全面、翔实，并以定量为主，许多数据和方案要通过调查研究和创造性的工作之后才能开发出来。最后一个阶段“持续性清洁生产”则既有相当一部分工作又返回整个组织的大范围进行，还有一部分工作仍集中在审核重点部位，对这一部位前四个阶段的工作进行进一步的深化、细化和规范化。

6.3.5.2 分层嵌入原理

分层嵌入原理是指审核中废物在哪里产生、为什么会产生废物、如何消除这些废物这三个层次的每一个层次，都要嵌入原辅材料和能源、技术工艺、设备、过程控制、管理、员工、产品、废物这八条途径。

不论是进行现状调研、现场考察、评价产污排污状况，还是确定审核重点、设置清洁生产目标、提出和实施无/低废方案，都应该在这三个层次上展开，每一个层次都要从这八条途径着手进行工作。

进行现状调研时，第一个层次应是弄清楚废物在哪里产生，要回答这一问题，则首先要对组织的原辅材料和能源进行调研，包括其种类、数量和性质，以及收购、运输、储存等多个环节。然后分析研究组织的技术工艺，其次分析研究组织的设备，接着对组织的过程控制、管理、员工、产品、废物等方面一一进行初步的分析研究。从这八条途径入手，弄清其废物在哪里产生的问题。

第二个层次是为什么会产生废物。要回答这一问题，仍然要嵌入八条途径。仍以预评估中的现状调研为例，其要点是在大致摸清废物源头之后，按顺序依次分析组织的原辅材料和能源、技术工艺、设备、过程控制、管理、员工、产品、废物等。在这个层次嵌入八条途径的目的与第一层次不同，这一层次是从以上八条途径分析为什么会产生废物。

要注意污染源与污染成因具有异同性，即二者有时一致，有时不一致。例如生产过程中的产污、污染源的部位在生产设备，但其成因可能是原材料的收购或运输过程出了问题。

第三个层次是减少或消除这些废物。在这一层次分析和研究对策时，仍应嵌入这八条途径。换句话说，解决污染问题的方案，或者说清洁生产方案，仍要从这八条途径入手按顺序寻找。但是以预评估中的现状调研为例，这一步骤不明显地要求审核人员寻找或开发清洁生产方案，但一位优秀的清洁生产审核人员在面对这一步骤的这一时刻，显然应该开始考虑针对已初步查明的污染源和污染成因的清洁生产方案，虽然这些方案暂时还是粗略的和不够成熟的。

6.3.5.3 反复迭代原理

清洁生产审核的过程，是一个反复迭代的过程，即在审核七个阶段相当多的步骤中要反复使用上述的分层嵌入原理。

这一方法不仅要应用于现状调研步骤、现场考察步骤，还要应用于评估阶段、方案产生和筛选阶段、可行性分析阶段、方案实施阶段的相当多的步骤中。当然，有的步骤应进行三个层次的完整迭代，有的步骤只进行一个或两个层次的迭代。

在评估阶段分析废物产生原因这一步骤里，一般只进行废物在哪里产生以及为什么会产生这些废物这两个层次的迭代。

顺序上首先应从原辅材料和能源、技术工艺、设备等八条途径入手找到污染物产生的准确部位，然后同样依次循着这八条途径研究为什么会产生这些废物。在评估阶段的下一个步骤，即提出和实施无/低废方案里，往往仅在如何减少或消除这些废物的这个层次上，依次考虑原辅材料和能源的清洁生产力案、技术工艺的清洁生产方案、设备的清洁生产方案、过程控制的清洁生产方案，直至废物的清洁生产方案。

6.3.5.4 物质守恒原理

物质守恒这一大自然普遍遵循的原理，也是清洁生产中的一条重要原理。预评估阶段在对现有资料进行分析评估时，对组织现场进行考察研究时，评价产污排污状况时都要应用物质守恒原理。

虽然此时获得的资料不一定很全面、很准确，但大致估算一下组织的各种原辅材料和能源的投入、产品的产量、污染物的种类和数量、未知去向的物质等，在其间建立一种粗略的平衡，将大大有助于弄清楚组织的经营管理水平及其物质和能源的流动去向。

在上述工作基础之上，再利用各班记录等数据粗略计算审核重点的物料平衡状况，此时物质守恒原理显然是一种有用的工具。评估阶段的一项重要工作是建立审核重点的物料平衡，这一工作当然必须遵循物质守恒定理，而且，这一阶段使用或产生的数据已经相当准确，因而此时的物质守恒原理的应用将是相当准确、相当严格的。

6.3.5.5 穷尽枚举原理

穷尽枚举原理的重点，一是穷尽，二是枚举。所谓穷尽，是指八条途径实际上构成了一个清洁生产方案的充分必要集合。换言之，一个组织从这八条途径入手，一定能发现自身的清洁生产方案；一个组织发现的任何一个清洁生产方案，必然是循着这八条途径中的一条或者几条找到的。因此，从理论上讲从这八条途径入手可以识别出该组织现阶段所有的清洁生产方案。

所谓枚举，即是不连续地、一个一个地列举出来。因此，穷尽枚举原理意味着在每一个步骤的每一个层次的迭代中，都要将八条途径当作这一步骤的切入点，由此深化和做好该步骤的工作，切不可合并，也不可跳跃。因为如果将八条途径中的若干条合为一条，或从原辅材料和能源直接跳跃到过程控制，则污染源的数量和部位、污染成因及清洁生产方案均可能无法完全找到，即没有穷尽。

虽然不可能在每一个层次的每一个步骤的每一个切入点上都能够识别污染源或找到污染成因，或找到清洁生产方案，但严格地遵循穷尽枚举原理是清洁审核成功的重要前提之一。

学习和掌握穷尽枚举原理，并结合上述的逐步深入原理、分层嵌入原理、反复迭代原理和物质守恒原理，将极大程度地提高清洁生产审核人员的工作质量。

筹划和组织是企业进行清洁生产审核工作的第一个阶段，目的是通过宣传教育使企业的领导和职工对清洁生产有一个初步的、比较正确的认识，消除思想和观念上的障碍；了解企业清洁生产审核的工作内容、工作要求及工作程序。预评估是清洁生产审核的第二阶段，目的是对企业全貌进行调查分析，分析和发现清洁生产的潜力和机会，从而确定本轮审核的重点。评估是企业清洁生产审核工作的第三阶段。目的是通过审核重点的物料平衡，发现物料流失的环节，找出废物产生的原因，查找物料储运、生产运行、管理以及废物排放等方面存在的问题，寻找与国内外先进水平的差距，为清洁生产方案的产生提供依据。方案产生和筛选是企业进行清洁生产审核工作的第四个阶段。本阶段的目的是通过方案的产生、筛选、研制，为下一阶段的可行性分析提供足够的中/高费清洁生产方案。可行性分析是企业进行清洁生产审核工作的第五个阶段。本阶段的目的是对筛选出来的中/高费清洁生产方案进行分析和评估，以选择最佳的、可实施的清洁生产方案。分析评估的方法有一定的原则，先进行技术评估，再进行环境评估，最后进行经济评估，要严格按此顺序进行。方案实施是企业清洁生产审核的第六个阶段。目的是通过推荐方案（经分析可行的中/高费最佳可行方案）的实施，使企业实现技术进步，获得显著的经济和环境效益；通过评估已实施的清洁生产方案成果，激励企业推进清洁生产。持续清洁生产是企业清洁生产审核的最后一个阶段。目的是使清洁生产工作在企业内长期、持续地推行下去。本阶段工作重点是建立推行和管理清洁生产工作的组织机构、建立促进实施清洁生产的管理制度、制定持续清洁生产计划以及编写清洁生产审核报告。

6.3.6 清洁生产评价

6.3.6.1 清洁生产评价指标

随着我国清洁生产工作的深入开展，需要建立一套科学的清洁生产指标体系，这将有助于评价企业开展清洁生产的状况，同时，也便于指导企业（组织）正确选择符合可持续发展要求的清洁生产技术。考虑到清洁生产涉及面广、指标多，建议在选取评价指标时遵循如下原则：从产品生命周期全过程考虑；体现污染预防为主的原则；清洁生产指标要力求定量化，对于难以定量的也应给出文字说明；满足政策法规要求和符合行业发展趋势。

清洁生产评价具有标杆的功能，提供了一个清洁生产绩效的比较标准。它是对清洁生产技术方案进行筛选的客观依据。清洁生产技术方案的评价，是清洁生产审核活动中最为关键的环节。由于各个行业的特点不同，实际应用的是清洁生产评价指标体系，它是由相互联系、相对独立、互相补充的系列清洁生产评价指标所组成的，包括定量评价指标和定性评价指标，也可以分为一级评价指标（具有普适性、概括性的指标）和二级评价指标（代表行业清洁生产特点的、具体的、可操作的、可验证的指标），也可根据行业自身特点设立多项指标。国家发展和改革委员会先后发布了钢铁行业等 45 个行业的清洁生产评价指标体系。清洁生产评价指标体系框架示意图如图 6-3 所示。

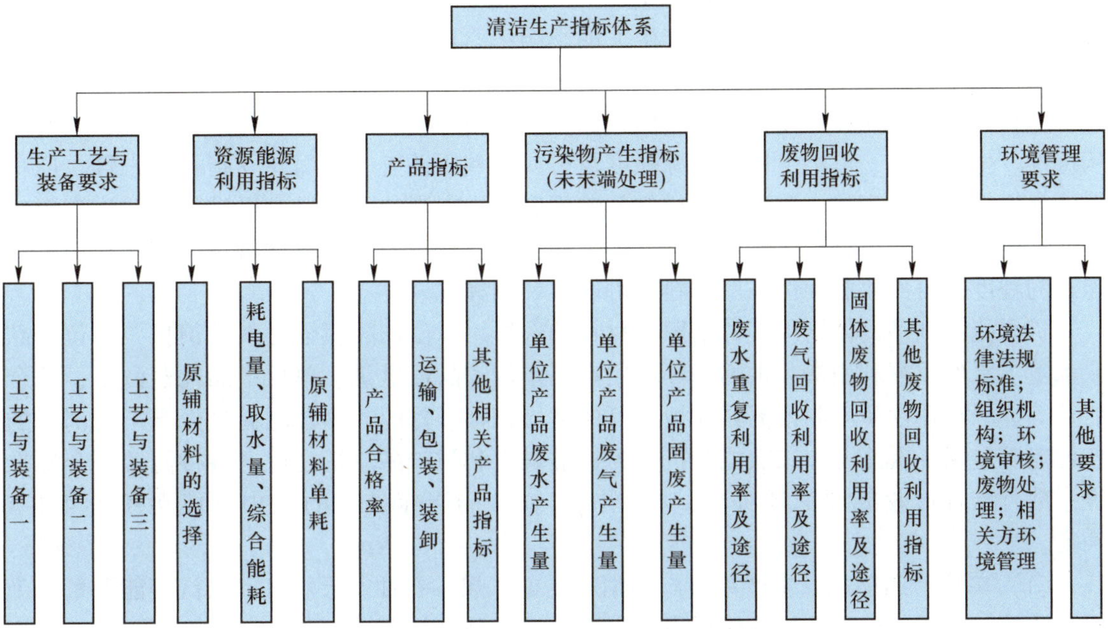

图 6-3　清洁生产指标体系框架示意图

根据生命周期分析，清洁生产评价指标应能覆盖原材料、生产过程和产品的各个主要环节，尤其对生产过程，既要考虑对资源的使用，又要考虑污染物的产生，因而环境影响评价中的清洁生产评价指标可分为六大类：生产工艺与装备要求、资源能源利用指标、产品指标、污染物产生指标、废物回收利用指标、环境管理要求。六类指标既有定性指标也有定量指标，资源能源利用指标和污染物属于定量指标，其余四类指标属于定性指标或半定量指标。

6.3.6.2　生产工艺与装备要求

生产工艺与装备要求指对产品生产中采用的生产工艺和装备的种类、自动化水平、生产规模等方面的要求。

该类指标为定性指标，应通过调查国内外同行业的先进生产工艺与装备水平，在满足国家产业政策要求的基础上，采用资源消耗低、污染排放少的清洁生产工艺、装备和制造技术。要具体提出符合清洁生产思想的先进生产工艺、装备和制造技术。具体指标可包括装备要求、生产规模、工艺方案、主要设备参数、自动化控制水平等。因行业性质不同根据具体情况可作适当调整。

资源能源利用指标：

在正常的操作情况下，生产单位产品对资源的消耗程度可以部分地反映一个企业的技术工艺和管理水平，即反映生产过程的状况。从清洁生产的角度看，资源指标的高低同时也反映企业的生产过程在宏观上对生态系统的影响程度。因为在同等条件下，资源消耗量越高，则对环境的影响越大。资源能源利用指标指在正常的生产工艺中，生产单位产品所需的新用水量、能耗和物耗，以及水、能源和物质利用的效率、重复利用率等反映资源能源利用效率的指标。

该类指标为定量指标。可选择行业最常用的经济技术指标。原辅材料应得到充分利用，并在生产过程中不对生态环境产生大的影响；原辅材料应是无毒或低毒的，进入环境后对人体健康和环境质量无负面影响或影响轻微。

原材料指标应能体现原材料从获取、加工、使用等各方面对环境的综合影响，因而可从毒性、生态影响、可再生性、能源强度及可回收利用性五个方面建立指标：毒性，原材料所含毒性成分对产品、对环境造成的影响程度；生态影响，原料取得过程中的生态影响程度；可再生性，原材料可再生或可能再生的程度；能源强度，原材料在生产过程中消耗能源的程度；可回收利用性，原材料的可回收利用程度。

资源能源利用具体指标可包括原辅材料的选择、单位产品原辅材料的消耗，单位产品取水量、水的重复利用率、水的循环利用率、单位产品耗电量、单位产品耗蒸汽量、综合能耗等，因行业性质不同根据具体情况可作适当调整。其中，综合能耗是生产工艺消耗的各种能源包括一次能源和二次能源折算为标准煤之和与产品总量之比。各种能源折合标准煤系数可结合行业能源消耗种类，参照国家统计局当年发布的《中国能源统计年鉴》确定。

（1）单位产品能耗，生产单位产品消耗的电、煤、石油、天然气和蒸汽等能源量。为便于比较，常用单位产品综合能耗指标表示。计算公式如下：

$$\text{单位产品能耗} = \frac{\text{生产某种产品的某种能量消耗总量}}{\text{某种产品产量}}$$

（2）单位产品物耗，生产单位产品消耗的主要原辅材料量，也就是原辅材料消耗定额，也可用产品回收率、转化率等工艺指标反映。计算公式如下：

$$\text{单位产品物耗} = \frac{\text{生产某种产品的某种原材料消耗总量}}{\text{某种产品产量}}$$

（3）单位产品取水量，企业生产单位产品需要从各种水源提取的水量。工业生产取水量，包括取自地表水（以净水厂供水计量）、地下水、城镇供水工程，以及企业从市场购得的其他水或水的产品（如蒸汽、热水、地热水等），不包括企业自取的海水和苦咸水等以及企业为外供给市场的水的产品（如蒸汽、热水、地热水等）而取用的水量。

（4）新用水量指标，包括单位产品新用水量、单位产品循环用水量、工业用水重复利用率、间接冷却水循环率、工艺水回用率、万元产值取水量六个指标。

$$\text{单位产品新用水量} = \frac{\text{年新水总用量}}{\text{产品产量}}$$

$$\text{单位产品循环用水量} = \frac{\text{年循环水量}}{\text{产品产量}}$$

$$\text{工业用水重复利用率} = \frac{C}{Q + C} \times 100\%$$

式中 C——工业用水重复利用水量；

Q——工业用水新用水量。

$$间接冷却水循环率 = \frac{C_{冷}}{Q_{冷} + C_{冷}} \times 100\%$$

式中 $C_{冷}$——间接冷却水重复利用水量；

$Q_{冷}$——间接冷却水新用水量。

$$工艺水回用率 = \frac{C_x}{Q_x + C_x} \times 100\%$$

式中 C_x——工艺水回用量；

Q_x——工艺水取水量（新用水量）。

$$万元产值取水量 = \frac{Q}{P}$$

式中 P——年总产值；

Q——年取水总量。

原辅材料的选取（原材料指标），可从毒性、生态影响、可再生性、能源强度以及可回收利用性这5个方面建立定性分析指标。

产品指标指影响污染物种类和数量的产品性能、种类和包装，以及反映产品储存、运输、使用和废弃后可能造成的环境影响等的指标。该类指标为定量指标。具体指标可包括产品一次合格率，以及产品（特别是有毒有害主、副产品）储存、包装、装卸、运输、使用和废弃过程中的清洁生产要求等。对产品的要求是清洁生产的一项重要内容，因为产品的销售、使用过程以及报废后的处理处置均会对环境产生影响，有些影响是长期的，甚至是难以恢复的。因此，首先，清洁生产要求产品应是我国产业政策鼓励发展的产品；其次，清洁生产要求考虑产品的包装和使用，如避免过分包装、选择无害的包装材料、运输和销售过程不对环境产生影响、产品使用安全、报废后不对环境产生影响等。此外，应考虑产品的寿命优化，因为这也影响到产品的利用效率。

（1）销售：在产品的销售过程中，即从工厂运送到零售商和用户过程中，产品对环境可能造成的影响程度。纸质包装要比塑料包装对环境的影响更小。

（2）使用：产品在使用期内可能对环境造成的影响程度。

（3）寿命优化：在多数情况下产品的寿命越长越好，因为可以减少对生产该种产品的物料的需求。但有时并不尽然，例如，某一高耗能产品的寿命越长则总能耗越大，随着技术的进步有可能产生同样功能的低耗能产品，而这种节能产生的环境效益有时会超过节省物料的环境效益，在这种情况下，产品的寿命越长对环境的危害越大。寿命优化就是要使产品的技术寿命（指产品的功能保持良好的时间）、美学寿命（指产品对用户具有吸引力的时间）和初设寿命处于优化状态。

（4）报废：产品报废后对环境的影响程度。

污染物产生指标即产污系数，指单位产品生产（或加工）过程中，产生污染物的量（末端处理前），包括废水产生量、废气产生量和固体废物产生量等指标。废水产生量是指污水处理装置入口的污水量和污染物种类、单位排放量或浓度。废气产生量是指废气处理装置入口的废气量和污染物种类、单位排放量或浓度。固体废物产生量是指固体废物处理装置入口的污染物种类、单位排放量或浓度。

该类指标为定量指标。主要根据总量控制要求，给出单位产品的污染物产生指标，主要包括废水、废气和固体废物。结合行业污染物产生的特点，应重点关注二氧化硫、氮氧化物、烟尘、工业粉尘、化学需氧量、氨氮、总磷、重金属、工业固体废物、持久性有机污染物和行业特征污染物。

污染物产生指标包括废水产生指标、废气产生指标和固体废物产生指标。

（1）废水产生指标。废水产生指标首先要考虑的是单位产品的废水产生量，因为该项指标最能反映废水产生的总体情况。但是，许多情况下单纯的废水量并不能完全代表产生污染的状况，因为废水中所含的污染物量的差异也是生产状况的一种直接反映。因而对废水产生指标又可细分为两类，即单位产品废水产生量指标和单位产品主要水污染物产生量指标，其中：

$$单位产品废水排放量=\frac{年排入环境废水总量}{产品总量}$$

$$单位产品\ COD\ 排放量=\frac{全年\ COD\ 排放总量}{产品产量}$$

（2）废气产生指标。与废水产生指标类似，可细分为单位产品废气产生指标和单位产品主要大气污染物产生指标，其中：

$$单位产品废气产生量=\frac{全年废气产生总量}{产品总量}$$

$$单位产品\ SO_2\ 排放量=\frac{全年\ SO_2\ 排放量}{产品产量}$$

（3）固体废物产生指标。因为目前国内还没有像废水、废气那样具体的排放标准，因而指标可简单地定为单位产品主要固体废物产生量和单位固体废物综合利用量。

废物回收利用指标指反映生产过程中所产生废物可回收利用特征及废物回收利用情况的指标，如废物利用的比例、途径和技术，以及利用废物生产高附加值产品的废物利用比例等。

该类指标为定量指标。为了避免废物流失到环境中造成环境污染和对人体健康造成危害，应对其进行合理有效的综合利用和处置规定。对生产过程中产生的废水、废气、固体废物，应在经济技术可行的条件下，积极拓展综合利用途径，提高废物回收利用率。具体指标可包括工业废水重复利用率、工业气体重复利用率、固体废物回用率以及本企业不能回收利用的废物但可作为其他企业的原辅材料的利用率等。行业性质不同，可根据具体情况作适当调整。

废物回收利用是清洁生产的重要组成部分。在现阶段。生产过程不可能完全避免产生废水、废料、废渣、废气、废热，然而，这些“废物”只是相对的概念，在某一条件下是造成环境污染的废物，在另一条件下就可能转化为宝贵的资源。生产企业应尽可能地回收和利用废物，而且，应该是高等级的利用，逐步降级使用，然后再考虑末端治理。

环境管理要求指对企业所制定和实施的各类环境管理相关规章、制度和措施的要求，包括执行环保法规情况、企业生产过程管理、环境管理、清洁生产审核、相关环境管理等方面。

该类指标为定性指标。企业的环境管理水平与清洁生产水平密切相关。应围绕企业管理环节中对环境影响较大的各个方面，根据行业特点提出规范和改进环境管理的具体要求，具体指标可包括环境法律法规标准指标、环境审核指标、生产过程环境管理指标、固体废物处理处置指标、相关方面环境管理指标等。因行业性质不同，可根据具体情况作适当调整，各项环境管理指标应侧重本行业的环境薄弱环节、特征污染物或环境风险的问题。

A 清洁生产评价内容

从科学性、工程性、可操作性等多方面考虑，清洁生产评价基本内容包括以下几个方面。

(1) 评价原料毒性、有害性及对生产过程中可能产生的风险因子。

(2) 评价原料在包装、储运、进料和处理过程中是否安全可靠，有无潜在的浪费、暴露、挥发、流失等风险问题。

清洁工艺评价：

(1) 筛选出可比工艺方案，通过物耗、能耗、水耗、产污染物等指标比较分析，评价拟定工艺先进性和合理性。

(2) 通过评价，对工艺中还存在的问题提出改进意见，对主要评价单元的生产过程进行剖析，采用流程图评价，找出清洁生产机会点、进行闭路循环或回收利用技术和措施的可行性，提出资源综合利用措施或途径及废物在生产过程中减量化的有效方案。

设备配置评价：

(1) 评价主要生产设备来源、质量和匹配性能、密闭性能、自动化管理性能。

(2) 从节能、节水、环保等角度，评价设备的空间布置合理性。

清洁产品评价：通过对产品安全分析，评价产品在包装、运输、储存以及使用过程中是否安全可靠，评价产品在其生命周期中潜在污染行为。

二次污染和累积污染评价：

(1) 分析废物在处理过程中的形态变化和二次污染影响。

(2) 明确废物最终转化形态和毒害性。

(3) 分析废物最终处置方式对环境的累积污染影响。

清洁生产管理评价：

(1) 对生产操作规范化、设备维护、物料和水量计量办法进行评价。

(2) 对原料和产品泄漏、溢出、次品处理、设备检修等造成的无组织排污提出监控措施。

(3) 对建立企业岗位环保责任制和审核制度提出要求。

推行清洁生产效益和效果评价：通过对比分析，说明清洁生产在节水、节能、降耗、减污、增效方面可能产生的效果和效益，特别分析清洁生产对预防污染、减轻末端治理压力所做出的贡献。

B 清洁生产评价方法

a 定量条件下的评价

由于清洁生产评价指标涉及面广、完全量化难度大，应根据行业特点将易于量化的资源指标、污染物指标和环境经济效益指标进行定量评价；将难以量化的部分原材料、产品指标粗分为几个等级做定性评价。

根据当前的行业技术、装备水平和管理水平，原则上将清洁生产标准分为三个等级：一级为国际清洁生产先进水平；二级为国内清洁生产先进水平；三级为国内清洁生产基本水平。对于我国特有的行业，清洁生产标准的三个等级可定义如下：一级为国内清洁生产领先水平；二级为国内清洁生产先进水平；三级为国内清洁生产基本水平。

清洁生产评价的方法中最常用的为指数法，又分为单项评价指数、类别评价指数和综合评价指数。对评价指标的原始数据进行标准化处理，使评价指标转换成在同一尺度上可以相互比较的量。

（1）单项评价指数。单项评价指数是以类比项目相应的单项指标参照值作为评价标准，进行计算而得出，其计算公式为：

$$O_i = \frac{d_i}{a_i} \quad (i = 1,\ 2,\ \cdots,\ n)$$

式中 O_i——单项评价指数；

d_i——目标项目某单项评价指标对象值（设计值）；

a_i——类比项目某单项指标参照值。

（2）类别评价指数。类别评价指数是根据所属各单项指数的算术平均值计算而得，其计算公式为：

$$C_j = \frac{\sum_{i=1}^{n} O_i}{n} \quad (j = 1,\ 2,\ \cdots,\ m)$$

式中 C_j——类别评价指数；

n——该类别指标下设的单项个数。

（3）综合评价指数。为了既使评价全面，又能克服个别评价指标对评价结果准确性的掩盖，避免确定加权系数的主观影响，采用了一种兼顾极值或突出最大值的计权型的综合评价指数，其计算公式为：

$$I_{\mathrm{p}} = \frac{\sqrt{O_{i,\mathrm{M}}^2 + C_{j,\mathrm{a}}^2}}{2}$$

式中 I_{p}——清洁生产综合评价指数；

$O_{i,\mathrm{M}}$——各项评价指数中的最大值；

$C_{j,\mathrm{a}}$——类别评价指数的平均值。

（4）根据综合评价指数，确定企业清洁生产的等级。采用分级制的模式，将综合评价指数分成 5 个等级，按清洁生产综合评价指数 I_{p} 所达到的水平给企业清洁生产定级，具体如表 6-4 所示。

表 6-4 清洁生产综合评价指数 I_{p} 水平分级

分级	工艺水平	清洁生产水平	综合评价指数（I_{p}）
1	清洁生产	国际先进水平	$I_{\mathrm{p}} \leqslant 1.00$

续表 6-4

分级	工艺水平	清洁生产水平	综合评价指数（I_p）
2	传统先进	国内先进水平	$1.00<I_p \leq 1.15$
3	一般	国内平均水平	$1.15<I_p \leq 1.40$
4	落后	国内中下水平	$1.40<I_p \leq 1.80$
5	淘汰	淘汰水平	$I_p>1.80$

如果类别评价指数 C_j 或单项评价指数的值 $O_i \geq 1.00$，表明该类型或单项评价指标出现了高于类比项目的指标，可以据此寻找原因分析情况，调整工艺路线或方案，使之达到类比项目的先进水平。

上述评价方法，需参考环境质量标准、排放标准、行业标准或相关清洁生产技术标准数值，因此选取目标值最为关键。

b　定量与定性相结合条件下的评价

要对项目进行清洁生产评价，必须针对清洁生产指标确定出既能反映主体情况又简便易行的评价方法。考虑到清洁生产指标涉及面较广、完全量化难度较大等特点，拟针对不同的评价指标，确定不同的评价等级。对于易量化的指标评价等级可分细一些，不易量化的指标的等级则分粗一些。最后通过权重法将所有指标综合起来，从而判定建设项目的清洁生产程度。

（1）指标等级的确定。清洁生产评价指标可分为定性指标和定量指标两大类。原材料指标和产品指标较难量化，属于定性评价，因而粗分为 3 个等级：高、中、低；资源指标和污染物产生指标易于量化，属于定量评价，因而细分为 5 个等级：很差、较差、一般、较清洁、清洁。

定性指标等级可参照《危险货物品名表》（GB 12268—2012）、《危险化学品目录》和《国家危险废物名录》等规定，结合企业的实际情况确定。

清洁生产评价可分为定性和定量评价两大类。定性评价和定量评价等级分值范围为 0~1.0，按基本等量、就近取整的原则划分。部分原材料和产品指标在目前的数据下是难以量化的，使用定性评价，定性评价可粗分为 3 个等级，如表 6-5 所示；资源指标和污染物产生指标易于量化，可做定量评价，定量评价可细分为 5 个等级，如表 6-6 所示。

表 6-5　原材料指标和产品指标（定性指标）的等级评分标准

等级	分值范围	低	中	高
等级分值	[0, 1.0]	[0, 0.30)	[0.30, 0.70)	[0.70, 1.0]

表 6-6　资源指标和污染物产生指标（定量指标）的等级评分标准

等级	分值范围	很差	较差	一般	较清洁	清洁
等级分值	[0, 1.0)	[0, 0.20)	[0.20, 0.40)	[0.40, 0.60)	[0.60, 0.80)	[0.80, 1.00]

（2）综合评价。清洁生产指标的评价方法采用百分制，首先对原材料指标、产品指标、资源消耗指标和污染物产生指标按等级评分标准分别进行打分，若有分指标则按分指标打分，然后分别乘以各自的权重值，最后累加起来得到总分。通过总分比较能够基本判定建设项目整体所达到的清洁生产程度。即按以下公式计算清洁生产水平总分。

$$E = \sum A_i W_i$$

式中　E——评价对象清洁生产水平等级得分；

A_i——评价对象第 i 种指标的清洁生产等级得分；

W_i——评价对象第 i 种指标的权重。

指标体系权重值总和为 100，各指标权重值代表各指标在整个指标体系中所占有的比重，一定程度上反映该指标在产品生产、销售、使用的全生命周期中对环境影响的重要性。为保证评价方法的准确性和适用性，1998 年国家环境保护总局组织清洁生产方法学专家、清洁生产行业专家、清洁生产和环境影响评价政府管理官员对权重值进行了专家调查打分。调查统计结果如表 6-7 所示。

表 6-7　清洁生产指标权重值专家调查结果

平均指标	原材料指标					产品指标				能源指标			污染物产生指标	总权重值
	毒素	生态影响	可再生性	能源强度	可回收利用性	销售	使用	寿命优化	报废	能耗	水耗	其他物耗		
权重	7	6	4	4	4	3	4	5	5	11	10	8	29	100
	25					17				29				

由表 6-7 可知，专家们对生产过程的清洁生产指标比较关注，对能源指标和污染物产生指标分别都给出最高权重值 29；原材料指标次之，权重值为 25；产品指标最低，权重值为 17。

能源指标包括：能耗、水耗、其他物耗。如果这三项指标中每一项指标下面还分别包括几项分指标，则根据实际情况另行确定它们的权重，但分指标的权重值之和应分别等于这三项指标的权重值。

污染物产生指标权重值为 29，此类指标根据实际情况可选择包含几项大指标（如废水、废气、固废），每项大指标又可包含几项分指标。因为不同企业的污染物产生情况差别太大，所以未对各项大指标和分指标的权重值加以具体规定，可依据实际情况灵活处理。

因为清洁生产是一个相对的概念，所以清洁生产指标的评价结果也是相对的（表 6-8）。如果一个建设项目综合评价结果大于 80 分，从平均意义上说，该项目对环境的影响处于同行业国际先进水平，从现有的技术条件看，该项目属于“清洁生产”。所以，对企业开展清洁生产评价是衡量企业清洁生产状态和水平，促进企业推行清洁生产的必要措施，同时，也是加强企业环境管理的有效方法。

表 6-8 企业清洁生产的等级评价结果

项目	清洁生产	传统先进	一般	落后	淘汰
指标分数	>80	70~80	55~70	40~55	<40

（3）清洁生产指标值的确定。标准指标值的确定，应建立在实际数据和科学分析的基础上。通过资料收集，现场调查、现场清洁生产审核、现场实测，发放调查表、文献检索、专家咨询等方法，获取国内和国际企业的实际数据。

调查表可分为一般调查表和重点调查表两类。一般调查表发往全国主要企业，了解企业的主要物耗、能耗、污染物产生和排放、环境保护等指标状况。为保证数据的代表性，调查统计的企业数量原则上应至少满足以下条件之一：1）产品产量占全国总产量的50%以上；2）企业数量占全国总数量的20%以上。重点调查表用于典型企业的现场调查和清洁生产审核，以对企业基本情况和各指标进行详细的调查、分析。

一级指标采用国际先进水平数据。二级指标采用国内先进水平数据，并参考有关的统计数据结合前期清洁生产审核活动的成果综合形成，统计资料不全时可采取实测或补充调查表等形式。三级指标是根据我国行业实际情况及有关的统计数据，按清洁生产对生产全过程采取污染预防措施要求所应达到的水平指标。通过测算，一般要求累计达到一、二、三级标准的企业数，占全行业污染排放达标企业总数的50%左右。

清洁生产指标标准指标值的确定，应以技术经济可行性论证为基础，以保证标准具有先进性、前瞻性和可操作性。国家有关行业发展政策、资源能源政策法规和环境保护规划政策、法规中明确提出的要求，可以成为标准中的指标值作为参考值。

6.3.6.3 企业清洁生产水平的评价

根据清洁生产的原则要求和指标的可度量性，清洁生产评价指标体系分为定量评价和定性评价两部分。定量评价指标选取了有代表性的、能反映“节能”“降耗”“减污”和“增效”等有关清洁生产最终目标的指标，建立评价模式。通过对各项指标的实际达到值、评价基准值和指标的权重值进行计算和评分，综合考评企业实施清洁生产的状况和企业清洁生产程度；而定性评价指标主要根据国家有关推行清洁生产的产业发展和技术进步政策、资源环境保护政策规定以及行业发展规划选取，用于定性考核企业对有关政策法规的符合性及其清洁生产工作实施情况，按“是”或“否”两种选择来评定，选择“是”即得到相应的分值，选择“否”则不得分。在定量评价指标体系中，各指标的评价基准值是衡量该项指标是否符合清洁生产基本要求的评价基准；评价指标的权重值由该项指标对清洁生产水平的影响程度及其实施的难易程度确定，应在行业清洁生产评价标准中统一确定，该值反映了该指标在整个清洁生产评价指标体系中所占的比重。

A 定量评价指标的考核评分计算

企业清洁生产定量评价指标的考核评分，以企业在考核年度（一般以一个生产年度为一个考核周期，并与生产年度同步）各项二级指标实际达到的数据为基础进行计算，综合得出该企业定量评价指标的考核总分值。

在计算各项二级指标的评分时，应根据定量评价指标的类别采用不同的计算公式计算。对指标数值越大越符合清洁生产要求的指标，按下式计算：

$$S_i = \frac{S_{xi}}{S_{ai}} \tag{6-1}$$

对指标数值越小越符合清洁生产要求的指标，按下式计算：

$$S_i = \frac{S_{ai}}{S_{xi}} \tag{6-2}$$

式中 S_i——第 i 项评价指标的单项评价指数；

S_{xi}——第 i 项评价指标的实际值；

S_{ai}——第 i 项评价指标的基准值。

当可能出现 S_{xi} 远大于［采用式（6-1）计算］或远小于评价基准值［采用式（6-2）计算］的情况时，计算结果会偏离实际情况，对其他评价指标单项评价指数的作用产生干扰，需要对 S_i 值幅度范围进行限制。限制方法可根据行业特点予以确定并加以具体说明。

定量评价指标考核总分值按下式计算：

$$P_1 = \sum_{i=1}^{n} S_i K_i \tag{6-3}$$

式中 P_1——定量评价考核总分值；

n——参与考核的定量评价的二级指标项目总数；

S_i——第 i 项评价指标的单项评价指数；

K_i——第 i 项评价指标的权重值。

由于企业因自身统计原因值所造成的缺项，该项考核分值为零。

B 定性评价指标考核评分计算

定性评价指标考核总分值按下式计算：

$$P_2 = \sum_{j=1}^{n} F_j K_j \tag{6-4}$$

式中 P_2——定性评价的二级指标考核总分值；

F_j——第 j 项评价指标的单项评价指数；

n——参与考核的定量评价的二级指标总数；

K_j——第 j 项评价指标的权重值。

C 综合评价指数的考核评分计算

综合评价指数是评价被考核企业在考核年度内清洁生产总体水平的一项综合指标，综合评价指数之差可以反映企业之间清洁生产水平的总体差距。综合评价指数按下式计算：

$$P = \alpha P_1 + \beta P_2 \tag{6-5}$$

式中 P——企业清洁生产的综合评价指数；

α——综合评价时定量类指标采用的权重值；

P_1——定量评价指标的二级指标考核总分值；

β——综合评价时定性类指标采用的权重值；

P_2——定性评价指标的二级指标考核总分值。

D 确定企业清洁生产的等级

国家生态环境部颁布的行业清洁生产标准中规定了三级技术指标，即：一级（国际清洁生产先进水平）、二级（国内清洁生产先进水平）和三级（国内清洁生产基本水平）。

而在国家发展和改革委员会颁布的行业清洁生产评价指标体系中，根据综合评价指数将企业的清洁生产水平划分为两级，即国内清洁生产先进水平和国内清洁生产企业（$P>80$），而先进水平要求 P 值更大，按照行业的特点具体确定。按照现行环境保护政策法规以及产业政策要求，凡参评企业被地方环境保护主管部门认定为主要污染物排放未“达标”（指总量未达到控制指标或主要污染物排放超标），生产淘汰类产品或仍继续采用要求淘汰的设备、工艺进行生产的，则该企业不能被评定为“清洁生产先进企业”或“清洁生产企业”。清洁生产综合评价指数低于 80 分的企业，应类比本行业清洁生产先进企业，积极推行清洁生产，加大技术改造力度，强化全面管理，提高清洁生产水平。

6.3.7 清洁生产的作用与案例

案例分析 1：宝钢湛江清洁生产

为促进做好清洁生产、环境保护、节能减排等有关工作，实现钢铁行业又好又快发展，中国钢铁工业协会授予中国宝武集团宝钢湛江钢铁有限公司、河钢邯郸钢铁集团有限责任公司、安阳钢铁股份有限公司、青岛特殊钢铁有限公司、内蒙古包钢钢联股份有限公司（包头市厂区）等 5 家企业 2018 年度“中国钢铁工业清洁生产环境友好企业”荣誉称号。

中国宝武集团宝钢湛江钢铁有限公司（以下简称“湛江钢铁”）位于广东省湛江市东海岛，是中国宝武集团宝山钢铁股份有限公司的子公司。湛江钢铁基地项目于 2012 年 5 月 24 日获国家发改委核准，2013 年 5 月 1 号高炉主体工程开工建设，2015 年 9 月 1 号高炉投产，2016 年 11 月一期工程全面建成。2017 年，湛江钢铁圆满实现“达产、达标、达耗、达效”的年度挑战性目标，创造了国内千万吨级钢铁企业从投产到年度“四达”的最快纪录，在世界冶金史上也属于领先水平，演绎了国内钢铁史上又一个奇迹。当前，湛江钢铁正在以“打造能效最高、排放最少、环境最优、社企和谐，具有国际一流水平的美丽湛钢”为理念，以更高的要求开展清洁生产环境友好工作。

湛江钢铁在项目建设之初就秉承绿色钢铁理念，积极吸收和采用国内外先进的清洁生产技术，着力构建示范型的清洁生产钢铁企业。湛江钢铁选用代表世界先进水平的生产工艺技术和大型化生产装备提高或优化各项生产技术经济和节能减排指标，还配套覆盖各工序完备的节能技术措施和环保措施。湛江钢铁采用的节能技术主要包括：高温高压干熄焦、烧结机余热回收、高炉干法除尘及干式 TRT、高炉富氧喷煤、铁钢高效衔接技术、转炉配套余热回收、新炼钢除尘及煤气回收、热轧加热炉余热回收、冷轧退火炉余热回收、热送热装、高焦转炉煤气柜、燃煤—燃气发电机组、除尘设备变频节电、集中空压站、铁钢界面技术、集中仓储、高效运输、能源管理中心等。湛江钢铁配套的主要有特点的环保措施包括：原料场粉状物料全封闭、烧结机头烟气活性炭净化技术、球团烟气干法脱硫、设置推焦机侧除尘、焦炉烟气脱硫脱硝处理系统、垂直流复合人工湿地处理焦化废水、自备电厂锅炉烟气超低排放工艺、污水集中处理、含铁固废处置中心（转底炉）等；同时，对其他多项废气污染物控制措施进行技术升级，在钢铁行业率先达到大气污染物特别排放限值标准。

湛江钢铁建设了世界首套大型焦炉烟气脱硫脱硝处理系统，焦炉烟气中污染物控制水平达到《炼焦化学工业污染物排放标准》（GB 16171—2012）特别排放标准；烧结机头烟气采用全国首套自主集成的活性炭吸附工艺，具有“脱硫、脱硝、脱二噁英”三脱效果，烧结机头烟气污染物控制水平达到《钢铁烧结、球团工业大气污染物排放标准》（GB 28662—2012）特别排放标准。湛江钢铁采用转底炉工艺技术处理含铁尘泥，生产金属化球团返回高炉使用，实现含铁尘泥100%利用。湛江钢铁在国内首开先河，采用垂直流复合人工湿地处理焦化废水，处理达标后的焦化废水用于高炉和转炉冲渣，实现焦化废水零排放。湛江钢铁建设2座大型雨水收集池，集雨水收集、排洪、安全储水、区域隔离等功能为一体，总容积120万立方米，保证全厂安全供水需求的同时，可降低水资源供给风险和新水消耗。另外，湛江钢铁还建设了2套海水淡化装置，年产纯水1000万立方米，满足纯水需求。通过海水淡化和串级用水等技术，湛江钢铁吨钢耗新水低至1.18m^3，处于行业领先水平。

湛江钢铁贯彻简单、高效的管理理念和精干高效的原则，采取“公司—厂部—作业区”三级架构，管理体制实现扁平化，并采取有效措施为作业区减负，使得资源配置更加合理，有效缩短汇报链，提高管理效率。湛江钢铁已建立起比较完善、有效的环境管理体系，按照“PDCA”管理模式开展日常环境保护管理工作。2017年11月湛江钢铁环境管理体系通过第三方外部审核，并获得ISO 14001：2015认证证书。

2017年，湛江钢铁实施3项具有突出减排效果的中/高费技术改造方案，总投资8267.6万元，产生经济效益约4700万元。焦烧区域余热蒸汽效能提升项目利用新增的40t燃气锅炉提高烧结余热发电的稳定性，每月可多发电625万度，全年可节约标煤1.62万吨；改善厚板LDG（转炉煤气）混合装置能力项目，通过增加LDG用量提高LDG回收率4m^3/t钢，全年可节约标煤0.52万吨；对自备电厂二号锅炉的一次风机和凝结水泵进行变频改造，杜绝空载现象的出现，避免用电浪费。湛江钢铁每年可以节电1225万千瓦时，产生效益649.3万元。

2017年，湛江钢铁共实施无/低费技术改造方案22项，总投资为3853.21万元，每年减少用水量为243034t，增加转炉煤气回收量为218万立方米，节省用电量为340.45万千瓦时，减少废水排放量1.17万吨，产生经济效益1087.27万元。湛江钢铁在取得明显的环境效益的同时，还获得了较高的经济效益，既改善了工作环境，进一步保障了生产安全，又提高了员工的工作效率和清洁生产意识。

湛江钢铁积极开展和参与社会环境友好活动，采取“走出去、请进来”的方式开展丰富的环境友好活动、促进社企互信和和谐发展。为传播湛江钢铁参与生态环境建设、倡导绿色健康生活的环保理念，2017年共邀请市民“走近湛钢”10余次（累计约800人次），近距离参观湛江钢铁的生产线、深入了解湛江钢铁的环境友好工作，将湛江钢铁的清洁生产情况和理念展现给参观者。此外，湛江钢铁还利用六·五环境日契机，将环保知识带到当地中小学，培育学生环保意识。湛江钢铁连续参加三届中国海洋经济博览会，展示湛江钢铁在产品、环保、社会责任等方面的特色，荣获“最佳展台创意奖”。湛江钢铁积极开展捐建活动，例如在湛江钢铁基地动迁居民安置小区援建污水处理设施，在广东三岭山国家森林公园捐建“宝钢林”等。湛江钢铁2017年获得湛江市节水型企业称号；获得《环境教育》杂志社2017绿色发展年度企业，2017年获得《环境保护》杂志社践行社会责任优秀企业称号。

湛江钢铁在节能环保方面投入超过70亿元（占比15.42%），吨钢投资720元，采用先进、可靠的节能环保技术约120项。2016年湛江钢铁投产以后，是全国首家实现特别排放限值的钢铁企业，其中超过72%的排放口污染物排放浓度稳定达到2018年5月生态环境部发布的《钢铁企业超低排放改造工作方案（征求意见稿）》中的限值要求。按照国家发改委颁布的《钢铁行业清洁生产评价指标体系》（2014）相关规定，其中的6项限定性指标（炼铁工序能耗、生产用新鲜水量、产业政策符合性、达标排放、总量控制、环境污染事故预防），湛江钢铁全部达到I级，基准分值为87.5分，清洁生产水平为一级。

案例分析2：乐山某铝业有限公司

乐山某铝业有限公司10万吨电解铝工程为新建项目，厂址位于四川省乐山市，工程建设规模为年产10万吨电解铝。产品方案为普通铝锭、产品合格率为100%。工程新建电解厂房及电解车间、铸造车间、阳极组装车间及其他辅助车间；新建氧化铝输送系统，烟气干法净化系统及其计算站。电解铝生产所需原辅料有氧化铝、冰晶石、氟化铝、氟化钙和阳极块，所需直流电由整流所供给。新建电解铝工程工艺采用200kA大中型预焙阳极电解槽192台。电解系统包括电解铝、氧化铝储存及其配料、电解烟气净化、计算机控制、铸造等。

电解铝生产采用熔融电解法，在电解槽中以氧化铝、冰晶石和氟化盐的熔融体作为电解质，以阴、阳极炭块作为两极，导入直流电，通过复杂的电化学反应，在阴极上析出液态金属铝，沉积于电解槽槽膛底部的铝液，定期用真空抬包抽出，送铸造车间精炼后，浇铸成商品铝锭。阳极上发生氧化反应放出CO_2、CO，其他气体随同烟气排出，消耗的阳极定期更换，残极送阳极生产厂家。氧化铝由超浓相输送系统送至电解槽上部的料箱，由计算机控制，自动下料到电解槽中，以保证电解质中氧化铝浓度稳定，电解过程连续进行。电解槽排出的含氟化物、TSP及SO_2等污染物的电解烟气采用氧化铝吸附干法净化技术进行治理，净化后的电解烟气由烟囱排放。

乐山某铝业有限公司新建10万吨电解铝工程生产工艺及污染流程如图6-4所示。

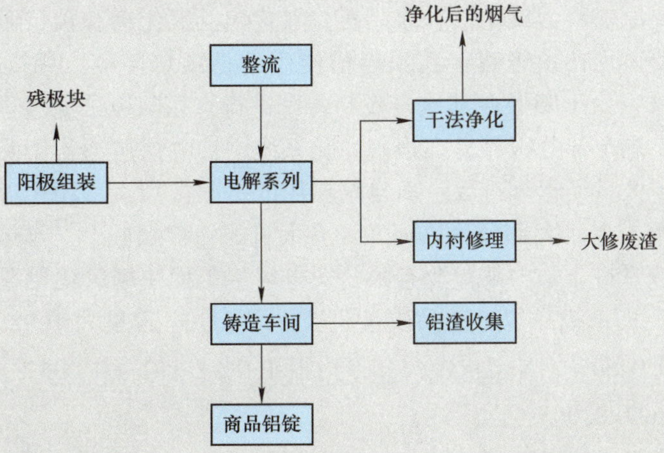

图6-4 10万吨电解铝工程生产工艺及污染流程

乐山某铝业有限公司10万吨电解铝工程采用的是大中型预焙阳极电解槽技术，预焙槽和自焙槽相比，首先是工艺和设计的改进，因此，预焙阳极电解槽技术是铝电解行业的清洁生产工艺。电解铝清洁生产具体表现在下述各个环节。

＊先进生产工艺及污染物排放量少

乐山某铝业有限公司10万吨电解铝工程电解采用具有国内先进水平的200kA大中型预焙阳极电解槽192台，该装置在工艺控制、加料装置及槽内衬结构等方面做了可靠的改进，即工艺控制由原自熔槽的人工控制改为计算机控制；加料由原一点式加料改为两点式加料，两点式加料具投料均匀、反应完全的效果；在槽内衬改造采用槽底加保温、侧部散热、带人造炉帮的内衬结构形式，提高了电流效率。并经生产实践验证，都证明该工艺比采用自焙槽工艺先进。在控制污染方面也有工艺先进的特点。其主要特点是，电解槽的大型化和预焙化。

电解槽大型化便于废气污染的净化和治理，使末端治理费用减少30%；由于使用预焙阳极，并减少了沥青烟排放，预焙阳极在专门生产厂生产，便于沥青烟治理。但乐山某铝业有限公司电解铝工艺虽然采用预焙槽，但不同预焙槽槽型相比，属大中型预焙槽。因此，和大型预焙槽相比，污染物排放量相对较大，但和自焙槽相比，污染物排放量大量减少。自焙槽和不同预焙槽污染物排放对照如表6-9所示。

表6-9 自焙槽和不同预焙槽污染物排放对照

电解槽型	55kA自焙槽	预焙槽		
		200kA（乐山某铝业公司）	230kA	300kA
氟化物/kg·(t-Al)$^{-1}$	17.5	1.12	0.619	0.623
粉尘/kg·(t-Al)$^{-1}$	40	4.96	—	4.76
沥青烟/kg·(t-Al)$^{-1}$	19	0	0	0

电解铝厂主要原辅料为氧化铝、冰晶石、氟化铝、氟化钙和预焙阳极块，预焙槽和自焙槽相比，主要体现在预焙两字，预焙槽使用的是预焙阳极，用高温沥青制备生阳极，其配比约20%。由于阳极在其他电极制备厂进行，在阳极焙烧过程中，大部分沥青挥发部分被烧掉，剩余部分很容易在烟气净化系统中被电捕焦油器清除，此公司外购预焙阳极，就减少了大量沥青烟排放。而自焙槽用的是阳极糊，采用中温沥青，其配比高达30%，加到电解槽上后大部分受热挥发，有大量的沥青烟排出，预焙阳极炭块对应阳极糊而言属于清洁原料。乐山某铝业有限公司电解铝工程使用氧化铝普通杂质含量符合YS/T 274—98规定的二级品以上产品质量要求，即Al_2O_3含量大于98.5%，杂质$SiO_2<0.04\%$，$Fe_2O_3<0.0254\%$，$Na_2O<0.55\%$，灼损1.0%，$TiO_2<0.005\%$，$V_2O_5<0.003\%$，$P_2O_5<0.003\%$，$ZnO<0.005\%$。

人造冰晶石质量应符合GB/T 4291—1999一级品以上。即F和Al含量分别不小于

53%和13%。Na不大于32%，$SiO_2+Fe_2O_3$不大于0.4%，SO_2不大于1.2%，P_2O_5不大于0.03%。

氟化铝符合GB/T 4292—1999二级品以上标准要求。

乐山某铝业有限公司电解铝工程在设计中采用原辅料均符合有关标准要求，预焙槽使用的是预焙阳极，原辅料符合清洁生产的原则。

大型预焙槽采用超浓相输送系统加料，在密闭状态下进行加工操作物料飞扬损失少。预焙槽和自焙槽相比，自焙槽氧化铝耗量为1950kg/t-Al，冰晶石达15kg/t-Al。预焙槽原料消耗大幅度减少。

乐山某铝业有限公司电解铝工程工艺采用的是200kA预焙槽，该槽型属大中型预焙槽，和大型预焙槽相比，物耗偏高，但和小型预焙槽相比，原辅料消耗较低，表6-10列出了国内不同预焙槽的原材料消耗指标。

表6-10 不同预焙槽原材料消耗指标 (kg/(t-Al))

物料名称	乐山某电解铝工程与其他预焙槽单耗比较						
	国内平均水平	75kA预焙槽	186kA预焙槽	200kA预焙槽	230kA预焙槽	300kA预焙槽	350kA预焙槽
氧化铝	1915~1940	1940	1930	1930	1930	1925	1920
冰晶石	10~15	4	5	5	6.5	10	4.5
氟化铝	30~40	30	28	27	27	15	26
阳极块	530~600	590	590	585	585	580	560

从表6-10可见，槽型越大，原材料消耗量相对较小，对表6-10不同预焙槽的物耗进行初步分析，发现氧化铝和阳极块耗量随槽型的增大，呈明显减少；氟化铝和冰晶石也随槽型增大呈减少趋势，但变化规律不明显。将不同电解槽型氧化铝、阳极块耗量单独列于表6-11中，根据表6-11数据，以物耗为y，电解槽kA数为x，进行回归分析。其吨金属铝的氧化铝和阳极块耗量回归模式为：

氧化铝耗量回归模式：

$$y(Al_2O_3)=1944.4-0.068x(kA)\quad r=-0.984$$

阳极块耗量回归模式：

$$y(Y\text{阳极})=603.45-0.097x(kA)\quad r=-0.830$$

式中 $y(Al_2O_3)$——不同预焙电解槽氧化铝耗量，kg/t-Al；

$x(kA)$——电解槽kA数；

$y(Y\text{阳极})$——不同预焙电解槽阳极块耗量，kg/t-Al。

表6-11 不同预焙槽氧化铝、阳极块单耗 (kg/(t-Al))

材料	75kA预焙槽	186kA预焙槽	200kA预焙槽	230kA预焙槽	300kA预焙槽	350kA预焙槽
氧化铝	1940	1930	1930	1930	1925	1920
阳极块（毛耗）	590	590	585	585	580	560

根据上述分析，氧化铝耗量随电解槽型增大，按线性减少，相关系数为-0.984，阳极块随槽型的增大按线性减少，相关系数为-0.830。由此可见，乐山某铝业有限公司电解铝工程由于采用大中型预焙槽，在物耗方面，达不到国内最好水平。

＊电解铝工艺节能措施

乐山某铝业有限公司电解铝工程使用的是200kA预焙阳极电解槽，其吨铝直流电耗13460kW·h/(t-Al)，与60kA自焙槽（14700kW·h/(t-Al)）相比降低了1240kW·h，有效节约了能源。为了进一步降低能耗，节约能源，本工程在电解工艺设计中还采取了以下措施：

（1）改进工艺制度。为了提高电流效益，采用低温（940～970℃），比自焙槽低（50℃左右），低冰晶石分子比及低氧化铝浓度（2%～3%）工艺制度和点式下料及自适应控制技术等四种措施进一步稳定槽况，在稳定电槽况的条件下提高电流效益。

（2）电解槽“三场”改进。利用“三场”模拟技术，合理设计电解槽的阴极结构，采用优化了的母线配置，并且尽量使大母线的走向合理，减少电能损失；改善了槽内热、电、磁场分布，获得了最低的母线投资和电能消耗，电能损失减少50%左右。

（3）电解槽结构改进，电流效率高。采用窄炉膛操作面，槽底宽为4084mm，比老炉型减少200mm，从而提高了电解槽单位面积产能。

采用异型侧部炭块砌槽边部，该种炭块在工业试验及推广的生产系列中证明每台槽炉底压降降低10mV。同时炉底伸腿长度减少，有利于提高电流效率，电流效率达95%，原自焙槽工艺电流效率仅为80%左右。

根据微机对膛热解析计算，设计出合理的槽内衬结构。采用槽底加强保温，侧部散热，带人造炉帮的内衬结构形式，以减少水平电流，提高电流效率，达到节能效果。

（4）计算机控制技术。采用计算机对电解槽进行控制，提高电解槽的控制精度，提高电流效率，使电流效率保持在95%以上，降低槽电压损失。

（5）氧化铝输送方式改进。氧化铝输送方式采用先进的浓度相与超浓度相输送系统，可降低输送过程中的能量消耗，减少物料损失与破损。

＊电解铝工艺中废物回收利用

（1）废氧化铝回收利用。废气污染物是铝电解行业的主要污染物，而氟化物又是废气中的主要污染物。

乐山某铝业有限公司电解铝工程采用氧化铝吸附干法净化回收技术进行治理，设计上对电解槽设有密闭罩，集气率大于等于98%，经捕集的电解烟气进入干法净化系统，氟化物去除率为98%。吸氟后的载氟氧化铝连同粉尘经布袋收集后，一部分在净化系统中循环使用，另一部分进入电解槽回收利用。

（2）废阳极块回收利用。在电解铝生产过程中，将产生废阳极块，废阳极块送阳极厂家作原料使用，乐山某铝业有限公司电解铝工程产生的废阳极块回收率为100%。

（3）冷却水循环使用。乐山某铝业有限公司电解铝工程使用冷却水的工艺和部位有铸造系统、电极组装系统、空压站和整流所，冷却水采用循环水系统，冷却水循环率为100%，从而节约了水资源。

* 电解铝清洁生产指标分析

衡量一个企业或一个工程是否满足清洁生产要求及达到的水平，清洁生产指标是一个主要的衡量标准。采用《电解铝行业清洁生产标准》对比分析乐山某铝业有限公司电解铝工程的清洁生产水平（表6-12）。

表6-12　电解铝行业清洁生产指标

项目	一级	二级	三级	乐山某铝业有限公司电解铝工程
一、生产工艺及装备要求	生产工艺采用计算机控制；物料输送采用浓相/超浓相输送系统；电解烟气采用干法净化处理			
二、资源、能源利用指标				
1. 原辅材料的消耗	电解铝生产原料为氧化铝，辅助原料氟化盐、冰晶石、炭块。使用其他代用品或添加剂时，在生产过程中应减轻对人体健康的损害和生态环境的负面影响			
2. 原辅材料入厂合格率	100%	100%	100%	100%
3. 电流效率/%	≥95	≥93	≥91	95
4. 原铝直流电耗/kW·h·$(t\text{-}Al)^{-1}$	≤13300	≤13400	≤14000	13460
5. 氧化铝单耗/kg·$(t\text{-}Al)^{-1}$	≤1920	≤1930	≤1940	1930
6. 氟化铝单耗/kg·$(t\text{-}Al)^{-1}$	≤22	≤27	≤28	27
7. 冰晶石单耗/kg·$(t\text{-}Al)^{-1}$	≤4	≤5	≤5	5
8. 阳极单耗(净耗)/kg·$(t\text{-}Al)^{-1}$	≤410	≤450	≤500	450
三、污染物产生指标				
1. 全氟产生量/kg·$(t\text{-}Al)^{-1}$	≤16	≤18	≤20	19.69
2. 粉尘产生量/kg·$(t\text{-}Al)^{-1}$	≤12	≤40	≤50	42.02
四、废物回收利用指标				
1. 集气效率/%	≥98	≥98	≥95	98
2. 废电解质	100%回收并加工利用	100%回收并加工利用	100%回收并加工利用	100%
3. 废阳极	100%回收并加工利用	100%回收并加工利用	100%回收并加工利用	100%
4. 冷却水	100%循环利用	100%循环利用	100%循环利用	100%

乐山某铝业有限公司电解铝工程工艺采用200kA大中型预焙电解槽，和自焙槽相比，属先进生产工艺，污染物排放量小，但和230kA和300kA预焙槽相比，污染物排放量偏大。电解铝生产使用原料为清洁原料，和自焙槽相比，消除了沥青烟排放。200kA大中型预焙槽和自焙槽相比，原辅料消耗量大幅度减少，但预焙槽越大，原辅料消耗越少，氧化铝随电解槽kA数增大按线性减少，相关系数绝对值为0.984。阳极块随电解槽kA数增大按线性减少，相关系数绝对值为0.83。氟化铝耗量等也随电解槽的kA数增大而减少。乐山某铝业有限公司电解铝工程采用200kA预焙槽，和300kA和350kA预焙槽相比，氧化铝、氟化铝和阳极块耗量偏高，达不到国内最好水平，说明大型预焙阳极电解槽技术是电解行业的清洁生产工艺。乐山某铝业有限公司电解铝工程采取了节能措施，并对电解槽结构进行改进，电流效率高，电流效率达95%。对废物回收利用，电解质（废氧化铝、废冰晶石）和废阳极块回收利用，回收率达100%，冷却水循环率也达100%。乐山某铝业有限公司电解铝工程生产工艺装备水平、原辅材料及能源利用、污染物产生及排放、废物回收等几个方面按《电解铝行业清洁生产标准》衡量，部分指标达到一级标准，其余指标均可达二级和三级标准，基本符合清洁生产要求。

6.4 生态重组

6.4.1 生态重组及实施

生态工业建设的核心内容是工业生态系统的构建，它是生态工业的灵魂所在，是体现工业系统朝着生态化的方向转型所在。对现有工业系统进行生态化重组，构造合理的工业生态系统，是工业生态化建设能否最终实现的关键。

推动工业系统演进，使之由低级生态系统向三级生态系统转化，这是工业生态学的主旨。工业系统的演进可体现在不同层次，小到工业共生体系，大到整个社会经济体系。要实现工业生态学主旨，必须向生态可持续性经济模式转化。这种旨在推动工业体系演进的战略，被称为“生态重组”，即按生态学方式对工业系统进行重组。

工业系统生态重组的基本含义：工业生态重组不仅是一个新的知识领域，也是一个工程，是工业系统向一种能导致其同其他生态系统相容的运行模式的转变。从某种意义上来说，这种生态重组过程意味着运用已经成熟的自然生态系统作为模型而对物质和能量流动进行重新组织。

更广泛地讲，生态重组是一种通过对地球生物以及地球化学系统干扰最少的方式进行技术设计和实施，实现社会财富扩大的目的，生态重组本质上是按照自然生态学原理和自然生态系统运行方式来调整人类活动。在工业生态学中强调的是以工业活动为主的工业系统的重组，这正是人类与整个地球可持续发展的关键。

工业系统生态重组的生态学解释：生态系统的各组成部分，各种生物的种类、数量和空间配置，在一定时期都会处于相对稳定的状态，从而使生态系统能够各自保持两个相对稳定的结构。传统生态学从形态和营养关系两个角度对生态系统的结构特征进行研究。生态系统的生物种类、种群数量、种的空间配置（水平分布、垂直分布）、种的时间变化（发育、季相）等构成了生态系统的形态结构。生态系统各组成部分之间建立起来的营养关系，构成了生态系统的营养结构，它是生态系统中能量流动和物质循环的基础。

狭义的生态重组主要针对工业系统，包括各种不同数量和类型工厂企业的组合，企业的地理布局，相互间的物质、能量和信息的流动、交流和层叠，主要是形态结构的重组；广义而言，对于现有工业体系的重组，经济结构的调整，包括能源结构、工业结构、交通和基础设施、商业流通以及消费结构等，主要是营养结构的重组。前者主要是从微观和中观层次上推动工业企业和社区实施工业生态学，而后者从宏观上为实现可持续发展奠定基础。工业生态系统的形态结构和营养结构可简单的列于表 6-13。

表 6-13 工业生态系统的形态结构和营养结构

生态系统结构	自然生态系统	工业生态系统
形态结构	生物种类	企业类型（依据提供的主要产品、服务和工艺而定）
	种群数量	企业数量和规模
	种的空间配置	企业间的空间分布
	物种多样性	企业多样性（产品、服务、生产工艺等方面的不同）
	种生态位	企业生态位（利用资源的能力以及在系统中的分工等）
	关键种、优势种	关键类型企业和优秀企业类型
营养结构	食物链结构	生态工业链结构（长度、耦合度、关联度等）
	食物链功能	生态工业链功能（物质循环、能量流动、信息共享、价值增值）

资料来源：邓南圣，吴峰．工业生态学——理论与应用［M］．化学工业出版社，2002.

不论从形态结构或营养结构上，生态重组的方式主要包括两个方面的内容。

（1）工业系统内物质的封闭循环。资源的有限性增加了资源的经济价值。从降低成本角度出发，废物的资源化利用对于工业企业来说一直都是具有吸引力的，但对于大多数产品种类单一、产量小、生产关系简单的中小企业来说，还是“水中捞月”的空想。一方面，废物资源化利用技术的经济可行性难以令人满意；另一方面，以目前方式进行的大部分回收利用本身往往是一种污染比较严重的处理活动，需要耗费能源，将许多有害物质排放到环境之中。因此，实现工业系统内物质的封闭循环的关键，就是如何使回收利用在物质流动上成为“不泄漏”的循环过程。从工业生态学的视角看，废物就是人造的资源。然而，充分利用废物有几个障碍：首先，缺乏评估从物中回收有用副产物价值和潜力的数据；其次，缺乏废物利用产品的可靠市场和鼓励资源回收的公共政策；再次，信息缺乏明显阻碍了废物和回收材料市场的运作；最后，目前的法律和规章制度也限制了工业加工过程对废材料（或回收材料）的使用效率。

（2）物质减量化和能源脱碳。物质减量化的目的在于减少物质在工业系统中流动的速度和数量，这意味着减少生产一定产品所消耗的物质。物质减量化最有效的方法在于产品使用的优化，特别是延长产品的使用寿命。随着新技术和新材料的不断发展，再循环技术将进一步完善，产品的物质减量化倾向将进一步加强。另外，优化利用也创造了稳定的高质量的就业，特别是与维修相关的工作。“碳基”经济带来了产品的极大丰富和人类物质生活水平的提高，同时也带来了温室效应和酸雨等环境问题。但是，碳今后仍将长期在工业代谢过程中起至关重要的作用。最现实的态度就是承认这一事实，选择“能源脱碳”的办法，简单讲就是逐渐地向相对含有较少碳的碳氢化合物过渡。以石油替代煤炭，以天然气替代石油，是一种“劣取其轻”的脱碳方法。还有一种相对脱碳的方法，即从单位燃料中获取更多的能量，如提高涡轮的转速，提高能源利用效率。总之，我们应当用自然生态系统及其进化的规律来理解工业生态系统及其发展，通过对现行工业体系的“生态结构重组”将工业系统转化为与环境相容的工业生态系统。

生态重组会在宏观、中观、微观三个层次上发生作用。首先，在宏观层次上，生态重组是封闭工业体系乃至全社会的物质与能量循环，是实现工业生态系统向三级生态系统进化和可持续发展的根本途径，这也是工业生态学最基本的概念；其次，在中观层次上，即在工业企业与生产单位层次上，生态重组使工业企业从认识原料和产品的生命周期开始重新审视产品设计、制造与消费过程，延长产品寿命，特别是减少废料，增强循环；最后，在微观层次上，生态重组将优化反应过程，实现“原子经济性”，即在分子原子层次上，提高反应的效率，设计最为简洁高效的化学合成反应。

工业系统的生态重组可从三个方面进行。首先，在企业层面上推行清洁生产，实现污染物的少排放或不排放，减轻园区通过企业间链接而消化污染物的压力；其次，在企业之间进行生态耦合，构建企业生态链接网络，通过能量、原料在生态工业园区企业间的循环利用，在总体上实现园区资源的最优化利用，并最大限度地减少污染物排放；最后，对园区与区域生态进行耦合。生态工业园与区域的生态耦合主要是指生态工业园区与所在区域的生态及经济等相互作用、相互制约、相互影响而导致双方同向发展现象。能否实现企业、园区和区域的生态耦合，不仅关系到园区及企业自身的生存与发展，而且关系到区域经济和生态复合系统的可持续发展。生态工业园区与区域的生态耦合，是生态工业园区建设中全面考虑资源利用、社会经济发展与环境保护的最高境界，也是生态工业园区建设中最为复杂的问题。

企业是生态工业园的基本组成单元，企业的清洁生产水平直接关系到园区整体生态化建设。如果园区所有企业均达到了清洁生产要求，则可大大减轻园区通过企业间链接而消化污染物的压力；相反，如果所有企业清洁生产水平低下，管理水平较差，大量排放污染物，则即使在理论上使企业间链接水平很高，也很难扭转大量排放污染物质而导致园区环境质量恶化的局面。因此，现有工业园区生态化建设，应首先从园内企业入手，以清洁生产评价作为切入点，进而通过清洁生产审核，提出清洁生产方案和措施，指导企业实施清洁生产。随着清洁生产方案和措施的有效实施，企业全过程管理环节日趋强化，企业个体层面的环境压力则可大部分缓解。

生态工业园模仿自然生态系统中的生产者、消费者和分解者，以资源（原料、副产品、信息、资金、人才）为纽带形成具有产业衔接关系的企业联盟，实现资源在区域范围内的循环流动。这种通过资源在生态工业园区内企业间的循环利用，在总体上实现园区资源的最优化利用，并最大限度地减少污染物排放的现象，就是企业之间产业链的耦合，通过这种耦合所形成的企业之间的连接关系就是工业生态链，它是工业生态网形成的基础。如图6-5所示，为了确切理解企业耦合和工业生态链的概念，可以通过企业间原料、能量流程图来形象地予以描述。

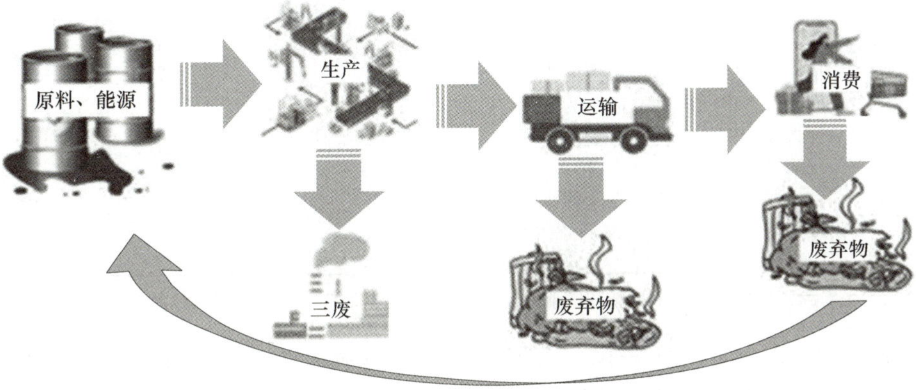

图6-5　原料、能源利用流程图

企业生态链接网络的建设主要包括行业（企业）构成和分类、系统集成、工业生态链的设计等方面。其中行业（企业）构成和分类是工业生态系统的表现形式，是构成工业生态链的物质基础。系统集成是工业生态系统构建的重中之重，工业生态链的设计是系统集成之后的必然结果，将工业系统内的企业沿着集成的路线串联起来，从而形成若干条工业生态链，将这些不同的工业生态链结合起来，便形成园区整个企业生态链接网，各企业在整个网络系统中的地位和作用也就一目了然。

(1) 行业（企业）构成和分类。企业生态链接网络建设的第一步就是要依照一定的方法寻找并设计出组成整个生态工业的行业（企业）成员。这些成员在构成上有一定的先后顺序，首先是要确定出一个或几个核心行业，围绕核心行业（企业）派生出一系列以物质交换或能量交换为纽带的企业。这些企业利用核心企业或者上一级企业产生的副产品、废弃物（包括废水、废气、固废、废热能等）作为生产原料进行组织生产，由此这些企业逐级递演产生出来，彼此之间形成一种协作补充关系而不是竞争对立关系，构成生态工业链，其中的核心企业对整个工业群体的运行起到一种控制和导向作用。

自然生态系统由生产者、消费者和分解者组成，并形成复杂的营养结构和能量流动网络。工业园区工业系统主要由制造业构成，这些企业个体在整个工业生态群体中也扮演着不同的角色，根据各企业功能的不同，也可将其分为“生产者”“消费者”“分解者”。其中，“生产者”利用基本环境要素生产出初级产品，为后续工业生产提供初级原料和能源，如采矿厂、冶炼厂等；“消费者”是将“生产者”企业提供的初级资源加工成一定的工业产品，供自身运行发展，同时产生生产力和服务功能的行业，也包括直接消费终端产品的消费者，如化工、肥料制造、服装和食品加工、机械、电子工业等；“分解者”是将各种废物和能源再资源化或进行无害化处理处置或加工转化成新的工业产品，如废物回收公司、资源再生公司等。自然生态系统与工业生态系统的组成部分对比的情况如表6-14所示。

表 6-14 自然生态系统与工业生态系统的组成部分对比

组成	自然生态系统	工业生态系统
生产者	利用太阳能或化学能将无机物转化成有机物，或把太阳能转化成化学能，供自身生长发展需要的同时，为其他生物种群（包括人类）提供食物和能源，包括绿色植物、单细胞藻类、微生物等	利用基本环境要素（空气、水、土壤、岩石、矿产等自然资源）生产初级产品，如采矿厂、冶炼厂、热电厂等
消费者	利用生产者提供的有机物和能源，供自身生长发育，同时进行有机物的次级生产，并产生代谢产物，供分解者使用，包括动物和人类	利用生产者提供的产品，供自身运行发展，同时产生生产力和服务功能等，如化工、肥料制造、服装和食品加工、机械、电子工业等
分解者	将动植物的排泄物和残体分解成简单化合物供生产者使用，主要有细菌、真菌、原生动物	将各种废物和能源再资源化或进行无害化处理或加工转化成新的工业产品，如废物回收公司、资源再生公司等

资料来源：张宏武，时临云．技术创新与产业生态化研究［M］．北京：经济管理出版社，2009.

一个成功的生态工业园区建设，首先就是要充分调查和找准一个区域内的优势资源、优势工业和多类别工业的构成，要以优势资源和优势工业作为园区生态建设的核心，成为工业链构建的出发点，以此为基础将其他类别的工业与之链接，构成生态工业网络体系。

（2）工业园系统集成。在企业生态链接网络建设过程中，第二步就是以资源为纽带，将相关企业联系起来，调整企业间的空间分布，即对资源进行系统集成，主要包括物质集成、能量集成、废水集成以及信息集成等内容。在进行系统集成时，要注意集成技术的应用。集成技术是指为实现集成采用的具体技术，它是集成完成的根本保证，是工业生产力高低的重要体现。集成技术包括三个层次：减量化、资源化、无害化。这三个层次在应用时有着先后的顺序，即首先考虑通过预防减少污染物的产生量；然后尽可能多次使用该物质，这时的使用或许需要对该物质进行简单的加工，该物质无法继续使用时，考虑对其进行资源化加工生产，使其转变成其他的有用物质（如作为该物质生产的原辅材料）。

（3）工业生态链的设计。工业生态链的设计即对园区内的各企业通过系统集成后彼此关联起来，形成多条工业链条或工业网络，构建生态工业体系。工业链的设计还应充分考虑技术可行性和经济可行性，只有对技术和经济可行性进行充分分析之后确定的工业链才具有建设意义。

工业园区与区域的生态耦合主要是指工业园区与所在区域的生态及经济等相互作用、相互制约、相互影响而导致双方同向发展现象。工业园与区域的生态耦合，是生态工业园区建设中全面考虑资源利用、社会经济发展与环境保护的最高境界，也是生态工业园区建设中最为复杂的问题。

工业园区并不是一个封闭系统，它是区域系统的一个子系统，它根植于其所在区域的资源支撑和环境承载，服务于区域经济与社会发展。因此，工业园区所需的资源尤其是本地资源条件，就成为其形成与发展的基本支持，园区性质、规模、产业结构等在一定程度上与其所在区域资源条件密切相关；同样，工业园区所在区域的土地、水、大气、土壤、生物等环境能否承载园区发展所带来的环境压力，也是园区位置、面积选择中必不可少的外在条件。

另外，工业园产业是其所在区域产业的组成部分，往往是所在区域的主导产业或优势产业及其集群，进一步依靠产业集群进行工业生态化拓展与链接，则可能形成以园区产业集群建设为龙头的区域工业、农业及第三产业等产业发展为主体的全方位生态化建设，并通过区域产业发展促进区域经济发展。人力资源和技术资源是产业发展的保证，区域产业发展和环境建设是社会发展的基础，如何充分利用区域现有的人力与技术资源，如何通过生态工业园建设促进区域科技、教育、文化的发展，是生态工业园与区域社会耦合的主要内容，唯有两者相得益彰，才能够以工业园生态化建设为契机，将区域全面引入可持续发展轨道。

生态工业园区与区域发展融合模式如图 6-6 所示。

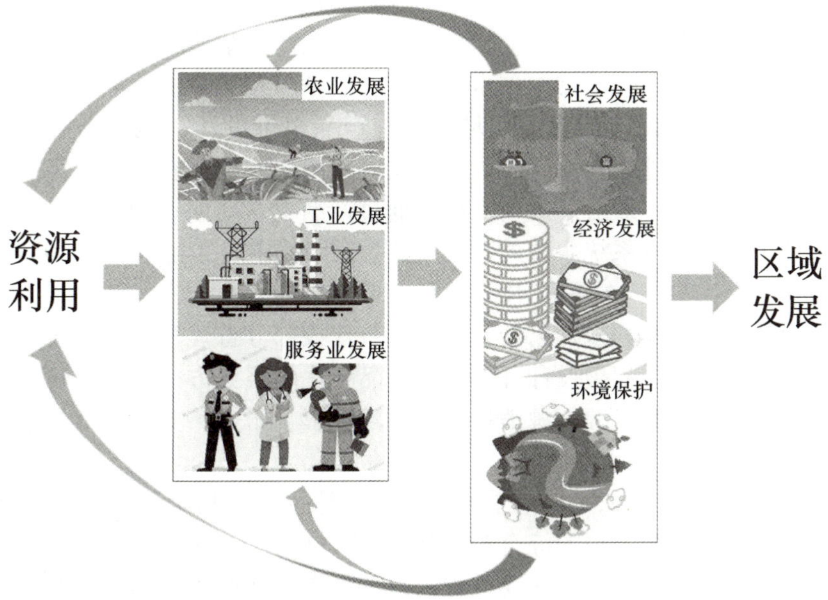

图 6-6　生态工业园区与区域发展融合模式

6.4.2 产业结构的生态化重组转型

进行循环经济建设，集中体现为以“资源—生产/消费—再生资源”物质代谢模式为导向，通过产业结构生态重组转型为核心的产业生态化，推动传统产业系统向着生态产业系统不断演进，促进经济发展的生态化质变。这里，产业结构生态化重组转型，是指对由产品（包括服务）、技术、规模、布局结构等组成的产业系统，重点围绕产品及其生产技术体系的功能形态与生命周期物质代谢过程进行的结构性升级转变。产品是产业过程以及连接社会消费活动最基础的单元。正是由各种产品的生命周期代谢过程所构成的整个经济社会的“物质网络”，它们在支撑以生产消费作用为驱动的价值流循环增值的同时，不断与其外部生态系统发生着物质能量交换而直接影响着生态环境的质量功能。因而，产品功能形态及其结构为基础的生态化转型，将从根本上减少产品生命周期及其生产/服务环节中的资源能源消耗和废物产生排放，有效改进产业系统物质代谢过程，对支持传统生产与消费方式变革，有效扭转产业系统乃至整个经济体系高消耗、低产出、高排放的结构质态具有决定性作用。

生态产业建设是走新型工业化道路、建立循环经济的主体，也是支持可持续消费、发展循环社会的有力依托。依据产业生态学原理，以产业生态结构重组转型为基础的生态产业建设，主要体现在以下几个方面：

（1）产业系统中的生产者：在人类构筑的经济系统中，三次产业特别是工业，是大量产品（包括服务）的提供者，突出扮演着类似自然生态系统中生产者的角色，也是影响生态环境最严重的人类活动。针对产业系统中的生产者实施转型，主要包括大力开展产品生态设计和推进生产服务活动过程的清洁生产两方面的内容。

开展产品的生态设计开发：按照从产品的原材料获取加工、生产制造、运输流通、使用维修，直至产品废弃后的处理处置整个生命周期过程环境（包括资源）影响最小的原则，进行产品生态设计开发，改善产品生态性能，这是产业结构生态重组转型的基础。特别地，对支持各行各业生态化所需的技术、工艺、设备以及清洁能源和绿色材料等进行研制开发，应作为产品生态设计的优先领域。实施产品生态设计，推动产业结构的绿色升级，不仅对产业生态结构重组转型具有内在的支撑作用，而且会有力地提高产品在国内外市场上的竞争能力以及经济效益。进一步地，通过产品生命周期管理，推动产业链的绿色传播，还会有助于促进产业系统生态质态的整体提升。当前，以非物质化为特征的功能服务“产品”，它从人们对物质的需求本质上为转变生产与消费方式，开辟了一个饶有潜力的途径。针对产品可能存在的多种以功能服务去替代或部分替代其物质形态的机会，充分挖掘各类产品的功能潜力、积极设计开发有效产品替代的服务方式，大力推动绿色功能服务的营销，应作为我国降低资源能源消耗、减小环境影响压力，支持产业生态重组转型与可持续消费的长期战略。

清洁的生产/服务过程：依托清洁技术体系的整体创新与技术结构的不断“绿色”升级，推行面向资源开采提炼过程的综合开发利用、实施生产与服务活动全过程中资源能源消耗和污染产生的源削减以及开展活动过程内部的物质循环回用或再利用等，这是改进产业系统物质代谢过程，实现节能、降耗、减污、增效目标的基本途径。清洁的生产/服务活动，最重要的问题是通过上述各环节内容的综合集成，建立清洁的过程系统，以完成从产品生态设计到绿色产品形成（服务功能）的转化。

（2）产业系统中的消费者：针对生产者与分解者由于各自活动而对原料、中间产品、能源以及服务产生的大量“消费”需求，从需求侧促进产业的绿色消费行为，营造供应链中的绿色消费机制，应成为与供给侧进行生态产业系统建设的统一有机构成。进一步，各种消费者（包括政府）的消费模式（消费观念，需求结构，活动行为），不仅会直接改变着循环经济体系的生态功能质态，同时也会有力地反馈、影响着产业系统的生态结构重组转型。因而大力推动可持续消费，为产业生态化与循环社会提供绿色的需求动力，是与从供给侧进行循环经济社会建设的统一有机构成。

（3）产业系统中的分解者：大力培育废物资源化与无害化的“分解者”，促进废物增值和污染（包括毒性）减降，对转变物质线性代谢模式、提升产业系统乃至全社会的生态功能质态具有十分重要的作用。应重点针对产业系统在传统技术经济关联组织下的生态结构缺陷，系统改进、有机整合发展不同部门或同一部门的不同行业、企业间的共生互补、耦合链接关系，科学合理地推行废物的循环利用。主要内容包括：生产/服务活动过程中无法利用的废物综合利用；社会消费活动过程废弃物的回收再生利用。

在进一步深化现有产业系统中循环利用与污染治理等废物“分解者”的作用基础上，

创建新的废物资源化部门（包括回收分类、拆解、再生利用以及废物信息系统）将是实施产业生态结构重组转型、建设循环经济体系的重要构成。需要强调的是，任何废物的资源化或无害化过程，同样也应在生命周期的资源节约和环境影响最小原则的前提下进行，同样需要在其“产品”生态设计与清洁的生产/服务过程上下大力气。

循环经济的主要内容可归结为产业的生态化，即从经济发展上通过产业结构生态重组为基础的产业生态化来提高经济系统的生态化功能。

区域是循环经济发展的空间载体，也是产业生态系统中生产者、分解者与消费者的活动舞台。结合产业结构生态重组转型，在区域层次上建立区域生态产业系统，是统一协调区域发展与生态环境相互关系的最佳途径。特别地，对聚集大量产业活动的各类园区推行生态园区建设，将产业结构、规模、布局与城乡发展建设密切结合，对于我国工业化和城市化进程的健康发展更具突出作用。区域生态结构重组转型建设中，不同层次产业系统的区域规模与布局具有极其重要的意义，尤其要关注的问题是：统一协调生态产业系统的规模、布局和结构与区域生态系统空间结构和功能的相互作用，促进区域生态系统的动态平衡；适应不同区域的层次特征及其要素组成条件，统筹规划，形成合理有序的区域产业生态系统分布格局；推进区域循环经济的基础设施建设，优化区域资源配置；加强不同区域特别是跨行政区间的产业生态结构转型建设的有机关联与相互支持。

我国经济发展正在进入一个崭新阶段，以短缺经济和数量扩张为主的发展阶段行将结束，经济的线性机械增长方式所造成的资源与生态环境压力反馈已经达到临界状态。扬弃传统的三次产业结构模式，将传统经济中的首尾环节即资源和环境提升为主线，以提高物质平均利用强度和运行过程生态化为发展目标，从生产（包括资源开采与加工）、流通、消费和物质还原4个经济环节，在市场经济规律支配下通过“仿生化”重组，逐步建立起循环经济型的产业体系。明确与循环经济相适应的各次产业的结构特征、宏观调控方向与实现载体，并按照崭新的产业类型分别制定近期与中远期发展战略。

（1）优化产业链群的共生关系和空间布局。在政府宏观调控范围内，以资源和生态环境为发展平台，优化区域产业链群的空间布局和结构组成；根据区域资源条件、自然环境特征和经济基础的地域性差异，通过与区域其他规划相衔接，因地制宜地对区域循环经济功能进行分区；调整各功能区内经济系统的形态结构与营养结构，理顺区域产业链群的职能分工与协作关系，增大区域经济的内部循环水平；实施有利于循环经济发展的政策导向和生态化空间管制，发展优势工业种群，完善工业代谢各产业类型之间建立明确的共生关系；强调物质、能量和信息在各产业链群之间的“仿生”传递，从整体上提高区域内的物质平均利用强度和循环水平，促进区域产业结构不断向“仿生”系统进化。

（2）建设高度循环和优质高效的农业生产系统。广义的农业是培育各种生物的产业，它既是区域社会经济发展的基础，同时也是关系我国现代化建设和社会稳定的命脉产业。维持农业生产系统的可持续性，包括土地资源和农业生产资料的稳定性，农产品数量和食品安全水平，农业生产技术和劳动力素质等，直接关系到区域的资源供给、生态平衡、人口承载水平及其生活质量等多个方面。因此，发展循环经济，首先必须建立高度循环的区域农业生产系统。

农业生产系统是人类对自然生态系统的利用和改造，天然具备循环经济的“资源—产品—再生资源”反馈式流程。发展循环经济的农业体系，首先要遵循生态系统的运行规律，因地制宜地合理利用自然资源，提高太阳能固定率、生物能的利用率和代谢物质的再循环水平。围绕农业增效和农民增收基本目标，从土地利用规划、农业结构调整、生产方式革新、村镇工业发展、农村人居环境建设、农业管理体系完善等多方位实施生态化重组，达到农业结构与生态环境的协调化、农业生成过程的现代化、农副产品的无公害化和农业废弃物的还原化，将农业生产系统建设成为区域循环经济的先导和典范。

（3）发展与资源环境相协调的工业生产系统。工业经济决定着区域社会经济发展的总体水平，又是区域能源消耗、物质输入输出和环境污染物排放的首要系统。我国工业技术水平与世界先进水平相比总体上尚有较大差距，技术装备落后，能源和材料消耗高，环境污染物排放多，不断扩大的工业规模与资源环境之间的矛盾冲突在所难免。因此，全面推进循环经济是区域工业系统实现可持续发展的必由之路。

发展循环经济的工业体系，核心问题是实现区域工业经济空间布局、营养结构和生产过程的生态化，在区域层面上，对区域内工业系统的空间布局进行优化重组，通过政府宏观调控建立资源节约型并且与当地生态环境特征协调一致的工业体系，逐步实现工业废弃物的就地还原；在结构布局方面，通过资源优化配置和政策导引，做大做强优势工业种群，同时坚持工业经济的多样化原则，理顺工业代谢关系，延伸以优势工业为主干的区域产业链，提高物质在区域内的循环利用水平；高标准建设生态工业园区，实施污染物集中处理；优化能源布局、能源结构和能源梯级利用关系；在企业内部，坚持走内涵发展和科技进步之路，转变单靠扩大规模的工业机械增长方式，用生态化和信息化指导工业企业的升级改造，不断提高终极产品比例，实现原材料和工业废物的减量化。

（4）建立以生态文明为导向的流通与消费系统。以农业和工业生产系统为依托，建设功能完善的流通与消费系统，提高区域内部和之间的物质循环和信息流通水平，促进区域第三产业朝着结构合理的方向发展。改革和优化组合传统的第三产业，以现代化经营理念进一步完善服务功能，重点发展现代物流业、商贸流通业、绿色交通业和餐饮娱乐业；拓宽新兴第三产业的发展空间，以建设现代化的服务体系为目标，积极发展生态旅游、信息咨询、技术服务、社区服务、法律和会计服务等新兴产业，规范发展金融保险和证券业，引导房地产业向绿色建筑业发展，健全资产评估、业务代理、行业协调等中介服务业。

在全社会树立绿色消费观和消费方式，遵循功能为本、物有所值、简朴节约、物尽其用的原则，改变传统落后的生产消费和生活消费方式。供人们生产和生活消费需求的产品和服务，必须把自然资源和有害物质的使用量降到最低限度；对于生产消费性产品和服务，将绿色消费观向前延伸至生产所需的原材料采掘、获取和初加工过程，生产消费性产品和服务，关联到生命周期终结后废弃物处理和再利用；总之，要将生态文明贯穿到从自然资源开发、产品设计和生产、商品流通、最终生活消费及其废弃物归宿的全过程。

（5）创建产业化和市场化的物质还原系统。在传统价值观念和市场规律支配下，以追求经济利益最大化为根本目标，所形成的产业体系属于“资源—产品—废物排放”单向流动型的模式，缺乏循环经济体系运转时所必需的物质还原环节。自发产生的废旧物资回收与再生业，基本上处于无序发展和非市场化状态，为片面追求经济利益往往造成更大的资源浪费和环境污染；而在现有环境经济政策下被动形成的环保设施和生态工程，由于基本上处于所有者经济利益受损状态，很难实现持续性运转，更无发展壮大的价值取向。因此，从区域层面上发展循环经济，就必须创建产业化和市场化的物质还原系统，并将其作为发展循环经济的关键环节加以推进。

将物质还原产业作为新兴支柱产业，从发展循环经济所必需的区域性乃至跨区域性的物质还原系统出发，全面提升传统资源再生业和环保产业的经济地位，促使其向网络化、规模化和现代化发展；从自然生态系统的物质分解能力延伸拓展物质还原产业的内涵，以崭新的价值观和价值评价体系，调动区域生态资产保有与扩充的积极性，把生态保护、生态建设和生态恢复等作为新兴产业再加以发展壮大；从技术经济出发，通过社会价格体系和利益分配关系的重新调整，建立资源再生现代化、环保产业市场化、生态建设产业化的运作机制。

总之，围绕产品与技术体系为基础的产业结构生态化转型，是一项具有多样性特征的循环经济建设发展工作。当前，急需将生态结构重组转型导入结合到眼下以产业结构调整推进工业化的高潮中，促进新型工业化发展，支持循环经济的建设。

6.5 工业转型

工业转型是指企业或整个产业从传统的生产和经营方式向更为先进、可持续、创新的模式转变的过程。这一转型可能涉及技术、管理、市场和文化等多个方面，其目标通常是提高竞争力、适应市场变化、降低环境影响并实现可持续发展。

工业转型包括产品和服务的转变，生产和消费的技术、组织和形式（空间和时间）、原材料和能源的转变以及所产生的环境影响及这些影响对生活质量产生的后果等。工业转型可分为微观层次、中观层次以及宏观层次范畴。

微观层次即绿色化学（green chemistry）范畴。通过改变化学产品或过程的内在本质，来减少或消除有害物质的使用与产生。设计或重新设计化学物质的分子结构，使其具备所需的特性又避免或减少有毒基团的使用与产生。高选择性化学反应，减少副产品，甚至达到原子经济性（atom economy）、实现零排放（zero emission）。

中观层次即针对企业与生产单位层次，主要是重新审视产品与制造，减少废料产生。通常包括绿色设计与绿色制造。工业转型绿色设计如图 6-7 所示。工业转型绿色制造如图 6-8 所示。

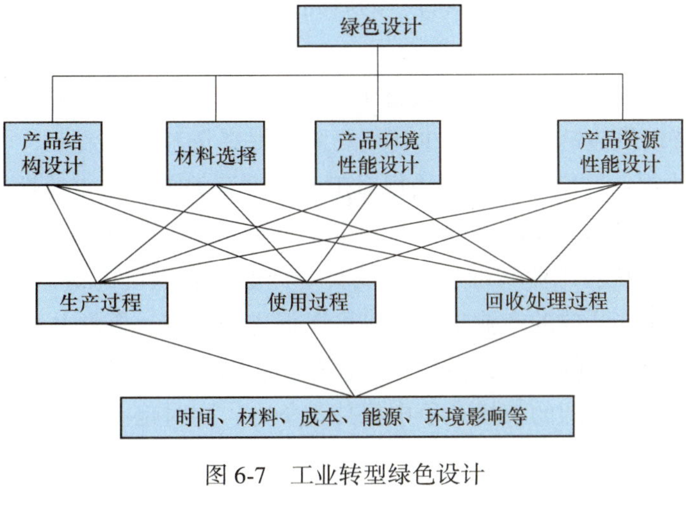

图 6-7 工业转型绿色设计

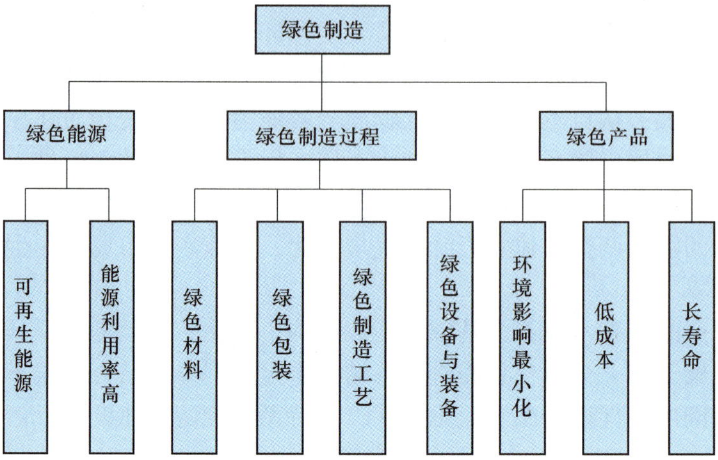

图 6-8 工业转型绿色制造

宏观层次即在不同企业间构建工业生态链、生态网，组建工业生物群落，建立生态工业园区，整体提高物质与能源利用效率。生态工业园区是依据循环经济理念和工业生态学原理而设计建立的一种新型工业组织形态，也是通过模拟自然系统建立的产业系统中“生产者—消费者—分解者”的循环途径，可实现物质闭路循环和能量多级利用。具体的，工业转型可通过以下途径实施：

（1）数字化转型：工业中的数字化转型是指采用数字技术，如物联网（IoT）、大数据分析、人工智能等，来提升生产、管理和服务的效率。数字化转型有助于实现智能制造、定制化生产和更高水平的自动化。

（2）绿色工业转型：绿色工业转型强调通过采用环保技术、降低碳排放、提高资源利用效率等方式，实现工业的可持续发展。这包括推动清洁能源使用、减少废物排放、优化生产过程等方面。

（3）创新和研发：工业转型需要企业投入更多资源进行创新和研发，以开发新的产品、服务和生产技术。这可以包括新材料的研究、生产流程的优化、以及与数字技术相关的创新。

（4）可持续供应链：工业转型涉及整个供应链的变革，包括原材料采购、生产、物流和分销。建立可持续供应链有助于减少环境影响，提高资源利用效率。

（5）政策和法规：政府的政策和法规对工业转型至关重要。支持性政策可以促进企业采用更环保、创新的技术，而法规则可引导企业遵循环保、社会责任等标准。

（6）产业生态系统：工业转型可以涉及整个产业生态系统的协同作用，包括供应商、合作伙伴和客户。建立开放的产业生态系统可以促进信息流、资源共享和创新合作。

工业转型是一个复杂的过程，需要企业在多个层面进行战略性的调整和创新。成功的工业转型有助于企业在激烈的市场竞争中保持竞争力，同时也有助于推动整个产业向更加可持续和创新的方向发展。

6.6 生态工业与生态工业园区

生态工业，是指模拟自然生态系统物质循环和能量流动的方式来规划工业生态系统的一种工业模式。主要利用生物生态系统中类似食物链、食物网的方法来实现废物的循环利用和能量的高效利用，促进该地区工业生态系统的可持续发展。可以看出以工业生态学为指导的生态工业及生态工业园区是现代工业发展的新方向。

6.6.1 生态工业与生态工业园区概念

生态工业（ecological industry）指综合利用技术、经济和管理等措施，将生产过程中剩余的能量和产生的物料，传递给其他生产过程使用，形成企业内或企业间的能量和物料传输与高效利用的协作链网，从而在总体上提高整个生产过程的资源和能源利用效率、降低废物和污染物产生量的工业生产组织方式和发展模式。

联合国环境规划署（UNEP）认为，工业园区是在一大片土地上聚集若干个工业企业的区域。它具有如下特征：开发较大面积的土地（一般在 $40hm^2$ 以上）；大面积的土地上有多个建筑物、工厂以及各种公共设施和娱乐设施；对常驻公司的土地利用率和建筑物类型实施限制；详细的区域规划为园区环境规定了执行标准和限制条件，为进入园区的企业履行合同与协议、控制与之相适应的企业进入园区、制定园区长期发展政策与计划等提供必要的管理条件。

生态工业园区（eco-industrial park，EIP）是依据清洁生产要求、循环经济理念和工业生态学原理而设计建立的一种新型工业园区。它通过物流或能流传递等方式把不同工厂或企业连接起来，形成共享资源和互换副产品的产业共生组合，使一家工厂的废物或副产品成为另一家工厂的原料或能源，模拟自然系统，在产业系统中建立“生产者—消费者—分解者”的循环途径，寻求物质闭环循环、能量多级利用和废物产生最小化。园区作为以生态循环再生为基础的工业园区，企业之间、企业与社区和政府间在副产品交流和管理方面有密切的合作，包括产品和服务的交流，更重要的是以最优的空间和时间形式组织在生产和消费过程中产生的副产品的交换，从而使企业付出最小的废物处理成本，提高资源的利用效率，改善公司的经济效益。

6.6.2 生态工业与生态工业园区构建技术

所谓生态工业园区建设规划，是根据清洁生产要求，循环经济理念和工业生态学一般原理，对生态工业园区选址、景观设计、工业共生系统构建、管理与服务等进行的谋划与安排。生态工业园区建设规划是生态工业园区建设必须遵循的纲领性文本，是更大区域循环经济发展规划的重要组成部分。

生态工业园区的主要特征：

（1）紧密围绕当地的自然条件、行业优势和区位优势，进行生态工业示范园区的设计和运行；

（2）通过园区内各单元间的副产物和废物交换、能量和废水的梯级利用以及基础设施的共享，实现资源利用的最大化和废物排放的最小化；

（3）通过现代化管理手段、政策手段以及新技术（如信息共享、节水、能源利用、再循环和再使用、环境监测和可持续交通技术）的采用，保证园区的稳定和持续发展；

（4）通过对园区环境基础设施的建设、运行，企业、园区和整个社区的环境状况得到持续改进。

生态工业示范园区的主要类型：

（1）具有行业特点的生态工业园区，例如广西贵港国家生态工业（糖业）示范园区；

（2）具有区域特点的国家生态工业示范园区，例如对现有经济技术开发区和高新技术开发区改造而形成的生态工业园区。

此外，按照当前的建设状态和园区单元间联系程度的不同，生态工业园区可分为以下几种类型：

（1）已具有较好生态工业雏形的工业区域或园区。建设重点是在完善已有的生态工业链的基础上，形成稳定的生态工业网。

（2）尚未建成或尚不具有规模的园区。建设重点是以生态工业的理论和方法，指导建设一个新的工业园区。

（3）门类较多、企业数量大的工业区域或园区（如我国的大批国家和地方级的科技园区和经济技术开发区）。建设重点是在这些园区中引进生态工业和循环经济理念，采用生命周期观点和生态设计方法，使产品生命周期中资源消耗最少、废物产生最小、易于拆卸回收，由此优化产品结构，并合理构建和完善产品链，从而提高资源效率，降低污染物排放，为园区寻找新的增长点，促进园区的持续发展。

（4）虚拟园区。其园区企业在地理上分散，但仍然能组成一个生态工业系统。建设重点是从废物循环利用、资源梯级利用入手，遵循市场价值规律，规划建设生态工业网络，建立企业间稳定、持久的物质和能量流动关系。

6.6.3 生态工业园区规划设计的相关理论

近30年来，人们认识到，人类再也不是以居高临下的态度，把自身置于自然生态系统之外来研究生物与环境的关系，而把自己作为自然生态系统中的一个成员，正确、全面地认识自己在自然生态系统中的地位与作用，协调自身与自然生态系统的关系，逐步拓展出人类生态学、城市生态学、农村生态学等学科。在可持续发展战略指导下，人们也逐渐意识到工业的可持续发展是实现其经济效益、环境效益和社会效益的根本之道，于是人们也将生态学思想融入工业系统之中，遂拓展出工业生态学，它提供了一套独创的系统方法，强调综合解决工业系统与自然生态系统之间互相作用问题，寻求解决这些问题的理论与方法。

工业生态学的主要思想是把工业系统视为一类特定的生态系统，首先同自然生态系统一样，工业系统是物质、能量和信息流动的特定分配，而且完整的工业系统有赖于由生物圈提供的资源和服务，这些是工业系统不能或缺的。工业生态学的观点认为，在考察工业系统而不是单一生产单元或设施时，有必要借鉴自然生态系统的物质和能量流动模型，工业系统中不同企业的废物最小化的运作模式应像成熟自然生态系统物质的运作模式那样。在生物系统中，一种生物产生的废物或一个种群的部分产生的废物，无论如何它都是有用的物质和能量来源，因此不被整个系统当作废物来处理，简而言之，在生态系统中，物质得以充分利用，形成封闭循环，而一些生物，生态系统的某些部分有趋于进化或适应生存在无任何具体产生的环境。微生物自身常常成为其他生物的食物，因此储存在它们身上的物质和能量势必围绕在由相关生物组成的大的复杂网络周围。工业系统中的各种成员都能对应自然生态系统中的生物。在这种人类生产与消费组成的复杂空间与时间的网络中，单个物料可能流过几个不同的工业系统，而每一工业系统成员可能在多个工业系统中起到作用。

以下内容为生态工业园区应用的工业生态思想。

（1）生态学原理。

生态学是研究自然生态系统和人类生态系统的结构和功能的一门科学，其目的是指导人与生物圈（即自然、资源与环境）的协调发展。生态学的基本原则概括为“整体、协调、循环、再生”八个字，对于生态工业这种生产与消费交织的复杂系统同样适用。如生态系统的结构和功能规律、生态系统整体性的形成机理、生态系统的能流特征和动态规律、生态系统的普遍模型、生态系统多样性的产生机制、生态系统的稳定机制和抗干扰能力的形成机理、生态系统可持续发展机制等，相互依存与相互制约规律、物质循环转化与再生规律、相互适应与补偿的协同进化规律、环境资源的有效极限规律等同样适于工业生态系统的研究与发展。

（2）生态经济学原理：

1）长链利用原理。生态经济学认为各种资源的开发和利用之间，存在着链状和网状的生态经济关系，且长链与短链的结构相比，循环转化环节增多，既有利于系统稳定，又有利于物质的多次利用，可以提高系统的生产力。类似于生态系统中的食物链与食物网结构，工业生态园区通过各产业之间的联系互相成为各自的生产者、消费者甚至是分解者，从而提高了物质与能量的利用效率，让整个工业系统更加行之有效。

2）价值增值原理。价值增值的方式有加环增值、减环增值和差异度增值三种。工业生态园区建设中主要利用了其中的加环增值原理。加环增值：通过增加一个或几个转化效率高的环节来延伸产业加工链，从而提高生态资源利用率，扩大产品品种，生产更优的产品，实现价值增值。这是工业园区中产业之间主要的增值方式，通过产业之间的产区与原料之间转化提升了物质利用与其价值。

3）生态经济效益原理。生态经济效益是评价各种生态经济活动和生态工程项目的客观尺度，对于任何一项生态工程，为了选择最优或满意的方案，生态经济效益的比较、分析和论证都是必需的。追求生态经济效益是人们从事一切经济活动的基本原则。为了最有效地利用自然资源和保持生态平衡，不仅需要进行近期的经济效益分析、比较，也需要进行较长期的生态经济效益分析、比较。

在同等生态效益和劳动消耗的条件下，技术手段合理，经济资源和生态资源组合得当，即所有经济资源的投入符合生态系统反馈机制的需求，从质和量两个方面有利于形成有序的生态经济系统结构的良好循环，生态系统生产力极有可能可以得到最大限度的发挥，取得最佳生态经济效益。

4）宏观调控原理。工业生态的宏观调控，主要以经济的方法为主，所谓用经济的方法来管理，就是工业生态园区中的所有产业的集体作为管理者，要依靠生态经济管理组织，运用经济手段和直接运用生态经济规律来进行生态工业的宏观管理。主要特征为：第一，以经济社会可持续发展为出发点。第二，以提高生态经济效益为目标。第三，以经济规划、产业政策、法律法规等多种手段进行调控。

（3）生态工程学原理：

1）整体性原理。生态工程主要是按生态系统内部相关性和外部相关性，来研究作为一个有机整体的生态系统或社会—经济—自然复合生态系统的区域环境。生态工程是以整体观为指导，在系统水平上研究，整体调控为处理手段。

2）协调与平衡原理。协调主要是生物与环境的协调（强调生物要和环境相适应）；生物与生物之间的协调（种间关系）；平衡主要是种群数量与环境的负载能力要平衡，是生态系统长期演化与发展的结果，在自然界中任一稳态的生态系统，在一定时期内均具有相对稳定而协调的内部结构和功能，需要考虑环境承载力即环境容纳量。

3）物种多样性原理。物种的丰富度越高，生态系统的稳定性越强。

4）循环再生原理。没有物质循环的系统，才会产生废物，造成环境污染，并最终影响到系统的稳定和发展。实现能量、物质的多级利用，提高能量、物质的利用率，减少对环境的污染，但并不能提高能量的传递效率。

（4）系统工程学原理。

系统工程是以系统为研究对象的工程技术，它涉及“系统”与“工程”两个方面。系统工程的实质是新的科学方法论，它是工程与思想方法的统一，也是新的逻辑方法，强调辩证的综合，每一步分析都伴随着综合，达到分析与综合辩证逻辑的统一。它为现代科学技术发展和社会实践开辟了新思路，打破了各门科学之间的界限，沟通了它们之间的联系，摆脱了传统方法的束缚，为解决所有系统协调发展找到了最佳途径。系统工程处理具体问题时应该遵循三个原则，即整体性、综合性和最优化。

1）整体性原则：就是把被研究的系统当作一个整体看待，全面地辩证地看问题。各部分组成系统后形成了系统的总体功能，系统的功能要大于各部分功能的总和，这不仅是一种量变，而且是一种质变。此外，还要有时间上的整体观念，要看系统的生命周期，不能只顾当前，忽视长远。因此，看问题要有整体、全局、长远的观点。

2）综合性原则：任何系统都可看成是多元素的有机综合体，具有多种的属性。因此，在确定系统目标时，应进行多目标的综合。另外，对任何系统的研究，应采用多学科高度综合的方法，从系统的成分、结构、功能、相互联系方式、历史发展及外部环境等多方面进行综合考察。任何一项措施、一个方案，对自然、社会都会有不同影响，故还应进行多方案的比较和多效益的综合。量的综合导致了质的飞跃，现代科学技术发展的趋势是向“系统综合型”发展，系统工程本身也正是综合了许多学科而建立起来的。

3）最优化原则：处理系统问题时，应尽可能做到准确、严密，按科学规律办事。这要求有一个严格的工作步骤和程序，同时还应该尽可能进行定量分析。通过对量的分析，可以更准确地认识事物的质，这就必须借助数学方法，建立系统优化模型，然后在计算机上进行系统仿真，分析系统的运行及后果，对系统某些方面加以选择和控制使系统达到总体最优。

系统工程可用来研究复杂系统的预测、规划、决策和评价等重大问题，故又产生了相应的技术与方法，如预测技术、规划方法等。系统工程的科学基础是：运筹学、控制论和大系统理论、信息论。这三部分的基础科学是正在形成的系统学。而系统学的建立，就可以使系统科学体系完整地形成。

在建设生态工业园区中，人们应从系统的观点、整体的观点出发，对系统进行最优规划、最优管理、最优控制，以达到最优系统目标。研究工业系统内各过程间的物质集成和能量集成，以实现最优化利用。

（5）景观生态学理论。

景观生态学是地理学与生态学交叉形成的学科，它以整个景观为对象，通过能量流、物质流、信息流在地球表层传输和交换，通过生物和非生物的相互转化，研究景观的空间构造、内部功能及各部分之间的相互关系，探讨异质性发生、发展及保持异质性的机理，建立景观的时空模型。可见，强调空间格局、生态过程与尺度之间的相互作用是景观生态学的核心所在。生态型工业园区是一个经济发展、生态保护两者保持高度和谐，园区建设发展与自然达到充分融合，环境清洁、优美、舒适，从而能最大限度地发挥人的积极性和创造性力的高效、稳定、协调、持续发展的人工复合生态系统，因此实现景观生态化是建设真正意义上生态工业园区的重要组成，景观生态学的理论思想对园区内景观生态规划具有重要的指导意义。

（6）社会生态学理论。

社会生态学是近几年来发展起来的一门新兴学科，其理论构成是源于社会学和生态学的相关理论，是从二维角度研究社会和生态问题，其理论和方法更具有客观性，因而社会生态学的实践在社会经济和自然生态领域都有较大的发展，其重要作用已经引起各界的广泛重视。自 20 世纪 80 年代起，我国开始研究社会生态学，学术界普遍认为，社会生态学是以人为认识主体、以社会生态系统为研究对象的一门新兴的交叉学科，即是社会生态学将人类社会系统、社会经济系统和自然生态系统结合起来，并进行整体性和交叉性的综合研究。生态工业园区与传统工业园区的最大区别在于生态性，生态的完整意义本来就应该包括生态、社会生态以及人文生态洲，从生态系统角度考察生态工业园区的基本构架，可将生态住区看成是人类在自然环境基础上基础建设发展的一种以人为核心的人工生态系统，它不仅保护自然生态系统的各组成要素，更重要的是增加了围绕人类而产生的社会经济系统各要素，因此生态工业园区可看成是自然—经济—社会复合生态系统。因此以社会生态学为理论指导，加强工业园区生态文明建设，以最终实现生态型社区是生态工业园区规划建设的重要内容。

（7）循环经济理论。

循环经济本质是一种生态经济，它要求运用生态学规律而不是机械论规律来指导人类社会的经济活动。与传统经济相比，循环经济的不同之处在于：传统经济是一种由“资源—产品—污染排放”单向流动的线形经济。其特征是高开采、低利用、高排放。在这种经济中，人们高强度地把地球上的物质和能量提取出来，然后又把污染物大量排放到水系、空气和土壤中，对资源的利用是粗放的和一次性的，通过把资源持续不断地变成废物来实现经济增长。与此不同，循环经济倡导的是一种与环境和谐的经济发展模式，它要求把经济活动组织成一个“资源—产品—再生资源”的反馈式流程，其特征是低开采、高利用、低排放。所有的物质和能源要能在这个不断进行的经济循环中得到合理和持久的利用，把经济活动对自然环境的影响降到尽可能小的程度。循环经济为工业化以来的传统经济转向可持续发展的经济提供了战略性的理论范式，从而从根本上消解长期以来环境与发展之间的尖锐冲突。

“减量化、再利用、再循环”是循环经济最重要的实际操作原则。减量化原则属于输入端方法，旨在减少进入生产和消费过程的物质量，从源头节约资源使用和减少污染物的排放；再利用原则属于过程性方法，目的是提高产品和服务的利用效率，要求产品和包装容器以初始形式多次使用，减少一次用品的污染；再循环原则属于输出端方法，要求物品完成使用功能后重新变成再生资源。

6.6.4 生态工业园区建设规划的原则、步骤及方法

在生态工业园区建设规划中，通常是先确定规划的原则、步骤及方法，然后才确定规划内容。规划原则体现了生态工业园区建设的总体指导思想，规划步骤及方法则体现了规划方案的科学性。

6.6.4.1 生态工业园区的规划原则

生态工业园区是生态工业主要的实践形式，是人们运用生态学的原理来指导和规划区域性的工业体系，希望能模仿自然界建立工业系统内的“生态链网”结构。通过高效的物质循环和能量的优化利用，达到资源和能源最高的使用效率，从而使工业社会能像自然界一样稳定发展，不断进化。其指导思想是从可持续发展的高度，将发展生态工业与发挥区域比较优势、提高市场竞争力相结合，与引进高新技术、提高经济增长质量相结合，与区域改造和产业结构调整相结合，与生态保护和区域环境综合整治相结合。建设生态工业园区需要遵循以下原则：

（1）生态和谐化，其中包括了园区建设与自然环境的和谐，废物基本实现零排放。

（2）经济增值化，园区企业能够实现经济可持续发展。

（3）发展综合化，推进社区与地方的协调发展，生产与管理水平的共同提高。

6.6.4.2 生态工业园区的规划步骤

生态工业园区规划属于区域产业规划，其特点是通过生产企业的空间集聚形成工业共生系统，促进能源、水资源和其他物质的循环利用，最终实现园区废物的零排放。作为一个开放的系统，对其进行规划要受到多种内外环境和因素的影响，必须充分考虑规划综合性、战略性、动态性，才能使生态工业园区建设顺利进行。主要步骤如下：

（1）了解地方对规划的要求，调查区域的社会、经济、资源和环境概况，初步论证生态工业建设的目的、必要性、可行性和意义。

（2）建立园区建设领导机构，成员应由权威的和未来进行实际决策的领导者参加，组织实际参与规划方案设计的工作组，并成立专家顾问组。

（3）对区域和企业的状况进行深入调研，分析进行生态工业建设的优势、不足和风险所在，在此基础上确定园区建设的总体目标，并明确生态工业建设的指导思想和基本原则。

（4）根据总体目标的要求，进一步分解，确定若干具体目标，然后逐步细化，列出完成总体建设目标的可操作的具体任务，并分析各任务间的关系。

（5）分步骤、分区域（即时间顺序和空间分布）地进行生态工业建设具体任务的规划。首先进行园区产业定位，根据实际情况选择园区范围，原则上不得占用新的土地作为工业用地。需充分利用现有工业区域、污染的废弃地区（此时，园区可作为生态恢复或经济再开发的举措，例如美国马里兰州 Baltimore、弗吉尼亚州 Cape Charles 等生态工业园区）或当前运行的工业园区，进行生态工业园区建设规划。接下来是园区企业选择或改

造、园区系统集成方案设计、生态链设计、重点专项建设项目规划、生态链网络构建等。经过有关专家对初步方案评估后，经必要的修改，形成规划文件。

(6) 确定规划任务顺利进行的保障体系，一般应包括生态工业园区的管理制度、有关方面的鼓励和优惠政策及措施、园区建设的支持体系、入园项目的招商评价系统和园区建设的评价指标体系等。

(7) 园区建设的投资和效益分析，应从经济、环境和社会等多方面多层次进行分析，主要调查和分析园区以及周围区域内当前的自然条件、社会经济背景，现有行业和企业状况，物流、水流和能流，废物产生和处置，现有生态工业雏形，环境容量和环境标准，可能的废物利用渠道，可能形成的产业链等。园区和企业的环境影响评价、财务评价都可行时才能着手进行生态工业建设。

(8) 制定项目后评价制度，以有力监督园区的规划和建设工作。应当指出的是，生态工业建设是一个长期的动态过程，其规划应采用动态规划的方法，要重视规划过程的循环，保持规划有一定的弹性，并在实践的基础上，对规划进行必要的修订和补充。

6.6.4.3 生态工业园区的规划方法

生态工业园区具有多重属性，是一个特殊的城市社区，内部企业密集分布，存在着复杂组织结构，具有较高环境质量标准。显然，区域规划方法、城市规划方法、园区规划方法和环境规划方法应成为生态工业园区规划方法的基本方法，前者与后者是一般与特殊的关系。传统的规划方法，如系统规划法、数学规划法、空间规划技术（如 GIS 工具）等均能在生态工业示范园区规划中发挥作用。基于生态工业本身特点，规划中应纳入清洁生产、生态效率、工业代谢、副产品交换、生态设计、生命周期分析、联合培训计划、公众参与等思想和相应的方法。

严格地讲，生态工业园区规划方法是一个集合，即由多种规划方法构成的方法体系。

按规划对象的组织层次及规划时间序列，可分为自下而上和自上而下两种方法。自下而上规划方法强调园区工业共生系统的培育与发展，通常是寻求一个核心承租商，核心承租商规划产业链延伸方向，选择、吸引新的企业成为核心承租商的卫星企业。这样，随着企业的增多，逐渐形成了工业共生系统，形成了生态工业园区。自下而上规划方法中，规划主体是核心承租商，政府只起辅助支持作用。自上而下规划方法强调，生态工业园区建设只是区域生态工业发展的一部分，生态工业园区与所在区域应当协调发展。因此，规划应考虑资源再生、污染预防和清洁生产；考虑生态工业系统与自然生态系统的耦合关系；考虑产品生命周期评价、环境管理体系、就业培训与公众参与和协作等。在自上而下规划方法中，政府负责整体规划，核心承租商只是参与企业的配置规划。

按规划对象的内部构成和外部特征，可分为生命周期评价、系统工程方法和景观生态规划。生命周期评价是一种评价产品在整个生命周期中所造成的环境影响的方法，强调产品从生产到消费的全过程分析。通过生命周期评价，可以为企业实行全面环境管理提供决策信息支持，同时指导消费者的环境产品消费行为。生态工业园区建设是一项综合性的系统工程，根据美国学者霍尔的三维结构（时间维、逻辑维、知识维）理论，生态工业建设应遵循一般程序，经历必要的步骤，需要相关的知识和技术；规划可分为 7 个阶段，即规划、设计、分析、建设、集成、运行和调整。景观生态规划是一种面向生态工业园区的整体设计方法，强调通过生态工业园区的土地利用、基础设施、环境质量、建筑物、绿化、交通的设计与管理，以获得最佳的外部视觉效果和最大的生态价值。

另外，还有一些常用的规划方法。这些方法有图上作业法、区域分析法和比较法。图上作业法是将文字、数据、原料链流程和其他信息用图表形式表示，特别是编制生态工业园区的地形图、交通图、企业分布图、土地规划图等专题地图和综合地图。编绘地图可能会发现一些事物的分布规律，而这些规律平时在文字资料中难以察觉。区域分析是全面认识生态工业园区内部生产与消费之间的关系，了解生态工业园区建设面临的问题，以及解决问题应采取的措施。比较法是对生态工业园区各种发展目标和设计方案的可行性比较，比较的实质是从成本、收益和风险角度，对规划目标和设计方案进行全面的量化评估，选择成本低、收益大和风险小的规划目标和设计方案，同时配套制定降低成本、增加收益和规避风险的管理措施。

6.6.4.4 生态工业园区建设规划内容

所谓选址，是通过对影响生态工业园区建设发展的各种因素相关因子进行逐一分析，在此基础上综合评估以确定生态工业园区的具体地点。选址和区位的区别是，选址是具体地点的微观配置，是“点”的选择；区位是大尺度区域的宏观布局，是“面”的界定。

A 影响选址的因素

影响生态工业园区选址的因素有自然因素和社会因素。自然因素包括地理位置、矿产资源、土地、气候、地质地貌、水文、植被等。社会因素包括历史、产业结构、企业分布、经济发展、城市规模、交通运输、人口结构与数量、政策管理等。这里以地理位置、地质地貌、人口结构与数量为例，对这些因素的作用进行简要分析。

地理位置对选址的影响表现在影响了生态工业园区的通达性和基础设施。工业生态园区需要良好的“城市邻里关系”，园区内企业、政府和社区之间应保持紧密、高效的合作与交流。因此，为确保园区的效率，园区在规划设计上必须考虑通达性。一般地，通达性决定于园区与城市的位置关系。园区位于城市，通达性最好；位于城郊，通达性次之；远离城市，通达性较差。通达性不仅影响园区内部组织之间的联系，而且影响园区产品的运输成本，从而影响产品的市场竞争力。另外，园区位于城市或靠近城市，可以使用或部分使用城市的基础设施，如供水系统、供电系统、电信系统和城市交通系统等，从而降低了园区的建设成本。

地质地貌影响了生态工业园区的安全。有的园区企业需要高大建筑，如高塔、烟囱、厂房等，这时，对地质稳定性就有特殊的要求。自然地，选址要排除处于地层断裂带的地点，减少地层活动对园区高大建筑的危害程度；选址也要排除容易形成地质灾害（如滑坡和泥石流）的地点，以避免未来可能发生的地质灾害对园区造成的毁灭性损害。地貌直接影响交通运输，崎岖地形是修筑道路的严重阻碍，而且道路坡度和弯曲度的大小还影响道路维修和交通工具磨损和燃料消耗；平坦地形有利于布置厂房和运输线路，但不利于排水；大型建筑要求地面坡度在0.02以下，当地面坡度在0.02~0.05时，就不利于布置横越等高线的建筑物，而只能阶梯布置建筑物。

人具有生产者和消费者双重属性。生态工业园区选择在人口密集地区，企业将会有充足的人力资源保证；同时，人口数量越多，则消费市场越大。人的消费者属性是无条件的，而生产者属性是有条件的。企业需要的人力资源应具备一定文化和专业技术素养，显然，人口的数量影响将日益减小，而文化影响将逐渐增大。有的生态工业园区，城市生活垃圾处理是构建生态产业链的主要内容。城市生活垃圾包括有机物、纺织品/衣物、木材、纸、塑料、玻璃、金属、矿物质等，但这些生活垃圾构成比例与城市居民经济收入水平相关。大城市、中等城市、小城镇的生活垃圾构成比例是不同的，这些都通过生态产业链、企业生产规模、生产成本等间接影响生态工业园区选址。

在社会科学中，有不少学科都在研究企业配置和厂址选择问题。

工业区位论强调企业应配置在生产成本最小的地点，为此，企业应尽量靠近原料地、燃料地和消费市场；中心地理论强调构建多级市场组成的网络体系，以有效地组织生产与流通；生产布局学理论强调厂址选择6方面因素，即地理位置、厂区的地质地貌条件、开发利用的土地面积、水源的距离和保证程度、交通运输条件、对自然生态环境的影响和其他特殊要求；空间结构理论强调要将企业配置与培育区域经济增长级结合起来，通过“点”（企业）、“线”（企业之间的经济联系）发展，形成区域经济网络，推动区域经济发展；“新经济地理学”理论强调资本外部性的相对规模、劳动力迁移的动力和交通成本决定经济活动和财富在空间配置上的区域整合程度；战略联盟理论强调企业为了应对激烈的竞争，彼此之间可能会在技术开发、生产、营销和售后服务等环节组成战略联盟。

在生态工业园区，围绕资源的循环利用，按生态产业链的分工，一些相关联企业配置在同一地域，形成了一种企业的空间集聚。生态工业园区选址是多个企业同时选址，即产业集聚地选择。在分析园区选址时，既要考虑单个企业的选址要求，又要考虑多个企业的共同选址要求。因此，从逻辑上讲，上述理论对制定生态工业选址方案具有一定的指导意义。

通常，选址方案不止一个。这就需要在多个候选地中确定最优方案。候选地的优化程度可以用地理位置、地质地貌、产业结构、企业分布等一系列相关因子的函数值来描述。

$$f(s_1, s_2, \cdots, s_n) = k_1 s_1 + k_2 s_2 + \cdots + k_n s_n$$

式中 f——生态工业园区候选地的优化程度；

$s_1, s_2, \cdots, s_n$——各相关因子；

$k_1, k_2, \cdots, k_n$——各因子的权重。

另外，也可以下面公式对候选地进行综合评估。

$$z_j = \sum_{i=1}^{n} \left(\frac{x_i - x_{imin}}{x_{imax} - x_{imin}} \times b_i \right)$$

式中 i——某项指标；

x_i——该指标实际值；

x_{imax}——该指标在所有方案中的最大值；

x_{imin}——该指标在所有方案中的最小值；

b_i——该指标的权重；

j——第 j 个方案；

z_j——j 方案的评价得分。

用公式定量比较两个候选地之间的优化程度，面临的最大困难是如何给各因子（或指标）合理赋值，以及如何合理确定各因子（或指标）的权重。

选址应该注意的问题：

在对生态工业园区选址进行因子分析和综合评估时，有几个问题需要重视。

一是高环境绩效目标。建设生态工业园区的初衷是改变生产方式，实现资源的减量化、再使用和再循环，协调人与自然的关系，推动经济的可持续发展。生态工业园区建设的动力是解决企业的废物排放问题，如钢铁厂的铁渣、糖厂的蔗渣、电厂的粉煤灰、造纸厂的黑液等。通过配置新的企业，将这些废物作为新企业的原料，从根本上解决废物污染环境问题。显然，生态工业园区选址适宜在污染严重、环境质量较低的排放废物企业附近。在生态工业园区规划建设中，应制定较高的环境绩效目标。这意味着，生态工业园区首先要对先前废物造成的污染进行治理，同时避免新的污染出现。高环境绩效目标具有相对性，是强调对环境的改善程度。

二是尽量利用已开发的土地。一些学者认为，生态工业园区选址“推荐采用的中心原则是尽量使用已经开发的土地，而不是开发处女地”。就是说，应避免占用大量具有生态价值的农用地。实际上，国外的生态工业园区用地多为受污染土地和废弃土地。这类用地选择给这些土地带来新用途，促进了土地资源的循环利用。但是，将受污染土地和废弃土地作为生态工业园区用地面临两个问题：(1) 需要治理土地，其中包括污染治理和一些基础工程，这需要大量额外的投资；(2) 使用这类土地的责任和权力，治理土地含有公共事业属性，其中有的属于政府责任，这需要明确开发商和政府在治理、使用土地中的责任和权力。

三是保证园区经济的高收益率。生态工业园区是一个围绕生态产业链的企业空间集聚。在生态产业链中，上游企业以排放物形式给下游企业输送原料或能源。在封闭状态下，这会带来排放物逐渐递减问题。对企业来讲，规模生产是获得利润的前提条件。如果完全依赖上游企业输送的原料，可能达不到规模生产的要求。如仅用糖厂的蔗渣造纸，用焦炭厂的剩余煤气发电，用纸厂的白泥生产水泥，用酒精厂的酒精废液生产有机复合肥料，对应的生产厂家肯定面临高生产成本问题。当然，生产厂家的主要原料可能来自其他区域，但将企业配置在少量的原料地，并不符合生产布局学原理。因此，不能保证每一个企业都有较高的收益率，而只能保证整个生态工业园区有较高的收益率。

四是下游企业的厂址选择。在生态工业园区，排放废物的“关键种”企业位于生态产业链上游。自然地，之后的企业适宜配置在“关键种”企业附近。随着生态产业链的延伸，到了下游，排放的废物类别已经变化，数量逐渐递减，这时，下游企业若继续配置在上游“关键种”企业附近，则带来异地输入其他原料的高成本问题。因此，下游企业没有必要一定与上游企业在地理上相邻，而应按生产布局学原理选择适宜的厂址。从工业共生群落角度看，配置在生态工业园区之外的企业，仍属于工业共生群落的一部分，属于“虚拟生态工业园区”范围。这样，既符合了构建工业共生群落的要求，又降低了下游企业的生产成本。

B 生态工业园区的景观设计

景观是一地理学概念，专指自然地理区划中起始的或基本的区域单位，是发生了相对一致和形态结构同一的区域，即自然地理区。景观设计是在自然科学和人文科学基础上，通过对有关土地及一切人类户外空间的问题进行科学理性分析，提出问题解决方案的艺术创造和建筑规划活动。目前，景观设计可分为三大类别，即以纯艺术形式的大地艺术，以实用功能为主、艺术形式为辅的建筑设计，以实用功能和艺术形式有机结合、流变、多元的“新景观设计”。在我国，对社区规划、道路规划、广场规划、庭院规划的景观设计研究渐成热点，但对生态工业园区建设规划的景观设计研究几乎空白，我国生态工业园区建设正处于起步阶段，一些景观设计实践还有待检验。

a 景观设计的理念

景观设计体现了一种视觉美，反映了人与环境的关系，揭示了人类对自然生态系统的利用水平。景观设计是设计者有意识通过特定的物质、能量和过程，来满足预想的需要或欲望。在中国古代，人们信奉“天人合一”理念。在景观设计中，强调维系原有的“地理风水”格局，尽量缩小建筑物与现存自然形成的视觉反差，人在设计中的能动性表现为如何再现自然、模拟自然，如盆景、园林、假山等。工业革命后，改造自然、征服自然主导着人与自然的关系。在景观设计中，强调科技的力量、工业的力量，尽可能张扬建筑物与现存自然的视觉反差，突显人的因素和文化的意义，如烟囱、摩天大楼、大跨度桥等。在当代，景观设计将生态学思想转化为设计理念，景观设计正走向景观生态设计。一些学者提出了景观生态设计的基本原理：(1) 强调尊重传统文化和乡土知识，适应场所自然过程，尽量采用当地材料；(2) 强调保护不可再生资源，尽可能减少包括能源、土地、水、生物资源的使用，提高使用效率，利用废弃的土地、原有材料服务于新的功能；(3) 尽量利用自然生态系统的服务功能，如空气和水净化、废物降解和解毒；(4) 帮助我们看见和关注人类在大地上留下的痕迹，让复杂的自然过程可见并可理解，把被隐藏看不见的系统和过程显露出来，强调人与自然尚未被认识的联系。

生态工业园区与景观生态设计有天然的渊源关系，这种渊源关系最终可追溯到生态学。美国学者通过自然生态系统与工业系统类比，将生态学范式和基本概念进行改造移植，提出了工业生态学理论。生态工业园区是工业生态学理论的区域实践形式，传承着生态学“循环利用”的核心理念。生态工业园区需要景观生态设计，以实现内容与形式的完美结合；生态工业园区也是景观生态设计理念的最佳载体，在这里，充分体现生产、居住与自然和谐的一致性，是发展与环境协调的经典区域。但应指出的是，生态工业园区往往是过去排放废物或环境污染严重的地点，而排放废物的企业多为传统产业，如化工、钢铁、有色、建筑等。生态工业园区建设只是再增加一些企业，对先前企业排放废物回收利用。显然，生态工业园区的景观生态设计其实与传统产业集聚区域（如经济开发区）并无二样。

生态工业园区的景观生态设计还应考虑“景观成本”问题，即设计者的景观构想成为现实和为维系景观存在需要支付成本。如果一味坚持“采用当地材料”，在特殊区域就可能导致景观在短时间内毁损，从而增加了“景观成本”。因此，景观生态设计还要兼顾“景观成本”的合理性。

b 景观设计的主要内容

目前，生态工业园区的景观设计实践还处在探索期，这里只能按景观设计的一般原理进行讨论。生态工业园区主要由传统企业构成，因此，其景观设计内容与传统工业区相似。至于对生态工业园区进行景观生态设计，并不是因为设计对象的特殊性，而是设计理念发生了变化。在今天，无论什么区域都需要景观生态设计。

概括起来，生态工业园区景观设计包括以下四部分内容：

一是园区整体景观设计。根据地理范围的外部形状，生态工业园区可以分为块状形、长条形和不规则形。在块状形园区，可考虑按在中心布局能代表园区的标志建筑物，然后围绕中心，形成2~3层多层环带，每个环带环境观风格一致。在长条形园区，可沿方位走向规划一条核心轴线，在核心轴线两侧布局建设。在不规则形园区，可按对称和方位走向规划一条曲线型“中部线”，“中部线”两边的园区面积大致相等。然后“中部线”两侧布局建设。在核心轴线和“中部线”两侧的景观风格具有对称性一致。

二是社区设计。工业生态园区是一个特殊的社区，景观设计要考虑社区的空间结构，要关注社区建筑物之间的空间关系，建筑物和户外公共空间的关系，建筑物与植被的关系，以及建筑物与交通的关系等。在地域范围较大和有条件的园区，可以进行内部功能分区，如分为仓储区、生产区、生活区、休闲区等。每个小区功能不同、建筑物构成不同，且应有小区标志性建筑物。要合理规划小区内部建筑物和小区之间的空间关系，使之做到效率化、生态化和人性化。

三是分类设计。设计中，要对园区土地进行全面分析，在此基础上，制定土地开发、利用、整治和保护的系统规划和设计方案；要将景观用水（如瀑布、小湖）和生产、生活用水统筹兼顾，形成开放、流动和联系的水文系统；要将园区整体空间格局和大型建筑物分布有机结合起来，按整体空间格局要求规划大型建筑物分布，以大型建筑物建设体现整体空间格局；在进行园区水循环、资源循环和剩余能量的转化再利用的工业生态链设计时，应兼顾整体景观视觉效果。

四是景观节点和绿化组团设计。景观节点建设可以使整个园区景观呈现一种节奏感，成为景观生态的亮点。通常，可在园区中心、核心轴线或“中部线”各功能小区等处分别建设景观节点。根据仓储区、生产区、生活区、休闲区的实际，构筑不同服务功能的景观系统，形成风格各异的绿化组团。根据集中与分散相结合的原则，依托园区自然地势背景，对景观节点和绿化组团进行再组合，形成更高层次的景观系统，体现“园中有绿、绿中有园”的特色景观。

c 景观设计实例

在通化市张家生态工业园区，土地利用主要用于工业用地、居住用地、公共设施用地、绿化用地、道路用地及公建用地。针对常年主导为西南风的特点，规划将居住区布局在工业区的上风向，工业用地配置在园区东部，中间以绿化带进行隔离，这样不致使职工的生活作息受到工厂的影响；公建用地规划在居住区中部，为职工的生活服务；绿化用地主要布局在园区内湖沼的周围以及南北交通干线的内侧。在园区，“集中与分散”设计主要体现为：保留浑江、浑江南路、二道江路等自然廊道和先前的工厂，作为“分散景观”；同时引进新的企业、建设职工生活及服务区，形成“人为斑块”。由绿地和廊道将这些“人为斑块”连接起来。绿地规划分为两个层次，第一个层次是充分利用园区的湖沼，建立水上公园，公共绿地沿水布置。第二层次是以道路为骨架，强化道路两边绿化，即在道路两边规划一定宽度和不同形态的绿化带，使道路成为“绿色通道”，生活区绿化以草坪和花灌木为主，这样，通过对园区环境景观和各要素的有机组合，使园区具有完整、和谐、多样、美观的特点。

在新疆石河子国家生态工业（造纸）园区，拟建立种植、造纸、养殖、畜产品加工、污水处理、生态旅游六大系统，并将生态旅游区和其他功能区有机结合起来。这样，生态工业园区景观设计同时也是旅游景观设计。100万亩芨芨草种植基地主要位于安集海、下野地和莫索湾，其中莫索湾种植区位于莫索湾沙漠风景区；造纸系统、养殖系统和畜产品加工系统主要位于石城风景区。在生态工业园区，旅游项目包括观光、休闲避暑度假、野外生存训练、西部牛仔探险、科普教育等。在旅游中，让游客在参观新疆独特自然景观过程中，了解沙漠植被、野生动物情况，以及芨芨草的生物学特性和改善当地生态环境的重要作用；参观芨芨草种植基地、奶牛场、畜产品加工厂、造纸厂、废水处理等，了解园区企业间的协同共生关系、物质能量循环过程等，加深对生态工业的认识。

河南神火集团公司是以煤炭、电力、电解铝生产为主的企业集团。建设生态工业园区就是要解决长期采煤导致的地面塌陷和资源的循环利用。在园区，应将固体废渣治理和景观建设结合起来。利用煤矸石、电厂粉煤灰等充填塌陷区，并采用挖深垫浅方式对塌陷区进行综合整治。在复垦的塌陷区土地上，建成鱼塘、果园、农田等。应当指出的是，将企业排放废物作为生态工业园区景观建设的主要材料，是贯彻“尽量采用当地材料”这一景观生态设计原理的典型案例。

C 生态工业园区工业共生系统构建

构建工业共生系统，目的是实现资源使用减量化、再循环、废物零排放。从理论和实践看，构建工业共生系统的关键在于科学、合理地规划共生系统内部的物质流、能量流和水循环。

a 物质流规划——物质集成技术

物质流规划，主要根据生态工业园区的产业规划，确定企业成员之间的上下游关系，并根据物质供需方的要求，运用过程集成技术，调整物质流动的方向、数量和质量，完成工业生态网的构建。尽可能考虑资源（包括水、油和溶剂等）回收或梯级利用，最大限度地降低对物质资源的消耗。

通常，物质集成可从三个层次来体现生态工业的思想。

（1）在企业内部，产品设计、生产工艺设计、产品消费设计要体现工业生态理念。产品材料尽量选用通用材料、避免稀缺材料；尽量使用或多用本地材料，不用或少用外地材料；产品应以较少的材料承载相同的功能，或同样的材料承载更多的功能。在生产过程中，全面实施清洁生产，节约原材料和能源，淘汰有毒原材料，最大限度减少废物的数量和毒性，实现从源头减少排放，避免污染。产品包装功能应当单一，满足产品的安全、搬运、使用即可；应避免过度包装，浪费包装材料、增加消费者经济负担；产品内部构成部件尽量标准化、通用化，以便于在产品消费后回收利用内部构成部件。

（2）在企业之间，围绕废物和副产品的相互利用，构成以企业为结点的循环经济网络，或不同的生态产业链。通常，将排放废物量最大的企业定为循环经济网络第一个结点，该企业就成为生态产业链上游企业；以这些废物为原料的企业是第二个网络结点，该企业成为中游企业；最后一个实现废物零排放（或低排放）的企业是网络终端结点，该企业成为下游企业。如制糖厂排放大量的废糖蜜，酒精厂以废糖蜜为原料生产酒精，同时排放酒精废液；有机复合厂以酒精废液为原料生产专用有机复合肥，同时实现废物零排放。在这个简单的循环经济网络中，制糖厂、酒精厂、有机复合厂位于不同的网络结点，分属上游企业、中游企业和下游企业。

（3）在园区与毗邻区域之间，充分利用物质需求信息，形成辐射区域，使园区在更大的区域循环经济网络中发挥链接作用，拓展物质和能量循环空间。可以建立物资和废物交换中心，负责各企业物资的交换和副产品与废物的处置。这里存在两个循环经济网络，一个是园区网络，另一个是毗邻区域网络。两个网络之间存在物质流联系，但这种联系可能不是工业共生关系。在园区网络中，如果终端结点企业的排放物已经无害化或减量化，达到了环保标准，则可直接进入环境，这时园区企业与区外企业没有工业共生关系；如果排放物又作为区外企业的原料，则意味着园区企业与区外企业存在着工业共生关系。在物质规划中，应注重构建园区企业与区外企业之间的工业共生关系，拓展区域的物质循环空间。需要强调的是，在物质流规划中，还应考虑物质循环利用的经济合理性问题。在生态产业链的上游、中游和下游企业之间，废物排放量呈等比数列下降。尽管物质仍在循环利用，但循环利用的成本越来越高。企业生产需要达到一定规模才能产生效益，否则就要亏损，而亏损生产支撑的物质循环是不可持续的。

b　水循环规划——水系统集成与优化技术

严格地讲，水循环规划属于物质流规划。鉴于水资源的重要性和节水问题的普遍性，在生态工业园区规划中，学界和管理部习惯将水资源循环利用单独列为规划内容。过去常常将水分为饮用水和废水。近年来，一些企业、学校、宾馆和社区又分出一种介于饮用水和废水之间的“中水”回用概念。“中水”，不能饮用，但可作其他用途，相当于工业生产的循环水。在国家环保局制定的《生态工业示范园区规划指南》中，强调可以将水细分成更多的等级，如分为超纯水（用于半导体芯片制造）、去离子水（用于生物或制药工艺）、饮用水（用于厨房、餐厅、喷水池）、清洗水（用于清洗车辆、建筑物）和灌溉水（用于草坪、灌木、树木等景观园艺）等。

生态工业园区水循环规划的核心是按水质等级实现水的梯级应用和循环利用。由于不同的生产活动对水质要求不同，可以根据水质要求的高低差异，规划设计梯级用水系列。水质要求最高的企业排在用水系列前端，水质要求最低的企业排在用水系列终端，其他企业排在中间。这样，水质要求低的企业可以使用上一级使用后的出水。例如目前许多企业采用的水循环利用系统，即“清水—第一次清循环水—第二次浊循环水”的循环过程以及蒸汽冷凝回用、间接冷却水循环利用、封闭水循环等技术，都可以在生态工业园区中跨企业采用。

在我国江山生态工业园区，按规划者构想，园区所有企业的废水全部汇总到废水处理厂，进行分类处理。处理后的“中水”可作为园区绿化和农业灌溉用水，也可作为一些水质要求不高的企业用水，如机械加工厂的清洁用水。而机械加工过程的金属废屑除可用于生产混凝土助剂外，还可提供给净水厂生产各种水处理剂，处理园区废水。

在美国切克托生态工业园区，城镇废水处理后，可供给轮胎粉碎公司、塑料制造公司、网板印刷公司、彩色胶片公司作冷却水；可供给水池，作为其他用途的备用水（如消防用水），同时制造喷泉、瀑布等人工景点，且循环使用；可供给无土栽培植物大棚，调配成植物生长营养液；也可作为园区土地灌溉用水。

水循环规划应将污水处理与循环用水结合起来，将处理后的水重新利用。如在新疆石河子国家生态工业（造纸）园区，制浆过程产生的黑碱液经及碱回收车间回收用于蒸煮系统，碱炉产生的蒸汽和冷却水送往各生产车间；造纸系统产生的白水经过回收设备后回用于洗涤和漂白工段；制浆系统产生的中段废水和石河子市其他工业废水、生活废水均送往污水处理厂处理；畜产品加工系统产生的废水送往氧化塘或作厌氧处理；所有废水经处理达到《农田灌溉水质标准》要求后，用管道输送到芨芨草种植基地做喷灌用水。

在水的多用途使用时，有时需要进行必要的水处理，以除去进水中的有害固体物质和液体物质，尽量提高水的纯净度。处理后的水再回用于同一工段，或用于质量要求低一级的用水。水处理方法可根据不同的情形采用冷却、分离、过滤、超滤、反渗透、消毒、沉淀、生物处理、湿地处理等工艺。水处理设施可作为生态工业示范园区的一部分，并且在经济上自负盈亏。

c 能量流规划——能量集成技术

在生态工业园区，能量为物质循环使用和水资源梯次利用提供了动力。由于物质不灭，如果有无限多能源，物质就能够无限循环使用。所以，能量流的重要性超过了物质流和水循环。能量流规划需要对整个生态工业园区能量供求关系进行分析，需要从整体性、全局性和节约性的战略高度，对所有组织和企业能量的使用有效、合理分配，使能源使用效率最大化，实现园区整体的能源优化利用。

能源集成不仅要求园区内各企业寻求各自的能源使用实现效率最大化，而且园区要实现总能源的优化利用，最大限度地使用可再生资源（包括太阳能、风能、生物质能等）。能量流规划的重点是根据生态工业园区不同行业、产品和工艺用能质量需求，规划和设计能源梯级利用流程，使能源在产业链中得到充分利用。这方面，我国生态工业园区已有成功的规划实践。

在长沙黄兴国家生态工业建设示范园区，啤酒厂排放的啤酒废水和养殖场排放的冲洗废液输入沼气池，沼气池产出的沼气供发电厂使用，实现了化学能—热能—电能的梯级利用。在张家生态工业园区，食品加工和医药企业排出的废物送到废物处理中心；经无害化和其他必要的技术后，废物送到锅炉房作燃料；锅炉房直接向居民供暖，向食品加工企业和养殖场供蒸汽。在南海生态工业园区，绿色板材厂和可降解塑料厂产生的可燃废弃物送到集中供热站用作燃料，集中供热站则为板材、活性炭、塑料、合成纤维、胶粘生产企业提供热能。

能源分为可再生能源（如太阳能、风能、生物能）和不可再生能源（如石油、煤等化石能源）。循环经济系统运行的基础是充足的能源供给，从终极意义上讲，完全依赖不可再生能源的循环经济系统难以持续发展。因此，在能量流规划中，应尽量降低不可再生能源在能源消费结构的比重，最大限度地使用等可再生能源。如使用太阳能电池，将白天的太阳能转换为电能储存起来供夜晚照明；广泛使用太阳能热水器；风力发电和沼气发电、供热等。目前，制约可再生能源使用的主要因素是经济效益和使用便捷问题。可再生能源提供的能量较少，难以满足企业规模生产对能量的大量需求；受天气变化影响，太阳能、风能很不稳定，难以保障企业的正常生产。鉴于此，可再生能源只适于工业生产的辅助能源。

概括起来，生态工业园区的能量流规划有 3 个特点：一是对“剩余”能源的再利用，如将发电厂排放的热能供给企业和社区（热电联产），将各种有机废物燃烧发电或供热。二是集中供热，提高能源使用效率和降低耗能成本。三是节约用能、清洁用能，即通过技术改造和管理制度改革，降低企业单位产品的能耗，通过应用与热电联产紧密相关的脱硫、脱尘、脱氮技术，使循环流化床锅炉煤种适应性广、燃烧效率高、提高脱硫率、降低 NO_x 和 CO 排放量。

D 生态工业园区的管理与服务

在生态工业园区，让物质流、水循环和能量流长期处于正常状态，需要一系列保障条件。自然地，如何创造、培育这些保障条件，应成为生态工业园区规划的内容。

a 技术支撑

生态工业园区建设的关键是形成生态化、产业化、可持续发展的工业原料链，即上游企业排放的废物能够转化为生产原料被下游企业利用。工业生态学强调“废物是没有利用的资源”，并不是意味废物等于现存的原料。理论上讲，“废物—原料”的转化需要解决废物的“可利用”和“值得利用”两个问题。

传统工业是围绕量大面广的原料来开发生产技术，经过工业革命，这些生产技术已经成熟和定型。传统工业技术体系中并没有现存的“废物—原料”转化技术。在生态工业园区，要实现资源的回收和再利用，循环利用，需要重新开发、设计专门针对特殊原料（即废物）生产工艺，或对已有生产工艺进行改造。如将钢铁厂炉渣作为制造水泥的原料，从制浆黑液中回收碱，从烟气中回收 SO_2，用废弃橡胶制造打印机喷墨，用制浆厂的浆渣生产瓦楞纸等，都需要新技术开发。新技术开发是解决废物“可利用”问题的根本所在。

解决了“可利用”问题，废物还不能进入企业的生产过程。在市场经济中，企业只有不断追求利润才能生存和发展。企业对生产原料的选择，不仅要“可利用”，更要“值得利用”。这里，“值得利用”是经济合理性的总结和抽象。如果“废物—原料”的转化在经济上不合理，企业就缺乏废物再利用的动力。“废物是否值得利用”与两个因素相关：一是规模生产，二是在现有技术条件下的生产成本。规模生产需要生产原料达到一定的临界值，但不能要求上游企业增加废物排放量来保证下游企业的规模生产，显然，可行的解决方案是用混合原料或替代原料。生产成本概念具有技术属性。假定企业管理制度是统一的，不变的，企业的生产技术决定了生产成本。换言之，“废物是否值得利用”的命题解读受制于技术的约束条件。如果改变技术约束条件，“废物是否值得利用”的命题就要重新解读。

上述表明，废物利用可行性和经济合理性可以近似还原为技术开发问题。因此，在生态工业园区建设规划中，要重视技术的支撑作用。

但也要看到，生态工业园区建设对技术开发提出了更高的要求，需要技术的集成，达到优化与协同作用。从技术类别看，生态工业园区需要的是绿色技术，即资源消耗减量化、废物低排放和再使用的新技术。绿色技术可能从原有技术体系中产生，但更多的是需要另辟蹊径，在新的技术范式框架下开发。在绿色技术开发过程中，从绿色设计、清洁生产、低排放到产品消费后的回收利用都渗透了工业生态学理念。需要指出的是，绿色技术开发时，应注意独立开发、合作开发和引进技术的有机统一，以降低开发成本，尽快为原料链形成清除技术障碍；应考虑原料链上下游企业技术力量的均衡性，以保护原料链的畅通。

关键技术种类的长期发展创新，是园区可持续发展的一个决定性因素。在园区内推行清洁生产、实现绿色管理是实现园区可持续发展的具体途径。为此在园区的规划和建设中，从产品设计开始，按照产品生命周期的原则，依据生态设计的理念，引进和改进现有企业的生产工艺，应用高新技术、抗风险技术、园区内废物使用和交换技术、信息技术、管理技术等以满足生态工业的要求，建立最小化消耗资源、极少产生废物和污染物的高新技术系统。

b 信息化建设

配备完善的信息交换系统，或建立信息交换中心，是保持园区活力和不断发展的重要条件。

在园区，企业之间围绕原料链组成复杂的网状结构，每个企业都是网上的一个结点。单一企业的变化最终会影响整个网络体系。因此，必须掌握每个企业的变化信息并及时传递给其他企业，以保证整个园区的运行处于正常状态。鉴于此，政府管理部门和学术界在讨论园区规划时，都强调“信息共享”或“信息集成”。国家环保总局颁布的《生态工业示范园区规划指南》指出，园区内各企业之间有效的物质循环和能量集成，必须以了解彼此供求信息为前提，同时生态工业园区建设是一个逐步发展和完善的过程，其中需要大量的信息支持。这些信息包括园区有害及无害废物组成、废物流向和废物去向信息，相关生态链上产业（包括其辐射产业）的生产信息、市场发展信息、技术信息、法律法规信息、人才信息、相关工业生态其他领域信息等。

生态工业园区信息化建设可借鉴科技园区的经验，即通过公共信息网络平台建设，逐步过渡到“数字园区”。生态工业园区公共信息网络平台要注意先进性与实用性有机结合，在系统建设中坚持“边实施、边发展、高起点、早收益”的原则：要注意可靠性和稳定性、安全性和保密性、可维护性和可管理性、经济性和可扩展性。从技术角度，公共信息网络平台建设内容包括：基础网络、服务器系统、数据库系统、群件系统、存储系统、知识管理系统、视频交互系统等。从功能角度，公共信息网络平台包括：为整个生态工业园区提供信息交换通道的基础网络平台；为企业提供绿色技术合作开发的研究平台；为企业了解绿色技术开发动态、对研发成果进行测试、并提出相应的企业应用需求的实验平台，为绿色技术成果转化提供的成果展示平台，整个生态工业园区的监测与控制平台。

信息交换系统的主要功能是：提供园区信息管理系统，便于物质和能量在园区、周围社区和区域内进行流动和交换；通过示范、宣传贯彻等手段，扮演教育和营销角色，以宣传生态工业原理，帮助企业特别是中小企业理解环境问题和环境法规，克服生态工业运行的障碍；提供有关提高能源效率、节约资源、废物最小化、清洁生产技术和应急反应等的指南和建议。

如果生态工业园区由单一企业建设，园区公共信息网络平台自然属于企业信息系统的子系统。但如果生态工业园区面积较大，内部企业数量较多时，园区的居民社区和区域经济属性增强。自然地，园区管理带有越来越多政府管理的属性。与此对应，园区管理的监测与控制平台应逐渐向电子政务系统扩展，即嵌入区域政府电子政务系统。在我国，生态工业园区建设主要由环保局管理，因此可考虑将园区公共信息网络平台作为国家环保局电子政务系统的子系统。

c 设施共享与优惠政策

在单一企业建设生态工业园区，所有设施均属企业自己投资、自己利用，因此不存在设施共享问题。但由多个企业组成的生态工业园区，为避免重复投资、重复建设，减少资源和能源消耗，提高设备利用效率，有必要解决设施共享问题。

国家环保总局的《生态工业示范园区规划指南》将共享设施分成5类：（1）基础设

施，污水集中处理厂、固体废物回收和再生中心、消防设施、绿地等；（2）交通工具，如班车、其他运输和交通设备；（3）仓储设施，如入园成员间闲置的仓库等；（4）闲置的其他维护设备，施工设备等；（5）培训设施等。

解决设施共享问题的关键是成本、收益的分配。原则上应是谁使用、谁投资，即由设施使用者（企业）承担设施的建设成本。可根据设施使用程度，将建设成本按比例分配到各使用者。生态工业园区建设有利于治理环境污染，维系区域的可持续发展。从这个意义上讲，生态工业园区带来的生态效益具有公共产品性质，政府出资支持园区共享设施建设是必要的；但园区共享设施的直接受益者毕竟是少数企业，少数企业不能代表全社会，显然，政府也不适宜全部承担共享设施的建设成本。简言之，园区共享设施的建设成本可由使用者和政府共同承担。至于承担比例，则由出资者的经济实力和博弈能力决定。

生态工业园区建设具有重要意义，应当得到政府的支持和激励。政府可专门针对生态工业园区特定对象和特定活动，制定相应的优惠政策。具体讲，优惠政策包括 5 方面：（1）土地政策，即对园区建设用地给予支持；（2）税收政策，即对园区企业给予税收减免；（3）补贴政策，即对废物处理的特殊企业给予部分财政补贴；（4）信贷政策，即对园区企业贷款实行政策担保、贴息、延期还款等优惠政策；（5）排污收费返还。

政府的优惠政策可视为一种投入，但这种投入会带来收益。如生态工业园区企业废物实现零排放，提高资源利用效率，省去废物处理成本等带来的有形收益。园区企业的成长，绿色生产、环境管理等理念更加深入人心，为发展可持续经济注入了精神动力，还带来了无形收益。所以，对生态工业园区实行优惠政策，除了是政府的责任外，更多的是政府会得到收益，如果以较长周期计算，政府的收益远远大于投入。

从生态工业园区建设者（企业或地方政府）角度看，可以从更高层次的政府争取优惠政策。实际上，各级政府都有一些发展产业、保护环境、治理污染的激励政策。在园区建设中，可根据专项事务有针对性地多方申请优惠政策，如引进新的企业入住园区，就可按“招商项目”争取减免税收和用地优惠。

6.6.5 生态工业与生态工业园区指标

6.6.5.1 生态工业指标体系的确立原则

生态工业指标体系是度量区域生态工业发展特征的参数。由于生态工业的系统结构较为复杂，某些元素及某些系统的改变可能导致整个生态工业系统由优到劣或由劣到优的变化。因此，为在众多的指标中选择那些最灵敏、最具代表性、便于度量且富有内涵的主导性指标，在研究和确定指标体系和设定具体指标时，应该遵循如下基本原则：

（1）动态性和静态性相统一的原则；

（2）科学性和可比性相统一的原则；

（3）系统性和针对性相统一的原则；

（4）描述性指标和评价性指标相统一的原则；

（5）最大限制性和可操作性相结合的原则；

（6）理论指标与具体实践相结合的原则。

6.6.5.2 生态工业指标的筛选方法

筛选指标时，上述各项原则既要综合考虑，又要区别对待，一方面要综合考虑各指标的科学性、全面性、代表性和可比性等，不能仅由某一原则决定指标的取舍；另一方面由于各项原则各具特殊性及目前认识上的差距，对各项原则的衡量方法和精度不能强求一致。例如，指标的科学性由于受认识水平的限制，目前还难以定量衡量，只能依赖于评价者对生态工业内涵的理解程度和对区域的了解程度。在选择生态工业指标时，要特别注意选择那些具有重要控制意义，可受到管理措施直接或间接影响的指标；选择那些有时空动态特征的指标；选择那些显示变量间相互关系的指标。尤为重要的是要选取具有生态工业特征的指标，如工业固体废物综合利用率、工业用水重复利用率、危险废物处理处置率等指标。

A 生态工业系统的评价指标体系

将评价指标体系划分为一个由目标层、准则层Ⅰ、准则层Ⅱ和指标层构成的层次结构模型。目标层由准则层加以反映，准则层由具体评价的指标层加以反映，实际上目标层是对准则层以及指标层的概括。

a 目标层

系统发展满意度作为目标层的综合指标，用来衡量系统的发展水平、发展持续度和发展协调度。评价发展的满意度，需要选择描述性指标和评估性指标，使其在数量上反映总体发展规模，在时间尺度上反映系统的发展速度和变化趋势，在空间尺度上反映整体布局和结构特征。

b 准则层

衡量一个地区生态工业系统的发展水平，不仅应考虑大系统中各个子系统社会、经济、环境的状况，而且应充分考虑各组成子系统之间的协调性和相互制约关系，这种相互制约关系是影响系统发展能力的重要因素。

准则层Ⅱ中“系统发展水平”是指生态工业系统在某一时期，其各个方面对其发展目标的满足程度的衡量，反映了系统运行的效果；“系统发展持续度”主要是指从狭义上讲的持续度，侧重于各个子系统纵向生态工业的协调发展，反映各子系统内各个组成要素之间相互促进、相互协调的程度；“系统发展协调度”侧重于各个子系统横向生态工业的协调发展，即各个子系统之间相互协调和相互促进的程度，以及为谋求和保证这种协调性所制定的政策与管理措施的有效程度。

c 指标层

具体指标的选取是在下述框架设计的基础上进行的，参照国外在物质生活指数 PQLI、社会进步指数 ISP、人类发展指数 HDI 以及 ASHA 指数中的研究成果，生态工业系统评价指标体系（表 6-15）总共包括 49 项指标。

表 6-15 生态工业系统评价指标体系

目标层	准则层Ⅰ	准则层Ⅱ	指标层	
系统发展满意度	系统发展水平	社会进步水平（x_1）	人均受教育年限	x_{11}
			平均预期寿命	x_{12}
			恩格尔系数	x_{13}
			基尼系数	x_{14}
			人口出生率	x_{15}
			城市化人口比重	x_{16}

续表 6-15

目标层	准则层Ⅰ	准则层Ⅱ	指标层	
系统发展满意度	系统发展水平	经济绩效水平（x_2）	人均工业总产值	x_{21}
			工业总产值	x_{22}
			高科技产品比重	x_{23}
			资金利税率	x_{24}
			产品合格率	x_{25}
			工业万元产值耗能能量	x_{26}
		环境质量水平（x_3）	CO_2、SO_2 排放量	x_{31}
			工业废气排放量	x_{32}
			废气处理率	x_{33}
			工业污水排放量	x_{34}
			污水处理率	x_{35}
			工业废渣排放量	x_{36}
			废渣处理率	x_{37}
			“三废”综合利用率	x_{38}
			格林综合污染指数	x_{39}
	系统发展持续度	社会发展持续度（y_1）	科技进步贡献率	y_{11}
			社会负担系数	y_{12}
			就业率	y_{13}
			15~64 岁人口所占比重	y_{14}
		经济发展持续度（y_2）	能耗降低率	y_{21}
			工业总产值年增长率	y_{22}
			工业人口自然增长率	y_{23}
			科技成果转化率	y_{24}
		环境发展持续度（y_3）	工业废渣排放总量变化率	y_{31}
			“三废”综合利用率	y_{32}
			工业废气排放总量变化率	y_{33}
			工业废水排放总量变化率	y_{34}
	系统发展协调度	社会与经济协调度（z_1）	教育投资	z_{11}
			人均收入增长率	z_{12}
			工业总产值增长率	z_{13}
			人口密度	z_{14}
			工业劳动力比重	z_{15}
		经济与环境协调度（z_2）	环保投资/工业总产值	z_{21}
			资源回采率	z_{22}
			工业用水重复利用率	z_{23}

续表 6-15

目标层	准则层Ⅰ	准则层Ⅱ	指标层	
系统发展满意度	系统发展协调度	环境与社会协调度（z_3）	人均水资源量	z_{31}
			人均绿地面积	z_{32}
			人均住房	z_{33}
			人均用水量	z_{34}
		政策与管理水平（z_4）	公众对系统目标的认同程度	z_{41}
			资源开发规划的合理性	z_{42}
			法规的制定及执行情况	z_{43}
			对系统发展诸方面变化的监控能力	z_{44}

B 生态工业系统的综合评价

a 指标和准则权重系数的确定

在生态工业系统的评价指标体系中，各个单项指标对其隶属准则以及各准则对评价总目标的影响程度不一致，本节采用层次分析法（AHP 法）来确定它们的权重系数。AHP 法的具体步骤如下：(1) 在指标层次划分模型的基础上采用 1~9 比率标度，通过专家评议，确定系统评价指标体系各递阶同层次结构中两指标（或准则）i 与 j 间的相对重要性程度 n_{ij}，形成相应的判断矩阵 R；(2) 计算判断矩阵 R 的特征向量，即单层次权重向量 $w=(w_1, w_2, \cdots, w_n)^{\mathrm{T}}$；(3) 对判断矩阵 R 作一致性检验。

根据上述方法可以计算指标体系中的权重向量：(1) 指标层：与 x_1、x_2、x_3 相对应的权重向量为 $wx_1=(wx_{1i})^{\mathrm{T}}(i=1, 2, \cdots, 6)$、$wx_2=(wx_{2i})^{\mathrm{T}}(i=1, 2, \cdots, 6)$、$wx_3=(wx_{3i})^{\mathrm{T}}(i=1, 2, \cdots, 9)$；相应地可计算另外两组权重向量为 wy_1、wy_2、wy_3 和 wz_1、wz_2、wz_3、wz_4。(2) 准则层Ⅱ：与 x、y、z 相对应的权重向量为 $wx=(wx_i)^{\mathrm{T}}(i=1, 2, 3)$、$wy=(wy_i)^{\mathrm{T}}(i=1, 2, 3)$、$wz=(wz_i)^{\mathrm{T}}(i=1, 2, 3)$。(3) 准则层Ⅰ：与 s 相对应的权重向量为 $ws=(ws_i)^{\mathrm{T}}(i=1, 2, 3)$。

b 评价指标价值的量化

(1) 客观性评价指标价值的量化。这主要指表 6-15 中除政策与管理水平（z_4）中的评价指标外所有其余评价指标价值的量化。由于这些指标间量纲不同，不具有可比性，故采用模糊数学中的隶属函数方法。系统评价体系中的客观性评价指标按其性质可分为三类。

正面意义评价指标：其值越大，表示系统的发展质量越好。其线性隶属函数为：

$$L(\theta)\begin{cases}0 & (0 \leqslant \theta \leqslant a_1) \\ \dfrac{\theta - a_1}{a_2 - a_1} & (a_1 < \theta < a_2) \\ 1 & (\theta \geqslant a_2)\end{cases}$$

负面意义评价指标：其值越大，表示系统的发展质量越差。其线性隶属函数为：

$$L(\theta)\begin{cases}1 & (0 \leqslant \theta \leqslant a_1) \\ \dfrac{\theta - a_1}{a_2 - a_1} & (a_1 < \theta < a_2) \\ 0 & (\theta \geqslant a_2)\end{cases}$$

中性意义评价指标：其值在一定范围内，越大则表示系统的发展质量越好。当值增大至一定程度后，越大则表示系统的发展质量越差。其线性隶属函数为：

$$L(\theta)\begin{cases}1 & (0 \leqslant \theta \leqslant a_1 \text{ 或 } \theta \geqslant a_2) \\ \dfrac{\theta - a_1}{a_3 - a_1} & (a_1 < \theta < a_3) \\ \dfrac{a_2 - \theta}{a_2 - a_1} & (a_3 < \theta < a_2) \\ 0 & (\theta = a_3)\end{cases}$$

式中 θ——某客观性评价指标的实测值；

a_1，a_2——该指标的下限值和上限值；

a_3——该指标的最适值。

当然，实际中隶属函数的分布不一定是线性的，还有如正态分布、抛物线分布等多种非线性的情况，具体使用时可根据情况而定。函数中 a 值的确定是求隶属函数的关键所在，具体方法为：1）把某评价指标的大多数值保持在 $[a_1, a_2]$ 区间内，如产值、收入等。2）当有最适点 a_3 存在时，确定用平均先进水平值 $a_3 = \dfrac{\theta_{max} + \theta}{2}$，即指标的最佳值是样本的最大值与平均值和的再平均，如人口密度、人均绿地面积等。3）根据当地多年平均上、下限数值来确定 a_1 和 a_2 的值，如产投比等。

（2）主观性评价指标价值的量化。“政策与管理水平（z_4）”准则中评价指标的量化，依据模糊隶度最大原则，采用单一性指标的量化方法。具体运用时，可通过专家评议，并依据表 6-16 对单项指标的量化标准上限进行计分。

表 6-16 单项指标量化标准

级别	很弱	弱	中等	强	很强
得分	[0，0.2)	[0.2，0.4)	[0.4，0.6)	[0.6，0.8)	[0.8，1]

（3）系统的综合评价。生态工业系统的综合评价采用加权求和法，其计算模型为：

$$I = \sum_j L_j W_j$$

式中 I——综合评价判断值；

L_j，W_j——下一层指标（或准则）的量化价值（或判断值）及其对应的权重向量。

应用上式进行计算，逐层递进，最终可获得对“系统发展满意度 S”的评判。

C 园区评价指标体系的构建

a 园区指标体系的构建目的和设计原则

构建生态工业园评价指标体系是为了对生态工业园进行科学的综合评价。通过该体系的评价，可以了解被评价生态工业园现实发展水平、可持续发展能力，深入认识园区结构、功能特性及演变规律，提供园区企业、政府及社会公众可信赖的效益数据，指导、监督和推动生态工业园健康持续的发展。

指标体系是由一系列从各方面揭示被描述事物的数量、质量和状态等规定性的各种指标形成的有机评价系统。为了客观、全面、科学地对生态工业系统进行评价，在建立评价指标体系时应遵循经济的“3R”原则，且优先实施的顺序是减量—再利用—再循环。同时还要遵循系统化原则、动态性原则、经济性原则、科学性原则、可操作性原则和清洁生产原则。

生态工业园区评价指标体系设定的最终目标是指导、监督和推动生态工业园区健康持续发展。

b 评价指标类型

为贯彻《中华人民共和国环境保护法》《清洁生产促进法》和《循环经济促进法》，推动工业领域生态文明建设，规范国家生态工业示范园区的建设和运行，制定《国家生态工业示范园区标准》（HJ 274—2015）。

《国家生态工业示范园区标准》规定了国家生态工业示范园区的评价方法、评价指标和数据采集与计算方法等内容，此标准适用于国家生态工业示范园区的建设和管理，可作为国家生态工业示范园区的评价依据，建设规划编制、建设成效评估的技术依据，也可作为其他相关生态工业建设咨询活动的参考依据。

标准首次发布于2006年，本次为第一次修订。本标准环境保护部2015年12月24日批准，自2016年1月1日起实施。本次修订增加了可选指标，取消了基本条件；将《综合类生态工业园区标准（试行）》（HJ 274—2009）、《行业类生态工业园区标准（试行）》（HJ/T 273—2006）、《静脉产业类生态工业园区标准（试行）》（HJ/T 275—2006）合并为本标准。标准自实施之日起，批准建设的国家生态工业示范园区按照本标准执行。已批准建设和已命名的国家生态工业示范园区自2019年1月1日起执行本标准，不再执行《综合类生态工业园区标准（试行）》（HJ274—2009）、《行业类生态工业园区标准（试行）》（HJ/T 273—2006）和《静脉产业类生态工业园区标准（试行）》（HJ/T 275—2006）等三项标准中的相关规定。

国家生态工业示范园区（national demonstration eco-industrial park）指依据循环经济理念、工业生态学原理和清洁生产要求，符合《国家生态工业示范园区标准》和《国家生态工业示范园区管理办法》及其他相关要求，并按规定程序通过审查，被授予相应称号的新型工业园区。

标准的评价指标包括必选指标和可选指标。国家生态工业示范园区评价指标如表6-17所示。

表 6-17 国家生态工业示范园区评价指标

分类	序号	指标	单位	要求	备注
经济发展	1	高新技术企业工业总产值占园区工业总产值比例	%	≥30	4 项指标至少选择 1 项达标
	2	人均工业增加值	万元/人	≥15	
	3	园区工业增加值三年年均增长率	%	≥15	
	4	资源再生利用产业增加值占园区工业增加值比例	%	≥30	
产业共生	5	建设规划实施后新增构建生态工业链项目数量	个	≥6	必选
	6	工业固体废物综合利用率	%	≥70	2 项指标至少选择 1 项达标
	7	再生资源循环利用率	%	≥80	
资源节约	8	单位工业用地面积工业增加值	亿元/平方千米	≥9	2 项指标至少选择 1 项达标
	9	单位工业用地面积工业增加值三年平均增长率	%	≥6	
	10	综合耗能弹性系数	—	当园区工业增加值建设期年均增长率>0，≤0.6；当增长率<0，≥0.6	必选
	11	单位工业增加值综合能耗	吨标煤/万元	≤0.5	2 项指标至少选择 1 项达标
	12	可再生能源使用比例	%	≥9	
	13	新鲜水耗弹性系数	—	当园区工业增加值建设期年均增长率>0，≤0.55；当增长率<0，≥0.55	必选
	14	单位工业增加值新鲜水耗	立方米/万元	≤8	3 项指标至少选择 1 项达标
	15	工业用水重复利用率	%	≥75	
	16	再生水（中水）回用率	%	缺水城市达到 20% 以上；京津冀地区达到 30% 以上，其他地区达到 10%以上	
环境保护	17	工业园区重点污染源稳定排放达标情况	%	达标	必选
	18	工业园区国家重点污染排放总量控制指标及地方特征污染物排放总量控制指标完成情况	—	全部完成	必选

续表 6-17

分类	序号	指标	单位	要求	备注
环境保护	19	工业园区内企事业单位发生特别重大、重大突发环境事件数量	—	0	必选
	20	环境管理能力完善度	%	100	必选
	21	工业园区重点企业清洁生产审核实施率	%	100	必选
	22	污水集中处理设施	—	具备	必选
	23	园区环境风险防控体系建设完善度	%	100	必选
	24	工业固体废物（含危险废物）处置利用率	%	100	必选
	25	主要污染物排放弹性系数	—	当园区工业增加值建设期年均增长率>0，≤0.3；当增长率<0，≥0.3	必选
	26	单位工业增加值二氧化碳排放量年均削减率①	%	≥3	必选
	27	单位工业增加值废水排放量②	吨/万元	≤7	2 项指标至少选择 1 项达标
	28	单位工业增加值固废产生量	吨/万元	≤0.1	
	29	绿化覆盖率	%	≥15	必选
信息公开	30	重点企业环境信息公开率	%	100	必选
	31	生态工业信息平台完善程度	%	100	必选
	32	生态工业主题宣传活动	次/年	≥2	必选

①园区中某一工业行业产值占园区工业总产值比例大于 70%时，该指标的指标值为达到该行业清洁生产评价指标体系一级水平或公认国际先进水平。

②第 4 项指标无法达标的园区不选择此项指标作为考核指标。

c 评价方法

国家生态工业示范园区应完成表内全部必选指标和相应的可选指标，至少 23 项。园区根据自身发展特点自行选择适合的可选指标。

采用层次分析和模糊评价相结合的分析方法，使用层次分析法确定生态工业园评价指标权重，使用模糊评价法，建立模糊综合评价模型，对生态工业园进行综合评价。

（1）确定生态工业园评价指标权重的方法——层次分析法。确定生态工业园评价指标权重的目的在于从数学上精确地确定出各个指标在生态工业园综合效益目标中所起作用的大小，反映各个指标和目标之间，即部分和整体之间的定量关系。目前确定评价指标权重的数学方法很多，主要有德尔菲法、均方差法、灰色关联度分析法、主要成分分析法、回归分析法和层次分析法。每种方法有其自身的优点和适用范围。考虑到已建评价指标体系的系统性和层次性，以及指标中涉及许多经济、社会、环境等难以定量化的因素，故选用层次分析法进行指标权重的分析。

（2）Expert Choice 软件简介。Expert Choice（简称 EC）是层次分析决策支持软件服务的领导厂商，它是以层次分析法（AHP）为基础的客观决策支持工具。EC 软件首先采用树的结构来建立 AHP 的递阶层次模型。然后转入比较模块，可采用词语或数字方式输入单准则下的两两比较判断，在词语和数字的两种判断之间可实行自动转换。最后应用综合模块得到对结果的最终排序。在上述过程中还可观察各判断矩阵的不一致性，并对不满意的判断矩阵作出必要修正。

使用 Expert Choice 进行决策的主要过程包括：建立模型名；建立 EC 树；建立单准则下的判断矩阵；合成排序。

将 Expert Choice 软件应用到对生态工业园区指标权重的确定，实现快速准确地确定指标权重。

（3）生态工业园综合评价——建立模糊综合评价模型。所谓综合评价是对由多种因素综合影响的事物或现象作出一个总体评价。由于生态工业复杂的评价指标中存在不少定性及半定量的指标，这将在评价过程中难以避免地产生如“好像”“差不多”“大体上”等难以定量化的、明确的看法、感受及思想。这里所谓的模糊性主要是指客观事物的不分明性和不确定性，其根源在于客观事物的差异之间存在着中间过渡。模糊综合评价法正好解决以上问题，使我们能将专家的经验与严格的定量分析有机结合起来，给出相当精确的评价结果，这是别的数学方法和模型难以替代的。

D 指标数据的获取和计算方法

a 指标数据的获取

园区管理机构应指定或专门设立职能部门，负责评价指标涉及数据的调查收集、汇总统计工作，并协调各关联单位开展相关工作。

测算评价指标所需的相关数据，应尽量从法定统计渠道或统计文件中获取；无法获取的，园区管理机构应建立相应的数据收集统计工作机制。

b 指标的计算方法

（1）高新技术企业工业总产值占园区工业总产值比例，指园区内高新技术企业的工业总产值之和与园区工业总产值的比值。其计算公式如下：

$$\begin{array}{c}\text{高新技术企业工业总产值占}\\ \text{园区工业总产值比例(\%)}\end{array}=\frac{\text{高新技术企业的工业总产值之和(万元)}}{\text{工业园区的工业总产值(万元)}}\times 100\%$$

（2）人均工业增加值，指园区内工业企业从业人员人均改造的工业增加值。其计算公式如下：

$$\text{人均工业增加值(万元/人)}=\frac{\text{园区工业增加值(万元)}}{\text{园区年末工业企业从业人数(人)}}$$

（3）园区工业增加值三年年均增长率，指园区工业增加值的三年年均增长率。其计算公式如下：

$$\text{园区工业增加值三年年均增长率(\%)}=\left[\left(\frac{\text{当年工业增加值(万元)}}{\text{上三年前工业增加值(万元)}}\right)^{\frac{1}{3}}-1\right]\times 100\%$$

（4）资源再生利用产业增加值占园区工业增加值比例，指园区内的资源再生利用产业的增加值与园区工业增加值的比值。其计算公式如下：

$$\begin{array}{c}\text{资源再生利用产业增加值}\\ \text{占园区工业增加值比例(\%)}\end{array}=\frac{\text{资源再生利用产业增加值(万元)}}{\text{园区工业增加值(万元)}}\times 100\%$$

式中，资源再生产业是以保障环境安全为前提，以节约资源、保护环境为目的，运用先进的技术，将生产和消费过程中产生的废物转化为可重新利用的资源和产品，实现各类废物的再利用和资源化的产业，包括废物转化为再生资源及将再生资源加工为产品两个过程。

（5）建设规划实施后新增构建生态工业链项目数量，指自国家生态工业示范园区建设规划基准年以来（含基准年），园区建设规划范围内新增以构建生态工业链为目的的基本建设工程项目和设备更新及技术改造工程项目，如资源循环、梯级利用项目，配套基础设施项目和园区工业企业间资源、代谢物梯级利用项目等。项目在验收年应实现稳定运行。

（6）工业固体废物综合利用率：

$$\text{工业固体废物综合利用率}(\%)=\frac{\text{工业固体废物综合利用量(t)}}{\text{工业固体废物总产生量(t)}+\text{综合利用往年储存量(t)}}\times 100\%$$

式中，工业固体废物综合利用量指工业园区内工业企业产生的和园区外运送至园区内的，通过回收、加工、循环、交换等方式转化为可以利用的资源、能源和其他原材料的固体废物量（含危险废物），以及当年利用往年的工业固体废物储存量，如用作农业肥料、生产建筑材料、筑路等。工业固体废物总产生量包括园区内企业产生的工业固体废物量（含危险废物），以及园区外送至园区内的工业固体废物量（含危险废物）。

（7）再生资源循环利用率，指园区内资源再生利用产业企业对再生资源的循环利用程度，即园区内资源再生利用产业企业再生资源的循环利用量与再生资源收集量的比值。其计算公式如下：

$$\text{再生资源循环利用率}(\%)=\frac{\text{园区资源再生产业再生资源的循环利用量(t)}}{\text{园区内资源再生产业再生资源收集量(t)}}\times 100\%$$

式中，资源再生产业是以保障环境安全为前提，以节约资源、保护环境为目的，运用先进的技术，将生产和消费过程中产生的废物转化为可重新利用的资源和产品，实现各类废物的再利用和资源化的产业，包括废物转化为再生资源及将再生资源加工为产品两个过程。

再生资源是指废旧金属、报废电子产品、报废机电设备及其零部件、废造纸原料（如废纸、废棉等）、废轻化工原料（如橡胶、塑料、农药包装物、动物杂骨、毛发等）、废玻璃等再生资源。

（8）单位工业用地面积工业增加值，指园区内工业企业的单位工业用地面积产生的工业增加值。其计算公式如下：

$$\text{单位工业用地面积工业增加值(亿元/平方千米)}=\frac{\text{园区工业增加值(亿元)}}{\text{园区工业用地面积(平方千米)}}$$

式中，工业用地面积指园区内工业企业按照土地利用规划作为工业用地并已投入生产的土地面积，包括工矿企业的生产车间、库房及其附属设施等的用地，以及专用的铁路、码头和道路等设施的用地，不包括露天矿用地。

（9）单位工业用地面积工业增加值三年平均增长率，指园区内工业企业单位工业用地面积产生工业增加值的三年平均增长率。其计算公式如下：

$$\text{单位工业用地面积工业增加值三年平均增长率}(\%)=\left[\left(\frac{\text{当年单位工业用地面积工业增加值(亿元/平方千米)}}{\text{上三年单位工业用地面积工业增加值(亿元/平方千米)}}\right)^{\frac{1}{3}}-1\right]\times 100\%$$

（10）综合能耗弹性系数，指园区内工业企业综合能耗总量建设期年均增长率与工业增加值建设期年均增长率的比值。其计算公式如下：

$$综合能耗弹性系数=\frac{园区工业综合能耗总量建设期年均增长率}{园区工业增加值建设期年均增长率}$$

$$\begin{array}{c}园区工业综合能耗总量\\建设期年均增长率(\%)\end{array}=\left[\left(\frac{验收年工业综合能耗总量(吨标煤)}{规划基准年工业综合能耗总量(吨标煤)}\right)^{\frac{1}{验收年-基准年}}-1\right]\times 100\%$$

$$\begin{array}{c}园区工业增加值建设\\期年均增长率(\%)\end{array}=\left[\left(\frac{验收年工业增加值总量(亿元)}{规划基准年工业增加值总量(亿元)}\right)^{\frac{1}{验收年-基准年}}-1\right]\times 100\%$$

式中，综合能耗总量指园区内所有工业企业消耗的能源总和，包括煤、油、电等各种形式能源的消耗量，并按国家统计局规定的系数折算成标准煤进行统计。

（11）单位工业增加值综合能耗，指园区内工业企业产生的单位工业增加值所消耗的综合能耗量。其计算公式如下：

$$单位工业增加值综合能耗(吨标煤/万元)=\frac{园区工业综合能耗总量(吨标煤)}{园区工业增加值总量(万元)}$$

（12）可再生能源使用比例，指园区内工业企业的可再生能源使用量与综合能耗总量的比值。其计算公式如下：

$$可再生能源使用比例(\%)=\frac{工业企业可再生能源使用量(吨标煤)}{工业企业综合能耗总量(吨标煤)}\times 100\%$$

式中，可再生能源是指在自然界中可以不断再生并有规律地得到补充或重复利用的一次能源。可再生能源包括太阳能、水能、生物质能、地热能、氢能、风能、波浪能以及海洋表面与深层之间的热循环等非化石能源，仅包括人们通过一定技术手段获得的，并作为商品能源使用的部分。

（13）新鲜水耗弹性系数，指园区内工业企业的工业用新鲜水量建设期年均增长率与工业增加值建设期年均增长率的比值。其计算公式如下：

$$新鲜水耗弹性系数=\frac{园区工业用新鲜水耗量建设期年均增长率(\%)}{园区工业增加值建设期年均增长率(\%)}$$

$$\begin{array}{c}园区工业用新鲜水耗量\\建设期年均增长率(\%)\end{array}=\left[\left(\frac{验收年工业用新鲜水耗总量(m^3)}{规划基准年工业用新鲜水耗总量(m^3)}\right)^{\frac{1}{验收年-基准年}}-1\right]\times 100\%$$

式中，工业用新鲜水耗量指园区内工业企业的用水单元或系统取自任何水源被该企业第一次用于生产和生活的水量总和，不包括生活用水单独计量且生活污水单独排放（不与工业废水混合）的部分。

（14）单位工业增加值新鲜水耗，指园区内工业企业产生单位工业增加值所消耗的新鲜水资源量。其计算公式如下：

$$单位工业增加值新鲜水耗(立方米/万元)=\frac{园区工业用新鲜水耗总量(m^3)}{园区工业增加值总量(万元)}$$

（15）工业用水重复利用率，指园区内工业企业在生产过程中使用的工业重复用水量与工业用水总量的比值。其计算公式如下：

$$工业重复用水率(\%)=\frac{园区工业重复用水量(m^3)}{园区工业用水总量(m^3)}\times 100\%$$

式中，工业重复用水量指园区内工业企业在确定的用水单元或系统内，使用的所有未经处理和处理后重复使用的水量的总和，即循环水量和串联水量的总和。循环水量指在确定的用水单元或系统内，生产过程中已用过的水，再循环用于同一过程的水量。串联水量指在确定的用水单元或系统，生产过程中产生的或使用后的水，再用于另一单元或系统的水量。

工业用水总量指园区工业企业在确定的用水单元或系统内，使用的各种水量的总和，即工业用新鲜水量和工业重复用水量之和。

（16）再生水（中水）回用率，指园区内再生水（中水）的回用量与污水处理厂排放总量的比值。其计算公式如下：

$$再生水(中水)回用率(\%)=\frac{园区再生水(中水)回用量(t)}{园区污水处理厂排放总量(t)}\times 100\%$$

式中，再生水（中水）指对经过或未经过污水处理厂处理的集纳雨水、工业排水、生活排水进行适当处理，达到规定水质标准，可以被再次利用的水。在此指经过园区内污水处理厂处理，再经再生工艺净化处理后，达到再生水质标准的水。回用指用于地下水回灌，工业、农业、林业、牧业、城市非饮用水、景观环境用水等用途。

（17）工业园区重点污染源稳定排放达标情况，指园区内重点污染源的污染物稳定达标排放的情况。其中，重点污染源是指环境统计中的“重点调查工业企业”，按“环境统计报表制度说明”的解释界定。污染物排放稳定达标是指主要污染物及特征污染物稳定达到排放标准。

（18）工业园区国家重点污染物排放总量控制指标及地方特征污染物排放总量控制指标完成情况。指园区国家重点污染物排放总量及地方特征污染物排放总量，应均不超过国家或地方的总量控制指标要求。其中，重点污染物指从建设规划基准年到验收年国家总量控制要求的污染物种类为准。

（19）工业园区内企事业单位发生特别重大、重大突发环境事件数量，指园区从建设规划基准年以来（含基准年），发生特别重大或重大突发环境事件的次数。其中，特别重大、重大突发环境事件指根据《关于印发国家突发环境事件应急预案的通知》中规定的特别重大和重大突发环境事件的分级标准。

（20）环境管理能力完善度，指园区环境管理能力的完善程度。以下 4 项内容每一项完成完善度为 25%，4 项均达到则完善度为 100%。1）园区设有环境保护职能部门；2）具备明确的环境管理职能；3）将园区环境保护工作纳入园区行政管理机构领导班子政绩考核内容，并建立相应的考核机制；4）具备专门机构或专人负责国家生态工业示范园区建设工作。

（21）工业园区重点企业清洁生产审核实施率，指园区内重点企业依法开展清洁生产审核并通过评估的总数占重点企业总数的比例。其中，重点企业是指《清洁生产审核暂行办法》中规定的，由省级环境保护行政主管部门每年发布的强制性清洁生产审核名单的企业（包括园区从建设规划基准年到验收年公布的重点企业清洁生产审核名单中的全部企业）。

计算公式如下：

$$\text{重点企业清洁生产审核实施率}(\%)=\frac{\text{通过清洁生产审核评估的重点企业数(个)}}{\text{园区重点企业总数(个)}}\times 100\%$$

（22）污水集中处理设施，指园区内所有工业企业废水都经预处理达到集中处理要求后进入安装有自动在线监控装置的污水集中处理设施（区内或区外）。

（23）园区环境风险防控体系建设完善度，指园区环境风险防控体系建设完善程度。以下4项内容每一项完成完善度为25%，4项均达到则完善度为100%。园区管理机构应：1）开展园区环境风险评估。2）编制较完善的园区环境风险应急预案。3）整合园区应急资源，建立综合性或者专业环境应急救援队伍，储备必要的环境应急物资和装备。4）组织对环境应急预案进行专项培训，定期组织开展跨行业、综合性的应急演练。化工、电镀、印染等园区或者上述企业较为集中的园区应在上述4项的基础上增加。5）建立环境风险监测预警平台，每项20%，5项均达到则完善度为100%。

（24）工业固体废物（含危险废物）处置利用率，指园区范围内各工业企业安全处置、综合利用及安全储存的工业固体废物量（含危险废物）之和与当年工业固体废物总产生量的比值。其计算公式如下：

$$\begin{array}{c}\text{工业固体废物}\\ \text{（含危险废物）}\\ \text{处置利用率}(\%)\end{array}=\frac{\text{工业固体废物(含危险废物)安全处置、综合利用及安全储存量(t)}}{\text{园区当年工业固体废物总产生量(t)}}\times 100\%$$

式中，工业固体废物（含危险废物）安全处置、综合利用及安全储存量包括园区内以及运送至园区外进行安全处置、综合利用及安全储存的废物量。工业固体废物总产生量包括园区内企业产生的工业固体废物量（含危险废物），以及园区外运送至园区内的工业固体废物量（含危险废物）。

（25）主要污染物排放弹性系数，指园区内工业企业排放的各类主要污染物排放弹性系数的算数平均值。其计算公式如下：

$$\begin{array}{c}\text{某种污染物排放量建}\\ \text{设期年均增长率}(\%)\end{array}=\left[\left(\frac{\text{验收年某种污染物排放量(t)}}{\text{规划基准年某种污染物排放量(t)}}\right)^{\frac{1}{\text{验收年}-\text{基准年}}}-1\right]\times 100\%$$

$$\text{某种主要污染物排放弹性系数}=\frac{\text{某种污染物排放量建设期年均增长率}(\%)}{\text{园区工业增加值建设期年均增长率}(\%)}$$

$$\text{主要污染物排放弹性系数}=\frac{\sum_{i=1}^{n}\text{某种污染物排放弹性系数}}{n}$$

式中，主要污染物指从建设规划基准年到验收年，国家政策明确要求总量减排和控制的污染物，包括COD、SO_2、氨氮、NO_x等。某种主要污染物排放弹性系数，指园区内工业企业排放的某一种主要污染物排放总量的建设期年均增长率与工业增加值建设期年均增长率的比值。

（26）单位工业增加值二氧化碳排放量年均削减率，指园区内工业企业产生单位工业增加值所排放的二氧化碳量的建设期年均削减率。此处二氧化碳排放量主要包括园区内化石能源燃烧、生物质能源燃烧排放的二氧化碳，以及电力调入调出间接排放二氧化碳。其计算公式如下：

单位工业增加值二氧化碳排放量年均削减率(%)

$$=\left[1-\left(\frac{\text{验收年单位工业增加值二氧化碳排放量(吨/万元)}}{\text{规划基准年单位工业增加值二氧化碳排放量(吨/万元)}}\right)^{\frac{1}{\text{验收年}-\text{基准年}}}\right]\times 100\%$$

$$\text{单位工业增加值碳排放量(吨/万元)}=\frac{\text{园区工业企业二氧化碳排放总量(t)}}{\text{园区工业增加值总量(万元)}}$$

园区工业企业二氧化碳排放总量(t)

= 化石能源燃烧排放二氧化碳量(t) + 生物质能源燃烧排放二氧化碳量(t) + 电力调入调出二氧化碳间接排放量(t)

(27) 单位工业增加值废水排放量，指园区工业企业产生单位工业增加值排放的工业废水量，不包括企业梯级利用的废水和园区内居民排放的生活废水。其计算公式如下：

$$\text{单位工业增加值废水排放量(吨/万元)}=\frac{\text{园区工业废水排放总量(t)}}{\text{园区工业增加值总量(万元)}}$$

(28) 单位工业增加值固废产生量，指园区内工业企业产生单位工业增加值所产生的工业固体废物量。其计算公式如下：

$$\text{单位工业增加值固废产生量(吨/万元)}=\frac{\text{园区工业固体废物区内产生量(t)}}{\text{园区工业增加值总量(万元)}}$$

式中，工业固体废物区内产生量指园区内企业产生的工业固体废物量，不包括园区外运送至园区内的工业固体废物量。

(29) 绿化覆盖率，指园区内各类绿地的总面积和园区规划范围内用地总面积的比值。其计算公式如下：

$$\text{绿化覆盖率(\%)}=\frac{\text{园区内各类绿地的总面积}(m^2)}{\text{园区规划范围内用地总面积}(m^2)}\times 100\%$$

(30) 重点企业环境信息公开率，指园区内，按照《企业事业单位环境信息公开办法》要求，公开环境信息的企业事业单位数量，占园区纳入该办法要求的重点排污单位名录的企业事业单位数量的比例。各企业环境信息应当通过园区统一的平台予以公开。其计算公式如下：

$$\text{重点企业环境信息公开率(\%)}=\frac{\text{按要求公开环境信息的企业数量(个)}}{\text{园区内纳入重点排污单位名录的企业数量(个)}}\times 100\%$$

(31) 生态工业信息平台完善程度，指园区在园区管委会网站创建生态工业园区信息专栏或建立园区专门生态工业信息网站，以及该信息平台建设的完善程度。其中，生态工业信息平台是依托于互联网技术用于发布生态工业园区建设相关信息的网络信息平台。

以下 5 项内容每一项完成完善度为 20%，5 项均达到则完善度为 100%。1) 定期发布生态工业园区推进和管理的各项工作信息，以及年度评价报告等；2) 每年发布生态工业园区创建各项指标数据和达标情况；3) 发布工业园区内企业在生态工业、清洁生产方面的先进技术、总结经验（主要指资源、能源高效利用等方面）；4) 园区内废物或剩余能量产生、供需和流向信息；5) 定期公开园区内重点排污单位的相关信息，公开信息的内容和要求见《企业事业单位环境信息公开办法》。

(32) 生态工业主题宣传活动，指园区管理机构应对建设生态工业园区的理念进行宣传，组织开展的以生态工业园区建设为主题（包括生态工业、节能减排、循环经济、低碳环保等）的宣传活动，活动形式多样（包括讲座，发放宣传手册、宣传单，展板海报等），宣传活动每次参与人数不少于园区从业人口的千分之一。园区管理机构应把每次活动的相关材料、照片进行存档保留。

6.7 生态工业园区案例分析

案例分析 1：卡伦堡生态工业园区

卡伦堡市地处丹麦北部，距离首都哥本哈根西边大约 100km，居民约 5 万，是个规模不大的小镇。这里远离欧洲腹地，相对孤立，正是建设煤电厂的理想地点。1959 年，丹麦油气集团在卡伦堡建设 Asnaes 煤电厂，该厂的排气烟囱高达 152m。不过，当时的煤电厂管理层面临一种奇怪的“离心—向心”窘境。一方面，该厂负责向高度发达的欧洲中心地带输送电力，因此厂址同用电区域间的距离越小越好，构成靠近欧洲腹地的向心因素；而另一方面，煤炭燃烧带来的污染又迫使该厂远离欧洲腹地，构成离心因素。在这种情况下，企业管理层开始清点自身能源储备、探索创新方法，以提高能源利用率。

考虑到卡伦堡地处海边，淡水缺乏，因此煤电厂于 1961 年不得不建造了一条长达 20km 的管道，来输送齐斯湖的淡水。严酷的自然区位条件使人们意识到，只有相互团结与合作，才能谋求更好的生存与发展。因此，在 1972 年，煤电厂同一家建材厂签订协议，供后者使用本厂的多余余热。此后，以相似的方式，与一家制药企业缔约，向后者销售煤泥、沉渣，用于该企业设在附近的农场。慢慢地，地方政府、居民和其他类型企业陆续加入，使园区逐渐发展成为一个包含三十余条生态产业链的循环型产业园区。

卡伦堡生态工业园的成功依赖于其功能稳定、可以高效利用物质、能源和信息的企业群落。包括由发电厂、炼油厂、制药厂和石膏制板厂四个大型工业企业组成的主导产业群落；化肥厂、水泥厂、养鱼场等中小企业作为补链进入整个生态工业系统，成为配套产业群落；以微生物修复公司、废品处理公司以及市政回收站、市废水处理站等静脉产业组成的物质循环和废物还原企业群落。

Asnaes 发电厂是整个生态工业园区核心中的核心。除作为发电厂本身需要为企业和居民提供电能以外，Asnaes 发电厂还在多个方面维持着整个生态工业系统的稳定运行，主要包括：为卡伦堡约 5000 个家庭提供热能，大量减少了烟尘排放；为炼油厂和制药厂提供工业蒸汽，热电联产比单独生产提高燃料利用率可达 30%；电厂的冷却水还为当地农业提供热能（如供应中低温的循环热水，使大棚生产绿色蔬菜，引到渔场后促进水温升高从而生产了 100 多吨“电厂鲑鱼”等）；发电站的脱硫设备每年生产约 20 万吨石膏，这些石膏被卖给石膏板厂，可以减少石膏厂天然石膏的使用，同时减少固体废物的排放；每年产生的 3 万吨粉煤灰被水泥厂回收利用；发电厂产生的大量飞灰提供给土壤修复公司用于生产水泥和筑路等。

Statoil 炼油厂是丹麦最大的炼油厂，具有年加工 320 万吨原油的能力，除此之外，炼油厂还出资建设了通往 Tisso 湖的输水管道，来节约冷却水的使用成本；炼油厂多余的可燃气体通过管道输送到石膏板厂和发电厂供生产使用；炼油厂通过管道把经过生物净化处理的废水输送给电厂；将进行酸气脱硫过程中产生的脱硫气供应给电厂燃烧，而产生的副产品硫代硫酸铵，则被用于生产液体化肥。

Novo Nordisk 制药公司，年销售额约 20 亿美元，公司生产医药和工业用酶，是丹麦最大的制药公司。该公司在生态工业园区中还担任着连接农业的重任，例如制药厂的原材料土豆粉、玉米淀粉发酵产生的废渣、废水以及污泥等废物，经杀菌消毒后被农民用作肥料；胰岛素生产过程的残余物酵母被用来喂猪等。

Gyproc 石膏制板厂，具有年加工 1400 万平方米石膏板墙的能力。通过工艺和设备改造后，1993 年，煤电厂同石膏板厂合作，向对方提供煤炭脱硫后生成的碳酸钙，使得该厂不需要再从西班牙进口石膏原矿。

除了四大核心企业以及众多作为补链进入该园区的中小配套企业外，作为“还原者”的静脉产业企业也在该园区中起到不可或缺的作用。Bioteknisk Jordrens Soilrem A/S 是一家土壤修复公司，成立于 1986 年，每年可以修复 50 万吨的受污染土壤。该公司以卡伦堡市地下水道产生的淤泥作为原料，制作受污染土壤的生物修复营养剂，利用其中的微生物成分恢复被污染的土壤。Noveren I/S 作为一家废品处理公司，收集所有园区单元的废物，据估计每年可以处理生活和工业垃圾 12.5 万吨，并利用垃圾沼气发电，还可以每年提供 5 万~6 万吨的可燃烧废物。另外，卡伦堡市政回收站和市政污水处理厂也参与进生态工业园区的生态产业链中，主要负责回收石膏、提供污泥等工作。

正是由四家核心工业企业、若干中小企业以及废物还原处理企业所组成的二十余条工业产业链，构成了卡伦堡生态工业园独一无二的生态工业系统。

多年后，当经济发展研究者对卡伦堡生态工业园进行分析时，将该市出现这种集聚不同产业、促进产业互动模式的原因定义为“短心理距离”。这个概念是指，卡伦堡的不同企业，共同生存在同样严酷的自然条件下，位置的临近拉近了各企业管理层之间的心理距离，加深相互理解与支持，对后期的各种合作有着积极的促进作用。研究者认为，卡伦堡不同企业之所以产生合作，不仅是因为他们发现了资源互换的可能性，还因为人们具备合作意识，以及当时社会和法律方面对生态产业的大力支持。人们意识到，一家企业需要的原材料，恰恰可能是另一家企业必须排放的废物。这样一来，通过合作，便可降低高昂的材料运输费用，提高能源效率，节约企业成本。在人们的积极努力下，卡伦堡的单向交易变为双向，最终发展形成复杂的生态工业网。40 年前，美国乃至全世界，都没有热电联产技术，而处在欧洲最北端的丹麦、芬兰和挪威三国，却都探索出了利用煤电厂余热为居民和办公场所供热的方法。1981 年，卡伦堡市政府顺利建成利用煤电厂余热的区域集成供热系统，有效提高了能源利用率。不过，颇具讽刺意味的一点是，卡伦堡的模式根本不是人们预先计划的，其他国家却将它作为生态工业园的设计蓝本。其实卡伦堡的成功，体现了离心效应：即远离中心的事物很可能通过自发探索，不断发展壮大，最终实现独立进化。卡伦堡生态工业园是乐观进取精神的体现，这些优秀的有企业家精神的人们，在对状况进行综合评估后，主动合作，去适应环境，为全世界树立了一个优秀榜样，值得人们在提高不同行业协同工作效率等方面去学习！

案例分析 2：贵糖变废为宝形成工业生态链

广西壮族自治区的贵港市 2001 年在国家环保局支持下建成了一个贵港国家生态示

范园区。共进行了12个生态工业建设项目。包括现代甘蔗园建设、甘蔗渣绿色制浆、废糖蜜制能源酒精技改工程，还有蔗髓热电联产技改工程、节水工程，它形成了蔗田系统、制糖系统、酒精系统、造纸系统、热电联产系统和环境综合处理系统，共6个子系统。各个子系统内分别有产品产出，系统之间通过中间产品和废弃物的相互交换而互相衔接，组成了一个较为完整和闭合的生态工业网络。广西贵糖生态工业园区主要产业链如图6-9所示。

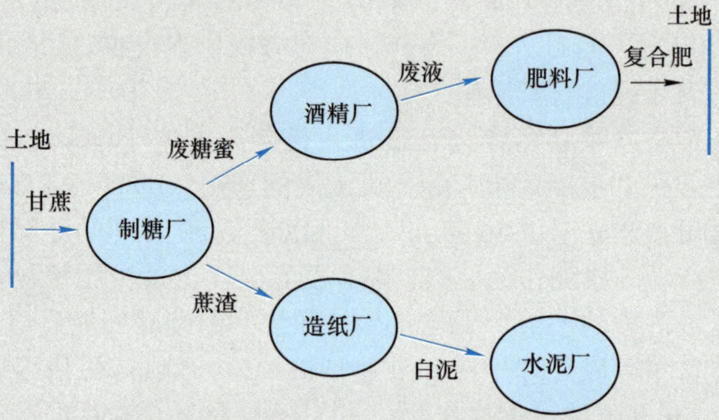

图6-9 广西贵糖生态工业园区主要产业链

这是它主要的产业链，也就是主产业链。一条是甘蔗砍完用来制糖，废糖蜜做酒精。酒精生产的废液做肥料，生产复合肥。另一条是蔗渣，蔗渣给造纸厂来造纸，造纸厂产生的白泥用来给水泥厂做水泥。广西贵糖生态工业园区总体框架如图6-10所示。

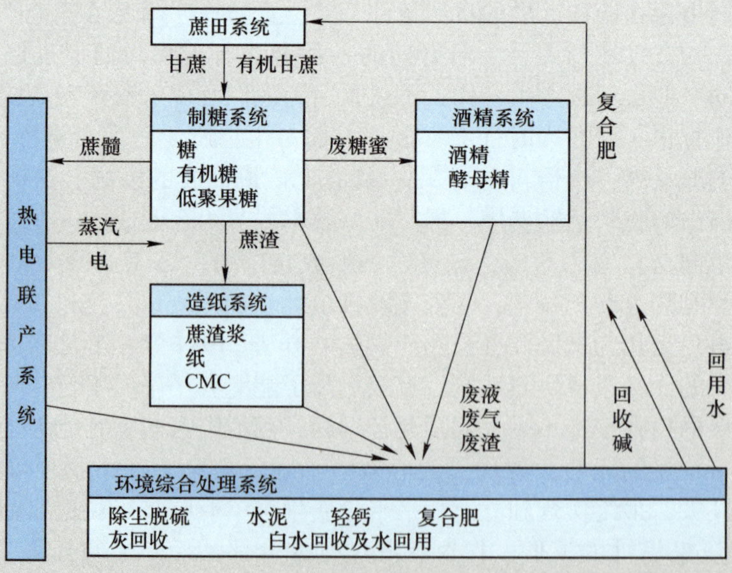

图6-10 广西贵糖生态工业园区总体框架

这是贵糖生态工业园区的总的框架，就是热电联产系统、蔗田系统、制糖系统、造纸系统、酒精系统、环境综合处理系统。它们相互之间关联，形成互利共生的关系。那么它是怎么运行的呢？首先一个现代化的甘蔗园，就是甘蔗的生产系统，它有一个完善的制糖系统，生产各种糖类，多种产品生产出来。在生产的过程当中，有浮渣的产生。这些浮渣给酒精厂做复合肥料来用，制糖产生的废糖蜜，用来做酒精。酵母菌生物工程，就是做生物材料来用，酒精系统产生的废液做复合肥，产生的二氧化碳气体，还有制糖厂产生的二氧化碳气体，被轻钙厂消纳，相当于减少二氧化碳向空气当中的排放。二氧化碳和氧化钙反应，生成碳酸钙，就是白泥，白泥就是主要是氧化钙或者是氢氧化钙。

制糖车间产生的蔗渣，加工以后，纸浆用来造纸。造纸产生的废水，通过除尘脱硫塔，那么又实现了资源化的利用。同时接纳热电联产产生的煤气，中段废水跟电厂产生的煤气相互作用，来进行脱硫。节约了水资源，又实现了脱硫脱硝。而脱硫脱硝产生的废水又通过处理来再生回用。而过程当中的产生的粉煤灰，也实现了资源化利用，粉煤灰为甘蔗园改善土质，所以整个过程副产品都充分地利用起来。

为了使工业共生体系更加完善，真正成为能源、水和材料流动的闭环系统，贵糖集团引入其他产业，以弥补其生态产业链条上的缺口：

（1）以蔗叶为饲料建设一个新的肉牛和奶牛厂；

（2）创建一家奶处理厂，生产鲜奶、奶粉和奶酪供给当地市场；

（3）建牛制品生产车间生产牛肉、牛革和骨胶；

（4）使用牛制品生产车间的副产品建一个生化厂，生产氨基酸营养产品和其他生物制品；

（5）利用乳牛场的肥料发展蘑菇种植场；

（6）利用蘑菇基地的剩余物作为甘蔗场的天然肥料。

第一个以甘蔗叶为饲料，建了一个新兴的牛肉和奶牛场，奶牛产奶，于是建了一个奶处理场，生产鲜奶、奶粉和奶酪。养牛场中，牛本身的肉制品，可以加以利用，牛肉、牛革还有骨胶。而使用牛制品生产车间的副产品，又建了一个生化厂，生产氨基酸营养产品和其他生物制品。而利用养牛场的肥料来种蘑菇，又有这个蘑菇产出了。把蘑菇基地的剩余物料，作为甘蔗的生产的天然的肥料，又使得甘蔗增产，减少了肥料的使用。所以说做到了物尽其用，这个系统形成了一个比较完善的工业生态链网关系，工业共生体系。

在这个工业生态园区里，社会效益、经济效益和环境效益，得到最大体现。首先在经济效益方面，园区形成了30万吨糖、20万吨纸、20万吨燃料酒精的生产规模。制糖工业实现了新增销售收入55.7亿元、新增各项税金7.5亿元、新增利润9.2亿元。

间接经济效益，就是拉动了有关产品和服务的消费，带动了第三产的发展。在环境效益方面，园区内甘蔗渣，实现了利用率百分之百，废糖蜜的利用率也实现了百分之百，所以在生态环境效应里面的效益也是得以体现。

案例分析3：内蒙古蒙西高新技术工业园区

内蒙古蒙西高新技术工业园区（以下简称蒙西工业园区）始建于1998年年底，是以蒙西高新材料股份有限公司水泥厂为核心逐步发展壮大的，2005年11月被国家发改委

第六部委列为全国第一批循环经济产业试点园区，园区分为北部蒙西工业组团、中部绿化带、南部高新产业及生活组团。北部蒙西工业组团重点发展化工、电力、新材料等多个工业组团，目前仅有北方联合电力蒙西发电厂等少数企业入驻。南部的高新产业及生活组团目前已初具规模，高新材料区、生活办公区已经形成。入驻的企业有蒙西高新材料股份有限公司水泥厂、纳米轻质碳酸钙厂、自备电厂、水泥编织包装袋厂，神华蒙西煤炭股份公司70万吨/年捣固焦厂，蒙西高岭粉体股份有限公司等。初步形成了以蒙西、神华、北方联合电力等知名企业为龙头的联合舰队，产业进展到高新材料、建材、冶金、化工、煤炭、电力等领域。

* 蒙西园区的生态产业链

蒙西高新技术工业园依托周边地区丰富、廉价的资源优势，遵循“资源—产品—再生资源”的物质流动方式，逐步形成了以“煤炭—冶金焦—焦炉废气—发电、煅烧高岭土”为循环链条的煤化工产业链，以“煤矸石—电力—氧化铝—水泥”为循环链条的煤矸石综合利用产业链，以“水泥窑尾废气—二氧化碳—纳米轻质碳酸钙、全降解塑料等”为循环链条的二氧化碳综合利用产业链，初步形成了如图6-11所示的生态产业链网。

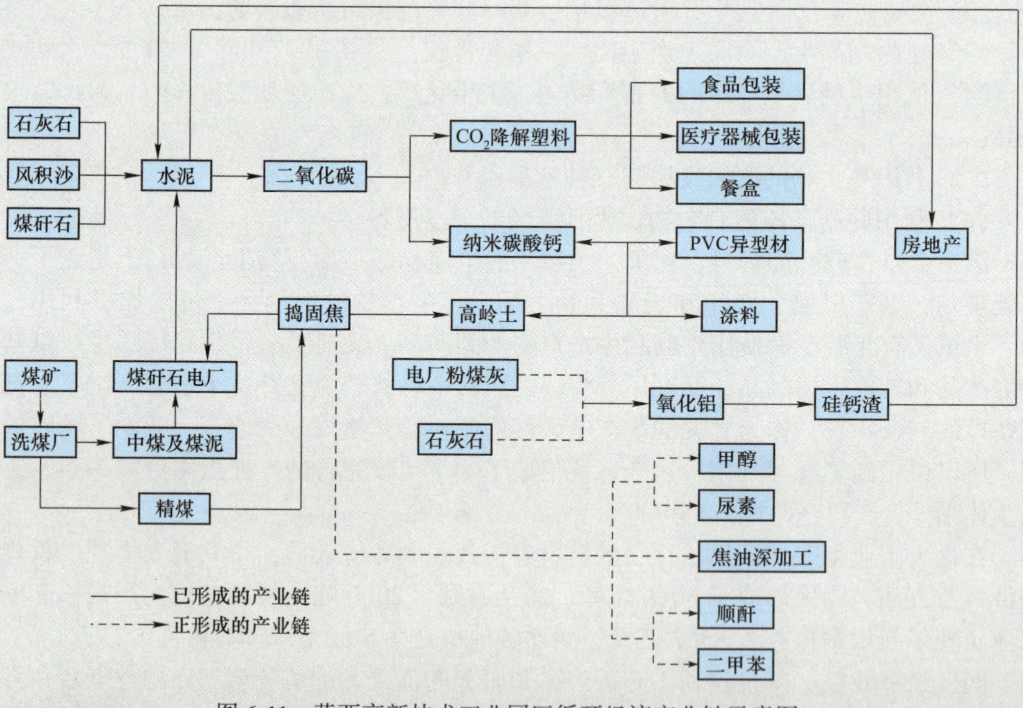

图6-11 蒙西高新技术工业园区循环经济产业链示意图

* 煤化工生态产业链

煤化工生态产业链（图6-12）利用神西煤化公司年产70万吨捣固焦项目所产生的3亿立方米焦炉煤气作为高岭粉体公司的燃料，同时又送到蒙西自备电厂发电，形成了“焦炉废气—煤气—发电、煅烧高岭土”为循环链条的生态产业链。

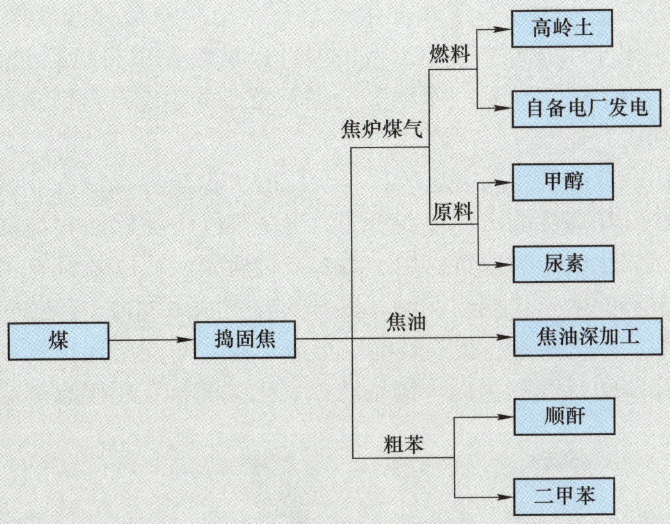

图 6-12 煤化工生态产业链

高岭土公司建设初期，在高岭土制备节点中，采用柴油作为燃料，年消耗柴油6000t（柴油价格 3500 元/吨）。2000 年初，采用了园区神华蒙西公司废弃的焦炉煤气作燃料，年可消化煤气 2160 万立方米（煤气价格 0.25 元/立方米），既减少了污染，又提高了产品的经济效益。该产业链每年可为神西煤化公司增加收入 2100 万元。蒙西自备电厂和高岭粉体公司同时也降低了生产成本，每吨高岭土降低成本 400 元，年可增收 540 万元；每度电降低成本 0.02 元，年可增收 600 万元。该项目扩建年产 80 万吨捣固焦后，每年将产生的 5 亿立方米焦炉煤气，可用于合成甲醇，对炼焦节点中生产的粗苯、二氧化硫等副产品进行深加工，正在形成以“煤炭—冶金焦—焦炉废气—煤气、甲醇、粗苯、硫酸等”为循环链条的生态产业链。

* 煤矸石综合利用产业链

煤矸石综合利用产业链（图 6-13）利用园区企业的自备煤矿，筹建 600 万吨洗煤厂，选出的 200 万吨精煤用于炼焦。其副产品煤矸石、中煤及煤泥用于蒙西电厂发电。电厂产生的废渣粉煤灰用于提取氧化铝，提取氧化铝后的废弃硅钙渣作为生产水泥的熟料。40 万吨/年氧化铝项目年利用粉煤灰 140 万～160 万吨，产生的 320 万吨硅钙渣干燥

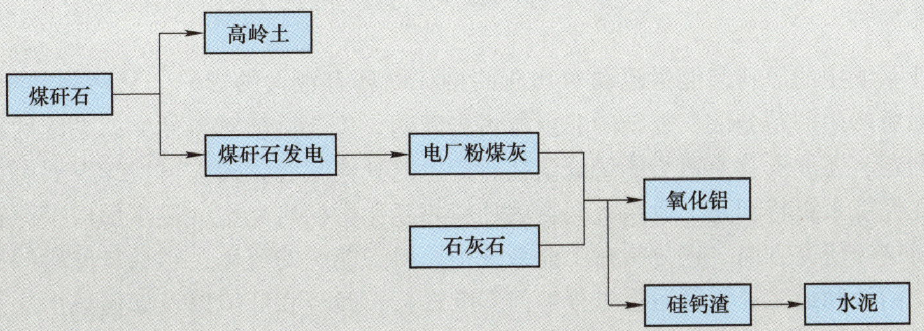

图 6-13 煤矸石综合利用产业链

后即可用于水泥生产，大大减少了水泥生产节点中原材料破碎和粉磨的电耗（技术可行，但没有正式应用于水泥生产，无详细数据）。目前该项目已通过日产 700t 生产试验，以“煤矸石—电力—氧化铝—水泥”为循环链条的生态产业链正在形成。

* 资源综合利用产业链

资源综合利用产业链利用周边地区每年淤积的大量废弃煤矸石、风积沙、炉渣等为辅料制备年产 150 万吨高性能水泥，在水泥的窑尾废气中提取回收纯度可达到食品级的二氧化碳；又将二氧化碳作为原料，用于纳米级轻质碳酸钙以及具有国际领先技术的二氧化碳基全降解塑料的生产。同时，纳米轻质碳酸钙又可作为园区 PVC 异型材和绿色环保涂料的添加剂，降低成本，提高性能。形成了以“水泥窑尾废气—二氧化碳—纳米轻质碳酸钙、全降解塑料等”为循环链条的二氧化碳综合利用生态产业链（图 6-14）。

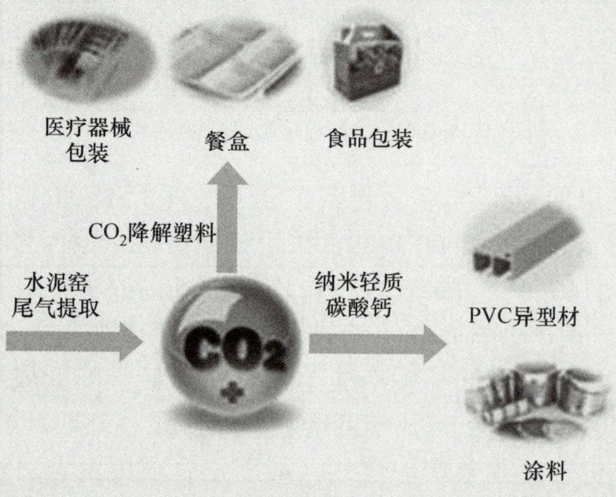

图 6-14 二氧化碳综合利用生态产业链

通过这三条产业链的有机整合，形成了共生关系紧密的蒙西生态水泥工业系统，它们之间互为因果、紧密联系在一起。其中煤炭、水泥等构成了系统内基本的物质流；蒸汽、电力的合理和梯级利用构成了能量流；粉煤灰、煤矸石、风积沙等综合利用构成了废物流。

本章小结

工业系统中的原料与能量流动对物质的全球循环有很大的影响。从污染的角度来看，这种流动所产生的是分散、复杂的非点源污染问题。工业活动对自然生态系统的影响不仅是污染问题，还涉及其原料与能量的消耗所产生的其他问题。随着可持续发展研究的不断深入，在经济系统特别是工业系统与自然环境相互作用的研究中，逐步形成了原料与能量流动分析这一研究方向。它分析在工业系统中原料与能源的流动，包括从原料的提取一直到生产、消耗和最终处置等运行过程如何影响社会、经济和环境以及如何减少这些影响等问题。原料与能量流动分析是工业生态学研究的一个重要领域。

生态工业化是通过发展生态工业和建设生态工业园区，逐步使基于人类活动的工业经济活动所引发的人与自然之间的物质代谢及其产物能够均衡、和谐、顺畅、平稳和持续地融入自然生态系统自身物质代谢之中的过程。工业生态化一方面是以工业文明时期迅速发展起来的科学技术、经济实力和文化为基础得以产生与发展的，另一方面，它又是人类对工业化过程中的弊端如环境污染、资源浪费和生态破坏等进行反思后重新选择的工业发展道路。

工业转型通过生态重组的形式来实现，主要体现在微观层次、中观层次和宏观层次三个层面。在微观层次，通过改变化学产品或过程的内在本质，采用源头控制来减少或消除有害物质的使用与产生；在中观层次，主要是指企业与生产单位层次，要重新审视产品与制造过程，采用源头和过程控制来减少废物的产生；在宏观层次，主要是改善整体经济的物质与能源利用效率，即在不同企业间构建工业生态链、生态网，推行循环经济战略，组建工业生物群落，建立生态工业区。

清洁生产是一种新的创造性的思想，该思想将整体预防的环境战略持续应用于生产过程、产品和服务中，以增加生态效率和减少人类及环境的风险。清洁生产的内容包括清洁的产品、清洁的生产过程和清洁的服务三个方面。清洁生产具有重要的意义和显著的特点。

循环经济就是把清洁生产和废弃物的综合利用融为一体的经济，本质上是一种生态经济，是按照生态规律利用自然资源和环境容量，实现经济活动的生态化转向，是实施可持续发展战略，实现全球共容的一个重要途径。其社会经济活动的行为准则是“3R”原则（减量化、再利用、再循环），贯穿在生产、消费、回收等各个主要环节。

生态工业就是模拟自然生态系统的功能，建立起相当于自然生态系统的“生产者—消费者—还原者”的工业生态链网，形成低成本、低消耗、低（或无）污染、与生态环境协调共生的生态化工业。

生态工业园区是依据清洁生产要求、循环经济理念和工业生态学原理而设计建立的一种新型工业园区，它通过物流或能流传递等方式把不同工厂或企业连接起来，形成共享资源和互换副产品的产业共生组合，使一家工厂的废弃物或副产品成为另一家工厂的原料或能源，模拟自然系统，在产业系统中建立“生产者—消费者—分解者”的循环途径，寻求物质闭环流动、能量多级利用和废物产生最小化。目前，国内大量的生态工业园区已相继出现，并显示出了强大优势，将在现代工业发展过程中发挥更大的作用。

思考复习题

1. 请写出清洁生产的定义和特点。
2. 请论述循环经济的定义、原则及实施框架。
3. 请简要描述卡伦堡生态工业园区。
4. 试论述清洁生产、循环经济、生态工业的共同点及三者关系。

参考文献

[1] 信红柳．德国工业循环经济发展探析［D］．长春：吉林大学，2014.

[2] Saavedra Y M B, Iritani D R, Pavan A L R, et al. Theoretical contribution of industrial ecology to circular

economy [J]. Journal of Cleaner Production, 2018, 170: 78-89.

[3] 刘铮，党春阁，李子秀，等. 环保新形势下工业园区推进清洁生产框架思路研究 [J]. 环境保护，2017，45 (22): 60-65.

[4] Camana D, Manzardo A, Toniolo S, et al. Assessing environmental sustainability of local waste management policies in Italy from a circular economy perspective: An overview of existing tools [J]. Sustainable Production and Consumption, 2021, 27: 613-629.

[5] 张天柱. 循环经济及其在我国的实践 [J]. 领导之友，2004 (4): 32-34.

[6] 张天柱. 循环经济的概念框架 [J]. 环境科学动态，2004 (2): 1-3.

[7] 潘鸿，李恩. 生态经济学 [M]. 长春：吉林大学出版社，2010.

[8] Nikolaou I, Tsagarakis K. An introduction to circular economy and sustainability: some existing lessons and future directions [J]. Sustainable Production and Consumption, 2021, 28: 600-609.

[9] 马春明，李宏伟，赵文凯. 清洁生产、生态工业和循环经济 [J]. 辽宁城乡环境科技，2005 (2): 51-53.

[10] 倪丽莉，代永芳. 浅谈清洁生产、生态工业和循环经济 [J]. 资源节约与环保，2013 (8): 79.

[11] 高春艳. 清洁生产、生态工业与循环经济关系 [J]. 辽宁城乡环境科技，2004 (3): 6-7.

[12] 赵亮. 论工业生态经济与循环经济的互动协同发展 [J]. 现代经济信息，2013 (4): 18.

[13] Baldwin J S, Murray R, Winder B, et al. A non-equilibrium thermodynamic model of industrial development: analogy or homology? [J]. Journal of Cleaner Production, 2004, 12 (8-10): 841-853.

[14] 刘友金，易秋平. 技术创新生态系统结构的生态重组 [J]. 湖南科技大学学报（社会科学版），2005 (5): 67-70.

[15] 邓南圣，宁薇，吴峰. 工业生态系统与工业系统的生态重组 [J]. 天津社会科学，2005 (2): 78-81.

[16] 巫德富，谭雪燕. 科技创新驱动工业转型升级研究——以南宁市为例 [J]. 经营与管理，2019 (7): 127-131.

[17] Ghali M R, Frayret J M, Robert J M. Green social networking: concept and potential applications to initiate industrial synergies [J]. Journal of Cleaner Production, 2016, 115: 23-35.

[18] 万青. 广州市加快推动工业转型升级的政策研究 [D]. 广州：华南理工大学，2019.

[19] 胡安军. 环境规制、技术创新与中国工业绿色转型研究 [D]. 兰州：兰州大学，2019.

[20] 李霞，王士卿. 唐山工业转型升级现状的调查与思考 [J]. 工业技术与职业教育，2018，16 (3): 15-43.

[21] 赵国卫. 节能减排在工业企业经济转型中的作用与实施措施 [J]. 现代工业经济和信息化，2018，8 (12): 46-47.

[22] 赵丹. 巴彦淖尔市工业转型升级中的政府行为研究 [D]. 呼和浩特：内蒙古大学，2018.

[23] Walmsley T G, Ong B H, Klemes J J, et al. Circular Integration of processes, industries, and economies [J]. Renewable & Sustainable Energy Reviews, 2019, 107: 507-515.

[24] 单薇，聂鑫，陈忠阳. 实施科技创新发展战略加快老工业基地转型振兴 [J]. 中国科技产业，2017 (11): 86-89.

[25] 张宏武，时临云. 技术创新与产业生态化研究 [M]. 北京：经济管理出版社，2009.

[26] 高强，李峰，鲍树涛. 石膏制硫酸副产水泥发展模式成循环经济典范——鲁北生态工业和清洁生产综述 [J]. 硫酸工业，2019 (9): 13-18.

[27] 李鹏梅. 我国工业生态化路径研究 [D]. 天津：南开大学，2012.

[28] 房启涛. 浅谈水泥工业绿色制造技术与生态设计的理念 [J]. 四川水泥，2020 (1): 8.

[29] 海热提. 循环经济与生态工业 [M]. 北京：中国环境科学出版社，2009.

[30] 王洪，李海波．生态可持续发展导论［M］．沈阳：东北大学出版社，2014.
[31] 中华人民共和国环境保护部．HJ 274—2015 国家生态工业示范园区标准［S］．北京：中国环境科学出版社，2015.
[32] 黄贤金．循环经济学［M］．南京：东南大学出版社，2010.
[33] 奚丹立，徐淑红，高春梅．清洁生产与循环经济［M］．北京：化学工业出版社，2013.
[34] Velenturf A，Purnell P. Principles for a sustainable circular economy［J］. Sustainable Production and Consumption，2021，27：1437-1457.
[35] 段宁．清洁生产、生态工业和循环经济［J］．环境科学研究，2001，13（6）：1-4，8.
[36] 马杰．清洁生产、生态工业和循环经济［J］．农民致富之友，2014，17（8）：287.
[37] Han X Y，Cao T Y. Study on the evaluation of ecological compensation effect for environmental pollution loss from energy consumption：taking nanjing MV industrial park as an example［J］. Environmental Technology & Innovation，2022，27：16-31.
[38] 何德文．环境评价［M］．北京：中国建材工业出版社，2014.
[39] 王顼．城市污水处理厂清洁生产审核论述［J］．中国资源综合利用，2019，37（10）：47-49.
[40] 叶智毅．清洁生产审核技术完善策略浅析［J］．中国资源综合利用，2019，37（8）：173-175.
[41] Boix M，Montastruc L，Azzaro-Pantel C，et al. Optimization methods applied to the design of eco-industrial parks：a literature review［J］. Journal of Cleaner Production，2015，87：303-317.
[42] 余振华．清洁生产审核技术对策论述［J］．环境与发展，2019，31（3）：218-219.
[43] 魏晓，罗斌，周波，等．工业园区清洁生产审核的框架及关键点［J］．四川环境，2017，36（S1）：17-21.
[44] 张任远．企业清洁生产的审核标准化研究［J］．绿色科技，2013（4）：233-234.
[45] 徐雨芳，毕琴，周婷婷，等．重点企业清洁生产审核评估、验收制度完善性探讨［J］．工业安全与环保，2013，39（4）：94-96.
[46] 俞勇．对钢铁企业清洁生产审核实践的探讨［J］．资源节约与环保，2013，11（7）：261-262.
[47] Mulvaney D，Richards R，Bazilian M，et al. Progress towards a circular economy in materials to decarbonize electricity and mobility［J］. Renewable and Sustainable Energy Reviews，2021，137：156-167.
[48] Mallawaarachchi H，Sandanayake Y，Karunasena G，et al. Unveiling the conceptual development of industrial symbiosis：Bibliometric analysis［J］. Journal of Cleaner Production，2020，258：598-609.
[49] 张志宗．清洁生产效益综合评价方法研究［D］．上海：东华大学，2011.
[50] 付丽娜．工业园的生态化转型及生态效率研究［D］．长沙：中南大学，2014.
[51] 汪永超，张根保，向东，等．清洁化生产内容、结构体系及实施策略［J］．机械设计，1999，2（4）：10-14.
[52] 钱悦．清洁生产和末端治理的发展［J］．科技风，2017，23（11）：149.
[53] 周志刚．水泥工业物质代谢及生态化转型研究［D］．天津：天津大学，2011.
[54] 汤良顺．论汽车行业持续清洁生产［J］．现代涂料与涂装，2015，18（11）：53-55.
[55] Lundholm J T，Richardson P J. Habitat analogues for reconciliation ecology in urban and industrial environments［J］. Journal of Applied Ecology，2010，47（5）：966-975.
[56] 莫文婷，严海波，童胜．循环经济工业园废水处理及梯级利用工程实例［J］．化学工程与装备，2013（9）：200-203.
[57] Arun J B，Dirk V Z. Industrial ecology framework for achieving cleaner production in the mining and minerals industry［J］. Journal of Cleaner Production，2004，14（3）：271-282.
[58] Søren N N. What has modern ecosystem theory to offer to cleaner production，industrial ecology and society?

The views of an ecologist [J]. Journal of Cleaner Production, 2006, 15 (17): 357-346.
[59] Brian B, Micky S, Nancy B, et al. Industrial Symbiosis: towards a design process for eco-industrial clusters by integrating Circular Economy and Industrial Ecology perspectives [J]. Journal of Cleaner Production, 2019, 216: 446-460.
[60] 钟珊. 生态工业园区建设规划研究 [D]. 赣州: 江西理工大学, 2013.
[61] 张天柱. 循环经济建设重在产业生态化 [J]. 浙江经济, 2004 (19): 20-21.
[62] Metic J, Pigosso. Research avenues for uncovering the rebound effects of the circular economy: A systematic literature review [J]. Journal of Cleaner Production, 2022, 368: 76-85.
[63] 丁旻炜. 产业园区清洁生产评价指标体系的构建探讨 [D]. 苏州: 苏州科技大学, 2019.
[64] Zeng X, Ogunseitan O, Nakamura S, et al. Reshaping global policies for circular economy [J]. Circular Economy, 2022, 1 (1): 148-156.
[65] Arsova S, Genovese A, Ketikidis P. Implementing circular economy in a regional context: A systematic literature review and a research agenda [J]. Journal of Cleaner Production, 2022, 368: 156-165.
[66] 吴一平, 段宁, 乔琦, 等. 全新型生态工业园区的工业共生链网结构研究——新疆石河子国家生态工业（造纸）园区的设计分析 [J]. 中国人口・资源与环境, 2004 (2): 126-131.
[67] Rocha L, Oliveira M, Marques F, et al. Product development proposal following the principles of circular economy: a case for a company in the Manaus industrial hub [J]. Procedia Computer Science, 2021, 181: 965-972.
[68] Fan Y V, Varbanov P S, Klemeš J J, et al. Urban and industrial symbiosis for circular economy: Total EcoSite Integration [J]. Journal of Environmental Management, 2021, 279: 245-256.
[69] 胡普信, 魏桃英. 黄酒清洁化生产 [M]. 北京: 中国轻工业出版社, 2016.
[70] Mônica C, Domenico C. On the implementation of a circular economy: The role of institutional capacity-building through industrial symbiosis [J]. Resources, Conservation & Recycling, 2018, 138: 99-109.
[71] Wang N, Guo J, Zhang X, et al. The circular economy transformation in industrial parks: Theoretical reframing of the resource and environment matrix [J]. Resources, Conservation and Recycling, 2020, 24: 78-89.
[72] 章丽萍. 环境保护概论 [M]. 北京: 煤炭工业出版社, 2013.
[73] Fan Y , Qiao Q , Xian C , et al. A modified ecological footprint method to evaluate environmental impacts of industrial parks [J]. Resources Conservation & Recycling, 2017, 125: 293-299.
[74] Zhang Y, Zheng H, Fath B. Ecological network analysis of an industrial symbiosis system: A case study of the Shandong Lubei eco-industrial park [J]. Ecological Modelling, 2015, 306: 174-184.
[75] 费维扬. 治疗 "城市病" 必须依靠科技创新 [N]. 中国气象报, 2015-07-29.
[76] Ding Y, Cai C Y, Hu B, et al. Characterization and control of odorous gases at a landfill site: A case study in Hangzhou, China [J]. Waste Management, 2012, 32 (2): 317-326.
[77] Xin L Q, Qin Y, Lou T R, et al. Rapid start-up and humification of kitchen waste composting by an innovative biodrying-enhanced process [J]. Chemical Engineering Journal, 2023, 452: 293-300.
[78] Schiller F, Penn A S, Basson L. Analyzing networks in industrial ecology-a review of Social-Material Network Analyses [J]. Journal of Cleaner Production, 2014, 76: 1-11.
[79] 宋涛, 韩良, 佟连军, 等. 生态学范式下的清洁生产、产业生态和循环经济分析 [J]. 生态与农村环境学报, 2007 (3): 86-89.
[80] Saavedra B, Iritani R, PavanR, et al. Theoretical contribution of industrial ecology to circular economy [J]. Journal of Cleaner Production, 2018, 170: 1514-1522.
[81] Fernandez-Mena H, Nesme T, Pellerin S. Towards an Agro-Industrial Ecology: A review of nutrient flow

modelling and assessment tools in agro-food systems at the local scale [J]. Science of the Total Environment, 2016, 543: 467-479.

[82] 高宁. 阳江市工业转型升级政策实施效果评价研究 [D]. 广州: 华南理工大学, 2019.

[83] Korhonen J. Industrial ecology in the strategic sustainable development model: strategic applications of industrial ecology [J]. Journal of Cleaner Production, 2004, 12 (8-10): 809-823.

[84] 张媛媛, 陈利馥, 潘冬. 江苏工业转型升级发展水平的测度及其区域差异分析 [J]. 产业与科技论坛, 2018, 17 (11): 100-102.

[85] Gruner R L, Power D. Mimicking natural ecosystems to develop sustainable supply chains: A theory of socio-ecological intergradation [J]. Journal of Cleaner Production, 2017, 149: 251-264.

[86] Thomas V M, Graedel T E. Research issues in sustainable consumption: Toward an analytical framework for materials and the environment [J]. Environmental Science & Technology, 2003, 37 (23): 5383-5388.

[87] 侯全海, 杨芊. 黑色煤炭 清洁利用 循环经济 转型发展——同煤集团塔山循环经济园区建设发展的探索和实践 [J]. 中国煤炭, 2018, 44 (11): 146-149.

[88] 汪毅. 生态设计理论与实践 [D]. 上海: 同济大学, 2006.

[89] Le T. Towards sustainable business parks: A literature review and a systemic model [J]. Journal of Cleaner Production, 2019, 216: 129-138.

[90] Yuan J , Lu Y , Wang C , et al. Ecology of industrial pollution in China [J]. Ecosystem Health and Sustainability, 2020, 6 (1): 245-260.

[91] 张芸, 孙晓阳, 侯昊晨, 等. 工业园区清洁生产审核重点企业筛选方法 [J]. 环境工程, 2019, 37 (7): 209-214.

[92] Shurin J B. Industrial-strength ecology: trade-offs and opportunities in algal biofuel production [J]. Ecology Letters, 2013, 16 (11): 1393-1404.

[93] Rweyendela A G. Getting closer to SDG12: incorporating industrial ecology principles into project EIA [J]. Journal of Environmental Planning and Management, 2022, 65 (6): 953-974.

7 工业生态学发展趋势

本章提要

(1) 国内外工业生态学理论发展趋势；

(2) 国内外工业生态学技术发展趋势。

7.1 工业生态学理论发展趋势

随着工业污染对生态环境的负面影响越发显著，可持续发展理念和生态文明观念成为推进全球工业化进程的主导思想。工业生态学作为人类探究工业发展与生态环境关系的重要成果，需要对全世界所面临的生态化转型问题作出贡献。

一般认为，工业生态学有两大理论渊源。

一是源于对自然生态系统的模仿，即“师法自然”。人们在对自然生态系统的观察和思考中，认为我们的工业行为也应像生态系统一样，一个物种所产生的废物或许就是另一个物种的资源。那么工业系统中，一种工业的废物也可成为另一种资源。如果工业也能像自然生态系统一样就可以大幅减少原材料需要和环境污染，同时节约废物的处理过程。类似的模仿不仅发生在生态系统层面，而且发生在个体、种群、群落等各个层面。工业大发展导致工业废物在种类上急剧增加和在规模上迅速扩大，废物的综合利用和循环利用成为工业发展必须解决的重要问题，不同工业和企业之间的联系因为废物交换的行为而密切起来，由此创造出产业共生、工业生态系统和生态工业园区等术语来表征工业生态化进程中所出现的新事物和现象。

二是源于对工业系统与环境系统的解析，即“工业代谢”。工业代谢是在稳态条件下，将原材料、能源和人类劳动转变为最终产品和废物的物理过程的集合，实质是指运用物质和能量守恒原理来对工业系统的物质/能量的流动和存储进行输入、输出和路径分析，旨在揭示工业活动所涉及的物质/能量的规模与结构，提供给我们关于工业系统运行过程和机制的一个整体图景和理解。描述能量物质守恒的热力学第一定律是伴随着工业革命逐渐明晰确立的，利用守恒定律开展工业过程的分析、设计和优化也成为学科融合的必然。随着工业规模的不断扩大，尤其是第二次世界大战后现代化工业的迅速崛起，工业生产与资源环境的矛盾越发突出，在探究环境污染成因的过程中，人们逐渐认识到物质和能量守恒定律有助于定量化揭示工业环境污染的历史与变化过程。

目前工业生态学领域已经发展出生命周期分析、物质流分析、材料流分析和投入产出分析等一系列的理论和方法，利用这些方法可解析社会经济系统与自然生态系统在企业、园区、城市、区域、国家乃至全球尺度上的物质代谢联系，给出工业革命以来经济增长、资源投入和污染产出三者的耦合图景。

7.1.1 国外工业生态学理论发展趋势

20 世纪 60 年代，工业发达国家为了减少工业化进程带给环境的压力，采取了各种末端治理手段，但仅仅只能做到将污染物进行时间和空间上的转移，没有一套科学和系统的理论来从中解决问题。随着环境问题日益显著，工业生态学作为一种对末端治理手段的反思和清洁生产技术的升华，自从 20 世纪 80 年代起不断发展，从概念的提出、系统定性与定量的初步研究，到运用多种方法深入到各领域的实践研究，逐步形成了工业生态系统研究的热潮，主要理论成果集中在以下两方面。

一是工业代谢与物质流分析。工业代谢研究主要是通过建立物质衡算表，测算物质流动与储存量及其物理化学状态，描绘由原料到废物的全过程行进路线和动力学机制。如国际应用系统分析研究所（IASA）开展的对莱茵河流域重金属物质代谢的早期研究，以及将工业代谢分析运用于对产品（诸如电子芯片）或城市物质流来源、去向的分析。作为工业代谢方法的延伸，Adriaanse 等提出了面向经济系统的物质流分析，揭示了物质在特定区域内的流动特征和转化效率。如通过物流分析手段计算出奥地利、日本、德国、美国、荷兰、意大利、丹麦、中国等国家经济系统的物质输入输出总量；一些欧美学者以目前全球物质消耗总量的削减比率为依据，提出全球物质与资源利用效率提高的可行性及措施。

二是工业共生系统——生态工业园建设。生态工业园建设是目前工业生态学的重要应用领域，研究内容主要涉及生态工业园区的生态系统特质、具体设计与经营、生态工业政策、案例研究等。从近几届国际工业生态学大会提交的研究成果来看，目前的生态工业研究主要呈现三大特点：

（1）研究视角以行业、园区为主，并扩展到更大尺度的区域层面。行业研究主要集中在钢铁业、电子业、生物质转化工业等，区域层面研究则以城市为主，向跨区域、跨国发展。

（2）研究方法渐趋多样。在案例研究、概念类比等方法的基础上引入定量分析工具。

（3）经济学、管理学多学科融合趋势明显。有关生态工业发展的决策程序、组织管理、绩效评价、影响因素分析、制度设计等开始成为新的研究热点。近年来，荷兰、英国等国学者均从复杂系统理论出发研究产业共生网络的特征，并尝试建立模型来探讨市场、技术和政策等因素对生态工业发展的影响。

国外生态学的研究已经步入一个全新的发展时期，未来的研究重点主要集中在以下几个方面：工业内部原料及产品形成闭合循环系统研究、工业代谢内部要素研究、工业生态系统边界划分及物质和能量的转化与定量分析研究等。国外工业生态学的研究越来越倾向于应用研究，以期解决现实问题，并对当前的一些重大热点问题如替代能源、碳减排等作出回应，且研究技术与环境相互关系的新方法不断涌现，如生态学相似性、定量指标、情景发展与分析等。

7.1.2 国内工业生态学理论发展趋势

我国工业生态学的进展和现代工业体系的建设与发展密切相关，主要以物质和能量的研究为核心，是在对工业环境问题的反思和工业生产流程的创新中发展起来的，不仅要用工业发展的观点和技术去研究生态学问题，而且需要研究工业高速发展过程中所出现的生态环境问题，从工业发展模式的高度来审视工业发展所带来的资源环境问题，这就需要工业生态学的理论和政策体系作为支撑。

在进入 21 世纪后，中国工业生态学的发展深受西方的影响，开始建立较为系统的教育、研究和组织体系。西方学科发展的吸收和借鉴大大加速了我国工业生态学发展进程。当前的工业生态不只涉及环境、冶金、化工、林业和材料等诸多工程学科领域，更是包含到企业发展和城市规划的过程中，成为我国学术界、政界和实业界的共同选择。

目前，我国的工业生态学理论的研究立足于中国国情，正在向具有中国特色的创新性理论体系迈进。我国工业生态学理论的发展，是以习近平新时代中国特色社会主义思想为指导，全面贯彻党的二十大、十九大和十九届二中、三中、四中、五中、六中全会精神，深入贯彻习近平生态文明思想。应立足新发展阶段，完整、准确、全面贯彻新发展理念，构建新发展格局，以推动高质量发展为主题，以供给侧结构性改革为主线，以碳达峰、碳中和目标为引领，以减污降碳协同增效为总抓手，统筹发展与绿色低碳转型，深入实施绿色制造，加快产业结构优化升级。同时大力推进工业节能降碳，提高资源利用效率，积极推行清洁生产改造，提升绿色低碳技术、绿色产品、服务供给能力，构建工业绿色低碳转型与工业赋能绿色发展相互促进、深度融合的现代化产业格局，支撑碳达峰、碳中和目标任务如期实现。

自 2002 年起，东北大学、中国环境科学院和清华大学共同成立了国家环境保护生态工业重点实验室。其后，大连理工大学、北京工业大学、北京科技大学、中国科学院生态环境研究中心、中国科学院过程工程研究所、中国科学院城市环境研究所和中国科学院沈阳应用生态研究所等也陆续成立了相关的研究机构或研究组，工业生态学的理论与实践将成为未来很长一段时间内各大院校和机构的研究热点。随着工业生态化进程的推进，我国对环境污染的治理已经从忽视和无作为发展到系统全面的严格末端治理，从生产过程的清洁生产发展到产品的生态设计，并逐步向全生命周期管理、循环经济、低碳经济和绿色经济迈进。从整体上来说，我国目前工业生态学的最新理论研究主要包括如下几个领域：内涵和方法；国外文献的翻译和评述；理论体系框架的构建；生态工业园区相关理论和方法等。

我国著名生态环境学学者王如松则从“社会—经济—自然复合生态系统”的理论出发，认为生态工业是按生态经济原理和知识经济规律组织起来，是基于生态系统承载能力、具有高效的经济过程及和谐的生态功能的网络型、进化型产业。而工业生态学是一门研究社会生产活动中自然资源从源、流到汇的全代谢过程，组织管理体制以及生产、消费、调控行为的动力学机制、控制论方法及其与生命支持系统相互关系的系统科学。同时，他指出，工业生态管理方法及其与生命支持系统相互关系的系统科学。工业生态管理涉及五种方法：一是产品的生命周期评价；二是产品的生态设计；三是生态工业孵化；四是生态工业园规划；五是生态管理。

资源环境问题是我国经济社会发展的突出问题，如何实现绿色发展、可持续发展，成为我国急需解决的关键问题。一个名为“穿越环境高山”的理论应时而生，这个理论的提出者就是东北大学教授、中国工程院院士陆钟武。“‘穿越环境高山’就是把环境负荷比喻成一座高山，发展经济就是一次翻山活动。发达国家已经基本翻过了这座‘环境高山’，但是付出了沉重的环境代价”。陆钟武表示，发展中国家不能再走发达国家从山顶上翻过去的老路，而需另走一条新路，那就是在半山腰上开凿一条隧道，从隧道中穿过去，即要处理好工业生产、经济发展与生态环境保护之间的尖锐矛盾。

中科院城环所陈伟强研究组联合明尼苏达大学杨易、Timothy M. Smith 与南京大学刘蓓蓓回顾了有关气候变化的潜在影响的研究，识别了发展中国家气候适应的关键领域，并从多个角度分析了工业生态学对可持续气候适应的潜在贡献。他们认为，工业生态学在气候变化适应方面的潜在贡献尚不清楚。在全球气候不断变化的背景下，气候变化适应已变得越来越紧迫。对于发展中国家而言，将更多地承受气候变化带来的损害，拥有更少的资源来应对损害。作者提出工业生态学可以在以下两个方面发挥重要作用。一方面，工业生态学可以从系统的角度来更好地研究气候变化与社会经济系统如何相互作用，以及这些相互作用如何加重（或缓和）其直接影响或它们是否会将负担转移到其他环境影响上。另一方面，工业生态学的方法可以帮助我们量化气候适应活动的直接和间接环境影响，识别缓解气候变化的因素并实现可持续的气候变化适应。发展中国家需要依靠大量投资来提高基础设施（例如运输、能源和供水）和农业的适应气候变化的能力以最大程度地减少气候变化带来的损失。工业生态学的思想和方法在推动气候变化适应研究和政策问题方面具有巨大的潜力，而探索这一不断发展的领域也会反过来促进工业生态学的发展。

彭福扬、刘红玉则将工业生态化的内涵进行了深度拓展，认为工业生态化蕴含着两层含义：一是整个社会工业系统的生态化，即各类工业之间的协调发展。这种协调发展是以自然物质产品、社会关系产品、人文精神产品的总需求和总供给保持平衡为标志；二是指各类工业内部的生态化，包括不同行业的工业之间的协调发展和同一行业内工业链的有序运行。

在中国知网全文数据库以“工业生态学”或“产业生态学”为关键词检索，检索结果呈现先升后降的变化趋势，如图 7-1 所示。文献解析发现，2006 年之前，工业生态学文献主要侧重于理念传播和概念探讨，之后便进入到细分领域的发展阶段，工业生态学领域

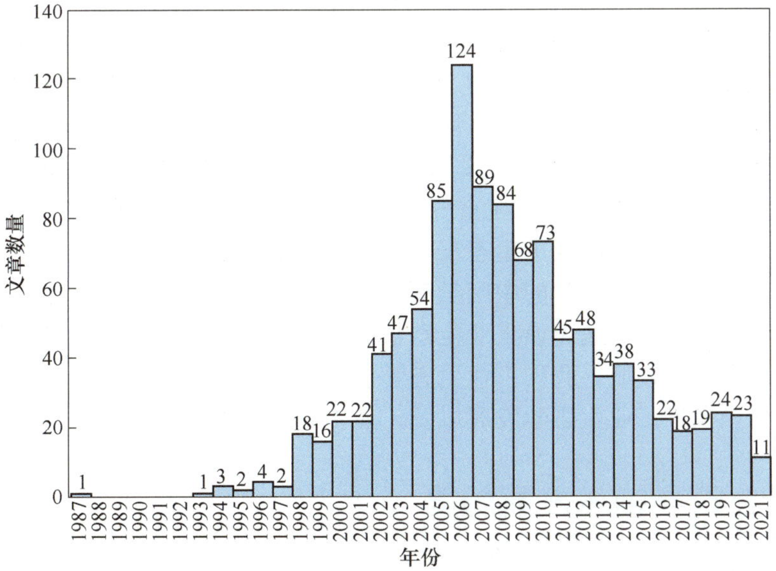

图 7-1 数据库检索相关文章数量变化趋势

发表的文章以“产业生态学”或“工业生态学”为关键词的就越来越少。对于资源环境和工程技术领域而言，在经历初期的概念辨析后，就迅速转入细分行业和方法工具的研究阶段。其中，循环经济、工业生态学、可持续发展、生态工业园和工业生态学已成为我国工业生态学研究的热点和趋势所在。

对工业生态学发展的情况进行全面分析发现，受各种因素的影响，工业生态学所涉及的学科越来越多，研究的范畴越来越大，呈现出沿理论系统化、研究具体化和方法集成化等方向发展的趋势。因此，未来我国的工业生态学理论主要有如下几个方面。

（1）各学科之间的交叉会变得更加强烈，生态学、农学、经济学、社会学等学科的理论体系相互融合，必须不断深入研究才能更好地满足工业生态学研究的各种需求。

（2）工业生态学理论发展会对各种学科产生无法估量的冲击力。各学科相关研究的不断深入，使得各种新产品、新技术、新发现出现，最终产生更多分支，使得各学科的研究思路、方法都会向着多样化和多元化发展。

（3）基本理论的研究会变得越来越具有普适性。在未来工业生态学研究的不断发展中，人们对生态工业学的了解会越来越深入，社会各界人士对其的认知度会更加广泛，从而使相关基本理论的研究变得大众化、普及化，是社会不断发展和经济不断发展的必然趋势。

（4）基本的研究方法和工具的研发将成为重要内容。为了更好地满足社会发展需求，进一步提高人们的生活水平，确保经济的可持续发展，工业生态学的未来研究必然将研究方法和工具的研发作为重中之重，以避免工业生产、生态环境等的进一步恶化。

（5）工业生态学的研究应用将变得更加广泛。在社会发展和经济发展中，工业生态学的地位将变得越来越重要，随着研究的不断深入，工业生态学的相关研究会变得更加细微，使得很多不被了解的知识得到新的拓展，从而促进社会的发展，给经济发展带来更多机遇和挑战。

但我国工业生态学的理论研究仍存在一些问题，包括：文献综述、关系梳理等表面研究过多，工业生态学基本理论和方法上的研究太少，实践探索太少；在进行废物再利用时，没有注重减量化，从而造成资源的严重浪费，最终影响生态工业园区规划理论和方法体系的有效构建；对工业生态系统的本质研究过少，没有比较完善的研究机制和方法，从而呈现出形式化的废物再利用循环形态。因此，必须根据实际情况，注重理论和方法的有效研究，不断探索更深层的实践，注重资源的合理配置和最有效利用，不断调整工业结构，有效开发绿色产品，才能促进生态工业新研究系统的不断完善，真正实现资源的循环利用。同时需要建构工业生态学的中国学派，建构工业生态学的理论体系、方法体系、数据体系和话语体系，持续加速建设工业生态学的教育和学科发展体系，教育和吸引更多的年轻人进入和从事这一领域；我国工业生态学群体需要接受生态文明转型这一历史使命的挑战，为中国乃至世界工业生态学发展以及工业生态化作出贡献。

7.2 工业生态学技术发展趋势

工业的快速发展极大地提升了人类的物质文明，也带来了自然环境破坏、工业污染等生态问题。人们在反思的同时采取了一系列控制措施，但也存在一些认识上的误区。许多国家在经济发展的初期采取了优先发展经济的政策，即走上了“先污染，后治理”的道路。以这种政策来指导经济的发展，尽管在短时间内经济会取得一定的发展，但也会给环境造成严重危害，使得环境问题成为经济发展的制约因素。

传统的工业污染治理方式更偏向于末端治理和对产生的废物进行综合利用。末端处理是指在生产过程的末端，针对产生的污染物开发并实施有效的治理技术。末端处理环境管理发展过程中是一个重要的阶段，它有利于消除已经产生的污染物，也在一定程度上减缓了生产活动对环境的污染和破坏趋势。末端处理技术包括对空气、水体、土壤等污染的修复，如垃圾渗滤液的末端处理技术、VOCs（挥发性有机物）控制技术、工业噪声控制技术等。但随着时间的推移和工业化进程的加速，人们认识到末端处理技术只是治标不治本的补偿性处理方式，无法应对源源不断产生的废物与污染。同时，末端治理的局限性也日益显露。

（1）投资多，规模效益和综合效益差。鉴于末端处理技术是把污染物集中在生产工艺的尾部进行处理，所以需要处理的污染物数多，负荷大。因此，一次性投资和运行费用高，特别是对于分散的污染源，末端处理技术很难发挥投资的规模效益和综合效益。

（2）有造成二次污染的风险。末端处理技术在很大程度上是污染物在介质间的转移，很难从根本上消除污染。如净化污水会产生污泥；净化废气会产生废水；烟气脱硫、除尘形成大量废渣；焚烧固体废物会造成大气污染；填埋有害废物又可能造成土壤和地下水的污染等。

（3）不利于原材料、能源的节约。末端处理技术只注意末端净化，不考虑全过程控制；只重视污染物净化、减少污染物排放量，不考虑资源、能源最大限度地利用和减少污染的产生量，导致资源、能源浪费严重。要真正解决污染问题需要实施过程控制，减少污染的产生，从根本上解决环境问题。

治理技术的革新必须遵从可持续发展的基本原则，即可再生资源的消耗速度不能超过其补集速度，不可更新、稀缺资源的消耗速度不可超过其替代品的发展速度，不能严重破坏地球上的生物多样性，污染物排放速度不能超过地球自净能力。因此，现代工业生态学技术已经从传统的将污染物减量化、无害化的末端治理手段，积极地向源头控制、过程监管转变。

源头控制是指在整个生产过程中预防和控制污染，在各种环境问题产生的初始阶段进行预防，对整个生产过程进行全方位的综合治理，把污染控制在污染源处的环保措施。既减少有用物质和能量的浪费，又减少污染物产生后治理所需的费用，是企业提高效益的一个重要途径。从宏观上讲，源头控制强调资源的可持续利用，并将环境污染控制纳入产业结构转换和技术改造的轨道，建立一个区域内的互利共生网络，构筑生态工业园区。从微观看来，源头控制技术包括在原子分子层面改进，如开发新型催化剂、改变分子结构、使用纳米材料等。涂料成膜物的高分子结构重新设计，使其容易在水中稳定分散成乳液；添加含活性官能团的单体，增加与基体的相互作用力，提高附着力，解决水性涂料对基材的附着力问题；开发新型黏度溶剂型涂料，通过改变传统涂料合成方式，以高质化合成技术合成出具有新型机构的高分子涂料树脂，降低乳液的黏度，实现高固含和低黏度的统一，减少挥发性有机物的含量从而实现源头控制。

过程控制是指在产品的整个生命周期中，包括产品生产工艺的设计、产品的生产制造过程和产品的销售、服务及使用等各个阶段，从原料、生产工艺、产品性能等各个方面全方位考虑减少污染物产生、改善环境性能、降低成本的过程控制方式即“清洁生产”技术。环境污染防治工作中的过程控制的思路要优于末端治理。例如铅蓄电池企业普遍使用手工焊接，集气效率低，铅烟无组织排放量大。而使用自动铸焊机，可降低铅消耗并将铅烟在密闭环境直接排入配套的环保设施处理，在减少污染产生的同时节约了资源，使排放得到有效控制管理。可以在一个区域内实施清洁生产，建立互利共生网络，即生态工业园区。包括采用对区域内的土地利用进行科学规划，延伸生产链，建立优化的产业结构，统一组织区域内的能源生产和供应，综合规划和管理区域水资源，建设供水排水及废水处理回用系统，组织区域内跨厂物料大循环，大力推行废物的综合利用等措施。

过程控制思路优于末端治理的原因主要体现在以下几个方面。

(1) 随着环保意识的提高、相关法律法规的出台以及检测技术的发展，我国规定的污染物（特别是有毒有害污染物）排放标准日益严格，对污染治理与控制的要求也越来越高。因此，企业要花费大量的资金处理污染物和废物，以达到排放的要求。大多数企业如果不进行清洁生产实行过程控制，单靠末端治理无法稳定达标。另外从减排的持续性、有效性、经济性来看，这种单纯的末端治理的思路也已经不再适应需求。

(2) 由于污染治理技术有限，实质上很难彻底消除污染。以造纸行业为例，如果不采用连蒸连煮、分段氧化、污染物回收等先进工艺，企业目前难以稳定达标排放。而如果要控制造纸行业二氧化碳排放，靠末端治理无法去除，必须采用无氯漂白工艺。因此，现有的浓度控制、末端深度处理思路就都不再适用，必须依靠总量控制，要从生产过程中减少污染物产生量和排放量。

(3) 只着眼于末端处理的办法，不仅需要大量投资，而且会使一些可以回收的资源（包含未反应的原料）得不到有效的回收利用而流失，致使企业原材料消耗增高，产品成本增加，经济效益下降，从而影响企业治理污染的积极性和主动性。

未来工业生态学技术将从末端治理、循环经济、清洁生产向着更加追求生态效益的方向发展。人们在生产中依据生态平衡规律，使自然界的生物系统对人类的生产、生活条件和环境条件产生有益影响和有利效果，它关系到人类生存发展的根本利益和长远利益。生态效益的基础是生态平衡和生态系统的良性、高效循环。生态效益从狭义角度而言是指生态环境中的物质要素，在满足人类社会生产和生活过程中所发挥的作用。从相关因素关系而言，生态效益指人类各项活动创造的经济价值与消耗的资源及产生的环境影响的比值。生态效益概念隐含着从生态与经济两个维度考虑环境问题，在两者之间做一个最佳的配置；在进行经济和其他活动时，在创造经济价值时，尽量减少资源的消耗和对生态环境的冲击。在人与自然的物质交换过程中，合理地进行人为的调控，充分发挥自然系统的自我调控作用，从而维护生态与经济的平衡，以求得生态效益与经济效益的统一，是当前世界各国包括社会主义国家经济发展中的迫切任务。

7.2.1 国外工业生态学技术发展趋势

工业生态系统及工业生态学的理论研究表明，人类要化解生态危机，实现经济的可持续发展，必须要实现工业生态系统与自然生态系统的协同进化。但工业生态系统毕竟是“人造生态系统”，如何将其逐步优化和完善，还有许多实际问题需要逐一解决。美国、日本、德国等发达国家已经拥有较为完善的生态工业体系，能够在一定范围内减少废物的排出。

以美国为例，美国的工业企业在最初的产品设计、原料选择、流程控制等各方面都全面考虑污染的最小化和节能的最大化。此举在实践中取得了很好的效果，因为该方法从源头控制污染和节能，不仅减小了企业对于污染物处理的成本，而且提高了能源和原料的利用率，最终使产品降低了成本、增强了竞争力。这也使工业污染的源头防治成为很多企业的习惯甚至是必须，也成为许多企业的生产文化。

“环保标准技术”在美国工业排污治理领域拥有重要的地位。包括环境保护法律实施过程中需要的相关技术标准，比如污染物排放标准、环境修复技术标准等。目的是美国政府把成熟可靠的生态环境技术形成政策性的标准，在对环境评估、限制污染排放等环境技术进行评选评估和支持的同时促进相关环境技术的发展。之所以将美国的环保技术政策归为技术范畴，主要是因为其构成基本都是各项环保技术的标准，这也是美国生态环境保护领域的政策实施的基础和标准依据。这些标准通常分为两类：一类是工业排污技术标准，另一类是环境质量评价标准，基本涵盖了生态环境破坏的源头标准和评价结果标准。主要是由美国环保局来执行，在20世纪末已经制定了高达五十多种的工业排污标准。这些标准大多成为工业企业在排污方面的强制标准，只有符合标准的企业才有权开工，而违反标准的企业会被起诉并被处以重罚。比如排放限值等排放执行标准。因为美国生态环境破坏的主要元凶是工业排放，所以其环保技术政策即排放标准在对于抑制工业污染方面起到了重大作用。

传统工业生产的逻辑是工业原料生产到产品再到废物的模式，特点是“大量生产、大量消费、大量废弃”，这种工业化的逻辑和特点给生态环境带来了巨大压力和破坏，而且地球的资源是有限的，如果一直以此逻辑来发展，地球的资源总有一天会因此而枯竭。所以美国在生态环境治理的技术维度提出了循环经济这一工业生产逻辑的变化，循环经济要求的是在原料生产阶段要减量化生产到适量消费再到废物的再利用。美国在城市的生态环境问题方面最严重的就是垃圾处理问题，从一开始的随意丢弃到集中填埋，在美国政府认识到这个问题时，开始采取各种方法来进行垃圾回收及重复利用，而且经过立法要求学校向学生灌输垃圾分类重复利用的观念，所以美国从少年开始就有良好的垃圾分类习惯。此外，美国的公民流行重复利用的观念，在宗教机构和慈善机构所开设的二手商店里，生活富裕的居民可以将自己闲置的物品出售或者赠送给二手店，而生活拮据的居民可以在这里以极低的价格选购二手商品。所以，循环经济的发展对于美国这个世界上最大的消费国来说，在经济和生态环境的可持续发展方面带来了相当积极的作用。

7.2.2 国内工业生态学技术发展趋势

目前，我国正处于工业化、城镇化深入发展的历史阶段，仍面临产业结构偏重、能源结构偏煤、能源效率偏低等问题。同时，面对资源环境约束加剧，碳达峰、碳中和时间窗口紧张，技术储备不足等现实存在的问题，我国学术界和业界在对工业生态学理论及工业生态化概念和内涵进行研究的同时，也进行着工业生态学的应用研究及技术实践。工业生态化已然为科技革命和产业变革的方向，绿色经济已成为全球产业竞争重点。目前，我国的工业生态化技术水平与国外还存在较大差距。在“十四五”开局之年，我国发布了一系列符合工业生态学理念的推荐性新技术、新措施，旨在加速促进我国的产业结构高端化转型、能源消耗低碳化转型、生产过程清洁化转型、产品供给绿色化转型、生产方式数字化转型。

7.2.2.1 碳达峰推进技术

（1）降碳技术：开展非高炉炼铁、水泥窑高比例燃料替代、二氧化碳耦合制化学品、可再生能源电解制氢、百万吨级二氧化碳捕集利用与封存等技术。推进低碳冶金、洁净钢冶炼、新型低碳胶凝材料、二氧化碳耦合制甲醇、高效低碳铝电解、高参数煤气发电、二氧化碳驱油、超低氮多孔介质无焰燃烧等技术的推广应用。

（2）绿色低碳材料：研发低碳胶凝、节能门窗、环保涂料、全铝家具等绿色建材和生活用品，发展聚乳酸、聚丁二酸丁二醇酯、聚羟基烷酸、聚有机酸复合材料、椰油酰氨基酸等生物基材料。

（3）降碳基础能力建设：推动建立工业碳排放核算体系，加强碳排放数据统计分析，建立碳排放管理信息系统，培育一批碳排放核算专业化机构。

7.2.2.2 工业节能技术

（1）先进工艺流程节能技术：重点推广钢铁行业铁水一罐到底、近终形连铸直接轧制，石化化工行业原油直接生产化学品、先进煤气化，建材行业水泥流化床悬浮煅烧与流程再造技术、玻璃熔窑全氧燃烧，有色金属行业高电流效率低能耗铝电解、钛合金等离子冷床炉半连续铸造等先进节能工艺流程。

（2）重点用能设备节能技术：重点推广特大功率高压变频变压器、可控热管式节能热处理炉、三角形立体卷铁芯结构变压器、稀土永磁无铁芯电机、变频无级变速风机、磁悬浮离心风机、电缸抽油机、新一代高效内燃机、高效蓄热式烧嘴等新型节能设备。

（3）数据中心和基站节能：推动数据中心建设全模块化、预制化，加快发展液冷系统、高密度集成IT设备，提升间接式蒸发冷却系统、空调等高效制冷系统应用水平。强化数据中心运维与环境调控，通过智能化手段实现机械制冷与自然制冷协同。探索依托河湖、海洋、地热等优势资源建设全时自然冷数据中心。构建基站设备、站点和网络三级节能体系，结合人工智能、深度休眠、下行功率优化、错峰用电等技术，实现基站节能。

7.2.2.3 资源高效利用技术

（1）再生资源回收利用技术：建设一批大型一体化废钢铁、废有色金属、废纸等绿色分拣加工配送中心。提升再生铜、铝、钴、锂等战略金属资源回收利用比例，推动多种有价组分综合回收。落实塑料污染治理要求，实施废塑料综合利用行业规范条件，鼓励开展废塑料化学循环利用。

（2）工业固废综合利用技术：推动大宗工业固废在建筑材料生产技术、基础设施建设、地下采空区充填等领域的规模化应用。提取固废中有价元素，生产纤维材料、白炭黑、微晶玻璃、超细填料、节能建材等。

（3）废旧动力电池回收利用技术：探索推广“互联网+回收”等新型商业模式，强化溯源管理，鼓励产业链上下游企业共建共用回收渠道，建设一批集中型回收服务网点。推动废旧动力电池在储能、备电、充换电等领域的规模化梯次应用，建设一批梯次利用和再生利用项目。

7.2.2.4 清洁生产技术

（1）钢铁行业清洁生产技术：实施焦炉煤气精脱硫、高比例球团冶炼、焦化负压蒸馏、焦化全流程优化等技术和装备改造。

（2）石化化工行业清洁生产技术：实施高效催化、过程强化、高效精馏等工艺技术改造，以及废盐焚烧精制、废硫酸高温裂解、高级氧化、微反应、煤气化等装备改造。

（3）有色金属行业清洁生产技术：实施氧化铝行业高效溶出及降低赤泥技术，铜冶炼行业短流程冶炼、连续熔炼，锌冶炼行业高效清洁化电解、氧压浸出，镁冶炼行业竖式还原炼镁等技术和装备改造。

（4）建材行业清洁生产技术：实施水泥行业脱硫脱硝除尘超低排放、玻璃行业熔窑烟气除尘、脱硫脱硝、余热利用（发电）“一体化”工艺技术和成套设备改造。

（5）纺织行业清洁生产技术：实施染色、无聚乙烯醇上浆织造、再生纤维素纤维绿色制浆、超临界二氧化碳流体染色、针织物平幅染色、涤纶织物少水连续式染色等技术和装备改造。

（6）轻工行业清洁生产技术：实施短流程低水耗离型纸节约型合成革制造、皮革浸灰与铬鞣废液封闭循环、生物制革、大宗发酵制品高效生产菌种和绿色提取精制等技术和装备改造。

（7）机械行业清洁生产技术：持续推进基础制造工艺绿色优化升级，实施绿色工艺材料制备，清洁铸造、精密锻造、绿色热处理、先进焊接、低碳减污表面工程、高效切削加工等工艺技术和装备改造。

7.2.2.5 绿色产品与环保装备设计

（1）绿色产品：大力发展和推广新能源汽车，促进甲醇汽车等替代燃料汽车推广。利用“以旧换新”等方式，继续推广高效照明、节能空调、节能冰箱、节水洗衣机等绿色智能家电产品。鼓励使用低挥发性有机物含量的涂料、清洗剂，加快发展生物质、木制、石膏等新型建材。

（2）绿色环保装备：重点发展污染治理机器人、基于机器视觉的智能垃圾分选技术装备、干式厌氧有机废物处理技术装备、高效低耗难处理废水资源化技术装备、非电领域烟气多污染物协同深度治理技术装备、高效连续的挥发性有机物吸附-脱附、蓄热式热氧化/催化燃烧技术装备。自党中央十六届三中全会提出建设生态文明以来，我国加快了工业生态化的实践探索，工业生态化发展理念贯穿于宏观层次国家产业发展战略的选择、管理与立法，中观层次区域工业园区的建设、布局以及微观层面企业生产的技术改造和清洁生产实践中，并取得良好的社会综合效益。工业生态学相关技术的发展对我国现有工业实现生态转型，促进生态资产与经济资产、生态基础设施与生产基础设施、生态服务功能与社会服务功能平衡与协调发展发挥了重大指导作用。

在工业生态学技术的不断发展与革新中，我国的绿色可持续发展实践取得丰硕的成果。工信部和信息部已印发的《“十四五”工业绿色发展规划》指出：“十三五”期间，我国产业结构不断优化，我国钢铁行业提前完成 1.5 亿吨去产能目标，电解铝、水泥行业落后产能已基本退出；高技术制造业、装备制造业增加值占规模以上工业增加值比重分别提高了 3.3 个百分点和 1.9 个百分点。与此同时，我国的能源利用效率显著提升：“十三五”期间，规模以上工业单位增加值能耗降低约 16%，单位工业增加值用水量降低约

40%；2020 年，我国十种主要品种再生资源回收利用量达到 3.8 亿吨，工业固废综合利用量约 20 亿吨。随着工业生态化的理念深入人心，全国范围内各企业的清洁生产水平都显著提升，重点行业主要污染物排放强度降低 20%以上，绿色低碳生态化工业已初具规模。截至 2020 年底，我国节能环保产业产值约 7.5 万亿元，新能源汽车累计推广量超过 550 万辆，连续多年位居全球第一，且太阳能电池组件在全球市场份额占比达 71%。目前，我国的绿色制造体系已基本构建完成，制定了 468 项符合工业生态学理念的节能与绿色发展行业标准，共建设 2121 家生态工厂，171 家生态工业园区，189 家生态供应链企业并开发近 2 万种生态工业产品。未来，我国将继续大力发展工业生态学相关技术，落实“十四五”工业绿色发展规划，持续发力，久久为功。到 2025 年，工业产业结构、生产方式绿色低碳转型将取得显著成效，绿色低碳技术装备广泛应用，能源资源利用效率大幅提高，绿色制造水平全面提升，为 2030 年工业领域碳达峰奠定坚实基础。

本章小结

工业生态学领域已经发展出生命周期分析、物质流分析、材料流分析和投入产出分析等一系列的理论和方法。国外的理论成果主要集中在两个方面：工业代谢与物质流分析；工业共生系统—生态工业园建设。国外工业生态学的研究越来越倾向于应用研究，期以解决现实问题，并对当前的一些重大热点问题如替代能源、碳减排等作出回应，且研究技术与环境相互关系的新方法不断涌现。国内工业生态学理论的研究立足于中国国情，正在向具有中国特色创新性理论体系迈进。未来我国的工业生态学理论主要有如下几个方面：各学科之间的交叉会变得更加强烈；工业生态学理论发展会对各种学科产生无法估量的冲击力；基本理论的研究会变得越来越具有普适性；基本的研究方法和工具的研发将成为重要内容；工业生态学的研究应用将变得更加广泛。在工业生态学的技术发展趋势中，过程控制思路优于末端治理的技术思路越来越成为主导。在国内，以政策为导向的技术驱动成为未来发展方向，为碳达峰、碳中和等目标的实现注入新的技术活力。

思考复习题

1. 简述现代工业发展的新型模式。
2. 简述工业生态学未来的发展趋势。
3. 工业生态学技术的发展对社会的影响是什么？

参考文献

[1] 石磊，陈伟强．中国产业生态学发展的回顾与展望［J］．生态学报，2016，36（22）：7158-7167.

[2] Yang Y，Liu B，Wang P，et al. Toward sustainable climate change adaptation［J］. Journal of Industrial Ecology，2020，24（2）：349-364.

[3] 王如松．产业生态学和生态产业转型［J］．世界科技研究与发展，2000（5）：24.

[4] 刘红玉，彭福扬．马克思的产业思想与当代产业发展［J］．自然辩证法研究，2011，2（27）：64.

[5] 白舒婕．“十四五”工业绿色发展规划［J］．上海环境科学，2021，40（6）：265-276.

[6] 赵尘，余爱华，赵康．森林工程的工业生态学研究发展态势［J］．南京林业大学学报（自然科学

版），2012，36（5）：14-18.
[7] Jeremy H. Yune，Tian J，Liu W，et al. Greening Chinese chemical industrial park by implementing industrial ecology strategies：A case study [J]. Resources，Conservation & Recycling，2016，112：54-64.
[8] Ehrenfeld J. Industrial ecology：A new field or only a metaphor? [J]. Journal of Cleaner Production，2004，12（8）：825-831.
[9] Chiu A S F，Yong G. On the industrial ecology potential in Asian Developing Countries [J]. Journal of Cleaner Production，2004，12（8）：1037-1045.
[10] Wu F H，Zhao C Y，Qu G F，et al. A critical review of the typical by-product clean ecology links in the Chinese phosphorus chemical industry in China：production technologies，fates and future directions [J]. Journal of Environmental Chemical Engineering，2022，10（2）：11-19.
[11] 王亚深，楼紫阳，谷麟，等. Fenton 法制备污泥基活性炭及其性能表征 [J]. 环境污染与防治，2014，36（8）：43-48.
[12] Cerceau J，Mat N，Junqua G. Territorial embeddedness of natural resource management：A perspective through the implementation of industrial ecology [J]. Geoforum，2018，89：29-42.
[13] Deutz P，Gibbs D. Industrial ecology and regional development：eco-industrial development as cluster policy [J]. Regional Studies，2008，42（10）：1313-1328.
[14] Baas L W，Boons F A. An industrial ecology project in practice：Exploring the boundaries of decision-making levels in regional industrial systems [J]. Journal of Cleaner Production，2004，12（8-10）：1073-1085.
[15] Donati F，Dente S R，Li C. The future of artificial intelligence in the context of industrial ecology [J]. Journal of Industrial Ecology，2022，26（4）：1175-1181.
[16] Stadler K，Wood R，Bulavskaya T. EXIOBASE 3：developing a time series of detailed environmentally extended multi-regional input-output tables [J]. Journal of Industrial Ecology，2018，22（3）：502-515.
[17] Ellingsen L W，Majeau B，Singh B. Life cycle assessment of a lithium-ion battery vehicle pack [J]. Journal of Industrial Ecology，2014，18（1）：113-124.
[18] Ivanova D，Stadler K，Steen-Olsen K. Environmental impact assessment of household consumption [J]. Journal of Industrial Ecology，2016，20（3）：526-536.
[19] 周贞英，袁海平，朱南文，等. 电化学处理改善剩余污泥脱水性能 [J]. 环境科学学报，2011，31（10）：2199-2203.
[20] Rotmans J，Loorbach D. Complexity and transition management [J]. Journal of Industrial Ecology，2009，13（2）：184-196.
[21] Van S A，Malabi E，Wouterszoon J. A circular economy life cycle assessment（ce-lca）model for building components [J]. Resources，Conservation and Recycling，2021，174：105683.
[22] Lowe E A. Creating by-product resource exchanges：strategies for eco-industrial parks [J]. Journal of Cleaner Production，1997，5（1-2）：57-65.
[23] Hu J，Xiao Z，Zhou R. Ecological utilization of leather tannery waste with circular economy model [J]. Journal of Cleaner Production，2011，19（2-3）：221-228.
[24] 王刚伟，马青兰，朱南文，等. 渗滤液氨氮在地下咸水环境中的迁移过程 [J]. 环境过程学报，2012，6（7）：2133-2137.
[25] Boons F，Spekkink W，Mouzakitis Y. The dynamics of industrial symbiosis：A proposal for a conceptual framework based upon a comprehensive literature review [J]. Journal of Cleaner Production，2011，19（9-10）：905-911.
[26] 费维扬. 二氧化碳减排的紧迫性及其分离技术的发展 [C]. 中国会议，2008.

[27] 费维扬．循环经济及其科学技术基础［C］．中国会议，2006.

[28] Brändström J，Saidani M．Comparison between circularity metrics and lca：a case study on circular economy strategies［J］．Journal of Cleaner Production，2022，371：133537.

[29] 周丽，胡山鹰，金涌，等．中国煤化工生态工业系统超结构的构建与分析［J］．科技导报，2010，30（9）：1-4.

[30] Khadim N，Agliata R，Marino A．Critical review of nano and micro-level building circularity indicators and frameworks［J］．Journal of Cleaner Production，2022，357：131859.

[31] Arvidsson R，Tillman A M，Sandén B A，et al．Environmental assessment of emerging technologies：recommendations for prospective lca［J］．Journal of Industrial Ecology，2018，22（6）：1286-1294.

[32] 张鑫，朱南文，楼紫阳，等．垃圾渗滤液的零价铁强化厌氧处理技术［J］．净水技术，2013，32（4）：51-55.

[33] Rigamonti L，Mancini E．Life cycle assessment and circularity indicators［J］．The International Journal of Life Cycle Assessment，2021，26（10）：1937-1942.

[34] 金涌．三个平台推动循环经济建设［J］．科技导报，2009（7）：9.

[35] Samani P．Synergies and gaps between circularity assessment and life cycle assessment（lca）［J］．Science of The Total Environment，2023，903：166611.

[36] Morseletto P．Targets for a circular economy［J］．Resources，Conservation and Recycling，2020，153：104553.

[37] Bastianoni S，Coscieme L，Caro D．The needs of sustainability：the overarching contribution of systems approach［J］．Ecological Indicators，2019，100：69-73.

[38] Peña C，Civit B，Gallego-Schmid A，et al．Using life cycle assessment to achieve a circular economy［J］．The International Journal of Life Cycle Assessment，2021，26（2）：215-220.

[39] 胡山鹰，刘晓惠，金涌．资源型城市可持续发展的思考［J］．科技导报，2011（3）：7-9.

[40] Damiani M，Sinkko T，Caldeira C．Critical review of methods and models for biodiversity impact assessment and their applicability in the lca context［J］．Environmental Impact Assessment Review，2023，101：107134.

[41] 金涌，冯之浚，陈定江．循环经济：理念与创新［J］．科技导报，2010，12（1）：4-11.

[42] Elia V，Gnoni M G，Tornese F．Measuring circular economy strategies through index methods：A critical analysis［J］．Journal of Cleaner Production，2017，142：2741-2751.

[43] 王娣，金涌，朱兵．生态文明与循环经济［J］，科技导报，2009，（7）：85-88.

[44] 龚逸，王云海，楼紫阳，等．垃圾渗滤液膜滤浓缩液地电化学氧化处理研究［J］．环境污染与防治，2015，37（5）：11-16.

[45] 楼紫阳．Fenton 活化后污泥基炭的 H_2S 去除研究［C］．第五届全国恶臭污染测试与控制技术研讨会论文集，上海交通大学环境科学与工程学，2014.

[46] Baas L W，Boons F A．An industrial ecology project in practice：exploring the boundaries of decision-making levels in regional industrial systems［J］．Journal of Cleaner Production，2004，12（8）：1073-1085.

[47] Pan M，Ng M K．Implementing industrial ecology in regeneration activities：A possible pathway for transforming china's local-regional industrial systems towards sustainability?［J］．Journal of Cleaner Production，2022，338：130601.

[48] 陈小亮，楼紫阳，谷麟，等．水化深度处理渗滤液尾水中的有机物［J］．环境工程学报，2013，7（5）：1656-1660.

[49] Rweyendela A G．Getting closer to SDG12：incorporating industrial ecology principles into project EIA［J］．

Journal of Environmental Planning and Management, 2022, 65 (6): 953-974.

[50] Saavedra Y M, Iritani D R, Pavan A L. Theoretical contribution of industrial ecology to circular economy [J]. Journal of Cleaner Production, 2018, 170: 1514-1522.

[51] 叶彩虹，袁文祥，袁海平，等．添加剂对污泥厌氧消化性能的影响 [J]. 环境化学, 2012, 31 (4): 516-521.

[52] 陈小亮，谷麟，王艳，等．污泥焚烧残渣水热合成 NaP1 型沸石和水钙沸石的性质研究 [J]. 环境化学, 2011, 30 (12): 2092-2098.

[53] Lloyd S M, Ries R. Characterizing, propagating, and analyzing uncertainty in life-cycle assessment: a survey of quantitative approaches [J]. Journal of Industrial Ecology, 2007, 11 (1): 161-179.

[54] 袁文祥，楼紫阳，叶彩虹，等．热处理和 pH 调节协同作用下污泥调质过程研究 [J]. 环境工程学报, 2011, 5 (9): 2133-2138.

[55] Fernandez-Mena H, Nesme T, Pellerin S. Towards an Agro-Industrial Ecology: A review of nutrient flow modelling and assessment tools in agro-food systems at the local scale [J]. Science of the total Environment, 2016, 543: 467-479.

[56] 刘树根，朱南文，楼紫阳，等．污泥高温好氧消化过程的生物多样性分析 [J]. 环境科学学报, 2010, 30 (5): 990-995.

[57] Ding G Y, et al. Environmental risk assessment approaches for industry park and their applications [J]. Resources Conservation and Recycling, 2020, 159, 34-45.

[58] 楼紫阳，赵由才．渗滤液微滤范围内的梯度分离 [J]. 有色冶金设计与研究, 2009, 30 (6): 69-71.

[59] Mirabella N , Castellani V , Sala S. Current options for the valorization of food manufacturing waste: a review [J]. Journal of Cleaner Production, 2014, 65: 28-41.

[60] Saidani M, Yannou B, Leroy Y. A taxonomy of circular economy indicators [J]. Journal of Cleaner Production, 2019, 207: 542-559.

[61] Schulz M, Bey N, Niero M. Circular economy considerations in choices of lca methodology: How to handle ev battery repurposing? [J]. Procedia CIRP, 2020, 90: 182-186.

[62] 姚斌，金赞芳，胡忠策，等．光合细菌对 2，4，6-三氯苯酚的降解特性研究 [J]. 中国环境科学, 2011, 31 (10): 1669-1675.

[63] 王媚娴，潘志彦，戴娟娟，等．超/亚临界水中聚对苯二甲酸乙二醇酯的解聚 [J]. 高校化学工程学报, 2011, 25 (5): 904-910.

[64] Boix M, L Montastruc, Azzaro-Pantel C, et al. Optimization methods applied to the design of eco-industrial parks: a literature review [J]. Journal of Cleaner Production, 2015, 87: 303-317.

[65] Lundholm J T, Richardson P J. Habitat analogues for reconciliation ecology in urban and industrial environments [J]. Journal of Applied Ecology, 2010, 47 (5): 966-975.

[66] 金赞芳，潘志彦，李非里，等．不同种植类型地下水污染与氮素时空变异特征分析 [J]. 水土保持学报, 2011, 25 (1): 81-86.

[67] Ghali M R, Frayret J M, Robert J M. Green social networking: concept and potential applications to initiate industrial synergies [J]. Journal of Cleaner Production, 2016, 115: 23-35.

[68] 徐明仙，董萍，鲁雪燕，等．超临界 CO_2 中混合分散染料对涤纶织物的染色研究 [J]. 高校化学工程学报, 2010, 24 (3): 532-536.

[69] 戴娟娟，潘志彦．聚对苯二甲酸丁二醇酯的解聚研究进展 [J]. 环境科学与技术, 2010, 33 (S1): 184-187.

[70] Mihelcic J R. Sustainability science and engineering: The emergence of a new metadiscipline [J]. Enviromental Science & Technology, 2003, 37 (23): 5314-5324.

[71] 田朋，潘志彦，邹霞，等．DMF 溶剂回收中抑制 DMF 水解的研究 [J]. 环境科学与技术, 2010,

33 (2): 170-173.

[72] Ding Y, Cai C Y, Hu B, et al. Characterization and control of odorous gases at a landfill site: A case study in Hangzhou, China [J]. Waste Management, 2012, 32 (2): 317-326.

[73] Xin L Q, Qin Y, Lou T R, et al. Rapid start-up and humification of kitchen waste composting by an innovative biodrying-enhanced process [J]. Chemical Engineering Journal, 2023, 452: 1016-1020.

[74] Schiller F, Penn A S, Basson L. Analyzing networks in industrial ecology—A review of social-material network analyses [J]. Journal of Cleaner Production, 2014, 76: 1-11.

[75] Baldwin J S, Murray R, Winder B. A non-equilibrium thermodynamic model of industrial development: analogy or homology? [J]. Journal of Cleaner Production, 2004, 12 (8-10): 841-853.

[76] 楼紫阳，李鸿江，赵由才．渗滤液难降解物质物化性质研究 [J]. 环境化学，2011，30 (1): 293-299.

[77] 丁丹，胡忠策，金赞芳，等．光合细菌降解废水中对硝基苯酚的研究 [J]. 安徽农业科学，2010，38 (19): 10219-10221+10383.

[78] Korhonen J. Industrial ecology in the strategic sustainable development model: strategic applications of industrial ecology [J]. Journal of Cleaner Production, 2004, 12 (8-10): 809-823.

[79] Walmsley T G, Ong B H, Klemes J J, et al. Circular Integration of processes, industries, and economies [J]. Renewable & Sustainable Energy Reviews, 2019, 107: 507-515.

[80] Gruner R L, Power D. Mimicking natural ecosystems to develop sustainable supply chains: A theory of socio-ecological intergradation [J]. Journal of Cleaner Production, 2017, 149: 251-264.

[81] Thomas V M, Graedel T E. Research issues in sustainable consumption: Toward an analytical framework for materials and the environment [J]. Enviromental Science & Technology, 2003, 37 (23): 5383-5388.

[82] 万瑜，金赞芳，潘志彦，等．水稻种植业氮素流失及解决措施探讨 [J]. 安徽农业科学，2011，39 (11): 6356-6359.

[83] Le Tellier. Towards sustainable business parks: A literature review and a systemic model [J]. Journal of Cleaner Production, 2019, 216: 129-138.

[84] 吴海燕，潘志彦，金赞芳，等．超临界水中煤与聚苯乙烯的共液化研究 [J]. 燃料化学学报，2011，39 (4): 246-250.

[85] Shurin J B, Abbott R L, Deal M S, et al. Industrial-strength ecology: trade-offs and opportunities in algal biofuel production [J]. Ecology Letters, 2013, 16 (11): 1393-1404.

[86] 王亚琛，陈小亮，朱南文，等．复合水泥对 MBR 工艺渗滤液尾水深度处理的协同效应 [J]. 净水技术，2013，32 (2): 30-35.

[87] Mallawaarachchi H, Sandanayake Y, Karunasena G, et al. Unveiling the conceptual development of industrial symbiosis: Bibliometric analysis [J]. Journal of Cleaner Production, 2020, 258: 583-597.

[88] Lawal M, Alwi R W, Manan Z A, et al. Industrial symbiosis tools—A review [J]. Journal of Cleaner Production, 2021, 280: 326-335.

[89] 查尔，朱南文，涂兴宇，等．生化-调碱后垃圾渗滤液的 Fenton 深度处理效果 [J]. 环境工程学报，2010，4 (5): 1027-1031.

[90] Park J M , Park J Y , Park H S . A review of the National Eco-Industrial Park Development Program in Korea: Progress and achievements in the first phase, 2005−2010 [J]. Journal of Cleaner Production, 2016, 114: 33-44.

[91] Yuan J , Lu Y , Wang C , et al. Ecology of industrial pollution in China [J]. Ecosystem Health and Sustainability, 2020, 6 (1): 342-351.

[92] 周黎，潘志彦，林春绵，等．无机盐在超临界水中溶解性研究进展 [J]. 现代化工，2010，30 (5): 33-37.